【传世经典 文白对照】

通鉴纪事本末

六

〔宋〕袁 枢 撰

杨寄林 主编

中华书局

通鉴纪事本末

卷第二十一

元魏寇齐

齐明帝建武元年,魏主以上废海陵王自立,谋大举入寇。会边将言,雍州刺史下邳曹虎遣使请降于魏。十二月辛丑朔,魏遣行征南将军薛真度督四将向襄阳,大将军刘昶、平南将军王肃向义阳,徐州刺史拓跋衍向钟离,平南将军广平刘藻向南郑。真度,安都从祖弟也。以尚书卢渊为安南将军,督襄阳前锋诸军。渊辞以不习军旅,不许。渊曰:"但恐曹虎为周鲂耳。"

魏主欲自将入寇。癸卯,中外戒严。戊申,诏代民迁洛者复租赋三年。相州刺史高闾上表称:"洛阳草创,曹虎既不遣质任,必非诚心,无宜轻举。"魏主不从。久之,虎使竟不再来。魏主引公卿议行留之计,公卿或以为宜止,或以为宜行。帝曰:"众人纷纭,莫知所从。必欲尽行留之势,宜有客主,共相起发。任城、镇南为留议,朕为行论,诸公坐听得失,长者从之。"众皆曰:"诺。"镇南将军李冲曰:"臣等正以迁都草创,人思少安。为内应者未得审谛,

元魏寇齐

齐明帝建武元年（494），魏主元宏因为萧鸾废黜海陵王自立为帝，谋划大规模入侵。恰好边将上报说，雍州刺史下邳人曹虎派遣使者请求向北魏投降。十二月辛丑这天是初一，北魏派遣代理征南将军薛真度督率四名将领向襄阳进军，大将军刘昶、平南将军王肃向义阳进军，徐州刺史拓跋衍向钟离进军，平南将军广平人刘藻向南郑进军。薛真度是薛安都的族弟。又任命尚书卢渊为安南将军，监督襄阳前线各军。卢渊借口不熟习军旅而予以推辞，魏主不答应。卢渊说："只恐怕曹虎就是周鲂罢了。"

魏主想要亲自率军入侵。癸卯（初三），北魏内外戒严。戊申（初八），魏主下诏从代都平城迁到洛阳的百姓，免除三年田租赋税。相州刺史高闾上表称："洛阳才开始创建，曹虎既然不遣送人质，一定不是诚心投降，不适宜轻举妄动。"魏主不听。过了很长时间，曹虎的使者最终没有再来。魏主召见公卿商议是行进还是留下，公卿有的认为应该停下，有的认为应该前进。魏主说："众说纷纭，不知所从。一定要讲尽行或留的形势，应该有客、主两方，共同互相启发。任城王、镇南将军作为建议留下的一方发表议论，我作为建议行动的一方发表议论，各位公卿坐着听一下这两种看法的得失，哪种看法高明就采纳哪种看法。"众人都说："好。"镇南将军李冲说："我们正因为刚刚迁都草创，人们希望稍微安定一下。南齐作内应的人，还没能审查清楚，

不宜轻动。"帝曰:"彼降款虚实,诚未可知。若其虚也,朕巡抚淮甸,访民疾苦,使彼知君德之所在,有北向之心;若其实也,今不以时应接,则失乘时之机,孤归义之诚,败朕大略矣。"任城王澄曰:"虏无质任,又使不再来,其诈可知也。今代都新迁之民,皆有恋本之心。扶老携幼,始就洛邑,居无一椽之室,食无甔石之储。又冬月垂尽,东作将起,乃'百堵皆兴''俶载南亩'之时,而驱之使擐甲执兵,泣当白刃,殆非歌舞之师也!且诸军已进,非无应接。若降款有实,待既平樊、沔,然后銮舆顺动,亦何晚之有!今率然轻举,上下疲劳,若空行空返,恐挫损天威,更成贼气,非策之得者也。"司空穆亮以为宜行,公卿皆同之。澄谓亮曰:"公辈在外之时,见张旗授甲,皆有忧色,平居论议,不愿南征,何得对上即为此语!面背不同,事涉欺佞,岂大臣之义,国士之体乎!万一倾危,皆公辈所为也。"冲曰:"任城王可谓忠于社稷。"帝曰:"任城以从朕者为佞,不从朕者岂必皆忠!夫小忠者,大忠之贼,无乃似诸!"澄曰:"臣愚暗,虽涉小忠,要是竭诚谋国,不知大忠者竟何所据!"帝不从。

辛亥,发洛阳,以北海王详为尚书仆射,统留台事;李冲兼仆射,同守洛阳。给事黄门侍郎崔休为左丞,赵郡王幹都督中外诸军事,始平王勰将宗子军宿卫左右。休,

所以不应该轻举妄动。"魏主说:"他们是否诚恳投降,确实难以知道。如果这是假的,我就巡行安抚淮甸之地,访问民间疾苦,使他们知道国君恩德的存在,怀有向北的想法;如果这是真的,现在不及时接应他们,就失掉了乘时进取的机会,辜负了归向仁义者的诚心,败坏了我的大谋略。"任城王元澄说:"曹虎没送来人质,另外他的使者也不再来了,他的欺诈由此可知。现在代都新迁洛阳的百姓,都有思恋故乡的心思。他们扶老携幼,刚到洛邑,住没有一根椽子支撑的居室,吃也没有一小瓮或一石粮食的储备。再说腊月将要结束,春耕即将开始,这是'百室都需兴建''农田开始耕作'的季节,竟驱使他们穿着铠甲拿上兵器,哭泣着去抵挡白刃,恐怕不是武王伐纣时那种载歌载舞的军队吧!而且各路军队已经前进,并不是对南齐的请降者没有接应。如果曹虎投降是真的,等平定了樊、沔,然后舆驾銮车顺势而动,也没有什么晚的啊!现在轻率地行动,上下都很疲劳,如果空去空回,恐怕挫损我朝的威望,更助长敌人的气势,这不是得当的计策。"司空穆亮认为应该行动,公卿都同意他的意见。元澄对穆亮说:"你们这些人在野外的时候,看到张开旗帜、授给铠甲,脸上都露出担忧的神色,平常在家里议论,都不愿意南征,为什么对皇上就说这种话呢?当面和背后不一样,事情牵涉欺骗谄媚,难道这是大臣应有的道德,国士该备的体统吗!万一此行失败,都是你们这些人造成的。"李冲说:"任城王可称得上忠于国家。"皇帝说:"任城王认为听从我的都是巧言谄媚,不听从我的难道一定都忠诚吗!小忠诚是大忠诚的敌人,不是正与这种情况相似吗!"元澄说:"小臣愚昧,虽然进入小忠诚行列,但主要是竭诚为国家考虑,不知道被称为大忠诚的人究竟依据什么?"魏主不听从他的建议。

辛亥(十一日)这天,魏主元宏从洛阳出发,用北海王元详为尚书仆射,统管留台事宜;任命李冲兼仆射,一起守卫洛阳。任命给事黄门侍郎崔休为左丞,赵郡王元幹为都督中外诸军事,任命始平王元勰率领宗族子弟组成的军队作身边宿卫。崔休,

逞之玄孙也。戊辰,魏主至悬瓠。己巳,诏寿阳、钟离、马头之师所获男女皆放还南。曹虎果不降。

魏主命卢渊攻南阳。渊以军中乏粮,请先攻赭阳以取叶仓,魏主许之。乃与征南大将军城阳王鸾、安南将军李佐、荆州刺史韦珍共攻赭阳。鸾,长寿之子;佐,宝之子也。北襄城太守成公期闭城拒守。薛真度军于沙堨,南阳太守房伯玉、新野太守刘思忌拒之。

二年春正月壬申,遣镇南将军王广之督司州、右卫将军萧坦之督徐州、尚书右仆射沈文季督豫州诸军以拒魏。

癸酉,魏诏:“淮北之人不得侵掠,犯者以大辟论。”乙未,拓跋衍攻钟离,徐州刺史萧惠休乘城拒守,间出袭击魏兵,破之。惠休,惠明之弟也。刘昶、王肃攻义阳,司州刺史萧诞拒之。肃屡破诞兵,招降万馀人。魏以肃为豫州刺史。刘昶性褊躁,御军严暴,人莫敢言。法曹行参军北平阳固苦谏,昶怒,欲斩之,使当攻道。固志意闲雅,临敌勇决,昶始奇之。

丁酉,中外纂严。以太尉陈显达为使持节、都督西北讨诸军事,往来新亭、白下以张声势。

己亥,魏主济淮,二月,至寿阳,众号三十万,铁骑弥望。甲辰,魏主登八公山,赋诗。道遇甚雨,命去盖;见军士病者,亲抚慰之。

魏主遣使呼城中人,丰城公遥昌使参军崔庆远出应之。庆远问师故,魏主曰:“固当有故!卿欲我斥言之乎,

是崔逞的玄孙。戊辰(二十八日),魏主到达悬瓠。己巳(二十九日),魏主下诏在寿阳、钟离、马头的军队所俘获的男女人口,都放回南齐。曹虎果真不投降。

魏主命令卢渊进攻南阳。卢渊因为军中缺乏粮食,请求先攻赭阳,以便夺取叶县仓库的粮食,魏主答应了他。于是卢渊和征南大将军城阳王元鸾、安南将军李佐、荆州刺史韦珍共同进攻赭阳。元鸾,是元长寿的儿子;李佐,是李宝的儿子。北襄城太守成公期关闭城门,抵御坚守。薛真度在沙堨驻军,南阳太守房伯玉、新野太守刘思忌率兵抵御。

二年(495)春季正月壬申(初二),南齐派遣镇南将军王广之督率司州军队,右卫将军萧坦之督率徐州军队,尚书右仆射沈文季督率豫州各军,抗拒北魏军队。

癸酉(初三),魏主下诏:"对淮河以北的人不许侵犯掠夺,违犯此令的人以杀头论处。"乙未(二十五日),拓跋衍进攻钟离,徐州刺史萧惠休登城抵御、坚守,利用机会出城袭击北魏兵,击败他们。萧惠休,是萧惠明的弟弟。刘昶、王肃进攻义阳,司州刺史萧诞抵御他们。王肃屡次击败萧诞的军队,招降一万多人。北魏任命王肃为豫州刺史。刘昶气量狭隘性情暴躁,管理军队严厉凶暴,没有人敢说反对的话。法曹行参军北平人阳固苦苦谏阻,刘昶发怒,想杀掉他,派他担当攻击任务。阳固志意悠闲文雅,面临敌人时却勇猛果决,刘昶这才开始感到他不寻常。

丁酉(二十七日),南齐京城内外的军队严装戒备。齐明帝任命太尉陈显达为使持节、都督西北讨诸军事,往来于新亭、白下之间,以张声势。

己亥(二十九日),魏主渡过淮河,二月,到达寿阳,军队号称三十万,铁甲骑兵遍地相望。甲辰(初五),魏主登上八公山,吟诵诗歌。路遇暴雨,命令撤去伞盖;看到生病的军士,亲自安抚。

魏主派遣使者呼唤寿阳城内的人,丰城公萧遥昌于是派参军崔庆远出去回应北魏。崔庆远寻问北魏军队入侵的原因,魏主回复说:"当然有原因!你想让我直言指出你们的罪过呢,

欲我含垢依违乎?"庆远曰:"未承来命,无所含垢。"魏主
曰:"齐主何故废立?"庆远曰:"废昏立明,古今非一,未审
何疑?"魏主曰:"武帝子孙,今皆安在?"庆远曰:"七王同
恶,已伏管、蔡之诛。其馀二十馀王,或内列清要,或外典
方牧。"魏主曰:"卿主若不忘忠义,何以不立近亲,如周公
之辅成王,而自取之乎?"庆远曰:"成王有亚圣之德,故周
公得而相之,今近亲皆非成王之比,故不可立。且霍光亦
舍武帝近亲而立宣帝,唯其贤也。"魏主曰:"霍光何以不自
立?"庆远曰:"非其类也。主上正可比宣帝,安得比霍光!
若尔,武王伐纣,不立微子而辅之,亦为苟贪天下乎?"魏主
大笑曰:"朕来问罪。如卿之言,便可释然。"庆远曰:"'见
可而进,知难而退',圣人之师也。"魏主曰:"卿欲吾和亲,
为不欲乎?"庆远曰:"和亲则二国交欢,生民蒙福;否则二
国交恶,生民涂炭。和亲与否,裁自圣衷。"魏主赐庆远酒
殽、衣服而遣之。

　　戊申,魏主循淮而东,民皆安堵,租运属路。丙辰,至
钟离。
　　上遣左卫将军崔慧景、宁朔将军裴叔业救钟离。刘
昶、王肃众号二十万,堑栅三重,并力攻义阳,城中负楯而
立。王广之引兵救义阳,去城百馀里,畏魏强,不敢进。城
中益急,黄门侍郎萧衍请先进,广之分麾下精兵配之。衍
间道夜发,与太子右率萧谌等径上贤首山,去魏军数里。

还是想让我隐忍罪恶、含糊其词呢?"崔庆远说:"我没有接到来此的任务,没什么好隐忍罪恶的。"魏主说:"齐国君主为什么废立?"崔庆远说:"废掉昏君,拥立明主,古今不止一次,不明白这有什么可疑的?"魏主说:"武帝的子孙,现在都在什么地方?"崔庆远说:"萧子隆、萧子懋、萧子敬、萧子真、萧子伦以及萧绍业、萧绍文七王一同作恶,已经受到管叔、蔡叔一样的诛杀。其余二十多个王,有的在朝内居清要官职,有的在朝外掌握方镇、州牧。"魏主说:"你们的君主如果没有忘记忠义,为什么不拥立武帝的近亲,如同周公辅佐成王,却自己夺取帝位呢?"崔庆远说:"周成王有亚圣的品德,所以周公能拥立他,辅佐他,现在武帝的近亲都不能与周成王相比,所以不可以拥立。而且西汉大臣霍光也舍弃汉武帝的近亲而拥立汉宣帝,只因为汉宣帝有道德有才能。"魏主说:"霍光为什么不自立为帝?"崔庆远说:"因为不是刘氏族类。我们皇上正可以比宣帝,怎么能比霍光!如果那样,周武王讨伐商纣,不拥立微子而辅佐他,也是苟且贪得天下了?"魏主大笑说:"我兴师来问罪。如你所说的,便可以解除疑虑了。"崔庆远说:"'看到可行而前进,知道困难而后退',这是圣人的军队。"魏主说:"你想不想让我和亲?"崔庆远说:"如果和亲,就会使二国关系友好,百姓蒙受福气;否则二国关系恶化,生灵涂炭。是否和亲,由圣上裁决。"魏主赏赐崔庆远美酒佳肴、衣服,遣送他回城。

戊申(初九),魏主沿着淮河东行,淮北百姓都生活安定,交租运粮络绎不绝。丙辰(十七日),到达钟离。

齐明帝派遣左卫将军崔慧景、宁朔将军裴叔业前去救援钟离。刘昶、王肃的军队号称有二十万士兵,挖堑立栅三层,合力进攻义阳,义阳城中将士举着盾遮挡矢石,才能站立。王广之带兵救援义阳,离义阳城还有一百多里,因畏惧北魏军队强大,不敢再向前进军。义阳城中越发紧急,黄门侍郎萧衍请求率先进军,王广之将部下的精兵分配给他。萧衍从小道夜间进发,与太子右率萧谋等人直接登上贤首山,距离北魏军队只有几里路。

魏人出不意，未测多少，不敢逼。黎明，城中望见援军至，萧诞遣长史王伯瑜出攻魏栅，因风纵火，衍等众军自外击之，魏不能支，解围去。己未，诞等追击，破之。谏，谌之弟也。

先是，上以义阳危急，诏都督青、冀二州诸军事张冲出军攻魏以分其兵势。冲遣军主桑係祖攻魏建陵、驿马、厚丘三城，又遣军主杜僧护攻魏虎阬、冯时、即丘三城，皆拔之。青、冀二州刺史王洪范遣军主崔延袭魏纪城，据之。

魏主欲南临江水，辛酉，发钟离。司徒长乐元懿公冯诞病，不能从，魏主与之泣诀，行五十里，闻诞卒。时崔慧景等军去魏主营不过百里，魏主轻将数千人夜还钟离，抚尸而哭，达旦，声泪不绝。壬戌，敕诸军罢临江之行。葬诞依晋齐献王故事。诞与帝同年，幼同砚席，尚帝妹乐安长公主，虽无学术，而资性淳笃，故特有宠。丁卯，魏主遣使临江，数上罪恶。

魏久攻钟离不克，士卒多死。三月戊寅，魏主如邵阳，筑城于洲上，栅断水路，夹筑二城。萧坦之遣军主裴叔业攻二城，拔之。魏主欲筑城置戍于淮南，以抚新附之民，赐相州刺史高闾玺书，具论其状。闾上表，以为："兵法'十则围之，五则攻之'。向者国家止为受降之计，发兵不多，东西辽阔，难以成功。今又欲置戍淮南，招抚新附。昔世祖以回山倒海之威，步骑数十万，南临瓜步，诸郡尽降，

北魏军因为南齐兵出其不意来到,没法估计多少,不敢进逼。黎明时,城中将士望见援军到来,萧诞派遣长史王伯瑜出城攻击北魏的栅垒,凭借风力放火烧栅垒,萧衍等所领各军从外面攻击北魏军,北魏军队支持不住,解围离去。己未(二十日),萧诞等率军追击,击败了北魏军。萧诔,是萧谌的弟弟。

开始,齐明帝因为义阳危急,诏令都督青、冀二州诸军事张冲出兵攻击北魏,以便分散北魏的军力。张冲派遣军主桑係祖进攻北魏的建陵、驿马、厚丘三座城池,又派遣军主杜僧护进攻北魏的虎阮、冯时、即丘三座城池,将它们全部攻下。青、冀二州刺史王洪范派遣军主崔延袭击北魏的纪城,占领了纪城。

魏主想向南到长江岸边,辛酉(二十二日),从钟离出发。司徒长乐元懿公冯诞病得很重,不能随从前往,魏主与他流泪诀别,向前走了五十里,听说冯诞死了。当时,崔慧景等所领军队离魏主营地不超过一百里,魏主轻率地率领几千人夜间返回钟离,抚摸着冯诞的尸体哭泣,直到天亮,声泪不断。壬戌(二十三日),敕令各军停止到长江边行军。依照西晋齐献王的先例安葬了冯诞。冯诞与魏主同年出生,小时一起读书,娶了魏主的妹妹乐安长公主,虽然没有学术,但生性淳厚笃诚,所以特别受到宠爱。丁卯(二十八日),魏主派遣使者到长江边,向南齐守将数说齐明帝的罪恶。

北魏长时间攻不下钟离,士兵死亡很多。三月戊寅(初九),魏主到邵阳,在淮河中的小洲上构筑城堡,用栅垒截断水路,又在淮河两岸构筑两座城堡。萧坦之派军主裴叔业进攻两座城堡,将它们攻下。魏主想在淮河以南建造城池、设置戍卒,以安抚刚刚归附的百姓,便赐给相州刺史高闾诏书,详细论述了他的想法。高闾上表,认为:"兵法上讲'十倍于敌人就包围它,五倍于敌人就进攻它'。此前国家制定的计划只是为了接受曹虎投降,派出的军队不多,边境东西之间土地辽阔,难以成功。现在又想在淮河以南设置戍卒,招纳安抚新归附的人。以前世祖凭借排山倒海的威风,步骑兵几十万人,南到瓜步,各郡都投降了,

而盱眙小城，攻之不克。班师之日，兵不戍一城，土不辟一廛。夫岂无人？以为大镇未平，不可守小故也。夫壅水者先塞其原，伐木者先断其本。本原尚在而攻其末流，终无益也。寿阳、盱眙、淮阴，淮南之本原也，三镇不克其一，而留守孤城，其不能自全明矣。敌之大镇逼其外，长淮隔其内，少置兵则不足以自固，多置兵则粮运难通。大军既还，士心孤怯，夏水盛涨，救援甚难，以新击旧，以劳御逸，若果如此，必为敌擒，虽忠勇奋发，终何益哉！且安土恋本，人之常情。昔彭城之役，既克大镇，城戍已定，而不服思叛者犹逾数万。角城蕞尔，处在淮北，去淮阳十八里，五固之役，攻围历时，卒不能克。以今准昔，事兼数倍。天时向热，雨水方降，愿陛下踵世祖之成规，旋辕返斾，经营洛邑，蓄力观衅，布德行化，中国既和，远人自服矣。"尚书令陆叡上表，以为："长江浩荡，彼之巨防。又南土昏雾，暑气郁蒸，师人经夏，必多疾病。而迁鼎草创，庶事甫尔，台省无论政之馆，府寺靡听治之所，百僚居止，事等行路，沈雨炎阳，自成疠疫。且兵徭并举，圣王所难。今介胄之士，外攻寇仇，羸弱之夫，内勤土木，运给之费，日损千金。驱罢弊之兵，讨坚城之虏，将何以取胜乎！陛下去冬之举，正欲曜武江、汉耳，今自春几夏，理宜释甲。愿早还洛邑，使根本深固，

但盱眙这样一座小城，却怎么也攻不下来。军队回来时，没有派遣士兵戍守一座城池，没有新辟一个家园。难道是没有人吗？原因是他认为淮上大镇没有平定，不可以固守小城。堵水的人首先塞住水源，伐木的人首先砍断树根。如果树根、水源还在，那么砍树叶、堵水流终究没有用处。寿阳、盱眙、淮阴，是淮南的树根、水源，三镇不攻克其中一个，而留兵守卫孤城，它不能自我保全已经很清楚了。敌人的大镇逼近孤城外面，长江、淮河隔断孤城内部，少设置守兵就不足以自我固守，多设置守兵就粮运难以畅通。大军返回后，士兵心里孤独胆怯，夏季河水大涨，救援十分困难，齐人用新兵攻击我们的老兵，我们用疲劳的士兵抵御安逸的能伺机进攻的齐兵，如果真的这样，必定被敌人擒获，虽然忠勇奋发，但最终有什么好处呢！而且安土乐居，眷恋故乡，是人之常情。从前彭城战役，已经攻克大镇彭城，城内戍兵已经安排好，但是不服从我们想叛乱的人还是超过几万。角城，是位于淮北的一座小城，距离淮阳十八里，在五固战役时，对它进攻、包围了很长时间，最终没能攻克。用现在比过去，事情的难度增加了几倍。天气逐渐变热，雨季正在来临，希望陛下继承世祖的成规，回车返旗，经营洛邑，蓄积力量，观察敌人的破绽，广布恩德，推行教化，中原地区和顺以后，远处的人自然就归服了。"尚书令陆叡上表，认为："长江浩浩荡荡，是他们的巨大防线。加上南方之地连阴多雾，暑气郁结、蒸发，军人经过夏季，必定多生疾病。而且迁都不久，万事草创，各项事务刚刚开头，台省没有论政的馆舍，各官署没有听政的场所，百官的居处，像过路人的临时住所一样，阴雨连绵、炎阳熏蒸，自然会发生流行疾病。而且兵役、徭役同时征发，圣明的帝王都觉着难办。现在强壮的战士穿上铠甲、戴上头盔，在境外进攻敌人，瘦弱的农夫，在国内为土木建筑卖力操劳，运给前线物资的费用，每日需要千金。驱使疲惫不堪的士兵，进攻坚固城墙内的敌人，将凭借什么取胜呢？陛下去年冬天的行动，只是想在长江、汉水炫耀武力罢了，现在从春天到夏天，理应解甲。希望早日回归洛阳，使京城牢固，

圣怀无内顾之忧,兆民休斤板之役,然后命将出师,何忧不服。"魏主纳其言。

崔慧景以魏人城邵阳,患之。张欣泰曰:"彼有去志,所以筑城者,外自夸大,惧我蹑其后耳。今若说之以两愿罢兵,彼无不听矣。"慧景从之,使欣泰诣城下语魏人,魏主乃还。

济淮,馀五将未济,齐人据渚邀断津路。魏主募能破中渚兵者以为直阁将军,军主代人奚康生应募,缚筏积柴,因风纵火,烧齐船舰,依烟直进,飞刀乱斫,中渚兵遂溃。魏主假康生直阁将军。

魏主使前将军杨播将步卒三千、骑五百为殿。时春水方长,齐兵大至,战舰塞川。播结陈于南岸以御之,诸军尽济。齐兵四集围播,播为圆陈以御之,身自搏战,所杀甚众。相拒再宿,军中食尽,围兵愈急。魏主在北岸望之,以水盛不能救,既而水稍减,播引精骑三百历齐舰大呼曰:"我今欲渡,能战者来!"遂拥众而济。播,椿之兄也。

魏军既退,邵阳洲上馀兵万人,求输马五百匹,假道以归。崔慧景欲断路攻之,张欣泰曰:"归师勿遏,古人畏之,兵在死地,不可轻也。今胜之不足为武,不胜徒丧前功,不如许之。"慧景从之。萧坦之还,言于上曰:"邵阳洲有死贼万人,

圣上心里没有后顾之忧,万民没有斧斤和版筑的徭役,然后任命将领率军出征,还担心什么不能平服。"魏主采纳了他的建议。

南齐的崔慧景因为北魏军队在邵阳建立城垒,感到忧虑。张欣泰说:"他们有撤离的意思,之所以建筑城垒,是为了对外显示强大,害怕我们跟踪其后进行追击罢了。现在如果用愿意两国停战的话去游说他们,他们必听无疑。"崔慧景听从了张欣泰的话,派他到邵阳城下对北魏人游说,魏主于是退兵。

北魏兵渡淮河的时候,还剩下五员将领没有渡过河,南齐人便占据水中的小洲,半路截断了北魏兵的水路。魏主招募能击败小洲上南齐兵的人,答应事成之后任命他为直阁将军,军主代地人奚康生应募,他率人捆扎竹筏,在筏上堆积干柴,凭借风力纵火,烧毁了南齐军的船舰,又依靠浓烟的掩护向前直进,飞刀乱砍,在小洲上的南齐兵崩溃。魏主非正式任命奚康生为直阁将军。

魏主让前将军杨播率领步兵三千人、骑兵五百人作后卫。当时春水正涨,南齐兵大批杀到,战舰填塞河流。杨播在南岸结阵抵御敌军,让各军全部渡过淮河。南齐兵四面集中,包围杨播,杨播列圆阵来抵御他们,并亲自与敌人进行肉搏战,杀死了很多敌人。与南齐兵抗拒了两夜,军中粮尽,包围的敌军加紧了进攻。魏主在北岸望着他们,因为水大而不能相救,不久水势稍微减小,杨播带领精锐骑兵三百人经过南齐的兵舰,大喊道:"我现在想渡河,能战的人过来!"南齐兵没敢阻拦,于是杨播成功地护卫着众人渡过了河。杨播,是杨椿的哥哥。

北魏大军已撤退,邵阳洲还剩下士兵一万多人,这些人请求向南齐崔慧景缴纳五百匹马,以便借道回国。崔慧景想截断北魏兵的归路,攻击他们,张欣泰说:"回归的军队不要阻拦,古人都害怕回归的军队,士兵处在将死的境地,不能轻视。现在胜了他们不足以表明我军的勇猛,不胜他们就会白白地丧失以前的功劳,不如答应他们。"崔慧景听从了张欣泰的话。萧坦之回到朝廷后,向齐明帝汇报说:"邵阳洲有可被消灭的敌人一万人,

慧景、欣泰纵而不取。"由是皆不加赏。甲申,解严。

初,上闻魏主欲饮马于江,惧,敕广陵太守行南兖州事萧颖胄移居民入城,民惊恐,欲席卷南渡。颖胄以魏寇尚远,不即施行,魏兵竟不至。颖胄,太祖之从子也。

上遣尚书右仆射沈文季助丰城公遥昌守寿阳。文季入城,止游兵不听出,洞开城门,严加守备。魏兵寻退。

魏之入寇也,卢昶等犹在建康,齐人恨之,饲以蒸豆。昶怖惧,食之,泪汗交横。谒者张思宁辞气不屈,死于馆下。及还,魏主让昶曰:"人谁不死,何至自同牛马,屈身辱国! 纵不远惭苏武,独不近愧思宁乎!"乃黜为民。

魏主之在钟离也,仇池镇都大将、梁州刺史拓跋英请以州兵会刘藻击汉中,魏主许之。梁州刺史萧懿遣部将尹绍祖、梁季群等将兵二万,据险,立五栅以拒之。英曰:"彼帅贱,莫相统壹。我选精卒并攻一营,彼必不相救;若克一营,四营皆走矣。"乃引兵急攻一营,拔之,四营俱溃,生擒梁季群,斩三千馀级,俘七百馀人,乘胜长驱,进逼南郑。懿又遣其将姜脩击英,英掩击,尽获之。将还,懿别军继至,将士皆已疲,不意其至,大惧,欲走。英故缓辔徐行,神色自若,登高望敌,东西指麾,状若处分,然后整列而前。

崔慧景、张欣泰放走了他们，不加以消灭。"因此，齐明帝对崔、张都不加奖赏。甲申（十五日），齐明帝下令解除戒严。

最初，齐明帝听说魏主想在长江饮马，感到很害怕，敕令广陵太守代理南兖州事务的萧颖胄迁移百姓进城，百姓惊慌害怕，想搬运全部物品南渡长江。萧颖胄因为北魏军队离得还远，便没有马上施行移民计划，北魏军最终没到。萧颖胄，是太祖的侄子。

齐明帝派遣尚书右仆射沈文季帮助丰城公萧遥昌守卫寿阳。沈文季入城后，禁止游兵外出，洞开城门，严加防备。北魏兵不久就退走了。

北魏入侵时，卢昶等使者还在建康，南齐人痛恨他们，给他们吃蒸过的喂牛马的豆子。卢昶害怕被杀，吃了那些豆子，眼泪和汗水纵横交流。谒者张思宁慷慨陈词，宁死不屈，在使馆下被杀。回国后，魏主责备卢昶说："谁人没有死的时候，何至于为求生饮食等同牛马，委屈自己，侮辱国家！纵然不远比苏武觉得羞惭，难道近比张思宁就不觉得有愧吗！"于是，将他罢免官职，削爵为民。

魏主在钟离时，北魏仇池镇都大将、梁州刺史拓跋英请求带领本州的军队与刘藻会师，进攻汉中，魏主答应了他。南齐梁州刺史萧懿派遣部将尹绍祖、梁季群等人率领军队二万，占据险要地形，建立五座用栅栏环绕的兵营，以抗拒北魏军队。拓跋英说："他们的将帅出身低微，互相之间不统一。我挑选精锐将士全力进攻他们一个兵营，他们必定不会互相救援；如果攻克一个兵营，其馀四营的将士就都逃走了。"于是带领军队急攻一个兵营，将其攻下，其馀四营果然崩溃，活捉了梁季群，斩敌首三千馀级，俘虏七百多人，乘胜长驱直入，进军逼近南郑。萧懿又派遣他的将领姜脩攻击拓跋英，拓跋英突然反击，将姜脩的军队全部擒获。军队将要返回时，南齐萧懿所派的另外的军队接连来到，将士们都已经疲惫，没想到另有敌军会来，他们大惊失色，想逃跑。拓跋英故意放松缰绳，让马慢行，而且神色自若，登高观察敌人，东西指挥旗子，像是在调动布置军队，然后列好阵势前进。

懿军疑有伏兵,迁延引退,英追击,破之,遂围南郑。禁将士毋得侵暴,远近悦附,争供租运。懿婴城自守,军主范絜先将三千馀人在外,还救南郑,英掩击,尽获之。围城数十日,城中恟惧。录事参军新野庾域封题空仓数十,指示将士曰:"此中粟皆满,足支二年,但努力坚守!"众心乃安。会魏主召英还,英使老弱先行,自将精兵为后拒,遣使与懿告别。懿以为诈,英去一日,犹不开门,二日,乃遣将追之。英与士卒下马交战,懿兵不敢逼,行四日四夜,懿兵乃返。英入斜谷,会天大雨,士卒截竹贮米,执炬火于马上炊之。先是,懿遣人诱说仇池诸氐,使起兵断英运道及归路。英勒兵奋击,且战且前,矢中英颊,卒全军还仇池,讨叛氐,平之。英,桢之子;懿,衍之兄也。

英之攻南郑也,魏主诏雍、泾、岐三州发兵六千人戍南郑,俟克城则遣之。侍中兼左仆射李冲表谏曰:"秦川险厄,地接羌夷,自西师出后,饷援连续,加氐胡叛逆,所在奔命,运粮擐甲,迄兹未已。今复豫差戍卒,悬拟山外,虽加优复,恐犹惊骇。脱终攻不克,徒动民情,连胡结夷,事或难测。辄依旨密下刺史,待军克郑城,然后差遣,如臣愚见,犹谓未足。何者?西道险厄,单径千里,今欲深戍绝界之外,

萧懿的军队怀疑有伏兵,放慢速度,向后撤退,拓跋英率军追击,将他们击败,于是包围南郑。拓跋英禁止将士侵暴百姓,远近百姓高兴归附,争相供给北魏军田租、运具。萧懿围绕城市进行防守,军主范絜先率领三千多人在外地,回来救援南郑,拓跋英对其进行突然袭击,全部俘虏了这支援军。包围南郑几十天,城内喧嚷骚动,非常恐惧。录事参军新野人庾将空仓几十个,贴上封条,写上文字,指示将士说:"这些仓中都装满了粮食,足可以支持两年,大家只需努力坚守!"军心这才稳定。恰好魏主让拓跋英回军,拓跋英让老弱的将士先走,自己率领精兵作为后队,准备抵御追兵,派遣使者与萧懿告别。萧懿认为是骗局,拓跋英撤离一天后,还不敢开门,过了两天,才派遣将领追赶。拓跋英与士兵一起下马交战,萧懿的军队不敢进逼,就这样走了四天四夜,萧懿的军队才返回。拓跋英进入斜谷后,恰好天下大雨,士兵们截断竹子,在空心内贮放米,拿着火炬在马上烧竹做饭。在此之前,萧懿派人引诱、劝说仇池各氏族部落,让他们起兵截断拓跋英的运粮道路以及回归之路。拓跋英面对氐兵拦截,率军奋勇反击,边战斗边前进,敌箭射中了他的脸颊,但他最终率领全部军队返回仇池,又讨伐叛乱的氐族部落,将他们平定。拓跋英,是拓跋桢的儿子;萧懿,是萧衍的哥哥。

拓跋英进攻南郑时,魏主诏令雍、泾、岐三州征发士兵六千人准备戍守南郑,等到攻克南郑后就派他们前往。侍中兼左仆射李冲上表进谏说:"秦川地势险峻狭隘,与羌族接壤,西路军出发后,粮饷后援接连不断,加上氐胡背叛,军队各处疲于奔命,运粮的人都需穿上铠甲,到现在还没结束。现在又预先差派戍兵,准备让他们到远隔千里的秦岭以外,即使对他们优待,他们恐怕还是会惊慌恐惧。如果最终攻不下南郑,就白白地牵动民情,百姓由此是否会与胡夷联合,事情也难以预测。就是依照诏令,秘密下给刺史,等军队攻克了南郑城,然后差派遣送他们,以我浅愚的观点看来,仍然认为不值得这么做。为什么?西部道路险峻狭隘,单程就有上千里,现在想在遥远隔绝的边境之外戍守,

孤据群贼之中,敌攻不可猝援,食尽不可运粮。古人有言'虽鞭之长,不及马腹',南郑于国,实为马腹也。且魏境所掩,九州过八;民人所臣,十分而九,所未民者,唯漠北之与江外耳。羁之在近,岂汲汲于今日也!宜待疆宇既广,粮食既足,然后置邦树将,为吞并之举。今钟离、寿阳,密迩未拔;赭城、新野,跬步弗降。东道既未可以近力守,西藩宁可以远兵固!若果欲置者,臣恐终以资敌也。又,建都土中,地接寇壤,方须大收死士,平荡江会,若轻遣单寡,弃令陷没,恐后举之日,众以留守致惧,求其死效,未易可获。推此而论,不戍为上。"魏主从之。

魏城阳王鸾等攻赭阳,诸将不相统壹,围守百馀日,诸将欲按甲不战以疲之。李佐独昼夜攻击,士卒死者甚众。帝遣太子右卫率垣历生救之。诸将以众寡不敌,欲退,佐独帅骑二千逆战而败。卢渊等引去,历生追击,大破之。历生,荣祖之从弟也。南阳太守房伯玉等又败薛真度于沙堨。

鸾等见魏主于瑕丘。魏主责之曰:"卿等沮辱威灵,罪当大辟,朕以新迁洛邑,特从宽典。"五月己巳,降封鸾为定襄县王,削户五百;卢渊、李佐、韦珍皆削官爵为民,佐仍徙瀛州。以薛真度与其从兄安都有开徐方之功,听存其爵

孤军处于群敌之中，敌人进攻他们，我们不能马上增援，他们粮尽，我们不能运去粮食。古人有这样的话，'即使鞭子再长，也够不着马的腹部'，南郑对于我国来说，实际上就是马的腹部。而且魏国的疆域所包含的，九州已超过八个；百姓所臣服的，十分之中占了九分，所没有臣服的，只有大漠以北和长江以南罢了。束缚他们已为期不远，何必心情急切，就在今天呢！应该等疆域已经扩大，粮食已经充足，然后设置邦城，树立将帅，采取吞并他们的行动。现在离我们边界较近的钟离、寿阳，没有攻下；只有一步之遥的赭城、新野不肯投降。东部地区已经不能凭借距离近的优势派兵戍守，西部藩属怎么可以远距离派军队固守呢！如果真的想设置的话，我恐怕最终用他们资助了敌人。另外，建都洛阳，此地接近敌人边界，正需要大批招募敢于效死的士兵，去荡平江南的都会建康，如果轻易地派遣孤单寡弱的军队出击，抛弃他们，让他们在敌国陷没，恐怕以后行动的日子到来时，军队因为留下守卫而恐惧，要求他们效死力，不容易做到。推究这些原因，得出的结论是，不去南郑戍守才是上策。"魏主听从了李冲的话。

北魏城阳王拓跋鸾等进攻赭阳，各位将领互相之间不统一，包围、防守相持一百多天，诸将想按兵不动，只围不战使敌人疲惫。李佐单独率军昼夜攻击，士兵战死的很多。齐明帝派遣太子右卫率垣历生救援赭阳。北魏诸将认为众寡悬殊，不是敌手，想撤退，只有李佐率领骑兵两千迎战，但战败。卢渊等带兵离去，垣历生率兵追击，大败北魏兵。垣历生是垣荣祖的堂弟。南阳太守房伯玉等人又在沙堨击败薛真度。

拓跋鸾等人在瑕丘拜见魏主。魏主责备他们说："你们这些人挫败、污辱了魏国的威灵，论罪应该杀头，但是，我因为刚刚迁都洛邑，特别从宽处理你们，免你们一死。"五月己巳（初一），魏主将拓跋鸾降级，封为定襄县王，削去封户五百；卢渊、李佐、韦珍都削去官爵，降为平民，李佐还流放到瀛州。因为薛真度与他的堂兄薛安都有开拓徐州地区的功劳，听任保留他们的爵位

及荆州刺史,馀皆削夺,曰:"进足明功,退足彰罪矣。"

癸未,魏主还洛阳,告于太庙。甲申,减冗官之禄以助军国之用。乙酉,行饮至之礼。班赏有差。

三年冬闰十月,魏主谋入寇,引见公卿于清徽堂,曰:"朕卜宅土中,纲条粗举,唯南寇未平,安能效近世天子下帷于深宫之中乎!朕今南征决矣,但未知早晚之期。比来术者皆云,今往必克,此国之大事,宜君臣各尽所见,勿以朕先言而依违于前,同异于后也。"李冲对曰:"凡用兵之法,宜先论人事,后察天道。今卜筮虽吉而人事未备,迁都尚新,秋谷不稔,未可以兴师旅。如臣所见,宜俟来秋。"帝曰:"去十七年,朕拥兵二十万,此人事之盛也,而天时不利。今天时既从,复云人事未备。如仆射之言,是终无征伐之期也。寇戎咫尺,异日将为社稷之忧,朕何敢自安!若秋行不捷,诸君当尽付司寇,不可不尽怀也。"

四年六月壬戌,魏发冀、定、瀛、相、济五州兵二十万,将入寇。八月丙辰,魏诏中外戒严。甲戌,魏讲武于华林园。庚辰,军发洛阳。使吏部尚书任城王澄居守,以御史中尉李彪兼度支尚书,与仆射李冲参治留台事。假彭城王勰中军大将军,勰辞曰:"亲疏并用,古之道也。臣独何人,

和荆州刺史之职,其馀官职全部削夺,魏主说:"晋升的足可以表明功绩,降免的足可以彰显罪过了。"

癸未(十五日),魏主回到洛阳,到太庙祭祀,向祖先汇报。甲申(十六日),减少冗官的俸禄以便增加国防军需的费用。乙酉(十七日),举行出征回朝告庙饮酒的饮至大礼。颁赏南伐的功臣,按功劳大小各有差等。

三年(496)冬季闰十月,魏主谋划入侵南齐,在清徽堂引见公卿,说:"我选择洛阳为都城,政纲条令大致具备,只有南方的敌人没有荡平,怎么能效法近代的天子在深宫之中落下帷帐、不理朝政呢!我现在已经决定南征齐国了,只是不知道发兵早晚的合适日期。近来术数家都说,现在前往必定胜利,这是国家的大事情,君臣都应该尽量说出各自的看法,不要因为我先说了决定南征而在我面前违背自己的意愿表示依从,又在我背后表示不同意见。"李冲对答说:"凡是用兵的法则,应该首先谈论人事,然后观察天道。现在占卜的结果虽然是出兵吉利,但人事方面的条件尚未具备,迁都还没有多久,秋天的农作物还没有成熟,不可以发动军队南征。按照臣下的看法,应该等到来年秋天再南征。"魏主说:"去年,我统帅军队二十万,这在人事方面是盛况了,但是天时不利。现在天时很有利了,又说人事方面不具备条件。按仆射所说的话做,是最终也不会有征伐的日期。敌人的军队近在咫尺,以后将成为国家的忧患,我怎么敢自安啊!如果秋天出兵不能获胜,各位理应全部送到司寇那里治罪,所以你们不可不尽情施展志向。"

四年(497)六月壬戌(初七),北魏征发冀、定、瀛、相、济五州的军队二十万人,即将入侵南齐。八月丙辰(初一),北魏下诏中外戒严。甲戌(十九日),北魏在华林园操练军队。庚辰(二十五日),北魏军队从洛阳出发。魏主让吏部尚书任城王元澄居家留守,任命御史中尉李彪兼度支尚书,与仆射李冲一起参与管理留台事宜。非正式任命彭城王元勰为中军大将军,元勰推辞说:"亲近和疏远的人同时任用,是古代的用人之道。我是什么人,

频烦宠授！昔陈思求而不允,愚臣不请而得,何否泰之相远也!"魏主大笑,执勰手曰:"二曹以才名相忌,吾与汝以道德相亲。"

上遣军主、直阁将军胡松助北襄城太守成公期戍赭阳,军主鲍举助西汝南、北义阳二郡太守黄瑶起戍舞阴。

初,魏迁洛阳,荆州刺史薛真度劝魏主先取樊、邓。真度引兵寇南阳,太守房伯玉击败之。魏主怒,以南阳小郡,志必灭之,遂引兵向襄阳,彭城王勰等三十六军前后相继,众号百万,吹唇沸地。九月辛丑,魏主留诸将攻赭阳,自引兵南下。癸卯,至宛,夜袭其郛,克之。房伯玉婴内城拒守,魏主遣中书舍人孙延景谓伯玉曰:"我今荡壹六合,非如向时冬来春去,不有所克,终不还北。卿此城当我六龙之首,无容不先攻取,远期一年,近止一月。封侯、枭首,事在俯仰,宜善图之!且卿有三罪,今令卿知:卿先事武帝,蒙殊常之宠,不能建忠致命而尽节于其仇,罪一也;顷年薛真度来,卿伤我偏师,罪二也;今銮辂亲临,不面缚麾下,罪三也。"伯玉遣军副乐稚柔对曰:"承欲攻围,期于必克。卑微常人,得抗大威,真可谓获其死所!外臣蒙武帝采拔,岂敢忘恩!但嗣君失德,主上光绍大宗,非唯副亿兆之深望,抑亦兼武皇之遗敕。是以区区尽节,不敢失坠。往者北师深入,寇扰边民,辄厉将士以修职业,

频繁地受到宠爱,授予重任!过去陈思王曹植自请攻打吴、蜀,而魏文帝曹丕不答应,愚臣没有请求而得到此任,为什么曹氏兄弟上下之情不通与我们兄弟之情亲密无间相差这么远!"魏主大笑,握住元勰的手说:"曹丕、曹植因为都有才气名望互相猜忌,我和你是因为都有道有德互相亲善。"

齐明帝派遣军主、直阁将军胡松帮助北襄城太守成公期戍守赭阳,派军主鲍举帮助西汝南、北义阳二郡太守黄瑶起戍守舞阴。

最初,北魏迁都洛阳,荆州刺史薛真度劝说魏主首先夺取樊、邓。薛真度带兵侵犯南阳,太守房伯玉将他击败。魏主发怒,以为南阳是座小城,下决心一定要灭掉它,于是率兵向襄阳进军,彭城王元勰等率领的三十六路军队前后相继,号称百万大军,军中的口哨声使大地沸腾。九月辛丑(十七日),魏主留下各位将领进攻赭阳,自己带兵南下。癸卯(十九日),到达宛城,夜间袭击宛城的外城,将其攻克。房伯玉环绕内城进行抗拒、坚守,魏主派遣中书舍人孙延景对房伯玉说:"我现在要荡平江南,统一全国,不像以前那次冬天来了春天离去,没有收获,终究不会返回北方。你这座城市正面对国君南下的兵锋,不容不首先攻取,远说经过一年,近说只需要一个月。是封侯,还是悬首示众,事情不过在低头抬头之间,应该好好考虑一下!而且你有三条罪状,现在让你知道:你原先侍奉武帝,蒙受非常特殊的宠爱,不能建立忠义、为此舍生,反而对武帝的仇人尽忠心、臣节,这是第一条罪状;今年不久前薛真度来此,你损伤了我的部分军队,这是第二条罪状;现在我銮车亲自光临,你没有自己捆绑起来,到我的大旗下投降,这是第三条罪状。"房伯玉派遣军队副统帅乐稚柔回答说:"承蒙你们想来攻击、包围宛城,志在必得。官低位卑的普通人,能够抗击皇帝,真可说是死得其所!外臣我承蒙武帝的赏识提拔,怎么敢忘记恩情呢!只是继位的君主失德,我主上光大继承大宗,不只是符合亿万民众的深切期望,而且也兼顾了武皇的遗诏。因此我竭尽大臣节操,不敢失误。此前北军深入,侵略骚扰我边境民众,我就勉励将士杀敌报国以尽职守,

反己而言，不应垂责。"宛城东南隅沟上有桥，魏主引兵过之。伯玉使勇士数人，衣斑衣，戴虎头帽，伏于窦下，突出击之，魏主人马俱惊，召善射者原灵度射之，应弦而毙，乃得免。

丁未，魏主发南阳，留太尉咸阳王禧等攻之。己酉，魏主至新野，新野太守刘思忌拒守。冬十月丁巳，魏军攻之不克，筑长围守之，遣人谓城中曰："房伯玉已降，汝何为独取糜碎！"思忌遣人对曰："城中兵食犹多，未暇从汝小房语也！"魏右军府长史韩显宗将别军屯赭阳，成公期遣胡松引蛮兵攻其营，显宗力战，破之，斩其裨将高法援。显宗至新野，魏主谓曰："卿破贼斩将，殊益军势。朕方攻坚城，何为不作露布？"对曰："顷闻镇南将军王肃获贼二三人，驴马数匹，皆为露布。臣在东观，私常哂之。近虽仰凭威灵，得摧丑虏，兵寡力弱，擒斩不多，脱复高曳长缣，虚张功烈，尤而效之，其罪弥大。臣所以不敢为之，解上而已。"魏主益贤之。

上诏徐州刺史裴叔业引兵救雍州。叔业启称："北人不乐远行，唯乐钞掠。若侵虏境，则司、雍之寇自然分矣。"上从之。叔业引兵攻虹城，获男女四千馀人。

甲戌，遣太子中庶子萧衍、右军司马张稷救雍州。十一月甲午，前军将军韩秀方等十五将降于魏。丁酉，魏败齐兵于沔北，将军王伏保等为魏所获。

反过来从你们自己的角度来说,这种情况也不应该降辞责难。"宛城东南角的沟上有座桥,魏主带兵从上经过。房伯玉派几名勇士,穿上有斑纹的衣服,戴上虎头帽子,埋伏在小水沟下面,突然出现袭击魏主,魏主和所骑战马都受到惊吓,他召来善于射箭的原灵度射击袭击者,袭击者应弦而毙,他才得以脱身。

丁未(二十三日),魏主从南阳出发,留下太尉咸阳王元禧等进攻南阳。己酉(二十五日),魏主到达新野,新野太守刘思忌抗拒坚守。冬季十月丁巳(初三),北魏军队进攻新野,没有攻克,于是修筑很长的防线包围南阳,派人对城中说:"房伯玉已经投降,你们为什么自找粉身碎骨的下场呢!"刘思忌派人回答说:"城中军队、粮食还很多,没时间理会你们这些小房的话!"北魏右军府长史韩显宗率领另一支军队屯驻赭阳,成公期派遣胡松带领蛮兵进攻韩显宗的兵营,韩显宗奋力抗战,将敌军击败,斩杀胡松的副将高法援。韩显宗到新野,魏主对他说:"你击败敌人,斩杀敌将,大大扩大了我军的声势。我正在进攻坚城,为什么不写帛书挂到竿上做露布,使远近知道?"韩显宗回答说:"不久前听说镇南将军王肃俘获敌人二三名,驴马几匹,都做露布。我在东观时私下常常嘲笑这种做法。近来虽然仰仗凭借您的威名、灵佑,得以挫败丑恶的敌人,但我的军队少、力量弱,俘虏斩杀的不多,如果再高高地拖挂长帛,虚张功业,过分地效法王肃的做法,这罪恶就更大了。我因此不敢做露布,只要能使皇上听说便罢了。"魏主越发认为韩显宗有品德有才能。

齐明帝诏令徐州刺史裴叔业带兵救援雍州。裴叔业上奏说:"北魏军人不乐意远行,只乐意抢劫掠夺。如果我们侵犯敌人的边境,敌人回救,那么司州、雍州的敌军自然就分散了。"齐明帝听从了他的建议。裴叔业带兵进攻虹城,俘获男女四千多人。

甲戌(二十日),齐明帝派遣太子中庶子萧衍、右军司马张稷救援雍州。十一月甲午(十一日),前军将军韩秀方等十五员将领向北魏投降。丁酉(十四日),北魏军队在沔水以北打败南齐军,将军王伏保等人被北魏擒获。

新野人张腽帅万馀家据栅拒魏,十二月庚申,魏人攻拔之。雍州刺史曹虎与房伯玉不协,故缓救之,顿军樊城。

丁丑,诏遣度支尚书崔慧景救雍州,假慧景节,帅众二万、骑千匹向襄阳,雍州众军并受节度。

庚午,魏主南临沔水。戊寅,还新野。

将军王昙纷以万馀人攻魏南青州黄郭戍,魏戍主崔僧渊破之,举军皆没。将军鲁康祚、赵公政将兵万人侵魏太仓口,魏豫州刺史王肃使长史清河傅永将甲士三千击之。康祚等军于淮南,永军于淮北,相去十馀里。永曰:"南人好夜斫营,必于渡淮之所置火以记浅处。"乃夜分兵为二部,伏于营外,又以瓠贮火,密使人过淮南岸,于深处置之,戒曰:"见火起,则亦然之。"是夜,康祚等果引兵斫永营,伏兵夹击之。康祚等走趣淮水,火既竞起,不知所从,溺死及斩首数千级,生擒公政,获康祚之尸以归。豫州刺史裴叔业侵魏楚王戍,肃复令永击之。永将心腹一人驰诣楚王戍,令填外堑,夜伏战士千人于城外。晓而叔业等至城东,部分将置长围。永伏兵击其后军,破之。叔业留将佐守营,自将精兵数千救之。永登门楼,望叔业南行数里,即开门奋击,大破之,获叔业伞扇、鼓幕、甲仗万馀。叔业进退失据,遂走。左右欲追之,永曰:"吾弱卒不满三千,

新野人张腊率领一万多家据有栅垒抗拒北魏兵。十二月庚申(初七),北魏军攻拔栅垒,俘获张腊等人。雍州刺史曹虎与房伯玉关系不好,所以延缓救援房伯玉的速度,让军队在樊城停宿。

丁丑(二十四日),齐明帝下诏派遣度支尚书崔慧景救援雍州,授予崔慧景代表皇权的符节,让他率领军队两万,战骑一千四,向襄阳进军,雍州各军都受他的节制调度。

庚午(十七日),魏主向南到达沔水岸边。戊寅(二十五日),返回新野。

南齐将军王昙纷率军一万多人进攻北魏南青州黄郭戍,北魏戍守主将崔僧渊将他击败,南齐全军覆没。南齐将军鲁康祚、赵公政率领军队一万人入侵北魏太仓口,北魏豫州刺史王肃派其长史清河人傅永率领铁甲精兵三千人进行反击。鲁康祚等在淮河南岸驻军,傅永在淮河北岸驻军,双方相距十多里。傅永说:"南方人喜欢夜间袭营地,必定会在渡淮河的地方设置火种以标记水浅之处。"于是夜间将军队分为两部分,埋伏在军营外面,又用瓠盛火种,秘密派人渡淮河到南岸,在水深的地方放置这些瓠,告诫执行任务的人说:"看到火光升起,就也点燃它们。"这天晚上,鲁康祚等果然带兵偷袭傅永的营地,傅永预先埋伏的军队杀出来夹击他们。鲁康祚等向淮河逃跑,火种已经竞相燃起,不知道该以哪里为准,淹死以及被斩掉首级的有几千人,傅永的军队活捉了赵公政,获得鲁康祚的尸体,带着这些胜利果实返回。豫州刺史裴叔业侵略北魏的楚王戍,王肃又命令傅永进行反击。傅永带着一名心腹快马赶到楚王戍,命令填上外面的沟壕,夜间埋伏战士一千人在城外。天亮后裴叔业等到达城东,部署分配兵力,将要设置长长的包围圈。傅永的伏兵攻击裴叔业的后军,将其击败。裴叔业留下将佐守卫军营,自己率精锐士兵几千人救援后军。傅永登上门楼,望着裴叔业向南走出几里后,立即打开城门,奋力反击,大败南齐兵,获得裴叔业的伞扇、军鼓帷幕、铠甲兵仗一万多件。裴叔业进退都失去依据,于是逃走。傅永的身边人员想追击裴叔业,傅永说:"我们的弱兵不满三千人,

彼精甲犹盛,非力屈而败,自堕吾计中耳。既不测我之虚
实,足使丧胆,俘此足矣,何更追之!"魏主遣谒者就拜永安
远将军、汝南太守,封贝丘县男。永有勇力,好学能文。魏
主常叹曰:"上马能击贼,下马作露版,唯傅脩期耳!"

永泰元年春正月,魏统军李佐攻新野,丁亥,拔之,缚
刘思忌,问之曰:"今欲降未?"思忌曰:"宁为南鬼,不为北
臣!"乃杀之。于是沔北大震。戊子,湖阳戍主蔡道福,辛
卯,赭阳戍主成公期,壬辰,舞阴戍主黄瑶起、南乡太守席
谦相继南遁。瑶起为魏所获,魏主以赐王肃,肃脔而食之。
乙巳,命太尉陈显达救雍州。

庚戌,魏主如南阳。二月癸丑,诏左卫将军萧惠休救
寿阳。甲子,魏人拔宛北城,房伯玉面缚出降。伯玉从父
弟思安为魏中统军,数为伯玉泣请,魏主乃赦之。庚午,魏
主如新野。辛巳,以彭城王勰为使持节、都督南征诸军事、
中军大将军、开府仪同三司。

三月壬午朔,崔慧景、萧衍大败于邓城。时慧景至襄
阳,五郡已没,慧景与衍及军主刘山阳、傅法宪等帅五千馀
人进行邓城,魏数万骑奄至,诸军登城拒守。时将士蓐食
轻行,皆有饥惧之色。衍欲出战,慧景曰:"虏不夜围人城,
待日暮自当去。"既而魏众转至。慧景于南门拔军去,诸军
不相知,相继皆遁。魏兵自北门入,刘山阳与部曲数百人断
后死战,且战且却行。慧景过闹沟,军人相蹈藉,桥皆断坏。

他们的精锐士卒还很多,他们不是力屈而失败,只是自己坠入我的计谋之中罢了。既然没法估计我们的虚实,足可以使他们丧胆,俘获这些就足够了,何必再追他们?"魏主派遣谒者到傅永军中授予他安远将军、汝南太守,封他为贝丘县男。傅永有勇力,喜欢读书,能写文章。魏主常常感叹说:"上马能够打击敌人,下马能作露布版文,只有傅永一人而已!"

永泰元年(498)春季正月,北魏统军李佐进攻新野,丁亥(初五),攻下新野,捆绑住刘思忌,问他说:"现在想投降否?"刘思忌说:"宁肯做南齐的鬼,也不做北魏的臣!"李佐便杀掉了他。于是沔水以北大受震动。戊子(初六),湖阳戍守主将蔡道福,辛卯(初九),赭阳戍守主将成公期,壬辰(初十),舞阴戍守主将黄瑶起、南乡太守席谦相继南逃。黄瑶起被北魏俘获,魏主把他赏赐给王肃,王肃将黄瑶起脔割成小块后吃掉了他。乙巳(二十三日),魏主命令太尉陈显达救援雍州。

庚戌(二十八日),魏主到南阳。二月癸丑(初一),诏令左卫将军萧惠休救援寿阳。甲子(十二日),北魏军队攻下宛城北城,房伯玉捆绑自己出城投降。房伯玉的族弟房思安是北魏中军统军,他屡次替房伯玉流泪请求,魏主这才赦免了房伯玉。庚午(十八日),魏主到新野。辛巳(二十九日),任命彭城王元勰为使持节、都督南征诸军事、中军大将军、开府仪同三司。

三月壬午这天是初一,南齐的崔慧景、萧衍在邓城打了大败仗。当崔慧景到达襄阳时,五个郡已经陷落,崔慧景与萧衍以及军主刘山阳、傅法宪等人率领五千多人进军到邓城,北魏几万名骑兵出其不意突然来到,各路军队登上城墙进行抵御防守。当时将士们是提前吃了早饭,轻装疾行,都有饥饿恐惧的神色。萧衍想要出城作战,崔慧景说:"敌人不会在夜间包围我们的城池,等到太阳落山后自然会离去。"不久北魏军队反而来到。崔慧景在南门撤军离去,各路军队互不相知,相继都逃走了。北魏军队从邓城北门入城,刘山阳和部下几百人在后面死战,一边战斗一边撤退。崔慧景经过闹沟,军人互相踩踏,桥都踩断踩坏。

魏兵夹路射之,杀傅法宪,士卒赴沟死者相枕,山阳取袄仗填沟乘之,得免。魏主将大兵追之,晡时至沔。山阳据城苦战,至暮,魏兵乃退。诸军恐惧,是夕,皆下船还襄阳。庚寅,魏主将十万众,羽仪华盖,以围樊城,曹虎闭门自守。魏主临沔水,望襄阳岸,乃去,如湖阳。辛亥,如悬瓠。

魏镇南将军王肃攻义阳,裴叔业将兵五万围涡阳以救义阳。魏南兖州刺史济北孟表守涡阳,粮尽,食草木皮叶。叔业积所杀魏人高五丈以示城内。别遣军主萧琐等攻龙亢,魏广陵王羽救之。叔业引兵击羽,大破之,追获其节。魏主使安远将军傅永、征虏将军刘藻、假辅国将军高聪等救涡阳,并受王肃节度。叔业进击,大破之,聪奔悬瓠,永收散卒徐还。叔业再战,凡斩首万级,俘三千馀人,获器械杂畜财物以千万计。魏主命锁三将诣悬瓠,刘藻、高聪免死,徙平州,傅永夺官爵,黜王肃为平南将军。肃表请更遣军救涡阳,魏主报曰:“观卿意,必以藻等新败,故难于更往。朕今少分兵则不足制敌,多分兵则禁旅有阙,卿审图之!义阳当止则止,当下则下。若失涡阳,卿之过也!”肃乃解义阳之围,与统军杨大眼、奚康生等步骑十馀万救涡阳。叔业见魏兵盛,夜,引兵退。明日,士众奔溃,魏人追之,杀伤不可胜数。叔业还保涡口。

夏四月庚午,魏发州郡二十万人,期八月中旬集悬瓠。

北魏兵在路两边用箭射南齐军,射死傅法宪,南齐士兵投入沟里而死的互相枕压,刘山阳拾取袄、杖填沟,踩着过去,才得以脱身。魏主率领大军追击逃兵,晡时到达沔城。刘山阳占据城池奋力苦战,到傍晚,北魏军队才退走。南齐各路军队都很恐惧,这天晚上,都下船返回襄阳。庚寅(初九),魏主率领十万军队,在羽毛仪仗和华丽伞盖的簇拥下,包围樊城,曹虎关闭城门,进行坚守。魏主到沔水岸边,眺望了对岸的襄阳城,然后离去,到达湖阳。辛亥(三十日),到达悬瓠。

北魏镇南将军王肃进攻义阳,南齐裴叔业率领军队五万人包围涡阳以此救援义阳。北魏南兖州刺史济北人孟表守卫涡阳,粮食吃完,吃草木皮叶。裴叔业堆积所杀的北魏兵尸体,有五丈高,以此宣示城内。又另外派遣军主萧璝等进攻龙亢,北魏广陵王元羽赶来救援。裴叔业带兵攻击元羽,将他打得大败,追击获得了元羽的符节。魏主派安远将军傅永、征虏将军刘藻、假辅国将军高聪等救援涡阳,都受王肃节制调度。裴叔业进军攻击,大败北魏援军,高聪逃奔到悬瓠,傅永收罗被打散的士兵慢慢返回。裴叔业两次作战,共斩敌首一万级,俘虏三千多人,获得的器械、各种牲畜、财物用千万计算。魏主下令逮捕三将到悬瓠,刘藻、高聪免去死刑,流放平州,削夺傅永的官职爵位,贬王肃为平南将军。王肃上表请求再派军队救援涡阳,魏主回信说:"看你的意思,一定是因为刘藻等刚刚失败,所以难以再次前往。我现在少分兵力就不足以制伏敌人,多分兵力就会使禁军不足,你仔细谋划一下这件事!义阳应当停止进攻就停止,应当将它攻下就攻下。如果丢失涡阳,是你的罪过!"王肃这才解除对义阳的包围,与统军杨大眼、奚康生等率领步骑兵十几万人救援涡阳。裴叔业见北魏兵太多,夜间带兵撤退。第二天,士兵奔逃崩溃,北魏军追击他们,杀伤的将士不可胜数。裴叔业退回涡口防守。

夏季四月庚午(十九日),北魏征发州郡丁壮,得到士兵二十万人,约期八月中旬到悬瓠集中。

秋七月己酉,上殂于正福殿。太子即位。

九月己亥,魏主闻高宗殂,下诏称"礼不伐丧",引兵还。

魏主得疾,甚笃。丙午,发悬瓠,舍于汝滨。冬十一月辛巳,魏主如邺。

东昏侯永元元年春正月,太尉陈显达督平北将军崔慧景等军四万击魏,欲复雍州诸郡。癸未,魏遣前将军元英拒之。乙酉,魏主发邺。二月,陈显达与魏元英战,屡破之。攻马圈城四十日,城中食尽,啖死人肉及树皮。癸酉,魏人突围走,斩获千计。显达入城,将士竞取城中绢,遂不穷追。显达又遣军主庄丘黑进击南乡,拔之。

魏主谓任城王澄曰:"显达侵扰,朕不亲行,无以制之。"三月庚辰,魏主发洛阳,命于烈居守,以右卫将军宋弁兼祠部尚书,摄七兵事以佐之。弁精勤吏治,恩遇亚于李冲。癸未,魏主至梁城。崔慧景攻魏顺阳,顺阳太守清河张烈固守。甲申,魏主遣振威将军慕容平城将骑五千救之。丁酉,魏主至马圈,命荆州刺史广阳王嘉断均口,邀齐兵归路。嘉,建之子也。陈显达引兵度水西,据鹰子山筑城。人情沮恐,与魏战,屡败。魏武卫将军元嵩免胄陷陈,将士随之,齐兵大败。嵩,澄之弟也。戊戌夜,军主崔恭祖、胡松以乌布幔盛显达,数人担之,间道自分碛山出均水口南走。己亥,魏收显达军资亿计,班赐将士,追奔至汉水而还。

秋季七月己酉(三十日),齐明帝在正福殿去世。太子萧宝卷登上皇位。

九月己亥(二十一日),魏主听说高宗去世,下诏称"按礼,不讨伐有丧事的国家",带兵返回。

魏主得病,非常严重。丙午(二十八日),从悬瓠出发,在汝水之滨驻军。冬季十一月辛巳(初四),魏主到达邺城。

东昏侯永元元年(499)春季正月,南齐太尉陈显达督率平北将军崔慧景等所率军队四万人攻击北魏,想夺回雍州各郡。癸未(初六),北魏派遣前将军元英抵御南齐军队。乙酉(初八),魏主从邺城出发。二月,陈显达与北魏元英交战,屡次击败他。进攻马圈城四十天,城中粮尽,吃死人肉和树皮。癸酉(二十七日),北魏军队突围逃走,被南齐军斩杀俘虏了一千多人。陈显达进入马圈城,将士争先恐后夺取城中的绢,就没有穷追逃敌。陈显达又派遣军主庄丘黑进军攻击南乡,攻下了它。

魏主对任城王元澄说:"陈显达入侵骚扰,我不亲自南行,将士们没有制服他的依靠。"三月庚辰(初四),魏主从洛阳出发,命令于烈居家守卫,任命右卫将军宋弁兼任祠部尚书,统领尚书左中兵、右中兵、左外兵、右外兵、别兵、都兵、骑兵七兵曹的事务,以便辅佐于烈。宋弁精通而且勤于吏治,皇恩宠遇次于李冲。癸未(初七),魏主到达梁城。崔慧景进攻北魏的顺阳,顺阳太守清河人张烈坚守。甲申(初八),魏主派遣振威将军慕容平城率领骑兵五千救援张烈。丁酉(二十一日),魏主到达马圈城,命令荆州刺史广阳王元嘉切断均口,半路截断南齐军队的归路。元嘉,是元建的儿子。陈显达带兵渡过均水西行,占据鹰子山构筑城堡。士兵害怕,心情颓丧,与北魏军交战,屡次失败。北魏武卫将军元嵩摘掉头盔,率先陷阵,将士们跟随着他奋勇直前,南齐兵大败。元嵩,是元澄的弟弟。戊戌(二十二日)夜,军主崔恭祖、胡松用黑布幔盛着陈显达,几个人挑着他,走小道从分碛山出均水口向南逃走。己亥(二十三日),北魏收缴陈显达的军用物资,有十万多件,颁奖赏赐给将士,追击逃敌到汉水才返回。

左军将军张千战死，士卒死者三万馀人。

显达之北伐，军入沔均口，广平冯道根说显达曰："沔均水迅急，易进难退。魏若守隘，则首尾俱急。不如悉弃船于鄛城，陆道步进，列营相次，鼓行而前，破之必矣。"显达不从。道根以私属从军，及显达夜走，军人不知山路，道根每及险要，辄停马指示之，众赖以全。诏以道根为沔均口戍副。显达素有威名，至是大损。御史中丞范岫奏免显达官，显达亦自表解职，皆不许，更以显达为江州刺史。崔慧景亦弃顺阳走还。

庚子，魏主疾甚，北还。夏四月丙午，殂于谷塘原。

彭城王勰与任城王澄谋，以陈显达去尚未远，恐其覆相掩逼，乃秘不发丧，徙御卧舆，唯二王与左右数人知之。勰出入神色无异，奉膳，进药，可决外奏，一如平日。数日，至宛城，夜，进卧舆于郡听事，得加棺敛，还载卧舆内，外莫有知者。遣中书舍人张儒奉诏征太子，密以凶问告留守于烈。烈处分行留，举止无变。太子至鲁阳，遇梓宫，乃发丧。

南齐左军将军张千战死,士兵阵亡的有三万多人。

陈显达这次北伐,军队进入沟均口时,广平人冯道根劝陈显达说:"沟均水迅猛湍急,容易前进,难以后退。北魏军如果守住关隘,我军首尾都会危急。不如在郦城全部放弃船只,从陆路步行前进,依次排列军营,击鼓前进,一定会攻破北魏军。"陈显达不听从。冯道根以陈显达的奴客身份跟随军队北伐,等陈显达夜间逃走后,军人不知道山里的道路,冯道根每到险要地区,就停下马来指示军人,军队依赖他才得以保全。齐东昏侯下诏任命冯道根为沟均口戍守副将。陈显达一向有威望名气,到这时大受损伤。御史中丞范岫上奏,请求免去陈显达的官职,陈显达也自己上表请求解除职务,朝廷都不允许,又任命陈显达为江州刺史。崔慧景也放弃顺阳,逃了回来。

庚子(二十四日),魏主病情严重,返回北方。夏季四月丙午(初一),魏主在谷塘原去世。

彭城王元勰和任城王元澄商量,以为陈显达离去还不太远,害怕他反兵追袭、逼迫,于是保密死讯,暂不发丧,皇帝卧在车内,御驾继续移动,只有二王和身边几个人知道真相。元勰出入御驾,神色与平常一样,供奉饮食、进献药物,许可、决定外面的奏事,一切与平日一样。几天后,到达宛城,夜里,将魏主所卧的车移进郡府中庭,得以加棺入殓后,抬回仍然装载在魏主的卧车内,外面没有人知道此事。派遣中书舍人张儒拿着诏书去征召太子,秘密的将魏主的死讯告知留守于烈。于烈安排随太子前行和留守的大臣,言谈举止没有丝毫变化。太子到鲁阳时,遇上魏主的灵柩,这才发丧。

萧衍篡齐

　　齐明帝永泰元年春正月，上有疾，以近亲寡弱，忌高、武子孙。时高、武子孙犹有十王，每朔望入朝，上还后宫，辄叹息曰："我及司徒诸子皆不长，高、武子孙日益长大！"上欲尽除高、武之族，以微言问陈显达，对曰："此等岂足介虑！"以问扬州刺史始安王遥光，遥光以为"当以次施行"。遥光有足疾，上常令乘舆自望贤门入。每与上屏人久语毕，上索香火，呜咽流涕，明日必有所诛。会上疾暴甚，绝而复苏，遥光遂行其策。丁未，杀河东王铉、临贺王子岳、西阳王子文、永阳王子峻、南康王子琳、衡阳王子珉、湘东王子建、南郡王子夏、桂阳王昭粲、巴陵王昭秀，于是太祖、世祖及世宗诸子皆尽矣。铉等已死，乃使公卿奏其罪状，请诛之。下诏不许，再奏，然后许之。南康侍读济阳江泌哭子琳，泪尽，继之以血，亲视殡葬毕，乃去。

　　大司马会稽太守王敬则，自以高、武旧将，心不自安。

萧衍篡齐

南齐明帝永泰元年（498）春季正月，齐明帝生病，认为近亲人少力弱，猜忌高帝、武帝的子孙。当时高帝、武帝的子孙还有十名诸侯王，在每月的初一、十五都入朝觐见，齐明帝接见完他们回到后宫，就叹息说："我和司徒的各个儿子都不强壮，高帝、武帝的子孙却一天比一天身材高大！"明帝想全部除掉高帝、武帝的宗族，用委婉的话探问陈显达，陈显达回答说："这些人岂值得介意多虑！"又以此询问扬州刺史始安王萧遥光，萧遥光认为"应当按次序进行"。萧遥光脚有毛病，明帝常常令他坐车从望贤门进宫。他每次入宫即与明帝屏退他人，进行长时间交谈，交谈结束，明帝就索要香火，呜咽流涕，第二天一定有所诛杀。恰好明帝病情突然加重，休克后又苏醒过来，萧遥光就执行他的计策。丁未（二十五），杀害河东王萧铉、临贺王萧子岳、西阳王萧子文、永阳王萧子峻、南康王萧子琳、衡阳王萧子珉、湘东王萧子建、南郡王萧子夏、桂阳王萧昭粲、巴陵王萧昭秀，于是高帝、武帝以及世宗的各个儿子都死光了。萧铉等已经被杀了，明帝才让公卿上奏他们的罪状，请求诛杀他们。公卿第一次上奏，下诏不允许；第二次上奏，才答应公卿的要求。南康王的侍读济阳人江泌哭萧子琳，哭干了眼泪，再哭下去，流出的全是血，亲眼看着殡葬结束后才离去。

大司马会稽太守王敬则，因为是高帝、武帝旧将，心中不安。

上虽外礼甚厚，而内相疑备，数访问敬则饮食，体干堪宜，闻其衰老，且以居内地，故得少宽。上疾屡危，乃以光禄大夫张瓌为平东将军、吴郡太守，置兵佐以密防敬则。中外传言，当有异处分。敬则闻之，窃曰："东今有谁，只是欲平我耳。东亦何易可平！吾终不受金罂！"金罂，谓鸩也。夏四月丁卯，敬则举兵反。

前吴郡太守南康侯子恪，嶷之子也，敬则起兵，以奉子恪为名。子恪亡走，未知所在。始安王遥光劝上尽诛高、武子孙，于是悉召诸王侯入宫。晋安王宝义、江陵公宝览等处中书省，高、武诸孙处西省，敕人各从左右两人，过此依军法。孩幼者与乳母俱入。其夜，令太医煮椒二斛，都水办棺材数十具，须三更，当尽杀之。子恪徒跣自归，二更达建阳门，刺启。时刻已至，而上眠不起，中书舍人沈徽孚与上所亲左右单景儁共谋少留其事。须臾，上觉，景儁启子恪已至。上惊问曰："未邪？未邪？"景儁具以事对。上抚床曰："遥光几误人事！"乃赐王侯供馔，明日，悉遣还第。以子恪为太子中庶子。宝览，缅之子也。

敬则帅实甲万人过浙江。百姓担篙荷锸，随之者十馀万众。

五月壬午，诏前军司马左兴盛、后军将军崔恭祖、辅国将军刘山阳、龙骧将军马军主胡松筑垒于曲阿长冈，右仆射沈文季为持节都督，屯湖头，备京口路。恭祖，慧景之族也。敬则急攻兴盛、山阳二垒，台军不能敌，欲退，而围不开，

明帝然表面恩礼很优厚，但内心猜疑戒备，屡次探访询问王敬则的饮食如何，身体能否承荷大事，听说他已经年老体衰，而且因为居于内地，所以心中感到稍微宽慰。明帝多次病危，便任命光禄大夫张瑰为平东将军、吴郡太守，设置军队佐吏用来暗防王敬则。朝廷内外传言，将有不寻常的安排。王敬则听到消息后，私下说："东边现在有谁，只是想平定我罢了。东边也不是那么好平定的！我到死也不会接受金罂！"金罂，也就是鸩酒。夏季四月丁卯(十六日)，王敬则起兵造反。

前任吴郡太守南康侯萧子恪，是萧嶷的儿子，王敬则起兵，以尊奉萧子恪为名义。萧子恪逃亡出走，不知道去了什么地方。始安王萧遥光劝明帝全部杀掉高帝、武帝的子孙，于是将诸王侯全部召入宫中。晋安王萧宝义、江陵公萧宝览等安排在中书省，高帝、武帝的各个孙子安排在西省，下令每人身边只准许有两人跟从，超过此数按军法论处。孩子年幼的和乳母一起入宫。这天夜里，下令太医煮椒二斛，都水置办棺材几十具，准备等到三更时，全部杀掉他们。萧子恪光着脚自己跑回都城，二更时到达建阳门，投剌启奏。当时杀害诸王侯的时刻已到，但明帝睡着了没有起来，中书舍人沈徽孚和明帝所亲信的身边人员单景儁一起商量将这件事稍微停留一会儿再执行。一会儿明帝睡醒了，单景儁启奏萧子恪已到京城。明帝慌忙问道："没杀吧？没杀吧？"单景儁详细回答了事情的经过。皇上抚摸着床说："萧遥光差点误了我的事情！"于是赐给王侯美食，第二天，全部遣送回家。任命萧子恪为太子中庶子。萧宝览，是萧缅的儿子。

王敬则率领全副武装的士兵一万人经过浙江。百姓担着撑船的竹竿，扛着挖土的铁锹，追随他的有十多万人。

五月壬午(初二)，诏令前军司马左兴盛、后军将军崔恭祖、辅国将军刘山阳、龙骧将军马军主胡松在曲阿县的长冈构筑营垒，任命右仆射沈文季为持节都督，屯驻玄武湖头，以防守京口的大路。崔恭祖，是崔慧景的同族。王敬则快速攻击左兴盛、刘山阳所在的两个营垒，官军抵挡不住，想后退而冲不开包围圈，

各死战。胡松引骑兵突其后,白丁无器仗,皆惊散。敬则军大败,索马再上,不能得,崔恭祖刺之仆地,兴盛军客袁文旷斩之。乙酉,传首建康。是时上疾已笃。

秋七月己酉,上殂于正福殿。遗诏:"沈文季可左仆射,江祏可右仆射,江祀可侍中,刘暄可卫尉。军政事委陈太尉。内外众事,无大小委徐孝嗣、遥光、坦之、江祏,其大事与沈文季、江祀、刘暄参怀。心膂之任可委刘悛、萧惠休、崔慧景。"太子即位。

八月,葬明皇帝于兴安陵,庙号高宗。东昏侯恶灵在太极殿,欲速葬,徐孝嗣固争,得逾月。帝每当哭,辄云喉痛。太中大夫羊阐入临,无发,号恸俯仰,帻遂脱地,帝辍哭大笑,谓左右曰:"秃鹙啼来乎!"

东昏侯永元元年。帝自在东宫,不好学,唯嬉戏无度,性重涩少言。及即位,不与朝士相接,专亲信宦官及左右御刀、应敕等。

是时,扬州刺史始安王遥光、尚书令徐孝嗣、右仆射江祏、右将军萧坦之、侍中江祀、卫尉刘暄更直内省,分日帖敕。雍州刺史萧衍闻之,谓从舅录事参军范阳张弘策曰:"一国三公犹不堪,况六贵同朝,势必相图,乱将作矣。避祸图福,无如此州。但诸弟在都,恐罹世患,当更与益州图之耳。"乃密与弘策修武备,他人皆不得预谋。招聚骁勇以万数,

因而各自死战。胡松带领骑兵突击王敬则军队的后部,百姓没有器械兵仗,都受惊逃散。王敬则的军队大败,王敬则索要战马上了两次,不能上去,崔恭祖将他刺伤仆倒在地,左兴盛的军客袁文旷斩下了他的头。乙酉(初五),王敬则首级被传送到建康。这时明帝的病情已十分严重。

秋季七月己酉(三十日),明帝在正福殿去世。遗诏称:"沈文季可任命为左仆射,江祏可任命为右仆射,江祀可任命为侍中,刘暄可任命为卫尉。军政方面的事情委任陈太尉。朝廷内外各种事情无论大小都委任徐孝嗣、萧遥光、萧坦之,江祏,那些重大事情与沈文季、江祀、刘暄商量决定。重要部门的职位可以委任刘悛、萧惠休、崔慧景。"太子登上皇位。

八月,在兴安陵安葬了明皇帝,庙号为高宗。东昏侯讨厌灵柩放在太极殿,想赶快安葬,徐孝嗣坚决谏争,才得以超过一个月。东昏侯每次应当哭时,就说喉咙痛。太中大夫羊阐入宫哭明帝,因没有头发,在号哭悲恸、上下俯仰时,头巾便脱落到了地上,东昏侯见此情景,便停止哭泣大笑不止,对身边的人说:"是秃鹙啼哭来了吗?"

东昏侯永元元年(499)。东昏侯从在东宫做太子时,就不喜欢学习,每天只是无节制地嬉戏玩耍,生来口吃严重,言语较少。等到登上皇位,不与朝中大臣交往,专门亲信宠任宦官和身边的仪仗人员及传达圣旨的人员。

这个时候,扬州刺史始安王萧遥光、尚书令徐孝嗣、右仆射江祏、右将军萧坦之、侍中江祀、卫尉刘暄轮流在内省值班,分派日期在奏章上签署意见。雍州刺史萧衍听说了这种情况后,对堂舅录事参军范阳人张弘策说:"一个国家有三位王公当政尚且不能承受,何况六贵同时在朝中掌权,他们势必会互相图谋,动乱将要发生了。逃避灾祸图谋后福,没有哪里能比得上这个州的。只是各个弟弟在都城内,恐怕要遭受世上的祸患,应当再与益州刺史萧懿大哥图谋一下此事。"于是秘密与张弘策一起整治武器装备,其他的人都不能参与谋划。又招募骁勇战士上万人,

多伐材竹，沈之檀溪，积茅如冈阜，皆不之用。中兵参军东平吕僧珍觉其意，亦私具橹数百张。先是，僧珍为羽林监，徐孝嗣欲引置其府，僧珍知孝嗣不能久，固求从衍。是时，衍兄懿罢益州刺史还，仍行郢州事，衍使弘策说懿曰："今六贵比肩，人自画敕，争权睚眦，理相图灭。主上自东宫素无令誉，媟近左右，慓轻忍虐，安肯委政诸公，虚坐主诺！嫌忌积久，必大行诛戮。始安欲为赵王伦，形迹已见，然性猜量狭，徒为祸阶。萧坦之忌克陵人，徐孝嗣听人穿鼻，江祏无断，刘暄暗弱，一朝祸发，中外土崩。吾兄弟幸守外藩，宜为身计。及今猜防未生，当悉召诸弟，恐异时拔足无路矣。郢州控带荆、湘，雍州士马精强，世治则竭诚本朝，世乱则足以匡济。与时进退，此万全之策也。若不早图，后悔无及。"弘策又自说懿曰："以卿兄弟英武，天下无敌，据郢、雍二州为百姓请命，废昏立明，易于反掌，此桓、文之业也。勿为竖子所欺，取笑身后。雍州揣之已熟，愿善图之！"懿不从。衍乃迎其弟骠骑外兵参军伟及西中郎外兵参军憺至襄阳。

初，高宗虽顾命群公，而多寄腹心在江祏兄弟。二江更直殿内，动止关之。帝稍欲行意，徐孝嗣不能夺，萧坦之

砍伐了很多木材竹子,将它们沉入檀溪,堆积的茅草像山冈,都留着不用它们。中兵参军东平人吕僧珍觉察到萧衍的意图,也私自准备了几百张桨橹。在此之前,吕僧珍是羽林监,徐孝嗣想争取他,将他安排在自己府中,吕僧珍知道徐孝嗣不能长久,坚决请求跟从萧衍。这时,萧衍的哥哥萧懿被罢免了益州刺史的职务,要回京城,但仍然代理郢州事务,萧衍让张弘策去游说萧懿:"现在六贵权力相等,人人都能在奏章上签署意见,为了争权,有很小的仇恨,也理当互相图谋消灭对方。主上从做太子起就一向没有美好的声誉,亲近身边人员,与他们关系不庄重,剽悍轻佻,残忍暴虐,他怎么肯委托政事给六贵,自己只拥有虚位,点头允诺而已!猜忌积累久了,必然会进行大的杀戮。始安王想做西晋赵王司马伦,形迹已经表露,然而,他性格多疑,气量狭窄,只会成为灾祸的开端。萧坦之忌疑苛刻,凌驾他人,徐孝嗣听人穿鼻,受制于人,江祏不能决断大事,刘暄昏庸懦弱,一旦灾祸爆发,朝廷内外就会土崩瓦解。我们兄弟两个有幸守卫朝外的藩镇,应该为自身考虑。趁现在猜疑防备没有发生,应当把各位弟弟全部召来,不然的话,恐怕变乱发生时想拔脚逃走也没有路了。郢州控制荆州、湘州,与荆江、湘水相连,雍州士兵战马精锐强壮,世道太平我们就竭诚为本朝服务,世道混乱,我们就足可以匡救国家,建成大业。随着世道的变化决定进退,这是万无一失的计策。如果不早早打算,后悔就来不及了。"张弘策又以自己的名义劝说萧懿道:"凭借您兄弟的英明武略,天下没有敌手,占据郢、雍二州替百姓请求生路,废掉昏君,另立明主,易如反掌,这是桓帝、文帝的事业。不要被小人所欺骗,被后人取笑。雍州刺史考虑这件事已经成熟,希望您好好考虑一下!"萧懿不听从。萧衍便派人将他的弟弟骠骑外兵参军萧伟和西中郎外兵参军萧儋迎接到襄阳。

最初,明帝虽用群公为顾命大臣,但最信任的是江祏兄弟。江祀、江祏轮番在殿内值勤,东昏侯的行动举止都会受到他们的过问。东昏侯逐渐想按自己意愿做事,徐孝嗣不能阻止,萧坦之

时有异同，而祐执制坚确，帝深忿之。帝左右会稽茹法珍、吴兴梅虫儿等，为帝所委任，祐常裁折之，法珍等切齿。徐孝嗣谓祐曰："主上稍有异同，讵可尽相乖反！"祐曰："但以见付，必无所忧。"

帝失德浸彰，祐议废帝，立江夏王宝玄。刘暄尝为宝玄郢州行事，执事过刻。有人献马，宝玄欲观之，暄曰："马何用观！"妃索煮胹，帐下谘暄，暄曰："旦已煮鹅，不烦复此。"宝玄恚曰："舅殊无渭阳情。"暄由是忌宝玄，不同祐议，更欲立建安王宝寅。祐密谋于始安王遥光，遥光自以年长，意欲自取，以微旨动祐。祐弟祀亦以少主难保，劝祐立遥光。祐意回惑，以问萧坦之，坦之时居母丧，起复为领军将军，谓祐曰："明帝立，已非次，天下至今不服。若复为此，恐四方瓦解，我期不敢言耳。"遂还宅行丧。

祐、祀密谓吏部郎谢朓曰："江夏年少，脱不堪负荷，岂可复行废立！始安年长，入纂不乖物望。非以此要富贵，政是求安国家耳。"遥光又遣所亲丹杨丞南阳刘沨密致意于朓，欲引以为党，朓不答。顷之，遥光以朓兼知卫尉事，朓惧，即以祐谋告太子右卫率左兴盛，兴盛不敢发。朓又说刘暄曰："始安一旦南面，则刘沨、刘晏居卿今地，但以卿为反覆人耳。"晏者，遥光城局参军也。暄阳惊，驰告遥光及祐。遥光欲出朓为东阳郡，朓常轻祐，祐固请除之。

有时赞同,有时反对,而江祏执行制度坚决,不含糊,东昏侯对他的约束深感愤怒。东昏侯身边人员会稽人茹法珍、吴兴人梅虫儿等,被东昏侯委任官职,江祏常常加以裁抑阻止,茹法珍等人切齿痛恨。徐孝嗣对江祏说:"主上稍微有点不一样,怎么可以都表示违背反对呢!"江祏说:"只要将敕令交给我们,必定没什么可担忧的。"

皇帝的失德行为逐渐显露,江祏建议废掉皇帝,拥立江夏王萧宝玄。刘暄曾担任萧宝玄的郢州行事,行事过于苛刻。有人献来马匹,萧宝玄想看一下,刘暄说:"马匹有什么好看的!"王妃索要煮熟的乳猪,帐下人问刘暄,刘暄说:"已经煮了鹅,不用再麻烦这个。"萧宝玄愤怒地说:"舅舅完全没有甥舅的情分。"刘暄因此忌怕萧宝玄,不同意江祏的建议,想另立建安王萧宝寅。江祏与始安王萧遥光秘密谋划此事,萧遥光自以为年龄大,想要自己取得帝位,所以用微妙的意思打动江祏。江祏的弟弟江祀也认为年龄小的君主难以保全,劝江祏拥立萧遥光。江祏心意回转又有所疑惑,便去问萧坦之,萧坦之当时母亲去世在家居丧,再次起用为领军将军,他对江祏说:"明帝继位已经不是按宗法次序,天下人到现在还不服气。如果再做这种事,恐怕会四方瓦解,我正在居丧期间,不敢说什么。"于是回家继续为母亲守孝。

江祏、江祀秘密地对吏部郎谢朓说:"江夏王年龄太小,若不能负担起国家重任,岂可再进行废立!始安王年龄大,继承帝位不违背民众愿望。我们不是凭借拥立邀取富贵,只是为了求得国家的安定罢了。"萧遥光又派所亲信的丹杨丞南阳人刘沨秘密向谢朓致意,想争取他为同党,谢朓不予答复。不久,萧遥光任命谢朓兼知卫尉事,谢朓害怕,就把江祏的密谋告诉太子右卫率左兴盛,左兴盛不敢告发。谢朓又游说刘暄:"始安王一旦登上帝位,那么刘沨、刘晏就会占据你现在的职位,只会将你看作反复无常的小人罢了。"刘晏是萧遥光的城局参军。刘暄假装吃惊,快马跑去告诉萧遥光和江祏。萧遥光想让谢朓离开京城到东阳郡作郡守,谢朓常常在门第上轻视江祏,江祏坚决请求除掉他。

遥光乃收脁付廷尉，与孝嗣、祏、暄等连名启："脁扇动内外，妄贬乘舆，窃论宫禁，间谤亲贤，轻议朝宰。"脁遂死狱中。

暄以遥光若立，己失元舅之尊，不肯同祏议，故祏迟疑久不决。遥光大怒，遣左右黄昙庆刺暄于青溪桥。昙庆见暄部伍多，不敢发。暄觉之，遂发祏谋，帝命收祏兄弟。时祀直内殿，疑有异，遣信报祏曰："刘暄似有异谋。今作何计？"祏曰："政当静以镇之。"俄有诏召祏入见，停中书省。初，袁文旷以斩王敬则功当封，祏执不与。帝使文旷取祏，文旷以刀环筑其心曰："复能夺我封不！"并弟祀皆死。刘暄闻祏等死，眠中大惊，投出户外，问左右："收至未？"良久，意定，还坐，大悲曰："不念江，行自痛也！"

帝自是无所忌惮，益得自恣，日夜与近习于后堂鼓吹戏马，常以五更就寝，至晡乃起。群臣节、朔朝见，晡后方前，或际暗遣出。台阁案奏，月数十日乃报，或不知所在。宦者以裹鱼肉还家，并是五省黄案。帝尝习骑致适，顾谓左右曰："江祏常禁吾乘马，小子若在，吾岂能得此！"因问："祏亲戚馀谁？"对曰："江祥今在冶。"帝于马上作敕，赐祥死。

萧遥光于是逮捕谢脁交付廷尉，与徐孝嗣、江祏、刘暄等人连名启奏东昏侯，称："谢脁扇动朝廷内外，对皇帝妄加贬议，私下谈论宫中事情，离间诽谤亲贤，随便议论朝廷官员。"谢脁于是死在狱中。

　　刘暄认为萧遥光如果被拥立为帝，自己就失去了皇舅的地位，所以不肯同意江祏的建议，因此江祏迟疑了很长时间没做决断。萧遥光大怒，派遣身边人员黄昙庆在青溪桥刺杀刘暄。黄昙庆见刘暄部下人多，不敢下手。刘暄察觉了这件事，于是告发了江祏的阴谋，东昏侯下令逮捕江祏兄弟。当时江祀在内殿值勤，怀疑有异常情况，派人送信告诉江祏说："刘暄似乎有了另外打算。现在做什么打算？"江祏说："正应当用静来镇住局面。"一会儿有诏书来召江祏入宫相见，入朝后，让他在中书省等待。最初，袁文旷因为斩杀王敬则的功劳应当受封，江祏负责此事，执意不给袁文旷封爵。东昏侯让袁文旷杀江祏，袁文旷用刀环顶住江祏心脏部位说："还能夺走我的爵位否？"他的弟弟江祀也同时被处死。刘暄听到江祏等的死讯后，睡梦中大受惊吓而醒来，跳出门外，问身边人："逮捕的人来了没有？"过了很长时间，心意安定，回到座位，非常悲痛地说："不是想念江氏兄弟，是在为自己的将来痛苦啊！"

　　东昏侯从此以后就没有什么可忌讳害怕的了，于是更加恣意妄为，无论白天还是晚上，和身边亲近的人一起在后堂击鼓吹奏、骑马戏玩，常常在五更上床睡觉，到晡时才起来。群臣每月初一和节日朝见，晡时后方才前去，有时天色刚暗就被打发出朝。台省馆阁的文案奏章，一个月或几十天才回复，甚至有的下落不明。宦官用来包裹鱼、肉带回家的纸，都是尚书省、中书省等五省的文书。东昏侯曾经学习骑马，到了极其欢乐舒适时，回头对身边的人员说："江祏常常禁止我骑马，这小子如果还在，我怎么能得到这种快活？"因此问："江祏的亲戚还剩下谁？"身边的人员回答说："江祥现在在东冶。"东昏侯便在马上作敕令，赐江祥自杀。

　　始安王遥光素有异志，与其弟荆州刺史遥欣密谋举兵据东府，使遥欣自江陵引兵急下，刻期将发，而遥欣病卒。江祏被诛，帝召遥光入殿，告以祏罪，遥光惧，还省，即阳狂号哭，遂称疾不复入台。先是，遥光弟豫州刺史遥昌卒，其部曲皆归遥光。及遥欣丧还，停东府前渚，荆州众力送者甚盛。帝既诛二江，虑遥光不自安，欲迁为司徒，使还第，召入谕旨。遥光恐见杀，秋八月乙卯晡时，收集二州部曲于东府东门，召刘沨，刘晏等谋举兵，以讨刘暄为名。夜，遣数百人破东冶，出囚，于尚方取仗。又召骁骑将军垣历生，历生随信而至。萧坦之宅在东府城东，遥光遣人掩取之，坦之露袒逾墙走，向台。道逢游逻主颜端，执之，坦之告以遥光反，不信，自往诇问，知实，乃以马与坦之，相随入台。遥光又掩取尚书左仆射沈文季于其宅，欲以为都督，会文季已入台。垣历生说遥光帅城内兵夜攻台，辇获烧城门，曰："公但乘舆随后，反掌可克！"遥光狐疑不敢出。天稍晓，遥光戎服出听事，命上仗登城行赏赐。历生复劝出军，遥光不肯，冀台中自有变。及日出，台军稍至。台中始闻乱，众情惶惑。向晓，有诏召徐孝嗣，孝嗣入，人心乃安。左将军沈约闻变，驰入西掖门，或劝戎服，约曰："台中方扰攘，见我戎服，或者谓同遥光。"乃朱衣而入。

始安王萧遥光向来有篡权的野心,他与弟弟荆州刺史萧遥欣秘密策划起兵占据东府,让萧遥欣带兵从江陵迅速顺江东下,约定了日期,将要实施计划时,不巧萧遥欣病死了。江祏被杀后,东昏侯召萧遥光进殿,把江祏的罪行告诉他,萧遥光害怕灾祸降临,回到中书省后,就假装疯狂,号叫哭泣,于是称病不再进入台城。在此之前,萧遥光的弟弟豫州刺史萧遥昌去世,他的部下全部归属萧遥光。等萧遥欣的灵柩回到京城,停在东府前渚,荆州方面出力相送的人很多。东昏侯杀江祏、江祀后,考虑到萧遥光心中不安,想升迁他为司徒,让他回家,召他进宫告诉他这一旨意。萧遥光害怕被杀,秋季八月乙卯(十二日)晡时,他在东府东门收集荆、豫二州的部下,召刘沨、刘晏等谋划起兵,用讨伐刘暄作为名义。夜里,派遣几百人攻破东冶,放出囚犯,到尚方署拿取兵仗。又召骁骑将军垣历生,垣历生接信后立即赶来了。萧坦之的住宅在东府城的东部,萧遥光派人突然袭击他,萧坦之袒衣露体越墙逃向台城。路上碰到率兵在台城外巡逻的主将颜端,颜端将他抓住,他告诉颜端说萧遥光造反了,颜端不信,亲自前往侦察探问,知道消息确实,才将马交给萧坦之,前后相随进入台城。萧遥光又偷袭尚书左仆射沈文季的住宅,想在家中将他抓住,让他担任都督,恰好沈文季已经进台城了。垣历生劝说萧遥光率领城内士兵夜间进攻台城,用车装上荻草焚烧城门,说:“您只要坐上车跟随在后面,攻克台城易如反掌!”萧遥光狐疑不敢出击。天慢慢地亮了,萧遥光穿着戎服出来处理事务,命令安排警卫仪仗,登上城楼,进行赏赐。垣历生又劝说萧遥光出兵,萧遥光不肯听从他的建议,希望台城中自己发生政变。等到日出时,台城的军队逐渐来到。台城中才听说叛乱之事时,大家心情惊慌疑惑。到天色大亮时,有诏书召见徐孝嗣,徐孝嗣入宫后,人心才安定下来。左卫将军沈约听到政变消息后,快马进入西掖门,有人劝他穿上戎服,沈约说:“台城中正在混乱骚动,人们看见我穿戎服,或许会说我是萧遥光一伙的。”于是穿着红衣朝服进入台城。

丙辰，诏曲赦建康，中外戒严。徐孝嗣以下屯卫宫城，萧坦之帅台军讨遥光。孝嗣内自疑惧，与沈文季戎服共坐南掖门上，欲与之共论世事，文季辄引以他辞，终不得及。萧坦之屯湘宫寺，左兴盛屯东篱门，镇军司马曹虎屯青溪大桥。众军围东城，三面烧司徒府。遥光遣垣历生从西门出战，台军屡败，杀军主桑天爱。

遥光之起兵也，问谘议参军萧畅，畅正色不从。戊午，畅与抚军长史沈昭略潜自南门出，诣台自归，众情大沮。畅，衍之弟；昭略，文季之兄子也。己未，垣历生从南门出战，因弃稍降曹虎，虎命斩之。遥光大怒，于床上自踊，使杀历生子。其晚，台军以火箭烧东北角楼。至夜，城溃，遥光还小斋帐中，著衣帢坐，秉烛自照，令人反拒。斋閤皆重关，左右并逾屋散出。台军主刘国宝等先入，遥光闻外兵至，灭烛扶匐床下。军人排閤入，于暗中牵出，斩之。台军入城，焚烧屋室且尽。刘沨走还家，为人所杀。荆州将潘绍闻遥光作乱，谋欲应之。西中郎司马夏侯详呼绍议事，因斩之，州府以安。

己巳，以徐孝嗣为司空；加沈文季镇军将军，侍中、仆射如故；萧坦之为尚书右仆射、丹杨尹，右将军如故；刘暄为领军将军；曹虎为散骑常侍、右卫将军。皆赏平始安之功也。

江祐等既败，帝左右捉刀、应敕之徒皆恣横用事，时人谓之"刀敕"。萧坦之刚狠而专，嬖倖畏而憎之。遥光死

丙辰(十三日),诏令特别赦免关押在建康的囚犯,朝廷内外戒严。徐孝嗣以下官吏屯驻宫城,进行守卫,萧坦之率领台城军队讨伐萧遥光。徐孝嗣内心感到疑虑恐惧,与沈文季同穿戎服坐在南掖门上,想与他共同讨论世事,沈文季总是用其他的话引开,终究不能涉及世事。萧坦之屯驻在湘宫寺,左兴盛屯驻在东篱门,镇军司马曹虎屯驻青溪大桥。各路军队包围东城,在三面放火烧司徒府。萧遥光派遣垣历生从西门出战,台城军队屡次失败,军主桑天爱被杀。

萧遥光起兵时,曾询问谘议参军萧畅的意见,萧畅很严肃地表示不追随。戊午(十五日),萧畅与抚军长史沈昭略偷偷地从南门逃出,自愿回到台城,东府众人的心情感到万分沮丧。萧畅,是萧衍的弟弟;沈昭略,是沈文季哥哥的儿子。己未(十六日),垣历生从南门出战,趁机丢掉槊向曹虎投降,曹虎命令杀了他。萧遥光大怒,在座席上一跃而起,命人杀了垣历生的儿子。当天傍晚,台城军队用火箭焚烧东北角门楼。到夜间,东城崩溃,萧遥光回到小斋帐中,穿上衣服,戴好便帽,坐在那里,拿着蜡烛遍照自己,命令手下人回去抗拒。斋屋小门都是两重锁,身边人员都翻越屋子四散逃出。台城军主刘国宝等首先闯入,萧遥光听到外面有士兵到来,熄灭蜡烛,爬到床下。军人推门而入,在昏暗中将他牵出,杀了他。台城军队进入东城,将房屋居室差不多全部烧尽。刘沨跑回家,被人杀死。荆州将领潘绍听说萧遥光作乱,谋划响应。西中郎司马夏侯详叫潘绍去商议事情,借机杀了他,州府因此安定下来。

己巳(二十六日),任命徐孝嗣为司空;加沈文季镇军将军,侍中、仆射的职务不变;任命萧坦之为尚书右仆射、丹杨尹,右将军的军职不变;任命刘暄为领军将军;曹虎为散骑常侍、右卫将军。都是奖赏平定始安王萧遥光的功劳。

江祏等败亡以后,皇帝身边的捉刀、应敕等一帮人都恣意横行,掌握权力,当时人称他们为"刀敕"。萧坦之刚愎凶狠而且专断,受东昏侯宠爱的那些奸佞都畏惧而又憎恨他。萧遥光死了

二十馀日，帝遣延明主帅黄文济将兵围坦之宅，杀之，并其子秘书郎赏。坦之从兄翼宗为海陵太守，未发，坦之谓文济曰："从兄海陵宅故应无他。"文济曰："海陵宅在何处？"坦之以告。文济白帝，帝仍遣收之。检其家，至贫，唯有质钱帖数百。还以启帝，原其死，系尚方。

茹法珍等潜刘暄有异志，帝曰："暄是我舅，岂应有此？"直阁新蔡徐世标曰："明帝乃武帝同堂，恩遇如此，犹灭武帝之后。舅焉可信邪！"遂杀之。

曹虎善于诱纳，日食荒客常数百人。晚节吝啬，罢雍州，有钱五千万，他物称是。帝疑虎旧将，且利其财，遂杀之。坦之、暄、虎所新除官，皆未及拜而死。

初，高宗临殂，以隆昌事戒帝曰："作事不可在人后。"故帝数与近习谋诛大臣，皆发于仓猝，决意无疑。于是大臣人人莫能自保。

枝江文忠公徐孝嗣，以文士不显同异，故名位虽重，犹得久存。虎贲中郎将许準为孝嗣陈说事机，劝行废立。孝嗣迟疑久之，谓必无用干戈之理，须帝出游，闭城门，召百僚集议废之。虽有此怀，终不能决。诸嬖倖亦稍憎之。西丰忠宪侯沈文季自托老疾，不豫朝权，侍中沈昭略谓文季曰："叔父行年六十，为员外仆射，欲求自免，岂可得乎！"

二十多天，东昏侯派遣延明殿主帅黄文济率兵包围萧坦之的住宅，杀掉了他，同时杀死了他的儿子秘书郎萧赏。萧坦之的堂兄萧翼宗担任海陵太守，还没有出发上任，萧坦之对黄文济说："堂兄萧翼宗的住宅原本就应该没有什么事。"黄文济说："海陵太守的家在什么地方？"萧坦之把堂兄的住址告诉给他。黄文济报告东昏侯，东昏侯仍然派他去逮捕萧翼宗。黄文济料检萧翼宗的家产，发现萧翼宗极其贫穷，只有典当物品的质钱帖几百张。黄文济回来将此事启奏东昏侯，东昏侯赦免了萧翼宗的死罪，拘留他在尚方署做苦役。

茹法珍等进谗言说刘暄有想做皇帝的志向，东昏侯说："刘暄是我的舅舅，怎么会有这种事？"在阁中值勤的新蔡人徐世标说："明帝是武帝的堂兄弟，受到武帝那样的恩宠礼遇，明帝还消灭了武帝的后代。舅舅怎么可以相信呢？"于是杀掉了刘暄。

曹虎善于招引接纳，每天供养的饥民常有几百人。晚年吝啬，卸任雍州刺史时，有钱五千万，其他物品也值这么多钱。东昏侯怀疑曹虎这员旧将，而且贪图他的财产，于是杀掉了他。萧坦之、刘暄、曹虎被新任命的官职，都没来得及就职就被杀死了。

最初，明帝临死前，用萧隆昌的事告诫东昏侯说："做事情不可以在人后面，要先下手为强。"所以东昏侯屡次和亲近的人一起谋划诛杀大臣，都是突然下手，决心一下，毫不迟疑。于是大臣人人不能自我保全。

枝江文忠公徐孝嗣，因为是文士，遇事不显露赞同或反对，所以名望、职位虽然很重，仍得以长时间存身。虎贲中郎将许准向徐孝嗣陈说行事的时机，劝他施行废立。徐孝嗣迟疑了很长时间，认为没有一定要用干戈的道理，待东昏侯出城游玩，关闭城门，召集百官集中商议，就可废掉他。徐孝嗣虽有这种打算，但终究不能下决心施行。各位受东昏侯宠爱的奸佞也慢慢地憎恨他了。西丰忠宪侯沈文季自己托词年老多病，不参与朝廷的权力之争，侍中沈昭略对沈文季说："叔父将要年满六十，做不参与朝政的员外仆射，想求得自己免灾，难道能够得遂心愿吗？"

文季笑而不应。冬十月乙未，帝召孝嗣、文季、昭略入华林省。文季登车，顾曰："此行恐往而不反。"帝使外监茹法珍赐以药酒，昭略怒，骂孝嗣曰："废昏立明，古今令典，宰相无才，致有今日！"以瓯掷其面曰："使作破面鬼！"孝嗣饮药酒至斗馀，乃卒。孝嗣子演尚武康公主，况尚山阴公主，皆坐诛。昭略弟昭光闻收至，家人劝之逃。昭光不忍舍其母，入，执母手悲泣，收者杀之。昭光兄子昙亮逃，已得免，闻昭光死，叹曰："家门屠灭，何以生为！"绝吭而死。

初，太尉陈显达自以高、武旧将，当高宗之世，内怀危惧，深自贬损，常乘朽弊车，道从卤簿止用羸小者十数人。尝侍宴，酒酣，启高宗借枕，高宗令与之。显达抚枕曰："臣年衰老，富贵已足，唯欠枕枕死，特就陛下乞之。"高宗失色曰："公醉矣。"显达以年礼告退，高宗不许。及王敬则反时，显达将兵拒魏，始安王遥光疑之，启高宗欲追军还。会敬则平，乃止。及帝即位，显达弥不乐在建康，得江州，甚喜。尝有疾，不令治，既而自愈，意甚不悦。闻帝屡诛大臣，传云当遣兵袭江州，十一月丙辰，显达举兵于寻阳，命长史庚弘远等与朝贵书，数帝罪恶，云："欲奉建安王为主，须京尘一静，西迎大驾。"

乙丑，以护军将军崔慧景为平南将军，督众军击显达。后军将军胡松、骁骑将军李叔献帅水军据梁山，左卫将军左兴盛督前锋军屯杜姥宅。

沈文季笑笑而已，不作回答。冬季十月乙未（二十三日），东昏侯召徐孝嗣、沈文季、沈昭略进华林省。沈文季登上马车，回头说："这次前往恐怕去而不返。"东昏侯让外监茹法珍把毒酒赐给他们，沈昭略见状发怒，骂徐孝嗣说："废掉昏君另立明主，记于古今令典，宰相没有才能，以致有今天的事情！"将盛毒酒的瓯投掷到徐孝嗣的脸上，说："让你作破面鬼！"徐孝嗣饮毒酒达一斗多，才死。徐孝嗣的侄子徐演娶了武康公主，徐况娶了山阴公主，都连坐被杀。沈昭略的弟弟沈昭光听到逮捕的人来了，家人劝他逃走。沈昭光不忍心丢下自己的母亲，进屋抓住母亲的手悲痛流泪，逮捕他的人杀害了他。沈昭光哥哥的儿子沈昙亮逃走了，已经得以脱身，听说沈昭光的死讯，叹气道："家门被屠杀毁灭，活着有什么用呢！"割断喉咙而死。

最初，太尉陈显达因为自己是高帝、武帝时的旧将，在明帝的时代，内心就感到危险害怕，所以深深地贬低损害自己，常常乘坐老朽破落的马车，路上随从的卫兵也只用十几名瘦弱矮小的人。曾经侍奉明帝饮宴，酒喝得欢畅时，启奏明帝借枕头用一用，明帝命人拿枕头给他。陈显达抚摸着枕头说："我年纪衰老，富贵已满足，只欠一个枕头枕着死去，特意向陛下乞求它。"明帝变了脸说："你醉了。"陈显达用大夫七十致仕的礼节请求退休，明帝不允许。等到王敬则造反时，陈显达率兵抗拒北魏，始安王萧遥光怀疑他，启奏明帝想追回军队。恰好王敬则被平定，这才作罢。等到东昏侯即位，陈显达更不乐意留在建康，他得到江州刺史的委任，十分高兴。陈显达曾经有病，不让人治，不久自己痊愈，心情很不高兴。听说皇帝屡次诛杀大臣，又有传闻说皇帝将派兵袭击江州，十一月丙辰（十五日），陈显达在寻阳起兵，命令长史庾弘远等给朝中权贵写信，数列东昏侯的罪恶，说："想尊奉建安王为皇帝，待京城的战火尘土一平静，就西迎大驾。"

乙丑（二十四日），任命护军将军崔慧景为平南将军，督率各路军队攻击陈显达。任命后军将军胡松、骁骑将军李叔献率领水军占据梁山，左卫将军左兴盛督率前锋军屯驻杜姥宅。

十二月,陈显达发寻阳,败胡松于采石,建康震恐。甲申,军于新林,左兴盛帅诸军拒之。显达多置屯火于岸侧,潜军夜渡,袭宫城。乙酉,显达以数千人登落星冈,新亭诸军闻之,奔还,宫城大骇,闭门设守。显达执马稍,从步兵数百,于西州前与台军战,再合,显达大胜,手杀数人,稍折。台军继至,显达不能抗,退走,至西州后,骑官赵潭注刺显达坠马,斩之。诸子皆伏诛。

帝既诛显达,益自骄恣,渐出游走,又不欲人见之。每出,先驱斥所过人家,唯置空宅。尉司击鼓蹋围,鼓声所闻,便应奔走,不暇衣履,犯禁者应手格杀。一月凡二十馀出,出辄不言定所,东西南北,无处不驱。常以三四更中,鼓声四出,火光照天,幡戟横路。士民喧走相随,老小震惊,啼号塞道,处处禁断,不知所过。四民废业,樵苏路断,吉凶失时,乳妇寄产,或舆病弃尸,不得殡葬。巷陌悬幔为高鄣,置仗人防守,谓之"屏除",亦谓之"长围"。尝至沈公城,有一妇人临产不去,因剖腹视其男女。又尝至定林寺,有沙门老病不能去,藏草间,命左右射之,百箭俱发。帝有膂力,牵弓至三斛五斗。又好担幢,白虎幢高七丈五尺,于齿上担之,折齿不倦。自制担幢校具,伎衣饰以金玉,侍卫满侧,逞诸变态,曾无愧色。学乘马于东冶营兵俞灵韵,

十二月,陈显达从寻阳出发,在采石击败胡松,建康城内人人感到震动、恐慌。甲申(十三日),陈显达驻军新林,左兴盛率领各路军队抵御他。陈显达在长江岸边设置很多屯火,偷偷地率军夜间渡河,偷袭宫城。乙酉(十四日),陈显达率领几千人登上落星冈,在新亭的各路军队听到消息后,快速赶回,宫城内万分惊慌,关闭城门设置防守。陈显达手执马槊,后面跟着几百名步兵,在西州前与台城军队交战,第二个回合时,陈显达大胜,亲手杀死几人,马槊折断。台城军队紧接着杀到,陈显达抵抗不住,撤退逃走,到西州后,骑官赵潭将陈显达击刺落马,斩杀了他。他的各个儿子都伏法被杀。

东昏侯诛杀陈显达后,更加志满意得,恣意妄为,渐渐地出外游玩乱跑,又不想让人见到他。每次外出,先要驱赶斥逐所要经过的人家,只剩下空空的住宅。尉司一边击鼓,一边踏出一个圈子,鼓声能听到的地方,便应奔跑逃避,人们没时间穿鞋,违犯禁令的人被随手击杀。一个月共外出二十多次,外出时总是不说确定场所,东西南北,没有不驱赶的地方。常常在三四更的深夜中,鼓声四处出现,火光照天,幡旗剑戟挡住道路。士民喊叫逃跑,前后相随,老人小孩受惊害怕,啼哭号叫满路都是,处处都被禁断,人们不知从什么地方通过。士、农、工、商职业荒废,打柴取草的路都被隔断,各种礼仪都不能按时进行,孕妇寄居别人家分娩,有的抱病登车,死后尸体被抛弃,无法出殡安葬。小巷、街道悬挂帷幔作为高高的屏障,设置仪仗军人防守,人们称它为“屏除”,也称它为“长围”。东昏侯曾经到沈公城,有一妇人临近产期没有离去,就剖腹察看她怀的是男是女。又曾到定林寺,有一沙门年老生病不能离去,藏在乱草间,东昏侯命令身边人员射那沙门,百箭同时射出。东昏侯有膂力,能拉开重达三斛五斗的弓。又喜欢担幢,白虎花纹的幢,高达七丈五尺,在牙齿上担负着它,牙齿折断了仍乐此不疲。他亲自制造担幢器械,表演时身穿的衣服全用金玉装饰,侍卫全在身边,他显示各种变态举动,丝毫没有羞愧的神色。他向东冶的营兵俞灵韵学习骑马,

常著织成裤褶,金薄帽,执七宝稍,急装缚裤,凌冒雨雪,不避坑阱。驰骋渴乏,辄下马,解取腰边蠡器,酌水饮之,复上马驰去。又选无赖小人善走者为逐马,左右五百人,常以自随。或于市侧过亲幸家,环回宛转,周遍城邑。或出郊射雉,置射雉场二百九十六处,奔走往来,略不暇息。

二年,豫州刺史裴叔业闻帝数诛大臣,心不自安。及除南兖州,意不乐内徙。朝廷疑叔业有异志,叔业兄子植等皆为直阁,在殿中,惧,奔寿阳,说叔业以朝廷必相掩袭,宜早为计。叔业遣亲人马文范至襄阳,问萧衍以自安之计,曰:"天下大势可知,恐无复自存之理。不若回面向北,不失作河南公。"衍报曰:"群小用事,岂能及远!计虑回惑,自无所成,唯应送家还都以安慰之。若意外相逼,当勒马步二万直出横江,以断其后,则天下之事,一举可定。若欲北向,彼必遣人相代,以河北一州相处,河南公宁可复得邪?如此,则南归之望绝矣。"叔业沈疑未决,乃遣其子芬之入建康为质,亦遣信诣魏豫州刺史薛真度,问以入魏可不之宜。真度劝其早降,曰:"若事迫而来,则功微赏薄矣。"数遣密信,往来相应和。建康人传叔业叛者不已,芬之惧,复奔寿阳。叔业遂遣芬之及兄女婿杜陵、韦伯昕奉表降魏。

春正月庚午,下诏讨叔业。己亥,叔业病卒。

三月乙卯,遣西平将军崔慧景将水军讨寿阳,帝

常常穿编织的衣裤,戴金质薄帽,手拿七宝槊,戎装束裤,顶雨冒雪,不躲避深坑陷阱。驰骋渴了累了,就下马,解取挂在腰旁边的瓠瓢,舀水来喝,喝完后再上马飞驰而去。又挑选善于奔跑的无赖小人称为逐马,这种人在其身边有五百人,常常跟随他。有时到城外亲信宠爱的人家中访问,环绕城市曲折转回,周游遍整个城邑。有时出城到野外射野鸡,设置射野鸡的场所二百九十六处,往来奔跑,丝毫没有闲暇、休息时间。

二年(500),豫州刺史裴叔业听说东昏侯屡次诛杀大臣,自己心中感到不安。等到被任命为南兖州刺史,心中不乐意向内地迁移。朝廷怀疑裴叔业有别的意图,裴叔业的侄子裴植等都任直阁,在宫殿中,因为害怕被杀,逃奔到寿阳,对裴叔业说朝廷一定会进行突然袭击,应该早做打算。裴叔业派遣亲信马文范到襄阳,向萧衍询问自我保全的计策,对萧衍说:"天下的大趋势可以预知,恐怕不再有自我保全的道理。不如投降北魏,不失作河南公。"萧衍回复说:"一群小人掌权,时间岂能久远!翻来覆去地考虑,也实在想不出什么好招数,只是应当送家属回都城以安慰朝廷。如果意外地逼迫你,就率领步骑兵二万直接杀出横江,用此切断朝廷的后路,那么天下的事情,一举可定。如果投向北魏,他们必然派人代替你,只会用淮河北面的一个州安置你,河南公怎么可以再得到呢!这样的话,再想回归南方的希望就断绝了。"裴叔业沉吟疑虑,没做决定,于是派遣他的儿子裴芬之进建康作人质,同时也派人送信到北魏豫州刺史薛真度处,探问投降北魏可否的事宜。薛真度劝他趁早投降,说:"如果事情紧迫而来投奔,功劳就低,赏赐就小了。"屡次派人送密信,互相往来应和。建康人不断传说裴叔业叛变,裴芬之害怕,又逃奔回寿阳。裴叔业于是派遣裴芬之和侄女婿杜陵、韦伯昕捧着降表投降了北魏。

春季正月庚午(三十日),东昏侯下诏讨伐裴叔业。己亥(二月二十九日),裴叔业病死。

三月乙卯(十五日),派平西将军崔慧景率水军讨寿阳,东昏侯

屏除，出琅邪城送之。帝戎服坐楼上，召慧景单骑进围内，无一人自随者。裁数言，拜辞而去。慧景既得出，甚喜。

　　崔慧景之发建康也，其子觉为直阁将军，密与之约。慧景至广陵，觉走从之。慧景过广陵数十里，召会诸军主曰："吾荷三帝厚恩，当顾托之重。幼主昏狂，朝廷坏乱，危而不扶，责在今日。欲与诸君共建大功以安社稷，何如？"众皆响应。于是还军向广陵，司马崔恭祖守广陵城，开门纳之。帝闻变，壬子，假右卫将军左兴盛节督建康水陆诸军以讨之。慧景停广陵二日，即收众济江。

　　初，南徐、兖二州刺史江夏王宝玄娶徐孝嗣女为妃，孝嗣诛，诏令离昏，宝玄恨望。慧景遣使奉宝玄为主，宝玄斩其使，因发将吏守城，帝遣马军主戚平、外监黄林夫助镇京口。慧景将渡江，宝玄密与相应，杀司马孔矜、典签吕承绪及平、林夫，开门纳慧景。使长史沈佚之、谘议柳憕分部军众。宝玄乘八捌舆，手执绛麾，随慧景向建康。台遣骁骑将军张佛护、直阁将军徐元称等六将据竹里，为数城以拒之。宝玄遣信谓佛护曰："身自还朝，君何意苦相断遏？"佛护对曰："小人荷国重恩，使于此创立小戍。殿下还朝，但自直过，岂敢断遏！"遂射慧景军，因合战。崔觉、崔恭祖将前锋，皆荒伧善战，又轻行不齎食，以数舫缘江载酒肉为军粮，每见台军城中烟火起，辄尽力攻之。台军不复得食，以此饥困。

令人在所经过之处两旁悬挂高幔,出宫到琅邪城送崔慧景。东昏侯穿着戎服,坐在楼上,召崔慧景单人匹马进到长围内,没有一人跟随。才交谈了几句话,崔慧景便拜辞离去。崔慧景走出长围后,十分高兴。

崔慧景从建康出发时,他儿子崔觉担任直阁将军,秘密和他约定发动兵变。崔慧景到达广陵,崔觉跑出京城跟随他。崔慧景过广陵几十里后,召集各位军主说:"我承蒙高帝、武帝、明帝的厚爱深恩,承担顾命托付的重任。幼主昏庸癫狂,朝廷败坏混乱,看到危险而不扶持,责任就在今天。想和各位共立大功以使国家安定,怎么样?"众人都响应他。于是回军向广陵进发,司马崔恭祖守卫广陵城,打开城门接纳他。东昏侯听说发生变乱,壬子(十二日),授予右卫将军左兴盛符节,令他督率建康城内水陆各军讨伐崔慧景。崔慧景在广陵停留两天,就集中兵力渡江。

最初,南徐、兖二州刺史江夏王萧宝玄娶了徐孝嗣的女儿为妃子,徐孝嗣被杀后,东昏侯下诏命令萧宝玄与妃子离婚,萧宝玄愤恨怨望。崔慧景派遣使者去尊奉萧宝玄为皇帝,萧宝玄斩掉崔慧景的使者,因而调发将吏守城,东昏侯派遣马军主戚平、外监黄林夫帮助镇守京口。崔慧景将要渡江,萧宝玄秘密与他相呼应,杀掉司马孔矜、典签吕承绪以及戚平、黄林夫,开城门接纳崔慧景。派长史沈佚之、谘议柳憕分头部署军队。萧宝玄乘坐八人抬的轿子,手里拿着深红色的指挥旗,跟随崔慧景向建康进发。台城派遣骁骑将军张佛护、直阁将军徐元称等六员将领占据竹里,构筑了几座城垒来抗拒崔慧景的军队。萧宝玄派人送信给张佛护说:"我自己回朝,你为什么要苦苦地拦截遏阻?"张佛护回答说:"小人承蒙国家的重恩,让我在这里创立小小的戍守据点。殿下回朝,只管自己直接经过,怎么敢拦截遏阻呢!"于是射击崔慧景的军队,趁机交战。崔觉、崔恭祖率领的前锋部队,都是北方人,骁勇善战,又轻装行进,不烧火做饭,用几只船沿长江载送酒食作为军粮,每当看到台城军队城垒中升起烟火,就尽力攻击它。台城军队不能再吃到东西,因此饥饿困乏。

元称等议欲降，佛护不可。恭祖等进攻城，拔之，斩佛护。徐元称降，馀四军主皆死。

乙卯，遣中领军王莹都督众军，据湖头筑垒，上带蒋山西岩实甲数万。莹，诞之从曾孙也。慧景至查硎，竹塘人万副兒说慧景曰："今平路皆为台军所断，不可议进；唯宜从蒋山龙尾上，出其不意耳。"慧景从之，分遣千馀人，鱼贯缘山，自西岩夜下，鼓叫临城中。台军惊恐，即时奔散。帝又遣右卫将军左兴盛帅台内三万人拒慧景于北篱门，兴盛望风退走。

甲子，慧景入乐游苑，崔恭祖帅轻骑千馀突入北掖门，乃复出。宫门皆闭，慧景引众围之。于是东府、石头、白下、新亭诸城皆溃。左兴盛走，不得入宫，逃淮渚荻舫中，慧景擒杀之。宫中遣兵出荡，不克。慧景烧兰台府署为战场。守御尉萧畅屯南掖门，处分城内，随方应拒，众心稍安。慧景称宣德太后令，废帝为吴王。

陈显达之反也，帝复召诸王侯入宫。巴陵王昭胄惩永泰之难，与弟永新侯昭颖诈为沙门，逃于江西。昭胄，子良之子也。及慧景举兵，昭胄兄弟出赴之。慧景意更向昭胄，犹豫未知所立。

竹里之捷，崔觉与崔恭祖争功，慧景不能决。恭祖劝慧景以火箭烧北掖楼。慧景以大事垂定，后若更造，费用功多，不从。慧景性好谈义，兼解佛理，顿法轮寺，对客高谈，恭祖深怀怨望。

徐元称等人一起商量想投降，张佛护不同意。崔恭祖等进军攻击城垒，攻下了这些城垒，杀掉了张佛护。徐元称投降，其馀四名军主都战死。

乙卯（十五日），派遣中领军王莹都督全军，以湖头为据点构筑营垒，东昏侯带领蒋山西岩的全副武装的士兵几万人。王莹，是王诞的堂曾孙。崔慧景到达查硎，竹塘人万副兒游说崔慧景道："现在平路都被台城军队截断，不能选择进兵；应该从蒋山龙尾道盘旋而上，才能出其不意。"崔慧景听从了他的话，分派一千多人，沿着山崖鱼贯而上，从西岩趁着夜幕掩护下山，击鼓呐喊，降临城中。台城军队惊慌恐惧，立即逃奔散走。东昏侯又派遣右卫将军左兴盛率领台城内三万人在北篱门抗拒崔慧景，左兴盛望风退走。

甲子（二十四日），崔慧景进入乐游苑，崔恭祖率领轻装骑兵一千多人冲进北掖门，然后又退了出来。宫门全部关闭，崔慧景带兵包围皇宫。于是东府、石头、白下、新亭各城全部崩溃。左兴盛逃跑，没能进入宫中，逃到淮河边芦苇丛中的船里，崔慧景擒获他后将他杀掉。皇宫中派兵出来消除包围，没有成功。崔慧景烧毁御史台的府署作为战场。守御尉萧畅屯驻南掖门，安排城内兵力，根据战况而设法抗拒，军心逐渐安定。崔慧景声称宣德太后的诏令，废东昏侯为吴王。

陈显达反叛后，东昏侯又召各位王侯进宫。巴陵王萧昭胄鉴于永泰年间的灾难，与弟弟永新侯萧昭颖假扮成和尚，逃到长江以西地区。萧昭胄，是萧子良的儿子。等崔慧景出兵，萧昭胄兄弟出来投奔崔慧景。崔慧景更倾向立萧昭胄为帝，心里犹豫，不知道该拥立谁。

竹里大捷之后，崔觉与崔恭祖争功，崔慧景不能决断是谁的功劳。崔恭祖劝崔慧景用火箭烧北掖楼。崔慧景认为大事即将定局，以后如果再造，费用多、工程大，所以不听崔恭祖的话。崔慧景生性喜欢谈义理，同时通晓佛理，停宿在法轮寺，对着客人高谈阔论，崔恭祖内心十分怨恨。

时豫州刺史萧懿将兵在小岘,帝遣密使告之。懿方食,投箸而起,帅军主胡松、李居士等数千人自采石济江,顿越城举火,台城中鼓叫称庆。恭祖先劝慧景遣二千人断西岸兵,令不得度。慧景以城旦夕降,外救自然应散,不从。至是恭祖请击懿军,又不许,独遣崔觉将精卒数千人渡南岸。懿军昧旦进战,数合,士皆致死,觉大败,赴淮死者二千馀人。觉单马退,开桁阻淮。恭祖掠得东宫女伎,觉逼夺之。恭祖积忿恨,其夜,与慧景骁将刘灵运诣城降,众心离坏。

夏四月癸酉,慧景将腹心数人潜去,欲北渡江,城北诸军不知,犹为拒战。城内出荡,杀数百人。懿军渡北岸,慧景馀众皆走。慧景围城凡十二日而败,从者于道稍散,单骑至蟹浦,为渔人所斩,以头内鳅篮,担送建康。恭祖系尚方,少时杀之。觉亡命为道人,捕获,伏诛。

宝玄初至建康,军于东城,士民多往投集。慧景败,收得朝野投宝玄及慧景人名,帝令烧之,曰:"江夏尚尔,岂可复罪馀人!"宝玄逃亡数日乃出。帝召入后堂,以步障裹之,令左右数十人鸣鼓角驰绕其外,遣人谓宝玄曰:"汝近围我亦如此耳。"五月己酉,江夏王宝玄伏诛。

六月乙丑,曲赦建康、南徐兖二州。先是,崔慧景既平,诏赦其党。而嬖倖用事,不依诏书,无罪而家富者,

当时豫州刺史萧懿率军驻在小岘，东昏侯派遣密使告诉萧懿来增援。萧懿正在吃饭，扔下筷子就站起来，率领军主胡松、李居士等几千人从采石渡江，停宿越城，举起火把，台城中击鼓呐喊，欢呼称庆。崔恭祖事先劝崔慧景派两千人拦截长江西岸的救兵，使他们不能渡江。崔慧景认为台城很快就会投降，外面的救援自然应该溃散，所以不听从。到这时，崔恭祖请求攻击萧懿的军队，崔慧景又不允许，只派崔觉率领精兵几千人渡到秦淮河南岸。萧懿的军队黎明进军交战，经过几个回合，士兵都拼命作战，崔觉大败，投入秦淮河而死的士兵就有两千多人。崔觉一人骑马退走，拉开浮桥，想靠秦淮河阻挡敌军。崔恭祖虏掠到东宫的宫女歌伎，崔觉逼迫他，夺走了她们。崔恭祖积怨已久，这天夜里，与崔慧景的骁将刘灵运到台城投降，军心分离衰败。

　　夏季四月癸酉(初四)，崔慧景率领几个心腹偷偷离去，想北渡长江，城北各军不知道，还在为他抵抗作战。台城内出兵，冲杀打死几百人。萧懿的军队渡过秦淮河到达北岸，崔慧景的其馀军队全部逃走。崔慧景包围台城共十二天而失败，追随他的人在路上逐渐散去，他单人骑马到达蟹浦，被打渔的人斩杀，渔夫将他的头放进捉泥鳅的篮内，挑送到建康。崔恭祖被关在尚方署，不多时就被杀了。崔觉逃命，化装成道人，也被抓获，最后伏法被杀。

　　萧宝玄刚到建康时，在东城驻军，士民大多前往投靠、聚集。崔慧景失败后，朝廷收集了朝野投靠萧宝玄和崔慧景的人名，东昏侯命令烧掉，说："江夏王尚且那样，怎么可以再加罪其馀的人！"萧宝玄逃亡几个月后才出来。东昏侯召他进入后堂，用布帐裹着他，命令身边人员几十人击鼓吹号，在布帐外环绕奔驰，派人对萧宝玄说："你不久前包围我也是这样。"五月己酉(初十)，江夏王萧宝玄伏法被杀。

　　六月乙丑，特别赦免建康及南徐、兖二州的囚犯。在此之前，平定崔慧景以后，下诏命令赦免他的同党。但是东昏侯宠爱的佞臣把持政事，他们不按照诏书做，没有罪而家中富有的人，

皆诬为贼党，杀而籍其赀，实附贼而贫者皆不问。或谓中书舍人王咺之云："赦书无信，人情大恶。"咺之曰："正当复有赦耳。"由是再赦。既而婴倖诛纵亦如初。

是时，帝所宠左右凡三十一人，黄门十人。直阁、骁骑将军徐世㯿素为帝所委任，凡有杀戮，皆在其手。及陈显达事起，加辅国将军，虽用护军崔慧景为都督，而兵权实在世㯿。世㯿亦知帝昏纵，密谓其党茹法珍、梅虫儿曰："何世天子无要人，但侬货主恶耳！"法珍等与之争权，以白帝。帝稍恶其凶强，遣禁兵杀之，世㯿拒战而死。自是法珍、虫儿用事，并为外监，口称诏敕。王咺之专掌文翰，与相唇齿。

帝呼所幸潘贵妃父宝庆及茹法珍为阿丈，梅虫儿及俞灵韵为阿兄。帝与法珍等俱诣宝庆家，躬自汲水，助厨人作膳。宝庆恃势作奸，富人悉诬以罪，田宅赀财，莫不启乞。一家被陷，祸及亲邻。又虑后患，尽杀其男口。帝数往诸刀敕家游宴，有吉凶辄往庆吊。

奄人王宝孙，年十三四，号为"伥子"，最有宠，参预朝政，虽王咺之、梅虫儿之徒亦下之。控制大臣，移易诏敕，乃至骑马入殿，诋诃天子。公卿见之，莫不慑息焉。

八月甲辰夜，后宫火。时帝出未还，宫内人不得出，外人不敢辄开，比及开，死者相枕，烧三千馀间。时婴倖之徒皆号为鬼。有赵鬼者，能读《西京赋》，言于帝曰："柏梁既灾，

都被诬陷为叛军的同党,杀了他们并登记没收他们的财产,确实归附叛军而家资的都不追究。有人对中书舍人王咺之说:"赦免诏书没有信用,民情非常不好。"王咺之说:"正应当再次赦免。"由此再次大赦。不久得宠的佞臣随意诛杀、放免又如先前一样。

这时,东昏侯所宠爱的侍从有三十一人,黄门十人。直阁、骁骑将军徐世𢷬向来被皇帝所委任,凡是有杀戮的事,都在他手中办。等陈显达起兵的事情发生后,又加辅国将军,虽然任命护军崔慧景为都督,但兵权实际在徐世𢷬手里。徐世𢷬也知道皇帝昏庸放纵,秘密对他的同党茹法珍、梅虫兒说:"什么朝代天子不需要人,我只是出售主上的罪恶罢了!"茹法珍等与徐世𢷬争权,将此话告诉给东昏侯。东昏侯逐渐厌恶徐世𢷬的凶狠强大,派遣禁兵杀他,徐世𢷬抗拒搏战而死。从此茹法珍、梅虫兒把持朝政,同时成为外监,一开口就声称传达诏敕。王咺之专门负责文章信翰,与茹法珍、梅虫兒互为唇齿。

东昏侯叫所宠爱的潘贵妃的父亲潘宝庆和茹法珍为阿丈,叫梅虫兒和俞灵韵为阿兄。东昏侯和茹法珍等一起到潘宝庆家,亲自去打水,帮助厨房的仆人做饭。潘宝庆依恃势力做邪恶的事情,富有的人全被他陷以罪名,富人家的田宅资财,没有不交给他以乞求免罪的。一家被诬陷,灾祸殃及亲戚邻居。他又担心有后患,所以全部杀掉被诬陷人家的男性人口。东昏侯屡次前往各位御刀、应敕家中游玩饮宴,有喜事、丧事就前往庆贺、吊唁。

阉人王宝孙,年龄有十三四岁,号称"伥子",最受宠爱,参与朝政,即使王咺之、梅虫兒这些人也甘拜下风。控制大臣、篡改诏敕,竟至于骑马进入宫殿,呵斥东昏侯。公卿见到他,没有不屏气而息的。

八月甲辰这天夜里,后宫发生火灾。当时东昏侯出宫到市里游玩还没有回来,宫内的人出不来,外边的人也不敢轻易打开后宫门扉,等到门开时,死亡的人互相枕压,烧毁了三千多间房屋。当时受东昏侯宠爱的佞臣都号称是鬼。有一个叫赵鬼的佞臣,能诵读《西京赋》,向东昏侯进言说:"柏梁宫受灾以后,

建章是营。"帝乃大起芳乐、玉寿等诸殿,以麝香涂壁,刻画
装饰,穷极绮丽。役者自夜达晓,犹不副速。后宫服御,极
选珍奇,府库旧物,不复周用。贵市民间金宝,价皆数倍。
建康酒租皆折使输金,犹不能足。凿金为莲华以帖地,令
潘妃行其上,曰:"此步步生莲华也。"又订出雉头、鹤氅、
白鹭缞。嬖倖因缘为奸利,课一输十。又各就州县求为人
输,准取见直,不为输送,守宰皆不敢言,重加科敛。如此
相仍,前后不息,百姓困尽,号泣道路。

　　萧懿之入援也,萧衍驰使所亲虞安福说懿曰:"诛贼之
后,则有不赏之功。当明君贤主,尚或难立,况于乱朝,何
以自免!若贼灭之后,仍勒兵入宫,行伊、霍故事,此万世
一时。若不欲尔,便放表还历阳,托以外拒为事,则威振
内外,谁敢不从!一朝放兵,受其厚爵,高而无民,必生后
悔。"长史徐曜甫亦苦劝之,懿并不从。

　　崔慧景死,懿为尚书令。有弟九人:敷、衍、畅、融、宏、
伟、秀、憺、恢。懿以元勋居朝右,畅为卫尉,掌管籥。时帝出
入无度,或劝懿因其出门,举兵废之,懿不听。嬖臣茹法珍、
王咺之等惮懿威权,说帝曰:"懿将行隆昌故事,陛下命在晷
刻。"帝然之。徐曜甫知之,密具舟江渚,劝懿西奔襄阳。懿
曰:"自古皆有死,岂有叛走尚书令邪!"懿弟侄咸为之备。

营造了建章宫。"东昏侯于是大规模建起芳乐、玉寿等殿,用麝香涂抹墙壁,雕画装饰,穷极绮丽。建造者夜以继日的干,还不能满足他想快速建成的愿望。后宫所穿服装、所用物品,无不是尽意挑选的珍奇之品,如此奢侈,以致府库中以前的物品,不再适用。花高价购买民间的黄金珠宝,出价都高于平时的几倍。建康城内酒税都要求折合成黄金交纳,还不能满足需要。雕凿黄金为莲花贴到宫内的地上,命令潘妃在上面行走,说:"这是步步生莲花。"又命令上贡雉头裘、鹤毛氅、白鹭缞。受东昏侯宠爱的佞臣们借机捞取私利,征收一份要交纳十份。又分别到州县要求百姓交纳,只准收现钱,又不上缴朝廷,守宰都不敢说什么,当诏令下来后再次征敛。如此重复,前后不止,百姓困窘,家产荡尽,在道路上号哭流泪。

　　萧懿这次进京救援时,萧衍急忙派亲信虞安福游说萧懿道:"诛灭叛贼之后,就会有赏赐不完的功劳。即使在英明和有道德有才能的君主朝中,尚且难以立足,何况在混乱的朝中,凭什么使自己免于灾难! 如果在叛贼被消灭之后,接着率领军队进宫,执行伊尹、霍光从前所做的事,施行废立,这是千载难逢的机会。如果不想那样,就留下表章返回历阳,用外拒敌寇为借口,那么威望震动朝廷内外,谁敢不服从! 一旦放弃兵权,接受朝廷优厚的爵位,官爵虽高而没有兵权,事后一定会后悔。"萧懿的长史徐曜甫也苦苦劝说,他一概不听。

　　崔慧景死后,萧懿成为尚书令。他有弟弟九人:萧敷、萧衍、萧畅、萧融、萧宏、萧伟、萧秀、萧憺、萧恢。萧懿凭借元勋身份居于宰相地位,萧畅是卫尉,掌管城门钥匙。当时东昏侯出入台城没有节制,有人劝萧懿趁东昏侯出门时,起兵废掉他,萧懿不听。宠臣茹法珍、王咺之等害怕萧懿的威望权势,游说东昏侯:"萧懿将要施行萧隆昌的旧事,陛下命在旦夕。"东昏侯同意这种看法。徐曜甫知道了此事,秘密准备船只,放在长江的小洲上,劝萧懿向西投奔到襄阳。萧懿说:"从古至今,人都有一死,难道有叛逃的尚书令吗?"萧懿的弟弟侄子都为将要发生的事做了准备。

冬十月己卯,帝赐懿药于省中。懿且死,曰:"家弟在雍,深为朝廷忧之。"懿弟偘皆亡匿于里巷,无人发之者,唯融捕得,诛之。

初,帝疑雍州刺史萧衍有异志。直后荥阳郑植弟绍叔为衍宁蛮长史,帝使植以候绍叔为名,往刺衍。绍叔知之,密以白衍,衍置酒绍叔家,戏植曰:"朝廷遣卿见图,今日闲宴,是可取良会也。"宾主大笑。又令植历观城隍、府库、士马、器械、舟舰,植退,谓绍叔曰:"雍州实力未易图也。"绍叔曰:"兄还,具为天子言之。若取雍州,绍叔请以此众一战!"送植于南岘,相持恸哭而别。

及懿死,衍闻之,夜召张弘策、吕僧珍、长史王茂、别驾刘庆远、功曹吉士瞻等入宅定议。茂,天生之子;庆远,元景之弟子也。十一月乙巳,衍集僚佐谓曰:"昏主暴虐,恶逾于纣,当与卿等共除之!"是日,建牙集众,得甲士万馀人,马千馀匹,船三千艘。出檀溪竹木装舰,葺之以茅,事皆立办。诸将争橹,吕僧珍出先所具者,每船付二张,争者乃息。

是时,南康王宝融为荆州刺史,西中郎长史萧颖胄行府州事,帝遣辅国将军、巴西梓潼二郡太守刘山阳将兵三千之官,就颖胄兵使袭襄阳。衍知其谋,遣参军王天虎诣江陵,遍与州府书,声云:"山阳西上,并袭荆、雍。"衍因谓诸将佐曰:"荆州素畏襄阳人,加以唇亡齿寒,宁不暗同邪!我合荆、雍之兵,鼓行而东,虽使韩、白复生,不能为建康计,

冬季十月己卯(十三日),东昏侯在尚书省内赐给萧懿毒药。萧懿将死时,说:"我弟弟在雍州,我非常替朝廷担忧他。"萧懿的弟弟侄子们都逃亡藏匿在闾里、街巷,没有人告发他们,只有萧融被抓住,遭到杀害。

最初,东昏侯怀疑雍州刺史萧衍有野心。直后荥阳人郑植的弟弟郑绍叔,是萧衍的宁蛮长史,东昏侯派郑植用问候郑绍叔为名,前去刺杀萧衍。郑绍叔知道了这件事,秘密告诉给萧衍,萧衍在郑绍叔家设置酒宴,对郑植开玩笑说:"朝廷派您来刺杀我,今天消闲饮宴,正是消灭我的良机。"宾主大笑。萧衍又让郑植逐一观看了城隍、府库、士马、器械、舟舰,郑植回来后,对郑绍叔说:"雍州有实力,不容易图谋。"郑绍叔说:"哥哥回去后,对天子详细地说一下这些情况。如果进攻雍州,我郑绍叔愿意率领这些军队打一仗。"郑绍叔送郑植到南岘,兄弟相抱,恸哭而别。

等萧懿死后,萧衍听到消息,夜里召张弘策、吕僧珍、长史王茂、别驾刘庆远、功曹吉士瞻进入住宅,决议起兵。王茂是王天生的儿子,刘庆远是刘元景的侄子。十一月乙巳(初九),萧衍召集属僚佐吏,对他们说:"昏庸的君主暴虐无道,作恶超过商纣,我将和你们一起除掉他!"这一天,树起大旗,召集军队,得到全副武装的战士一万多人,战马一千多匹,战船三千艘。取出檀溪中的竹木装到战舰上,上面盖上茅草,事情立即都办好了。诸位将领争夺橹桨,吕僧珍拿出事先准备好的,每船给两张,争夺的人才平息下来。

这时,南康王萧宝融担任荆州刺史,西中郎长史萧颖胄代理府州事务,东昏侯派辅国将军、巴西梓潼二郡太守刘山阳领兵三千到辖区上任,加入萧颖胄的军队,让他们袭击襄阳。萧衍知道了这个阴谋,派参军王天虎到江陵,给荆州和西中郎府的官员各去了一封信,声称:"刘山阳逆江西上,是要同时袭击荆州、雍州。"萧衍借机对诸位将佐说:"荆州向来畏惧襄阳人,加上唇亡齿寒,怎能不暗中与我们同心呢!我集合荆州、雍州的军队,击鼓行进,顺江东下,即使韩信、白起活过来,也无法替建康谋划,

况以昏主役刀敕之徒哉！"颖胄等得书，疑未能决。山阳至巴陵，衍复令天虎赍书与颖胄及其弟南康王友颖达。天虎既行，衍谓张弘策曰："用兵之道，攻心为上。近遣天虎往荆州，人皆有书。今段乘驿甚急，止有两函与行事兄弟，云'天虎口具'，及问天虎而口无所说，天虎是行事心膂，彼间必谓行事与天虎共隐其事，则人人生疑。山阳惑于众口，必相嫌贰，则行事进退无以自明，必入吾谋内。是驰两空函定一州矣。"

山阳至江安，迟回十馀日，不上。颖胄大惧，计无所出，夜，遣呼西中郎城局参军安定席阐文、谘议参军柳忱，闭斋定议。阐文曰："萧雍州畜养士马，非复一日。江陵素畏襄阳人，又众寡不敌，取之必不可制。就能制之，岁寒复不为朝廷所容。今若杀山阳，与雍州举事，立天子以令诸侯，则霸业成矣。山阳持疑不进，是不信我。今斩送天虎，则彼疑可释。至而图之，罔不济矣。"忱曰："朝廷狂悖日滋，京师贵人莫不重足累息。今幸在远，得暇日自安。雍州之事，且藉以相毙耳。独不见萧令君乎？以精兵数千，破崔氏十万众，竟为群邪所陷，祸酷相寻。'前事之不忘，后事之师也。'且雍州士锐粮多，萧使君雄姿冠世，必非山阳所能敌。若破山阳，荆州复受失律之责，进退无可，宜深虑之。"萧颖达亦劝颖胄从阐文等计。诘旦，颖胄谓天虎曰："卿与刘辅国相识，今不得不借卿头！"乃斩天虎送示山阳，

何况是昏庸的君主役使刀救那些人！”萧颖胄等得到萧衍信后，满腹疑虑，无法决断。刘山阳到达巴陵，萧衍又命王天虎送信给萧颖胄和他弟弟南康王的朋友萧颖达。王天虎走后，萧衍对张弘策说：“用兵之道，攻心是上策。不久前派王天虎前往荆州，每人都给一封信。现在派王天虎乘坐驿马前往，显得十分紧急，但只有两封信给萧颖胄、萧颖达兄弟，信中不写什么事，只说‘王天虎详细传达’，等问到王天虎时，他又没什么要说的，王天虎是萧颖胄的心腹和脊梁骨，荆州必然认为萧颖胄和王天虎共同隐瞒了什么事，这样荆州就会人人生疑。刘山阳被众口迷惑，就会怀疑萧颖胄首鼠两端，那么萧颖胄就会进退两难，无法表明自己的清白，必然落入我的圈套。这是拿两封空信平定了一个州。”

刘山阳到达江安后，迟疑徘徊了十几天，不溯江北上。萧颖胄万分恐惧，想不出什么办法，夜里，叫来西中郎城局参军安定人席阐文、谘议参军柳忱，关闭书斋，商议决策，决定去从。席阐文说：“萧雍州蓄养士兵战马，不是一天了。江陵向来畏惧襄阳人，加上众寡不敌，必定不能消灭他们。即使能制服他们，最终又不被朝廷所宽容。现在如果杀了刘山阳，和雍州一起起兵，拥立天子以命令诸侯，那么霸业就成功了。刘山阳迟疑不进，是不信任我们。现在斩掉王天虎，送给他，他的疑虑就可以打消。到时图谋他，就没有不成功的了。”柳忱说：“朝廷狂乱荒谬一天比一天厉害，京师的贵人无不惴惴不安，屏住呼吸不敢出气。现在我们有幸在远方，得到自我保全的时日。雍州的事情，是暂且借机让我们互相残杀罢了。难道没见到萧懿吗？用精兵几千，击败崔慧景十万军队，竟然被一群奸邪的小人所诬陷，灾祸冤酷不久就落到了头上。‘前事不忘，后事之师。’而且雍州士兵精锐，粮食充足，萧衍雄姿属当代第一，必然不是刘山阳所能匹敌的。如果击败刘山阳，荆州又受违法的责难，进不能，退也不能，应该仔细考虑此事。”萧颖达也劝萧颖胄听从席阐文等的计策。第二天早晨，萧颖胄对王天虎说：“你和刘辅国互相认识，现在不得不借你的头用一下！”于是斩杀王天虎送去给刘山阳看，

发民车牛，声云"起步军征襄阳"。山阳大喜。甲寅，山阳至江津，单车白服，从左右数十人诣颖胄。颖胄使前汶阳太守刘孝庆等伏兵城内，山阳入门，即于车中斩之。副军主李元履收馀众请降。

柳忱，世隆之子也。颖胄虑西中郎司马夏侯详不同，以告忱，忱曰："易耳！近详求昏，未之许也。"乃以女嫁详子爕，而告之谋，详从之。乙卯，以南康王宝融教纂严，又教赦囚徒，施惠泽，颁赏格。丙辰，以萧衍为使持节都督前锋诸军事。丁巳，以萧颖胄为都督行留诸军事。

颖胄遣使送刘山阳首于萧衍，且言年月未利，当须明年二月进兵。衍曰："举事之初，所藉者一时骁锐之心。事事相接，犹恐疑怠，若顿兵十旬，必生悔吝。且坐甲十万，粮用自竭。若童子立异，则大事不成。况处分已定，安可中息哉！昔武王伐纣，行逆太岁，岂复待年月乎？"

戊午，衍上表劝南康王宝融称尊号，不许。十二月，颖胄与夏侯详移檄建康百官及州郡牧守，数帝及梅虫儿、茹法珍罪恶。颖胄遣冠军将军天水杨公则向湘州，西中郎参军南郡邓元起向夏口。乙亥，荆州将佐复劝宝融称尊号，不许。夏侯详之子骁骑将军亶为殿中主帅，详密召之，亶自建康亡归。壬辰，至江陵，称奉宣德皇太后令："南康王宜纂承皇祚，方俟清宫，未即大号。可封十郡为宣城王、

征发百姓的车辆、耕牛,扬言"发动步兵出征襄阳"。刘山阳万分高兴。甲寅(十八日),刘山阳到达江津,他独自乘坐一辆车,穿着白衣服,身边只有几十人跟随,到萧颖胄那里去拜访。萧颖胄让前汶阳太守刘孝庆等人在城内埋伏士兵,刘山阳进入城门后,刘孝庆等就在车中斩杀了他。副军主李元履收罗其馀部众请求投降。

柳忱是柳世隆的儿子。萧颖胄担忧西中郎司马夏侯详与自己不同心,将这种想法告诉给柳忱,柳忱说:"这很容易!此前夏侯详为儿子向你求婚,你没答应他。"于是萧颖胄将女儿嫁给夏侯详的儿子夏侯夔,并告诉他自己的谋划,夏侯详便服从了萧颖胄。乙卯(十九日),用南康王萧宝融的名义发布戒严命令,又命令赦免囚徒,施行恩泽,颁布赏格。丙辰(二十日),任命萧衍为使持节都督前锋诸军事。丁巳(二十一日),任命萧颖胄为都督行留诸军事。

萧颖胄派遣使者送刘山阳的头给萧衍,并且说年月不利,应当等到明年二月份再进兵。萧衍说:"起事的初期,所凭借的是一时的骁勇和锐意进取的心。事事互相衔接,还担心迟疑松懈,如果停兵一百天,一定会后悔。而且十万军队停驻这里,粮食用度就会枯竭。如果萧宝融那孩子另出反对意见,大事就不会成功。何况已经安排好了,怎么可以中途停止呢!从前周武王讨伐商纣,行动时间就冲犯了太岁星,怎么能再等年月呢?"

戊午(二十二日),萧衍上表劝南康王萧宝融称皇帝,萧宝融不答应。十二月,萧颖胄和夏侯详遍传檄文给建康城内的百官以及各州郡的牧守,列举东昏侯和梅虫儿、茹法珍的罪恶。萧颖胄派冠军将军天水人杨公则向湘州进军,西中郎参军南郡人邓元起向夏口进军。乙亥(初十),荆州的将佐又劝萧宝融称皇帝,萧宝融还是不答应。夏侯详的儿子骁骑将军夏侯亶是殿中主帅,夏侯详秘密召他到荆州,夏侯亶从建康逃亡,回荆州。壬辰(二十七日),到达江陵,他声称奉宣德皇太后的命令:"南康王应该继承皇位,正等待清宫,没登上皇位。可以封地十郡,为宣城王、

相国、荆州牧,加黄钺,选百官,西中郎府、南康国如故。须军次近路,主者备法驾奉迎。"

竟陵太守新野曹景宗遣亲人说萧衍,迎南康王都襄阳,先正尊号,然后进军,衍不从。

初,陈显达、崔慧景之乱,人心不安。或问时事于上庸太守杜陵韦叡,叡曰:"陈虽旧将,非命世才;崔颇更事,懦而不武。其赤族宜矣。定天下者,殆必在吾州将乎?"乃遣二子自结于萧衍。及衍起兵,叡帅郡兵二千倍道赴之。华山太守蓝田康绚帅郡兵三千赴衍。冯道根居母丧,闻衍起兵,帅乡人子弟胜兵者悉往赴之。梁、南秦二州刺史柳惔亦起兵应衍。惔,忱之兄也。

帝闻刘山阳死,发诏讨荆、雍。戊寅,以冠军长史刘浍为雍州刺史,遣骁骑将军薛元嗣、制局监暨荣伯将兵及运粮百四十馀船送郢州刺史张冲,使拒西师。元嗣等惩刘山阳之死,疑冲,不敢进,停夏口浦,闻西师将至,乃相帅入郢城。前竟陵太守房僧寄将还建康,至郢,帝敕僧寄留守鲁山,除骁骑将军。张冲与之结盟,遣军主孙乐祖将数千人助僧寄守鲁山。

萧颖胄与武宁太守邓元起书,招之。元起大言于众曰:"朝廷暴虐,诛戮宰辅,群小用事,衣冠道尽。荆、雍二州同举大事,何患不克!且我老母在西,若事不成,正受戮昏朝,幸免不孝之罪。"即日治严上道,至江陵,为西中郎中兵参军。湘州行事张宝积发兵自守,未知所附。杨公则克

相国、荆州牧,加给黄钺,可以挑选任命百官,原来的西中郎府、南康国照旧不变。等到军队到了附近时,负责者将准备法驾,恭敬迎接。"

竟陵太守新野人曹景宗派遣亲信游说萧衍迎接南康王建都襄阳,首先称帝即位,然后进军,萧衍不听。

最初,陈显达、崔慧景叛乱时,人心不安。有人向上庸太守杜陵人韦叡询问时事,韦叡说:"陈显达虽然是老将,但不是治国的人才;崔慧景经历了些事情,但是为人懦弱,并且没有勇气。他们被灭了族是应该的。平定天下的,大概一定是我们州的刺史萧衍吧?"于是派遣两个儿子自愿与萧衍交结。等到萧衍起兵时,韦叡率领郡兵两千人以加倍的速度赶路,奔赴萧衍的军队,参加军事行动。华山太守蓝田人康绚率领郡兵三千赶到萧衍那里。冯道根居家为母亲戴孝,听说萧衍起兵,率领全部能当兵的乡里子弟前往起兵地点。梁、南秦二州刺史柳惔也起兵响应萧衍。柳惔是柳忱的哥哥。

东昏侯听到刘山阳的死讯,发布诏令,讨伐荆州、雍州。戊寅(十三日),任命冠军长史刘浍为雍州刺史,派遣骁骑将军薛元嗣、制局监暨荣伯率领军队以及运送一百四十多艘粮食,送给郢州刺史张冲,让他抗拒西方的军队。薛元嗣等鉴于刘山阳的死因,怀疑张冲,不敢前进,停留在夏口浦,听说西方的军队将要到了,才一起进入郢城。前任竟陵太守房僧寄将要返回建康,到达郢城,东昏侯敕令房僧寄留下守卫鲁山,任命其为骁骑将军。张冲和他结盟,派遣军主孙乐祖率领几千人帮助房僧寄守卫鲁山。

萧颖胄写了一封信给武宁太守邓元起,招揽他参加起兵。邓元起在众人中大声说道:"朝廷残暴淫虐,诛杀宰辅,一群小人把持朝政,士大夫路到尽头。荆州、雍州二州同举大事,哪里用得着担心不胜利!而且我的老母亲在西方,如果事情不成功,就在昏暗的朝廷接受杀头,也有幸免除了不孝的罪名。"当天就整理行装上路,到达江陵,被任命为西中郎中兵参军。湘州行事张宝积征发军队自我防守,不知道该归附哪一方。杨公则攻克

巴陵,进军白沙,宝积惧,请降,公则入长沙,抚纳之。

和帝中兴元年春正月乙巳,南康王宝融始称相国,大赦。以萧颖胄为左长史,萧衍为征东将军,杨公则为湘州刺史。戊申,萧衍发襄阳,留弟伟总府州事,憺守垒城,府司马庄丘黑守樊城。衍既行,州中兵及储偫皆虚。魏兴太守裴师仁、齐兴太守颜僧都并不受衍命,举兵欲袭襄阳,伟、憺遣兵邀击于始平,大破之,雍州乃安。

二月壬午,东昏侯遣羽林兵击雍州,中外纂严。甲申,萧衍至竟陵,命王茂、曹景宗为前军,以中兵参军张法安守竟陵城。茂等至汉口,诸将议欲并兵围郢,分兵袭西阳、武昌。衍曰:“汉口不阔一里,箭道交至,房僧寄以重兵固守,与郢城为掎角。若悉众前进,僧寄必绝我军后,悔无所及。不若遣王、曹诸军济江,与荆州军合,以逼郢城。吾自围鲁山以通沔、汉,使郧城、竟陵之粟方舟而下,江陵、湘中之兵相继而至,兵多食足,何忧两城之不拔!天下之事,可以卧取之耳。”乃使茂等帅众济江,顿九里。张冲遣中兵参军陈光静开门迎战,茂等击破之,光静死,冲婴城自守。景宗遂据石桥浦,连军相续,下至加湖。

荆州遣冠军将军邓元起、军主王世兴、田安之将数千人会雍州兵于夏首。衍筑汉口城以守鲁山,命水军王义阳、张惠绍等游遏江中,绝郢、鲁二城信使。杨公则举湘州之众会于夏口,萧颖胄命荆州诸军皆受公则节度,虽萧颖达亦隶焉。

巴陵,进军白沙,张宝积害怕,请求投降,杨公则进入长沙安抚他,接纳他参加了西方军队。

和帝中兴元年(501)春季正月乙巳(初十),南康王萧宝融开始称相国,宣布大赦。任命萧颖胄为左长史,萧衍为征东将军,杨公则为湘州刺史。戊申(十三日),萧衍从襄阳出发,留下弟弟萧伟负责全部府州事务,萧憺守卫垒城,东府司马庄丘黑守卫樊城。萧衍走后,州中军队以及积累的物资全被带走。魏兴太守裴师仁、齐兴太守颜僧都不接受萧衍的命令,起兵想袭击襄阳,萧伟、萧憺派兵在始平拦路截击,将他们的军队打得大败,雍州这才平安无事。

二月壬午(十八日),东昏侯派遣羽林军攻击雍州,朝廷内外戒严。甲申(二十日),萧衍到达竟陵,命令王茂、曹景宗为前军,中兵参军张法安守卫竟陵城。王茂等到达汉口,各位将领商议想合兵包围郢城,分兵袭击西阳、武昌。萧衍说:"汉口水面没有一里宽,箭路可以交叉射到,房僧寄用重兵牢固防守,与郢城成掎角之势。如果全军前进,房僧寄必然会断绝我军的后路,后悔都来不及。不如派遣王茂、曹景宗各军渡江,与荆州的军队会合,来逼近郢城。我亲自围攻鲁山以便打通沔水、汉水的通道,使郢城、竟陵的粮食装在水排上顺流而下,江陵、湘中的军队相继赶到,兵多粮足,还担忧什么两城攻不下! 连天下的事情,也可以卧着就解决它们。"于是让王茂等率领军队渡江,停宿在九里。张冲派遣中兵参军陈光静打开城门迎战,王茂等击败了他们,陈光静战死,张冲环绕郢城自我防守。曹景宗于是占据石桥浦,军队前后相连,沿江而下直到加湖。

荆州方面派遣冠军将军邓元起、军主王世兴、田安之率领几千人,在夏首与雍州兵会师。萧衍构筑汉口城垒以便防止来自鲁山的袭击,命令水军王义阳、张惠绍等人在江中巡逻拦截,断绝郢城、鲁山二城送信的使者。杨公则率领湘州的全部军队到夏口与各军相会,萧颖胄命令荆州各军都受杨公则节制调度,即使萧颖达也在隶属之列。

府朝议欲遣人行湘州事而难其人，西中郎中兵参军刘坦谓众曰："湘土人情，易扰难信，用武士则侵渔百姓，用文士则威略不振。必欲镇静一州，军民足食，无逾老夫。"乃以坦为辅国长史、长沙太守，行湘州事。坦先尝在湘州，多旧恩，迎者属路。下车，选堪事吏分诣十郡，发民运租米三十馀万斛以助荆、雍之军，由是资粮不乏。

三月，萧衍使邓元起进据南堂西渚，田安之顿城北，王世兴顿曲水故城。丁酉，张冲病卒，骁骑将军薛元嗣与冲子孜及征房长史江夏内史程茂共守郢城。

乙巳，南康王即皇帝位于江陵，改元，大赦，立宗庙、南北郊。州府城门悉依建康宫，置尚书五省，以南郡太守为尹，以萧颖胄为尚书令，萧衍为左仆射，晋安王宝义为司空，庐陵王宝源为车骑将军、开府仪同三司，建安王宝寅为徐州刺史，散骑常侍夏侯详为中领军，冠军将军萧伟为雍州刺史。丙午，诏封庶人宝卷为涪陵王。己酉，以尚书令萧颖胄行荆州刺史。加萧衍征东大将军、都督征讨诸军事，假黄钺。时衍次扬口，和帝遣御史中丞宗夬劳军。宁朔将军新野庾域讽夬曰："黄钺未加，非所以总帅侯伯。"夬返西台，遂有是命。薛元嗣遣军主沈难当帅轻舸数千乱流来战，张惠绍等击擒之。

癸丑，东昏侯以豫州刺史陈伯之为江州刺史、假节、都督前锋诸军事，西击荆、雍。

夏四月，萧衍出沔，命王茂、萧颖达等进军逼郢城。薛元嗣不敢出。诸将欲攻之，衍不许。

五月，东昏侯遣军主吴子阳、陈虎牙等十三军救郢州，

府朝商议想派人代理湘州事务而难以找到合适人选,西中郎中兵参军刘坦对众人说:"湘州地方的人情,容易变乱难以相信,任用武士就会侵扰渔利百姓,任用文士就不能振奋威风。一定想镇抚安定一州,使军民足食,没有人能超过老夫。"于是任命刘坦为辅国长史、长沙太守,代理湘州事务。刘坦曾经在湘州待过,旧的恩情很多,迎接他的人沿路不断。到长沙下车后,挑选能办事的官吏分别到长沙、桂阳、零陵、衡阳、营阳、湘东、邵陵、始兴、临贺、始安十郡,征发民众运输租米三十多万斛来资助荆州、雍州的军队,从此军粮不再缺乏。

三月,萧衍让邓元起进军占据南堂以西的江中小洲,田安之停驻郢城以北,王世兴停驻城东的曲水旧城。丁酉(初三),张冲病死,骁骑将军薛元嗣与张冲的儿子张孜以及征房长史江夏内史程茂共同守卫郢城。

乙巳(十一日),南康王在江陵登上皇位,改年号为中兴,大赦天下,建立宗庙、南北郊祀。州府城门全部仿照建康宫,设置尚书五省,任命南郡太守为尹,任命萧颖胄为尚书令,萧衍为左仆射,晋安王萧宝义为司空,庐陵王萧宝源为车骑将军、开府仪同三司,建安王萧宝寅为徐州刺史,散骑常侍夏侯详为中领军,冠军将军萧伟为雍州刺史。丙午(十二日),诏令封庶人萧宝卷为涪陵王。己酉(十五日),任命尚书令萧颖胄代理荆州刺史。加萧衍征东大将军、都督征讨诸军事,授予黄钺。当时萧衍驻扎扬口,和帝派遣御史中丞宗夬到军中慰劳将士。宁朔将军新野人庾域暗示宗夬说:"黄钺没有授予,不可以统帅诸侯。"宗夬返回西台,于是有了这一任命。薛元嗣派遣军主沈难当率领轻便小船几千艘横渡长江前来交战,张惠绍等反击,将他们擒获。

癸丑(十九日),东昏侯任命豫州刺史陈伯之为江州刺史、假节、都督前锋诸军事,沿江西上,攻击荆州、雍州。

夏季四月,萧衍出沔水,命令王茂、萧颖达等进军逼近郢城。薛元嗣不敢出战。各位将领想攻击郢城,萧衍不允许。

五月,东昏侯派军主吴子阳、陈虎牙等十三支军队救援郢城,

进屯巴口。虎牙，伯之之子也。

六月，西台遣卫尉席阐文劳萧衍军，赍萧颖胄等议谓衍曰："今顿兵两岸，不并军围郢，定西阳、武昌，取江州，此机已失。莫若请救于魏，与北连和，犹为上策。"衍曰："汉口路通荆、雍，控引秦、梁，粮运资储，仰此气息，所以兵压汉口，连结数州。今若并军围郢，又分兵前进，鲁山必阻沔路，扼吾咽喉。若粮运不通，自然离散，何谓持久？邓元起近欲以三千兵往取寻阳，彼若欣然知机，一说士足矣。脱距王师，固非三千兵所能下也。进退无据，未见其可。西阳、武昌，取之即得。然既得之后，即应镇守。欲守两城，不减万人，粮储称是，卒无所出。脱东军有上者，以万人攻一城，两城势不得相救。若我分军应援，则首尾俱弱。如其不遣，孤城必陷，一城既没，诸城相次土崩，天下大事去矣。若郢州既拔，席卷沿流，西阳、武昌自然风靡。何遽分兵散众，自贻忧患乎！且丈夫举事欲清天步，况拥数州之兵以诛群小，悬河注火，奚有不灭！岂容北面请救戎狄，以示弱于天下！彼未必能信，徒取丑声，此乃下计，何谓上策！卿为我辈白镇军：前途攻取，但以见付，事在目中，无患不捷，但借镇军靖镇之耳。"

吴子阳等进军武口。衍命军主梁天惠等屯渔湖城，唐脩期等屯白阳垒，夹岸待之。子阳进军加湖，去郢三十

进军屯驻巴口。陈虎牙，是陈伯之的儿子。

六月，西台派遣卫尉席阐文慰劳萧衍的军队，席阐文拿着萧颖胄等的建议对萧衍说："如今在长江两岸停驻军队，不合军包围郢城，平定西阳、武昌，夺取江州，这个机会已经失去了。不如向北魏求救，与北魏联合，还是上策。"萧衍说："汉口道路通荆州、雍州，控制秦州、梁州，粮食的运输、物资的储备，仰仗这条路生存，所以军队驻扎汉口，能连结几个州。现在如果合军包围郢城，又分兵前进，鲁山的敌军必然会阻拦沔水水路，扼住我们的咽喉。如果粮食运输不能畅通，我军自然瓦解离散，还谈什么持久？邓元起不久前想用三千士兵夺取寻阳，寻阳那边如果能知道事态的发展，只派一个说客就足够了。如果抗拒我们的军队，寻阳本来就不是三千士兵所能攻下的。进退都没有依据，没见到可以如此做的理由。西阳、武昌想夺取它们，立即就可以得到。但得到它们以后，就应当镇守。想守住这两座城市，不能少于一万人，粮食储备也要与此相当，仓促之下拿不出这些兵粮来。如果东方的军队有沿江而上的，用一万人攻击一城，两城势必不能互相救援。如果我分派军队接应支援，那么就会首尾力量都弱。如果不派兵，孤城必然陷落，一城陷落以后，各城就会一个接一个土崩瓦解，天下大事就失败了。如果郢州已经攻下，沿长江席卷而下，西阳、武昌自然望风披靡。为什么要马上分散军队，自己给自己遗留忧虑祸患呢？而且大丈夫举事要扫清通向朝廷之路，何况拥有几个州的军队来诛灭一群小人，如同高悬的河注灭一堆火，岂有不灭之理！怎么能容许向北面的戎狄求救，用这种行为向天下显示我们的弱小！北魏方面也不一定能守信用，白白地得到恶的名声，这是下等计策，怎么能说是上策？您替我们这些人告诉镇军将军萧颖胄：前面路上的攻战，只管交付我们，事情一目了然，不用担心不胜利，只是借助镇军将军的大名镇抚军心罢了。"

吴子阳等进军武口。萧衍命军主梁天惠等屯驻渔湖城，唐脩期等屯驻白阳垒，夹岸等待敌军。吴子阳进军加湖，离郢城三十

里，傍山带水，筑垒自固。子阳举烽，城内亦举火应之，而内外各自保，不能相救。会房僧寄病卒，众复推助张乐祖代守鲁山。

东昏侯作芳乐苑，山石皆涂以五采。望民家有好树、美竹，则毁墙撤屋而徙之。时方盛暑，随即枯萎，朝暮相继。又于苑中立市，使宫人、宦者共为裨贩，以潘贵妃为市令，东昏侯自为市录事，小有得失，妃则与杖，乃敕虎贲不得进大荆、实中获。又开渠立埭，身自引船。或坐而屠肉。又好巫觋，左右朱光尚诈云见鬼。东昏入乐游苑，人马忽惊，以问光尚，对曰："向见先帝大嗔，不许数出。"东昏大怒，拔刀与光尚寻之，既不见，乃缚菰为高宗形，北向斩之，县首苑门。

崔慧景之败也，巴陵王昭胄、永新侯昭颖出投台军，各以王侯还第，心不自安。竟陵王子良故防阁桑偃为梅虫兒军副，与前巴西太守萧寅谋立昭胄，昭胄许事克用寅为尚书左仆射、护军。时军主胡松将兵屯新亭，寅遣人说之曰："须昏人出，寅等将兵奉昭胄入台，闭城号令。昏人必还就将军，但闭垒不应，则三公不足得也。"松许诺。会东昏新作芳乐苑，经月不出游。偃等议募健儿百馀人，从万春门入，突取之，昭胄以为不可。偃同党王山沙虑事久无成，以事告御刀徐僧重。寅遣人杀山沙于路，吏于麝勝中得其事。昭胄兄弟与偃等皆伏诛。

雍州刺史张欣泰与弟前始安内史欣时，密谋结胡松及前南谯太守王灵秀、直阁将军鸿选等诛诸嬖倖，废东昏。

里,依山带水,构筑营垒保全自己。吴子阳举烽火,城内也举火应答他,但城内、城外各自自我保全,不能互相救援。恰巧房僧寄病死,众人又推举帮助房僧寄防守的孙乐祖代替他守卫鲁山。

东昏侯建造芳乐苑,山石都用五种色彩涂抹。看到百姓家中有好看的树,漂亮的竹了,就派人毁墙撤屋而迁移它们。当时正当盛夏,迁移的树木和竹子随即枯萎,迁移工作早晚不断。又在苑中设立集市,让宫人、宦者一起做小贩,任命潘贵妃为市令,东昏侯自己为市录事,小有得失,潘贵妃就给予杖罚,于是敕令虎贲不能进献用荆条做的刑杖和实心的荻。又开挖渠道,建立堤坝,亲自拉船。有时坐在那里杀牲卖肉。又喜欢巫术,身边人员朱光尚欺骗东昏侯说看见过鬼。东昏侯进入乐游苑,人马忽然受惊,将此事询问朱光尚,朱光尚回答说:"此前看到先帝非常生气,不许屡次外出。"东昏侯大怒,拔出刀来与朱光尚一起寻找先帝的鬼,没有找到,就用荻捆扎成高宗的形状,面向北斩杀它,将头悬挂在苑门上。

崔慧景失败后,巴陵王萧昭胄、永新侯萧昭颖出来投奔台城军队,各自以王侯身份回家,心中感到不安。竟陵王萧子良过去的防阁桑偃是梅虫儿的军副,与前巴西太守萧寅阴谋拥立萧昭胄,萧昭胄答应事情成功之后任用萧寅为尚书左仆射、护军。当时军主胡松率领军队屯驻新亭,萧寅派人游说他:"待昏君外出,萧寅等就率领军队拥奉萧昭胄进入台城,关闭城门发布号令。昏君必定来到将军这里,只要关闭营垒不响应,您得到三公的职位就不在话下。"胡松许诺。恰好东昏侯新营造了芳乐苑,一个月不出城游玩。桑偃等商量招募健儿一百多人,从万春门进入,突然抓获东昏侯,萧昭胄认为不可以这样做。桑偃的同党王山沙担心事久不成,便将事情告诉给御刀徐僧重。萧寅派人在路上杀掉了王山沙,官吏在王山沙的麝香袋中得到了有关这件事的材料,萧昭胄兄弟和桑偃等都伏法被杀。

雍州刺史张欣泰与弟弟前始安内史张欣时,密谋结交胡松和前南谯太守王灵秀、直阁将军鸿选等,诛杀佞臣,废掉东昏侯。

东昏遣中书舍人冯元嗣监军救郢。秋七月甲午，茹法珍、梅虫儿及太子右率李居士、制局监杨明泰送之于中兴堂。欣泰等使人怀刀于座斫元嗣，头坠果柈中；又斫明泰，破其腹；虫儿伤数疮，手指皆堕；居士、法珍等散走还台。灵秀诣石头迎建安王宝寅，帅城中将吏见力，去车轮，载宝寅，文武数百唱警跸，向台城，百姓数千人皆空手随之。欣泰闻事作，驰马入宫，冀法珍等在外，东昏尽以城中处分见委，表里相应。既而法珍得返，处分闭门上仗，不配欣泰兵，鸿选在殿内亦不敢发。宝寅在杜姥宅，日已暝，城门闭。城上人射外人，外人弃宝寅溃去，宝寅亦逃。三日，乃戎服诣草市尉，尉驰以启东昏。东昏召宝寅入宫问之，宝寅涕泣称："尔日不知何人逼使上车，仍将去，制不自由。"东昏笑，复其爵位。张欣泰等事觉，与胡松皆伏诛。

萧衍使征虏将军王茂、军主曹宗仲等乘水涨以舟师袭加湖，鼓噪攻之。丁酉，加湖溃，吴子阳等走免，将士杀溺死者万计，俘其馀众而还。于是郢、鲁二城相视夺气。

鲁山乏粮，军人于矶头捕细鱼供食，密治轻船，将奔夏口，萧衍遣偏军断其走路。丁巳，孙乐祖窘迫，以城降。

己未，东昏侯以程茂为郢州刺史，薛元嗣为雍州刺史。是日，茂、元嗣以郢城降。郢城之初围也，士民男女近十万口，闭门二百馀日，疾疫流肿，死者什七八，积尸床下

东昏侯派遣中书舍人冯元嗣监督军队救援郢城。秋季七月甲午（初二），茹法珍、梅虫儿以及太子右率李居士、制局监杨明泰送冯元嗣到中兴堂。张欣泰等让人怀里藏着刀在座位上砍冯元嗣，冯元嗣的头落到了果盘中；又砍杨明泰，砍开了他的腹部；梅虫儿几处受伤，手指全被砍掉；李居士、茹法珍等逃散，回到台城。王灵秀到石头城迎接建安王萧宝寅，率领城中将吏和现有的兵卒，去掉车轮，载着萧宝寅，文武官吏几百人唱着清道回避，向台城进发，百姓几千人都空手跟随他们。张欣泰听说事情已经开始发动，快马跑入宫中，希望趁茹法珍等还在外面，东昏侯会将台城中的指挥权全部委托给他，这样便可表里相应。不久茹法珍得以返回，安排关闭城门，卫兵上岗，不配给张欣泰士兵，鸿选在殿内也不敢下手。萧宝寅在杜姥宅，太阳已经落山，城门关闭。城上人用箭射外边的人，外边的人丢下萧宝寅溃散离去，萧宝寅也逃跑了。三天后，他才身穿戎服到草市尉那里自首，草市尉快马将此事报告给东昏侯。东昏侯召萧宝寅进宫审问他，萧宝寅流着眼泪说："那一天不知道什么人逼迫我上车，接着带我出去，控制了我，使我身不由己。"东昏侯笑了，恢复了他的爵位。张欣泰等做的事情被发觉，与胡松都伏法被杀。

萧衍让征虏将军王茂、军主曹宗仲等人趁着水涨之机率领水军袭击加湖，击鼓呐喊进行攻击。丁酉（初五），加湖守军崩溃，吴子阳等人逃跑脱身，将士被杀死淹死的有上万人，王茂等俘虏了剩下的人，返回基地。于是看着加湖溃败的郢、鲁二城的将士彻底丧气。

鲁山缺粮，军人在水浸的沙碛边捕捉小鱼以供给食物，并且秘密整治轻便船只，将要逃奔到夏口，萧衍派遣一支部队截断他们的逃路。丁巳（二十五日），孙乐祖窘迫，率领全城人投降。

己未（二十七日），东昏侯任命程茂为郢州刺史，薛元嗣为雍州刺史。这天，程茂、薛元嗣率领郢城人投降。郢城刚被包围之时，士人百姓有将近十万人，关闭城门二百多天，疾病瘟疫流行，人身浮肿，死的人占总人口的十分之七八，尸体堆积于床下，

而寝其上，比屋皆满。茂、元嗣等议出降，使张孜为书与衍。张冲故吏青州治中房长瑜谓孜曰："前使君忠贯昊天，郎君但当坐守画一以荷析薪。若天运不与，当幅巾待命，下从使君。今从诸人之计，非唯郢州士女失高山之望，亦恐彼所不取也。"孜不能用。萧衍以韦叡为江夏太守，行郢府事，收瘗死者而抚其生者，郢人遂安。

诸将欲顿军夏口，衍以为宜乘胜直指建康，车骑谘议参军张弘策、宁远将军庾域亦以为然。衍命众军即日上道。缘江至建康，凡矶、浦、村落，军行宿次、立顿处所，弘策逆为图画，如在目中。

汝南民胡文超起兵于滠阳以应萧衍，求取义阳、安陆等郡以自效。衍又遣军主唐脩期攻随郡，皆克之。司州刺史王僧景遣子贞孙为质于衍，司部悉平。

初，东昏侯遣陈伯之镇江州，以为吴子阳等声援。子阳等既败，萧衍谓诸将曰："用兵未必须实力，所听威声耳。今陈虎牙狼狈奔归，寻阳人情理当恟惧，可传檄而定也。"乃命搜俘囚，得伯之幢主苏隆之，厚加赐与，使说伯之，许即用为安东将军、江州刺史。伯之遣隆之返命，虽许归附，而云"大军未须遽下"。衍曰："伯之此言，意怀首鼠。及其犹豫，急往逼之，计无所出，势不得不降。"乃命邓元起引兵先下，杨公则径掩柴桑，衍与诸将以次进路。元起将至寻阳，伯之收兵退保湖口，留陈虎牙守溢城。选曹郎吴兴沈瑀

而活人在其上面睡觉,相连的每座房屋都满是尸体。程茂、薛元嗣等商议出城投降,让张孜写信给萧衍。张冲从前的属吏青州治中房长瑜对张孜说:"前任使君张冲忠心贯苍天,郎君只应当依旧坐守此城以继承前人的遗志。如果天运不济,我们就只好脱去戎装,听候安排,到地下跟从使君。现在听从他人的计策,不只是郢州的士女会失去对高德的仰望之心,也恐怕萧衍不会接受我们。"张孜不能采纳他的建议。萧衍任命韦叡为江夏太守,代理郢州府事务,收敛埋葬死者而安抚城中的生存者,郢城人终于安定下来。

各位将领想把军队停扎在夏口,萧衍以为应该乘胜直接向建康进军,车骑谘议参军张弘策、宁远将军庾域也以为应该进军建康。萧衍命令全军当天就上路。沿着长江到建康,凡是沿江的矶、浦、村落,军队行进宿营驻扎,需要立营停宿的地方,张弘策预先作图画好,像在眼中一样。

汝南百姓胡文超在涅阳起兵以响应萧衍,请求夺取义阳、安陆等郡来为萧衍效劳。萧衍又派遣军主唐脩期进攻随郡,都攻克了。司州刺史王僧景派遣儿子王贞孙到萧衍处作人质,司州所统领各郡都被平定。

最初,东昏侯派陈伯之镇守江州,以便作为吴子阳等人的声援。吴子阳等失败以后,萧衍对各位将领说:"用兵不一定必须有实力,所凭借的是军威声势。现在陈虎牙狼狈地逃奔回去,寻阳的人情,按理应当喧嚷骚动,可以传递檄文而平定。"于是命令搜索在押的俘虏,得到陈伯之的幢主苏隆之,丰厚的赐予他,让他去劝说陈伯之,许诺立即任用陈伯之为安东将军、江州刺史。陈伯之派苏隆之返回报信,虽然答应归附,但说"大军不必马上沿江而下"。萧衍说:"陈伯之这句话,是怀有首鼠两端的打算。趁他还在犹豫,赶快前往逼迫他,他想不出办法,势必不能不投降。"于是命令邓元起带兵先沿江而下,杨公则直接突然袭击柴桑,萧衍与各位将领按次序踏上进军之路。邓元起将到寻阳时,陈伯之集中军队退保湖口,留下陈虎牙守卫溢城。选曹郎吴兴人沈瑀

说伯之迎衍,伯之泣曰:"余子在都,不能不爱。"瑀曰:"不然。人情匈匈,皆思改计,若不早图,众散难合。"八月丙子,衍至寻阳,伯之束甲请罪。初,新蔡太守席谦,父恭穆为镇西司马,为鱼复侯子响所杀。谦从伯之镇寻阳,闻衍东下,曰:"我家世忠贞,有殒不二。"伯之杀之。乙卯,以伯之为江州刺史,虎牙为徐州刺史。

鲁休烈、萧瑰破刘孝庆等于峡口,任漾之战死。休烈等进至上明,江陵大震。萧颖胄恐,驰告萧衍,令遣杨公则还援根本。衍曰:"公则今溯流上江陵,虽至,何能及事!休烈等乌合之众,寻自退散,正须少时持重耳。良须兵力,两弟在雍,指遣往征,不为难至。"颖胄乃遣军主蔡道恭假节屯上明以拒萧瑰。

辛巳,东昏侯以太子左率李居士总督西讨诸军事,屯新亭。

九月乙未,诏萧衍若定京邑,得以便宜从事。衍留骁骑将军郑绍叔守寻阳,与陈伯之引兵东下。谓绍叔曰:"卿,吾之萧何、寇恂也。前涂不捷,我当其咎;粮运不继,卿任其责。"绍叔流涕拜辞。比克建康,绍叔督江、湘粮运,未尝乏绝。

甲申,东昏侯以李居士为江州刺史,冠军将军王珍国为雍州刺史,建安王宝寅为荆州刺史,辅国将军申胄监郢州,龙骧将军扶风马仙琕监豫州,骁骑将军徐元称监徐州军事。珍国,广之子也。是日,萧衍前军至芜湖,申胄军二万人弃姑孰走,衍进军,据之。戊申,东昏侯以后军参军萧瑰为司州刺史,前辅国将军鲁休烈为益州刺史。

劝说陈伯之迎接萧衍,陈伯之流着眼泪说:"我的儿子都在京城,不能不爱他们。"沈瑀说:"不是这样。人情喧扰,都想改变主意,如果不早做打算,军人离散就难以再集合起来了。"八月丙子(十四日),萧衍到达寻阳,陈伯之捆起铠甲前来请罪。最初,新蔡太守席谦的父亲席恭穆担任镇西司马,被鱼复侯萧子响杀害。席谦跟随陈伯之镇守寻阳,听说萧衍沿江东下,说:"我家世代忠贞,死也不生二心。"陈伯之杀掉了他。乙卯(十七日),任命陈伯之为江州刺史,陈虎牙为徐州刺史。

　　鲁休烈、萧璝在峡口击败刘孝庆等人,任漾之战死。鲁休烈等进军到上明,江陵方面受到非常大的震动。萧颖胄恐惧,派快马送信报告萧衍,让他派遣杨公则回军救援根据地。萧衍说:"杨公则现在溯流直上援救江陵,即使到了,能赶上什么事?鲁休烈等人是一群乌合之众,不久自己就会退走离散,您现在需要的正是暂时稳定自己,不可慌乱。确实需要兵力,我的两个弟弟都在雍州,您指派人去征召,他们是不难来的。"萧颖胄这才派遣军主蔡道恭假节屯驻上明,以便抗拒萧璝。

　　辛巳(十九日),东昏侯用太子左率李居士总督西讨诸军事,屯驻新亭。

　　九月乙未(初四),和帝诏令萧衍,如果平定京城,可以斟酌情势,不拘陈规,自行决断处理事情。萧衍留下骁骑将军郑绍叔守卫寻阳,与陈伯之一起带兵沿江东下。萧衍对郑绍叔说:"您,是我的萧何、寇恂。前面的征战不胜利,我的过失;粮食运输跟不上,你要承担责任。"郑绍叔流着泪与萧衍辞别。直到攻克建康,郑绍叔监督江州、湘州的粮食运输,不曾缺乏过。

　　甲申,东昏侯任命李居士为江州刺史,冠军将军王珍国为雍州刺史,建安王萧宝寅为荆州刺史,辅国将军申胄监管郢州,龙骧将军扶风人马仙琕监管豫州,骁骑将军徐元称监管徐州军事。王珍国是王广之的儿子。这一天,萧衍的前锋到达芜湖,申胄的军队两万人放弃姑孰逃走,萧衍进占姑孰。戊申(十七日),东昏侯任命后军参军萧璝为司州刺史,前辅国将军鲁休烈为益州刺史。

萧衍之克江、郢也，东昏侯游骋如旧，谓茹法珍曰："须来至白门前，当一决。"衍至近道，乃聚兵为固守之计，简二尚方、二冶囚徒以配军。其不可活者，于朱雀门内日斩百馀人。

衍遣曹景宗等进顿江宁。丙辰，李居士自新亭选精骑一千至江宁。景宗始至，营垒未立，而师行日久，器甲穿弊。居士望而轻之，鼓噪前薄之。景宗奋击，破之，因乘胜而前，径至皂荚桥。于是王茂、邓元起、吕僧珍进据赤鼻逻，新亭城主江道林引兵出战，众军擒之于陈。衍至新林，命王茂进据越城，邓元起据道士墩，陈伯之据篱门，吕僧珍据白板桥。李居士觇知僧珍众少，帅锐卒万人直来薄垒。僧珍曰："吾众少，不可逆战，可勿遥射，须至堑里，当并力破之。"俄而皆越堑拔栅。僧珍分人上城，矢石俱发，自帅马步三百人出其后，城上人复逾城而下，内外奋击，居士败走，获其器甲不可胜计。居士请于东昏侯，烧南岸邑屋以开战场，自大航以西，新亭以北皆尽。衍诸弟皆自建康自拔赴军。

冬十月甲戌，东昏侯遣征虏将军王珍国、军主胡虎牙将精兵十万馀人陈于朱雀航南，宦官王宝孙持白虎幡督战，开航背水，以绝归路。衍军小却，王茂下马，单刀直前，其甥韦欣庆执铁缠稍以翼之，冲击东军，应时而陷。曹景宗纵兵乘之，吕僧珍纵火焚其营，将士皆殊死战，鼓噪震天地。

萧衍攻克江州、郢城时,东昏侯游玩、骑马和过去一样,他对茹法珍说:"待他们来到建康宫白门前面,将与他们一决雌雄。"萧衍到达离建康很近的地方以后,东昏侯才聚集军队作固守的打算,挑选左、右二尚方和东、西二冶内的囚犯,分配到军队。那些不能让其活着的囚徒,在朱雀门内每天斩杀一百多人。

　　萧衍派遣曹景宗等进军,停扎在江宁。丙辰(二十五日),李居士从新亭挑选精锐骑兵一千人赶到江宁。曹景宗刚到江宁,兵营壁垒还没建立,而且军队行进时间太长,武器铠甲都用坏了。李居士看到这种情况,轻视他们,击鼓呐喊向前迫近他们。曹景宗奋勇反击,击败了李居士的军队,趁机乘胜前进,直接攻到皂荚桥。于是王茂、邓元起、吕僧珍进军占据赤鼻逻,新亭城主江道林带兵出战,各路军队在阵上擒获了他。萧衍到达新林,命令王茂进军占据越城,邓元起占据道士墩,陈伯之占据篱门,吕僧珍占据白板桥。李居士侦察到吕僧珍军队人数较少,便率领精锐士兵一万人直接迫近营垒。吕僧珍说:"我们军队人数较少,不能远战,不可远射,待他们到达壕沟里,将合力击败他们。"不一会儿,敌军都越过壕沟,拔除军营周围的栅垒。吕僧珍分派士兵登上城垒,箭石一齐施放,他亲自率领骑步兵三百人出现在敌军之后,城垒上的人又越城而下,内外奋力反击,李居士失败逃走,缴获敌军的武器铠甲不可胜数。李居士向东昏侯请求,烧毁秦淮河南岸的房屋以便开辟战场,东昏侯表示同意,于是,从大航以西到新亭以北,全部化为灰烬。萧衍的各个弟弟都自己从建康逃出,奔赴西方军中。

　　冬季十月甲戌(十三日),东昏侯派征虏将军王珍国、军主胡虎牙率精兵十多万人在朱雀航以南列阵,宦官王宝孙手举白虎图案的旗子进行督战,拆断浮桥,断绝回归之路,背水一战。萧衍的军队稍微退却,王茂跳下战马,单人持刀向前直冲,他的外甥韦欣庆拿着用铁包缠的槊作为他的羽翼,冲击东方军队,立即将他们的战阵攻破。曹景宗随即放纵士兵乘机猛攻,吕僧珍纵火焚烧东方军队的营垒,将士都拼死奋战,击鼓呐喊声震天动地。

珍国等众军不能抗,王宝孙切骂诸将帅,直阁将军席豪发愤,突阵而死。豪,骁将也,既死,士卒土崩,赴淮死者无数,积尸与航等,后至者乘之而济。于是东昏侯诸军望之皆溃。衍军长驱至宣阳门,诸将移营稍前。

陈伯之屯西明门,每城中有降人出,伯之辄呼与耳语。衍恐其复怀翻覆,密语伯之曰:"闻城中甚念卿举江州降,欲遣刺客中卿,宜以为虑。"伯之未之信。会东昏侯将郑伯伦来降,衍使伯伦过伯之,谓曰:"城中甚念卿,欲遣信诱卿以封赏,须卿复降,当生割卿手足;卿若不降,复欲遣刺客杀卿。宜深为备。"伯之惧,自是始无异志。

戊寅,东昏宁朔将军徐元瑜以东府城降。青、冀二州刺史桓和入援,屯东宫。己卯,和诈东昏,云出战,因以其众来降。光禄大夫张瓌弃石头还宫。李居士以新亭降于衍,琅邪城主张木亦降。壬午,衍镇石头,命诸军攻六门。东昏烧门内营署、官府,驱逼士民,悉入宫城,闭门自守。衍命诸军筑长围守之。

杨公则屯领军府垒北楼,与南掖门相对。尝登楼望战。城中遥见麾盖,以神锋弩射之,矢贯胡床。左右失色,公则曰:"几中吾脚!"谈笑如初。东昏夜选勇士攻公则栅,军中惊扰,公则坚卧不起,徐命击之,东昏兵乃退。公则所领皆湘州人,素号怯懦,城中轻之,每出荡,辄先犯公则垒,

王珍国等众多军队抵抗不住,王宝孙狠狠地骂各位将帅,直阁将军席豪发怒,突击西方军阵,战死。席豪,是一员骁将,他死以后,士兵土崩瓦解,投入淮河而死的不计其数,堆积的尸体与浮桥一样高,后到的将士踩着尸体渡过淮河。于是东昏侯各军看到这种情景全部崩溃。萧衍的军队长驱直入,一直到达宣阳门,各位将领移动军营慢慢靠前。

陈伯之屯驻西明门,每当城中有投降的人出来,陈伯之就叫住他,与他说悄悄话。萧衍害怕他再怀有翻覆之心,秘密地对陈伯之说:“听说城中对您带领江州投降十分愤怒,想派遣刺客刺杀您,应该对此有所防备。”陈伯之不相信萧衍的话。恰好东昏侯的将领郑伯伦前来投降,萧衍让郑伯伦拜访陈伯之,让他对陈伯之说:“城中十分怨恨您,想派人送信用封侯重赏引诱您,待您再降以后,将活活地割掉您的手脚;您如果不投降,想再派刺客刺杀您。您应该认真仔细地加以防备。”陈伯之害怕,从此再没有另外的打算。

戊寅(十七日),东昏侯的宁朔将军徐元瑜率领东府城投降。青、冀二州刺史桓和进京救援东昏侯,屯驻东宫。己卯(十八日),桓和欺骗东昏侯说出城作战,趁机率领他的军队投降萧衍。光禄大夫张瓌放弃石头城跑回宫中。李居士献出新亭向萧衍投降,琅邪城主张木也投降了。壬午(二十一日),萧衍坐镇石头城,下令各路军队攻击台城的六个城门。东昏侯令人烧毁门内的营署、官府,驱赶、逼迫官僚百姓,全部进入宫城,关闭宫门进行自我防守。萧衍命令各路军队建造包围圈,围困宫城。

杨公则屯驻领军府,营垒北楼与南掖门相对。曾登楼观战,城中远远看到将帅的伞盖,用神锋弩射他,箭穿透了胡床。身边人员脸都吓白了,杨公则说:“差一点射中我的脚!”谈笑像开始一样。东昏侯夜里挑选勇士攻击杨公则营栅,军队受惊骚乱,杨公则坚持躺着不起来,用缓缓的口气下令反击敌军,东昏侯的军队竟然撤退了。杨公则所领军队都是湘州人,一向号称怯弱,城中轻视他们,每次出来冲击,总是首先侵犯杨公则的营垒,

公则奖厉军士,克获更多。

先是,东昏遣军主左僧庆屯京口,常僧景屯广陵,李奴献屯瓜步,及申胄自姑孰奔归,使屯破墩,以为东北声援。至是,衍遣使晓谕,皆帅其众来降。衍遣弟辅国将军秀镇京口,辅国将军恢镇破墩,从弟宁朔将军景镇广陵。

巴东献武公萧颖胄以萧瑛与蔡道恭相持不决,忧愤成疾,十一月壬午,卒。夏侯详秘之,使似其书者假为教命,密报萧衍,衍亦秘之。详征兵雍州,萧伟遣萧憺将兵赴之。瑛等闻建康已危,众惧而溃,瑛及鲁休烈皆降。乃发颖胄丧,赠侍中、丞相。于是众望尽归于衍。

崔慧景之逼建康也,东昏侯拜蒋子文神为假黄钺、使持节、相国、太宰、大将军、录尚书事、扬州牧、钟山王。及衍至,又尊子文为灵帝,迎神像入后堂,使巫祷祀求福。及城闭,城中军事悉委王珍国。兖州刺史张稷入卫京师,以稷为珍国之副。稷,瓌之弟也。

时城中实甲犹七万人,东昏素好军陈,与黄门、刀敕及宫人于华光殿前习战斗,诈作被创势,使人以板㮇去,用为厌胜。常于殿中戎服、骑马出入,以金银为铠胄,具装饰以孔翠。昼眠夜起,一如平常。闻外鼓叫声,被大红袍,登景阳楼屋上望之,弩几中之。

始,东昏与左右谋,以为陈显达一战即败,崔慧景围城寻走,谓衍兵亦然,敕太官办樵、米为百日调而已。及大桁

杨公则奖赏、勉励军中将士,战胜、俘获的敌军更多一些。

　　在此之前,东昏侯派遣军主左僧庆屯驻京口,常僧景屯驻广陵,李奴献屯驻瓜步,等到申胄从姑孰逃奔回来后,又让他屯驻破墩,用来作为东北方面的声援。到这时,萧衍派遣使者到各据点晓以大义,左僧庆等都率领自己的军队投降了萧衍。萧衍派遣弟弟辅国将军萧秀镇守京口,辅国将军萧恢镇守破墩,堂弟宁朔将军萧景镇守广陵。

　　巴东献武公萧颖胄因为萧璝与蔡道恭相持不下,忧虑气愤,因而发病,十一月壬午这天去世。夏侯详掩盖下这件事,让能模仿萧颖胄书法的人假作命令,秘密报告萧衍,萧衍也对此事保密。夏侯详从雍州征调军队,萧伟派遣萧憺带领军队前往。萧璝等人听说建康已危在旦夕,军队因害怕而崩溃,萧璝和鲁休烈都投降了。西台这才为萧颖胄发丧,赠给他侍中、丞相。于是众人的希望都归向萧衍。

　　崔慧景逼近建康时,东昏侯拜蒋子文的神像为假黄钺、使持书、相国、太宰、大将军、录尚书事、扬州牧、钟山王。等萧衍到达建康,东昏侯又尊蒋子文为灵帝,将他的神像迎进后堂,让巫师祈祷、祭祀以求福。等到宫城关闭,城中军事全部委托给王珍国处理。兖州刺史张稷带兵进京,帮助保卫宫城,东昏侯任命张稷为王珍国的副手。张稷,是张瓌的弟弟。

　　当时城中全副武装的战士还有七万人,东昏侯向来喜欢军阵,与黄门、刀敕以及宫人在华光殿前练习战斗,假装成受伤的样子,让人用板抬下去,用这种办法来镇压妖邪。常常在宫殿中身穿戎装,骑马出入,用金银作铠甲头盔,全部用孔雀翡翠装饰。白天睡觉、夜间起身,如平常一样。听到外面的击鼓叫喊声,他身披大红袍,登到景阳楼屋上察看外面的情景,外面射来的箭几乎射中了他。

　　一开始,东昏侯与身边人员谋划,认为陈显达一战就失败了,崔慧景包围台城不久就逃走了,以为萧衍的军队也会这样,敕令太官置办樵薪、粮米,只作一百天的调度而已。等到在大桁

之败，众情凶惧，茹法珍等恐士民逃溃，故闭城不复出兵。
既而长围已立，堑栅严固，然后出荡，屡战不捷。东昏尤
惜金钱，不肯赏赐。法珍叩头请之，东昏曰："贼来独取我
邪！何为就我求物！"后堂储数百具榜，启为城防，东昏欲
留作殿，竟不与。又督御府作三百人精仗，待围解以拟屏
除，金银雕镂杂物，倍急于常。众皆怨怠，不为致力。外围
既久，城中皆思早亡，莫敢先发。

　　茹法珍、梅虫兒说东昏曰："大臣不留意，使围不解，宜
悉诛之。"王珍国、张稷惧祸，珍国密遣所亲献明镜于萧衍，
衍断金以报之。兖州中兵参军冯翊张齐，稷之腹心也，珍
国因齐密与稷谋，同弑东昏。齐夜引珍国就稷，造膝定计，
齐自执烛，又以计告后阁舍人钱强。十二月丙寅夜，强密
令人开云龙门，珍国、稷引兵入殿，御刀丰勇之为内应。东
昏在含德殿作笙歌，寝未熟，闻兵入，趋出北户，欲还后宫，
门已闭。宦者黄泰平刀伤其膝，仆地，张齐斩之。稷召尚
书右仆射王亮等列坐殿前西钟下，令百僚署笺，以黄油裹
东昏首，遣国子博士范云等送诣石头。右卫将军王志叹
曰："冠虽弊，何可加足！"取庭中树叶挼服之，伪闷，不署
名。衍览笺无志名，心嘉之。亮，莹之从弟；志，僧虔之子
也。衍与范云有旧，即留参帷幄。王亮在东昏朝，以依违
取容。萧衍至新林，百僚皆间道送款，亮独不遣。东昏败，

失败以后,众人心情扰攘、恐惧,茹法珍等人害怕士民逃跑溃散,所以关闭城门不再出兵。不久城外的包围圈已经构建,壕沟栅垒严密坚固,然后才出城冲杀,结果屡战不胜。东昏侯特别爱惜金钱,不肯将其赏赐给将士。茹法珍叩头请求奖赏将士,东昏侯说:"敌人来只是消灭我吗?为什么到我这里来请求东西?"后堂储备了几百块木板,茹法珍请求将这些木板用于宫城防御,东昏侯想留下建造宫殿,最终没给。又督促御府制造三百人的精致仪仗,以便等包围解除后当作屏除使用,金银雕镂以及其他物品,要得比平常加倍急迫。众人都怨恨懈怠,不给他尽力。外面包围的时间久了,城中的人都想让东昏侯早点灭亡,只是没有人敢首先发难。

茹法珍、梅虫儿劝东昏侯说:"大臣不用心,使包围不能解除,应该全部杀掉他们。"王珍国、张稷害怕灾祸,王珍国秘密派遣亲信向萧衍献明镜表明心迹,萧衍割断黄金回报,以表示二人同心。兖州中兵参军冯翊人张齐,是张稷的心腹,王珍国通过张齐秘密与张稷定谋,要一起杀死东昏侯。张齐夜里带王珍国到张稷那里,促膝交谈定下计策,张齐本人拿着蜡烛,又把计策告诉了后阁舍人钱强。十二月丙寅(初六)夜,钱强秘密令人打开云龙门,王珍国、张稷带兵进入宫殿,御刀丰勇之做内应。东昏侯在含德殿玩赏笙歌,入睡后还没有睡熟,听到士兵进入,走出北门,想回后宫,但门已关闭。宦官黄泰平用刀砍伤他的膝盖,仆倒在地,张齐斩杀了他。张稷召来尚书右仆射王亮等排列着坐在宫殿前西面的钟下,命令百官签署笺表,用黄油包裹东昏侯的头,派遣国子博士范云等送到石头城。右卫将军王志叹道:"帽子虽破,但怎能戴到脚上!"拿来庭院中的树叶搓碎给东昏侯撒上,假装胸闷,不在笺表上签名。萧衍浏览笺表,见没有王志的名字,心中赞赏他。王亮,是王莹的堂弟;王志,是王僧虔的儿子。萧衍与范云有老交情,当时就留下他在帷幄中当参谋。王亮在东昏侯在位时凭借模棱两可得以容身。萧衍到达新林,百官都派人从小道送信去表示心意,独有王亮不送。东昏侯失败后,

亮出见衍,衍曰:"颠而不扶,安用彼相!"亮曰:"若其可扶,明公岂有今日之举!"城中出者,或被劫剥。杨公则亲帅麾下陈于东掖门,卫送公卿士民,故出者多由公则营焉。衍使张弘策先入清宫,封府库及图籍。于时城内珍宝委积,弘策禁勒部曲,秋毫无犯。收潘妃及嬖臣茹法珍、梅虫兒、王咺之等四十一人皆属吏。

初,海陵王之废也,王太后出居鄱阳王故第,号宣德宫。己巳,萧衍以宣德太后令追废涪陵王为东昏侯,褚后及太子诵并为庶人。以衍为中书监、大司马、录尚书事、骠骑大将军、扬州刺史,封建安郡公,依晋武陵王遵承制故事,百僚致敬。以王亮为长史。壬申,更封建安王宝寅为鄱阳王。癸酉,以司徒、扬州刺史晋安王宝义为太尉,领司徒。

己卯,衍入屯阅武堂,下令大赦。又下令:"凡昏制谬赋、淫刑滥役外,可详检前原,悉皆除荡。其主守散失诸所损耗,精立科条,咸从原例。"又下令:"通检尚书众曹,东昏时诸诤讼失理及主者淹停不时施行者,精加讯辨,依事议奏。"又下令:"收葬义师,掩瘗逆徒之死亡者。"潘妃有国色,衍欲留之,以问侍中、领军将军王茂,茂曰:"亡齐者此物,留之恐贻外议。"乃缢杀于狱,并诛嬖臣茹法珍等。以宫女二千分赉将士。乙酉,以辅国将军萧宏为中护军。

衍之东下也,豫州刺史马仙琕拥兵不附衍,衍使其故人姚仲宝说之,仙琕先为设酒,乃斩于军门以徇。衍又遣

王亮出来见萧衍，萧衍说："倾倒了而不扶住，怎么能做人家的丞相呢!"王亮说："如果他可以扶住，您怎么能有今天的举动!"宫城中出来的人，有的被抢劫盘剥。杨公则亲自率领部下在东掖门列阵，护卫遣送公卿士民，所以出宫城的人多数从杨公则的兵营经过。萧衍让张弘策率先进入清查宫殿，查封府库和图籍。这时宫城内珍宝丢弃、堆积得到处都是，张弘策给所带领的部下下达禁令，丝毫没有侵犯。逮捕潘妃和佞臣茹法珍、梅虫儿、王咺之等四十一人，都交给狱吏。

最初，海陵王被废时，王太后出宫居住鄱阳王的旧宅，号称宣德宫。己巳(初九)，萧衍用宣德太后的命令追废涪陵王为东昏侯，褚后和太子萧诵都为平民。任命萧衍为中书监、大司马、录尚书事、骠骑大将军、扬州刺史，封为建安郡公，按照晋朝武陵王司马遵承制之例，行使皇帝的权力，百官致敬。任王亮为长史。壬申(十二日)，改封建安王萧宝寅为鄱阳王。癸酉(十三日)，任命司徒、扬州刺史晋安王萧宝义为太尉，领司徒。

己卯(十九日)，萧衍率军进入阅武堂驻扎，下令大赦。又下令："凡是东昏侯制定的荒谬的赋税，淫虐的刑罚，滥加的徭役，可以详细考察当初制定的原因，要全部彻底废除。地方官员负责掌管而造成的各种损耗，要精确地订立科目条例，都依从以前的惯例。"又下令："全部检查尚书省各部门的文案，对东昏侯时期各种诉讼处理不公的以及主办人拖延不按时施行的，要精确地加以审讯办理，按照事实论处并上奏。"又下令："收葬牺牲的义军，掩埋不归顺义军而死的人。"潘妃有天姿国色，萧衍想留下她，将此事询问侍中、领军将军王茂，王茂说："使齐国灭亡的就是这个尤物，留下她恐怕给外面议论。"于是，在狱中吊死了她，同时杀掉了佞臣茹法珍等。把两千名宫女分给将士作为赏赐。乙酉(二十五日)，任命辅国将军萧宏为中护军。

萧衍率军沿江东下时，豫州刺史马仙琕拥兵不归附萧衍，萧衍派马仙琕的老乡姚仲宝前去游说他，马仙琕首先为其设置酒宴，然后才在军营门外斩杀了他，并悬挂他的头示众。萧衍又派

其族叔怀远说之,仙琕曰:"大义灭亲。"又欲斩之,军中为请,乃得免。衍至新林,仙琕犹于江西日抄运船。衍围宫城,州郡皆遣使请降,吴兴太守袁昂独拒境不受命。昂,觊之子也。衍使驾部郎考城江革为书与昂曰:"根本既倾,枝叶安附? 今竭力昏主,未足为忠。家门屠灭,非所谓孝。岂若翻然改图,自招多福!"昂复书曰:"三吴内地,非用兵之所,况以偏隅一郡,何能为役! 自承麾旆届止,莫不膝袒军门。惟仆一人敢后至者,政以内揆庸素,文武无施,虽欲献心,不增大师之勇,置其愚默,宁沮众军之威? 幸藉将军含弘之大,可得从容以礼。窃以一餐微施,尚复投殒,况食人之禄而顿忘一旦,非惟物议不可,亦恐明公鄙之,所以踌躇,未遑荐璧。"昂问时事于武康令北地傅映,映曰:"昔元嘉之末,开辟未有,故太尉杀身以明节。司徒当寄托之重,理无苟全,所以不顾夷险以徇名义。今嗣主昏虐,曾无悛改,荆、雍协举,乘据上流,天人之意可知。愿明府深虑,无取后悔。"及建康平,衍使豫州刺史李元履巡抚东土,敕元履曰:"袁昂道素之门,世有忠节,天下须共容之,勿以兵威陵辱。"元履至吴兴,宣衍旨,昂亦不请降,开门撤备而已。仙琕闻台城不守,号泣谓将士曰:"我受人任寄,义不容降,君等皆有父母,我为忠臣,君为孝子,不亦可乎!"乃悉遣城内兵出降,馀壮士数十,闭门独守。俄而兵入,

马仙琕同一家族的叔叔去游说他，马仙琕说："大义灭亲。"又想斩掉叔叔，军中替他求情，才得以免死。萧衍到达新林，马仙琕还在长江以西每天掠夺运输船只。萧衍包围宫城，各州郡都派使者请求投降，唯独吴兴太守袁昂在境内抗拒不接受萧衍的命令。袁昂是袁觊的儿子。萧衍让驾部郎考城人江革写信给袁昂说："作为根本的京城已倾覆，作为枝叶的州郡依附什么呢？现在为昏君竭力守境，不能算是忠。家门被屠杀灭尽，不是所谓的孝。何不转过来另作打算，以便自招多福！"袁昂回信说："三吴是内地，不是用兵的场所，何况本郡地处偏僻，怎么能为您出力！自从承蒙您挥师进入京都以来，各州郡无不派人膝行肉袒到军营门外投降。只有我一人敢于后到，正因为我觉得自己庸碌普通，既无文才，又无武略，即使想献上诚心，也不能给大军增勇，有了我这一愚拙之人，难道不沮丧了全军的威风？有幸凭借将军宽宏大量，才能从容地施行礼义。私下以为，得到一顿饭的微不足道的施与，尚且要用投命殒身来报答，何况吃人家的俸禄哪能一旦即忘，不但人们的议论不会赞同，恐怕英明的您也鄙视这种行为，所以犹豫不决，没来得及投降。"袁昂向武康县令北地人傅映询问对时局的看法，傅映说："从前元嘉末年，开创新业，所以太尉袁淑以自杀来表明大臣的节操。司徒袁觊身受寄托的重任，没有苟且偷生的道理，所以不顾艰险来为名义殉难。现在继位的君主昏庸暴虐，不曾改变过去作恶的习性，荆州、雍州合力举兵，占据上风，天下的意愿由此可知。希望明府深思熟虑，不要自取后悔。"等到建康平定，萧衍让豫州刺史李元履巡行安抚东部地区，敕令李元履说："袁昂出身于有道德的家门，世代有忠臣节操，天下需要宽容他，不要用兵威来凌辱他。"李元履到吴兴，宣传萧衍的旨意，袁昂也不请降，只打开城门撤去防备而已。马仙琕听说台城失陷，号哭着对将士说："我接受人家的委任，道义上不容许我投降，你们这些人都有父母，我做忠臣，你们做孝子，不也可以吗？"于是把城内士兵全部遣送出去投降，只留下壮士几十人，关闭城门独自防守。一会儿萧衍的军队进城，

围之数十重,仙琕令士皆持满,兵不敢近。日暮,仙琕乃投弓曰:"诸军但来见取,我义不降。"乃槛送石头。衍释之,使待袁昂至俱人,曰:"今天下见二义士。"衍谓仙琕曰:"射钩、斩袪,昔人所美。卿勿以杀使断运自嫌。"仙琕谢曰:"小人如失主犬,后主饲之,则复为用矣。"衍笑,皆厚遇之。

丙戌,萧衍入镇殿中。

梁武帝天监元年春正月,齐和帝遣兼侍中席阐文等慰劳建康。

戊戌,迎宣德太后入宫,临朝称制,衍解承制。

壬寅,进大司马衍都督中外诸军事,剑履上殿,赞拜不名。

初,大司马与黄门侍郎范云、南清河太守沈约、司徒右长史任昉同在竟陵王西邸,意好敦密,至是,引云为大司马谘议参军、领录事,约为骠骑司马,昉为记室参军,与参谋议。前吴兴太守谢朏、国子祭酒何胤先皆弃官家居,衍奏征为军谘祭酒,朏、胤皆不至。

大司马内有受禅之志,沈约微扣其端,大司马不应。他日,又进曰:"今与古异,不可以淳风期物。士大夫攀龙附凤者,皆望有尺寸之功。今童儿牧竖皆知齐祚已终,明公当承其运,天文谶记又复炳然。天心不可违,人情不可失,苟历数所在,虽欲谦光,亦不可得已。"大司马曰:"吾方思之。"约曰:"公初建牙樊、沔,此时应思。今王业已成,

把他们包围几十重,马仙琕命令士兵都拉满弓,萧衍的军队不敢靠近。到了黄昏时分,马仙琕才扔下弓说:"各位只管来取我的首级,我义不投降。"于是用槛车送往石头城。萧衍放掉了他,让他等袁昂到后一起入城,说:"让天下人见一下两位义士。"萧衍对马仙琕说:"小白不记管仲射中带钩的旧仇,重耳不记寺人披斩断衣袖的旧怨,被古人称美。你不要因为杀了我的使者、切断我的粮运而自我嫌弃。"马仙琕道歉说:"小人像失去主人的狗,后来的主人饲养它,就又为新的主人所用了。"萧衍听后大笑,对待他们都很优厚。

丙戌(二十六日),萧衍进入殿中坐镇。

梁武帝天监元年(502)春季正月,齐和帝派遣兼侍中席阐文等人慰劳建康。

戊戌(初九),萧衍迎接宣德太后进宫,让她临朝摄政,行使权力,萧衍自行停止执政。

壬寅(十三日),晋升大司马萧衍为都督中外诸军事,准许他佩剑穿鞋上殿,赞拜不用报名字。

最初,大司马萧衍与黄门侍郎范云、南清河太守沈约、司徒右长史任昉一起在竟陵王萧子良的西邸,情意深长、交往亲密,到这时,萧衍就引用范云为大司马谘议参军、领录事,沈约为骠骑司马,任昉为记室参军,参与谋议。前吴兴太守谢朏、国子祭酒何胤先前都放弃做官,回家隐居,萧衍上奏征他们为军谘祭酒,谢朏、何胤都不到任。

大司马萧衍内心有受禅的打算,沈约微妙地打探这件事的端绪,大司马萧衍不回答。另一天,沈约又进言:"现在与古代不同,不能用淳厚风气期望人们。士大夫中攀龙附凤的人都期望有尺寸之功。现在儿童牧人都知道齐的国运已经结束,明公您将承接其国运,天文谶记,又记得清清楚楚。天心不可违背,人情不可失去,如果天道注定要您代天理民,您即使想谦让,也是做不到的。"大司马萧衍说:"我正在考虑这个问题。"沈约说:"您在樊水、沔水举兵起事时,就应该考虑。现在王业已经建成,

何所复思！若不早定大业，脱有一人立异，即损威德。且人非金玉，时事难保，岂可以建安之封遗之子孙！若天子还都，公卿在位，则君臣分定，无复异心。君明于上，臣忠于下，岂复有人方更同公作贼！"大司马然之。约出，大司马召范云告之，云对略向约旨。大司马曰："智者乃尔暗同。卿明早将休文更来！"云出，语约，约曰："卿必待我！"云许诺，而约先期入。大司马命草具其事，约乃出怀中诏书并诸选置，大司马初无所改。俄而云自外来，至殿门，不得入，徘徊寿光阁外，但云"咄咄！"约出，问曰："何以见处？"约举手向左，云笑曰："不乖所望。"有顷，大司马召云入，叹约才智纵横，且曰："我起兵于今三年矣，功臣诸将实有其劳，然成帝业者，卿二人也。"

甲寅，诏进大司马位相国，总百揆，扬州牧，封十郡为梁公，备九锡之礼，置梁百司，去录尚书之号，骠骑大将军如故。二月辛酉，梁公始受命。

丙寅，诏梁国选诸要职，悉依天朝之制。于是以沈约为吏部尚书兼右仆射，范云为侍中。

丙戌，诏梁公增封十郡，进爵为王。癸巳，受命，赦国内及府州所统殊死以下。

齐和帝东归，至姑孰。丙辰，下诏禅位于梁。

夏四月辛酉，宣德太后令曰："西诏至，帝宪章前代，敬禅神器于梁，明可临轩，遣使恭授玺绂，未亡人归于别宫。"

再想什么呢？如果不早早定下大业，倘若有一个人有异议，就会损害您的威德。而且人不是金玉，时事难以担保，您怎么能就把建安郡公的封爵遗留给子孙！如果天子回到京城，公卿在位，那么君臣名分已定，将领们就不再有另外的心思了。国君在上面明睿，大臣在下面忠诚，难道还有人会重新同你一起做贼？”大司马萧衍同意沈约的看法。沈约出去后，大司马萧衍召来范云，告诉他这件事，范云的回答与沈约大略相同。大司马萧衍说：“智者的看法竟如此暗合。你明天早晨领着沈约再来！”范云出来后，对沈约说了萧衍的意思，沈约说：“你一定要等着我！”范云许诺，但沈约在约定时间之前先去找萧衍。大司马萧衍命他详细起草有关事宜，沈约就拿出藏在怀里的诏书以及各位官吏的选拔安排，大司马萧衍并没有改动什么。一会儿范云从外面进来，到宫殿门外，不能进入，在寿光阁外徘徊，只是说“咄咄！”表示奇怪。沈约出来后，范云问：“用什么职位安排你？”沈约举手向左方，意思是安排尚书左仆射，范云笑着说：“不违背你的期望。”过了一会儿，大司马萧衍召范云进入，感叹沈约才智纵横，并且说：“我起兵到现在三年了，功臣和各位将领确实有他们的功劳，但成全皇帝大业的，是你们二人。”

甲寅（二十五日），宣德太后诏令大司马位进相国，总百揆，扬州牧，并封他十个郡，为梁公，加九锡之礼，设置梁公各下属部门，去掉录尚书的称号，骠骑大将军照旧。二月辛酉（初二），梁公才接受任命。

丙寅（初七），诏令梁国选置各种要职，全部按照朝廷的制度。于是，任命沈约为吏部尚书兼右仆射，范云为侍中。

丙戌（二十七日），诏令梁公加封十个郡，进爵为王。癸巳（三月初五），萧衍接受任命，下令赦免建康和府州死刑以下罪犯。

齐和帝东归，到达姑孰。丙辰（二十八日），下诏禅位给梁王。

夏季四月辛酉（初三），宣德太后下令说：“西边的诏书到达，皇帝以前代为法度，恭敬地禅让神器给梁王，明天早晨我将来到宫殿，派使者向梁王恭敬地授予玺绂，然后我将回到别的宫殿。”

壬戌，发策，遣兼太保、尚书令亮等奉皇帝玺绶诣梁宫。丙寅，梁王即皇帝位于南郊，大赦，改元。是日，追赠兄懿为丞相，封长沙王，谥曰宣武，葬礼依晋安平献王故事。

丁卯，奉和帝为巴陵王，宫于姑孰，优崇之礼，皆仿齐初。奉宣德太后为齐文帝妃，王皇后为巴陵王妃。齐世王、侯封爵，悉从降省，唯宋汝阴王不在除例。

追尊皇考为文皇帝，庙号太祖；皇妣为献皇后。追谥妃郗氏为德皇后。封文武功臣车骑将军夏侯详等十五人为公、侯。立皇弟中护军宏为临川王，南徐州刺史秀为安成王，雍州刺史伟为建安王，左卫将军恢为鄱阳王，荆州刺史憺为始兴王。以宏为扬州刺史。

戊辰，巴陵王卒。时上欲以南海郡为巴陵国，徙王居之。沈约曰："古今殊事，魏武所云：'不可慕虚名而受实祸。'"上颔之，乃遣所亲郑伯禽诣姑孰，以生金进王。王曰："我死不须金，醇酒足矣。"乃饮沈醉，伯禽就摺杀之。以谢沐县公宝义为巴陵王，奉齐祀。宝义幼有废疾，不能言，故独得全。

齐南康侯子恪及弟祁阳侯子范尝因事入见，上从容谓曰："天下公器，非可力取，苟无期运，虽项籍之力终亦败亡。宋孝武性猜忌，兄弟粗有令名者皆鸩之，朝臣以疑似枉死者相继。然或疑而不能去，或不疑而卒为患。如卿祖以材略见疑，而无如之何。湘东以庸愚不疑，而子孙皆死其手。我于时已生，彼岂知我应有今日！固知有天命者非人所害。

壬戌(初四),发布册文,派兼太保、尚书令王亮等奉献皇帝玺绶到梁王宫中。丙寅(初八),梁王在南郊登上皇位,大赦天下,改年号为天监。这一天追赠哥哥萧懿为丞相,封为长沙王,谥号为宣武,葬礼依照西晋安平献王的先例举行。

丁卯(初九),尊奉齐和帝为巴陵王,在姑孰为其建造宫殿,优待尊崇的礼节,都仿效南齐初年尊奉汝阴王的礼节。尊奉宣德太后为齐文帝的妃子,王皇后为巴陵王妃。南齐王、侯的爵位全部降级,封国全部去除,只有宋汝阴王的封国不在去除之列。

追尊父亲为文皇帝,庙号为太祖;母亲为献皇后。追谥妃子郗氏为德皇后。封文武功臣车骑将军夏侯详等十五人为公、侯。立皇弟中护军萧宏为临川王,南徐州刺史萧秀为安成王,雍州刺史萧伟为建安王,左卫将军萧恢为鄱阳王,荆州刺史萧憺为始兴王。任命萧宏为扬州刺史。

戊辰(初十),巴陵王去世。当时梁武帝想用南海郡作为巴陵国,迁徙巴陵王居住那里。沈约说:"古今事情不一样,魏武帝曾经说过:'不能图慕虚名而受实际灾祸。'"皇上点头同意,于是派遣所亲信的郑伯禽到姑孰,把生金进献给巴陵王。巴陵王说:"我死不需要金子,有醇厚的酒就足够了。"于是饮酒,到沉醉的程度,郑伯禽上前折断他的脖子,杀死了他。任命谢沐县公萧宝义为巴陵王,继承南齐的祭祀。萧宝义幼年时患有残疾,不能说话,所以独有他得以活命。

南齐南康侯萧子恪和弟弟祁阳侯萧子范曾因事觐见武帝,武帝从容对他们说:"天下权力,不可用力量来取得,如果没有时运,即使有项羽那么大的力量,最终也是失败灭亡。宋孝武帝性格猜忌,兄弟中稍微有点才能名气的,都加以鸩杀,朝中大臣因为怀疑而冤枉死去的相继不断。然而有的虽怀疑但不能除去,有的不怀疑但最终成为祸患。如您的祖父,因有才能武略而被猜疑,但对他没有办法。湘东王因为平庸愚笨而不受猜疑,但孝武帝的子孙都死在他的手里。我在那时已经出生,他岂能知道我会有今天!所以懂得了有天命的人不是人所能害得了的。

我初平建康，人皆劝我除去卿辈以壹物心。我于时依而行之，谁谓不可！正以江左以来，代谢之际，必相屠灭，感伤和气，所以国祚不长。又，齐、梁虽云革命，事异前世，我与卿兄弟虽复绝服，宗属未远，齐业之初亦共甘苦，情同一家，岂可遽如行路之人！卿兄弟果有天命，非我所杀；若无天命，何忽行此！适足示无度量耳。且建武涂炭卿门，我起义兵，非惟自雪门耻，亦为卿兄弟报仇。卿若能在建武、永元之世拨乱反正，我岂得不释戈推奉邪！我自取天下于明帝家，非取之于卿家也。昔刘子舆自称成帝子，光武言：'假使成帝更生，天下亦不复可得，况子舆乎！'曹志，魏武帝之孙，为晋忠臣。况卿今日犹是宗室，我方坦然相期，卿无复怀自外之意！小待，自当知我寸心。"子恪兄弟凡十六人，皆仕梁，子恪、子范、子质、子显、子云、子晖并以才能知名，历官清显，各以寿终。

我刚平定建康时，人们都劝我除掉你们这些人，以便统一人们的思想。我在那时按照他们的话去做，谁能说不可以！正因为从江左建立政权以来，朝代更换之际，必定互相屠杀、毁灭，以致有伤和气，所以国运不长久。另外，齐朝、梁朝之间虽然说是革命，但事情与前代不一样，我和你们兄弟虽然不再是五服之亲，但宗族内属于不远的分支，齐朝创业初期，我父亲萧顺之也曾与你们祖父同甘共苦，情同一家，怎么可以一变朝代就马上如行路的人一样！你们兄弟如果果真有天命，不是我所能杀得了的；如果没有天命，何必突然杀掉你们！恰好足以表示我没有度量罢了。而且建武年间，你们家门生灵涂炭，我兴起义兵，不只是为自己洗雪家门耻辱，也是为你们兄弟报仇。你们如果能在建武、永元年间拨乱反正，我怎么能不放下武器推奉拥戴呢！我自己从明帝家中而不是从你们家中夺取了天下。从前刘子舆自称是成帝的儿子，光武帝说：'假如让成帝再活过来，天下也不再能得到，何况刘子舆呢！'曹志，是魏武帝的孙子，又是晋朝的忠臣。况且你们今天还是皇家宗室的人，我坦然地讲了这些，希望你们不要再怀有自己是外人的想法！稍过一段时间，你们自然会知道我的真心。"萧子恪兄弟共十六人，都在梁朝做官，萧子恪、萧子范、萧子质、萧子显、萧子云、萧子晖都凭借才能闻名于世，历任清要而显要的官职，各自都能得天年而善终。

南北交兵

齐和帝中兴元年冬十一月，魏镇南将军元英上书曰："萧宝卷骄纵日甚，虐害无辜。其雍州刺史萧衍东伐秣陵，扫土兴兵，顺流而下，唯有孤城，更无重卫。乃皇天授我之日，旷载一逢之秋，此而不乘，将欲何待！臣乞躬帅步骑三万，直指沔阴，据襄阳之城，断黑水之路。昏虐君臣，自相鱼肉，我居上流，威震遐迩。长驱南出，进拔江陵，则三楚之地一朝可收，岷、蜀之道自成断绝。又命扬、徐二州声言俱举，建业穷蹙，鱼游釜中，可以齐文轨而大同，混天地而为一。伏惟陛下独决圣心，无取疑议，此期脱爽，并吞无日。"事寝不报。

车骑大将军源怀上言："萧衍内侮，宝卷孤危，广陵、淮阴等戍皆观望得失。斯实天启之期，并吞之会，宜东西齐举，以成席卷之势。若使萧衍克济，上下同心，岂惟后图之难，亦恐扬州危逼。何则？寿春之去建康才七百里，山川水陆，皆彼所谙。彼若内外无虞，君臣分定，乘舟藉水，倏忽而至，

南北交兵

　　齐和帝中兴元年（501）冬季十一月，北魏镇南将军元英上书说："萧宝卷骄横放纵一天比一天厉害，残酷虐待杀害无辜。他的雍州刺史萧衍沿江东下，讨伐建康，收罗全州兵力，顺流而下，只剩襄阳一座孤城，再没有重兵守卫。这是皇天授给我们的好时机，千载难逢，不趁此机会，还等什么呢！我乞求亲自率领步骑兵三万，直接杀向沔水以南，占据襄阳城，截断黑水的后路。昏庸暴虐的君臣，自己互相残杀，我们占据长江上游，威震远近。长驱直入，向南出兵，进军攻下江陵，那么三楚的土地一下子就可以全部占领，岷、蜀的道路也就自然断绝了。再命扬、徐二州扬言同时出兵，建业走投无路，窘迫无奈，就像鱼在锅中游动，可以借此机会使车辆同轨、书籍同文，天地混而为一。希望陛下独自做出决定，不要听取有疑虑的建议，这一时机如果错过，吞并江南就不知道在哪一天了。"事情被搁置下来，没有回音。

　　车骑大将军源怀上书说："萧衍发动内乱，萧宝卷孤家寡人，危在旦夕，广陵、淮阴等地的戍所都在观望成败。这确实是上天给我们的吞并南方的好机会，应该东西战线一齐出兵，以便形成席卷江南的形势。如果让萧衍得胜，上下同心，岂止是以后图谋天下十分困难，恐怕扬州也会受到危逼。为什么？寿春距离建康仅有七百里路，山河水陆，都是他们所熟悉的。如果他们内外没有忧患，君臣的名分已确定，凭借水路乘着船一会儿就到了，

未易当也。今宝卷都邑有土崩之忧，边城无继援之望，廓清江表，正在今日。"魏主乃以任城王澄为都督淮南诸军事、镇南大将军、开府仪同三司、扬州刺史，使为经略，既而不果。怀，贺之子也。

东豫州刺史田益宗上表曰："萧氏乱常，君臣交争，江外州镇，中外为两，东西抗峙，已淹岁时。民庶穷于转输，甲兵疲于战斗，事救于目前，力尽于麾下，无暇外维州镇，纲纪庶方，藩城棋立，孤存而已。不乘机电扫，廓彼蛮疆，恐后之经略，未易于此。且寿春虽平，三面仍梗，镇守之宜，实须豫设。义阳差近淮源，利涉津要，朝廷行师，必由此道。若江南一平，有事淮外，须乘夏水泛长，列舟长淮。师赴寿春，须从义阳之北，便是居我喉要，在虑弥深。义阳之灭，今实时矣。度彼不过须精卒一万二千，然行师之法，贵张形势，请使两荆之众西拟随、雍，扬州之卒顿于建安，得捍三关之援。然后二豫之军直据南关，对抗延头，遣一都督总诸军节度，季冬进师，迄于春末，不过十旬，克之必矣。"

元英又奏称："今宝卷骨肉相残，藩镇鼎立。义阳孤绝，密迩王土，内无兵储之固，外无粮援之期。此乃欲焚之鸟，不可去薪；授首之寇，岂容缓斧！若失此不取，岂惟后举难图，亦恐更为深患。今豫州刺史司马悦已戒严垂发，东豫州刺史田益宗兵守三关，请遣军司为之节度。"魏主乃

我们是不容易抵挡的。现在萧宝卷的京城有土崩瓦解的忧患，边境城市没有后继救援的指望，肃清江南，正在今天。"北魏宣武帝这才任命任城王元澄为都督淮南诸军事、镇南大将军、开府仪同三司、扬州刺史，让他进行经营进取，但这一计划不久就没有下文了。源怀，是源贺的儿子。

东豫州刺史田益宗上表说："萧氏纲常混乱，君臣互相争战，长江以北的州镇，朝廷和州郡一分为二，东西抗争对峙，已经有一年时间。百姓在转运粮食中穷困潦倒，士兵在战斗中疲惫不堪，事情只求在眼前救急，力量在指挥旗下耗尽，没时间维系外部的州镇，管理众多地方，这些藩镇星罗棋布，都是孤立存在罢了。不乘机迅速扫平、平定他们的边疆，恐怕以后的经营进取，不会比此时容易。而且寿春虽然平定，但它的三面仍然阻塞，应该镇守的地方，确实需要预先设置。义阳稍微靠近淮河源头，从军事利益考虑，它是渡口要冲，朝廷行军，必须从这条道上经过。如果江南一旦平定，萧衍用兵淮河以北，需要趁夏季水位上涨，派水军乘船进入长淮。而我军赶赴寿春，需要从义阳的北面经过，所以义阳便是我们的咽喉要地，不能不深切忧虑。夺取义阳，现在确实是时候了。估计占领它不过需要精兵一万两千人，但用兵的法则，贵在虚张声势，建议命令荆州、东荆州的军队向西佯攻随郡、雍阳，扬州的军队在建安停宿，能挡住三关的救援。然后豫州、东豫州的军队直接占据南关，对抗延头方面来的敌军，派遣一名都督总管各路军队的节制调度，十二月份进军，截至春末，不过一百天，一定能攻克它。"

元英又上奏说："现在萧宝卷骨肉之间互相残杀，藩镇鼎立。义阳孤城悬远，靠近我们的国土，并且城内没有军队、储备用以固守，外面没有约期的粮食增援。这是要烧熟的鸟，不能撤去柴火；伸出脑袋的敌人，怎能容许迟缓用斧！如果失去这种机会不夺取它，岂止是以后出兵难以谋划，还恐怕会成为更深的祸患。现在豫州刺史司马悦已经戒严，准备出发，东豫州刺史田益宗的军队守卫三关，请派遣军司为他们节制调度。"北魏宣武帝这才

遣直寝羊灵引为军司。益宗遂入寇。建宁太守黄天赐与益宗战于赤亭，天赐败绩。

梁武帝天监元年春二月辛丑，杀齐邵陵王宝攸、晋熙王宝嵩、桂阳王宝贞。梁王将杀齐诸王，防守犹未急。鄱阳王宝寅家阉人颜文智与左右麻拱等密谋，穿墙夜出宝寅，具小船于江岸。著乌布襦，腰系千许钱，潜赴江侧，蹑屐徒步，足无完肤。防守者至明追之，宝寅诈为钓者，随流上下十馀里，追者不疑。待散，乃度西岸投民华文荣家。文荣与其族人天龙、惠连弃家将宝寅逃匿山涧，赁驴乘之，昼伏宵行，抵寿阳之东城。魏戍主杜元伦驰告扬州刺史任城王澄，以车马侍卫迎之。宝寅时年十六，徒步憔悴，见者以为掠卖生口。澄待以客礼，宝寅请丧君斩衰之服，澄遣人晓示情礼，赍丧兄齐衰之服给之。澄帅官僚赴吊，宝寅居处有礼，一同极哀之节。寿阳多其故义，皆受慰唁，唯不见夏侯一族，以夏侯详从梁王故也。澄深器重之。

三月，齐和帝下诏禅位于梁王。

二年春三月，萧宝寅伏于魏阙之下，请兵伐梁，虽暴风大雨，终不暂移。会陈伯之降魏，亦请兵自效。魏主乃引八坐、门下入定议。夏四月癸未朔，以宝寅为都督东扬等三州诸军事、镇东将军、扬州刺史、丹杨公、齐王，礼赐甚厚，配兵一万，令屯东城。以伯之为都督淮南诸军事、

派遣直寝羊灵引担任军司。田益宗于是入侵。建宁太守黄天赐与田益宗在赤亭交战，黄天赐战败。

梁武帝天监元年(502)春季二月辛丑，杀掉齐邵陵王萧宝攸、晋熙王萧宝嵩、桂阳王萧宝贞。梁王将要杀掉南齐各诸侯王，防守还不严密。鄱阳王萧宝寅家中阉人颜文智与身边人员麻拱等秘密策划，在夜里挖通墙壁救出萧宝寅，又在长江岸边准备好小船。萧宝寅身穿黑布短衣，腰上系一千多枚铜钱，偷偷地赶赴江边，拿着鞋、赤着脚走，脚上被划得没有一点好皮肤。防守的人到天亮时追寻萧宝寅，萧宝寅假装是钓鱼的，与追寻的人在江中同行上下十几里，追寻的人没怀疑他。等追寻的人散走以后，萧宝寅才渡到长江西岸，投奔到百姓华文荣家中。华文荣与他的族人华天龙、华惠连放弃家业，带领萧宝寅逃到山涧中藏匿起来，后来又租了一头驴乘坐，白天埋伏，夜间赶路，抵达寿阳的东城。北魏戍主杜元伦派快马报告扬州刺史任城王元澄，元澄派车马侍卫前去迎接。萧宝寅当时十六岁，赤着脚，面色憔悴，见到他的人以为是掠夺贩卖的奴隶。元澄用客人的礼节对待他，萧宝寅索要为国君守丧所穿的生麻布做的丧服，元澄派人晓示情礼，把为兄长守丧所穿的熟麻布做的丧服给了他。元澄率领官僚赶去吊唁，萧宝寅的举止都有礼节，与为君父守孝相同。寿阳城内有很多他的旧交，他都接受他们的安慰吊唁，唯独不接见夏侯氏家族的人，这是因为夏侯详追随梁王的缘故。元澄非常器重他。

三月，齐和帝下诏向梁王禅位。

二年(503)春季三月，萧宝寅跪伏在北魏宫殿阙门下，请求出兵讨伐梁朝，即使刮起暴风下起大雨，也不暂时避一避。恰好陈伯之投降北魏，也请求出兵为北魏效力。北魏宣武帝这才召来尚书省的令、仆和各曹尚书、侍中、散骑常侍等进宫，定下决议。夏季四月癸未这天是初一，任命萧宝寅为都督东扬等三州诸军事、镇东将军、扬州刺史、丹杨公、齐王，礼遇赏赐十分优厚，配给军队一万人，让他屯驻东城。任命陈伯之为都督淮南诸军事、

平南将军、江州刺史,屯阳石,俟秋冬大举。宝寅明当拜
命,其夜恸哭至晨。魏人又听宝寅募四方壮勇,得数千人,
以颜文智、华文荣等六人皆为将军、军主。宝寅志性雅重,
过期犹绝酒肉,惨形悴色,蔬食粗衣,未尝嬉笑。六月,魏
扬州刺史任城王澄表称:"萧衍频断东关,欲令漅湖泛溢以
灌淮南诸戍。吴、楚便水,且灌且掠,淮南之地将非国有。
寿阳去江五百馀里,众庶惶惶,并惧水害。脱乘民之愿,攻
敌之虚,豫勒诸州,纂集士马,首秋大集,应机经略,虽混壹
不能必果,江西自是无虞矣。"丙戌,魏发冀、定、瀛、相、并、
济六州二万人,马一千五百匹,令仲秋之中毕会淮南,并寿
阳先兵三万,委澄经略,萧宝寅、陈伯之皆受澄节度。

秋八月庚子,魏以镇南将军元英都督征义阳诸军事。
司州刺史蔡道恭闻魏军将至,遣骁骑将军杨由帅城外居民
三千馀家保贤首山,为三栅。冬十月,元英勒诸军围贤首
栅,栅民任马驹斩由降魏。

任城王澄命统军党法宗、傅竖眼、太原王神念等分兵
寇东关、大岘、淮陵、九山,高祖珍将三千骑为游军,澄以大
军继其后。竖眼,灵越之子也。魏人拔关要、颍川、大岘三
城,白塔、牵城、清溪皆溃。徐州刺史司马明素将兵三千救
九山,徐州长史潘伯邻救淮陵,宁朔将军王燮保焦城。党
法宗等进拔焦城,破淮陵,十一月壬午,擒明素,斩伯邻。

先是,南梁太守冯道根戍阜陵,初到,修城隍,远斥候,如
敌将至,众颇笑之。道根曰:"怯防勇战,此之谓也。"城未毕,

平南将军、江州刺史,屯驻阳石,等到秋冬季节大规模出兵。萧宝寅第二天早晨应当跪拜接受任命,他从头天夜里恸哭到次日早晨。北魏又听任萧宝寅招募四方的壮勇之士,得到几千人,任命颜文智、华文荣等六人为将军、军主。萧宝寅心志性格非常稳重,已过丧期仍断绝酒肉,外形悲惨,面容憔悴,吃蔬菜淡饭、穿粗布衣服,不曾嬉戏欢笑过。六月,北魏扬州刺史任城王元澄上表说:"萧衍频繁地截断东关,想让濑湖泛滥以便淹没淮南各戍所。吴、楚熟悉水性,边淹灌边掠夺,如此下去,淮南的土地将不归我国所有。寿阳离长江五百多里,百姓人心惶惶,都害怕洪水造成灾害。如果顺应百姓的心愿,攻击敌人的空虚之处,就预先勒令各州,整治行装,集中士兵战马,到秋天汇齐集中,随机经营进取,即使不能一定统一江南,长江以西自然是没有忧患了。"丙戌(初五),北魏征发冀、定、瀛、相、并、济六州两万人,马一千五百匹,命令仲秋中旬全部会集淮南,与寿阳先前屯驻的三万军队一起,委任元澄率领,萧宝寅、陈伯之都受元澄节制调度。

秋季八月庚子(二十日),北魏任命镇南将军元英为都督征义阳诸军事。梁朝司州刺史蔡道恭听说北魏军队将到,派遣骁骑将军杨由率领城外居民三千多家守卫贤首山,作了三个营栅。冬季十月,元英率领各路军队包围贤首山营栅,营栅内的百姓任马驹斩杀杨由,投降了北魏。

北魏任城王元澄命令统军党法宗、傅竖眼、太原人王神念等分兵侵略东关、大岘、淮陵、九山,高祖珍带领三千骑兵作为游动军队,元澄带领大军跟在他们后面。傅竖眼,是傅灵越的儿子。北魏军队攻下关要、颍川、大岘三城,白塔、牵城、清溪守军都望风溃逃。梁朝徐州刺史司马明素带兵三千救援九山,徐州长史潘伯邻据守淮陵,宁朔将军王燮守卫焦城。党法宗等进军攻下焦城,又攻破淮陵,十一月壬午,擒获司马明素,斩杀潘伯邻。

在此之前,南梁太守冯道根戍守阜陵,他刚一到阜陵,就修筑挖掘城壕,派人到远方侦察,如同敌人将到,众人都嘲笑他。冯道根说:"防守胆怯,作战勇敢,就是说的这种情况。"城没修完,

党法宗等众二万奄至城下，众皆失色。道根命大开门，缓服登城，选精锐二百人出与魏兵战，破之。魏人见其意思闲暇，战又不利，遂引去。道根将百骑击高祖珍，破之。魏诸军粮运绝，引退。以道根为豫州刺史。

乙酉，将军吴子阳与魏元英战于白沙，子阳败绩。

三年春正月，萧宝寅行及汝阴，东城已为梁所取，乃屯寿阳栖贤寺。二月戊子，将军姜庆真乘魏任城王澄在外，袭寿阳，据其外郭。长史韦缵仓猝失图，任城太妃孟氏勒兵登陴，先守要便，激厉文武，安慰新旧，劝以赏罚，将士咸有奋志。太妃亲巡城守，不避矢石。萧宝寅引兵至，与州军合击之，自四鼓战至下晡，庆真败走。韦缵坐免官。

任城王澄攻钟离，上遣冠军将军张惠绍等将兵五千送粮诣钟离，澄遣平远将军刘思祖等邀之。丁酉，战于邵阳，大败梁兵，俘惠绍等十将，杀虏士卒殆尽。思祖，芳之从子也。尚书论思祖功，应封千户侯，侍中、领右卫将军元晖求二婢于思祖，不得，事遂寝。晖，素之孙也。

上遣平西将军曹景宗、后军王僧炳等帅步骑三万救义阳。僧炳将二万人据凿岘，景宗将万人为后继。元英遣冠军将军元逞等据樊城以拒之。三月壬申，大破僧炳于樊城，俘斩四千馀人。

魏诏任城王澄，以"四月淮水将涨，舟行无碍，南军得时，勿昧利以取后悔"。会大雨，淮水暴涨，澄引兵还寿阳。

党法宗等两万人突然来到城下，众人大惊失色。冯道根下令大开城门，慢慢穿上衣服登上城墙，挑选精锐士兵二百人出城与北魏兵交战，将其击败。北魏军队见他样子悠闲，交战又不利，便离去。冯道根带领一百骑兵攻击高祖珍，击败了他。北魏各路军队粮食运输断绝，便退走了。梁武帝任命冯道根为豫州刺史。

乙酉，梁朝将军吴子阳与北魏元英在白沙交战，吴子阳失败。

三年（504）春季正月，萧宝寅行军到达汝阴，东城已被梁夺取，于是屯驻寿阳的栖贤寺。二月戊子（十一日），梁朝将军姜庆真趁北魏任城王元澄在外之机，袭击寿阳，占据了它的外城。长史韦缵仓促之中没了主意，任城太妃孟氏率领士兵登上城上的矮墙，首先守住要冲和便于制敌的地方，激励文武官员，安慰寿阳兵民和北来将士，用赏罚勉励大家，将士都有奋战的斗志。太妃亲自巡看城市的防守情况，不躲避矢石。萧宝寅带兵来到，与州军合击姜庆真，从凌晨战到傍晚，姜庆真失败逃走。韦缵因表现不好而被免官。

北魏任城王元澄进攻钟离，梁武帝派遣冠军将军张惠绍等带兵五千运粮到钟离，元澄派遣平远将军刘思祖等半路截击张惠绍。丁酉（二十日），在邵阳交战，大败梁朝军队，俘虏了张惠绍等十员将领，将士兵差不多全部杀死、俘虏。刘思祖，是刘芳的侄子。北魏尚书省评价刘思祖的功劳，应该封千户侯，但侍中、领右卫将军元晖向刘思祖索要两名侍婢，没有得到，论功行赏的事情便被压下了。元晖，是元素的孙子。

梁武帝派遣平西将军曹景宗、后军王僧炳等率领步骑兵三万人救援义阳。王僧炳带领两万人占据凿岘，曹景宗带领一万人作为后继部队。北魏元英派遣冠军将军元逞等占据樊城来抵御梁军。三月壬申（二十五日），元逞等在樊城大败王僧炳的军队，俘虏、杀死了四千多人。

北魏朝廷下达诏令给任城王元澄，认为"四月份淮水将会上涨，船只可以畅通无阻，南方军队得到天时，不要贪图功利而导致后悔"。恰好下了暴雨，淮水突然上涨，元澄带兵返回寿阳。

魏军还既狼狈,失亡四千馀人。中书侍郎齐郡贾思伯为澄军司,居后为殿,澄以其儒者,谓之必死,及至,大喜曰:"'仁者必有勇',于军司见之矣。"思伯托以失道,不伐其功。有司奏夺澄开府,仍降三阶。上以所获魏将士请易张惠绍于魏,魏人归之。

夏五月,魏人围义阳,城中兵不满五千人,食才支半岁。魏军攻之,昼夜不息,刺史蔡道恭随方抗御,皆应手摧却,相持百馀日,前后斩获不可胜计。魏军惮之,将退。会道恭疾笃,乃呼从弟骁骑将军灵恩,兄子尚书郎僧勰及诸将佐,谓曰:"吾受国厚恩,不能攘灭寇贼,今所苦转笃,势不支久。汝等当以死固节,无令吾没有遗恨!"众皆流涕。道恭卒,灵恩摄行州事,代之城守。

秋七月,魏人闻蔡道恭卒,攻义阳益急,短兵日接。曹景宗顿凿岘不进,但耀兵游猎而已。上复遣宁朔将军马仙琕救义阳,仙琕转战而前,兵势甚锐。元英结垒于士雅山,分命诸将伏于四山,示之以弱。仙琕乘胜直抵长围,掩英营,英伪北以诱之,至平地,纵兵击之。统军傅永擐甲执槊,单骑先入,唯军主蔡三虎副之,突陈横过。梁兵射永,洞其左股,永拔箭复入。仙琕大败,一子战死,仙琕退走。英谓永曰:"公伤矣,且还营。"永曰:"昔汉祖扪足不欲人知。下官虽微,国家一将,奈何使贼有伤将之名!"遂与

北魏军队返回时很狼狈，走失死亡了四千多人。中书侍郎齐郡人贾思伯是元澄的军司，居后掩护撤退，元澄因为他是文人，以为他必死无疑了，等他到达寿阳，元澄万分高兴，说："'仁义的人一定有勇气'，在军司身上见到这种情况了。"贾思伯用迷失道路为借口，不夸耀自己的功劳。经有关部门奏请，元澄被撤销了开府之封，又降三级。梁武帝请求用所俘获的北魏将士交换在北魏的张惠绍，北魏方面归还了他。

夏季五月，北魏军队包围了义阳，义阳城中士兵不满五千人，粮食也仅能支持半年。北魏军攻击义阳，昼夜不停，刺史蔡道恭依据情势进行抵御，一出手就打退了敌人，双方互相对峙了一百多天，前后斩杀俘获的敌人数不胜数。北魏军害怕蔡道恭，将要撤退。恰好蔡道恭病情加重，他叫来堂弟骁骑将军蔡灵恩，侄子尚书郎蔡僧勰，以及各位将佐，对他们说："我受到国家的厚恩，不能赶走、消灭入侵的敌人，现在所生疾病加重，势必支持不了多久。你们这些人应当用死来保持节操，不要让我死有遗恨！"众人都流下了眼泪。蔡道恭死后，蔡灵恩代理州事，代替他守卫义阳城。

秋季七月，北魏方面听说蔡道恭去世，加紧了对义阳的进攻，每天短兵相接。梁朝曹景宗停扎凿岘不再前进，只是炫耀兵力游玩打猎而已。梁武帝又派遣宁朔将军马仙琕救援义阳，马仙琕转战前进，兵锋十分锐利。北魏元英在士雅山构筑壁垒，另外命令各位将领在山四周埋伏，向马仙琕表示自己力量弱小。马仙琕乘胜直达包围圈，突然袭击元英的兵营，元英假装败北以引诱他，到达平地，放纵士兵反击他。北魏统军傅永穿上铠甲、手执长矛，一人骑马首先冲入敌军，只有军主蔡三虎与他一起，突击敌阵，横穿而过。梁兵用箭射傅永，洞穿他的左大腿，傅永拔掉箭再次攻入。马仙琕大败，一个儿子战死，马仙琕撤退逃走。元英对傅永说："您受伤了，暂且返回营地。"傅永说："从前汉高祖摸脚，不想让人知道胸部受伤。下官虽然低微，但也是国家的一员将领，怎么能让敌人得到打伤将领的名声！"于是和

诸军追之，尽夜而返。时年七十馀矣，军中莫不壮之。仙琕复帅万馀人进击英，英又破之，杀将军陈秀之。仙琕知义阳危急，尽锐决战，一日三交，皆大败而返。蔡灵恩势穷，八月乙酉，降于魏。三关戍将闻之，辛酉，亦弃城走。

英使司马陆希道为露版，嫌其不精，命傅永改之。永不增文彩，直为之陈列军事处置形要而已，英深赏之，曰："观此经算，虽有金城汤池，不能守矣。"初，南安惠王以预穆泰之谋，追夺爵邑，及英克义阳，乃复立英为中山王。

御史中丞任昉奏弹曹景宗，上以其功臣，寝而不治。

卫尉郑绍叔忠于事上，外所闻知，纤豪无隐。每为上言事，善则推功于上，不善则引咎归己，上以是亲之。诏于南义阳置司州，移镇关南，以绍叔为刺史。绍叔立城隍，缮器械，广田积谷，招集流散，百姓安之。

魏置郢州于义阳，以司马悦为刺史。上遣马仙琕筑竹敦、麻阳二城于三关南。司马悦遣兵攻竹敦，拔之。

四年春二月，上谋伐魏，壬午，遣卫尉卿杨公则将宿卫兵塞洛口。八月壬寅，魏中山王英寇雍州。杨公则至洛口，与魏豫州长史石荣战，斩之。甲寅，将军姜庆真与魏战于羊石，不利，公则退屯马头。九月己巳，杨公则等与魏扬州刺史元嵩战，公则败绩。

各路军队追击梁兵，过了一夜才返回。当时傅永已七十多岁了，军中无不为他的雄壮而感叹。马仙琕又率领一万多人进军攻击元英，元英又击败了他，将军陈秀之被杀。马仙琕知道义阳危在旦夕，使用全部精锐军队与元英决战，一天三次交锋，都大败而回。蔡灵恩势力用尽，八月乙酉(十一日)，向北魏投降。在三关戍守的将领听到消息，辛酉这天也放弃城垒逃走。

元英让司马陆希道撰写告捷文书，嫌他写得不精确，命令傅永改动。傅永不增文采，只是一一列举军事处置的重要措施而已，元英对此大为赞赏，说："看到这上面的策划，即使城池固若金汤也难以守住了。"最初，元英父亲南安惠王因为参与穆泰的阴谋，被追夺封爵邑土，等到元英攻克义阳，便又立元英为中山王。

梁朝御史中丞任昉上奏章弹劾曹景宗，梁武帝因为他是功臣，压下奏章，不治他的罪。

卫尉郑绍叔事奉梁武帝十分忠诚，在外面所听到、知道的事情，都毫不隐瞒地告诉梁武帝。每次对梁武帝说事情，好的事情，就把功劳推戴到梁武帝头上，不好的事情，就把过错全部揽到自己身上，梁武帝因此特别亲信他。梁武帝下诏命令在南义阳设置司州，移到关南镇守，任命郑绍叔为刺史。郑绍叔建立城壕，修理器械，推广屯田，蓄积粮食，招集流浪散亡的人，百姓得以安居乐业。

北魏在义阳设置郢州，任命司马悦为刺史。梁武帝派遣马仙琕在三关以南构筑竹敦、麻阳两座城垒。司马悦派兵攻打竹敦，将其攻下。

四年(505)春季二月，梁武帝计划讨伐北魏，壬午(十一日)，梁武帝派遣卫尉卿杨公则带领宿卫兵堵塞了洛口。八月壬寅(初四)，北魏中山王元英入侵雍州。杨公则到达洛口后，与北魏豫州长史石荣展开激战，斩杀了石荣。甲寅(十六日)，将军姜庆真与北魏军队在羊石激烈交战，杨公则作战不利，率领军队撤退，屯驻马头。九月己巳(初一)，杨公则等与北魏扬州刺史元嵩交战，杨公则失败。

　　冬十月丙午，上大举伐魏，以扬州刺史临川王宏都督北讨诸军事，尚书右仆射柳恢为副，王公以下各上国租及田谷以助军。宏军于洛口。

　　五年夏四月庚戌，魏以中山王英为征南将军，都督扬徐二州诸军事，帅众十馀万以拒梁军。指授诸节度，所至以便宜从事。

　　江州刺史王茂将兵数万侵魏荆州，诱魏边民及诸蛮更立宛州，遣其所署宛州刺史雷豹狼等袭取魏河南城。魏遣平南将军杨大眼都督诸军击茂，辛酉，茂战败，失亡二千馀人。大眼进攻河南城，茂逃还。大眼追至汉水，攻拔五城。魏征虏将军宇文福寇司州，俘千馀口而去。

　　五月辛未，太子右卫率张惠绍等侵魏徐州，拔宿预，执城主马成龙。乙亥，北徐州刺史昌义之拔梁城。豫州刺史韦叡遣长史王超等攻小岘，未拔。叡行围栅，魏出数百人陈于门外，叡欲击之，诸将皆曰："向者轻来，未有战备，徐还授甲，乃可进耳。"叡曰："不然。魏城中二千馀人，足以固守，今无故出人于外，必其骁勇者也，苟能挫之，其城自拔。"众犹迟疑，叡指其节曰："朝廷授此，非以为饰，韦叡法不可犯也！"遂进击之，士皆殊死战，魏兵败走，因急攻之，中宿而拔，遂至合肥。

　　先是，右军司马胡略等攻合肥，久未下。叡按山川，夜帅众堰肥水，顷之，堰成水通，舟舰继至。魏筑东、西小城

冬季十月丙午（初九），梁武帝大规模出兵讨伐北魏，任命扬州刺史临川王萧宏为都督北讨诸军事，尚书右仆射柳惔为副手，王公以下各自上缴封地田赋和田谷来资助军队。萧宏率军在洛口驻扎。

五年（506）夏季四月庚戌（十六日），北魏任命中山王元英为征南将军，都督扬徐二州诸军事，率领军队十多万人来抗拒梁军。元英授意各路军队，所到之处可以根据情势，不经请示而自行处理事情。

梁朝江州刺史王茂带领士兵几万人侵略北魏的荆州，引诱北魏的边境百姓和诸蛮族部落，另外建立宛州，派遣他所委任的宛州刺史雷豹狼等人袭击夺取了北魏的河南城。北魏派遣平南将军杨大眼都督各路军队攻击王茂，辛酉（二十七日），王茂战败，走失死亡两千多人。杨大眼进攻河南城，王茂逃走返回。杨大眼追到汉水，攻下五座城池。北魏征虏将军宇文福入侵司州，俘虏一千多人后离去。

五月辛未（初七），梁朝太子右卫率张惠绍等入侵北魏徐州，攻下宿预，抓住城主马成龙。乙亥（十一日），北徐州刺史昌义之攻下梁城。梁朝豫州刺史韦叡派遣长史王超等人进攻小岘，没有攻下。韦叡巡行包围故军的栅垒，北魏出来几百人在兵营门外列阵以待，韦叡想攻击他们，各位将领都说："此前轻装而来，没有作战准备，慢慢回去向士兵授予铠甲，才可以进军。"韦叡说："不是这样。北魏城中两千多人，足可以牢固防守，现在无缘无故安排这些人到外边，一定是他们骁锐勇猛的战士，如果能挫败他们，这座城自然就攻下来了。"众人还在迟疑，韦叡指着他的符节说："朝廷授给我这个，不是用来作装饰的，韦叡的军法是不可冒犯的！"于是进军攻击北魏兵，士兵都拼死奋战，北魏兵失败逃走，顺势迅速攻击小岘，到午夜时攻下了它，于是到达合肥。

在此之前，右军司马胡略等人进攻合肥，花费了很长时间还没有攻下。韦叡考察山川形势，夜里率领军队造堰拦截肥水，一会儿堰坝就建成，水路畅通，船舰相继而到。北魏建筑东西小城

夹合肥,叡先攻二城,魏将杨灵胤帅众五万奄至。众惧不敌,请奏益兵,叡笑曰:"贼至城下,方求益兵,将何所及!且吾求益兵,彼亦益兵。兵贵用奇,岂在众也!"遂击灵胤,破之。叡使军主王怀静筑城于岸以守堰,魏攻拔之,城中千馀人皆没。魏人乘胜至堤下,兵势甚盛,诸将欲退还濡湖,或欲保三叉,叡怒曰:"宁有此邪!"命取伞扇麾幢,树之堤下,示无动志。魏人来凿堤,叡亲与之争,魏兵却,因筑垒于堤以自固。叡起斗舰,高与合肥城等,四面临之,城中人皆哭。守将杜元伦登城督战,中弩死。辛巳,城溃,俘斩万馀级,获牛马以万数。

叡体素羸,未尝跨马,每战,常乘板舆督厉将士,勇气无敌。昼接宾旅,夜半起,算军书,张灯达曙。抚循其众,常如不及,故投募之士争归之。所至顿舍,馆宇藩墙,皆应准绳。诸军进至东陵,有诏班师。去魏城既近,诸将恐其追蹑,叡悉遣辎重居前,身乘小舆殿后,魏人服叡威名,望之不敢逼,全军而还。于是迁豫州治合肥。

壬午,魏遣尚书元遥南拒梁兵。丁亥,庐江太守闻喜裴邃克魏羊石城,庚寅,又克霍丘城。六月庚子,青、冀二州刺史桓和克朐山城。

张惠绍与假徐州刺史宋黑水陆俱进,趣彭城,围高冢戍。魏武卫将军奚康生将兵救之,丁未,惠绍兵不利,黑战死。

夹护合肥,韦叡首先攻击二城,北魏将领杨灵胤率军五万突然杀到。众人害怕不是敌手,请求上奏朝廷,增派军队,韦叡笑着说:"敌人到了城下才请求增派军队,怎么来得及! 况且我们请求增兵,敌人也会增兵。军事上贵在用奇兵,出其不意,哪里在于人多!"于是攻击杨灵胤,击败了他。韦叡让军主王怀静在肥水岸边构筑城垒以便守卫堤堰,北魏攻下城垒,城垒中一千多人全部战死。北魏军队乘胜到达堤下,兵势很盛,各位将领想退回巢湖,有的想保有三叉,韦叡发怒说:"难道有这种事吗!"命令拿来伞扇、指挥旗,把它们树在堤堰下,表示没有移动的意思。北魏军队前来凿堤,韦叡亲自率军与他们争夺,北魏兵后退,韦叡趁机在堤上构筑壁垒来加固自身的防卫能力。韦叡又起用斗舰,高度与合肥城相等,从四面靠近城墙,城中的人都吓哭了。北魏守将杜元伦登上城墙督战,身中机弩死去。辛巳(十七日),北魏守城军队崩溃,梁军俘虏斩杀一万多人,缴获牛马数以万计。

韦叡体质向来瘦弱,不曾骑马,每次作战常常乘坐板车督率激励将士,勇气无敌。白天接待宾客将士,半夜起来研究军事书籍,张灯直到天亮。他经常抚恤他的军队,常常像是做得还不够,所以投奔的士兵争着归附他。所到之处停宿驻军,馆宇的藩篱围墙,都符合标准。各路军队前进到东陵,诏书下来,命令班师。这时离北魏城池已经很近,各位将领害怕北魏军追击,韦叡将辎重全部安排在前面,自己乘坐小车殿后,北魏人佩服韦叡的威望名气,望着他不敢进逼,军队得以全部返回。于是梁朝把豫州治所迁到合肥。

壬午(十八日),北魏派遣尚书元遥向南抵御梁军。丁亥(二十三日),梁朝庐江太守闻喜人裴邃攻克北魏羊石城,庚寅(二十六日),又攻克霍丘城。六月庚子(初七),梁朝青冀二州刺史桓和攻克朐山城。

梁朝张惠绍与代理徐州刺史的宋黑,水、陆两路一起进军,趋向彭城,包围高冢戍。北魏武卫将军奚康生带领军队救援高冢戍,丁未(十四日),张惠绍的军队作战不利,宋黑战死。

秋七月丙寅,桓和击魏兖州,拔固城。戊子,徐州刺史
王伯敖与魏中山王英战于阴陵,伯敖兵败,失亡五千馀人。

己丑,魏发定、冀、瀛、相、并、肆六州十万人以益南行
之兵。上遣将军角念将兵一万屯蒙山,招纳兖州之民,降
者甚众。是时,将军萧及屯固城,桓和屯孤山。魏邢峦遣
统军樊鲁攻和,别将元恒攻及,统军毕祖朽攻念。壬寅,鲁
大破和于孤山,恒拔固城,祖朽击念,走之。

己酉,魏诏平南将军安乐王诠督后发诸军赴淮南。
诠,长乐之子也。

将军蓝怀恭与魏邢峦战于睢口,怀恭败绩,峦进围宿
预。怀恭复于清南筑城,峦与平南将军杨大眼合攻之,九
月癸酉,拔之,斩怀恭,杀获万计。张惠绍弃宿预,萧炳弃
淮阳,遁还。

临川王宏以帝弟将兵,器械精新,军容甚盛,北人以为
百数十年所未之有。军次洛口,前军克梁城,诸将欲乘胜
深入,宏性懦怯,部分乖方。魏诏邢峦引兵渡淮,与中山王
英合攻梁城,宏闻之,惧,召诸将议旋师。吕僧珍曰:"知难
而退,不亦善乎!"宏曰:"我亦以为然。"柳悰曰:"自我大众
所临,何城不服,何谓难乎!"裴邃曰:"是行也,固敌是求,
何难之避!"马仙琕曰:"王安得亡国之言!天子扫境内以
属王,有前死一尺,无却生一寸!"昌义之怒,须发尽磔,曰:
"吕僧珍可斩也!岂有百万之师出未逢敌,望风遽退,何面目
得见圣主乎!"朱僧勇、胡辛生拔剑而起,曰:"欲退自退,下
官当前向取死。"议者罢出,僧珍谢诸将曰:"殿下昨来风动,

秋季七月丙寅(初三),梁朝桓和攻击北魏的兖州,攻下固城。戊子(二十五日),梁朝徐州刺史王伯敖与北魏中山王元英在阴陵交战,王伯敖的军队失败,失散、死亡了五千多人。

己丑(二十六日),北魏征发定、冀、瀛、相、并、肆六州丁壮十万人来增加南行的兵力。梁武帝派将军角念带领士兵一万人屯驻蒙山,招纳兖州百姓,投降的人很多。这时梁朝将军萧及屯驻固城,桓和屯驻孤山。北魏邢峦派统军樊鲁进攻桓和,别将元恒进攻萧及,统军毕祖朽进攻角念。壬寅(八月十日),樊鲁在孤山打败桓和,元恒攻下固城,毕祖朽攻击角念,将他赶跑。

己酉(八月十七日),北魏诏令平南将军安乐王元诠督率后来征发的各路军队赶赴淮南。元诠,是元长乐的儿子。

梁朝将军蓝怀恭与北魏邢峦在睢口交战,蓝怀恭失败,邢峦进军包围宿预。蓝怀恭又在清水之南构筑城垒,邢峦与平南将军杨大眼合力攻击,九月癸酉(十一日),攻克,斩杀蓝怀恭,杀死俘虏了上万人。梁朝张惠绍放弃宿预,萧炳放弃淮阳,逃了回来。

梁朝临川王萧宏以皇弟的身份带领军队,器械精良崭新,军容十分壮观,北魏人认为这是一百几十年以来所没有过的。军队驻扎洛口,前军攻克梁城,各位将领想乘胜深入北魏境内,萧宏生性懦弱胆怯,部署军队失当。北魏诏令邢峦领军渡过淮河,与中山王元英合力进攻梁城,萧宏知道后很害怕,召集各位将领商量回军。吕僧珍说:“知道艰难而后退,不也很好吗?”萧宏说:“我也认为是这样。”柳惔说:“我大军所到之处,什么城池不归服,怎能说艰难呢!”裴邃说:“这次出兵,本来就是寻找敌人,躲避什么艰难呢!”马仙琕说:“大王怎么能说使国家灭亡的话!天子征集整个国内的军队来隶属于大王,只有前进一尺死,不能后退一寸生!”昌义之大怒,胡须头发全部竖起来,说:“吕僧珍该杀!哪有百万大军出战,没有碰上敌人,就望风马上撤退,有什么脸回去见圣明的君主呢!”朱僧勇、胡辛生拔出剑站起来,说:“想后退自己退,下官将向前去找死。”参加商议的人结束讨论出来后,吕僧珍向各位将领道歉说:“殿下从昨天开始如风鼓动,

意不在军，深恐大致沮丧，故欲全师而返耳。"宏不敢遽违群议，停军不前。魏人知其不武，遗以巾帼，且歌之曰："不畏萧娘与吕姥，但畏合肥有韦虎。"虎，谓韦叡也。僧珍叹曰："使始兴、吴平为帅而佐之，岂有为敌人所侮如是乎！"欲遣裴邃分军取寿阳，大众停洛口，宏固执不听，令军中曰："人马有前行者斩！"于是将士人怀愤怒。魏奚康生驰遣杨大眼谓中山王英曰："梁人自克梁城已后，久不进军，其势可见，必畏我也。王若进据洛水，彼自奔败。"英曰："萧临川虽骏，其下有良将韦、裴之属，未可轻也。宜且观形势，勿与交锋。"

张惠绍号令严明，所至独克。军于下邳，下邳人多欲降者，惠绍谕之曰："我若得城，诸卿皆是国人；若不能克，徒使诸卿失乡里，非朝廷吊民之意也。今且安堵复业，勿妄自辛苦。"降人咸悦。

己丑夜，洛口暴风雨，军中惊，临川王宏与数骑逃去。将士求宏不得，皆散归，弃甲投戈，填满水陆，捐弃病者及羸老，死者近五万人。宏乘小船济江，夜至白石垒，叩城门求入。临汝侯渊猷登城谓曰："百万之师，一朝鸟散，国之存亡，未可知也。恐奸人乘间为变，城不可夜开。"宏无以对，乃缒食馈之。渊猷，渊藻之弟也。时昌义之军梁城，闻洛口败，与张惠绍皆引兵退。

魏主诏中山王英乘胜平荡东南，逐北至马头，攻拔之，

思想不在军队上，我恐怕导致大的失败，所以想使军队不受损失全部返回。"萧宏不敢马上违背大家的意愿，只好停留军队不前进。北魏人知道他没有勇气，赠给他妇女所用的头巾，而且编造歌曲唱道："不害怕萧娘和吕姥，只害怕合肥有韦虎。"虎，是指韦叡。吕僧珍叹气说："假如让始兴王或吴平王为元帅，而我来辅佐他，怎么会被敌人侮辱到这种地步呢！"想派遣裴邃带领一部分军队去夺取寿阳，大军停留洛口，萧宏坚决不听吕僧珍的建议，在军队中下令说："人马有向前走的杀头！"于是将士人人心中愤怒。北魏奚康生派遣杨大眼快马跑去对中山王元英说："梁军自从攻克梁城以后，长时间不进军，他们的情势由此可见，一定是害怕我们。大王如果进军占据洛水，他们会自己逃奔失败。"元英说："萧临川虽然痴愚，但他手下有良将韦叡、裴邃等人，不能轻视。应该暂且观察形势，不与他们交锋。"

梁朝张惠绍号令严明，所到之处无不获胜。在下邳驻军，下邳人想投降他的很多，张惠绍告诉他们说："我如果得到城池，各位都是国家的人；如果不能攻克，白白地让各位失去故乡，这不是朝廷安抚百姓的本意。请你们现在暂且安居乐业，不要乱来，使自己辛苦。"投降的人都很高兴。

己丑(二十七日)夜，洛口受到暴风雨的袭击，军中惊慌，临川王萧宏与几名骑兵逃离。将士们寻找萧宏，找不到，都四散逃回，丢弃的铠甲和扔掉的戈矛，填满了水中和陆地，抛弃了生病和瘦弱衰老的战士，死的人有将近五万。萧宏乘坐小船渡过长江，夜里到达白石垒，敲城门请求进去。临汝侯萧渊猷登上城墙对他说："百万人的军队，一早上就像鸟儿一样四散，国家的存亡，还无法预知。恐怕邪恶的人趁机制造变乱，城门不能夜里打开。"萧宏无言以对，于是从城上往下吊食物给他吃。萧渊猷，是萧渊藻的弟弟。当时昌义之驻军梁城，听说洛口失败，与张惠绍都带领军队撤退。

北魏宣武帝下诏命令中山王元英趁着胜利的形势平定扫荡东南地区，于是元英向北追击败兵，一直到达马头，攻下了它，

城中粮储,魏悉迁之归北。议者咸曰:"魏运米北归,当不复南向。"上曰:"不然,此必欲进兵,为诈计耳。"乃命修钟离城,敕昌义之为战守之备。

冬十月,英进围钟离,魏主诏邢峦引兵会之。峦上表,以为:"南军虽野战非敌,而城守有馀。今尽锐攻钟离,得之则所利无几,不得则亏损甚大。且介在淮外,借使束手归顺,犹恐无粮难守,况杀士卒以攻之乎!又,征南士卒从戎二时,疲弊死伤,不问可知。虽有乘胜之资,惧无可用之力。若臣愚见,谓宜修复旧戍,抚循诸州,以俟后举,江东之衅,不患其无。"诏曰:"济淮掎角,事如前敕,何容犹尔盘桓,方有此请!可速进军!"峦又表,以为:"今中山进军钟离,实所未解。若为得失之计,不顾万全,直袭广陵,出其不备,或未可知。若正欲以八十日粮取钟离城者,臣未之前闻也。彼坚城自守,不与人战,城堑水深,非可填塞,空坐至春,士卒自弊。若遣臣赴彼,从何致粮?夏来之兵,不赍冬服,脱遇冰雪,何方取济?臣宁荷怯懦不进之责,不受败损空行之罪。钟离天险,朝贵所具,若有内应,则所不知;如其无也,必无克状。若信臣言,愿赐臣停;若谓臣惮行求还,臣所领兵,乞尽付中山,任其处分,臣止以单骑随之东西。臣屡更为将,颇知可否,臣既谓难,何容强遣!"

城中的粮食储备,被全部搬运回北方。议论的人都说:"北魏运米返回北方,将不再向南推进了。"梁武帝说:"不是这样,这必定是想进兵,而使用欺骗手段罢了。"便命令修整钟离城,敕令昌义之做好战斗和防守的准备。

冬季十月,元英进军包围钟离,北魏宣武帝诏令邢峦领兵与元英会师。邢峦上表,认为:"南方军队虽然野战不是我们的敌手,但防守城池却绰绰有余。现在用全部精锐进攻钟离,得到它也没有多少好处,得不到亏损就很大。况且钟离独自在淮河以南,假使钟离束手归顺,还恐怕没有粮食难以守住,况且牺牲士兵来进攻它呢!再说,出征南方的士兵,参加战争已夏秋两季,疲惫死伤,不用查问就可知道。虽有乘胜前进的资本,但恐怕没有可用的力量了。如果按照我的愚蠢看法,应该修复旧的戍守据点,安抚慰问各州,以便等待以后出兵,江东的破绽,不用担心没有。"诏书说:"渡过淮河,与中山王的军队成掎角之势,按前边诏令所说去做,不容再这样逗留不进,现在再次要求照办!要迅速进军!"邢峦再次上表,认为:"现在中山王进军钟离,实在让人不理解。如果不考虑得失,不顾一切,直接袭击广陵,出其不备,后果或许难以预料。如果只想用八十天的军粮来夺取钟离城,我没听说过从前有这种事。他们利用坚固的城墙自我防守,不与外人交战,城外护城河水深,不能填塞,空坐到春天,士兵自己就疲惫了。如果派我赶赴到那里,从什么地方弄来粮食?夏天来的士兵,没有携带冬天的服装,如果遇上冰天雪地,用什么办法来渡过难关?我宁愿背负胆怯懦弱、不敢进军的指责,也不承担使军队失败损伤、白白行动一场的罪名。钟离的天险,是朝中贵臣所详细知道的,如果城中有内应,那么胜败无法预料;如果城中没有内应,那么就没有可以攻克的迹象。如果相信我的话,希望赐给诏书,让我停止前进;如果说我害怕前进要求返回,我所率领的军队,乞求全部交给中山王,任凭他安排,我只以一个骑兵的身份随他调度。我有多次做将领的经历,非常懂得行军打仗可行与否,我既然说此次行动有困难,怎能强行派遣!"

乃召峦还,更命镇东将军萧宝寅与英同围钟离。侍中卢昶素恶峦,与侍中、领右卫将军元晖共谮之,使御史中尉崔亮弹峦在汉中掠人为奴婢。峦以汉中所得美女赂晖,晖言于魏主曰:"峦新有大功,不当以赦前小事案之。"魏主以为然,遂不问。

丁酉,梁兵围义阳者夜遁,魏郢州刺史娄悦追击,破之。

十一月乙丑,大赦。诏右卫将军曹景宗都督诸军二十万救钟离。上敕景宗顿道人洲,俟众军齐集俱进。景宗固启求先据邵阳洲尾,上不许。景宗欲专其功,违诏而进,值暴风猝起,颇有溺者,复还守先顿。上闻之曰:"景宗不进,盖天意也。若孤军独往,城不时立,必致狼狈。今破贼必矣。"

六年春正月,魏中山王英与平东将军杨大眼等众数十万攻钟离。钟离城北阻淮水,魏人于邵阳洲两岸为桥,树栅数百步,跨淮通道。英据南岸攻城,大眼据北岸立城,以通粮运。城中众才三千人,昌义之督帅将士,随方抗御。魏人以车载土填堑,使其众负土随之,严骑蹙其后,人有未及回者,因以土迮之,俄而堑满。冲车所撞,城土辄颓,义之用泥补之,冲车虽入而不能坏。魏人昼夜苦攻,分番相代,坠而复升,莫有退者。一日战数十合,前后杀伤万计,魏人死者与城平。

魏宣武帝于是诏令邢峦返回，另外命令镇东将军萧宝寅与元英一起包围钟离城。侍中卢昶向来讨厌邢峦，与侍中、领右卫将军元晖共同谗害邢峦，让御史中尉崔亮弹劾邢峦在汉中掠夺百姓做奴婢。邢峦用在汉中所得的美女贿赂元晖，元晖向北魏宣武帝进言说："邢峦刚刚立下大功，不应当用大赦以前的小事追究他。"魏宣武帝认为是这样，就没有问罪。

丁酉（初六），包围义阳的梁朝军队夜里逃走，北魏郢州刺史娄悦追击，击败了他们。

十一月乙丑（初四），梁武帝宣布大赦。下诏命令右卫将军曹景宗都督各路军队二十万人救援钟离。梁武帝敕令曹景宗停驻道人洲，等待各路军队全部集中后一起进军。曹景宗启奏梁武帝，坚决请求先行占据邵阳洲尾部，梁武帝不答应。曹景宗想独占功劳，违背诏令进军，恰好赶上突然刮起暴风，有很多士兵溺水，因而又返回原先停驻的地方守卫。梁武帝知道此事后说："曹景宗没有进军成功，大概是上天的意思。如果孤军单独前往，军营不能按时建立，必然会陷入窘迫的境地。现在击败敌人是必定无疑了。"

六年（507）春季正月，北魏中山王元英与平东将军杨大眼等人率领军队几十万进攻钟离。钟离城北面有淮水阻隔，北魏军队在邵阳洲两岸建造桥梁，树立几百步的栅垒，跨越淮河，沟通道路。元英占据淮河南岸进攻钟离城，杨大眼占据淮河北岸建立城垒，以便使粮食运输畅通。城中军队才三千人，昌义之督率将士，根据情势，进行抵御。北魏军队用车载土填塞护城河，让士兵背着土跟在车子后面，用骑兵在后边踩踏，有人没来得及返回，就被土压在下面，一会儿护城河就被填满。北魏军队用冲车撞击城墙，所撞击到的地方，土就颓塌下来，昌义之用泥补上缺口，冲车虽然能撞入，但不能摧毁城墙。北魏军队昼夜苦攻，分批轮流相替，从云梯上掉下来再上去，没有后退的。一天交战几十回合，前后杀伤的有上万人，北魏军队阵亡者的尸体堆起来与城墙一样高。

二月，魏主召英使还，英表称："臣志殄逋寇，而月初已来，霖雨不止，若三月晴霁，城必可克，愿少赐宽假！"魏主复赐诏曰："彼土蒸湿，无宜久淹。势虽必取，乃将军之深计，兵久力殆，亦朝廷之所忧也。"英犹表称必克，魏主遣步兵校尉范绍诣英议攻取形势，绍见钟离城坚，劝英引还，英不从。

上命豫州刺史韦叡将兵救钟离，受曹景宗节度。叡自合肥取直道，由阴陵大泽行，值涧谷，辄飞桥以济师。人畏魏兵盛，多劝叡缓行，叡曰："钟离今凿穴而处，负户而汲，车驰卒奔，犹恐其后，而况缓乎！魏人已堕吾腹中，卿曹勿忧也。"旬日至邵阳。上豫敕曹景宗曰："韦叡，卿之乡望，宜善敬之！"景宗见叡，礼甚谨，上闻之曰："二将和，师必济矣。"

景宗与叡进顿邵阳洲，叡于景宗营前二十里夜掘长堑，树鹿角，截洲为城，去魏城百馀步。南梁太守冯道根，能走马步地，计马足以赋功，比晓而营立。魏中山王英大惊，以杖击地曰："是何神也！"景宗等器甲精新，军容甚盛，魏人望之夺气。景宗虑城中危惧，募军士言文达等潜行水底，赍敕入城，城中始知有外援，勇气百倍。

杨大眼勇冠军中，将万馀骑来战，所向皆靡。叡结车为陈，大眼聚骑围之，叡以强弩二千一时俱发，洞甲穿中，杀伤甚众。矢贯大眼右臂，大眼退走。明旦，英自帅

二月，北魏宣武帝召元英，让他返回，元英上表说："我立志消灭逃敌，但从月初以来，淫雨不停，如果三月份天气晴朗，钟离城一定可以攻克，希望稍微赐给几天时间！"北魏宣武帝又赐下诏书说："他们那地方天热潮湿，不应该长时间停留。按照趋势，钟离虽然一定能夺取，但这是将军的长远计谋，而时间久了军队力量耗尽，也是朝廷所担忧的。"元英仍上表称一定会攻克，北魏宣武帝派遣步兵校尉范绍到元英军中商议攻取形势，范绍看到钟离城很坚固，劝元英带兵返回，元英不听。

梁武帝命令豫州刺史韦叡带领军队救援钟离，接受曹景宗的节制调度。韦叡从合肥取直道，经由阴陵大泽行进，遇到山涧峡谷，就架设天桥渡军队过去。人们畏惧北魏兵多，很多人劝韦叡慢点行军，韦叡说："钟离城现在凿坑穴居住，顶着门板打水，我们就是让车辆奔驰，士兵跑步，还恐怕赶不上救援，更何况缓慢行军呢！北魏军队已落入我的肚中，你们这些人不用担心。"十天到达邵阳。梁武帝预先敕令曹景宗说："韦叡，是你故乡里的名门望族，应该好好尊敬他！"曹景宗见到韦叡，礼节十分周到，梁武帝听到消息后说："两位将军和睦，军队一定会成功了。"

曹景宗与韦叡进军停驻邵阳洲，韦叡夜里在曹景宗的军营前二十里的地方挖掘长壕沟，树立像鹿角似的障碍物，截断邵阳洲建造城垒，距离北魏城垒只有一百多步。南梁太守冯道根，能通过跑马计量土地，计算马跑的步数来安排劳动量，到天亮时兵营建成。北魏中山王元英非常吃惊，用杖击地说："这是什么神啊！"曹景宗等人的军队，武器、铠甲精良崭新，军容很盛，北魏军队望着他们，没有了士气。曹景宗考虑钟离城中危险，人们害怕，便招募军士言文达等在水底潜行，拿着敕令进入城中，城中这才知道有外援，因而勇气增添了百倍。

杨大眼勇冠军中，带一万多名骑兵前来交战，所向无敌。韦叡联结车辆列成阵式，杨大眼聚集骑兵包围他，韦叡使用两千个强劲的弩机，同时全部发射，洞穿铠甲、穿过身体，杀伤很多敌军。箭穿透了杨大眼的右臂，他才退走。第二天早晨，元英亲自率

众来战，叡乘素木舆，执白角如意以麾军，一日数合，英乃退。魏师复夜来攻城，飞矢雨集，叡子黯请下城以避箭，叡不许。军中惊，叡于城上厉声呵之，乃定。牧人过淮北伐刍蒿者，皆为杨大眼所略。曹景宗募勇敢士千馀人，于大眼城南数里筑垒，大眼来攻，景宗击却之。垒成，使别将赵草守之，有抄掠者，皆为草所获，是后始得纵刍牧。

上命景宗等豫装高舰，使与魏桥等，为火攻之计。令景宗与叡各攻一桥，叡攻其南，景宗攻其北。三月，淮水暴涨六七尺，叡使冯道根与庐江太守裴邃、秦郡太守李文钊等乘斗舰竞发，击魏洲上军尽殪。别以小船载草，灌之以膏，从而焚其桥，风怒火盛，烟尘晦冥，敢死之士，拔栅斫桥，水又漂疾，倏忽之间，桥栅俱尽。道根等皆身自搏战，军人奋勇，呼声动天地，无不一当百，魏军大溃。英见桥绝，脱身弃城走，大眼亦烧营去。诸垒相次土崩，悉弃其器甲争投水，死者十馀万，斩首亦如之。叡遣报昌义之，义之悲喜，不暇答语，但叫曰："更生！更生！"诸军逐北至濊水上，英单骑入梁城。缘淮百馀里，尸相枕藉，生擒五万人，收其资粮、器械山积，牛马驴骡不可胜计。

义之德景宗及叡，请二人共会，设钱二十万，官赌之。景宗掷得雉；叡徐掷得卢，遽取一子反之，曰："异事！"遂作塞。

军前来交战，韦叡乘坐白木车子，手拿白角如意来指挥军队，一天交战数次，元英才后退。北魏军队夜里又前来进攻城垒，飞箭像雨一样密集，韦叡的儿子韦黯请求他到城垒下边，以便躲避飞箭，韦叡不答应。军队惊慌，韦叡在城垒上厉声呵斥，这才稳定下来。牧人过淮河到北岸割草、打柴的，都被杨大眼虏掠。曹景宗招募勇敢战士一千多人，在杨大眼城垒以南几里处构筑壁垒，杨大眼前来攻击，曹景宗击退了他。壁垒建成，让别将赵草守卫它，有来抄掠的人，都被赵草所俘获，这以后牧人才能够随便割草放牧。

梁武帝命令曹景宗等预先组装高大舰只，让它们与北魏在淮河上的大桥同样高，做火攻的打算。命令曹景宗和韦叡各攻一桥，韦叡攻南桥，曹景宗攻北桥。三月，淮河水突然上涨六七尺，韦叡让冯道根与庐江太守裴邃、秦郡太守李文钊等乘坐斗舰竞相出发，攻击北魏在洲上的军队，将他们全部消灭。另外用小船装草，把油脂浇到草上，从而焚烧北魏的桥，狂风怒吼，烈火盛大，烟尘使天地昏暗，敢死队的战士，拔栅栏、砍桥梁，水又漂流很快，一会儿工夫，桥梁、栅栏全被扫光。冯道根等都亲自参加肉搏战，军人奋勇争先，呼声惊天动地，没有一人不是以一当百，北魏军队大规模崩溃。元英看到桥断以后，放弃城垒，脱身逃走，杨大眼也烧掉兵营离去。各个城垒依次土崩瓦解，士兵全都抛弃他们的武器、铠甲，争着跳进淮水，而淹死的达十几万人，被斩杀的也有这个数目。韦叡派人报信给昌义之，昌义之悲喜交加，来不及答话，只是叫喊："再生了！再生了！"各路军队追逐敌人到达灄水之上，元英单人匹马进入梁城。沿着淮河一百多里，尸体互相枕压，一片狼藉，活捉五万人，缴获的物资、军粮、器械，堆积如山，牛马驴骡不可胜数。

昌义之十分感激曹景宗和韦叡的恩德，请来二人一起聚会，设下二十万钱的赌注，在徐州府廨让曹景宗、韦叡赌博。曹景宗掷得"雉"；韦叡慢慢地一掷，得"卢"，本已获胜，但他又马上拿来一子反转过来，说："怪事！"于是变成了"塞"，因而负于曹景宗。

景宗与群帅争先告捷,叡独居后,世尤以此贤之。诏增景宗、叡爵邑,义之等受赏各有差。

秋八月,魏有司奏:"中山王英经算失图,齐王萧宝寅等守桥不固,皆处以极法。"己亥,诏英、宝寅免死,除名为民;杨大眼徙营州为兵。以中护军李崇为征南将军、扬州刺史。

七年秋九月庚子,魏郢州司马彭珍等叛魏,潜引梁兵趋义阳,三关戍主侯登等以城来降。郢州刺史娄悦婴城自守,魏以中山王英都督南征诸军事,将步骑三万出汝南以救之。

冬十月,魏悬瓠军主白早生杀豫州刺史司马悦,自号平北将军,求援于司州刺史马仙琕。时荆州刺史安成王秀为都督,仙琕签求应赴。参佐咸谓宜待台报,秀曰:"彼待我以自存,援之宜速。待救虽旧,非应急也。"即遣兵赴之。上亦诏仙琕救早生。仙琕进顿楚王城,遣副将齐苟兒,以兵二千助守悬瓠。诏以早生为司州刺史。

魏以尚书邢峦行豫州事,将兵击白早生。魏主问之曰:"卿言,早生走也,守也?何时可平?"对曰:"早生非有深谋大智,正以司马悦暴虐,乘众怒而作乱,民迫于凶威,不得已而从之。纵使梁兵入城,水路不通,粮运不继,亦成禽耳。早生得梁之援,溺于利欲,必守而不走。若临以王师,士民必翻然归顺,不出今年,当传首京师。"魏主悦,命峦先发,使中山王英继之。峦帅骑八百,倍道兼行,五日至鲍口。

曹景宗和全体将帅争相报告大捷消息，韦叡独自在后边，当时的人尤其认为他有才能有道德。诏令增加曹景宗、韦叡的爵位、封邑，昌义之等人分别受到不同等级的奖赏。

秋季八月，北魏有关部门上奏："中山王元英谋划失策，齐王萧宝寅等没守住桥梁，都应处以死刑。"己亥（十二日），北魏宣武帝诏令元英、萧宝寅免除死罪，除去原先的名分，降为平民；杨大眼迁徙到营州当士兵。任命中护军李崇为征南将军、扬州刺史。

七年（508）秋季九月庚子（二十日），北魏郢州司马彭珍等背叛北魏，暗中招引梁朝军队到义阳，三关戍主侯登等带领全城将士前来梁朝投降。郢州刺史娄悦环绕城池自己防守，北魏任命中山王元英为都督南征诸军事，带领步骑兵三万人从汝南出发救援娄悦。

冬季十月，北魏悬瓠军主白早生杀害豫州刺史司马悦，自己号称平北将军，向梁朝司州刺史马仙琕请求援助。当时荆州刺史安成王萧秀是都督，马仙琕以签呈请求萧秀赶去救援。参佐都说应该等待朝廷的回音，萧秀说："他们等待我们来保全自己，援助他们应该迅速。等待敕令虽然是旧的制度，但不能应急。"就派遣军队赶赴悬瓠。梁武帝也诏令马仙琕救援白早生。马仙琕进军停驻在楚王城，派遣副将齐苟儿率领士兵两千人帮助守卫悬瓠。梁武帝诏令任命白早生为司州刺史。

北魏任命尚书邢峦代理豫州事务，带兵攻击白早生。北魏宣武帝问邢峦说："你说白早生是逃走，还是坚守？什么时候可以平定？"邢峦回答说："白早生不是有深谋远虑、大智大勇的人，只因司马悦残暴淫虐，他借着众人的怨恨怒气而作乱，百姓被凶威所迫，不得已跟从了他。即使梁朝军队进城，水路不通，粮食运输跟不上，也只能成为俘虏。白早生得到梁朝的援助，沉溺到利欲之中，必定坚守，不会逃走。如果王师降临，士民必定立即转变归顺我们，不出今年，将会传送他的首级到京城。"宣武帝很高兴，命令邢峦首先出发，让中山王元英带兵作他的后继部队。邢峦率领八百骑兵，用加倍的行军速度赶路，五天到达鲍口。

丙子,早生遣其大将胡孝智将兵七千,离城二百里逆战,峦奋击,大破之,乘胜长驱至悬瓠。早生出城逆战,又破之,因渡汝水,围其城。诏加峦都督南讨诸军事。

丁丑,魏镇东参军成景隽杀宿豫戍主严仲贤,以城来降。时魏郢、豫二州,自悬瓠以南至于安隆诸城皆没,唯义阳一城为魏坚守。蛮帅田益宗帅群蛮以附魏,魏以为东豫州刺史。上以车骑大将军、开府仪同三司、五千户郡公招之,益宗不从。十一月庚寅,魏遣安东将军杨椿将兵四万攻宿豫。魏主闻邢峦屡捷,命中山王英趣义阳。英以众少,累表请兵,弗许。英至悬瓠,辄与峦共攻之。十二月己未,齐苟儿等开门出降,斩白早生及其党数十人。英乃引兵前趋义阳。宁朔将军张道凝先屯楚王城,癸亥,弃城走,英追击,斩之。

魏义阳太守狄道辛祥与娄悦共守义阳,将军胡武城、陶平虏攻之,祥夜出袭其营,擒平虏,斩武城,由是州境获全。论功当赏,娄悦耻功出其下,间之于执政,赏遂不行。

八年春正月,魏中山王英至义阳,将取三关,先策之曰:"三关相须如左右手,若克一关,两关不待攻而破。攻难不如攻易,宜先攻东关。"又恐其并力于东,乃使长史李华帅五统向西关,以分其兵势,自督诸军向东关。

先是,马仙琕使云骑将军马广屯长薄,军主胡文超屯

丙子(二十六日)，白早生派遣他的大将胡孝智带兵七千，在距离悬瓠城二百里的地方迎战，邢峦奋勇攻击，大败胡孝智的军队，乘胜长驱直入，到达悬瓠。白早生出城迎战，邢峦又将他击败，趁机渡过汝水，包围悬瓠城。北魏宣武帝诏令加邢峦为都督南讨诸军事。

丁丑(二十七日)，北魏镇东参军成景隽杀掉宿豫戍主严仲贤，带领全城人前来梁朝投降。当时北魏郢、豫二州从悬瓠以南直到安隆，各个城池全部陷落，只有义阳一座城池为北魏坚守。蛮族首领田益宗率领各蛮族归附北魏，北魏任命他为东豫州刺史。梁武帝用车骑大将军、开府仪同三司、五千户郡公的官爵招诱他，田益宗不听从。十一月庚寅(十一日)，北魏派遣安东将军杨椿带领军队四万人进攻宿豫。北魏宣武帝听说邢峦屡次获胜，命令中山王元英向义阳进发。元英因为军队人少，几次上表请求加兵，但北魏宣武帝不答应。元英到达悬瓠，就与邢峦一起攻城。十二月己未(初十)，齐苟兒等打开城门出城投降，斩杀了白早生及其党羽几十人。元英这才带领军队向前方的义阳进发。宁朔将军张道凝事先屯驻楚王城，癸亥(十四日)，放弃城池逃跑，元英追击，斩杀了他。

北魏义阳太守狄道人辛祥与娄悦共同守卫义阳，将军胡武城、陶平虏进攻义阳，辛祥夜间出城袭击他们的营地，擒获陶平虏，斩杀胡武城，因而全州境内得以保全。论功应当奖赏，娄悦耻于功劳在辛祥之下，向执政大臣说了些离间辛祥的话，奖赏便没有颁发。

八年(509)春季正月，北魏中山王元英到达义阳，将要夺取三关，事先进行策划，说："三关互相依赖如同左右手，如果攻克一关，其馀两关不用攻自己就会投降。进攻困难的不如进攻容易的，应该首先进攻东关。"又担心梁朝将三关的兵力合并到东关，便让长史李华率领五统军的兵力向西关进军，以便分散敌人的势力，自己督率各路军队向东关进军。

此前，梁朝马仙琕让云骑将军马广屯驻长薄，军主胡文超屯驻

松岘。丙申，英至长薄，戊戌，长薄溃，马广遁入武阳，英进围之。上遣冠军将军彭瓮生、骠骑将军徐元季将兵援武阳，英故纵之使入城，曰："吾观此城形势易取。"瓮生等既入，英促兵攻之，六日而拔，虏三将及士卒七千馀人。进攻广岘，太子左卫率李元履弃城走。又攻西关，马仙琕亦弃城走。

上使南郡太守韦叡将兵救仙琕，叡至安陆，增筑城二丈馀，更开大堑，起高楼。众颇讥其怯，叡曰："不然。为将当有怯时，不可专勇。"中山王英急追马仙琕，将复邵阳之耻，闻叡至，乃退。上亦有诏罢兵。

初，魏主遣中书舍人铜阳董绍慰劳叛城，白早生袭而囚之，送于建康。魏主既克悬瓠，命于齐苟兒等四将之中分遣二人，敕扬州为移，以易绍及司马悦首。移书未至，领军将军吕僧珍与绍言，爱其文义，言于上，上遣主书霍灵超谓绍曰："今听卿还，令卿通两家之好，彼此息民，岂不善也！"因召见，赐衣物，令舍人周捨慰劳之，且曰："战争多年，民物涂炭，吾是以不耻先言与魏朝通好。比亦有书全无报者，卿宜备申此意。今遣传诏霍灵秀送卿至国，迟有嘉问。"又谓绍曰："卿知所以得不死不？今者获卿，乃天意也。夫立君以为民也，凡在民上，岂可不思此乎！若欲通好，今以宿豫还彼，彼当以汉中见归。"绍还魏言之，魏主不从。

松岘。丙申(十八日),元英到达长薄,戊戌(二十日),长薄守军溃败,马广逃进武阳,元英进军包围武阳。梁武帝派遣冠军将军彭瓮生、骠骑将军徐元季带领军队救援武阳,元英故意放他们进城,说:"我观察这座城池的形势,容易夺取。"彭瓮生等进城以后,元英督促士兵攻城,用了六天,就攻下了武阳,俘虏马广、彭瓮生、徐元季三员将领以及士兵七千多人。又进攻广岘,梁朝太子左卫率李元履放弃城池逃走。又进攻西关,马仙琕也放弃城池逃走。

梁武帝让南郡太守韦叡带兵救援马仙琕,韦叡到达安陆,增修城墙两丈多高,再次开挖大壕沟,建起高楼。众人都讥笑他怯弱,韦叡说:"不是这样。做将领应当有怯弱的时候,不能一味勇敢。"中山王元英迅速追击马仙琕,将要洗雪在邵阳的耻辱,听说韦叡来到,才撤退。梁武帝也下诏撤兵。

最初,北魏宣武帝派遣中书舍人铜阳县的董绍慰劳叛变的城池,白早生袭击并囚禁了他,把他押送到建康。北魏宣武帝在攻克悬瓠以后,命令在齐苟儿等四将之中分批每次派遣二人,敕令扬州刺史作移文,用来交换董绍以及司马悦的首级。移文书信没到,梁朝领军将军吕僧珍与董绍交谈,爱他的文才和道义,向梁武帝说起他,梁武帝派遣主书霍灵超对董绍说:"现在听任你返回,令你使两家通好,彼此让百姓休养生息,难道不好吗!"因此召见他,赏赐衣服财物,命令舍人周捨慰劳他,并且说:"战争经过这么多年,百姓生灵涂炭,因此我首先提议与魏朝通好,并不以此感到羞耻。近来也有信给北魏送去,但全部没有回音,你应该详细申明这层意思。现在派遣传诏霍灵秀送你回国,等待听到你的嘉音。"又对董绍说:"你知道自己得以不死的原因吗?现在抓获你,是天意。确立国君是用来为百姓服务的,凡是在百姓之上的君主,怎能不想这一点呢?如果你们愿意通好,我现在就将宿豫还给你们,你们应当将汉中还给我们。"董绍返回北魏,说了梁朝的意思,魏宣武帝不听。

魏伐柔然

晋孝武帝太元十六年。初,柔然部人世服于代,其大人郁久间地粟袁卒,部落分为二:长子匹候跋继父居东边,次子缊纥提别居西边。秦王坚灭代,柔然附于刘卫辰。

及魏王珪即位,攻击高车等,诸部率皆服从,独柔然不事魏。冬十月戊戌,珪引兵击之,柔然举部遁走,珪追奔六百里,诸将因张衮言于珪曰:"贼远粮尽,不如早还。"珪问诸将:"若杀副马,为三日食,足乎?"皆曰:"足。"乃复倍道追之,及于大碛南床山下,大破之,虏其半部。匹候跋及别部帅屋击各收馀众遁走,珪遣长孙嵩、长孙肥追之。珪谓将佐曰:"卿曹知吾前问三日粮意乎?"曰:"不知也。"珪曰:"柔然驱畜产奔走数日,至水必留,我以轻骑追之,计其道里,不过三日及之矣。"皆曰:"非所及也。"嵩追斩屋击于平望川。肥追匹候跋至涿邪山,匹候跋举众降,获缊纥提之子曷多汗、兄子社仑、斛律等宗党数百人。缊纥提将奔刘卫辰,

魏伐柔然

晋孝武帝太元十六年（391）。最初，柔然部落的人世世代代臣服于代国，他们的大人郁久闾地粟袁去世，部落分为两部分：长子匹候跋继承父位，居住在部落东边；次子缊纥提另外居住在部落西边。等到前秦王符坚灭亡代国，柔然归附了刘卫辰。

等到魏王拓跋珪登上王位，攻击高车等部落，各部落大多服从，只有柔然不事奉北魏。冬季十月戊戌，拓跋珪带兵攻击柔然，柔然全部落都逃走，拓跋珪追赶了六百里，各位将领通过张衮向拓跋珪进言说："敌人已经逃远了，而我们的粮食也吃完了，不如早点回军。"拓跋珪询问各位将领："如果杀掉备用的副马，作为三天的军粮，够了吗？"各位将领都回答说："够了。"于是又以加倍的速度追击，在大沙漠南床山下追上了敌人，将柔然打得大败，俘虏了柔然的半个部落。匹候跋和另一部落的首领屋击各自收罗剩馀民众逃走，拓跋珪派长孙嵩、长孙肥追赶他们。拓跋珪对将佐说："你们知道我以前询问三天军粮的意思吗？"将佐说："不知道。"拓跋珪说："柔然驱赶牲畜奔跑了几天，到有水的地方一定会停留，我用轻装骑兵追赶他们，计算他们所逃的路程，不过三天就能赶上他们。"将佐都说："这不是我们所能预料到的。"长孙嵩在平望川追上并斩杀了屋击。长孙肥追赶匹候跋到达涿邪山，匹候跋带领全体部众投降，俘虏了缊纥提的儿子曷多汗、侄子社仑、斛律等宗族党羽几百人。缊纥提将要投奔刘卫辰，

珪追及之,缊纥提亦降。珪悉徙其部众于云中。

十九年冬十月,柔然曷多汗弃其父,与社仑率众西走。魏长孙肥追之,及于上郡跋那山,斩曷多汗。社仑收其馀众数百,奔匹候跋,匹候跋处之南鄙。社仑袭匹候跋,杀之。匹候跋子启跋、吴颉等皆奔魏。社仑掠五原以西诸部,走度漠北。

安帝元兴元年春正月戊子,魏材官将军和突攻黜弗、素古延等诸部,破之。初,魏主珪遣北部大人贺狄干献马千匹求昏于秦,秦王兴闻珪已立慕容后,止狄干而绝其昏。没弈干、黜弗、素古延,皆秦之属国也,而魏攻之,由是秦、魏有隙。庚寅,珪大阅士马,命并州诸郡积谷于平阳之乾壁以备秦。

柔然社仑方睦于秦,遣将救黜弗、素古延。辛卯,和突逆击,大破之。社仑帅其部落远遁漠北,夺高车之地而居之。斛律部帅倍候利击社仑,大为所败,倍候利奔魏。社仑于是西北击匈奴遗种日拔也鸡,大破之,遂吞并诸部,士马繁盛,雄于北方。其地西至焉耆,东接朝鲜,南临大漠,旁侧小国皆羁属焉。自号豆代可汗。始立约束,以千人为军,军有将;百人为幢,幢有帅。攻战先登者赐以虏获,畏懦者以石击其首而杀之。

十二月,柔然可汗社仑闻珪伐秦,自参合陂侵魏,至豺山,及善无北泽,魏常山王遵以万骑追之,不及而还。

拓跋珪追上了他，缊纥提也投降了。拓跋珪将他们的部众全部迁徙到云中。

十九年（394）冬季十月，柔然的曷多汗抛弃他的父亲，与社仑一起率领部众向西逃走。北魏长孙肥追赶他们，在上郡的跋那山追上，斩杀了曷多汗。社仑收拾他们的剩余部众几百人投奔匹候跋，匹候跋将他们安置在南部边境。社仑袭击匹候跋，将他杀害。匹候跋的儿子启跋、吴颉等都投奔到北魏。社仑掠夺五原以西的各个部落，逃到荒漠以北地区。

安帝元兴元年（402）春季正月戊子（十九日），北魏材官将军和突进攻黜弗、素古延等各个部落，将他们击败。最初，魏道武帝拓跋珪派遣北部大人贺狄干献上一千匹马向后秦求婚，后秦王姚兴听说拓跋珪已经立了慕容后，便禁止贺狄干进入京城，而且拒绝了拓跋珪的求婚。没弈干、黜弗、素古延，都是后秦的附属国，而北魏进攻它们，因此后秦、北魏之间产生矛盾。庚寅（二十一日），拓跋珪大规模检阅士兵战马，命令并州的各郡在平阳的乾壁聚积粮食，以便防备后秦的进攻。

柔然的社仑当时正与后秦和睦友好，便派遣将领率军救援黜弗、素古延。辛卯（二十二日），和突进行迎击，大败社仑所派的军队。社仑率领他的部落远逃漠北，夺取高车的土地而居住下来。斛律部落首领倍候利攻击社仑，被打得大败，倍候利投奔到北魏。社仑在这时向西北攻击匈奴遗留下来的后裔日拔也鸡，大败他们，于是吞并各个部落，士兵战马繁荣强盛，在北方称雄。他的领土西边到焉耆，东边与朝鲜接壤，南边靠近大沙漠，旁边的小国家都隶属于他。他自称豆代可汗。开始设立律法约束，一千人为一个军，军由将领统率；一百人为一幢，幢由帅来领导。攻击作战时首先登城的人，用他所虏获的东西赏赐本人，畏惧懦弱的人，用石头打他的头，用这种方式杀死他。

十二月，柔然可汗社仑听说魏道武帝拓跋珪进攻后秦，便从参合陂入侵北魏，到达豺山，前锋到了善无以北的沼泽地带，北魏常山王拓跋遵率领一万名骑兵追赶他们，没追上，便回来了。

三年夏四月，柔然可汗社仑从弟悦代大那谋杀社仑，不克，奔魏。

义熙二年夏四月，柔然社仑侵魏边。

五年十二月，柔然侵魏。

六年春正月，魏长孙嵩将兵伐柔然。夏五月，魏长孙嵩至漠北而还，柔然追围之于牛川。壬申，魏主嗣北击柔然，柔然可汗社仑闻之，遁走，道死。其子度拔尚幼，部众立社仑弟斛律，号蔼苦盖可汗。嗣引兵还参合陂。

十年。初，社仑之徙高车也，高车人叱洛侯为之乡导以并诸部，社仑德之，以为大人。步鹿真与社仑之子社拔共至叱洛侯家，淫其少妻，妻告步鹿真曰："叱洛侯欲奉大檀为主。"大檀者，社仑季父仆浑之子也，领别部镇西境，素得众心。步鹿真归而发兵围叱洛侯，叱洛侯自杀。遂引兵袭大檀，大檀逆击，破之，执步鹿真及社拔，杀之，自立为可汗，号牟汗纥升盖可汗。

斛律至和龙，燕王跋赐斛律爵上谷侯，馆之辽东，待以客礼，纳其女为昭仪。斛律上书请还其国，跋曰："今弃国万里，又无内应，若以重兵相送，则馈运难继，兵少则不足成功，如何可还？"斛律固请，曰："不烦重兵，愿给三百骑，送至敕勒，国人必欣然来迎。"跋乃遣单于前辅万陵帅骑三百送之。陵惮远役，至黑山，杀斛律而还。大檀亦遣使献马三千匹、羊万口于燕。

三年(404)夏季四月,柔然可汗社仑的堂弟悦代大那阴谋杀掉社仑,没有成功,投奔到北魏。

义熙二年(406)夏季四月,柔然可汗社仑入侵北魏边境。

五年(409)十二月,柔然入侵北魏。

六年(410)春季正月,北魏长孙嵩带领军队讨伐柔然。夏季五月,北魏长孙嵩到达漠北后返回,柔然追击长孙嵩并在牛川包围了他。壬申(二十一日),魏明元帝拓跋嗣向北攻击柔然,柔然可汗社仑听到消息后逃跑,死在路上。他的儿子度拔还年幼,部众拥立社仑的弟弟斛律,号称蔼苦盖可汗。拓跋嗣带领军队回到参合陂。

十年(414)。最初,社仑把高车部落迁走,高车人叱洛侯为他们做向导,因而使他得以合并了各个部落,社仑感激叱洛侯的恩德,任命叱洛侯为大人。步鹿真与社仑的儿子社拔一起到叱洛侯家中,奸淫了他年轻的妻子,这位少妇告诉步鹿真说:“叱洛侯想拥戴大檀作君主。”大檀,是社仑的叔父仆浑的儿子,带领着其他部落镇守西部边境,一向很得民心。步鹿真回家后派兵包围叱洛侯,叱洛侯自杀。于是他又带领军队袭击大檀,大檀率军迎击,将步鹿真击败,抓住步鹿真和社拔,杀掉了他们,自立为可汗,号称牟汗纥升盖可汗。

斛律到达和龙,北燕王冯跋赐给斛律上谷侯的爵位,建馆舍将他安置在辽东,用对待宾客的礼节对待他,并收纳他的女儿作昭仪。斛律呈上奏书请求允许他返回自己的国家,冯跋说:“你现在远离祖国,到这万里之外的北燕,又没有内部接应,如果用重兵相送,就有运送军粮难以连续的问题,军队数量少,就不能保证成功,你怎么可能回去呢?”斛律坚决请求返回国家,说:“不麻烦您派给重兵,只希望您能派给我三百名骑兵,护送到敕勒,国内的人一定会高高兴兴地前来迎接。”冯跋便派遣单于前辅万陵率领骑兵三百人护送斛律。万陵害怕到远方执行任务的劳苦与疲惫,到达黑山时,杀掉斛律带兵返回。大檀也派遣使者向北燕进献马匹三千、羊一万口。

十二月丙戌朔，柔然可汗大檀侵魏。丙申，魏主嗣北击之。大檀走，遣奚斤等追之，遇大雪，士卒冻死及堕指者什二三。

宋营阳王景平元年春正月，柔然寇魏边。二月戊辰，魏筑长城，自赤城西至五原，延袤二千馀里，备置戍卒，以备柔然。

八月，柔然寇河西，河西王蒙逊命世子政德击之。政德轻骑进战，为柔然所杀。

文帝元嘉元年秋八月，柔然纥升盖可汗闻魏太宗殂，将六万骑入云中，杀掠吏民，攻拔盛乐宫。魏世祖自将轻骑讨之，三日二夜至云中。纥升盖引骑围魏主五十馀重，骑逼马首，相次如堵。将士大惧，魏主颜色自若，众情乃安。纥升盖以弟子於陟斤为大将，魏人射杀之，纥升盖惧，遁去。尚书令刘絜言于魏主曰："大檀自恃其众，必将复来，请俟收田毕，大发兵为二道，东西并进以讨之。"魏主然之。

十二月，魏主命安集将军长孙翰、安北将军尉眷北击柔然，魏主自将屯栎山。柔然北遁，诸军追之，大获而还。翰，肥之子也。

二年冬十月癸卯，魏主大举伐柔然，五道并进：长孙翰等从东道，出黑漠，廷尉卿长孙道生等出白、黑二漠之间，魏主从中道，东平公娥清出栗园，奚斤等从西道，出尔寒山。诸军至漠南，舍辎重，轻骑，赍十五日粮，度漠击之。柔然部落大惊，绝迹北走。

四年夏五月，魏主命龙骧将军代人陆俟督诸军镇大碛，以备柔然。秋七月，柔然寇云中，闻魏已克统万，乃遁去。

十二月丙戌这天是初一，柔然可汗大檀入侵北魏。丙申（十一日），魏明元帝拓跋嗣向北攻击柔然。大檀逃跑，拓跋嗣派奚斤等追击，遇上大雪，士兵冻死和冻掉手指的，有十分之二三。

宋营阳王景平元年（423）春季正月，柔然侵犯北魏边境。二月戊辰（初一），北魏开始修筑长城，从赤城向西到达五原，延伸长达两千多里，配备武器，设置戍卒，用来防备柔然。

八月，柔然侵犯河西，河西王蒙逊命令世子政德反击他们。政德率领轻装骑兵进军交战，被柔然杀害。

宋文帝元嘉元年（424）秋季八月，柔然纥升盖可汗听说魏明元帝去世，便带领六万骑兵入侵云中，杀害、虏掠官吏、百姓，攻下盛乐宫。魏太武帝亲自带领轻装骑兵讨伐柔然，三天两夜赶到云中。纥升盖带领骑兵包围魏太武帝五十多重，骑兵逼近，马的头部互相排列如墙一样。将士万分恐惧，魏太武帝面不改色，从容镇定，众人的情绪才安定下来。纥升盖任命侄子於陟斤为大将，北魏人将他射死，纥升盖害怕，悄悄地逃去。尚书令刘絜向魏太武帝进言说："大檀倚仗自己军队人多，必定会再次回来，请等到秋收结束后，大规模征发军队，兵分两路，东西一齐进军，讨伐他们。"魏太武帝认为他说得对。

十二月，魏太武帝命安集将军长孙翰、安北将军尉眷向北攻击柔然，魏太武帝自己率军屯驻柞山。柔然向北逃走，各路军队追击，俘获了大批人口物资后返回。长孙翰，是长孙肥的儿子。

二年（425）冬季十月癸卯（二十一日），魏太武帝大规模进攻柔然，五路同时进军：长孙翰等从东路经过黑漠，廷尉卿长孙道生等经过白、黑二漠之间，魏太武帝从中路，东平公拓跋城清经过栗园，奚斤等从西路经过尔寒山。各路军队到达漠南，丢下辎重，减轻骑兵的负荷，携带十五天的干粮，渡过大漠攻击柔然。柔然部落万分惊慌，一人不留，向北逃走。

四年（427）夏季五月，魏太武帝命令龙骧将军代地人陆俟督率各路军队镇守大沙漠，以便防备柔然的骚扰。秋季七月，柔然侵犯云中，听说北魏已攻克统万城，于是逃去。

五年秋八月，魏主如广宁观温泉。柔然纥升盖可汗遣其子将万馀骑寇魏边，魏主自广宁还，追之不及。

六年夏四月，魏主将击柔然，治兵于南郊，先祭天，然后部勒行陈。内外群臣皆不欲行，保太后固止之，独崔浩劝之。尚书令刘絜等共推太史令张渊、徐辩使言于魏主曰：“今兹己巳，三阴之岁，岁星袭月，太白在西方，不可举兵。北伐必败，虽克，不利于上。”群臣因共赞之曰：“渊等少时尝谏苻坚南伐，坚不从而败，所言无不中，不可违也。”魏主意不快，诏浩与渊、辩论难于前。

浩诘渊、辩曰：“阳为德，阴为刑，故日食修德，月食修刑。夫王者用刑，小则肆诸市朝，大则陈诸原野。今出兵以讨有罪，乃所以修刑也。臣窃观天文，比年以来，月行掩昴，至今犹然。其占，三年天子大破旄头之国。蠕蠕、高车，旄头之众也，愿陛下勿疑。”渊、辩复曰：“蠕蠕，荒外无用之物，得其地不可耕而食，得其民不可臣而使，轻疾无常，难得而制，有何汲汲，而劳士马以伐之？”浩曰：“渊、辩言天道，犹是其职，至于人事形势，尤非其所知。此乃汉世常谈，施之于今，殊不合事宜。何则？蠕蠕本国家北边之臣，中间叛去。今诛其元恶，收其良民，令复旧役，非无用也。世人皆谓渊、辩通解数术，明决成败，臣请试问之：属者统万未亡之前，有无败征？若其不知，是无术也；

五年(428)秋季八月,魏太武帝到广宁观看温泉。柔然纥升盖可汗派遣他的儿子带领一万多名骑兵侵犯北魏边境,魏太武帝从广宁返回,追赶入侵之敌,没有追上。

六年(429)夏季四月,魏太武帝将要攻击柔然,在南郊训练军队,首先祭天,然后部署、约束行伍阵列。朝内朝外群臣都不想出兵,保太后也坚决阻止他,唯独崔浩劝他出兵。尚书令刘絜等共同推举太史令张渊、徐辩,让他们向魏太武帝进言说:"今年是己巳年,天干中的己、地支中的巳和干支相合的己巳,都是阴,在这种三阴的年份,木星侵袭月亮,金星在西方,不能发兵。北伐必定失败,即使胜利,也对皇上不利。"群臣趁机一起称赞他们说:"张渊等人年少时曾谏阻苻坚南伐,苻坚不听从而失败,他们所说的话没有不应验的,是不能违背的。"魏太武帝心中不快,诏令崔浩与张渊、徐辩在众人面前互相辩论、诘难对方。

崔浩诘问张渊、徐辩说:"阳为德惠,阴为刑杀,所以出现日食要修德惠,出现月食要修刑杀。作国王的人施用刑法,罪小就在闹市中处死,罪大就使用甲兵,使敌人陈尸原野。现在出兵讨伐有罪的人,是用这种方式修刑杀。我私下观察天文,连年以来,月亮运行掩盖昴星,到现在还这样。这就预示着三年之内,天子将大败旄头星所对应的国家。蠕蠕、高车,都是旄头星所对应的国家,希望陛下不要迟疑。"张渊、徐辩回答说:"蠕蠕是荒外没有用的国家,得到它的土地不能耕种以获得食物,得到它的民众不能使他们臣服而加以使用,他们轻装迅速,来去无常,难以制伏,有什么必要心情急切地辛劳士兵战马来讨伐它?"崔浩说:"张渊、徐辩谈论天道,还是他们的本职,至于人事方面的形势,尤其不是他们所懂得的。这是汉代的老生常谈,将其施用于现在,很不符合事宜。为什么?蠕蠕本是国家北边的附属国,中间叛变离去。现在杀掉它的罪魁祸首,收罗它的良民,让他们恢复从前的兵役,不是没有用处。世人都说张渊、徐辩通晓数术,能精确地判决成功失败,我请求试着问一下他们:就在统万城没有陷落之前,有没有败亡的征兆?如果他们不知道,就是没有道术;

知而不言,是不忠也。"时赫连昌在坐,渊等自以未尝有言,惭不能对。魏主大悦。

　　既罢,公卿或尤浩曰:"今南寇方伺国隙,而舍之北伐。若蠕蠕远遁,前无所获,后有强寇,将何以待之?"浩曰:"不然。今不先破蠕蠕,则无以待南寇,南人闻国家克统万以来,内怀恐惧,故扬声动众以卫淮北。比吾破蠕蠕,往还之间,南寇必不动也。且彼步我骑,彼能北来,我亦南往,在彼甚困,于我未劳。况南北殊俗,水陆异宜,设使国家与之河南,彼亦不能守也。何以言之? 以刘裕之雄杰,吞并关中,留其爱子,辅以良将,精兵数万,犹不能守,全军覆没,号哭之声,至今未已。况义隆今日君臣,非裕时之比。主上英武,士马精强,彼若果来,譬如以驹犊斗虎狼也,何惧之有! 蠕蠕恃其绝远,谓国家力不能制,自宽日久。故夏则散众放畜,秋肥乃聚,背寒向温,南来寇抄。今掩其不备,必望尘骇散。牡马护牝,牝马恋驹,驱驰难制,不得水草,不过数日,必聚而困弊,可一举而灭也。暂劳永逸,时不可失,患在上无此意。今上意已决,奈何止之!"寇谦之谓浩曰:"蠕蠕果可克乎?"浩曰:"必克。但恐诸将琐琐,前后顾虑,不能乘胜深入,使不全举耳。"

如果知道而不说，就是对国家不忠。"当时赫连昌也在座，张渊等人因为自己不曾说过什么话，心中十分惭愧，不能对答。魏太武帝万分高兴。

辩论结束后，公卿中有人责备崔浩说："现在南面的敌人正在等待国家的破绽，而我们抛下他们不管，却去进行北伐。如果蠕蠕远逃，我军在前面没有什么收获，后边又有强敌，将凭借什么来处理这种情况呢？"崔浩说："不是这样。现在如果不首先打败蠕蠕的话，就没法处理南面的敌人，南方人听说国家攻克统万以来，内心怀有恐惧，所以才扬言要发动军队，以便保卫淮河以北地区。等到我们击败蠕蠕，往返之间，南方的敌人一定不敢乱动。而且他们是步兵，我们是骑兵，他们能北来，我们也能南往，对他们来说会十分困乏，对我们来说不算辛劳。况且南北风俗不同，水上陆地应该使用的兵种不同，假设让国家给他们黄河以南地区，他们也不能守住。凭什么这么讲呢？凭借刘裕的英雄、杰出，吞并了关中，留下他心爱的儿子镇守，用良将辅佐，精锐军队几万人，尚且不能守住，全军覆没，号哭的声音，到现在还没有停下来。况且刘义隆今天的国君大臣，是不能与刘裕时比拟的。皇上英明雄武，士兵战马精锐强壮，他们如果真的来了，就如同用马驹、牛犊来与猛虎、豺狼相斗，有什么害怕的！蠕蠕倚仗他们离我们非常遥远，认为国家的力量不能制伏他们，防备松懈已经很长时间了。所以夏天就散开民众放牧牲畜，秋天马匹肥壮才聚集起来，离开寒冷的北部，向温暖的南部进发，南来侵犯掠夺。现在出其不意，突然袭击他们，他们必然会望尘惊骇，四散逃命。公马保护母马，母马眷恋马驹，驱赶奔驰，难以控制，找不到水草，不过几天时间，必然再次集中并困窘疲惫，可以一举歼灭他们。暂时辛苦，可得永远安逸，机不可失，担心的是皇上没有这个意思。现在皇上主意已定，为什么要阻止他！"寇谦之对崔浩说："蠕蠕真的可以攻克吗？"崔浩说："一定会攻克。只是恐怕各位将领志趣细小，前后顾虑太多，不能乘胜深入，使敌人不能全部被歼罢了。"

先是,帝因魏使者还,告魏主曰:"汝趣归我河南地!不然,将尽我将士之力。"魏主方议伐柔然,闻之,大笑,谓公卿曰:"龟鳖小竖,自救不暇,夫何能为!就使能来,若不先灭蠕蠕,乃是坐待寇至,腹背受敌,非良策也。吾行决矣。"

庚寅,魏主发平城,使北平王长孙嵩、广陵公楼伏连居守。魏主自东道向黑山,使平阳王长孙翰自西道向大娥山,同会柔然之庭。

五月丁未,魏主至漠南,舍辎重,帅轻骑兼马袭击柔然,至栗水。柔然纥升盖可汗先不设备,民畜满野,惊怖散去,莫相收摄。纥升盖烧庐舍,绝迹西走,莫知所之。其弟匹黎先主东部,闻有魏寇,帅众欲就其兄。遇长孙翰,翰邀击,大破之,杀其大人数百。

六月,柔然纥升盖可汗既走,部落四散,窜伏山谷,杂畜布野,无人收视。魏主循栗水西行,至菟园水,分军搜讨,东西五千里,南北三千里,俘斩甚众。高车诸部乘魏兵势,钞掠柔然。柔然种类前后降魏者三十馀万落,获戎马百馀万匹,畜产、车庐,弥漫山泽,亡虑数百万。

魏主循弱水西行,至涿邪山,诸将虑深入有伏兵,劝魏主留止。寇谦之以崔浩之言告魏主,魏主不从。秋七月,引兵东还。至黑山,以所获班赐将士有差。既而得降人言:"可汗先被病,闻魏兵至,不知所为,乃焚穹庐,以车自载,将数百人入南山。民畜窘聚,方六十里,无人统领,相去百八十里,追兵不至,乃徐西遁,唯此得免。"后闻

在此之前，宋文帝通过北魏的使者回去告诉魏太武帝说："你赶快归还我黄河以南的土地！不这样的话，我将会让将士们尽力夺回。"魏太武帝正在商议进攻柔然，听到这些话后大笑，对公卿说："龟鳖小子，自己救援都顾不过来，能有什么作为！就算是他们能来侵犯，如果不首先灭掉蠕蠕，就是坐在那里等待敌人来到，腹背受敌，不是好的办法。我出兵的行动决定了。"

庚寅，魏太武帝从平城出发，让北平王长孙嵩、广陵公楼伏连居住京城，进行守卫。魏太武帝从东路向黑山进军，让平阳王长孙翰从西路向大娥山进军，一起在柔然的王庭相会。

五月丁未（十六日），魏太武帝到达漠南，丢下辎重，率领轻装骑兵带着备用的副马袭击柔然，到达栗水。柔然纥升盖可汗事先没设防备，民众牲畜满山遍野，大家见到北魏兵，惊慌恐惧，四散逃走，可汗没法收罗统领。纥升盖烧毁庐舍，消灭踪迹向西逃走，不知道到了什么地方。他的弟弟匹黎先统领东方部落，听说有北魏入侵，率领部众想到哥哥那里。遇到长孙翰，长孙翰半路截击，将匹黎先打得大败，杀掉了他手下几百名大人。

六月，柔然纥升盖可汗逃走以后，部落四处流散，逃窜到山谷中藏身，各种牲畜遍布山野，没有人收罗看管。魏太武帝沿着栗水西行，到达菟园水，分开军队，搜索进攻，东西五千里，南北三千里，俘虏斩杀了很多人。高车各个部落凭借北魏军队的势力，侵犯、掠夺柔然。柔然的种族前后投降北魏的有三十多万落篷帐，缴获战马一百多万匹，畜产、车庐，弥漫山谷沼泽，大约几百万。

魏太武帝沿着弱水西行，到达涿邪山，各位将领担心深入敌后会有伏兵，劝太武帝停步。寇谦之将崔浩的话告诉魏主，太武帝不听。秋季七月，太武帝带军队返回东方。到达黑山，将所缴获的东西分等级颁赐给将士。不久听到投降的人说："可汗事先身体有病，听说北魏兵到来，不知道怎么办，便焚毁穹庐，用车子载着自己，带领几百人进入南山。民众、牲畜困窘聚集，方圆有六十里，没有人统帅、领导，距离涿邪山只有一百八十里，因追兵没到，才慢慢向西逃走，只有这些人马得以逃走。"后来听到

凉州贾胡言："若复前行二日,则尽灭之矣。"魏主深悔之。

纥升盖可汗愤悒而卒。子吴提立,号敕连可汗。

八月,魏主至漠南,闻高车东部屯已尼陂,人畜甚众,去魏军千馀里,遣左仆射安原等将万骑击之。高车诸部迎降者数十万落,获马牛千百馀万。冬十月,魏主还平城,徙柔然、高车降附之民于漠南,东至濡源,西暨五原阴山,三千里中,使之耕牧而收其贡赋。命长孙翰、刘絜、安原及侍中代人古弼同镇抚之。自是魏之民间马牛羊及毡皮为之价贱。魏主加崔浩侍中、特进、抚军大将军,以赏其谋画之功。

八年夏六月,魏之边吏获柔然逻者二十馀人,魏主赐衣服而遣之,柔然感悦。闰月乙未,柔然敕连可汗遣使诣魏,魏主厚礼之。

魏主如漠南。十一月丙辰,北部敕勒莫弗库若干帅所部数万骑,驱鹿数百万头,诣魏主行在。魏主大猎以赐从官。十二月丁丑,还宫。

十一年春二月,魏主以西海公主妻柔然敕连可汗,又纳其妹为夫人,遣颍川王提往逆之。丁卯,敕连遣其异母兄秃鹿傀送妹,并献马二千匹。魏主以其妹为左昭仪。提,曜之子也。

十三年冬十一月,柔然与魏绝和亲,犯魏边。

凉州到胡人中做买卖的商人说："如果再往前走两天，就全部灭掉他们了。"太武帝深深地懊悔没有继续前行。

纥升盖可汗既愤恨，又忧愁不安，因而去世。儿子吴提继位，号称敕连可汗。

八月，北魏太武帝到达大漠以南，听说高车东部屯驻在巳尼陂，人口、牲畜非常多，距离北魏军队有一千多里，便派遣左仆射安原等人带领一万名骑兵去攻击他们。高车各个部落迎降北魏的有几十万落篷帐，获得马牛羊一百多万头。冬季十月，魏太武帝回到平城，将柔然、高车投降归附的民众迁徙到大漠以南，东边起于濡源，西边到达五原的阴山，在三千里的土地当中，让他们耕种田地，放牧牛马，而收取他们的贡品赋税。命令长孙翰、刘絜、安原以及侍中代地人古弼共同镇守安抚他们。从此以后，北魏民间的马牛羊以及毡皮的价钱因此变得便宜了。魏太武帝进升崔浩为侍中、特进、抚军大将军，以此奖赏他出谋划策的功劳。

八年（431）夏季六月，北魏的边疆小吏俘获柔然巡逻兵二十多人，太武帝赐给他们衣服而遣送他们回国，柔然人感激、高兴。闰六月乙未（十六日），柔然敕连可汗派遣使者到北魏，太武帝用优厚的礼节接待了使者。

太武帝到漠南。十一月丙辰（初十），北部敕勒酋长库若干率领所辖部众几万骑，驱赶鹿几百万头，来到太武帝行宫所在地。太武帝大规模打猎，用猎物赏赐随从官员。十二月丁丑（初一），返回宫中。

十一年（434）春季二月，太武帝将西海公主嫁给柔然敕连可汗，又娶敕连的妹妹为夫人，派遣颍川王拓跋提前往迎接新娘。丁卯（初四），敕连派遣他的异母哥哥秃鹿傀护送妹妹到北魏，同时进献良马两千匹。太武帝册封敕连的妹妹为左昭仪。拓跋提，是拓跋曜的儿子。

十三年（436）冬季十一月，柔然与北魏断绝和亲，侵犯北魏边境。

十五年夏五月丙申,魏主如五原。秋七月,自五原北伐柔然,命乐平王丕督十五将出东道,永昌王健督十五将出西道,魏主自出中道。至浚稽山,复分中道为二,陈留王崇从大泽向涿邪山,魏主从浚稽北向天山,西登白阜,不见柔然而还。时漠北大旱,无水草,人马多死。

十六年,魏主伐河西。六月,使大将军长乐王嵇敬、辅国大将军建宁王崇将二万人屯漠南以备柔然。

十九年冬十月甲申,柔然遣使诣建康。

二十年九月辛巳,魏主如漠南。甲辰,舍辎重,以轻骑袭柔然。分军为四道:乐安王范、建宁王崇各统十五将出东道,乐平王丕督十五将出西道,魏主出中道,中山王辰督十五将为后继。魏主至鹿浑谷,遇敕连可汗。太子晃言于魏主曰:“贼不意大军猝至,宜掩其不备,速进击之。”尚书令刘絜固谏,以为:“贼营中尘盛,其众必多。出至平地,恐为所围,不如须诸军大集,然后击之。”晃曰:“尘之盛者,由军士惊怖扰乱故也,何得营上而有此尘乎!”魏主疑之,不急击。柔然遁去,追至石水,不及而还。既而获柔然候骑曰:“柔然不觉魏军至,上下惶骇,引众北走,经六七日,知无追者,始乃徐行。”魏主深恨之。自是军国大事,皆与太子谋之。

司马楚之别将兵督军粮,镇北将军封沓亡降柔然,说柔然令击楚之以绝军食。俄而军中有告失驴耳者,诸将

十五年(438)夏季五月丙申(二十七日),太武帝到达五原。秋季七月,从五原出发,北伐柔然,命令乐平王拓跋丕督率十五员将领从东路出击,永昌王拓跋健督率十五员将领从西路出击,太武帝亲自率军从中路出击。到达浚稽山后,又分中路为两部分,陈留王拓跋崇从大泽向涿邪山进军,太武帝从浚稽山北行向天山进军,向西登上白阜山,没见到柔然人马而返回。当时漠北发生大旱,没有水草,北魏士兵战马死得很多。

十六年(439),太武帝进攻河西。六月,让大将军长乐王嵇敬、辅国大将军建宁王拓跋崇带领两万军队屯驻漠南,用来防备柔然的侵袭。

十九年(442)冬季十月甲申(十一日),柔然派使者到建康。

二十年(443)九月辛巳,太武帝到漠南。甲辰(初六),丢下辎重,用轻装骑兵袭击柔然。分军队为四路:乐安王拓跋范、建宁王拓跋崇各率十五员将领从东路出击,乐平王拓跋丕督率十五员将领从西路出击,太武帝带兵从中路出击,中山王拓跋辰督率十五员将领作为后继部队。太武帝到达鹿浑谷,遇上敕连可汗。太子拓跋晃向太武帝进言说:"敌人没想到大部队突然杀到,应趁他们没有防备突然袭击,快速进军攻击他们。"尚书令刘絜坚决谏阻,他认为:"敌人营中尘土很大,他们的军队必然很多。出击到达平地,恐怕被他们包围,不如待各路军队集中,然后攻击他们。"拓跋晃说:"尘土很大,是由于军士受惊恐惧、骚动混乱,不然的话,军营上空怎么会有这种尘土?"太武帝有点怀疑,没有赶快攻击。柔然悄悄逃离,北魏军追赶到石水,没有追上而返回。不久俘获柔然的侦察骑兵,他说:"柔然没有觉察到北魏军队来到,上下十分惊慌,可汗带领部众向北逃跑,经过六七天,知道没有追赶的军队,才开始慢慢走。"太武帝深深地悔恨没有及时出击。从此以后,军中、国家的大事,都与太子谋划商量。

司马楚之另外带领军队督运军粮,镇北将军封沓逃亡投降了柔然,劝说柔然让他们攻击司马楚之,以便断绝北魏军队的粮食供应。不久军队中有人报告,驴的耳朵被人割走了,各位将领

莫晓其故，楚之曰："此必贼遣奸人入营觇伺，割驴耳以为信耳。贼至不久，宜急为之备。"乃伐柳为城，以水灌之令冻。城立而柔然至，冰坚滑，不可攻，乃散走。

二十一年春二月辛未，魏中山王辰、内都坐大官薛辨、尚书奚眷等八将坐击柔然后期，斩于都南。

初，魏尚书令刘洁，久典机要，恃宠自专，魏主心恶之。及将袭柔然，洁谏曰："蠕蠕迁徙无常，前者出师，劳而无功，不如广农积谷以待其来。"崔浩固劝魏主行，魏主从之。洁耻其言不用，欲败魏师。魏主与诸将期会鹿浑谷，洁矫诏易其期。帝至鹿浑谷，欲击柔然，洁谏止之，使待诸将。帝留鹿浑谷六日，诸将不至，柔然遂远遁，追之不及。军还，经漠中，粮尽，士卒多死。洁阴使人惊魏军，劝帝委军轻还，帝不从。洁以军出无功，请治崔浩之罪。帝曰："诸将失期，遇贼不击，浩何罪也！"浩以洁矫诏事白帝，帝至五原，收洁，囚之。帝之北行也，洁私谓所亲曰："若车驾不返，吾当立乐平王。"洁闻尚书右丞张嵩家有图谶，问曰："刘氏应王，继国家后，吾有姓名否？"嵩曰："有姓无名。"帝闻之，命有司穷治，索嵩家，得谶书，事连南康公狄邻。洁、嵩、邻皆夷三族，死者百馀人。

九月丁未，魏主如漠南，将袭柔然，柔然敕连可汗远遁，乃止。敕连寻卒，子吐贺真立，号处罗可汗。

不知道这是什么原因,司马楚之说:"这一定是敌人派遣间谍进入军营侦察、窥视,割去驴的耳朵用来作为信物罢了。敌人不久就会来到,应该赶快为此做准备。"于是砍伐柳树建城垒,用水浇灌它们,使它们结冰。城垒建成而柔然军队来到,冰很坚硬,又很滑,不能攻击,柔然军队才四散逃走。

二十一年(444)春季二月辛未(初六),北魏中山王拓跋辰、内都坐大官薛辨、尚书奚眷等八员将领,因为攻击柔然时在约定期限之后到达,在都城南边被斩杀。

最初,魏尚书令刘絜长时间掌握机密要事,自恃受宠而独断专行,太武帝心中厌恶他。等到将要袭击柔然,刘絜进谏说:"蠕蠕迁徙无常,上一次出兵,劳而无功,不如扩大农田、多积粮食,等待他们到来。"崔浩坚决劝说太武帝出兵,太武帝听从了崔浩的意见。刘絜耻于意见不被采纳,想使北魏军队失败。魏主与各位将领约定在鹿浑谷会师,刘絜假传诏令改变日期。太武帝到达鹿浑谷,想攻击柔然,刘絜谏阻他,让等待各位将领。太武帝停留鹿浑谷六天,各位将领没有到达,柔然顺利远逃,魏军没追上。军队返回,经过漠中时,粮食用尽,士兵死了很多人。刘絜暗中派人惊吓北魏军,劝太武帝委弃军队轻装返回,太武帝不听。刘絜因军队无功而返,请求治崔浩的罪。太武帝说:"各位将领耽误了日期,遇到敌人没有出击,崔浩有什么罪!"崔浩将刘絜假传诏令的事报告给太武帝,太武帝到达五原,逮捕刘絜,将他囚禁起来。太武帝这次北行时,刘絜私下对亲信的人说:"如果皇帝回不来,我将拥立乐平王。"刘絜听说尚书右丞张嵩家中藏有图谶,问道:"刘氏应当为王,继承国家以后的大业,那图谶上有我的姓名没?"张嵩说:"有姓没名。"太武帝听说这件事后,命令有关部门追查,搜索张嵩家中,得到谶言书,事情还牵连南康公狄邻。刘絜、张嵩、狄邻都被灭三族,死了一百多人。

九月丁未(十五日),魏太武帝到达漠南,将要袭击柔然,柔然敕连可汗远逃,这才罢休。敕连不久去世,儿子吐贺真继位,号称处罗可汗。

二十二年秋八月，魏主如阴山之北，发诸州兵三分之一，各于其州戒严，以须后命。徙诸种杂民五千馀家于北边，令就北畜牧，以饵柔然。

二十五年秋八月，西域般悦国去平城万有馀里，遣使诣魏，请与魏东西合击柔然，魏主许之，中外戒严。

十二月，魏太子朝于行宫，遂从伐柔然。至受降城，不见柔然，因积粮于城内，置戍而还。

二十六年春正月戊辰朔，魏主缳群臣于漠南。甲戌，复伐柔然。高凉王那出东道，略阳王羯儿出西道，魏主与太子出涿邪山，行数千里。柔然处罗可汗恐惧，远遁。

九月，魏主伐柔然，高凉王那出东道，略阳王羯儿出中道。柔然处罗可汗悉国中精兵围那数十重，那掘堑坚守，相持数日。处罗数挑战，辄为那所败。以那众少而坚，疑大军将至，解围夜去。那引兵追之，九日九夜，处罗益惧，弃辎重，逾穷隆岭远遁。那收其辎重，引军还，与魏主会于广泽。略阳王羯儿收柔然民畜九百馀万。自是柔然衰弱，屏迹不敢犯魏塞。冬十二月戊申，魏主还平城。

孝武帝大明二年冬十月甲戌，魏主北巡，欲伐柔然，至阴山，会雨雪，魏主欲还，太尉尉眷曰："今动大众以威北敌，去都不远而车驾遽还，虏必疑我有内难。将士虽寒，不可不进。"魏主从之。辛卯，军于车仑山。

二十二年(445)秋季八月,太武帝到达阴山的北边,征发各州军队的三分之一,分别在本州戒严,以便等待以后的命令。迁徙各部落的百姓五千多家到北部边境,命令他们到北方畜牧,用来引诱柔然。

二十五年(448)秋季八月,西域般悦国距离平城有一万多里,派遣使者到北魏,请求与北魏东西合力攻击柔然,太武帝答应了这件事,宣布中外戒严。

十二月,北魏太子在行宫朝拜太武帝,然后跟从太武帝进攻柔然。到达受降城,没有见到柔然的人马,便在受降城内堆积军粮,设置戍守据点返回。

二十六年(449)春季正月戊辰朔这天是初一,太武帝在漠南设宴款待群臣。甲戌(初七),再次进攻柔然。高凉王拓跋那从东路出击,略阳王拓跋羯兒从西路出击,太武帝与太子从涿邪山出击,行军几千里。柔然处罗可汗恐惧,远逃。

九月,太武帝进攻柔然,高凉王拓跋那从东路出击,略阳王拓跋羯兒从中路出击。柔然处罗可汗用国内全部的精兵包围拓跋那几十重,拓跋那挖掘壕沟,进行坚守,相持了几天。处罗几次挑战,总是被拓跋那击败。处罗因为拓跋那军队人数虽少却很顽强,怀疑大部队将要来到,便解除包围夜里离去。拓跋那带兵追击他,追了九天九夜,处罗更加害怕,抛弃辎重,越过穹隆岭远逃。拓跋那收拾敌人的辎重,带领军队返回,与太武帝在广泽会师。略阳王拓跋羯兒俘获民众牲畜九百多万。从此以后,柔然衰落虚弱,收敛足迹,不敢侵犯北魏的边塞。冬季十二月戊申(十七日),太武帝回到平城。

孝武帝大明二年(458)冬季十月甲戌(初四),魏文成帝向北视察,想进攻柔然,到达阴山,恰逢雨雪天气,文成帝想返回,太尉尉眷说:“现在发动大军来威胁北方的敌人,距离柔然都城不远而皇上突然返回,敌人一定会怀疑我们有内部灾难。将士虽然寒冷,但不能不进军。”文成帝听从了尉眷的话。辛卯(二十一日),在车仑山驻军。

十一月，魏主自将骑十万、车十五万两击柔然，度大漠，旌旗千里。柔然处罗可汗远遁，其别部乌朱驾颓等帅数千落降于魏。魏主刻石纪功而还。

八年秋七月，柔然处罗可汗卒，子予成立，号曰受罗部真可汗，改元永康。部真帅众侵魏，辛丑，魏北镇游军击破之。

明帝泰始六年夏六月，柔然部真可汗侵魏，魏主引群臣议之。尚书右仆射南平公目辰曰："若车驾亲征，京师危惧，不如持重固守。虏悬军深入，粮运无继，不久自退，遣将追击，破之必矣。"给事中张白泽曰："蠢尔荒愚，轻犯王略，若銮舆亲行，必望麾崩败，岂可坐而纵敌！以万乘之尊，婴城自守，非所以威服四夷也。"魏主从之。白泽，衮之孙也。

魏主使京兆王子推等督诸军出西道，任城王云等督诸军出东道，汝阴王赐等督诸军为前锋，陇西王源贺等督诸军为后继，镇西将军吕罗汉等掌留台事。诸将会魏主于女水之滨，与柔然战，柔然大败。乘胜逐北，斩首五万级，降者万馀人，获戎马器械不可胜计。旬有九日，往返六千馀里。改女水曰武川。司徒东安王刘尼坐昏醉，军陈不整，免官。壬申，还至平城。

是岁，柔然攻于阗，于阗遣使者素目伽奉表诣魏求救。魏主命公卿议之，皆曰："于阗去京师几万里，蠕蠕唯习野掠，不能攻城，若其可攻，寻已亡矣，虽欲遣师，势无所及。"

十一月，文成帝亲自带领骑兵十万人、车十五万辆攻击柔然，渡过大漠，旌旗千里相望。柔然处罗可汗远逃，他的另一部落乌朱驾颓等率领几千落篷帐向北魏投降。文成帝雕刻石碑记载功绩后返回。

八年（464）秋季七月，柔然处罗可汗去世，儿子予成继位，称号为受罗部真可汗，改年号为永康。受罗部真率领军队侵略北魏，辛丑（初四），北魏北镇游军击败了他。

明帝泰始六年（470）夏季六月，柔然部真可汗侵略北魏，魏献文帝召来群臣商议这件事。尚书右仆射南平公拓跋目辰说："如果皇帝亲自出征离开京城，京城就会陷入危险境地，不如持重，稳固防守。敌人孤军深入，粮食运输无法跟上，不用多久，就会自己退走，至时派遣将领追击，就一定能击败他们。"给事中张白泽说："愚蠢的荒漠中的来敌，轻易地侵犯王国的边界，如果皇帝能够亲自行动，他们一定会望到指挥旗就崩溃、败北，怎么可以坐在那里放纵敌人呢！以皇帝之尊，环城自守，这不是以威武镇服周边民族的办法。"魏主听从了张白泽的意见。张白泽，是张衮的孙子。

献文帝让京兆王拓跋子推等督率各路军队从西路出击，任城王拓跋云等督率各路军队从东路出击，汝阴王拓跋赐等督率各路军队作为前锋，陇西王源贺等督率各军作为后继部队，镇西将军吕罗汉等掌管留台事宜。各路将领在女水之畔与献文帝会师，与柔然交战，柔然大败。北魏军乘胜追赶失败的敌人，斩杀了五万首级，投降的人有一万多人，缴获的战马、器械无法用数字计算。十九天的时间，往返六千多里。改女水为武川。司徒东安王刘尼因为昏醉，军队阵列不整齐，被免官。九月壬申（十一日），献文帝回到平城。

这一年，柔然进攻于阗，于阗派遣使者素目伽携带表章到北魏请求救援。献文帝命令公卿议论此事，大家都说："于阗距离京城几万里，蠕蠕只习惯在田野掠夺，不能攻打城池，如果蠕蠕能够攻城，于阗早已灭亡了，即使想派遣军队，势必也来不及。"

魏主以议示使者,使者亦以为然。乃诏之曰:"朕应急救诸军以拯汝难,但去汝迢阻,必不能救当时之急,汝宜知之。朕今练甲养士,一二岁间,当躬帅猛将,为汝除患。汝其谨修警候,以待大举。"

七年冬十月,魏诏太尉源贺都督三道诸军屯于漠南。先是,魏每岁秋、冬发军,三道并出,以备柔然,春中乃还。贺以为:"往来疲劳,不可支久。请募诸州镇武健者三万馀人,筑三城以处之,使冬则讲武,春则耕种。"不从。

泰豫元年春二月,柔然侵魏,上皇遣将击之,柔然走。东部敕勒叛奔柔然,上皇自将追之,至石碛,不及而还。

秋七月,柔然部帅无卢真将三万骑寇魏敦煌,镇将尉多侯击走之。多侯,眷之子也。又寇晋昌,守将薛奴击走之。

冬十月,柔然侵魏,及五原,十一月,上皇自将讨之。将度漠,柔然北走数千里,上皇乃还。

苍梧王元徽元年十二月壬子,柔然侵魏,柔玄镇二部敕勒应之。

二年夏五月,柔然遣使来聘。

秋七月癸巳,柔然寇魏敦煌,尉多侯击破之。尚书奏:"敦煌僻远,介居西、北二强寇之间,恐不能自固,请内徙就凉州。"群臣集议,皆以为然。给事中昌黎韩秀,独以为:"敦煌之置,为日已久。虽逼强寇,人习战斗,纵有草窃,不为大害。循常置戍,足以自全。而能隔阂西、北二虏,

献文帝将公卿的议论出示给使者看,使者也认为是这样。于是献文帝为于阗王写诏书说:"我本应赶快敕令各军来拯救你的困难,但离你国太远而且路途艰难,必定不能解救当前的紧急情况,你们应该知道这一点。我现正在训练甲兵、蓄养士卒,在一二年内,将亲自率领猛将,为你除掉祸患。你要小心警诫,以便等待我们大规模出兵那一天的到来。"

七年(471)冬季十月,北魏诏令太尉源贺都督三路各军屯驻在漠南。在此之前,北魏每年秋季、冬季征发军队,三路同时出击,用这种办法来防备柔然,次年仲春才返回。源贺认为:"往来疲劳,不能支持很长时间。请招募各州镇勇敢健壮的战士三万多人,建筑三座城池来安置他们,让他们冬天讲武,春天耕种。"魏孝文帝不听。

泰豫元年(472)春季二月,柔然入侵北魏,太上皇派遣将领反击他们,柔然逃走。东部敕勒叛变,投奔柔然,太上皇亲自带领军队追赶他们,到达石碛,没追上便返回了。

秋季七月,柔然部落统帅无卢真率三万名骑兵入侵北魏的敦煌,镇将尉多侯奋力反击,赶跑他们。尉多侯是尉眷的儿子。无卢真又入侵北魏的晋昌,晋昌守将薛奴迎战,将他们赶走。

冬季十月,柔然入侵北魏,到达五原,十一月,太上皇亲自率军讨伐他们。将要渡沙漠,柔然向北逃走几千里,太上皇才返回。

苍梧王元徽元年(473)十二月壬子(初十),柔然侵略北魏,柔玄镇的两个敕勒部落响应他们。

二年(474)夏季五月,柔然派遣使者前来访问。

秋季七月癸巳(二十四日),柔然侵略北魏的敦煌,尉多侯击败他们。尚书奏称:"敦煌偏僻遥远,地处吐谷浑、柔然两强敌之间,恐怕不能自我保全,建议将那里的部队和民众内迁到凉州。"群臣集会议论都认为应该这样做。唯独给事中昌黎人韩秀认为:"敦煌的设置,已经经历很长时间。虽然靠近强敌,但人们熟习战斗,即使有一般的骚扰,也不会成大的危害。沿袭常规设置戍守据点,足可以自我保全。而且能够隔阂吐谷浑、柔然二敌,

使不得相通。今徙就凉州，不唯有蹙国之名，且姑臧去敦煌千有馀里，防逻甚难，二虏必有交通窥閫之志。若骚动凉州，则关中不得安枕。又，士民或安土重迁，招引外寇，为国深患，不可不虑也。"乃止。

齐高帝建元元年。上之辅宋也，遣骁骑将军王洪范使柔然，约与共攻魏。洪范自蜀出吐谷浑，历西域乃得达。至是，柔然十馀万骑寇魏，至塞上而还。

三年秋七月，柔然别帅他稽帅众降魏。九月辛未，柔然主遣使来聘，与上书，谓上为"足下"，自称曰"吾"，遗上师子皮裤褶，约共伐魏。

武帝永明三年冬十二月，柔然犯魏塞，魏任城王澄帅众拒之，柔然遁去。澄，云之子也。是岁，柔然部真可汗卒，子豆仑立，号伏名敦可汗，改元太平。

四年春正月壬午，柔然寇魏边。三月丙申，柔然遣使者牟提如魏。时敕勒叛柔然，柔然伏名敦可汗自将讨之，追奔至西漠。魏左仆射穆亮等请乘虚击之，中书监高闾曰："秦、汉之世，海内一统，故可远征匈奴。今南有吴寇，何可舍之深入虏庭！"魏主曰："兵者凶器，圣人不得已而用之。先帝屡出征伐者，以有未宾之虏故也。今朕承太平之业，奈何无故动兵革乎！"厚礼其使者而归之。冬十二月，柔然寇魏边。

使他们不能互相沟通。现在如果将敦煌的民众迁徙到凉州，不只是有缩小国家版图的名声，而且姑臧距离敦煌一千多里，防守巡逻十分困难，二敌必定有交往沟通、窥视觊觎的打算。如果凉州骚动，那么关中就不能高枕无忧。另外，士民中有的人安土重迁，如果他们招引外敌，就会成为国家深远的祸患，这是不能不考虑的。"这才没有迁徙。

齐高帝建元元年(479)。齐高帝萧道成辅佐南朝宋时，曾经派遣骁骑将军王洪范出使柔然，目的是与柔然定下约定，共同出兵攻击北魏。王洪范从蜀地出发，先经过吐谷浑，又经由西域才到达柔然。到了这个时候，柔然十多万骑兵侵略北魏，到塞上后返回。

三年(481)秋季七月，柔然别部统帅他稽率领部众投降北魏。九月辛未(十四日)，柔然主派遣使者前来南齐访问，给齐高帝的信中，称齐高帝为"足下"，自称"我"，送给齐高帝用狮子皮制作的短裤、夹衣，约定共同进攻北魏。

武帝永明三年(485)冬季十二月，柔然侵犯北魏边塞，北魏任城王元澄率领军队抗拒他们，柔然悄悄逃去。元澄，是元云的儿子。这一年，柔然部真可汗去世，儿子豆仑继位，号称伏名敦可汗，改年号为太平。

四年(486)春季正月壬午(二十日)，柔然侵略北魏边境。三月丙申(初五)，柔然派遣使者牟提到北魏。当时敕勒部落背叛了柔然，柔然伏名敦可汗亲自率领军队讨伐他们，追赶逃奔的敕勒人一直到达西部沙漠。北魏左仆射穆亮等人请求乘虚攻击柔然，中书监高闾说："秦、汉的时代，国家统一，所以可以远征匈奴。现在南边有吴寇南齐，怎么可以舍弃他们不管而深入柔然王庭呢？"孝文帝说："兵器是凶器，圣人不得已才使用它们。先帝屡次出兵征伐，是由于有不服从的敌人的缘故。现在我继承太平的事业，为什么要无缘无故地动武打仗呢！"北魏用优厚的礼节款待柔然的使者，然后放他回国。冬季十二月，柔然侵略北魏的边境地区。

五年秋七月，柔然伏名敦可汗残暴，其臣侯医垔石洛候数谏止之，且劝其与魏和亲。伏名敦怒，族诛之，由是部众离心。八月，柔然寇魏边，魏以尚书陆叡为都督，击柔然，大破之。叡，丽之子也。

初，高车阿伏至罗有部落十馀万，役属柔然。伏名敦之侵魏也，阿伏至罗谏，不听。阿伏至罗怒，与从弟穷奇帅部落西走，至前部西北，自立为王，国人号曰"候娄匐勒"，夏言天子也。号穷奇曰"候倍"，夏言太子也。二人甚亲睦，分部而立，阿伏至罗居北，穷奇居南。伏名敦追击之，屡为阿伏至罗所败，乃引众东徙。

六年冬十二月，柔然伊吾戍主高羔子帅众三千以城附魏。

七年冬十二月，柔然别帅叱吕勤帅众降魏。

八年，高车阿伏至罗及穷奇遣使如魏，请为天子讨除蠕蠕。魏主赐以绣裤褶及杂彩百匹。

十年秋八月乙未，魏以怀朔镇将阳平王颐、镇北大将军陆叡皆为都督，督十二将，步骑十万，分为三道以击柔然。中道出黑山，东道趣士卢河，西道趣侯延河。军过大碛，大破柔然而还。

初，柔然伏名敦可汗与其叔父那盖分道击高车阿伏至罗，伏名敦屡败，那盖屡胜。国人以那盖为得天助，乃杀伏名敦而立那盖，号候其伏代库者可汗，改元大安。

和帝中兴元年秋七月乙巳，柔然犯魏边。

梁武帝天监三年秋九月，柔然侵魏之沃野及怀朔镇，诏车骑大将军源怀出行北边，指授规略，随须征发，皆以便宜

五年(487)秋季七月,柔然伏名敦可汗很残暴,大臣侯医垔石洛侯数次谏阻他,并劝他与北魏和亲。伏名敦大怒,灭了侯医垔石洛侯整族,因此部众离心。八月,柔然侵略北魏边境,北魏任命尚书陆叡为都督反击柔然,大败柔然。陆叡是陆丽的儿子。

最初,高车阿伏至罗拥有十多万人的部落,隶属于柔然,受其役使。伏名敦侵略北魏时,阿伏至罗谏阻,伏名敦不听。阿伏至罗发怒,与堂弟穷奇率领部落向西逃走,到达前部西北,自立为王,国内人称他为"候娄匐勒",就是华夏人所说的天子。称穷奇为"候倍",就是华夏人所说的太子。两人十分亲切和睦,分开部落,各自独立,阿伏至罗居住北边,穷奇居住南边。伏名敦追击他们,屡次被阿伏至罗击败,于是伏名敦带领部众向东迁徙。

六年(488)冬季十二月,柔然的伊吾戍主高羔子率领军队三千人献出城池归附北魏。

七年(489)冬季十二月,柔然别部统帅叱吕勤率部众降魏。

八年(490),高车阿伏至罗和穷奇派遣使者到北魏,请求为孝文帝讨伐消灭蠕蠕。孝文帝赐给他们刺绣短裤、夹衣以及各种彩色丝织品。

十年(492)秋季八月乙未(十一日),北魏任命怀朔镇将阳平王元颐、镇北大将军陆叡都为都督,督率十二员将领,步骑兵十万人,分为三路,攻击柔然。中路经过黑山,东路向士卢河进军,西路向侯延河进军。军队渡过大沙漠,大败柔然后返回。

最初,柔然伏名敦可汗与他叔父那盖分路攻击高车的阿伏至罗,伏名敦屡次失败,那盖屡次获胜。国内的人认为那盖是得到了上天的帮助,于是杀掉伏名敦而拥立那盖,号称候其伏代库者可汗,改年号为大安。

和帝中兴元年(501)秋季七月乙巳(十三日),柔然侵犯北魏边境。

梁武帝天监三年(504)秋季九月,柔然侵略北魏的沃野镇和怀朔镇,北魏宣武帝下诏命令车骑大将军源怀外出巡行北部边境,指挥传授方针谋略,随行军需要征发的物资,都按照情势,

从事。怀至云中，柔然遁去。怀以为用夏制夷，莫如城郭。还，至恒、代，案视诸镇左右要害之地，可以筑城置戍之处，欲东西为九城，及储粮积仗之宜，犬牙相救之势，凡五十八条，表上之，曰："今定鼎成周，去北遥远，代表诸国，颇或外叛，仍遭旱饥，戎马甲兵十分阙八。谓宜准旧镇，东西相望，令形势相接，筑城置戍，分兵要害，劝农积粟，警急之日，随便剪讨。彼游骑之寇，终不敢攻城，亦不敢越城南出。如此，北方无忧矣。"魏主从之。

五年冬十月，柔然库者可汗卒，子伏图立，号佗汗可汗，改元始平。戊申，佗汗遣使者纥奚勿六跋如魏请和。魏主不报其使，谓勿六跋曰："蠕蠕远祖社仑，乃魏之叛臣，往者包容，暂听通使。今蠕蠕衰微，不及畴昔，大魏之德方隆周、汉，正以江南未平，少宽北略，通和之事，未容相许。若修藩礼，款诚昭著者，当不尔孤也。"

七年。初，显祖之世，柔然万馀户降魏，置之高平、薄骨律二镇，及太和之末，叛走略尽，唯千馀户在。太中大夫王通请徙置淮北以绝其叛，诏太仆卿杨椿持节往徙之。椿上言："先朝处之边徼，所以招附殊俗，且别异华、戎也。今新附之户甚众，若旧者见徙，新者必不自安，是驱之使叛也。且此属衣毛食肉，乐冬便寒，南土湿热，往必歼尽。

自行处理。源怀到达云中，柔然悄悄逃去。源怀认为用华夏控制夷狄，没有比得上建筑城郭这一方法的。返回时，到达恒、代，考察审视各镇附近要害的地方，选择可以建筑城垒，设置戍守据点的场所，想在东西边境线上建筑九座城垒，以及选定合适储藏粮食蓄积兵器而呈犬牙交错、互相救援形势的据点，共五十八处，将它们列表上奏，说："现在定都洛阳，距离北方遥远，代都的塞外各国，有些向外叛变，加上遭受干旱饥饿，以致战马甲兵十有八缺。我认为应该依照旧镇的标准，为了做到可以东西相望，形势互相衔接，在此建筑城垒，设置戍守据点，分兵占据要害位置，平时鼓励农业生产，积贮粮食，敌情紧急的日子，随时讨伐、消灭敌人。柔然是靠骑兵游动的敌人，终究不敢攻城，也不敢越过城垒向南出击。这样的话，北方就没有忧虑了。"宣武帝听从了源怀的建议。

五年(506)冬季十月，柔然库者可汗去世，儿子伏图继位，号称佗汗可汗，改年号为始平。戊申(十七日)这天，佗汗派遣使者纥奚勿六跋到北魏求和。宣武帝不派使者访报，只对纥奚勿六跋说："蠕蠕的远祖社仑，是大魏的叛臣，我们以前包涵宽容，暂时听任互通使者。现在蠕蠕衰落微弱，不如过去，而大魏的恩德正与周、汉一样兴盛，只因为江南没有平定，稍微延缓北伐，通和的事情，不能答应。蠕蠕如果学习藩臣的礼节，心诚昭著的话，将不会对你们负约。"

七年(508)。最初，献文帝的时代，柔然一万多户投降北魏，献文帝将其安置在高平、薄骨律二镇，到太和末年，柔然人差不多叛逃完了，只有一千多户还在。太中大夫王通请求将他们迁徙安置到淮北，以便杜绝他们的叛逃，诏令太仆卿杨椿拿着符节前去执行迁徙任务。杨椿上报说："先帝安置他们在边界，是为了招引不同风俗的人前来归附，而且区别华夏和戎狄。现在新归附的民户很多，如果从前归附的被迁徙，新归附的人必定心中不安，这是驱赶他们，让他们叛变。而且这些人穿毛皮、吃肉食，喜欢冬天、习惯寒冷，南方地区潮湿炎热，前往必定会死光。

进失归附之心，退无藩卫之益。置之中夏，或生后患，非良策也。"不从，遂徙于济州，缘河处之。及京兆王愉之乱，皆浮河赴愉，所在钞掠，如椿之言。

柔然佗汗可汗复遣纥奚勿六跋献貂裘于魏，魏主弗受，报之如前。

初，高车侯倍穷奇为嚈哒所杀，执其子弥俄突而去，其众分散，或奔魏，或奔柔然。魏主遣羽林监河南孟威抚纳降户，置于高平镇。高车王阿伏至罗残暴，国人杀之，立其宗人跋利延。嚈哒奉弥俄突以伐高车，国人杀跋利延，迎弥俄突而立之。弥俄突与佗汗可汗战于蒲类海，不胜，西走三百馀里。佗汗军于伊吾北山。会高昌王麹嘉求内徙于魏，时孟威为龙骧将军，魏主遣威发凉州兵三千人迎之，至伊吾，佗汗见威军，怖而遁去。弥俄突闻其离骇，追击，大破之，杀佗汗于蒲类海北，割其发送于威，且遣使入贡于魏。魏主使东城子于亮报之，赐遗甚厚。高昌王嘉失期不至，威引兵还。

佗汗可汗子丑奴立，号豆罗伏跋豆伐可汗，改元建昌。

十五年，柔然伏跋可汗壮健，善用兵。是岁，西击高车，大破之，执其王弥俄突，系其足于驽马，顿曳杀之，漆其头为饮器。邻国先羁属柔然后叛去者，伏跋皆击灭之，其国复强。

十六年冬十二月，柔然伏跋可汗遣俟斤尉比建等请和于魏，用敌国之礼。

进一步讲,失掉了归附者的民心,退一步讲,没有了称藩守卫的好处。安置他们在华夏内部,或许会产生后患,这不是好的计策。"宣武帝不听,于是迁徙他们到济州,沿黄河安置他们。等到京兆王元愉叛乱时,这些柔然人都渡过黄河投奔元愉,他们经过的地方都受到侵袭掠夺,像杨椿所说的一样。

柔然佗汗可汗又派遣纥奚勿六跋到北魏贡献貂裘,宣武帝不接受,像之前一样回答柔然。

最初,高车太子穷奇被嚈哒杀害,嚈哒抓住他的儿子弥俄突离去,穷奇的部众分崩离析,有的投奔了北魏,有的投奔了柔然。宣武帝派遣羽林监河南人孟威安抚接纳投降的民户,将他们安置在高平镇。高车王阿伏至罗很残暴,国人杀掉了他,拥立他的同宗人跋利延。嚈哒尊奉弥俄突讨伐高车,国人杀掉跋利延,迎接弥俄突而拥立他为王。弥俄突与佗汗可汗在蒲类海交战,没有获胜,向西跑了三百多里。佗汗在伊吾北山驻军。恰好高昌王麹嘉请求向内迁徙到北魏境内,当时孟威是龙骧将军,宣武帝派遣孟威征发凉州兵三千人迎接麹嘉,到达伊吾,佗汗见到孟威的军队,恐惧而悄悄逃去。弥俄突听说佗汗惊慌离去,便带兵追去,大败柔然兵,在蒲类海以北杀死佗汗,割下他的头发送到孟威那里,并且派遣使者向北魏进贡。宣武帝派东城子于亮回访弥俄突,赐送的物品十分优厚。高昌王麹嘉超过约定期限没到,孟威带兵返回。

佗汗可汗的儿子丑奴继位,号称豆罗伏跋豆伐可汗,改年号为建昌。

十五年(516),柔然伏跋可汗身体健壮,善于用兵。这一年,向西攻击高车,大败高车,抓住高车王弥俄突,将他的脚系到劣马上,用踩踏、拖拉的方式杀死了他,将他的头涂上漆,用作饮酒器具。邻近国家中起先隶属于柔然,后来又叛变离去的,伏跋都攻击、消灭了它们,他的国家又强大起来。

十六年(517)冬季十二月,柔然伏跋可汗派遣大臣尉比建等到北魏求和,北魏用对待敌对国家使者的礼节,接待了尉比建。

十七年春二月，魏主引见柔然使者，让之以藩礼不备，议依汉待匈奴故事，遣使报之。司农少卿张伦上表，以为："太祖经启帝图，日有不暇，遂令竖子游魂一方，亦由中国多虞，急诸华而缓夷狄也。高祖方事南辕，未遑北伐。世宗述遵遗志，虏使之来，受而弗答。以为大明临御，国富兵强，抗敌之礼，何惮而为之，何求而行之！今虏虽慕德而来，亦欲观我强弱。若使王人衔命虏庭，与为昆弟，恐非祖宗之意也。苟事不获已，应为制诏，示以上下之仪，命宰臣致书，谕以归顺之道，观其从违，徐以恩威进退之，则王者之体正矣！岂可以戎狄兼并，而遽亏典礼乎！"不从。伦，白泽之子也。

普通元年。初，柔然佗汗可汗纳伏名敦之妻候吕陵氏，生伏跋可汗及阿那瓌等六子。伏跋既立，忽亡其幼子祖惠，求募不能得。有巫地万言："祖惠今在天上，我能呼之。"乃于大泽中施帐幄，祀天神。祖惠忽在帐中，自云恒在天上。伏跋大喜，号地万为圣女，纳为可贺敦。地万既挟左道，复有姿色，伏跋敬而爱之，信用其言，干乱国政。如是积岁，祖惠浸长，语其母曰："我常在地万家，未尝上天，上天者地万教我也。"其母具以状告伏跋，伏跋曰："地万能前知未然，勿为谗也。"既而地万惧，潜祖惠于伏跋而杀之。候吕陵氏遣其大臣具列等绞杀地万，伏跋怒，欲诛具列等。会阿至罗入寇，伏跋击之，兵败而还。候吕陵氏与大臣共杀

十七年(518)春季二月,魏孝明帝引见柔然使者,责备柔然不具备藩臣礼节,商议依照汉朝对待匈奴的先例,派遣使者回复柔然。司农少卿张伦上表,认为:"太武皇帝经营开拓帝国版图,每天有做不完的事情,于是使社仑这一小子的游魂在漠北称雄,也因为我们国内有很多忧患,加紧对各地华夏事情的处理而放松了对夷狄事务的重视。文成皇帝正应付南方的事务,没时间北伐。宣武皇帝遵守前人的遗愿,柔然的使者到来,只接受而不回报。这是因为伟大圣明的君主临朝统治,国家富裕军队强大,拒绝敌国礼节,我们有什么可害怕的呢?有什么要求他们的呢?现在柔然虽然是仰慕高德而来,但也是想观察我们的强弱。如果皇上的使者带着使命到柔然王庭,与他们结为兄弟,恐怕不是祖宗的意思。如果事情是迫不得已,应该作制令诏书,向他们显示君臣的礼仪,命令宰相回信,告诉他们归顺的道理,看他们是听从还是违背,慢慢地进而用恩退而用威,这才是君王应有的样子啊!怎么可以因为戎狄兼并其他国家就马上损害了礼仪呢!"孝明帝不听。张伦,是张白泽的儿子。

普通元年(520)。最初,柔然佗汗可汗娶了伏名敦的妻子候吕陵氏,生下伏跋可汗以及阿那瓖等六个儿子。伏跋继位以后,有一天忽然丢失了他的幼子祖惠,募人寻找都没有找到。有一名巫师地万说:"祖惠现在在天上,我能叫他。"于是在大泽中架设帐幄,祭祀天神。祖惠忽然在帐中自称我一直在天上。伏跋万分高兴,称地万为圣女,娶她为可贺敦正室。地万既挟有妖术,又颇有姿色,伏跋很敬重她,喜欢她,相信并采用她的话,听凭她干预国家政治。这样过了好多年,祖惠逐渐长大,告诉他的母亲说:"我经常在地万家里,不曾上过天,上天是地万教我说的。"他的母亲将这些情况详细告诉给伏跋,伏跋说:"地万能够预先知道没有发生的事,你不要说谗言。"不久地万感到害怕,向伏跋讲祖惠的坏话而使伏跋杀死了祖惠。候吕陵氏派遣她的大臣具列等人绞死了地万,伏跋发怒,想杀掉具列等人。恰好阿至罗入侵,伏跋反击敌人,军队失败后返回。候吕陵氏与大臣一起杀死了

伏跋，立其弟阿那瓌为可汗。阿那瓌立十日，其族兄示发帅众数万击之，阿那瓌战败，与其弟乙居伐轻骑奔魏。示发杀候吕陵氏及阿那瓌二弟。

柔然可汗阿那瓌将至魏，魏主使司空京兆王继、侍中崔光等相次迎之，赐劳甚厚。冬十月，魏主引见阿那瓌于显阳殿，因置宴，置阿那瓌位于亲王之下。宴将罢，阿那瓌执启立于座后，诏引至御座前，阿那瓌再拜言曰："臣以家难，轻来诣阙，本国臣民，皆已逃散。陛下恩隆天地，乞兵送还本国，诛翦叛逆，收集亡散，臣当统帅遗民，奉事陛下。言不能尽，别有启陈。"仍以启授中书舍人常景以闻。景，爽之孙也。

十一月己亥，魏立阿那瓌为朔方公、蠕蠕王，赐以衣服、轺车，禄恤仪卫，一如亲王。时魏方强盛，于洛水桥南御道东作四馆，道西立四里：有自江南来降者处之金陵馆，三年之后赐宅于归正里；自北夷降者处燕然馆，赐宅于归德里；自东夷降者处扶桑馆，赐宅于慕化里；自西夷降者处崦嵫馆，赐宅于慕义里。及阿那瓌入朝，以燕然馆处之。阿那瓌屡求返国，朝议异同不决，阿那瓌以金百斤赂元义，遂听北归。十二月壬子，魏敕怀朔都督简锐骑二千护送阿那瓌达境首，观机招纳。若彼迎候，宜赐缯帛车马礼饯而返；如不容受，听还阙庭。其行装资遣，付尚书量给。

二年春正月，魏发近郡兵万五千人，使怀朔镇将杨钧将之，送柔然可汗阿那瓌返国。尚书右丞张普惠上疏，

伏跋，立伏跋的弟弟阿那瓌为可汗。阿那瓌继位才十天，族兄示发率领几万人前来攻击他，阿那瓌战败，与弟弟乙居伐轻装骑马投奔北魏。示发杀掉了候吕陵氏以及阿那瓌的两个弟弟。

柔然可汗阿那瓌将去北魏，孝明帝让司空京兆王元继、侍中崔光等先后迎接他，赏赐、慰劳十分优厚。冬季十月，孝明帝在显阳殿引见阿那瓌，顺便设宴，安排阿那瓌坐在亲王的下面。宴会将结束时，阿那瓌拿着表章站在座位后面，孝明帝命人把他带到御座前，阿那瓌跪拜了两次，说："我因为家庭灾难，只身来到朝廷，本国的大臣、百姓，都已经逃散。陛下恩德比天高比地厚，乞求派军队送我回本国，诛杀剪除叛逆，收集逃亡离散的臣民，我将统帅遗留下的民众，尊奉伺候陛下。三言两语难以说完，另外有表章上奏。"接着将表章交给中书舍人常景，让他读给孝明帝听。常景，是常爽的孙子。

十一月己亥（二十九日），北魏立阿那瓌为朔方公、蠕蠕王，赐给他衣服、轺车，俸禄、仪仗侍卫，与亲王一样。当时北魏正处于强盛时期，在洛水桥以南、御道以东建造了四座公馆，御道以西设立四个里：有从江南来投降的人，就安置他在金陵馆，三年之后在归正里赐给住宅；从北夷来投降的人，就安置在燕然馆，三年之后在归德里赐给住宅；从东夷来投降的人，就安置在扶桑馆，三年之后在慕化里赐给住宅；从西夷来投降的人，就安置在崦嵫馆，三年之后在慕义里赐给住宅。等到阿那瓌投奔北魏朝廷，用燕然馆安置他。阿那瓌屡次请求返回祖国，朝中议论不一，有人赞成，有人反对，孝明帝没法决定，阿那瓌用黄金一百斤贿赂元义，于是朝廷听任他返回北方。十二月壬子（十三日），北魏敕令怀朔都督挑选精锐骑兵两千人护送阿那瓌抵达边界，看情况招纳。如果柔然方面迎接等候他，应该赐给缯帛等丝织品以及车子马匹，以礼饯行后送他返回；如果柔然方面不容纳、接受，仍允许他回到朝廷。他的行装和派遣费，责成尚书省酌量发给。

二年（521）春季正月，北魏征发州郡之兵一万五千人，让怀朔镇将杨钧带领，送柔然可汗阿那瓌回国。尚书右丞张普惠上疏，

以为："蠕蠕久为边患，今兹天降丧乱，荼毒其心，盖欲使之知有道之可乐，革面稽首以奉大魏也。陛下宜安民恭己以悦服其心。阿那瓌束身归命，抚之可也。乃更先自劳扰，兴师郊甸之内，投诸荒裔之外，救累世之勍敌，资天亡之丑虏，臣愚未见其可也。此乃边将贪窃一时之功，不思兵为凶器，王者不得已而用之。况今旱暵方甚，圣慈降膳，乃以万五千人使杨钧为将，而欲定蠕蠕，干时而动，其可济乎！脱有颠覆之变，杨钧之肉，其足食乎！宰辅专好小名，不图安危大计，此微臣所以寒心者也。且阿那瓌之不还，负何信义？臣贱不及议，文书所过，不敢不陈。"弗听。阿那瓌辞于西堂，诏赐以军器、衣被、杂采、粮畜，事事优厚，命侍中崔光等劳遣于外郭。

阿那瓌之南奔也，其从父兄婆罗门帅众数万入讨示发，破之。示发奔地豆干，地豆干杀之，国人推婆罗门为弥偶可社句可汗。杨钧表称："柔然已立君长，恐未肯以杀兄之人郊迎其弟。轻往虚返，徒损国威，自非广加兵众，无以送其入北。"二月，魏人使旧尝奉使柔然者牒云具仁往谕婆罗门，使迎阿那瓌。

夏四月，魏牒云具仁至柔然，婆罗门殊骄慢，无逊避心，责具仁礼敬，具仁不屈。婆罗门乃遣大臣丘升头等将兵二千随具仁迎阿那瓌。五月，具仁还镇，具道其状，阿那瓌惧，不敢进，上表请还洛阳。

认为："蠕蠕长久以来都是边境的祸患，今年上天降下丧乱，残害他们的心灵，大概想让他们知道信守道义才能安乐，从而革心洗面、叩头跪拜来尊奉大魏。陛下应该安抚百姓，恭谨自律来使他们心悦诚服。阿那瓌归顺听命，安抚他就可以了。然而您却首先辛劳扰动自己，在京郊征发军队，将他们送到荒凉的边境之外，去救援多少代以来都是我们强敌的人，资助上天所要灭亡的丑恶敌人，我很愚笨，看不出这种做法可行在哪里。这是边境将帅贪图一时的功劳，不考虑兵器是凶器，为王的人迫不得已才使用它。况且现在大旱正严重，圣上慈悲，减少饮食，却又用一万五千人让杨钧为将帅，而想平定蠕蠕，冲犯时节而兴师动众，能成功吗！如果发生颠覆的事变，即便吃了杨钧的肉，又能够解决什么问题！宰相专门喜欢个人的名声，不考虑安危大计，这是小臣所以寒心的原因。而且阿那瓌不返回，我们又背弃了什么信义？我地位低贱，没资格参加商议，但我负责文书的传递，不敢不陈述一下自己的看法。"孝明帝不听。阿那瓌在西堂拜辞，孝明帝诏令赐给军器、衣被、各种彩色丝织品，粮食牲畜，每一样都很优厚，命令侍中崔光等人在洛阳外城慰劳、遣送。

阿那瓌向南投奔时，他的堂父家的哥哥婆罗门率领军队几万人讨伐示发，击败了示发。示发投奔地豆干，地豆干杀掉了他，国内的人推举婆罗门为弥偶可社句可汗。杨钧上表说："柔然已经拥立国君，恐怕不肯用杀哥哥的人到郊外迎接死者的弟弟。轻易前往，一事无成而返，白白地损害国家的威望，除非大量增加军队数量，否则没办法送阿那瓌进入他的国家。"二月，北魏方面让以前曾奉命出使柔然的牒云具仁前去告诉婆罗门，让他迎接阿那瓌。

夏季四月，北魏牒云具仁到达柔然，婆罗门非常傲慢，没有谦逊退让之心，责令牒云具仁行礼致敬，牒云具仁不屈服。婆罗门这才派遣大臣丘升头等带领军队两千跟随牒云具仁去迎接阿那瓌。五月，牒云具仁回到怀朔镇，详细述说了婆罗门的情况，阿那瓌害怕，不敢再前进，上表请求返回洛阳。

初,高车王弥俄突死,其众悉归嚈哒。后数年,嚈哒遣弥俄突弟伊匐帅馀众还国。伊匐击柔然可汗婆罗门,大破之,婆罗门帅十部落诣凉州,请降于魏。柔然馀众数万相帅迎阿那瓌,阿那瓌启称:"本国大乱,姓姓别居,迭相钞掠。当今北人鹄望待拯,乞依前恩,赐给精兵一万,送臣碛北,抚定荒民。"诏付中书门下博议。凉州刺史袁翻以为:"自国家都洛以来,蠕蠕、高车迭相吞噬,始则蠕蠕授首,既而高车被擒。今高车自奋于衰微之中,克雪仇耻,诚由种类繁多,终不能相灭。自二虏交斗,边境无尘,数十年矣,此中国之利也。今蠕蠕两主相继归诚,虽戎狄禽兽,终无纯固之节,然存亡继绝,帝王本务。若弃而不受,则亏我大德;若纳而抚养,则损我资储;或全徙内地,则非直其情不愿,亦恐终为后患,刘、石是也。且蠕蠕尚存,则高车犹有内顾之忧,未暇窥窬上国;若其全灭,则高车跋扈之势,岂易可知!今蠕蠕虽乱而部落犹众,处处棋布,以望旧主,高车虽强,未能尽服也。愚谓蠕蠕二主并宜存之,居阿那瓌于东,处婆罗门于西,分其降民,各有攸属。阿那瓌所居非所经见,不敢臆度;婆罗门请修西海故城以处之。西海在酒泉之北,去高车所居金山千馀里,实北虏往来之冲要,土地沃衍,大宜耕稼。宜遣一良将,配以兵仗,监护婆罗门,因令屯田,以省转输之劳。其北则临大碛,野兽所聚,使蠕蠕射猎,彼此相资,足以自固。外以辅蠕蠕之微弱,

最初,高车王弥俄突死后,他的部众全部归附了嚈哒。几年后,嚈哒遣送弥俄突的弟弟伊匐率领其馀的部众回国。伊匐攻击柔然可汗婆罗门,将他打得大败,婆罗门率领十个部落到凉州,向北魏请降。柔然馀下的部众几万人一起迎接阿那瓌,阿那瓌启奏说:"本国大乱,每个姓氏各自分居,互相侵犯掠夺。当今柔然民众对拯救他们翘首以待,乞求依照以前的恩德,赐给精兵一万,送我到沙漠以北,安抚平定荒漠的民众。"孝明帝下令把奏书交给中书门下广泛议论。凉州刺史袁翻认为:"自从国家定都洛阳以来,蠕蠕、高车交替着互相吞咬,开始是蠕蠕首领脑袋落地,不久高车首领被擒。现在高车在衰落微小之中自己奋起,战胜敌人,报仇雪耻,确实由于蠕蠕种类繁多,终究不能彻底消灭。自从二敌交互争斗,我朝边境没有战争风尘几十年了,这是中国的利益。现在蠕蠕两个君主相继归诚,虽然戎狄像禽兽终究没有纯真固定的节操,但使要灭亡的国家生存下去,使要断绝的种族延续下去,是帝王的本务。如果丢下他们不接受,就损害了我们的大德;如果接纳他们,加以抚养,就会损耗我们的物资储备;或者全部迁徙到内地,那么不只是他们感情上不愿意,也恐怕最终成为以后的祸患,刘渊、石勒就是例证。而且蠕蠕只要存在,高车就有后顾之忧,没时间窥探觇觎我国;如果它全部灭亡,那么高车跋扈的情势,怎能轻易知道!现在蠕蠕虽然混乱,但部落还很多,处处星罗棋布,盼望旧的主人,高车即使强大,也不能全部征服他们。我认为蠕蠕两位君主都应该让他们存在,安排阿那瓌居住在东边,安置婆罗门在西边,分配柔然投降的民众,各自有所归属。阿那瓌所居地区我没有见过,不敢臆测猜度;对婆罗门,建议修筑西海故城来安置他。西海在酒泉的北方,距离高车所居住的金山有一千多里,实在是北方敌人往来的要冲,土地肥沃,非常适宜耕种。应该派遣一员良将,配给士兵仪仗,监护婆罗门,顺便让他们屯田,以便减少转运输送军粮的辛劳。西海以北就靠近大沙漠,是野兽所聚集的地方,让蠕蠕射猎,彼此互相资助,足可以自我保全。对外用来辅佐蠕蠕的微弱,

内亦防高车之畔援，此安边保塞之长计也。若婆罗门能收离聚散，复兴其国者，渐令北转，徙度流沙，则是我之外藩，高车劲敌，西北之虞可以无虑。如其奸回返覆，不过为逋逃之寇，于我何损哉？"朝议是之。

九月，柔然可汗俟匿伐诣怀朔镇请兵，且迎阿那瓌。俟匿伐，阿那瓌之兄也。冬十月，录尚书事高阳王雍等奏："怀朔镇北吐若奚泉，原野平沃，请置阿那瓌于吐若奚泉，婆罗门于故西海郡，各令帅部落，收集离散。阿那瓌所居既在境外，宜少优遣，婆罗门不得比之。其婆罗门未降以前蠕蠕归化者，宜悉令州镇部送怀朔镇以付阿那瓌。"诏从之。

三年冬十二月，柔然阿那瓌求粟为种，魏与之万石。

婆罗门帅部落叛魏，亡归嚈哒。魏以平西府长史代人费穆兼尚书右丞、西北道行台，将兵讨之，柔然遁去。穆谓诸将曰："戎狄之性，见敌即走，乘虚复出，若不使之破胆，终恐疲于奔命。"乃简练精骑，伏于山谷，以步兵之羸者为外营。柔然果至，奋击，大破之，婆罗门为凉州军所擒，送洛阳。

四年春二月，柔然大饥，阿那瓌帅其众入魏境，表求赈给。己亥，魏以尚书左丞元孚为行台尚书，持节抚谕柔然。孚，谭之孙也。将行，表陈便宜，以为："蠕蠕久来强大，昔在代京，常为重备。今天祚大魏，使彼自乱亡，稽首请服。朝廷鸠其散亡，礼送令返，宜因此时善思远策。昔汉宣之世，

对内也可防备高车的叛离,这是安定边境、保卫边塞的长远计策。若婆罗门能收集离散民众,复兴他的国家,逐渐让他向北转移,迁徙渡过流沙就是我们的外部藩国,高车强敌,西北的祸患,都可以不再忧虑。若他狡诈回头,重返背叛老路,不过是逃亡的敌人,对我们有什么损害呢?"朝中议论肯定了袁翻的看法。

九月,柔然可汗俟匿伐到怀朔镇请兵,同时迎接阿那瑰。俟匿伐,是阿那瑰的哥哥。冬季十月,录尚书事高阳王元雍等上奏说:"怀朔镇北边的吐若奚泉,原野平坦肥沃,建议安置阿那瑰在吐若奚泉,安置婆罗门在过去的西海郡,分别让他们率领部落,收集离乡散亡的民众。阿那瑰所居住的地方既然在边境以外,遣送时应该稍微优待一些,婆罗门不能与他攀比。那些在婆罗门没有投降以前归附的蠕蠕人,应该命令州镇将他们全部送到怀朔镇,以便交付阿那瑰。"孝明帝下诏表示同意。

三年(522)冬季十二月,柔然阿那瑰请求谷子作种子,北魏给了他一万石。

婆罗门率领部落背叛北魏,逃去归附嚈哒。北魏任命平西府长史代人费穆为兼尚书右丞、西北道行台,带兵讨伐婆罗门,柔然悄悄逃去。费穆对各位将领说:"戎狄的性格,是见到敌人就跑,乘敌人空虚又出现,如果不使他们吓破胆,我们恐怕始终疲于奔命。"于是挑选训练精锐骑兵,埋伏在山谷中,用步兵中的瘦弱者组成外营。柔然果然来到,北魏军队奋勇反击,大败柔然部众,婆罗门被凉州军队擒获,送到洛阳。

四年(523)春季二月,柔然发生大饥荒,阿那瑰率领他的民众进入北魏境内,上表请求赈济。己亥,北魏任命尚书左丞元孚为行台尚书,拿着符节安抚告谕柔然人。元孚,是元谭的孙子。将要出发时,上表陈述有利国家、合乎时宜的事情,认为:"蠕蠕长久以来非常强大,过去在代京时,常为防备他们而设置重兵。现在上天保佑大魏,使他们自己混乱灭亡,五体投地,请求归服。朝廷纠集他们四散逃亡的民众,以礼相送,令他们返回,应该趁着这个机会,好好地考虑一个长远计策。从前汉宣帝时代,

呼韩款塞，汉遣董忠、韩昌领边郡士马送出朔方，因留卫助。又，光武时亦使中郎将段彬置安集掾史，随单于所在，参察动静。今宜略依旧事，借其闲地，听其田牧，粗置官属，示相慰抚。严戒边兵，因令防察，使亲不至矫诈，疏不容反叛，最策之得者也。"魏人不从。

柔然俟匿伐入朝于魏。

夏四月，魏元孚持白虎幡劳阿那瓌于柔玄、怀荒二镇之间。阿那瓌众号三十万，阴有异志，遂拘留孚，载以辒车。每集其众，坐孚东厢，称为行台，甚加礼敬。引兵而南，所过剽掠，至平城，乃听孚还。有司奏孚辱命，抵罪。甲申，魏遣尚书令李崇、左仆射元纂帅骑十万击柔然。阿那瓌闻之，驱良民二千、公私马牛羊数十万北遁，崇追之三千余里，不及而还。纂使铠曹参军于谨帅骑二千追柔然，至郁对原，前后十七战，屡破之。谨，忠之从曾孙也。

六年春三月，柔然王阿那瓌为魏讨破六韩拔陵，魏遣牒云具仁赍杂物劳赐之。阿那瓌勒众十万，自武川西向沃野，屡破拔陵兵。夏四月，魏主复遣中书舍人冯隽劳赐阿那瓌，阿那瓌部落浸强，自称敕连头兵豆伐可汗。

大通元年夏四月己酉，柔然头兵可汗遣使入贡于魏，且请讨群贼。魏人畏其反覆，诏以盛暑，且俟后敕。

二年夏四月，柔然头兵可汗数入贡于魏，魏诏头兵赞拜不名，上书不称臣。

呼韩来边塞请求修好,汉朝派遣董忠、韩昌率领边界各郡的士兵战马将他送出朔方,趁机留下保卫帮助他。再有,光武帝时期,也派中郎将段彬设置安集掾史,随单于行动,参与大事、察看动静。现在应该大体依仿过去的先例,借给柔然闲散的土地,听任他们耕田放牧,大致设置官属,表示对他们的慰问、安抚。严格戒备边界军队,顺便令边兵进行防备、观察,使柔然与我们的关系,亲密但不至于有欺诈行为,疏远但不容许有反叛举动,这是最得当的计策。"北魏朝廷不听从。

柔然侯匿伐到北魏朝廷朝拜。

夏季四月,北魏元孚拿着有白虎图案的旗子慰劳在柔玄、怀荒二镇之间的阿那瓌。阿那瓌的军队号称三十万,暗中有背叛的打算,于是拘留元孚,用卧车装载着他。阿那瓌每次集中他的军队,都让元孚坐在东厢,称为行台,对他十分礼貌、尊敬。阿那瓌带兵向南,对所经过的地方,进行抢劫、掠夺,到达平城,才听任元孚返回。有关部门举奏元孚辱没使命,令他将功抵罪。甲申(二十八日),北魏派遣尚书令李崇、左仆射元纂率领骑兵十万人攻击柔然。阿那瓌听到消息后,驱使良民两千,公家、私人的马牛羊几十万头向北逃去,李崇追了三千多里,没追上而返回。元纂让铠曹参军于谨率领骑兵两千人追击柔然,到达郁对原,前后交战十七次,屡次击败柔然。于谨,是于忠的堂曾孙。

六年(525)春季三月,柔然王阿那瓌为北魏讨伐破六韩拔陵,北魏派遣牒云具仁拿着各种东西赏赐他。阿那瓌率领军队十万人,从武川镇西行向沃野进军,屡次击败破六韩拔陵的军队。夏季四月,孝明帝又派遣中书舍人冯儁慰劳、赏赐阿那瓌,阿那瓌的部落逐渐强大,自称敕连头兵豆伐可汗。

大通元年(527)夏季四月己酉(十七日),柔然头兵可汗派使者到北魏进贡,并且请求讨伐各地的盗贼。北魏朝廷害怕他反复无常,下诏书称,因为盛暑,暂且等待以后的敕令。

二年(528)夏季四月,柔然头兵可汗屡次到北魏进贡,北魏诏令头兵朝拜不用报名,上书不用称臣。

大同元年，柔然头兵可汗求婚于东魏，丞相欢以常山王妹兰陵公主，妻之。柔然数侵魏，魏使中书舍人库狄峙奉使至柔然，与约和亲，由是柔然不复为寇。

三年秋九月，柔然为魏侵东魏三堆，丞相欢击之，柔然退走。

四年。初，柔然头兵可汗始得返国，事魏尽礼。及永安以后，雄据北方，礼渐骄倨，虽信使不绝，不复称臣。头兵尝至洛阳，心慕中国，乃置侍中、黄门等官。后得魏汝阳王典签淳于覃，亲宠任事，以为秘书监，使典文翰。及两魏分裂，头兵转不逊，数为边患。魏丞相泰以新都关中，方有事山东，欲结婚以抚之，以舍人元翌女为化政公主，妻头兵弟塔寒。又言于魏主，请废乙弗后，纳头兵之女。二月甲辰，以乙弗后为尼，使扶风王孚迎头兵女为后。头兵遂留东魏使者元整，不报其使。

三月，柔然送悼后于魏，车七百乘，马万匹，驼二千头。至黑盐池，遇魏所遣卤簿仪卫。柔然营幕，户席皆东向，扶风王孚请正南面，后曰："我未见魏主，固柔然女也。魏仗南面，我自东向。"丙子，立皇后郁久闾氏。

六年，魏文后既为尼，居别宫，悼后犹忌之，乃以其子武都王戊为秦州刺史，使文后随之官。魏主虽限大计，而恩好不忘，密令养发，有追还之意。会柔然举国渡河南侵，时颇有言柔然以悼后故兴师者，帝曰："岂有兴百万之众

大同元年（535），柔然头兵可汗向东魏求婚，丞相高欢将常山王的妹妹兰陵公主嫁给了他。柔然屡次入侵西魏，西魏让中书舍人库狄峙奉命出使柔然，与他们约定和亲，从此柔然不再入侵西魏。

三年（537）秋季九月，柔然为西魏入侵东魏的三堆，东魏丞相高欢进行抗击，柔然退走。

四年（538）。最初，柔然头兵可汗刚刚得以返回祖国时，礼节周到地事奉北魏。等到永安年间以后，头兵可汗据有北方称雄，对北魏的态度逐渐骄横傲慢起来，虽然送信使者不断，但不再称臣。头兵曾到洛阳，心中羡慕中国，便仿照北魏官制设置侍中、黄门等官职。头兵可汗后来得到北魏汝阳王的典签淳于覃，很信任宠爱他，委任他处理政事，任命他为秘书监，让他掌管文书信翰。等到东西魏分裂，头兵转而变得放肆起来，屡次制造边境灾难。西魏丞相宇文泰因为刚刚定都关中，正在对付东魏，想用和亲的方式来安抚柔然，将舍人元翌的女儿封为化政公主，嫁给头兵的弟弟塔寒。又向魏文帝进言，请求废掉乙弗后，娶头兵的女儿为皇后。二月甲辰（十五日），魏文帝让乙弗后做尼姑，派扶风王元孚迎接头兵的女儿做皇后。于是头兵拘留东魏的使者元整，不回报东魏的使者。

三月，柔然送悼后到西魏，陪嫁品有七百辆车，一万匹马，两千头骆驼。到达黑盐池，遇到西魏所派遣的卤簿、仪仗、护卫。柔然建造帐篷，门和床席都向东，扶风王元孚请正过来面南，皇后说："我没见到魏主，依然是柔然的女儿。西魏仪仗面南，我自己向东。"丙子（十七日），册封郁久闾氏为皇后。

六年（540），魏文后已做了尼姑，居住在另外的宫中，悼后仍然猜忌她，便任命她儿子武都王元戊为秦州刺史，让文后随儿子去上任。魏文帝虽然被国家大计所限制，废黜了文后，但始终难忘文后对自己的恩爱，秘密地让她留头发，有追她回来的意思。恰好柔然以全国兵力渡过黄河向南侵略，当时有很多谣言说柔然是因为悼后而兴兵的，文帝说："哪里有发动百万人的军队，

为一女子邪！虽然，致人此言，朕亦何颜以见将帅！"乃遣
中常侍曹宠赍手敕赐文后自尽。文后泣谓宠曰："愿至尊
千万岁，天下康宁，死无恨也！"遂自杀。凿麦积崖而葬之，
号曰寂陵。夏，丞相泰召诸军屯沙苑以备柔然。右仆射周
惠达发士马守京城，堑诸街巷，召雍州刺史王罴议之，罴不
应召，谓使者曰："若蠕蠕至渭北者，王罴自帅乡里破之，不
烦国家兵马，何为天子城中作如此惊扰！由周家小儿怯怯
致此。"柔然至夏州而退。未几，悼后遇疾殂。

十一年夏六月，魏与柔然头兵可汗谋连兵伐东魏，丞
相欢患之，遣行台郎中杜弼使于柔然，为世子澄求婚。头
兵曰："高王自娶则可。"欢犹豫未决。娄妃曰："国家大计，
愿勿疑也。"世子澄、尉景亦劝之。欢乃遣镇南将军慕容俨
聘之，号曰蠕蠕公主。秋八月，欢亲迎于下馆，公主至，娄
妃避正室以处之。欢跪而拜谢，妃曰："彼将觉之，愿绝勿
顾。"头兵使其弟秃突佳来送女，且报聘，仍戒曰："待见外
孙乃归。"公主性严毅，终身不肯华言。欢尝病，不得往，秃
突佳怨恚，欢舆疾就之。

元帝承圣元年春正月，突厥土门袭击柔然，大破之。
头兵可汗自杀，其太子庵罗辰及阿那瓌从弟登注俟利、登
注子库提并帅众奔齐，馀众复立登注次子铁伐为主。

二年春二月，齐主送柔然可汗铁伐之父登注及兄库提
还其国。铁伐寻为契丹所杀，国人立登注为可汗。登注

只为了一个女子的道理呢！即使这样，招致人们说出这种话，我又有什么脸面来见将帅呢！"便派遣中常侍曹宠拿着亲笔敕令赐文后自杀。文后哭着对曹宠说："希望皇帝活千万岁，天下人健康安宁，我即使死了也无遗憾！"于是自杀。文帝派人在麦积崖凿了一个墓穴埋葬了她，号称寂陵。夏季，丞相宇文泰召集各路军队屯驻沙苑，以用来防备柔然。右仆射周惠达征发兵士战马守卫京城，在各街巷挖壕沟，又召雍州刺史王黑来商量防守之事，王黑不回应召见，拒绝前往，对使者说："如国蠕蠕到达渭水以北的话，王黑我自己将率领乡里部下击败他们，不麻烦国家的士兵战马，为什么要在天子居住的京城做这种惊扰百姓的事情！正是由于周家的小儿胆怯，才招致这种局面。"柔然到达夏州后撤退。不久，悼后生病死去。

十一年（545）夏季六月，西魏与柔然头兵可汗阴谋联合士兵进攻东魏，东魏丞相高欢担忧这件事，派遣行台郎中杜弼出使柔然，为世子高澄求婚。头兵说："高王自己娶才可以。"高欢犹豫不决。娄妃说："为国家大计考虑，希望不要迟疑。"世子高澄、尉景也劝他。高欢这才派遣镇南将军慕容俨带着聘礼去柔然娶亲，所娶的头兵的女儿号称蠕蠕公主。秋季八月，高欢到下馆迎亲，公主到达，娄妃让出自己的正室来安置她。高欢跪着拜谢娄妃，娄妃说："她将觉察到我们的关系，希望断绝关系，不要看望我。"头兵让他弟弟秃突佳来送女儿，同时回报聘礼，又告诫说："等见到外孙才能回来。"公主性格严肃刚毅，终生不肯说汉话。高欢曾生病，不能前往她的住处，秃突佳怨恨发怒，高欢让人抬着病体到公主那里。

元帝承圣元年（552）春季正月，突厥首领土门袭击柔然，将它打得大败。头兵可汗自杀，他的太子庵罗辰以及阿那瑰的堂弟登注俟利、登注的儿子库提一起率领部众投奔北齐，馀下的部众又拥立登注的第二个儿子铁伐为君主。

二年（553）春季二月，齐主送柔然可汗铁伐的父亲登注和哥哥库提回国。铁伐不久被契丹杀害，国人拥立登注为可汗。登注

复为其大人阿富提所杀，国人立库提。三月，柔然别部又立阿那瓖叔父邓叔子为可汗。突厥乙息记击破邓叔子于沃野北木赖山。冬十一月己未，突厥复攻柔然，柔然举国奔齐。

三年春三月，柔然可汗庵罗辰叛齐，齐主自将出击，大破之，庵罗辰父子北走。

夏四月，柔然寇齐肆州，齐主自晋阳讨之，至恒州，柔然散走。帝以二千馀骑为殿，宿黄瓜堆。柔然别部数万骑奄至，帝安卧，平明乃起，神色自若，指画形势，纵兵奋击。柔然披靡，因溃围而出。柔然走，追击之，伏尸二十馀里，获庵罗辰妻子，虏三万馀口。令都督善无高阿那肱帅骑数千塞其走路。时柔然军犹盛，阿那肱以兵少，请益，帝更减其半。阿那肱奋击，大破之。庵罗辰超越岩谷，仅以身免。

丁未，齐主复自击柔然，大破之。

五月，柔然乙旃达官寇魏广武，柱国李弼追击，破之。

六月，柔然帅馀众东徙，且欲南寇，齐主帅轻骑邀之于金川。柔然闻之，远遁，营州刺史灵丘王峻设伏击之，获其名王数十人。

敬帝绍泰元年夏六月丁卯，齐主如晋阳。壬申，自将击柔然。秋七月己卯，至白道，留辎重，帅轻骑五千追柔然。壬午，及之于怀朔镇。齐主亲犯矢石，频战，大破之，至于沃野，获其酋长及生口二万馀，牛羊数十万。壬辰，还晋阳。

又被他的大人阿富提杀害，国人拥立库提。三月，柔然的另一部落又拥立阿那瓌的叔父邓叔子为可汗。突厥首领乙息记在沃野以北的木赖山击败邓叔子。冬季十一月己未（初一），突厥又攻击柔然，柔然全国投奔北齐。

三年（554）春季三月，柔然可汗庵罗辰背叛北齐，齐文宣帝亲自带兵出击，大败柔然，庵罗辰父子向北逃走。

夏季四月，柔然入侵北齐的肆州，齐文宣帝从晋阳出兵讨伐他们，到达恒州，柔然四散逃走。齐文宣帝带领两千多名骑兵作为后卫，在黄瓜堆停宿。柔然另一部落几万骑兵突然来到，齐文宣帝安静地躺着，到天亮才起来，神色自若，指画地形，分析情势，放纵士兵，奋勇反击。柔然望风后退，齐军趁机突破包围，冲了出来。柔然逃走，齐军追击他们，沿路二十多里，地上都是柔然人死尸，齐军获得庵罗辰的妻子、儿女，俘虏三万多人。齐文宣帝命令都督善无人高阿那肱率领骑兵几千人堵塞柔然的逃路。当时柔然军队还很多，高阿那肱因为兵少，请求增加，齐文宣帝却又减去了他一半兵力。高阿那肱奋力攻击，大败柔然军。庵罗辰跳越悬崖深谷，仅仅只身逃脱。

丁未，齐文宣帝又亲自带兵攻击柔然，大败柔然。

五月，柔然乙旃达官入侵西魏的广武，柱国李弼追击并击败了他。

六月，柔然可汗率领馀下的部众向东迁徙，并想向南入侵，齐文宣帝率领轻装骑兵在金川半路截击他们。柔然听到消息后，远逃，营州刺史灵丘人王峻设下埋伏，攻击柔然，俘获他们声名显赫的王几十人。

敬帝绍泰元年（555）夏季六月丁卯（十八日），齐文宣帝到晋阳。壬申（二十三日），亲自带兵攻击柔然。秋季七月己卯（初一），到达白道，留下辎重，率领轻装骑兵五千人追击柔然。壬午（初四），在怀朔镇追上了他们。齐文宣帝亲自冒着矢石，频繁交战，大败柔然，到达沃野，获得柔然酋长和活口两万多人，牛羊几十万头。壬辰（十四日），回到晋阳。

　　冬十二月，突厥木杆可汗击柔然主邓叔子，灭之，叔子收其馀烬奔魏。木杆恃其强，请尽诛邓叔子等于魏，使者相继于道。太师泰收叔子以下三千馀人付其使者，尽杀之于青门外。

冬季十二月，突厥木杆可汗攻击柔然主邓叔子，灭掉了他的国家，邓叔子收罗他的剩馀人马投奔了西魏。木杆倚仗他的强大，请求在西魏全部杀掉邓叔子等人，使者在路上前后相继。西魏太师宇文泰逮捕邓叔子以下三千多人交给木杆的使者，使者在长安青门外全部杀掉了他们。

卷第二十二

肇忠用事

齐东昏侯永元元年夏六月戊辰,魏追尊皇妣高氏为文昭皇后,配飨高祖,增修旧冢,号终宁陵。追赐后父飏爵勃海公,谥曰敬,以其嫡孙猛袭爵。封后兄肇为平原公,肇弟显为澄城公。三人同日受封。魏主素未识诸舅,始赐衣帻引见,皆惶惧失措。数日之间,富贵赫奕。

和帝中兴元年,魏主时年十六,不能亲决庶务,委之左右。于是倖臣茹皓、赵郡王仲兴、上谷寇猛、赵郡赵脩、南阳赵邕及外戚高肇等始用事,魏政浸衰。

梁武帝天监元年冬十二月,魏陈留公主寡居,仆射高肇、秦州刺史张彝皆欲尚之,公主许彝而不许肇,肇怒,谮彝于魏主,彝坐沈废累年。

二年冬十一月,魏主纳高肇兄偃之女为贵嫔。

三年。魏冠军将军茹皓,以巧思有宠于帝,常在左右,传可门下奏事。弄权纳贿,朝野惮之,北海王详亦附焉。

肇忠用事

　　齐东昏侯永元元年(499)夏季六月戊辰(二十四日),北魏追封世宗亡母高氏为文昭皇后,配祀高祖,扩修旧墓,名为终宁陵。追赐文昭皇后之父高飐爵号为渤海公,谥号为敬,让他的嫡孙高猛继承爵位。封文昭皇后哥哥高肇为平原公,高肇之弟高显为澄城公。三人同一天受封。魏世宗从来没见过这几个舅舅,这次才赐给衣服头巾,引来见面,几个舅舅都不免惊慌失措。只不过几天时间,他们就富贵显赫了。

　　和帝中兴元年(501),魏世宗当年十六岁,不能自己决定朝政事务,委托左右处理。于是宠臣茹皓、赵郡人王仲兴、上谷人寇猛、赵郡人赵脩、南阳人赵邕以及外戚高肇等开始专权,魏国的朝政渐渐衰败。

　　梁武帝天监元年(502)冬季十二月,北魏陈留公主在家守寡,仆射高肇、秦州刺史张彝都想娶她,公主答允张彝而不答允高肇,高肇恼怒,在魏宣武帝那里说张彝的坏话,张彝因此被废官多年。

　　二年(503)冬季十一月,魏宣武帝纳高肇哥哥高偃的女儿为贵嫔。

　　三年(504)。北魏冠军将军茹皓,因为心眼灵巧而受到宣武帝的宠幸,常常陪伴在宣武帝的左右,宣武帝宣布他可以直接来奏事。他弄权纳贿,朝野人士都怕他,连北海王元详也依附他。

皓娶尚书令高肇从妹，皓妻之姊为详从父安定王燮之妃，详烝于燮妃，由是与皓益相昵狎。直阁将军刘胄，本详所引荐，殿中将军常季贤以善养马，陈扫静掌栉，皆得幸于帝，与皓相表里，卖权势。

高肇本出高丽，时望轻之。帝既黜六辅，诛咸阳王禧，专委事于肇。肇以在朝亲族至少，乃邀结朋援，附之者旬月超擢，不附者陷以大罪。尤忌诸王，以详位居其上，欲去之，独执朝政，乃谮之于帝，云：“详与皓、胄、季贤、扫静谋为逆乱。”夏四月，帝夜召中尉崔亮入禁中，使弹奏详贪淫奢纵，及皓等四人怙权贪横，收皓等系南台，遣虎贲百人围守详第。又虑详惊惧逃逸，遣左右郭翼开金墉门驰出谕旨，示以中尉弹状。详曰：“审如中尉所纠，何忧也！正恐更有大罪横至耳，人与我物，我实受之。”诘朝，有司奏处皓等罪，皆赐死。

帝引高阳王雍等五王入议详罪。详单车防卫，送华林园，母妻随入，给小奴弱婢数人，围守甚严，内外不通。五月丁未朔，下诏宥详死，免为庶人。顷之，徙详于太府寺，围禁弥急，母妻皆还南第，五日一来视之。详暴卒，诏有司以礼殡葬。

先是，典事史元显献鸡雏，四翼四足，诏以问侍中崔光，光上表曰：“汉元帝初元中，丞相府史家雌鸡伏子，渐化为

茹皓娶了尚书令高肇的堂妹为妻,茹皓妻子的姐姐又是元详堂叔安定王元燮的妃子,而元详与元燮的妃子私通,因此元详与茹皓就更加亲近了。直阁将军刘胄原本是元详引荐的,殿中将军常季贤因为擅长养马,陈扫静因专为宣武帝梳头,三人都受到宣武帝的宠幸,与茹皓相为表里,一起卖弄权势。

高肇的祖上本是高丽人,当时人轻视他。宣武帝罢黜了六位辅政大臣后,诛杀了咸阳王元禧,把政事委托给高肇专办。因为在朝廷中亲戚同宗很少,高肇就交结朋党,凡是依附他的人,十天半月就能超格提升,不依附他的人就被他以重罪陷害。高肇特别忌妒诸王,因为元详的地位在他的上面,想把他除去,由自己独掌朝政,就到宣武帝那里诬告元详说:"元详与茹皓、刘胄、常季贤、陈扫静密谋造反作乱。"夏季四月,宣武帝在夜里召中尉崔亮进入宫中,让崔亮向朝廷弹劾元详贪婪淫乱、奢侈放纵,以及茹皓等四人仗势贪赃枉法,宣武帝下令抓捕茹皓等人,将其关进南台,派遣虎贲一百人包围元详的住宅。又担心元详惊恐逃脱,宣武帝派遣身边亲信郭翼打开金墉门,快马急驰向元详宣谕圣旨,并向他出示了中尉崔亮的弹劾状纸。元详说:"确实像中尉所检举的那样,我有什么可担心的呢? 正担心有更大的罪从天而降呢,别人给予我的东西,我确实收下了。"天亮以后,有关部门奏请处置茹皓等人的罪行,将其全部赐死。

宣武帝召来高阳王元雍等五王入宫商议如何处置元详的罪。元详单独乘车,被护送到华林园,他的母亲和妻子也随他入内,给了他几个弱小奴婢,四周的守卫十分严密,内外断绝联系。五月丁未这天是初一,宣武帝下诏宽恕元详的死罪,免为平民。很快就把元详移送到太府寺,看管更加严紧,元详的母亲、妻子都返回南宅,五天来看他一次。元详暴死,宣武帝下诏让有关部门根据礼仪安葬了他。

在此以前,典事史元显向宣武帝进献一只小鸡,这只鸡有四个翅膀,四条腿,宣武帝下诏寻问侍中崔光,崔光上表称:"汉元帝初元年间,丞相府史家的母鸡孵了一只小鸡,小鸡逐渐变成了

雄,冠距鸣将。永光中,有献雄鸡生角,刘向以为:'鸡者小畜,主司时起居人,小臣执事为政之象也。竟宁元年,石显伏辜,此其效也。'灵帝光和元年,南宫寺雌鸡欲化为雄,但头冠未变,诏以问议郎蔡邕,对曰:'头为元首,人君之象也。今鸡一身已变,未至于头,而上知之,是将有其事而不遂成之象也。若应之不精,政无所改,头冠或成,为患滋大。'是后黄巾破坏四方,天下遂大乱。今之鸡状虽与汉不同,而其应颇相类,诚可畏也。臣以向、邕言推之,翼足众多,亦群下相扇助之象。雏而未大,足羽差小,亦其势尚微,易制御也。臣闻灾异之见,皆所以示吉凶,明君睹之而惧,乃能致福,暗主观之而慢,所以致祸。或者今亦有自贱而贵,关预政事,如前世石显之比者邪!愿陛下进贤黜佞,则妖弭庆集矣。"后数日,皓等伏诛,帝愈重光。

　　高肇说帝,使宿卫队主帅羽林虎贲守诸王第,殆同幽禁。彭城王勰切谏,不听。
　　五年,魏主委任高肇,疏薄宗室,好桑门之法,不亲政事。
　　六年,高贵嫔有宠而妒,高肇势倾中外。后暴疾而殂,人皆归咎高氏,宫禁事秘,莫能详也。

　　七年春三月戊子,魏皇子昌卒,侍御师王显失于疗治,时人皆以为承高肇之意也。
　　秋七月甲午,魏立高贵嫔为皇后。尚书令高肇益贵重用事。肇多变更先朝旧制,减削封秩,抑黜勋人,由是怨声盈路。群臣宗室皆卑下之,唯度支尚书元匡与肇抗衡,

雄鸡,鸡冠巨大,叫声响亮。永光年间,有人献上一只长角的雄鸡,刘向认为:'鸡是小家禽,职责是按时鸣叫,唤醒主人,这是小臣掌权当政的兆象。竟宁元年(前33),石显受到惩罚,就是其应验。'汉灵帝光和元年(178),南宫寺的母鸡快变成公鸡了,只有头上的鸡冠没有变,灵帝下诏询问议郎蔡邕,蔡邕答道:'头是元首,是人君的象征。现在鸡的全身已变了,头没有变,而皇上知道了,这是天下将要出事而不会成功的兆象。如果应付不当,朝政没有什么改善,头冠或能变成,为患就更大了。'此后黄巾军破坏四方,天下于是大乱。现在这只鸡的形状虽然与汉代不同,但其感应颇为相类,实在可怕啊。臣下我用刘向、蔡邕的话推究这事,这只鸡翅膀、腿脚众多,多是许多下贱小人煽动生事的兆象。是只不大的小鸡,脚足和羽翼还小,这说明群小的势力还微弱,易于控制。我听说灾异现象,都是为了显示吉凶,圣明的君主见了引起警惕,这样就能引来福分,昏君见了不以为然,因此而受祸。也许今天有从低贱而富贵的人,干预政事,像以前的石显那样! 希望陛下引进贤才,黜免佞臣,那就会遏止妖气,使吉庆降临了。"此后几天,茹皓等被杀,宣武帝更加看重崔光了。

高肇劝宣武帝让宿卫队主率领羽林虎贲守卫诸王的宅第,如同把他们幽禁起来。彭城王元勰极力劝谏,宣武帝没有听从。

五年(506),魏宣武帝把政事委任给高肇,疏远皇室宗亲,喜好佛法,不亲自过问政事。

六年(507),高贵嫔得到宣武帝宠爱还妒忌别人,高肇的权势倾倒朝廷内外。皇后暴病而死,人们都归罪于高氏,宫禁中的事神秘莫测,不能知道详情。

七年(508)春季三月戊子(初五),北魏皇子元昌去世,侍御师王显治疗有过失,当时人都以为是秉承高肇的意思。

秋季七月甲午(十三日),北魏立高贵嫔为皇后。尚书令高肇更加贵重专权。高肇改变了许多先朝订立的旧制度,减少或削夺大臣的封地官阶,限制或罢免有功之臣,因此怨声载道。群臣宗室都对高肇俯首听命,唯有度支尚书元匡与高肇抗衡,

先自造棺置听事，欲舆棺诣阙论肇罪恶，自杀以切谏。肇闻而恶之。会匡与太常刘芳议权量事，肇主芳议，匡遂与肇喧竞，表肇指鹿为马。御史中尉王显奏弹匡诬毁宰相，有司处匡死刑。诏恕死，降为光禄大夫。

初，魏主为京兆王愉纳于后之妹为妃，愉不爱，爱妾李氏，生子宝月。于后召李氏入宫，捶之。愉骄奢贪纵，所为多不法。帝召愉入禁中推案，杖愉五十，出为冀州刺史。愉自以年长，而势位不及二弟，潜怀愧恨。又，身与妾屡被顿辱，高肇数谮愉兄弟，愉不胜忿。癸亥，杀长史羊灵引、司马李遵，诈称得清河王怿密疏，云"高肇弑逆"，遂为坛于信都之南，即皇帝位，大赦，改元建平，立李氏为皇后。法曹参军崔伯骥不从，愉杀之。在北州镇皆疑魏朝有变，定州刺史安乐王诠具以状告之，州镇乃安。乙丑，魏以尚书李平为都督北讨诸军、行冀州事以讨愉。平，崇之从父弟也。

魏高后之立也，彭城武宣王勰固谏，魏主不听。高肇由是怨之，数谮勰于魏主，魏主不之信。勰荐其舅潘僧固为长乐太守，京兆王愉之反，胁僧固与之同，肇因诬勰北与愉通，南招蛮贼。彭城郎中令魏偃、前防阁高祖珍希肇提擢，构成其事。肇令侍中元晖以闻，晖不从，又令左卫元珍言之。帝以问晖，晖明勰不然，又以问肇，肇引魏偃、高祖珍为证，

他预先为自己制作了一副棺材放在处理政事的场所,准备用车运送棺材入宫,向皇帝讲述高肇的罪恶,然后用自杀来恳切劝谏。高肇知道这事后憎恨元匡。适逢元匡与太常刘芳商议度量衡器之事,高肇支持刘芳的意见,元匡于是就和高肇吵闹争执,向皇帝上表说高肇像赵高那样指鹿为马。御史中尉王显上奏弹劾元匡诬陷诋毁宰相,司法机关把元匡判处死刑。皇上下诏宽恕元匡的死罪,降官为光禄大夫。

先前,北魏宣武帝为京兆王元愉纳于皇后的妹妹为妃子,元愉不喜爱她而喜爱小妾李氏,李氏生下了儿子元宝月。于皇后召李氏入宫,命人用木棒击打她。元愉骄傲奢侈,贪婪放纵,所做的事情大多违反国法。宣武帝把元愉召入宫中查究,打了他五十大棍,又将他放出外地去当冀州刺史。元愉自以为年长,但权力地位不及二弟,心里暗怀愧恨。另外自身和爱妾多次被棒打受辱,高肇多次谗言陷害他和他的兄弟,元愉十分愤恨。癸亥(八月十二日),元愉杀了长史羊灵引、司马李遵,伪称收到了清河王元怿的密疏,上面说"高肇弑君叛逆",于是在信都之南设坛祭天地,登上了皇帝位,大赦天下,改年号为建平,立李氏为皇后。法曹参军崔伯骥不肯跟从,元愉杀了他。冀州之北的州镇都怀疑北魏朝廷发生变乱,定州刺史安乐王元诠把真相告诉他们,各个州镇才安定下来。乙丑(八月十四日),魏朝廷任命尚书李平为都督北讨诸军、行冀州事,以讨伐元愉。李平,是李崇叔父家的弟弟。

宣武帝立高皇后时,彭城武宣王元勰再三劝谏,宣武帝不听。高肇由此怨恨他,多次向宣武帝进谗言,宣武帝不相信。元勰推荐他的舅舅潘僧固担任长乐太守,京兆王元愉造反时,曾胁迫潘僧固与他同流,高肇因此诬告元勰北与元愉交通,在南方招揽蛮贼。彭城郎中令魏偃、前防阁高祖珍希望得到高肇提升,参与了陷害元勰的事。高肇命令侍中元晖报告宣武帝,元晖不从,又命令左卫元珍去报告。宣武帝向元晖询问,元晖说元勰不会如此,宣武帝又向高肇询问,高肇叫来魏偃和高祖珍作证,

帝乃信之。戊戌，召勰及高阳王雍、广阳王嘉、清河王怿、
广平王怀、高肇俱入宴。勰妃李氏方产，固辞不赴。中使
相继召之，不得已，与妃诀而登车。入东掖门，度小桥，牛
不肯进，击之良久。更有使者责勰来迟，乃去牛，人挽而
进。宴于禁中，至夜，皆醉，各就别所消息。俄而元珍引武
士赍毒酒而至，勰曰："吾无罪，愿一见至尊，死无恨！"元
珍曰："至尊何可复见！"勰曰："至尊圣明，不应无事杀我，
乞与告者一对曲直！"武士以刀镮筑之，勰大言曰："冤哉，
皇天！忠而见杀。"武士又筑之，勰乃饮毒酒，武士就杀之。
向晨，以褥裹尸载归其第，云王因醉而薨。李妃号哭大言
曰："高肇枉理杀人，天道有灵，汝安得良死！"魏主举哀于
东堂，赠官、葬礼皆优厚加等。在朝贵贱，莫不丧气，行路
士女皆流涕曰："高令公枉杀贤王。"由是中外恶之益甚。

京兆王愉不能守信都，癸卯，烧门，携李氏及其四子从
百馀骑突走。李平入信都，斩愉所置冀州牧韦超等，遣统
军叔孙头追执愉，置信都，以闻。群臣请诛愉，魏主弗许，
命锁送洛阳，申以家人之训。行至野王，高肇密使人杀之。
诸子至洛，魏主皆赦之。

魏主将屠李氏，中书令崔光谏曰："李氏方妊，刑至刳
胎，乃桀、纣所为，酷而非法，请俟产毕，然后行刑。"从之。

李平捕愉馀党千馀人，将尽杀之，录事参军高颢曰：
"此皆胁从，前既许之原免矣，宜为表陈。"平从之，皆得

这下宣武帝相信了高肇。戊戌（九月十八日），宣武帝召元勰及高阳王元雍、广阳王元嘉、清河王元怿、广平王元怀、高肇一起入宴。元勰的妃子李氏正要生产，元勰再三推辞不去赴宴。宫内使者相继前来召他，不得已，与妃子李氏诀别，登上行车。进入东掖门，过了小桥，拉车的牛不肯前进，打了它许久也不走。又有使者来责备元勰迟到，于是去掉了牛，用人力把车拉进去。宴会在宫中进行，到了夜里，全都喝醉了，各自到他处休息。没过多久元珍带着武士拿着毒酒来到元勰面前，元勰说："我无罪，希望能见一下皇上，死也没有遗憾！"元珍说："皇上怎么可以再见一次呢？"元勰说："皇上圣明，不应该无缘无故杀我，乞求与诬告我的人当面对质，辨明曲直！"武士用刀镮击打元勰，元勰大声呼叫说："冤枉啊，老天爷！我忠诚反被杀害。"武士又击打他，元勰只好喝了毒酒，武士上前杀了他。天亮后，用褥子裹了尸体装在车上把他送回府第，说元勰因为酒醉而死。李妃号啕痛哭，大叫道："高肇无辜杀人，老天爷有灵，你怎么会有好死呢！"宣武帝在东堂为元勰举哀，赠官、葬礼都优厚加倍。朝廷中的大小官员，无不唉声叹气，行路上的男女百姓都流泪说："高令公无辜杀害了贤王。"朝廷内外因此对高肇更加憎恶。

京兆王元愉守不住信都，癸卯（九月二十三日），烧毁城门，带着李氏和四个儿子跟随一百多名骑兵突围逃走。李平进入信都，杀了元愉任命的冀州牧韦超等，派统军叔孙头追捕元愉，押在信都，上报朝廷。群臣请求诛杀元愉，宣武帝不同意，命令把他锁着送往洛阳，要以家法训责他。元愉到达野王时，高肇秘密派人杀了他。元愉的几个儿子到了洛阳，宣武帝全都赦免了他们。

宣武帝要杀李氏，中书令崔光劝谏说："李氏正在怀孕，剖胎之刑，是夏桀、商纣这种昏君做的，非法而残酷，请等她生下孩子后再行刑。"宣武帝听从了他的意见。

李平捕获元愉的馀党一千多人，将要全部杀掉，录事参军高颢说："这些人都因胁迫跟从，前面既已许诺免他们不死，应该向朝廷上表陈述一下。"李平听从了他的意见，元愉馀党都得以

免死。颢，祐之孙也。济州刺史高植帅州军击愉，有功当封，植不受，曰："家荷重恩，为国致效，乃其常节，何敢求赏？"植，肇之子也。加李平散骑常侍。高肇及中尉王显素恶平，显弹平在冀州隐截官口，肇奏除平名。

十一年春正月丙辰，魏以车骑大将军、尚书令高肇为司徒，清河王怿为司空，广平王怀进号骠骑大将军，加仪同三司。肇虽登三司，犹自以去要任，怏怏形于言色，见者嗤之。尚书右丞高绰、国子博士封轨，素以方直自业，及肇为司徒，绰送迎往来，轨竟不诣肇。绰顾不见轨，乃遽归，叹曰："吾平生自谓不失规矩，今日举措，不如封生远矣。"绰，允之孙；轨，懿之族孙也。

清河王怿有才学闻望，惩彭城之祸，因侍宴，谓肇曰："天子兄弟讵有几人，而翦之几尽，昔王莽头秃，藉渭阳之资，遂篡汉室。今君身曲，亦恐终成乱阶。"会大旱，肇擅录囚徒，欲以收众心。怿言于魏主曰："昔季氏旅于泰山，孔子疾之，诚以君臣之分，宜防微杜渐，不可渎也。减膳录囚，乃陛下之事，今司徒行之，岂人臣之义乎！明君失之于上，奸臣窃之于下，祸乱之基，于此在矣。"帝笑而不应。

十四年春正月，魏世宗殂，太子诩即位。先是，高肇擅权，尤忌宗室有时望者，太子太保任城王澄数为肇所谮，惧不自全，乃终日酣饮，所为如狂，朝廷机要无所关豫。及世宗殂，肇拥兵于外，朝野不安。领军将军于忠与门下议，

免死。高颢是高祐的孙子。济州刺史高植率领州军攻打元愉有功，应该加封，但高植不接受，说："我家蒙受朝廷重恩，为国效劳，是本分中事，哪里还敢求赏？"高植是高肇的儿子。朝廷加封李平为散骑常侍。高肇及中尉王显向来厌恶李平，王显就弹劾李平在冀州隐藏截留叛党应输入官府的丁口，高肇上奏把李平从朝廷中除名。

十一年(512)春季正月丙辰(二十五日)，魏朝廷任命车骑大将军、尚书令高肇为司徒，清河王元怿为司空，广平王元怀进升封号为骠骑大将军，加仪同三司。高肇虽然位登三司，但自以为去掉了尚书令的要职，不高兴之意流露于脸色、言语之中，看到的人都嗤之以鼻。尚书右丞高绰、国子博士封轨，向来以方正刚直作为行事准则，等到高肇做了司徒，高绰前去送往迎来，封轨竟不去拜访高肇。高绰在高肇那里左顾右盼也不见封轨，就马上返回，叹息说："我平生自认为不失规矩，今天的举动，不如封轨太远了。"高绰是高允的孙子，封轨是封懿的族孙。

清河王元怿颇有才学声望，鉴于彭城元勰之祸的教训，因此设宴招待高肇，并对他说："天子的兄弟还有几人，差不多都给剪除了，以前王莽是个秃头，凭借渭阳的资本，就篡夺了汉室的天下。现在你是个驼背，也恐怕最终会成祸乱之端。"适逢天下大旱，高肇擅自释放囚徒，想以此笼络人心。元怿向魏宣武帝进言说："以前季氏超越名分在泰山祭祀，孔子对此愤慨，这确实是从君臣名分来考虑的，应该防微杜渐，不可以冒犯啊。减少膳食，释放囚徒，是陛下的事，现在由司徒去做，这哪里是人臣道义呢？明君失权于上，奸臣窃权于下，祸乱的根基，就在这里了。"宣武帝听后，笑而不答。

十四年(515)春季正月，魏宣武帝病故，太子元诩即位。之前，高肇专权，特别忌恨宗室中有声望的人，太子太保任城王元澄多次被高肇诬陷，害怕不能保全，就终日纵酒狂饮，行为像疯子一样，朝中的机要事务都不参与。等到宣武帝病故，高肇统军在外，朝廷内外都不安宁。领军将军于忠与门下省官员商议，

以肃宗幼，未能亲政，宜使太保高阳王雍入居西柏堂省决庶政，以任城王澄为尚书令，总摄百揆。奏皇后请即敕授。王显素有宠于世宗，恃势使威，为世所疾，恐不为澄等所容，与中常侍孙伏连等密谋寝门下之奏，矫皇后令，以高肇录尚书事，以显与勃海公高猛同为侍中。于忠等闻之，托以侍疗无效，执显于禁中，下诏削爵任。显临执呼冤，直阁以刀镮撞其掖下，送右卫府，一宿而死。庚申，下诏如门下所奏，百官总已听于二王，中外悦服。

二月庚辰，尊皇后为皇太后。魏主称名为书告哀于高肇，且召之还。肇承变忧惧，朝夕哭泣，至于羸悴。归至瀍涧，家人迎之，不与相见。辛巳，至阙下，衰服号哭，升太极殿尽哀。高阳王雍与于忠密谋，伏直寝邢豹等十馀人于舍人省下，肇哭毕，引入西庑，清河诸王皆窃言目之。肇入省，豹等扼杀之。下诏暴其罪恶，称肇自尽，自馀亲党悉无所问。削除职爵，葬以士礼。逮昏，于厕门出尸归其家。

魏于忠既居门下，又总宿卫，遂专朝政，权倾一时。

魏尚书裴植，自谓人门不后王肃，以朝廷处之不高，意常怏怏，表请解官隐嵩山。世宗不许，深怪之。及为尚书，志气骄满，每谓人曰："非我须尚书，尚书亦须我。"每入参议论，好面讥毁群官。又表征南将军田益宗，言："华、夷异类，不应在百世衣冠之上。"于忠、元昭见之切齿。

认为肃宗年幼，不能亲自主持政务，应该让太保高阳王元雍住进西柏堂处理一般事务，任命任城王元澄为尚书令，总揽朝廷各项政务。他们向皇后上报，请她当即下敕授职。王显一向得到宣武帝的宠信，依仗权势滥施淫威，被世人所痛恨，怕不被元澄等人所容，与中常侍孙伏连等密谋留滞门下省的奏议，伪造皇后的命令，任命高肇为录尚书事，王显与渤海公高猛同为侍中。于忠等听说这件事后，以服侍治疗皇上无效为名，在宫禁中抓住了王显，下诏剥夺他的爵位、官职。王显被捕时大呼冤枉，直阁用刀环撞击他的腋下，送到右卫府，一夜就死了。庚申（十六日），朝廷下令听从门下省的奏议，百官各安己职听命于二王，朝廷内外都高兴、信服。

二月庚辰（初七），北魏尊封皇后为皇太后。魏孝明帝称名道姓写信给高肇告哀，而且召他回朝。高肇对这一变故忧伤、惊恐，整日哭泣，以至于瘦弱憔悴。回到瀍涧，家里人迎接他，他不与家人相见。辛巳（初八），他来到皇宫前，穿着丧服，大声哭叫，登上太极殿致哀。高阳王元雍与于忠秘密商议，把直寝邢豹等十多人埋伏在舍人省下，高肇哀哭完，把他引入西殿，清河王等众王偷偷交谈，看着他。高肇进入舍人省，邢豹等人杀了他。朝廷下诏公开高肇的罪恶，说高肇是自杀的，除他以外的亲党都没有追究。又削去高肇的官职爵位，用士的礼节葬了他。到了黄昏，从侧门把高肇尸体运回他家。

北魏的于忠占据门下之职后，又总领宿卫之事，于是独揽朝廷政务，权倾一时。

北魏尚书裴植，自认为门第不在王肃之下，因为在朝廷里官位不高而常常怏怏不乐，向朝廷上表请求辞官隐居嵩山。宣武帝不同意，感到非常奇怪。等他做了尚书，志高气扬，常常对人说："不是我想做尚书，是尚书需要我来做。"他每次入宫议论政务，喜欢当面讥讽伤害各个官员。他还在荐举征南将军田益宗的表文中说："汉人、夷人族类不同，夷人不应位在百世衣冠的汉人之上。"于忠、元昭见了他都恨得咬牙切齿。

尚书左仆射郭祚，冒进不已，自以东宫师傅，列辞尚书，望封侯、仪同。诏以祚为都督雍岐华三州诸军事、征西将军、雍州刺史。

祚与植皆恶于忠专横，密劝高阳王雍使出之。忠闻之，大怒，令有司诬奏其罪。尚书奏："羊祉告植姑子皇甫仲达云：'受植旨，诈称被诏，帅合部曲欲图于忠。'臣等穷治，辞不伏引，然众证明昺，准律当死。众证虽不见植，皆言'仲达为植所使，植召仲达责问而不告列'。推论情状，不同之理不可分明，不得同之常狱，有所降减，计同仲达处植死刑。植亲帅城众，附从王化。依律上议，乞赐裁处。"忠矫诏曰："凶谋既尔，罪不当恕。虽有归化之诚，无容上议，亦不须待秋分。"八月乙亥，植与郭祚及都水使者杜陵韦隽皆赐死。隽，祚之昏家也。忠又欲杀高阳王雍，崔光固执不从，乃免雍官，以王还第。朝野冤愤，莫不切齿。

庚寅，魏以车骑大将军于忠为尚书令、特进，加仪同三司。

自郭祚等死，诏令生杀皆出于忠，王公畏之，重足胁息。太后既亲政，乃解忠侍中、领军、崇训卫尉，止为仪同三司、尚书令。后旬馀，太后引门下侍官于崇训宫，问曰："忠在端右，声望何如？"咸曰："不称厥任。"乃出忠为都督冀定瀛三州诸军事、征北大将军、冀州刺史。

尚书左仆射郭祚,被连续破格升职,郭祚自认为是太子的师傅,极力请辞尚书的职位,希望能够封侯,封开府仪同三司。朝廷颁下诏令,任命郭祚为都督雍岐华三州诸军事、征西将军、雍州刺史。

郭祚与裴植都厌恶于忠专横无道,秘密劝高阳王元雍让他离开朝廷。于忠知道这事后十分恼怒,命令有关部门向朝廷诬告郭祚、裴植有罪。尚书上奏说:"羊祉告发裴植的表弟皇甫仲达,称皇甫仲达说:'我受了裴植的命令,假称受圣上的旨令,率领部下想要图谋于忠。'臣等追究此事,他不肯服罪,但许多证据很清楚,按照法律应判死刑。许多证据虽然没有涉及裴植,但大家都说'皇甫仲达是受裴植唆使,裴植曾经召皇甫仲达来责问,但没有告发他'。按常理推测,看不出他们之间有什么不同,所以不能和其他案子那样,减轻他的罪责,我们认为应对裴植处以和皇甫仲达一样的死刑。另外,裴植曾经亲自率领全城人归附我王。我们根据条律,奏上我们的议论,请求您做出裁决。"于忠假传圣旨说:"罪行已经犯下,不能宽恕。虽然有过诚心归顺的举动,但不必再作议论,也不必等秋分过后再处死。"八月乙亥(初五),裴植和郭祚以及都水使者杜陵人韦隽都被赐死。韦隽是郭祚的亲家。于忠又想要杀高阳王元雍,崔光坚持不同意,于是免去元雍的官职,以封王的身份归回他的府第。朝廷内外都含冤忍愤,无不咬牙切齿。

庚寅(二十日),朝廷任命车骑大将军于忠为尚书令、特进,加仪同三司。

自从郭祚等人死后,朝廷发布诏令和生杀予夺之权,都掌握在于忠手里,王公都害怕他,人人蹑手蹑脚,敛声屏气。太后亲政后,解除了于忠侍中、领军、崇训卫尉的职务,只让他做仪同三司、尚书令。过了十几天,太后召门下侍官到崇训宫,问道:"于忠在尚书省的声望怎么样?"大家都说:"他不合适担任此职。"于是就让于忠出朝担任都督冀、定、瀛三州诸军事,征北大将军,冀州刺史。

初，魏于忠用事，自言世宗许其优转，太傅雍等皆不敢违，加忠车骑大将军。忠又自谓新故之际有定社稷之功，讽百僚令加己赏，雍等议封忠常山郡公。忠又难于独受，乃讽朝廷，同在门下者皆加封邑。雍等不得已复封崔光为博平县公，而尚书元昭等上诉不已。太后敕公卿再议，太傅怿等上言："先帝升遐，奉迎乘舆，侍卫省闼，乃臣子常职，不容以此为功。臣等前议授忠茅土，正以畏其威权，苟免暴戾故也。若以功过相除，悉不应赏，请皆追夺。"崔光亦奉送章绶茅土，表十馀上，太后从之。

高阳王雍上表自劾，称："臣初入柏堂，见诏旨之行一由门下，臣出君行，深知不可而不能禁。于忠专权，生杀自恣，而臣不能违。忠规欲杀臣，赖在事执拒。臣欲出忠于外，在心未行，返为忠废。忝官尸禄，孤负恩私，请返私门，伏听司败。"太后以忠有保护之功，不问其罪。

十五年春二月，魏中尉元匡奏弹于忠："幸国大灾，专擅朝命，裴、郭受冤，宰辅黜辱。又自矫旨为仪同三司、尚书令，领崇训卫尉。原其此意，欲以无上自处。既事在恩后，宜加显戮。请遣御史一人，就州行决。自去岁世宗晏驾以后，皇太后未亲览以前，诸不由阶级，或发门下诏书，或由中书宣敕，擅相拜授者，已经恩宥，正可免罪，并宜追夺。"太后令曰："忠已蒙特原，无宜追罪，馀如奏。"

先前,北魏于忠专权管事,自称宣武帝答允加封他,太傅元雍等都不敢违背,加封于忠为车骑大将军。于忠又自以为在新君接替之际有安定国家的功劳,婉言提示百官加给他奖赏,元雍等商议加封于忠为常山郡公。于忠又不敢独享,就劝说朝廷给同在门下省的官员都增加封地。元雍等不得已,又加封崔光为博平县公,但尚书元昭等不断上书投诉。胡太后就命大臣们再次商议,太傅元怿等上书说:"先帝升天,迎接新主,侍奉保卫,本是臣子的正常职责,不应把这当作功劳。臣下我等从前商议授予于忠封地,只是因为畏惧他的威风和权势,暂且避免残害。如果把功劳与过失相抵,全不应该奖赏,请全部追还封赏。"崔光也送还了封地和印章,表文上呈了十几份,太后接受了。

高阳王元雍上书弹劾自己,说:"臣下初入柏堂时,看到圣上的诏书旨令都由门下省做主,臣下做出国君的行为,我深知这不应该却又不能禁止。于忠专权独断,随意生杀予夺,大臣们不敢违抗。于忠一心想杀掉我,幸亏主持事务的崔光坚持拒绝。我想把于忠逐出宫外,刚有这个念头还未行动,反被于忠免去官职。我不理政务而空食俸禄,辜负了圣上对我的恩惠,请求返回家里,听候官司处置。"太后因为于忠有过保护她的功劳,没有追究于忠的罪过。

十五年(516)春季二月,北魏中尉元匡上奏弹劾于忠说:"他借国家灾难谋利,独揽政权,使裴植、郭祚蒙受冤屈,宰相受罢黜侮辱。他又自己伪造圣旨当了仪同三司、尚书令,还兼任崇训卫尉。推究他这样做的意思,是眼里没有皇上,想自处其位。既然事件发生在大赦以后,理应斩首。请求派一位御史到州里去执行处决。自去年世宗去世以后,到皇太后没有亲政以前这段时间,很多事情都不按规定办理,有时由门下省颁发诏书,有时由中书省宣布敕令,擅自相互封官拜爵,已经受到国恩宽宥的,确可以免罪,但应该追回封拜的官爵。"皇太后下令说:"于忠已经受到特旨宽恕,不宜再去追究他的罪责,其余都听从你的意见。"

　　夏四月,魏胡太后追思于忠之功,曰:"岂宜以一谬弃其馀勋。"复封忠为灵寿县公。

　　十七年春三月辛未,魏灵寿武敬公于忠卒。

夏季四月,北魏胡太后回忆于忠的功劳,说:"怎么能以一点错误而不承认他的其他功勋。"重新封于忠为灵寿县公。

十七年(518)三月辛未(十六日),北魏灵寿武敬公于忠去世。

邢峦寇巴西

　　梁武帝天监四年。初,谯国夏侯道迁以辅国将军从裴叔业镇寿阳,为南谯太守,与叔业有隙,单骑奔魏。魏以道迁为骁骑将军,从王肃镇寿阳,使道迁守合肥。肃卒,道迁弃戍来奔,从梁、秦二州刺史庄丘黑镇南郑,以道迁为长史,领汉中太守。黑卒,诏以都官尚书王珍国为刺史,未至,道迁阴与军主考城江悦之等谋降魏。

　　先是,魏仇池镇将杨灵珍叛魏来奔,朝廷以为征虏将军、假武都王,助戍汉中,有部曲六百馀人,道迁惮之。上遣左右吴公之等使南郑,道迁杀使者,发兵击灵珍父子,斩之,并使者首送于魏。白马戍主尹天宝闻之,引兵击道迁,败其将庞树,遂围南郑。道迁求救于氐王杨绍先、杨集起、杨集义,皆不应,集义弟集朗引兵救道迁,击天宝,杀之。魏以道迁为平南将军、豫州刺史、丰县侯。又以尚书邢峦为镇西将军、都督征梁汉诸军事,将兵赴之。道迁受平南,辞豫州,且求公爵,魏主不许。

刑峦寇巴西

　　梁武帝天监四年(505)。当初,谯国人夏侯道迁以辅国将军的身份跟从裴叔业镇守寿阳,担任南谯太守,与裴叔业闹矛盾,独自一人骑马投奔了北魏。北魏任命他为骠骑将军,随王肃镇守寿阳,又让夏侯道迁驻守合肥。王肃去世,夏侯道迁丢弃戍守之地投奔梁朝,跟随梁、秦二州刺史庄丘黑镇守南郑,朝廷任命夏侯道迁为长史,兼汉中太守。庄丘黑去世后,朝廷诏令任命都官尚书王珍国为刺史,没有就任,夏侯道迁暗中与军主考城人江悦之等商议投降北魏。

　　在此之前,北魏镇守仇池的将领杨灵珍反叛北魏来投奔梁朝,梁朝任命他为征虏将军、假武都王,让他协助戍守汉中,有部下六百多人,夏侯道迁很害怕他。梁武帝派遣贴身心腹吴公之等人出使南郑,夏侯道迁便杀了使者,发兵进攻杨灵珍父子,斩杀了他们,把他们和使者的首级一并送到北魏。白马戍主尹天宝听说这一消息以后,带兵进攻夏侯道迁,击败了夏侯道迁的部将庞树,顺势包围了南郑。夏侯道迁向氐王杨绍先、杨集起、杨集义求救,都不理睬他,只有杨集义的弟弟杨集朗带兵救援夏侯道迁,进攻尹天宝,杀了他。北魏任命夏侯道迁为平南将军、豫州刺史、丰县侯。又任命尚书邢峦为镇西将军、都督征梁汉诸军事,率兵前去赴任。夏侯道迁接受了平南将军一职,辞去豫州刺史之职,还要求封为公爵,魏宣武帝没有准许。

春二月，魏邢峦至汉中，击诸城戍，所向摧破。晋寿太守王景胤据石亭，峦遣统军李义珍击走之。魏以峦为梁、秦二州刺史。巴西太守庞景民据郡不下，郡民严玄思聚众自称巴州刺史，附于魏，攻景民，斩之。杨集起、集义闻魏克汉中而惧，闰月，帅群氐叛魏，断汉中粮道，峦屡遣军击破之。

夏四月，冠军将军孔陵等将兵二万戍深杭，鲁方达戍南安，任僧褒等戍石同，以拒魏。邢峦遣统军王足将兵击之，所至皆捷，遂入剑阁。陵等退保梓潼，足又进击，破之。梁州十四郡地，东西七百里，南北千里，皆入于魏。

初，益州刺史当阳侯邓元起以母老乞归，诏征为右卫将军，以西昌侯渊藻代之。渊藻，懿之子也。夏侯道迁之叛也，尹天宝驰使报元起。及魏寇晋寿，王景胤等并遣告急。众劝元起急救之，元起曰："朝廷万里，军不猝至，若寇贼侵淫，方须扑讨，董督之任，非我而谁，何事匆匆救之！"诏假元起都督征讨诸军事，救汉中，而晋寿已陷。萧渊藻将至，元起营还装，粮储器械，取之无遗。渊藻入城，恨之，又求其良马，元起曰："年少郎子，何用马为！"渊藻恚，因醉，杀之。元起麾下围城，哭，且问故，渊藻曰："天子有诏。"众乃散。遂诬以反，上疑焉。元起故吏广汉罗研诣阙讼之，上曰："果如我所量也。"使让渊藻曰："元起为汝报仇，汝为仇报仇，忠孝之道如何！"乃贬渊藻号为冠军将军，

春季二月，北魏的邢峦到达汉中，对各个城堡发起进攻，所向无敌，无坚不摧。晋寿太守王景胤占据石亭，邢峦派遣统军李义珍打跑了他。北魏任命邢峦为梁秦二州刺史。巴西太守庞景民占据巴西郡城，久守不下，郡中百姓严玄思聚众自封巴州刺史，依附北魏，进攻庞景民，把他斩杀。杨集起、杨集义得知魏军攻克汉中后害怕了，于闰月率领氐族部众叛魏，断绝了汉中的粮道，邢峦多次派军队打败了他们。

夏季四月，冠军将军孔陵等率兵两万守卫深杭，鲁方达守卫南安，任僧褒等守卫石同，以抗拒魏军。邢峦派遣统军王足率兵攻击他们，所到之处，连战皆胜，于是进入了剑阁。孔陵等人退守梓潼，王足又进攻，打败了他们。梁州十四郡的土地，东西七百里，南北千里，都归入魏国的版图。

当初，益州刺史当阳侯邓元起因为母亲年老而乞求返回故里，朝廷下诏征调他为右卫将军，另以西昌侯萧渊藻取代他的益州刺史职务。萧渊藻是萧懿的儿子。夏侯道迁反叛朝廷时，尹天宝派遣使者快马通报邓元起。等到北魏进犯晋寿，王景胤等一并派遣使者前来告急。大家都劝邓元起急速前去救援，邓元起却说："朝廷离这里十分遥远，军队不会很快到来，如寇贼进一步侵犯，才需前去扑灭讨伐，而督帅之任，除了我还能有谁，现在何必匆匆忙忙前去救援呢？"朝廷下诏授予邓元起都督征讨诸军事，救援汉中，但这时晋寿已经陷落。萧渊藻将要到达，邓元起营治返回时的行装，把粮资储备和各种兵械取走一空。萧渊藻入城以后，对此怀恨在心，又向邓元起索要良马，邓元起说："年轻小伙子，你要马干什么！"萧渊藻十分恼怒，趁酒醉之机杀了邓元起。邓元起的部下包围了城池，大哭，而且问萧渊藻为什么杀了他们的主帅，萧渊藻说："天子有诏令。"邓元起的部众才散去。于是，萧渊藻就诬告邓元起谋反，武帝对此怀疑。邓元起的老部下广汉人罗研来到朝廷告状，武帝说："果然像我想的那样。"于是派了使者去责怪萧渊藻说："邓元起为你报了仇，你却为仇人报仇，你的忠孝之道哪里去了？"就把萧渊藻贬为冠军将军，

赠元起征西将军，谥曰忠侯。

> 李延寿论曰：元起勤乃胥附，功惟辟土，劳之不图，祸机先陷。冠军之贬，于罚已轻，梁之政刑，于斯为失，私戚之端，自斯而启。年之不永，不亦宜乎！

益州民焦僧护聚众数万作乱，萧渊藻年未弱冠，集僚佐议自击之。或陈不可，渊藻大怒，斩于阶侧。乃乘平肩舆巡行贼垒，贼弓乱射，矢下如雨，从者举楯御矢，渊藻命去之。由是人心大安，击僧护等，皆平之。

秋八月庚戌，秦、梁二州刺史鲁方达与魏王足统军纪洪雅、卢祖迁战，败，方达等十五将皆死。壬子，王景胤等又与祖迁战，败，景胤等二十四将皆死。

冬十一月，魏王足围涪城，蜀人震恐，益州城戍降魏者什二三，民自上名籍者五万馀户。邢峦表于魏主，请乘胜取蜀，以为："建康、成都，相去万里，陆行既绝，惟资水路，水军西上，非周年不达，益州外无军援，一可图也。顷经刘季连反，邓元起攻围，资储空竭，吏民无复固守之志，二可图也。萧渊藻裙屐少年，未洽治务，宿昔名将，多见囚戮，今之所任，皆左右少年，三可图也。蜀之所恃，唯在剑阁，今既克南安，已夺其险，据彼境内，三分已一；自南安向涪，方轨无碍，前军累败，后众丧魄，四可图也。渊藻是萧衍骨肉至亲，

追赠邓元起为征西将军,谥号为忠侯。

唐朝李延寿评论说:邓元起做事勤勉,军民归附,开辟疆土,功不可没,劳而不图,祸在其中。萧渊藻因私忿而杀人,只贬为冠军将军,惩罚太轻,梁朝的政治、刑律,在此出现大的失误,从此开启了朝廷庇护私戚的弊端。梁朝短命而亡,不也是应该的吗?

益州百姓焦僧护聚集数万人作乱,萧渊藻年纪还不到二十岁,召集左右僚佐商议亲自去进攻焦僧护。有人认为不可,萧渊藻勃然大怒,把进言的人斩于庭阶的旁边。于是萧渊藻乘坐平肩舆,到反贼的营垒边巡行,反贼的弓箭乱射,箭如雨下,随从的人举着盾牌为他挡箭,萧渊藻命令把盾牌拿去。人心因此大安,进攻焦僧护等,都平定了。

秋季八月庚戌(十二日),梁朝秦、梁二州刺史鲁方达与北魏王足手下的统军纪洪雅、卢祖迁交战,战败,鲁方达等十五位将领都战死了。壬子(十四日),王景胤等人又与卢祖迁交战,战败,王景胤等二十四位将领都战死了。

冬季十一月,北魏的王足包围了涪城,蜀人震惊恐惧,益州的城堡十有二三投降了北魏,百姓自动上报名籍的有五万多户。邢峦向魏宣武帝上表,请求乘胜占取蜀地,认为:"建康与成都相距遥远,陆路已经阻断,只靠水路交通,但水军西来救援,非得花一年时间才能到达,益州外无援军,这是可以占取蜀地的第一点理由。蜀地前不久经历了刘季连反叛,邓元起攻打围困的事,物资储备空竭,官吏百姓都失去了固守的信心,这是蜀地可以攻取的第二点理由。萧渊藻不过是一个衣饰华丽的少年,不懂治理的实际事务,久经沙场的名将,大多被囚禁杀死了,现在他所任命的,都是他左右亲近的少年,这是蜀地可以攻取的第三点理由。蜀地所依恃的,只有剑阁,现在我们既然攻克了南安,已经夺取了险要之地,占据了他们三分之一的地盘;从南安向涪州,交通行军没有妨碍,蜀地前军既已屡战屡败,后面的就闻风丧胆,这是蜀地可以攻取的第四点理由。萧渊藻是萧衍的骨肉至亲,

必无死理,若克涪城,渊藻安肯城中坐而受困,必将望风逃去;若其出斗,庸、蜀士卒驽怯,弓矢寡弱,五可图也。臣内省文吏,不习军旅,赖将士竭力,频有薄捷,既克重阻,民心怀服,瞻望涪、益,旦夕可屠,正以兵少粮匮,未宜前出,今若不取,后图便难。况益州殷实,户口十万,比寿春、义阳,其利三倍。朝廷若欲进取,时不可失;若欲保境宁民,则臣居此无事,乞归侍养。"魏主诏以:"平蜀之举,当更听后敕,寇难未夷,何得以养亲为辞!"峦又表称:"昔邓艾、锺会帅十八万众,倾中国资储,仅能平蜀,所以然者,斗实力也。况臣才非古人,何宜以二万之众而希平蜀?所以敢者,正以据得要险,士民慕义,此往则易,彼来则难,任力而行,理有可克。今王足已逼涪城,脱得涪,则益州乃成擒之物,但得之有早晚耳。且梓潼已附,民户数万,朝廷岂可不守?又剑阁天险,得而弃之,良可惜矣。臣诚知战伐危事,未易可为。自军度剑阁以来,鬓发中白,日夜战惧,何可为心。所以勉强者,既得此地而自退不守,恐负陛下之爵禄故也。且臣之意算,正欲先取涪城,以渐而进。若得涪城,则中分益州之地,断水陆之冲,彼外无援军,孤城自守,何能复持久哉!臣今欲使军军相次,声势连接,先为万全之计,然后图功,得之则大利,不得则自全。又巴西、南郑相距千四百里,去州迢遰,恒多扰动。

必定不会有死在这里的道理，如果攻克涪城，萧渊藻怎么肯守在城中坐而受困，必定会望风而逃离；如果他出战，他手下的庸、蜀之地的士卒笨劣而胆怯，弓箭缺少而无力，这是蜀地可以攻取的第五点理由。我本是内廷的文职官员，不熟悉军旅之事，依靠将士们尽心竭力，以致常有一些小胜仗报告您，现在已经攻克重险，民心归顺，观望涪、益两城，不用多少时间就可以杀入，只是因为兵少粮缺，不宜前去攻打，今天如不攻取，以后再想夺取就难了。况且益州富裕，户口十万，比起寿春、义阳，获利高出三倍。朝廷如果要攻取，时不可失；如果想保守地盘安宁百姓，那么我就无事可做，乞求回家侍奉双亲。"魏宣武帝下诏说："平定蜀地的行动，你应当听取敕令，现在寇难还未平定，怎么能以侍养双亲为由引退呢？"邢峦又上表说："以前邓艾、锺会率领十八万大军，倾用了中原的资财储备，才能平定蜀地，之所以如此，双方是斗实力。何况我的才能比不上古人，怎么能靠两万兵力而指望平定蜀地呢？之所以敢这样做，正因为占据了险要地势，士民都倾慕我军之义，我们由此进军就容易，他们来抵挡就困难，根据力量来行事，理应可以攻克。现在王足已经逼近涪城，假如占领涪城，那么益州就成了囊中之物，只是得到手中有早晚之别罢了。而且梓潼已经归附，有百姓数万，朝廷岂能不加防守？另外，剑阁天险，得到了再放弃，实在可惜啊。我诚然知道征战讨伐是件危险的事，不是轻易可以做的。自从我军越过剑阁以来，我的鬓发已经花白，日夜紧张不安，心情难以忍受。之所以努力支撑着，只是因为考虑到既然已经得到了这里而又自动撤退不加守卫，恐怕有负于陛下给予的爵位俸禄。而且臣下我的打算，正是要先攻取涪城，然后渐次推进。如果得到涪城，就可以把益州分成两半，截断水陆交通，他们没有外面部队的救援，以孤城自守，又怎么能持久呢！臣下我现在想让各支部队相次推进，前后连续，互相声援，首先做到万无一失，然后博得成功，如果能得到蜀地的话自然大吉大利，得不到也可做到自我保全。另外，巴西、南郑相距一千四百里，离州城遥远，经常发生骚动。

昔在南之日，以其统绾势难，曾立巴州，镇静夷獠，梁州藉利，因而表罢。彼土民望，严、蒲、何、杨，非唯一族，虽率居山谷，而豪右甚多，文学风流，亦爲不少。但以去州既远，不获仕进，至于州纲，无由厕迹，是以郁快，多生异图。比道迁建义之始，严玄思自号巴州刺史，克城以来，仍使行事。巴西广袤千里，户馀四万，若于彼立州，镇摄华獠，则大帖民情，从垫江已还，不劳征伐，自为国有。"魏主不从。

先是，魏主以王足行益州刺史。上遣天门太守张齐将兵救益州，未至，魏主更以梁州军司泰山羊祉为益州刺史。王足闻之，不悦，辄引兵还，遂不能定蜀。久之，足自魏来奔。邢峦在梁州，接豪右以礼，抚小民以惠，州人悦之。峦之克巴西也，使军主李仲迁守之。仲迁溺于酒色，费散兵储，公事谘承，无能见者，峦忿之切齿。仲迁惧，谋叛，城人斩其首，以城来降。

五年春正月，杨集义围魏关城，邢峦使建武将军傅竖眼讨之，集义逆战，击破之，乘胜逐北。壬申，克武兴，执杨绍先，送洛阳。杨集起、杨集义亡走，遂灭其国，以为武兴镇，又改为东益州。

杨集起兄弟相率降魏。

以前属于南朝时,由于这里难以统辖管理,曾经设立巴州,统制夷獠,梁州借利,所以上表请求罢撤了巴州。这个地方的大户人家有严、蒲、何、杨,不止一族,虽然大都居于山谷之中,但豪强大族很多,文学风流人士也为数不少。但因距离州城很远,不能获得仕进的机会,甚至州里的差吏,也无法跻身其中,因此郁郁寡欢,不少人生出异图之心。到夏侯道迁举起义旗之初,严玄思自称巴州刺史,攻克州城以后,仍然由他主持事务。巴西广袤千里,户口还馀下四万,如果在这里设置州,震慑华、獠,就可以大大的安贴民心,从垫江以西,不用劳驾我们征伐,自然成为我国所有了。"魏宣武帝没有听从邢峦的意见。

在此之前,北魏宣武帝任命王足代理益州刺史。梁武帝派遣天门太守张齐率兵救援益州,还没到达,北魏宣武帝又任命梁州军司泰山人羊祉为益州刺史。王足得知这事后,很不高兴,就带兵返回了,于是就没能平定蜀地。许久之后,王足从北魏投奔了梁朝。邢峦在梁州,对当地豪族以礼相待,对百姓抚以恩惠,州中人士都很喜欢他。邢峦攻克巴西,让军主李仲迁镇守。李仲迁沉溺于饮酒和女色,挪用耗费军费,公事需要向他请示或询问,总看不到他的人影,邢峦气得咬牙切齿。李仲迁害怕了,图谋叛乱,城中人砍下他的头,献城投降了梁朝。

五年(506)春季正月,杨集义包围了北魏的关城,邢峦让建武将军傅竖眼讨伐他,杨集义迎战,傅竖眼打败了杨集义,并乘胜追击。壬申(初六),攻克了武兴,活捉杨绍先,送往洛阳。杨集起、杨集义逃走,于是灭掉了他们建立的国家,改为武兴镇,又改为东益州。

杨集起兄弟一起向北魏投降。

梁魏争淮堰

梁武帝天监十二年夏五月,寿阳久雨,大水入城,庐舍皆没。魏扬州刺史李崇勒兵泊于城上,水增未已,乃乘船附于女墙,城不没者二板。将佐劝崇弃寿阳保北山,崇曰："吾忝守藩岳,德薄致灾,淮南万里,系于吾身,一旦动足,百姓瓦解,扬州之地,恐非国物,吾岂爱一身,取愧王尊!但怜此士民无辜同死,可结筏随高,人规自脱,吾必与此城俱没,幸诸君勿言!"

扬州治中裴绚帅城南民数千家泛舟南走,避水高原,谓崇还北,因自称豫州刺史,与别驾郑祖起等送任子来请降。马仙琕遣兵赴之。

崇闻绚叛,未测虚实,遣国侍郎韩方兴单舸召之。绚闻崇在,怅然惊恨,报曰:"比因大水颠狈,为众所推。今大计已尔,势不可追,恐民非公民,吏非公吏,愿公早行,无犯将士。"崇遣从弟宁朔将军神等将水军讨之,绚战败,神

梁魏争淮堰

梁武帝天监十二年(513)夏季五月,寿阳下了很久的雨,大水进城,房舍全都淹没。魏扬州刺史李崇带兵驻于城墙上,水不断往上涨,于是乘船到了女墙上,城墙只差两板宽没有淹没。将佐们都劝李崇放弃寿阳退守北山,李崇说:"我受朝廷之命镇守一方之地,因仁德不够招致水灾,淮南万里之地,安危系在我一人身上,我如果一有动作,百姓就会溃散,扬州也不属我国所有了,我岂能爱惜自己一人而做有愧于先贤王尊的事!我只是怜悯这里的绅士百姓们要无辜地与我同死,可以让他们扎筏子乘坐随水浮升,脱身去求生路,我必定要与此城共存亡,希望大家不要说了。"

扬州治中裴绚带领城南百姓几千家乘船向南逃跑,到高地上躲避水灾,裴绚认为李崇已经回北方了,因此就自称豫州刺史,与别驾郑祖起等人把人质送到梁朝请求投降。马仙琕派遣部队前去接应。

李崇听说裴绚叛变的消息,不了解虚实,就派遣国侍郎韩方兴单人乘船去召裴绚。裴绚听说李崇还在,怅然吃惊悔恨,回答说:"近来因为大水肆横,十分困难,被大家所推举。现在木已成舟,不可挽回了,恐怕这里的百姓不是你治下的百姓了,官吏也不是你手下的官吏了,希望你早日返回,不要冒犯将士们。"李崇派遣堂弟宁朔将军李神等人率领水军讨伐裴绚,裴绚战败,李神

追拔其营。绚走,为村民所执,还,至尉升湖,曰:"吾何面见李公乎!"乃投水死。绚,叔业之兄孙也。郑祖起等皆伏诛。崇上表以水灾求解州任,魏主不许。

崇沈深宽厚,有方略,得士众心。在寿春十年,常养壮士数千人,寇来无不摧破,邻敌谓之"卧虎"。上屡设反间以疑之,又授崇车骑大将军、开府仪同三司、万户郡公,诸子皆为县侯。而魏主素知其忠笃,委信不疑。

十三年冬十月,魏降人王足陈计,求堰淮水以灌寿阳,上以为然,使水工陈承伯、材官将军祖暅视地形,咸谓:"淮内沙土漂轻不坚实,功不可就。"上弗听,发徐、扬民率二十户取五丁以筑之。假太子右卫率康绚都督淮上诸军事,并护堰作于钟离。役人及战士合二十万,南起浮山,北抵巉石,依岸筑土,合脊于中流。

十四年春三月,魏左仆射郭祚表称:"萧衍狂悖,谋断川渎,役苦民劳,危亡已兆。宜命将出师,长驱扑讨。"魏诏平南将军杨大眼督诸军镇荆山。夏四月,浮山堰成而复溃。或言蛟龙能乘风雨破堰,其性恶铁,乃运东、西冶铁器数千万斤沉之,亦不能合。乃伐树为井干,填以巨石,加土其上。缘淮百里内木石无巨细皆尽,负檐者肩上皆穿,夏日疾疫,死者相枕,蝇虫昼夜声合。

秋九月,左游击将军赵祖悦袭魏西硖石,据之以逼寿阳。更筑外城,徙缘淮之民以实城内。将军田道龙等散攻诸戍,魏扬州刺史李崇分遣诸将拒之。癸亥,魏遣假镇南将军

追击，攻克了他的军营。裴绚逃走，被村民抓住，押回到尉升湖，裴绚说："我有什么脸面见李公！"于是投水自尽。裴绚是裴叔业哥哥的孙子。郑祖起等都伏法被杀。李崇向朝廷上表，因水灾请求解除自己州刺史的职位，魏宣武帝不准许。

李崇性格深沉宽厚，有谋略，很得士卒之心。他在寿春住了十年，经常养着几千壮士，贼寇来犯无不被他击败，邻近的敌国梁朝把他叫作"卧虎"。梁武帝多次设反间计以便让北魏对他产生怀疑，又授予李崇车骑大将军、开府仪同三司、万户郡公，他的几个儿子都被封为县侯。而魏宣武帝一向知道李崇忠诚老实，对他深信不疑。

十三年（514）冬季十月，北魏降将王足献上计策，请求拦截淮水淹灌寿阳，梁武帝同意了，命令水工陈承伯、材官将军祖暅视察地形，都说："淮水中沙土松轻不坚实，不能堵截。"武帝不听，征调徐、扬百姓，每二十户征取五丁以筑堰堵截。授予太子右卫率康绚都督淮上诸军事，并且在钟离看护筑堰工程。筑堰的民夫与兵士共二十万，南起浮山，北达巉石，靠河岸筑土，到中流合龙。

十四年（515）春季三月，北魏左仆射郭祚上表称："萧衍狂妄无道，想截断川流沟渠，以致劳役繁苦，百姓疲劳，危亡的迹象已经显现出来。应当命令将军带兵出战，长驱讨伐敌军。"北魏朝廷下诏命令平南将军杨大眼督诸军镇守荆山。夏季四月，浮山堰筑成但又溃散。有人说蛟龙能乘风雨冲坏水堰，它本性厌恶铁，于是就运来东西方几千万斤冶铁器沉入淮水，水堰也不能合龙。于是又伐木做成井栏，填入大石头，再加上泥土。淮河沿岸百里内的树木石头无论大小都被用光，扛担的人肩膀都被磨烂了，夏天疫病流行，死尸相迭，遍地都是，苍蝇虫子日夜聚合鸣叫。

秋季九月，梁朝左游击将军赵祖悦在西硖石袭击魏军，占据西硖石以威逼寿阳。还筑了外城，将淮河周围的百姓迁入充实内城。将军田道龙等人分散攻打魏军的各个营寨，北魏扬州刺史李崇分派各将领抵拒。癸亥（二十三日），北魏派遣假镇南将军

崔亮攻西硖石,又遣镇东将军萧宝寅决淮堰。

冬十二月己酉,魏崔亮至硖石,赵祖悦逆战而败,闭城自守,亮进围之。

是冬,寒甚,淮、泗尽冻,浮山堰士卒死者什七八。

十五年春正月,魏崔亮攻硖石未下,与李崇约水陆并进,崇屡违期不至。胡太后以诸将不壹,乃以吏部尚书李平为使持节、镇军大将军兼尚书右仆射,将步骑二千赴寿阳,别为行台,节度诸军,如有乖异,以军法从事。萧宝寅遣轻车将军刘智文等渡淮,攻破三垒。二月乙巳,又败将军垣孟孙等于淮北。李平至硖石,督李崇、崔亮等刻日水陆进攻,无敢乖互,战屡有功。

上使左卫将军昌义之将兵救浮山,未至,康绚已击魏兵,却之。上使义之与直阁王神念溯淮救硖石。崔亮遣将军博陵崔延伯守下蔡,延伯与别将伊瓮生夹淮为营。延伯取车轮去辋,削锐其辐,两两接对,揉竹为絙,贯连相属,并十馀道,横水为桥,两头施大鹿卢,出没随意,不可烧斫。既断赵祖悦走路,又令战舰不通,义之、神念屯梁城不得进。李平部分水陆攻硖石,克其外城。乙丑,祖悦出降,斩之,尽俘其众。

胡太后赐崔亮书,使乘胜深入。平部分诸将,水陆并进,攻浮山堰。亮违平节度,以疾请还,随表辄发。平奏处亮死刑,太后令曰:"亮去留自擅,违我经略,虽有小捷,岂免大咎!但吾摄御万机,庶几恶杀,可特听以功补过。"魏师遂还。

崔亮进攻西硖石,又派镇东将军萧宝寅去掘开淮河水堰。

冬季十二月己酉(十七日),魏将崔亮抵达硖石,赵祖悦迎战失利,关闭城门自守,崔亮进而包围了他们。

这年冬天十分寒冷,淮河、泗水都结了冰,浮山堰的士兵死了十分之七八。

十五年(516)春季正月,魏将崔亮攻打硖石没能攻下,与李崇相约水陆并进,李崇多次违反约定没有按时来。胡太后因为诸将不能统一行动,就任命吏部尚书李平为使持节、镇军大将军兼尚书右仆射,率领步兵、骑兵两千人前往寿阳,另设行台,指挥调度各支部队,如果有人不服从,就用军法来处置。萧宝寅派遣轻车将军刘智文等渡过淮河攻破了三座营垒。二月乙巳(初八),又在淮河北部打败了将军垣孟孙等。李平抵达硖石,督促李崇、崔亮等即刻水陆并进,没人敢违抗命令,作战多次获胜。

梁武帝派遣左卫将军昌义之率军去救援浮山,还没到达,康绚已击退了魏军。梁武帝派昌义之与直阁王神念逆淮河而上营救硖石。崔亮派遣将军博陵人崔延伯驻守下蔡,崔延伯与副将伊瓮生在淮河两岸扎营。崔延伯把车轮的外周去掉,把轮辐削尖,每两辆车对接起来,用柔软的竹子作成竹索,连贯并列起来,十多辆车并在一起,横在水里作为水桥,两头设置大辘轳,使桥可以随意浮出水面、沉入水底,不能烧砍。这样既切断了赵祖悦的逃路,又使战船不能通行,昌义之、王神念驻在梁城不得进军。李平分派部队水陆并进攻打硖石,占领了硖石外城。乙丑(二十八日),赵祖悦出城投降,被杀,他的部下全被俘获。

胡太后赐给崔亮一封信,命令他趁着胜利的形势深入敌军。李平分派各将,水陆并进,攻打浮山堰。崔亮违抗李平的统制,以生病为借口请求撤回,上表刚送出就擅自返回了。李平上书要求对崔亮处以死刑,胡太后下令说:"崔亮擅自行动,违反了我的战略计划,虽然获得过小胜,怎么可以免除大的罪过!但我主持朝政,日理万机,有点讨厌杀戮,可按特例要他将功补过。"于是魏军退兵。

三月，魏论西硖石之功。辛未，以李崇为骠骑将军，加仪同三司；李平为尚书右仆射；崔亮进号镇北将军。亮与平争功于禁中，太后以亮为殿中尚书。

魏萧宝寅在淮堰，上为手书诱之，使袭彭城，许送其国庙及室家诸从还北，宝寅表上其书于魏朝。

夏四月，淮堰成，长九里，下广一百四十丈，上广四十五丈，高二十丈，树以杞柳，军垒列居其上。

或谓康绚曰："四渎，天所以节宣其气，不可久塞，若凿黎东注，则游波宽缓，堰得不坏。"绚乃开黎东注。又纵反间于魏曰："梁人所惧开黎，不畏野战。"萧宝寅信之，凿山深五丈，开黎北注，水日夜分流犹不减，魏军竟罢归。水之所及，夹淮方数百里。李崇作浮桥于硖石戍间，又筑魏昌城于八公山东南，以备寿阳城坏。居民散就冈垄。其水清澈，俯视庐舍冢墓，了然在下。

初，堰起于徐州境内，刺史张豹子宣言，谓己必掌其事，既而康绚以他官来监作，豹子甚惭。俄而敕豹子受绚节度，豹子遂谮绚与魏交通。上虽不纳，犹以事毕，征绚还。

秋八月，康绚既还，张豹子不复修淮堰。九月丁丑，淮水暴涨，堰坏，其声如雷，闻三百里，缘淮城戍村落十馀万口皆漂入海。初，魏人患淮堰，以任城王澄为上将军、大都督南讨诸军事，勒众十万，将出徐州来攻堰，尚书右仆射李平以为"不假兵力，终当自坏"。及闻破，太后大喜，赏平甚厚，澄遂不行。

三月,北魏朝廷为西硖石之战的将领论功行赏。辛未(初四),朝廷任命李崇为骠骑将军,加仪同三司;李平为尚书右仆射;崔亮进升镇北将军。崔亮与李平在宫中争夺功劳,胡太后任命崔亮为殿中尚书。

　　北魏萧宝寅驻扎在淮河堰上,梁武帝写亲笔信招诱他,让他偷袭彭城,答允送他的国庙及家室随从回北方,萧宝寅上表把梁武帝的手书交给了北魏朝廷。

　　夏季四月,淮河堰筑成,长九里,下宽一百四十丈,上宽四十五丈,高二十丈,种上杞柳,军营就分布驻守在堰上。

　　有人对康绚说:"四渎,是老天爷用来节制或宣泄他的气的,不能长久堵塞它,如果凿开渎水向东灌注,那么流水宽广,堰才能不坏掉。"康绚于是就凿开渎水东灌。又对魏使用反间计,说:"梁朝人怕的是凿开渎水,不怕陆战。"萧宝寅相信了,凿山深达五丈,掘开渎水向北灌注,水流日夜分流仍不减少,最终魏军撤军返回。水到之处,淮河两岸几百里内都遭淹没。李崇在硖石军营之间修筑浮桥,又在八公山东南修筑魏昌城,用来防备寿阳城遭破坏。居民们被疏散到高岗土垒上。水流清澈,向下俯视,水中的房屋坟墓十分清楚。

　　起初,淮河水堰从徐州境内建起,刺史张豹子宣称自己一定会掌管此事,不久康绚以其他官衔督造水堰,张豹子十分惭愧。不久朝廷又命张豹子接受康绚指挥,张豹子就诬告康绚与北魏交通。梁武帝虽没有听信,还是以水堰建成为由召康绚回朝。

　　秋季八月,康绚返回朝廷后,张豹子不再修理淮河水堰。九月丁丑(十三日),淮河水暴涨,水堰被冲坏,决堤声像雷鸣一样,三百里以内都听得到,淮河两岸的城镇、营寨、村庄有十多万人都漂落海中。当初,魏朝人担心淮河水堰危害他们,任命任城王元澄为上将军、大都督南讨诸军事,统领十万人马,将从徐州出兵来攻打水堰,尚书右仆射李平认为"不必动用兵力,水堰最终会自己毁坏"。等到听说水堰冲坏,胡太后大喜,重重地奖赏了李平,元澄于是就没有出兵。

元义幽后

梁武帝天监九年春三月丙戌,魏皇子诩生,大赦。诩母胡充华,临泾人,父国珍袭武始伯。充华初选入掖庭,同列以故事祝之曰:"愿生诸王、公主,勿生太子。"充华曰:"妾之志异于诸人,奈何畏一身之死而使国家无嗣乎!"及有娠,同列劝去之,充华不可,私自誓曰:"若幸而生男,次第当长,男生身死,所不憾也。"既而生诩。先是,魏主频丧皇子,年渐长,深加慎护,择良家宜子者以为乳保,养于别宫,皇后、充华皆不得近。

十一年冬十月乙亥,魏立皇子诩为太子,始不杀其母。

十二年秋八月,魏主幸东宫,以中书监崔光为太子少傅。

十四年春正月甲寅,魏主有疾。丁巳,殂于式乾殿。侍中中书监太子少傅崔光、侍中领军将军于忠、詹事王显、中庶子代人侯刚迎太子诩于东宫,即皇帝位。高后欲杀胡贵嫔,中给事谯郡刘腾以告侯刚,刚以告于忠。忠问计于崔光,

元义幽后

梁武帝天监九年（510）春季三月丙戌（十四日），魏皇子元诩出生，大赦天下。元诩的母亲胡充华是临泾人，胡充华的父亲胡国珍继承爵位为武始伯。胡充华最初被选入后宫之时，她的同伴按惯例为她祝告说："愿生下诸王、公主，不要生太子。"胡充华说："我的志向与你们不同，怎能害怕自己身死而让国家没有了继承人呢？"等她怀孕之后，同伴劝她打胎，胡充华不同意，私下里自己发誓说："如果有幸生下男孩，排行应该是长子，儿子生下我死去，没什么遗憾的。"不久生下了元诩。在此之前，魏宣武帝的皇子频繁死掉，宣武帝年纪大了，对元诩非常谨慎地护理，选择良家妇女中适宜带养孩子的作为奶妈，在别宫哺养元诩，皇后与胡充华都不得接近。

十一年（512）冬季十月乙亥（十八日），魏立皇子元诩为皇太子，并开了不杀其母的先例。

十二年（513）秋季八月，魏宣武帝到了东宫，任命中书监崔光为太子少傅。

十四年（515）春季正月甲寅（初十），魏宣武帝患病。丁巳（十三日），魏宣武帝在式乾殿去世。侍中、中书监、太子少傅崔光，侍中领军将军于忠，詹事王显，中庶子代地人侯刚到东宫迎接太子元诩去即皇帝位。高皇后想杀掉胡贵嫔，中给事谯郡人刘腾把这件事告诉了侯刚，侯刚告诉了于忠。于忠向崔光询问计策，

光使置贵嫔于别所,严加守卫,由是贵嫔深德四人。

二月庚辰,尊皇后为皇太后。己亥,尊胡贵嫔为皇太妃。三月甲辰朔,以高太后为尼,徙居金墉城瑶光寺,非大节庆,不得入宫。

秋八月丙子,魏尊胡太妃为皇太后,居崇训宫。于忠领崇训卫尉,刘腾为崇训太仆,加侍中,侯刚为侍中抚军将军。又以太后父国珍为光禄大夫。

魏江阳王继之子乂娶胡太后妹,以乂为通直散骑侍郎,乂妻为新平郡君,仍拜女侍中。群臣奏请皇太后临朝称制,九月乙未,灵太后始临朝听政。太后聪悟,颇好读书属文,射能中针孔,政事皆出手笔自决。加胡国珍侍中,封安定公。

十五年秋九月,魏胡太后数幸宗戚勋贵之家,侍中崔光表谏曰:"《礼》,诸侯非问疾吊丧而入诸臣之家,谓之君臣为谑。不言王后夫人,明无适臣家之义。夫人,父母在有归宁,没则使卿宁。汉上官皇后将废昌邑,霍光,外祖也,亲为宰辅,后犹御武帐以接群臣,示男女之别也。今帝族方衍,勋贵增迁,祗请遂多,将成彝式。愿陛下简息游幸,则率土属赖,含生仰悦矣。"

十七年秋八月,魏宦者刘腾,手不解书,而多奸谋,善揣人意。胡太后以其保护之功,累迁至侍中、右光禄大夫,遂干预政事,纳赂为人求官,无不效者。河间王琛,简之子也,为定州刺史,以贪纵著名,及罢州还,太后诏曰:

崔光让他把胡贵嫔安置到别的住所,严加守卫,胡贵嫔因为这件事深深感激这四个人。

二月庚辰(初七),魏尊封高皇后为皇太后。己亥(二十六日),尊封胡贵嫔为胡太妃。三月甲辰朔是初一,这天,让高太后去做尼姑,迁居到金墉城瑶光寺,如果不是大的节庆之日,不许入宫。

秋季八月丙子(初六),北魏尊封胡太妃为皇太后,让她居住在崇训宫。于忠兼任崇训宫卫尉,刘腾担任崇训太仆,加封侍中,侯刚担任侍中、抚军将军。朝廷又任命胡太后的父亲胡国珍为光禄大夫。

魏江阳王元继的儿子元义娶胡太后的妹妹为妻,魏朝廷让元义担任通直散骑侍郎,元义妻为新平郡君,还拜为女侍中。各位大臣请求太后临朝听政,九月乙未,胡太后开始临朝听政。胡太后聪颖、悟性好,很喜欢读书写作,射箭能射中针眼,政事都由她亲笔批阅决断。加封胡国珍为侍中,封为安定公。

十五年(516)秋季九月,魏胡太后多次临幸宗室亲戚及功臣贵族的家中,侍中崔光上表劝谏道:"《礼记》上说,诸侯如果不是慰问病人、凭吊死者而到诸臣的家里,就叫作君臣之间失礼戏谑。这里没有提到王后夫人,表明她们更没有到臣下家里去的道理。夫人,父母在时可以回家省亲问候,父母不在就派臣下去问候。汉朝的上官皇后将要废掉昌邑王,霍光是她的外祖父,担任宰相,皇后仍然悬挂武帐接见群臣,这是要显示男女有别啊。现在正处皇族繁衍兴盛之际,功臣贵族的升官封爵也增多了,向您请求的人多了起来,将要成为常规了。希望陛下停止出去探视,这样就天下归心,众生爱戴了。"

十七年(518)秋季八月,魏宦官刘腾,不知书,却又很有奸计,善于揣摩别人的心意。胡太后因他有保护自己的功劳,多次升迁他,直到侍中、右光禄大夫,于是干预政事,收纳贿赂为人求官,没有不达到目的的。河间王元琛,是元简的儿子,当定州刺史,以贪婪放纵著名,待他卸任刺史返回京城,胡太后下诏说:

"琛在定州，唯不将中山宫来，自馀无所不致，何可更复叙用！"遂废于家。琛乃求为腾养息，赂腾金宝巨万计。腾为之言于太后，得兼都官尚书，出为秦州刺史。会腾疾笃，太后欲及其生而贵之，九月癸未朔，以腾为卫将军，加仪同三司。

普通元年，魏太傅、侍中、清河文献王怿，美风仪，胡太后逼而幸之。然素有才能，辅政多所匡益，好文学，礼敬士人，时望甚重。侍中、领军将军元义在门下，兼总禁兵，恃宠骄恣，志欲无极，怿每裁之以法，义由是怨之。卫将军、仪同三司刘腾，权倾内外，吏部希腾意，奏用腾弟为郡，人资乖越，怿抑而不奏，腾亦怨之。龙骧府长史宋维，弁之子也，怿荐为通直郎，浮薄无行。义许维以富贵，使告司染都尉韩文殊父子谋作乱立怿。怿坐禁止，按验，无反状，得释。维当反坐，义言于太后曰："今诛维，后有真反者，人莫敢告。"乃黜维为昌平郡守。

义恐怿终为己害，乃与刘腾密谋，使主食中黄门胡定自列云："怿货定使毒魏主，若己得为帝，许定以富贵。"帝时年十一，信之。秋七月丙子，太后在嘉福殿，未御前殿，义奉帝御显阳殿，腾闭永巷门，太后不得出。怿入，遇义于含章殿后，义厉声不听怿入，怿曰："汝欲反邪？"义曰："义不反，正欲缚反者耳！"命宗士及直斋执怿衣袂，将入含章东省，使人防守之。腾称诏集公卿议，论怿大逆。众咸畏义，无敢异者，唯仆射新泰文贞公游肇抗言以为不可，终不下署。

"元琛在定州时，只没把中山宫带回来，其他没有不弄到手的，怎么能再任用呢！"于是让他闲置家中。元琛于是就请求成为刘腾的养子，贿赂刘腾的金子宝贝数以万计。刘腾在太后那里为他说话，他得以兼任都官尚书，外放做了秦州刺史。恰逢刘腾病重，胡太后想让他在活着时富贵，九月癸未是初一，这一天，任命刘腾为卫将军，加仪同三司。

普通元年(520)，魏太傅、侍中、清河文献王王元怿，风采仪表俱佳，胡太后逼他接受宠幸。但元怿素有才能，辅佐朝政有不少改正补益，爱好文学，对士人以礼相待，很有声望。侍中、领军将军元义在门下省做事，兼领禁兵，倚仗太后的宠幸骄纵放肆，欲望无限，元怿常用法律制裁他，元义因此怨恨他。卫将军、仪同三司刘腾，权倾朝野，吏部为讨得刘腾的欢心，奏请任用刘腾的弟弟为郡太守，因刘腾弟弟的资历不够，奏请被元怿压下，没有上报，刘腾因此也怨恨他。龙骧府长史宋维，是宋弁的儿子，元怿推荐他当了通直郎，但他是个轻薄无行的小人。元义许诺让他富贵，命他上告司染都尉韩文殊父子二人谋划作乱，想拥立元怿。元怿因此被监禁，经过查验，没有发现谋反的情况，被释放。宋维诬告反而应受惩罚，元义对太后说："现在杀了宋维，以后真有人谋反，谁也不敢报告了。"于是把宋维贬为昌平郡守。

元义担心元怿最终危害自己，就与刘腾密谋，让主食中黄门胡定自己供认说："元怿贿赂我，让我毒死皇上，他还说如果自己当了皇帝，答允让我荣华富贵。"魏孝明帝当时十一岁，相信了这些话。秋季七月丙子(初四)，胡太后在嘉福殿，没有到前殿来，元义侍奉孝明帝来到显阳殿，刘腾关闭了永巷门，胡太后不能出来。元怿入宫，在含章殿后遇到了元义，元义大声喝叫不让元怿进入，元怿说："你想造反吗？"元义说："我不造反，正想抓造反的人呢！"说完命令宗士及直斋揪住元怿的衣袖，将其送到含章东省，派人看守他。刘腾以皇上诏令的名义召集朝中公卿商议，讨论元怿的罪行。大家都畏惧元义，没人敢提出不同意见，只有仆射新泰文贞公游肇反驳说元怿不可能谋反，最终没有下笔签名。

乂、腾持公卿议入奏，俄而得可，夜中杀怿。于是诈为
太后诏，自称有疾，还政于帝。幽太后于北宫宣光殿，宫门
昼夜长闭，内外断绝，腾自执管籥，帝亦不得省见，裁听传
食而已。太后服膳俱废，不免饥寒，乃叹曰："养虎得噬，我
之谓矣。"乂使中常侍酒泉贾粲侍帝书，密令防察动止。乂
遂与太师高阳王雍等同辅政，帝谓乂为姨父。乂与腾表里
擅权，乂为外御，腾为内防，常直禁省，共裁刑赏，政无巨
细，决于二人，威振内外，百僚重迹。朝野闻怿死，莫不丧
气，胡夷为之劙面者数百人。游肇愤邑而卒。

魏相州刺史中山文庄王熙，英之子也，与弟给事黄门
侍郎略、司徒祭酒纂，皆为清河王怿所厚，闻怿死，起兵于
邺，上表欲诛元乂、刘腾，纂亡奔邺。后十日，长史柳元章
等帅城人鼓噪而入，杀其左右，执熙、纂并诸子置于高楼。
八月甲寅，元乂遣尚书左丞卢同就斩熙于邺街，并其子弟。

熙好文学，有风义，名士多与之游。将死，与故知书
曰："吾与弟并蒙皇太后知遇，兄据大州，弟则入侍，殷勤言
色，恩同慈母。今皇太后见废北宫，太傅清河王横受屠酷，
主上幼年，独在前殿。君亲如此，无以自安，故帅兵民欲建
大义于天下。但智力浅短，旋见囚执，上惭朝廷，下愧相知。
本以名义干心，不得不尔，流肠碎首，复何言哉！凡百君子，
各敬尔仪，为国为身，善勖名节！"闻者怜之。熙首至洛阳，

元义、刘腾拿着公卿们的议论上奏，很快得到孝明帝的批准，半夜杀掉了元怿。于是他们又伪造太后的诏令，说太后自称有病，把政权交还给孝明帝。又把太后幽禁在北宫宣光殿，宫门昼夜都关闭，内外隔断，刘腾自己掌管钥匙，连孝明帝也不能探视，只允许递送食物而已。胡太后衣食供应不能像原先那样了，免不了饥饿寒冷，于是她叹息说："养虎的被虎吞噬，说的就是我啊。"元义又派中常侍酒泉人贾粲侍奉孝明帝读书，秘密命令他防备、观察孝明帝的行动。元义于是同太师高阳王元雍等人一同辅佐朝政，孝明帝称元义为姨父。刘腾与元义内外勾结，专权弄政，元义管外事，刘腾设内防，常常在宫中值勤，一同决定刑赏，政事无论大小，都由他们决定，威震朝廷内外，百官都小心翼翼，不敢轻易行动。朝廷内外听说元怿死了，无不唉声叹气，胡夷为此而划破脸面的有几百人。游肇也愤恨而死。

魏相州刺史中山文庄王元熙是元英的儿子，他和弟弟给事黄门侍郎元略、司徒祭酒元纂，都得到过清河王元怿的厚待，听到了元怿的死讯，在邺城起兵，上表要诛杀元义、刘腾，元纂逃奔邺城。此后十天，长史柳元章等人率领城中人鼓噪入城，杀了他们的手下亲信，把元熙、元纂和他们的儿子一起抓到高楼上。八月甲寅(十三日)，元义派尚书左丞卢同到邺城把元熙及其弟子在街口斩杀了。

元熙十分喜爱文学，有风度义气，有名的士人大多与他交往。临死前，元熙给他的老朋友写信说："我和弟弟都蒙受皇太后的知遇之恩，兄长镇守大州，弟弟入宫侍候，皇太后对我们和蔼可亲，恩同慈母。现在皇太后被废在北宫居住，太傅清河王又横遭酷杀，主上年幼，独自在前殿受人摆布。圣上如此，我们无法安心，因此率领军队百姓想在天下伸张正义。但是因智力短浅，不久就被抓住，上对朝廷有愧，下对知己无颜。我们起兵原是出于名节忠义之心，不得不这样做，现在要肝脑涂地，还有什么话说！你们这么多君子，努力尽职，为国家也为自己好好保持名节！"听到这话的人没有不怜惜他的。元熙的首级送到了洛阳，

亲故莫敢视,前骁骑将军刁整独收其尸而藏之。

二年,魏元乂、刘腾之幽胡太后也,右卫将军奚康生预其谋,乂以康生为抚军大将军、河南尹,仍使之领左右。康生子难当娶侍中、左卫将军侯刚女,刚子,乂之妹夫也,乂以康生通姻,深相委托,三人率多俱宿禁中,时或迭出,以难当为千牛备身。康生性粗武,言气高下,乂稍惮之,见于颜色,康生亦微惧不安。

二月甲午,魏主朝太后于西林园,文武侍坐,酒酣迭舞。康生乃为力士舞,及折旋之际,每顾视太后,举手、蹈足、瞋目、颔首,为执杀之势,太后解其意而不敢言。日暮,太后欲携帝宿宣光殿,侯刚曰:“至尊已朝讫,嫔御在南,何必留宿!”康生曰:“至尊陛下之儿,随陛下将东西,更复访谁!”群臣莫敢应,太后自起援帝臂,下堂而去。康生大呼,唱万岁。帝前入阁,左右竞相排,阁不得闭。康生夺难当千牛刀,斫直后元思辅,乃得定。帝既升宣光殿,左右侍臣俱立西阶下。康生乘酒势将出处分,为乂所执,锁于门下。光禄勋贾粲绐太后曰:“侍官怀恐不安,陛下宜亲安慰。”太后信之,适下殿,粲即扶帝出东序,前御显阳殿,还闭太后于宣光殿。至晚,乂不出,令侍中、黄门、仆射、尚书等十馀人就康生所讯其事,处康生斩刑,难当绞刑。乂与刚并在内,矫诏决之,康生如奏,难当恕死从流。难当哭辞父,康生慷慨不悲,曰:“我不反死,汝何哭也?”时已昏暗,

他的亲戚朋友们都不敢去看一眼，只有前任骁骑将军习整替他收尸，然后把他的尸体藏了起来。

二年（521），魏元义、刘腾幽禁胡太后时，右卫将军奚康生参与了谋划，元义任命奚康生为抚军大将军、河南尹，又让他统领朝廷卫兵。奚康生的儿子奚难当娶了侍中、左卫将军侯刚的女儿，侯刚的儿子是元义的妹夫，元义因为同奚康生有姻亲关系，十分信任他，事情都委托他办，这三人大多时间都住在宫中，有时交替着出宫，又任命奚难当担任千牛备身，侍立皇帝左右。奚康生性格粗暴鲁莽，说话居高临下，元义有些害怕他，甚至表现在脸色上，奚康生也有些惶恐不安。

二月甲午，魏孝明帝在西林园朝见胡太后，文武百官陪同，酒酣之时纷纷起舞。奚康生就跳了力士舞，每到转身、回旋时，总要回头看胡太后，举手、投足、瞪眼、点头，作捕杀的姿势，太后明白他的用意却不敢说话。傍晚，胡太后想携孝明帝一起住在宣光殿，侯刚说："皇上朝见已经完毕，他的嫔妃待在南宫，何必留在这里！"奚康生说："皇上是太后的儿子，太后随意带到哪里，还用得着问别人吗？"众大臣都不敢应声，胡太后自己站起来，拉着孝明帝的手臂下堂离去。奚康生大声呼叫，高唱万岁。孝明帝在前头进入殿门，手下人相互推拥，殿门关不上。奚康生夺过奚难当的千牛刀，砍死了直后元思辅，局面才安定下来。孝明帝在宣光殿上殿后，手下的侍臣都站立在西边台阶下。奚康生借着酒劲想要出来处理一番，被元义抓获，锁在门下省。光禄勋贾粲欺骗太后说："侍官心里惶恐不安，陛下应亲自去慰问他们。"胡太后相信了他的话，刚走下殿来，贾粲便扶着孝明帝走出东门，前去显阳殿，回来又把胡太后关在宣光殿。到了晚上，元义没有出宫，命令侍中、黄门、仆射、尚书等十多人到奚康生被押的地方审问他，判处奚康生斩首，奚难当处绞刑。元义与侯刚都在宫中，伪造孝明帝的诏令判决这个案子，同意将奚康生斩首，宽恕奚难当不死，改为流放。奚难当哭着与父亲诀别，奚康生慷慨激昂，毫不悲伤，说："我对死都不后悔，你哭什么？"当时天色已暗，

有司驱康生赴市,斩之。尚食典御奚混与康生同执刀入内,亦坐绞。难当以侯刚婿,得留百馀日,竟流安州。久之,乂使行台卢同就杀之。

以刘腾为司空。八坐、九卿常旦造腾宅,参其颜色,然后赴省府,亦有历日不能见者。公私属请,唯视货多少。舟车之利,山泽之饶,所在榷酤,刻剥六镇,交通互市,岁入利息以巨万万计。逼夺邻舍以广其居,远近苦之。

四年春三月,魏司空刘腾卒。宦官为腾义息重服者四十馀人,衰绖送葬者以百数,朝贵送葬者塞路满野。

六年。初,魏刘腾既卒,胡太后及魏主左右防卫微缓。元乂亦自宽,时出游于外,留连不返,其所亲谏,乂不纳。太后察知之。去秋,太后对帝谓群臣曰:“今隔绝我母子,不听往来,复何用我为! 我当出家,修道于嵩山闲居寺耳。”因欲自下发。帝及群臣叩头泣涕,殷勤苦请,太后声色愈厉。帝乃宿于嘉福殿,积数日,遂与太后密谋黜乂。然帝深匿形迹,太后有忿恚,欲得往来显阳之言,皆以告乂。又对乂流涕,叙太后欲出家,忧怖之心日有数四。乂殊不以为疑,乃劝帝从太后所欲。于是太后数御显阳殿,二宫无复禁碍。乂举元法僧为徐州,法僧反,太后数以为言,乂深愧悔。

丞相高阳王雍,虽位居乂上,而深畏惮之。会太后与帝游洛水,雍邀二宫幸其第。日晏,帝与太后至雍内室,从者

有关官员驱赶奚康生前去刑场,杀了他。尚食典御奚混与奚康生一起拿着刀冲进宫内,也被绞死。奚难当因是侯刚的女婿,得以留住了一百多天,最终还是被流放到了安州。过了一段时间,元义派行台卢同前去杀了他。

任命刘腾为司空。朝廷中的八坐、九卿们常常在早晨到他府上去拜访,观察他的脸色,然后再到官署去办公,也有一整天都看不到他的官员。办公事或办私事,只看贿赂的多少。无论是水陆交通的利益,还是山川物产的富饶,他都要独专盘剥,对六镇也敲诈勒索,从交通互市中每年获利数以亿计。他还逼迫占夺周围四邻的房屋来扩大自己的住宅,远近的人都身受其害。

四年(523)春季三月,魏司空刘腾去世。宦官中为刘腾行义孝穿重孝的有四十多人,披麻戴孝送葬的数以百计,朝中权贵前来送葬的满路都是。

六年(525)。当初,魏朝刘腾死后,胡太后及魏孝明帝身边的防卫稍稍松缓。元义也放宽了心,不时外出游玩,流连不返,对他亲信的劝谏,元义一概不听。胡太后察知了这一情况。去年秋天,胡太后当着孝明帝的面,对众大臣说:“现在把我们母子隔绝,不让我们往来,我还有什么用呢?我应当出家,去嵩山闲居寺修道。”因此自己要削发。孝明帝及群臣们磕头流泪,苦苦哀求,胡太后的语言表情却更加严厉了。孝明帝于是便住在了嘉福殿,一连住了好几天,就同胡太后秘密商议起贬黜元义的事。然而,孝明帝深藏自己的行迹,把胡太后很怨愤,想到显阳殿来看望自己的话都告诉了元义。孝明帝还流着眼泪对元义讲述太后想要出家,自己经常担忧害怕,一天之内讲了四次。元义对此毫无疑心,就劝孝明帝顺从太后的要求。于是胡太后数次驾临了显阳殿,两宫之间不再有什么禁碍了。元义推举元法僧担任徐州刺史,元法僧造反,胡太后多次说起这事,元义十分惭愧悔恨。

丞相高阳王元雍虽然地位在元义之上,但十分畏惧害怕元义。适逢胡太后与孝明帝到洛水游玩,元雍便邀请二人巡幸他的府第。日落之时,孝明帝与胡太后进了元雍的内室,随从的人

皆不得入,遂相与定图乂之计。于是太后谓乂曰:"元郎若忠于朝廷,无反心,何故不去领军,以馀官辅政?"乂甚惧,免冠求解领军。乃以乂为骠骑大将军、开府仪同三司、尚书令、侍中、领左右。

魏元乂虽解兵权,犹总任内外,殊不自意有废黜之理。胡太后意犹豫未决,侍中穆绍劝太后速去之。绍,亮之子也。潘嫔有宠于魏主,宦官张景嵩说之云:"乂欲害嫔。"嫔泣诉于帝曰:"乂非独欲害妾,将不利于陛下。"帝信之,因乂出宿,解乂侍中。明旦,乂将入宫,门者不纳。夏四月辛卯,太后复临朝摄政,下诏追削刘腾官爵,除乂名为民。

清河国郎中令韩子熙上书为清河王怿讼冤,乞诛元乂等曰:"昔赵高柄秦,令关东鼎沸;今元乂专魏,使四方云扰。开逆之端,起于宋维,成祸之末,良由刘腾。宜枭首洿宫,斩骸沈族,以明其罪。"太后命发刘腾之墓,露散其骨,籍没家赀,尽杀其养子。以子熙为中书舍人。子熙,麒麟之孙也。

乂之解领军也,太后以乂党与尚强,未可猝制,乃以侯刚代乂为领军以安其意。寻出刚为冀州刺史,加仪同三司,未至州,黜为征虏将军,卒于家。太后欲杀贾粲,以乂党多,恐惊动内外,乃出粲为济州刺史,寻追杀之,籍没其家。唯乂以妹夫,未忍行诛。

先是给事黄门侍郎元顺以刚直忤乂意,出为齐州刺史。太后征还,为侍中。侍坐于太后,乂妻在太后侧,顺指之曰:

都不准进入，于是共同制定了收拾元义的计策。这时胡太后对元义说："元郎如果忠于朝廷没有反心的话，为什么不辞去领军之职，只担任馀下的官职来辅政呢？"元义听了十分害怕，摘下官帽请求解除领军之职。于是朝廷任命元义为骠骑大将军、开府仪同三司、尚书令、侍中、领左右。

魏元义虽被解除了兵权，还总管朝廷内外的事，不觉得自己有被罢免的可能。胡太后犹豫不决，侍中穆绍劝太后立即除去他。穆绍是穆亮的儿子。潘嫔受孝明帝的宠幸，宦官张景嵩游说潘嫔道："元义要害你。"潘嫔向孝明帝哭诉说："元义不仅要害我一人，还将对陛下不利。"孝明帝相信了这话，便借元义出宫住宿之际，解除了元义侍中的职务。天亮的时候，元义将入宫，守门的人不让他进去。夏季四月辛卯（十七日），胡太后再次临朝摄政，下诏追夺刘腾的官职爵位，除去元义官名，贬为平民。

清河国郎中令韩子熙向朝廷上书为清河王元怿鸣冤叫屈，请求诛杀元义等，说："以前赵高执掌秦的权柄，使得关东一片大乱；现在元义专权魏国，导致四方祸乱纷起。从宋维开启祸端，最终演成祸乱的是刘腾。应该把宋维斩首示众，把刘腾的坟墓掘开，鞭尸灭族，以向世人说明他们的罪行。"胡太后命人挖开刘腾的坟墓，暴露弄散他的尸骨，抄没了他的资财，杀光了他的养子。朝廷任命韩子熙为中书舍人。韩子熙是韩麒麟的孙子。

元义被解除领军时，太后因为元义党羽的势力还强大，不能立即收拾，于是委任侯刚代替元义为领军，稳住这些人。不久又把侯刚调出朝廷担任冀州刺史，加仪同三司，侯刚还没到冀州上任，就被黜为征虏将军，死在家中。胡太后想杀贾粲，因为元义的党羽很多，担心惊动朝廷内外，就把贾粲调出朝廷担任济州刺史，不久又派人追杀他，抄没了他的家产。只因元义是胡太后的妹夫，没忍心杀他。

在此以前，给事黄门侍郎元顺因刚正率直冒犯了元义，元义把他调出朝廷担任齐州刺史。胡太后征召他回朝，担任侍中。元顺陪太后坐着，元义的妻子坐在太后的旁边，元顺指着她说：

"陛下奈何以一妹之故,不正元义之罪,使天下不得伸其冤愤!"太后嘿然。顺,澄之子也。他日,太后从容谓侍臣曰:"刘腾、元义昔邀朕求铁券,冀得不死,朕赖不与。"韩子熙曰:"事关生杀,岂系铁券!且陛下昔虽不与,何解今日不杀!"太后怃然。未几,有告"义及弟爪谋诱六镇降户反于定州,又招鲁阳诸蛮侵扰伊阙,欲为内应"。得其手书,太后犹未忍杀之。群臣固执不已,魏主亦以为言,太后乃从之,赐义及弟爪死于家,犹赠义骠骑大将军、仪同三司、尚书令。江阳王继废于家,病卒。前幽州刺史卢同坐义党除名。

太后颇事妆饰,数出游幸,元顺面谏曰:"《礼》,妇人夫没自称未亡人,首去珠玉,衣不文采。陛下母临天下,年垂不惑,修饰过甚,何以仪刑后世!"太后惭而还宫,召顺,责之曰:"千里相征,岂欲众中见辱邪?"顺曰:"陛下不畏天下之笑,而耻臣之一言乎?"

顺与穆绍同直,顺因醉入其寝所,绍拥被而起,正色让顺曰:"身二十年侍中,与卿先君亟连职事,纵卿方进用,何宜相排突也!"遂谢事还家,诏谕久之,乃起。

"陛下怎么能因一个妹妹的缘故，不惩处元义的罪恶，致使天下之人不能伸其怨愤！"太后默默无话。元顺是元澄的儿子。有一天，胡太后从容地对手下侍臣说："刘腾和元义过去曾向我求铁券，希望获得不处死罪的特权，我幸亏没有给他们。"韩子熙说："事关生杀，怎么能让铁券说了算！而且陛下过去既然没给他们铁券，不明白今天为什么不杀掉他！"胡太后听了心里一惊。不久，有人上告"元义和弟弟元爪密谋引诱六镇的降户在定州反叛，又招引鲁阳的蛮族部落侵扰伊阙，他们则准备内应"。获得了元义谋反的亲笔信，太后还是不忍杀他。众大臣坚持要杀元义，魏孝明帝也说要杀他，胡太后才听从了众人的意见，令元义及其弟元爪在家中自杀，但还是赠给元义骠骑大将军、仪同三司、尚书令之职。江阳王元继被罢免在家，病死。前幽州刺史卢同因是元义同党而被官府除名。

胡太后着意妆饰打扮，多次外出游乐，元顺当面劝谏她说："按照《礼》的规定，妇女在丈夫死后自称未亡人，头上摘去珠玉头饰，穿的衣服不染色彩花样。陛下以国母身份统治天下，年近四十，修饰打扮得太过分了，怎么能为后世做榜样呢！"太后惭愧地回到宫中，召元顺责备他说："我从老远把你征召到此，难道就为了让你当众羞辱我吗？"元顺回答："陛下不害怕天下人讥笑，而只为我一句话感到耻辱吗？"

元顺与穆绍一同在宫中值班，元顺因喝醉酒而进入了穆绍的寝室，穆绍拥被而起，神色严厉地责备元顺说："我做了二十年的侍中，与你的父亲一起共事，纵然你刚刚进用，也不该对我这么唐突啊！"于是穆绍辞职回家，胡太后劝谕他很长时间，他才回到朝廷任职。

六镇之叛

梁武帝普通四年夏四月甲申,魏遣尚书令李崇击柔然阿那瓌。崇长史钜鹿魏兰根说崇曰:"昔缘边初置诸镇,地广人稀,或征发中原强宗子弟,或国之肺腑,寄以爪牙。中年以来,有司号为'府户',役同厮养,官婚班齿,致失清流。而本来族类,各居荣显,顾瞻彼此,理当愤怨。宜改镇立州,分置郡县,凡是府户,悉免为民,入仕次叙,一准其旧,文武兼用,威恩并施。此计若行,国家庶无北顾之虑矣。"崇为之奏闻,事寝,不报。

初,元乂既幽胡太后,常入直于魏主所居殿侧,曲尽佞媚,帝由是宠信之。乂出入禁中,恒令勇士持兵以自先后,时出休于千秋门外,施木栏楯,使腹心防守以备窃发,士民求见者,遥对之而已。其始执政之时,矫情自饰,以谦勤接物,时事得失,颇以关怀。既得志,遂自骄愎,嗜酒好色,贪吝宝贿,与夺任情,纪纲坏乱。父京兆王继尤贪纵,与其妻子各受赂遗,请属有司,莫敢违者。乃至郡县小吏亦

六镇之叛

　　梁武帝普通四年(523)夏季四月甲申(二十八日),魏派遣尚书令李崇攻打柔然的阿那瓌。李崇的长史钜鹿人魏兰根劝李崇说:"从前沿着边境刚开始设置各镇时,地广人稀,或者征发中原豪强子弟,或者把国家亲贵寄送给地方官府。后来这些人被官府称为'府户',像对待奴隶一样役使他们,按年龄给他们婚配,使他们失去了清流的身份。但他们本来的门庭,各个都荣华显赫,前后比较一下,理应对此愤怒怨恨。应该把镇改为州,分别设置郡和县,凡是府户都解放为平民,在入仕和升降方面都和原来一样,文武手段并用,威严、恩情并施。如果这个策略施行了,国家也许就可以解除对北方的忧虑了。"李崇为他向朝廷上奏,但此事被搁下,没有回复。

　　当初,元义幽禁了胡太后之后,常常在孝明帝所居住的殿堂旁边值勤,百般献媚,孝明帝因此宠信他。他在宫禁中出入,常让勇士拿着兵器在前后保护,有时出宫在千秋门外休息,设置木栅栏,让心腹士兵防守以备偷袭,士人与百姓来求见的,只能远远相对。他在执政之初,伪装粉饰自己,做出谦虚、殷勤的样子待人接物,对时事的得失也很关心。待到得势以后,就傲慢专断,嗜酒好色,贪图财物贿赂,随心所欲地处置事情,国家纲纪被破坏。他的父亲京兆王元继更加贪婪放纵,与他的妻子、儿子各自接受贿赂送礼,向官员索要,没人敢违抗。以至于郡县的小吏也

不得公选,牧守、令长率皆贪污之人。由是百姓困穷,人人思乱。

武卫将军于景,忠之弟也,谋废乂,乂黜为怀荒镇将。及柔然入寇,镇民请粮,景不肯给,镇民不胜忿,遂反,执景,杀之。未几沃野镇民破六韩拔陵聚众反,杀镇将,改元真王,诸镇华、夷之民往往响应。拔陵引兵南侵,遣别帅卫可孤围武川镇,又攻怀朔镇。尖山贺拔度拔及其三子允、胜、岳皆有材勇,怀朔镇将杨钧擢度拔为统军,三子为军主以拒之。

五年春三月,魏以临淮王彧都督北讨诸军事,讨破六韩拔陵。夏四月,高平镇民赫连恩等反,推敕勒酋长胡琛为高平王,攻高平镇以应拔陵。魏将卢祖迁击破之,琛北走。

卫可孤攻怀朔镇经年,外援不至,杨钧使贺拔胜诣临淮王彧告急。胜募敢死少年十馀骑,夜伺隙溃围出,贼骑追及之,胜曰:"我贺拔破胡也。"贼不敢逼。胜见彧于云中,说之曰:"怀朔被围,旦夕沦陷,大王今顿兵不进。怀朔若陷,则武川亦危,贼之锐气百倍,虽有良、平,不能为大王计矣。"彧许为出师。胜还,复突围而入。钧复遣胜出觇武川,武川已陷,胜驰还,怀朔亦溃,胜父子俱为可孤所虏。

五月,临淮王彧与破六韩拔陵战于五原,兵败,彧坐削除官爵。安北将军陇西李叔仁又败于白道,贼势日盛。

魏主引丞相、令、仆、尚书、侍中、黄门于显阳殿,问之曰:"今寇连恒、朔,逼近金陵,计将安出?"吏部尚书元脩义请遣

不能公开选拔,牧守、令长等各级官员都是贪污贿赂之人。因此百姓贫困穷迫,人人都想作乱。

武卫将军于景是于忠的弟弟,谋划罢免元义,被元义贬为怀荒镇将。待到柔然入侵,镇中百姓请求发粮,于景不肯供给,镇民十分愤怒,于是就造反,抓住于景杀了他。不久沃野镇民破六韩拔陵聚众造反,杀了沃野镇将,改年号为真王,各镇汉夷百姓纷纷响应。破六韩拔陵带兵朝南进犯,派遣别帅卫可孤包围武川镇,又进攻怀朔镇。尖山人贺拔度拔和他三个儿子贺拔允、贺拔胜、贺拔岳都有才有勇,怀朔镇将杨钧提升贺拔度拔为统军,他的三个儿子为军主,让他们去抗拒叛军。

五年(524)春季三月,魏朝廷任命临淮王元彧都督北讨诸军事,讨伐破六韩拔陵。夏季四月,高平镇民赫连恩等造反,推举敕勒酋长胡琛为高平王,进攻高平镇以响应破六韩拔陵。魏将领卢祖迁攻破了他们,胡琛向北逃走。

卫可孤攻打怀朔镇已达一年,外面没来援军,杨钧指派贺拔胜到临淮王元彧那里告急。贺拔胜招募了十馀名不怕死的少年骑士,在夜间从空档中突围而出,卫可孤的骑兵追上,贺拔胜喊道:"我是贺拔破胡。"贼兵不敢追逼了。贺拔胜在云中见到了元彧,劝说他道:"怀朔被围,危在旦夕,大王现在却按兵不动。怀朔如果沦陷,那么武川也会告急,寇贼的锐气将增加百倍,即使有张良、陈平在,也无法为大王你谋划了。"元彧答允出兵援救怀朔。贺拔胜返回,又突围进城。杨钧又派遣贺拔胜出城去察看武川的情况,武川已经沦陷,贺拔胜快马奔回,很快怀朔也溃败,贺拔胜父子都被卫可孤俘虏了。

五月,临淮王元彧在五原与破六韩拔陵交战,失利,元彧被削除官职爵位。安北将军陇西人李叔仁也在白道被打败,寇贼的势力一天比一天强盛。

魏孝明帝把朝廷中的丞相、令、仆、尚书、侍中、黄门等大臣召集到显阳殿,向他们询问道:"现在恒、朔一带都是寇贼,已经逼近金陵,用什么办法对付呢?"吏部尚书元脩义建议朝廷派遣

重臣督军镇恒、朔以捍寇,帝曰:"去岁阿那瓌叛乱,遣李崇北征,崇上表求改镇为州,朕以旧章难革,不从其请,寻崇此表,开镇户非冀之心,致有今日之患。但既往难追,聊复略论耳。然崇贵戚重望,器识英敏,意欲还遣崇行,何如?"仆射萧宝寅等皆曰:"如此,实合群望。"崇曰:"臣以六镇遐僻,密迩寇戎,欲以慰悦彼心,岂敢导之为乱!臣罪当就死,陛下赦之。今更遣臣北行,正是报恩改过之秋。但臣年七十,加之疲病,不堪军旅,愿更择贤材。"帝不许。脩义,天赐之子也。

　　臣光曰:李崇之表,乃所以销祸于未萌,制胜于无形。魏肃宗既不能用,及乱生之日,曾无愧谢之言,乃更以为崇罪。彼不明之君,乌可与谋哉!《诗》云:"听言则对,诵言如醉;匪用其良,覆俾我悖。"其是之谓矣。

　　壬申,加崇使持节、开府仪同三司、北讨大都督,命抚军将军崔暹、镇军将军广阳王深皆受崇节度。深,嘉之子也。

　　六月,魏自破六韩拔陵之反,二夏、幽、凉,寇盗蜂起。秦州刺史李彦,政刑残虐,在下皆怨。是月,城内薛珍等聚党突入州门,擒彦,杀之。推其党莫折大提为帅,大提自称秦王。魏遣雍州刺史元志讨之。

　　初,南秦州豪右杨松柏兄弟,数为寇盗,刺史博陵崔遊诱之使降,引为主簿,接以辞色,使说下群氏,既而因宴会

重臣督领部队把守恒、朔以抗拒寇贼，孝明帝说："去年阿那瓌叛乱，派李崇北征，李崇上表请求改镇为州，朕由于旧的章程难以变更，没有听从他的请求，想想李崇这个上表，实开启了镇上人户的非分之想，以致有了今天的祸患。但过去的事情难以挽回，这里只是顺便说一下罢了。但李崇是朝中贵戚，很有名望，气量大，见识远，英武敏捷，我想还派他前去，怎么样呢？"仆射萧宝寅等人都说："这样做的话，实在符合众人之心。"李崇说："因为六镇地处偏远，与寇戎十分接近，我只是想安慰取悦当地民心，岂敢引导他们作乱！臣下我罪当处死，陛下赦免了我。如今还派我北行，正是我报恩改过的好时机。但我年已七十，加上疲病在身，不堪于军旅之事，希望能另外挑选贤能之人。"魏孝明帝不准许。元脩义是元天赐的儿子。

　　史臣司马光评论说：李崇的上表，是为了消除祸乱于未发之时，制敌取胜于无形之中。魏孝明帝既不能施行他的建议，等到祸乱产生之后，不但没有半点愧疚之言，反而更把这视为李崇的罪过。这是个不明智的君主，怎么可以同他商议谋划事情呢？《诗经》上说："听到美言就应对，听到读书声就陶醉；良善之言不采纳，反责我狂悖。"说的就是这种情况啊。

　　壬申(二十三日)，魏加封李崇为使持节、开府仪同三司、北讨大都督，命令抚军将军崔暹、镇军将军广阳王元深都接受李崇的指挥调度。元深是元嘉的儿子。

　　六月，魏自从破六韩拔陵造反后，二夏、豳、凉等地盗贼蜂拥而起。秦州刺史李彦施政行刑残忍暴虐，部下无不怨恨。本月，秦州城内薛珍等人结伙冲入州府大门，把李彦捕杀了。他们推举同党莫折大提为首领，莫折大提自称秦王。魏朝廷派遣雍州刺史元志去讨伐莫折大提。

　　当初，南秦州的豪强杨松柏兄弟多次为寇侵扰劫掠，刺史博陵人崔遊引诱他们投降，让他们做了主簿，以亲近的语言和态度对待他们，让他们去游说下群氏，事成之后又趁着饮宴的机会

尽收斩之，由是所部莫不猜惧。游闻李彦死，自知不安，欲逃去，未果。城民张长命、韩祖香、孙掩等攻游，杀之，以城应大提。大提遣其党卜胡袭高平，克之，杀镇将赫连略、行台高元荣。大提寻卒，子念生自称天子，置百官，改元天建。

秋七月甲寅，魏遣吏部尚书元脩义兼尚书仆射，为西道行台，帅诸将讨莫折念生。

崔暹违李崇节度，与破六韩拔陵战于白道，大败，单骑走还。拔陵并力攻崇，崇力战，不能御，引还云中，与之相持。广阳王深上言：“先朝都平城，以北边为重，盛简亲贤，拥麾作镇，配以高门子弟，以死防遏，非唯不废仕宦，乃更独得复除，当时人物，忻慕为之。太和中，仆射李冲用事，凉州土人悉免厮役。帝乡旧门，仍防边戍，自非得罪当世，莫肯与之为伍。本镇驱使，但为虞候、白直，一生推迁，不过军主。然其同族留京师者得上品通官，在镇者即为清途所隔，或多逃逸。乃峻边兵之格，镇人不听浮游在外，于是少年不得从师，长者不得游宦，独为匪人，言之流涕。自定鼎伊洛，边任益轻，唯底滞凡才，乃出为镇将，转相模习，专事聚敛。或诸方奸吏，犯罪配边，为之指踪，政以贿立，边人无不切齿。及阿那瓌背恩纵掠，发奔命追之，十五万众度沙漠，不日而还。边人见此援师，遂自意轻中国。尚书令臣崇求改镇为州，抑亦先觉，朝廷未许。而高阙戍主

把他们抓起来全杀了，因此部下无不猜忌害怕。崔遊听说李彦死了，自知难以安定局面，想逃走，但没成功。城中百姓张长命、韩祖香、孙掩等攻击崔遊，杀了他，献出城池响应莫折大提。莫折大提派遣他的党羽卜胡袭击高平，攻克后杀了镇将赫连略、行台高元荣。莫折大提不久去世，他的儿子莫折念生自称天子，设置百官，改年号为天建。

秋季七月甲寅（初六），魏派遣吏部尚书元脩义兼任尚书仆射，担任西道行台，统率众将去讨伐莫折念生。

崔暹违抗李崇的统一调度，与破六韩拔陵在白道交战，大败，单人匹马逃了回来。破六韩拔陵集中兵力进攻李崇，李崇全力作战不能抵挡，带领部队返回云中，与破六韩拔陵对峙。广阳王元深向朝廷上言说："前朝建都平城时，以北部边境为重，大力挑选亲近贤明的人，挂帅当镇将，身边配备了高门子弟，让他们拼死防止边患，不但不影响他们的仕宦前途，反而还能因此独得升迁，当时人都美慕他们到边镇去。太和年间，仆射李冲掌权施政，凉州本地人都免除了劳役。平城的耆旧之家仍然要去防守边关，如果不是得罪了当世权贵，谁也不肯加入其列。这些人在本镇使用，只能当虞候或白直，一生中最高也不过做到军主。然而他们同族中留在京城的，可以做到上品显官，于是在边镇的那些人便因为升迁之途被隔断，大量逃散。于是朝廷制定了严厉的边兵制度，边镇上的人不愿意遵守，只好流浪在外，于是少年人不能从师学习，成年人不能外出做官，只有过着非人的生活，说起来让人不禁流泪。自从迁都洛阳以来，边防的责任看得更轻了，只有长期不得迁升的庸才，才去出任镇将，这些人相互仿效，专做聚敛财物的事。或有各地的奸吏，因犯罪而发配边关，这些人受镇将的指使纵容，用贿赂取代了正常的制度，边民对此无不咬牙切齿。待到阿那瓌背弃朝廷恩惠，反叛纵掠之时，朝廷发兵追击，十五万大军越过沙漠，没几天就返回了。边民看见这样的援军，就从心里轻视中原。尚书令李崇请求改镇为州，或许也是先察觉到了这一点，朝廷没有准许他的请求。高阙镇将

御下失和,拔陵杀之,遂相帅为乱,攻城掠地,所过夷灭。王师屡北,贼党日盛。此段之举,指望销平,而崔暹只轮不返,臣崇与臣逖巡复路,相与还次云中,将士之情莫不解体。今日所虑,非止西北,将恐诸镇寻亦如此,天下之事,何易可量!"书奏,不省。诏征崔暹系廷尉,暹以女妓、田园赂元乂,卒得不坐。

丁丑,莫折念生遣其都督杨伯年等攻仇鸠、河沌二戍,东益州刺史魏子建遣将军伊祥等击破之,斩首千馀级。东益州本氐王杨绍先之国,将佐皆以城民劲勇,二秦反者皆其族类,请先收其器械,子建曰:"城民数经行陈,抚之足以为用,急之则腹背为患。"乃悉召城民,慰谕之,既而渐分其父兄子弟外戍诸郡,内外相顾,卒无叛者。子建,兰根之族兄也。

八月,魏员外散骑侍郎李苗上书曰:"凡食少兵精,利于速战;粮多卒众,事宜持久。今陇贼猖狂,非有素蓄,虽据两城,本无德义。其势在于疾攻,日有降纳;迟则人情离沮,坐待崩溃。夫飙至风举,逆者求万一之功;高壁深垒,王师有全制之策。但天下久泰,人不晓兵,奔利不相待,逃难不相顾,将无法令,士非教习,不思长久之计,各有轻敌之心。如令陇东不守,汧军败散,则两秦遂强,三辅危弱,国之右臂于斯废矣。宜敕大将坚壁勿战,别命偏裨帅精兵

管制下属使上下失和，破六韩拔陵杀了他，于是结帮叛乱，攻城略地，所到之处杀灭无遗。朝廷部队屡遭败北，而贼党势力却日益强盛。这段时间里的举动，指望铲除叛乱，早获安定，但是崔暹单独行动，一去不返，李崇和臣下我徘徊于路，只好一起返回云中驻扎，将士们人心涣散。今天所需要忧虑的，不仅仅是西北方面，恐怕各镇不久都会如此，天下的事情，哪能容易地估量出来呢！"元深的上书呈上了，但孝明帝没有省悟。孝明帝下达诏令征召崔暹入朝，由廷尉问罪，崔暹用女妓、田地园林贿赂元义，最后没有被治罪。

丁丑（二十九日），莫折念生派遣他属下都督杨伯年等攻打仇鸠、河池两个寨堡，东益州刺史魏子建派将军伊祥等击溃了杨伯年，斩首一千多人。东益州原本是氐王杨绍先的封国，将佐都因为城民强劲骁勇，南秦州和秦州的反叛者都是杨绍先的同族人，于是请示先没收他们手中的兵器械具，魏子建说："城中民众多次经历了打仗之事，安抚他们完全可以为我所用，逼得太急就会成为我们的心腹之患。"于是把城民召集起来安慰晓谕一番，然后逐渐把他们父子兄弟分派到外地各郡去守卫，在城内的和在城外的相互顾忌，最后就没有了反叛者。魏子建是魏兰根的同族兄长。

八月，魏员外散骑侍郎李苗上书说："凡是粮少兵精利于速战速决，粮多兵众宜于打持久战。现在陇地一带的贼寇猖狂，但他们没有多少粮资储备，虽然占据了两座城池，但没有德义。其势在于急速攻击，每天都有投降归附；行动迟缓了就会人心离散沮落，坐等崩溃。呼啸而至，逆叛者求的是万一之功；高壁深垒，朝廷军队有完全控制局面的策略。但是天下安泰已久，人们已不知晓作战了，都变得追逐利益唯恐落后，逃难避灾互不相顾，将帅不讲究法令，士兵不演习操练，不做长远打算，个个都有轻敌之心。如果陇东守不住，汧地的部队败散，那么秦州和南秦州的莫折念生等就会强大，这样三辅就脆弱危险，国家的右臂就废了。应该指令大将军坚壁不战，另外命令副帅偏将率领精兵

数千出麦积崖以袭其后，则汧、岐之下，群妖自散。"魏以苗为统军，与别将淳于诞俱出梁、益，隶魏子建。未至，莫折念生遣其弟高阳王天生将兵下陇。甲午，都督元志与战于陇口，志兵败，弃众东保岐州。

东西部敕勒皆叛魏，附于破六韩拔陵，魏主始思李崇及广阳王深之言。丙申，下诏："诸州镇军贯非有罪配隶者，皆免为民。"改镇为州，以怀朔镇为朔州，更命朔州曰云州。遣兼黄门侍郎郦道元为大使，抚慰六镇。时六镇已尽叛，道元不果行。先是，代人迁洛者，多为选部所抑，不得仕进。及六镇叛，元乂乃用代来寒人为传诏以慰悦之。

戊戌，莫折念生遣都督窦双攻魏盘头郡，东益州刺史魏子建遣将军窦念祖击破之。

九月，魏西道行台元脩义得风疾，不能治军。壬申，魏以尚书左仆射齐王萧宝寅为西道行台大都督，帅诸将讨莫折念生。

冬十月，胡琛遣其将宿勤明达寇幽、夏、北华三州。壬午，魏遣都督北海王颢帅诸将讨之。颢，详之子也。

魏广阳王深上言："今六镇尽叛，高车二部亦与之同，以此疲兵击之，必无胜理。不若选练精兵守恒州诸要，更为后图。"遂与李崇引兵还平城。崇谓诸将曰："云中者，白道之冲，贼之咽喉，若此地不全，则并、肆危矣，当留一人镇之，谁可者？"众举费穆，崇乃请穆为朔州刺史。

贺拔度拔父子及武川宇文肱纠合乡里豪杰，共袭卫可孤，杀之。度拔寻与铁勒战，死。

数千名从麦积崖出兵,从背后袭击叛军,那么汧、岐之下,叛军自会败灭。"魏朝廷任命李苗为统军,与别将淳于诞都从梁州、益州出兵讨贼,隶属于魏子建。还没到达目的地,莫折念生派遣他的弟弟高阳王莫折天生进军陇地。甲午(十六日),都督元志与莫折天生在陇口交战,元志兵败,丢下部属退守东面的岐州。

东部与西部的敕勒族都背叛了魏朝,依附于破六韩拔陵,魏孝明帝这才想起李崇及广阳王元深的话。丙申(十八日),孝明帝下诏道:"各州镇在册军人凡不是因罪而被发配服役的,都免为平民。"改镇为州,把怀朔镇改为朔州,又改朔州为云州。派遣兼黄门侍郎郦道元为大使,让他去安抚慰问六镇。当时六镇已经全都反叛,郦道元没有成行。在此之前,代地人士迁到洛阳的大多受朝廷吏部压制,不得做官。等到六镇反叛,元义就使用代地迁来的人担任传诏工作,以便安慰、取悦他们。

戊戌(二十日),莫折念生派遣都督窦双攻打魏属下的盘头郡,东益州刺史魏子建派将军窦念祖击溃了窦双。

九月,魏西道行台元修义得了风疾,不能治理军队。壬申(二十五日),魏朝廷任命尚书左仆射齐王萧宝寅为西道行台大都督,率领诸将征讨莫折念生。

冬季十月,胡琛派遣部将宿勤明达进犯豳、夏、北华三州。壬午(初五),魏派遣都督北海王元颢率领诸将讨伐宿勤明达。元颢是元详的儿子。

魏广阳王元深向朝廷上言道:"现在六镇全都反叛了,高车二部也是如此,用这样疲劳的部队去攻打他们,必定不会取胜。不如挑选演练精兵守卫恒州各个要冲地带,再作日后的打算。"于是就与李崇带兵返回平城。李崇对诸将说:"云中是白道的要冲,贼军的咽喉要害,这里如不能保全,那么并州、肆州就危险了,应该留下一将在此镇守,谁可以承担呢?"大家推举费穆,李崇就向朝廷请求任命费穆为朔州刺史。

贺拔度拔父子与武川人宇文肱纠合乡里的豪杰,一同袭击卫可孤,杀了他。贺拔度拔不久与铁勒部作战而阵亡。

莫折天生进攻魏岐州,十一月戊申,陷之,执都督元志及刺史裴芬之,送莫折念生杀之。念生又使卜胡等寇泾州,败光禄大夫薛峦于平凉东。峦,安都之孙也。

高平人攻杀卜胡,共迎胡琛。

十二月壬辰,魏以京兆王继为太师、大将军,都督西道诸军以讨莫折念生。

魏魏子建招谕南秦诸氐,稍稍降附,遂复六郡十二戍,斩贼帅韩祖香。魏以子建兼尚书,为行台,刺史如故,梁、巴、二益、二秦诸州皆受节度。

莫折念生遣兵攻凉州,城民赵天安复执刺史以应之。

六年春正月,莫折天生军于黑水,兵势甚盛。魏以岐州刺史崔延伯为征西将军、西道都督,帅众五万讨之。延伯与行台萧宝寅军于马嵬。延伯素骁勇,宝寅趣之使战,延伯曰:“明晨为公参贼勇怯。”乃选精兵数千西渡黑水,整陈向天生营,宝寅军于水东,遥为继援。延伯直抵天生营下,扬威胁之,徐引兵还。天生见延伯众少,开营争逐之,其众多于延伯十倍,蹙延伯于水次,宝寅望之失色。延伯自为后殿,不与之战,使其众先渡,部伍严整,天生兵不敢击。须臾,渡毕,延伯徐渡,天生之众亦引还。宝寅喜曰:“崔君之勇,关、张不如。”延伯曰:“此贼非老奴敌也,明公但安坐,观老奴破之。”癸亥,延伯勒兵出,宝寅举军继其后,天生悉众逆战,延伯身先士卒,陷其前锋,将士尽锐竞进,大破之,俘斩十馀万,追奔至小陇,岐、雍及陇东皆平。

莫折天生进攻魏属下的岐州,十一月戊申(初二),攻占了岐州,抓获了都督元志及刺史裴芬之,送给莫折念生,莫折念生杀了他们。莫折念生又派卜胡等进犯泾州,在平凉东面打败了光禄大夫薛峦。薛峦是薛安都的孙子。

高平人攻杀卜胡,一同迎接胡琛。

十二月壬辰(十六日),魏朝任命京兆王元继为太师、大将军,都督西道诸军来讨伐莫折念生。

魏朝的魏子建宣谕招降南秦州的各个民族部落,有一些氐人来归附,于是恢复了六郡十二戍,杀了贼帅韩祖香。魏朝廷任命魏子建兼任尚书,为行台,原来的刺史职务不变,梁、巴、二益、二秦诸州都受他的管理。

莫折念生派遣人马进攻凉州,城民赵天安又抓获了凉州刺史响应莫折念生。

六年(525)春季正月,莫折天生的部队在黑水驻扎,军势很盛。北魏任命岐州刺史崔延伯为征西将军、西道都督,率五万人马讨伐他。崔延伯与行台萧宝寅在马嵬驻军。崔延伯一向骁勇,萧宝寅催促他出战,崔延伯说:"明天早晨为你试探一下敌军的勇怯。"于是挑选几千精兵,西渡黑水,排好阵势向莫折天生的营寨进发,萧宝寅驻扎在黑水东面,遥相呼应,作为声援。崔延伯直抵莫折天生的营前,耀武扬威吓唬对方,然后带兵慢慢返回。莫折天生见崔延伯的人马少,争相打开营门追赶,人数多出崔延伯十倍,把崔延伯逼到了水边,萧宝寅看到后惊慌变色。崔延伯自己殿后,不与追兵交战,让部下先渡河,队伍严整不乱,莫折天生的兵马不敢追击。不一会儿,队伍渡过了黑水,崔延伯才慢慢渡河,莫折天生的部队也返回了。萧宝寅高兴地说:"崔君的勇敢,关羽、张飞也比不上。"崔延伯说:"这些贼寇不是老奴的对手,明公只管安心坐等,看老奴攻破他们。"癸亥(十八日),崔延伯率兵出发,萧宝寅领兵继后,莫折天生全军出动迎战,崔延伯身先士卒,冲进敌方前锋,将士争先恐后地进军,大破敌军,俘虏斩杀达十多万,追击逃兵到小陇,岐、雍及陇东都被平定。

将士稽留采掠，天生遂塞陇道，由是诸军不能进。

宝寅破宛川，俘其民以为奴婢，以美女十人赏岐州刺史魏兰根，兰根辞曰："此县介于强寇，不能自立，故附从以救死。官军之至，宜矜而抚之，奈何助贼为虐，翦以为贱役乎？"悉求其父兄而归之。

二月壬辰，莫折念生遣都督杨鲜等攻仇池郡，行台魏子建击破之。

夏四月，胡琛据高平，遣其大将万俟丑奴、宿勤明达等寇魏泾州，将军卢祖迁、伊瓮生讨之，不克。萧宝寅、崔延伯既破莫折天生，引兵会祖迁等于安定，甲卒十二万，铁马八千，军威甚盛。丑奴军于安定西北七里，时以轻骑挑战，大兵未交，辄委走。延伯恃其勇，且新有功，遂唱议为先驱击之。别造大盾，内为锁柱，使壮士负而趋，谓之"排城"，置辎重于中，战士在外，自安定北缘原北上。将战，有贼数百骑诈持文书，云是降簿，且乞缓师。宝寅、延伯未及阅视，宿勤明达引兵自东北至，降贼自西竟下，覆背击之，延伯上马奋击，逐北径抵其营。贼皆轻骑，延伯军杂步卒，战久疲乏，贼乘间得入排城，延伯遂大败，死伤近二万人。宝寅收众，退保安定。延伯自耻其败，乃缮甲兵，募骁勇，复自安定西进，去贼七里结营。壬辰，不告宝寅，独出袭贼，大破之，俄顷，平其数栅。贼见军士采掠散乱，复还击之，魏兵大败，延伯中流矢卒，士卒死者万馀人。时大寇未平，复失骁将，朝野为之忧恐。于是贼势愈盛，而群臣自外来者，

将士们因抢掠而逗留不前，以致使莫折天生堵住了陇道，于是诸军无法进军了。

萧宝寅攻破宛川，把俘获的百姓当奴婢，把美女十人赏给岐州刺史魏兰根，魏兰根推辞说："此县紧靠强寇，不能自立，因此百姓依附强寇以活命。官军到来后，应怜悯和安抚百姓，为何反而助贼为虐，把百姓抓去服贱役呢？"请求把百姓全都放回家。

二月壬辰（十七日），莫折念生派遣都督杨鲋等人攻打仇池郡，魏行台魏子建击败了他。

夏季四月，胡琛占据高平，派遣手下大将万俟丑奴、宿勤明达等进犯魏朝的泾州，将军卢祖迁、伊瓮生率兵讨伐他们，未能取胜。萧宝寅、崔延伯击败莫折天生后，就领兵在安定与卢祖迁等会合，共有兵卒十二万，铁甲骑兵八千人，军威很盛。万俟丑奴驻军于安定西北七里处，经常派轻骑挑战，大部队未交锋，就退走。崔延伯依恃自己勇敢，而且立了新功，便倡议担任先锋去进攻万俟丑奴。崔延伯又另外造了大盾，内有锁柱，让壮士们抬着前进，称为"排城"，装备粮草放在中间，战士们在外面，从安定北边沿原北上。将要开战时，有几百名贼军骑兵伪持文书来到，说是降书，而且乞求崔延伯延缓进攻。萧宝寅、崔延伯还来不及阅看，宿勤明达带兵从东北方来到，那些诈降的骑兵从西边争相冲下，从背后发起冲击，崔延伯跳上马奋力击杀，一直追到敌方军营。贼军都是轻骑，崔延伯的部队中杂有不少步兵，时间打得长了就感到疲乏，贼军乘机攻入了排城，崔延伯于是大败，死伤近两万人。萧宝寅收集馀众，退守安定城。崔延伯对自己的失败感到耻辱，于是就修理兵甲，招募勇士，再从安定向西进发，在离敌营七里远近的地方扎下军营。壬辰（十八日），崔延伯没向萧宝寅通报，独自出发去袭击敌营，大破贼军，不一会儿，贼军的几个营寨被铲除。贼军见崔延伯的将士抢掠财物乱作一团，便回头还击，魏朝部队大败，崔延伯中流箭后身亡，兵士死亡的有一万多人。当时大寇未平，又失去了一员骁将，朝廷内外因此忧恐不安。从此贼军的势力更加强盛，但群臣从外地回朝廷的，

太后问之，皆言贼弱，以求悦媚，由是将帅求益兵者往往不与。

六月，破六韩拔陵围魏广阳王深于五原，军主贺拔胜募二百人开东门出战，斩首百馀级，贼稍退。深拔军向朔州，胜常为殿。

云州刺史费穆，招抚离散，四面拒敌。时北境州镇皆没，唯云中一城独存。久之，道路阻绝，援军不至，粮仗俱尽，穆弃城南奔尔朱荣于秀容。既而诣阙请罪，诏原之。

长流参军于谨言于广阳王深曰："今寇盗蜂起，未易专用武力胜也。谨请奉大王之威命，谕以祸福，庶几稍可离也。"深许之。谨兼通诸国语，乃单骑诣叛胡营，见其酋长，开示恩信，于是西部铁勒酋长乜列河等将三万馀户南诣深降。深欲引兵至折敷岭迎之，谨曰："破六韩拔陵兵势甚盛，闻乜列河等来降，必引兵邀之，若先据险要，未易敌也。不若以乜列河饵之，而伏兵以待之，必可破也。"深从之。拔陵果引兵邀击乜列河，尽俘其众。伏兵发，拔陵大败，复得乜列河之众而还。

柔然头兵可汗大破破六韩拔陵，斩其将孔雀等。拔陵避柔然，南徙渡河。将军李叔仁以拔陵稍逼，求援于广阳王深，深帅众赴之。贼前后降附者二十万人，深与行台元纂表："乞于恒州北别立郡县，安置降户，随宜赈贷，息其乱心。"魏朝不从，诏黄门侍郎杨置分处之于冀、定、瀛三州就食。深谓纂曰："此辈复为乞活矣。"

秋八月，魏柔玄镇民杜洛周聚众反于上谷，改元真王，

太后问他们情况时都回答贼军势力微弱,以求讨好、取悦于胡太后,因此将帅向朝廷请求增兵的,往往不给。

六月,破六韩拔陵在五原包围了魏广阳王元深,魏军主贺拔胜招募二百人打开东城门出战,杀死一百多人,贼军稍稍退却。元深率部队向朔州开拔,贺拔胜经常作为后卫。

云州刺史费穆招收安抚离散百姓,四面抵御贼军。当时魏朝北部边境的州镇全沦陷了,只有云中一城还握在手里。时间一长,道路阻绝,援军不到,粮食兵械全都用光了,费穆弃城向南到秀容投奔了尔朱荣。其后又赴朝廷请罪,孝明帝下诏原谅了他。

长流参军于谨对广阳王元深说:"眼下寇贼蜂起,难以专用武力来取胜。我请求奉大王您的威命,对贼寇谕以祸福利害,也许可以稍稍离间他们。"元深同意了。于谨兼通几国语言,就单人匹马到反叛胡人的军营去,拜见他们的首长,对他们示以皇恩和信义,于是西部的铁勒酋长乜列河等率领三万多户南下投降元深。元深准备带兵到折敷岭迎接投降的胡人,于谨说:"破六韩拔陵兵势很盛,他听说乜列河等人来我方投降,必定会带兵截击,如果让他先占据了险要地势,便难以对付。因此,不如以乜列河作为诱饵,埋伏下兵力等待破六韩拔陵,一定可以击败他。"元深听从了他的建议。果然,破六韩拔陵带兵来截击乜列河,俘获了乜列河的全部人马。这时元深的伏兵出击,破六韩拔陵被打得大败,元深重新得到了乜列河的部众并带了回来。

柔然国头兵可汗大败破六韩拔陵,杀了他的部将孔雀等人。破六韩拔陵为避开柔然军队,渡河往南迁移。将军李叔仁因破六韩拔陵将要逼近,向广阳王元深求援,元深率领部众前去迎战破六韩拔陵。前后来投降依附的贼军有二十万人,元深与行台元纂向朝廷上奏道:"请求在恒州之北另立郡县,安置来降的降户,依据情况加以救济,消除他们的作乱之心。"魏朝廷没有听从,下诏命令黄门侍郎杨置把这些降户分置到冀、定、瀛三州谋生。元深对元纂说:"这些人又得去乞求活命了。"

秋季八月,魏柔玄镇民杜洛周在上谷聚众造反,改年号真王,

攻没郡县,高欢、蔡隽、尉景及段荣、安定彭乐皆从之。洛周围魏燕州刺史博陵崔秉。九月丙辰,魏以幽州刺史常景兼尚书为行台,与幽州都督元谭讨之。景,爽之孙也。自卢龙塞至军都关,皆置兵守险,谭屯居庸关。

初,敕勒酋长斛律金事怀朔镇将杨钧为军主,行兵用匈奴法,望尘知马步多少,嗅地知军远近。及破六韩拔陵反,金拥众归之,拔陵署金为王。既而知拔陵终无所成,乃诣云州降。仍稍引其众南出黄瓜堆,为杜洛周所破,脱身归尔朱荣,荣以为别将。

七年春正月,魏安州石离、穴城、斛盐三戍兵反,应杜洛周。众合二万,洛周自松岍赴之。行台常景使别将崔仲哲屯军都关以邀之,仲哲战没,元谭军夜溃,魏以别将李琚代谭为都督。仲哲,秉之子也。

五原降户鲜于脩礼等帅北镇流民反于定州之左城,改元鲁兴。

夏四月,杜洛周南出,钞掠蓟城,魏常景遣统军梁仲礼击破之。丁未,都督李琚与洛周战于蓟城之北,败没。常景帅众拒之,洛周引还上谷。

六月,杜洛周遣都督王曹纥真等将兵掠蓟南,秋七月丙午,行台常景遣都督于荣等击之于栗园,大破之,斩曹纥真及将卒三千馀级。洛周帅众南趣范阳,景与荣等又破之。

八月癸巳,贼帅元洪业斩鲜于脩礼,请降于魏。贼党葛荣复杀洪业自立。

九月,葛荣既得杜洛周之众,北趣瀛州,自称天子,国号齐,改元广安。甲申,魏行台常景破杜洛周,斩其武川王

攻陷郡县，高欢、蔡隽、尉景以及段荣、安定人彭乐等人都追随他。杜洛周围攻魏燕州刺史博陵人崔秉。九月丙辰(十四日)，魏朝廷任命幽州刺史常景兼尚书为行台，与幽州都督元谭一起讨伐杜洛周。常景是常爽的孙子。从卢龙塞到军都关，常景都布置了兵力守住险要之地，元谭则驻扎在居庸关。

先前，敕勒首长斛律金担任怀朔镇将杨钧手下的军主，用匈奴法打仗作战，望见尘土便能知道步骑的多少，用鼻子嗅地就知道部队距离此地的远近。等到破六韩拔陵造反，斛律金率领部众前去归附，破六韩拔陵下令任命斛律金为王。后来斛律金知道破六韩拔陵终究不会成功，就到云州来投降。后又带领少量部众南出黄瓜堆，被杜洛周击败，逃脱后斛律金归附了尔朱荣，尔朱荣任命他为别将。

七年(526)春季正月，魏安州的石离、穴城和斛盐三戍的守兵反叛，响应杜洛周。叛兵合起来有两万人，杜洛周从松岍出发直赴叛兵所在地。行台常景派遣别将崔仲哲驻扎在军都关截击杜洛周，崔仲哲战败身死，元谭的部队在夜里溃散，魏朝廷任命别将李琚代替元谭为都督。崔仲哲是崔秉的儿子。

五原降户鲜于脩礼等率领北镇流民在定州的左城造反，改年号为鲁兴。

夏季四月，杜洛周向南出兵，攻掠蓟城，魏常景派遣统军梁仲礼攻破了他。丁未，都督李琚与杜洛周在蓟城北边交战，李琚战败覆没。常景率领部众抵抗杜洛周，杜洛周带人马返回上谷。

六月，杜洛周派遣都督王曹纥真等人率兵攻掠蓟南，秋季七月丙午(初九)，魏行台常景派遣都督于荣等在栗园进攻曹纥真等，彻底打败了他们，斩杀曹纥真及将士三千多人。杜洛周率领人马往南赶赴范阳，常景与于荣等又击溃了他。

八月癸巳(二十七日)，贼军头目元洪业杀了鲜于脩礼，向魏朝求降。贼党葛荣又杀了元洪业自立为首领。

九月，葛荣得到杜洛周的部众后，北奔瀛州，自称天子，国号齐，改年号广安。甲申，魏行台常景攻破杜洛周，杀了他的武川王

贺拔文兴等,捕虏四百人。

天水民吕伯度,本莫折念生之党也,后更据显亲以拒念生。已而不胜,亡归胡琛,琛以为大都督、秦王,资以士马,使击念生,伯度屡破念生军,复据显亲。乃叛琛,东引魏军。念生窘迫,乞降于萧宝寅,宝寅使行台左丞崔士和据秦州。魏以伯度为泾州刺史,封平秦郡公。大都督元脩义停军陇口,久不进,念生复反,执士和送胡琛,于道杀之。久之,伯度为万俟丑奴所杀,贼势益盛,宝寅不能制。胡琛与莫折念生交通,事破六韩拔陵浸慢,拔陵遣其臣费律至高平,诱琛,斩之,丑奴尽并其众。

冬十一月,杜洛周围范阳,戊戌,民执魏幽州刺史王延年、行台常景送洛周,开门纳之。

大通元年春正月,魏分定、相二州四郡置殷州,以北道行台博陵崔楷为刺史。楷表称:“州今新立,尺刃斗粮,皆所未有,乞资以兵粮。”诏付外量闻,竟无所给。或劝楷留家,单骑之官,楷曰:“吾闻食人之禄者忧人之忧。若吾独往,则将士谁肯用志哉!”遂举家之官。葛荣逼州城,或劝减弱小以避之,楷遣幼子及一女夜出,既而悔之,曰:“人谓吾心不固,亏忠而全爱也。”遂命追还。贼至,强弱相悬,又无守御之具,楷抚勉将士以拒之,莫不争奋,皆曰:“崔公尚不惜百口,吾属何爱一身!”连战不息,死者相枕,终无叛志。

贺拔文兴等,抓获四百人。

天水平民吕伯度,原本是莫折念生的党羽,后来又占据显亲以抗拒莫折念生。后又因不能取胜,跑去投靠胡琛,胡琛任命他为大都督、秦王,资助他兵力、马匹,让他去进击莫折念生,吕伯度多次打败莫折念生的部队,又占据了显亲。于是反叛了胡琛,从东引来魏军。莫折念生境况窘迫,向萧宝寅求降,萧宝寅让行台左丞崔士和占据秦州。魏朝廷任命吕伯度为泾州刺史,加封平秦郡公。大都督元脩义把部队停扎在陇口,好久不进军,莫折念生又反叛了,抓了崔士和送往胡琛那里,又在路上杀了崔士和。过了好久,吕伯度被万俟丑奴杀了,贼军的势力更加强大,萧宝寅不能控制。胡琛与莫折念生相互沟通,对破六韩拔陵逐渐怠慢了,破六韩拔陵派他的臣下费律到了高平,引诱胡琛杀了他,万俟丑奴把胡琛的部下全部都兼并了。

冬季十一月,杜洛周包围了范阳,戊戌,范阳百姓抓了魏幽州刺史王延年、行台常景送给杜洛周,杜洛周打开城门接纳了他们。

大通元年(527)春季正月,魏从定州、相州中分出四个郡设置殷州,任命北道行台博陵人崔楷为殷州刺史。崔楷向朝廷上表道:"殷州眼下刚设立,连一尺之刀、一斗之粮都没有,乞求朝廷救助兵器粮食。"魏孝明帝下达诏令让崔楷计算一下需要多少兵器、粮食,然后再报告,但最后竟没有提供资助。有人劝崔楷留下家属,单人匹马去殷州赴任,崔楷说:"我听说吃别人的饭就要分担别人的忧愁。如果我独自一人前去赴任,那么将士们谁肯出力呢?"于是就带着全家前去上任。葛荣快逼近殷州城时,有人劝崔楷把家属中的老弱幼小送往别处去躲避一下灾难,崔楷便在夜间把幼子以及一个女儿送出城,但他不久就后悔了,说:"人家会说我内心不坚定,为了父爱而损害忠义。"于是命人把子女追了回来。贼军到了,强弱悬殊,城中又没有防御的工具,崔楷勉励抚慰将士们抵抗敌军,将士们无不奋勇争先,都说:"崔公尚且不爱惜家中百口人的性命,我们这些人又怎么能爱惜自身呢!"接连作战,毫不停息,死尸相送,最终没有一人叛变。

辛未，城陷，楷执节不屈，荣杀之，遂围冀州。

魏萧宝寅出兵累年，将士疲弊。秦贼击之，宝寅大败于泾州，收散兵万馀人，屯逍遥园。东秦州刺史潘义渊以汧城降贼。莫折念生进逼岐州，城人执刺史魏兰根应之。豳州刺史毕祖晖战没，行台羊深弃城走，北海王颢军亦败。贼帅胡引祖据北华州，叱干麒麟据幽州以应天生，关中大扰。雍州刺史杨椿募兵得七千馀人，帅以拒守，诏加椿侍中兼尚书右仆射，为行台，节度关西诸将。北地功曹毛鸿宾引贼抄掠渭北，雍州录事参军杨侃将兵三千掩击之，鸿宾惧，请讨贼自效，遂擒送宿勤乌过仁。乌过仁者，明达之兄子也。莫折天生乘胜寇雍州，萧宝寅部将羊侃隐身堑中射之，应弦而毙，其众遂溃。侃，祉之子也。

魏右民郎阳平路思令上疏，以为："师出有功，在于将帅，得其人则六合唾掌可清，失其人则三河方为战地。窃以比年将帅多宠贵子孙，衔杯跃马，志逸气浮，轩眉攘腕，以攻战自许。及临大敌，忧怖交怀，雄图锐气，一朝顿尽。乃令羸弱在前以当寇，强壮居后以卫身，兼复器械不精，进止无节，以当负险之众，敌数战之虏，欲其不败，岂可得哉！是以兵知必败，始集而先逃；将帅畏敌，迁延而不进。国家谓官爵未满，屡加宠命，复疑赏赉之轻，日散金帛。帑藏空竭，民财殚尽，遂使贼徒益甚，生民凋弊，凡以此也。夫德可感义夫，恩可劝死士。今若黜陟幽明，赏罚善恶，

辛未(初七),殷州城沦陷,崔楷保持气节不肯屈服,葛荣杀了他,便又包围了冀州。

魏朝的萧宝寅出兵多年,将士们疲劳困苦。秦地的贼寇攻打萧宝寅,萧宝寅在泾州大败,收集散兵一万多人驻扎在逍遥园。东秦州刺史潘义渊献出汧城投降了贼军。莫折念生进逼岐州,岐州城民抓获了刺史魏兰根响应莫折念生。豳州刺史毕祖晖战败身死,行台羊深放弃豳州逃跑,北海王元颢的部队也战败。贼军将帅胡引祖占据北华州,叱干麒麟占据豳州来响应莫折天生,关中一带大乱。雍州刺史杨椿招募了七千多士兵,统帅他们拒守,魏朝廷下诏加封杨椿为侍中兼尚书右仆射,为行台,统领关西各将。北地功曹毛鸿宾带贼军劫掠渭北,雍州录事参军杨侃率领三千人马进击他们,毛鸿宾害怕,请求讨伐贼军以将功补过,于是就抓住送来了宿勤乌过仁。宿勤乌过仁是宿勤明达的侄子。莫折天生乘胜侵犯雍州,萧宝寅的部将羊侃隐藏在壕沟中用箭射莫折天生,莫折天生被射中死去,他的部众就溃散了。羊侃是羊祉的儿子。

魏右民郎阳平人路思令上书,认为:"军队出师建立功勋,关键在于将帅,如能得到合适的人当将帅,天下唾手就可廓清,如用人不当,那么三河正是战场。我私下认为,多年来军中将帅大多由宠贵子孙担任,他们喝酒跑马,意气浮华,眉飞色舞,摩拳擦掌,自以为打仗十分在行。到了面对敌人的时候,忧心恐惧就交织于心,原本的雄图锐气,一下子全消失了。于是就命令体弱者在前面抵挡敌寇,强壮者居后护卫自己,加上武器不精,前进或停止无所适从,用应当据险防守的部众,去与久经沙场的敌寇打仗,要想使他不败,怎么可能呢?因此士兵们知道战而必败,战前便先集体逃跑;将帅们畏惧敌人,拖延而不进军。国家认为给他们的官爵低了,屡次给他们加官晋爵,又怀疑给他们的赏赐太轻了,便时常散发金帛。这样库藏空竭,民财耗尽,就使得贼徒更多了起来,百姓凋敝,原因就在这里。德可以感动信义之人,恩可以劝勉敢死之士。现在朝廷如果升贤降愚,赏善惩恶,

简练士卒,缮修器械,先遣辩士晓以祸福,如其不悛,以顺讨逆,如此,则何异励萧斧而伐朝菌,鼓洪炉而燎毛发哉!"弗听。

二月,秦贼据魏潼关。

三月甲子,魏主诏将西讨,中外戒严。会秦贼西走,复得潼关。戊辰,诏回驾北讨。其实皆不行。

葛荣久围信都,魏以金紫光禄大夫源子邕为北讨大都督以救之。

魏萧宝寅之败也,有司处以死刑,诏免为庶人。雍州刺史杨椿有疾求解,复以宝寅为都督雍泾等四州诸军事、征西将军、雍州刺史、开府仪同三司、西讨大都督,自关以西皆受节度。椿还乡里,其子昱将适洛阳,椿谓之曰:"当今雍州刺史亦无逾宝寅者,但其上佐,朝廷应遣心膂重人,何得任其牒用!此乃圣朝百虑之一失也。且宝寅不藉刺史为荣,吾观其得州,喜悦特甚,至于赏罚云为,不依常宪,恐有异心。汝今赴京师,当以吾此意启二圣,并白宰辅,更遣长史、司马、防城都督,欲安关中,正须三人耳。如不遣,必成深忧。"昱面启魏主及太后,皆不听。

秋七月,魏相州刺史乐安王鉴与北道都督裴衍共救信都。鉴幸魏多故,阴有异志,遂据邺叛,降葛荣。

八月,魏遣都督源子邕、李神轨、裴衍攻邺。子邕行及汤阴,乐安王鉴遣弟斌之夜袭子邕营,不克。子邕乘胜进围邺城,丁未,拔之,斩鉴,传首洛阳,改姓拓跋氏。魏因遣子邕、裴衍讨葛荣。

选练兵士,修缮武器,先派遣辩士对贼军晓以利害祸福,如果他们不悔改,道义在我,派兵讨伐逆贼,这样何异于磨利斧而伐朝菌,鼓烘炉而燎毛发呢!"路思令的建议没有得到采纳。

二月,秦地贼军占据了魏朝的潼关。

三月甲子(初一),魏孝明帝下诏说将要西征,朝廷内外戒严。适逢秦地贼军向西逃走,魏军又得到了潼关。戊辰(初五),孝明帝又下诏说要回驾北伐。其实孝明帝都没有出行。

葛荣围攻信都很久,魏朝廷任命金紫光禄大夫源子邕为北讨大都督,率兵救援信都。

魏萧宝寅战败时,有关部门要判处他死刑,孝明帝下诏免他一死而贬为庶人。雍州刺史杨椿因病请求解职,朝廷又任命萧宝寅为都督雍泾等四州诸军事、征西将军、雍州刺史、开府仪同三司、西讨大都督,从函谷关以西的地方都受他的统领。杨椿回到家乡,他儿子杨昱将去洛阳,杨椿对他儿子说:"当今雍州刺史的人选没一个比萧宝寅合适,但他的高级佐官,朝廷应该派心腹大臣去担任,怎能听任他自己授予呢? 这是朝廷百虑之一失啊。何况萧宝寅不必借当刺史而荣耀,而我看他得到雍州刺史的官职特别喜悦,至于赏罚,不按常规去办,恐怕会有异心。你现在去京师,应把我的意思启奏皇上和太后,并告诉宰相大臣,让朝廷再派长史、司马、防城都督去,要想安定关中,正需要这三人啊。如果朝廷不派他们去,萧宝寅必会成为朝廷的大患。"杨昱把杨椿的意思当面启奏魏孝明帝及太后,但都未被他们采纳。

秋季七月,魏相州刺史乐安王元鉴与北道都督裴衍共同救援信都。元鉴对魏多事故而庆幸不已,暗中有异心,于是占据邺城反叛,投降了葛荣。

八月,魏派遣都督源子邕、李神轨、裴衍进攻邺城。源子邕行进到汤阴,乐安王元鉴派他的弟弟元斌之夜袭源子邕的军营,失利。源子邕乘胜围攻邺城,丁未(十七日),源子邕攻克了邺城,杀了元鉴,把他的首级送到洛阳示众,源子邕改姓拓跋。魏朝廷派源子邕、裴衍讨伐葛荣。

九月，秦州城民杜粲杀莫折念生阖门皆尽，粲自行州事。南秦州城民辛琛亦自行州事，遣使诣萧宝寅请降。魏复以宝寅为尚书令，还其旧封。

萧宝寅之败于泾州也，或劝之归罪洛阳，或曰不若留关中立功自效。行台都令史河间冯景曰：“拥兵不还，此罪将大。”宝寅不从，自念出师累年，糜费不赀，一旦覆败，内不自安。魏朝亦疑之。

中尉郦道元，素名严猛，司州牧汝南王悦嬖人丘念，弄权纵恣，道元收念付狱。悦请之于胡太后，太后敕赦之，道元杀之，并以劾悦。

时宝寅反状已露，悦乃奏以道元为关右大使。宝寅闻之，谓为取己，甚惧，长安轻薄子弟复劝使举兵。宝寅以问河东柳楷，楷曰：“大王，齐明帝子，天下所属。今日之举，实允人望。且谣言‘鸾生十子九子鸼，一子不鸼关中乱’，乱者治也，大王当治关中，何所疑！”道元至阴盘驿，宝寅遣其将郭子恢攻杀之，收殡其尸，表言白贼所害。又上表自理，称为杨椿父子所谮。

宝寅行台郎中武功苏湛，卧病在家，宝寅令湛从母弟开府属天水姜俭说湛曰：“元略受萧衍旨，欲见剿除，道元之来，事不可测，吾不能坐受死亡，今须为身计，不复作魏臣矣，死生荣辱，与卿共之。”湛闻之，举声大哭。俭遽止之曰：“何得便尔？”湛曰：“我百口今屠灭，云何不哭！”哭数十声，徐谓俭曰：“为我白齐王，王本以穷鸟投人，赖朝廷假王羽翼，荣宠至此。属国步多虞，不能竭忠报德，乃欲乘人间隙，

九月，秦州城民杜粲把莫折念生满门杀尽，他自己掌管了州中事务。南秦州城民辛琛也自理本州事务，派遣使者到萧宝寅那里请降。魏朝廷又任命萧宝寅为尚书令，归还了他过去拥有的封地。

　　萧宝寅在泾州兵败之时，有人劝他回洛阳认罪，有人劝他不如留在关中将功补罪。行台都令史河间人冯景说："拥兵不回，罪将更大。"萧宝寅没有听从冯景的建议，自认为出师多年，花费无法计算，一旦倾覆失败，内心无法安宁。魏朝廷也怀疑他了。

　　中尉郦道元向来有威严勇猛的名声，司州牧汝南王元悦的宠人丘念玩弄权术、放纵恣意，郦道元把他收捕入狱。元悦向胡太后求情，胡太后下令赦免丘念，郦道元杀了丘念，并且以此弹劾元悦。

　　当时萧宝寅谋反的苗头已经露出，元悦就向朝廷上奏任命郦道元为关右大使。萧宝寅得知这个消息，认为是来取代自己，非常害怕，长安轻薄弟子又唆使他起兵。萧宝寅就起兵一事询问河东人柳楷，柳楷说："大王，您是齐明帝的儿子，天下归心。今天起兵，实在合乎大家的愿望。况且民谣说'鸾生十卵九卵破，一卵不破关中乱'，乱是治的意思，大王您应该治理关中，还有什么怀疑呢？"郦道元到了阴盘驿，萧宝寅派遣部将郭子恢攻杀了他，收葬了他的尸体，向朝廷上表说郦道元被白贼杀害。又上表为自己申辩，说杨椿父子诬陷自己。

　　萧宝寅手下的行台郎中武功人苏湛因为生病卧床在家，萧宝寅命令苏湛的表弟开府属天水人姜俭去游说苏湛说："元略受萧衍的旨意，要来消灭我，郦道元来此，事不可测，我不能坐以待毙，眼下我必须为自己考虑，不再做魏朝的臣子了，生死荣辱，与你共担共享。"苏湛听了这话，放声大哭。姜俭急忙制止他，问道："为什么要这样？"苏湛回答说："我一家百口现在将被杀尽，怎么能不哭呢？"哭了几十声，慢慢对姜俭说："你为我告诉齐王萧宝寅，他本是穷途之鸟投奔他人，依赖朝廷长了羽翼，才有今天的荣宠。正值国家多事之秋，不能竭忠报恩，反而想乘人之危，

信惑行路无识之语，欲以羸败之兵守关问鼎。今魏德虽衰，天命未改。且王之恩义未洽于民，但见其败，未见有成。苏湛不能以百口为王族灭。"宝寅复使谓曰："我救死不得不尔，所以不先相白者，恐沮吾计耳。"湛曰："凡谋大事，当得天下奇才与之从事，今但与长安博徒谋之，此有成理不？湛恐荆棘必生于斋阁，愿赐骸骨还乡里，庶得病死，下见先人。"宝寅素重湛，且知其不为己用，听还武功。

　　冬十月甲寅，宝寅自称齐帝，改元隆绪，赦其所部，置百官。都督长史毛遐，鸿宾之兄也，与鸿宾帅氏、羌起兵于马祇栅以拒宝寅，宝寅遣大将军卢祖迁击之，为遐所杀。宝寅方祀南郊，行即位礼未毕，闻败，色变，不暇整部伍，狼狈而归。以姜俭为尚书左丞，委以心腹。文安周惠达为宝寅使，在洛阳，有司欲收之，惠达逃归长安，宝寅以惠达为光禄勋。

　　丹杨王萧赞闻宝寅反，惧而出走，趣白鹿山，至河桥，为人所获。魏主知其不预谋，释而慰之。行台郎封伟伯等与关中豪桀谋举兵诛宝寅，事泄而死。

　　魏以尚书仆射长孙稚为行台，以讨宝寅。
　　正平民薛凤贤反，宗人薛脩义亦聚众河东，分据盐池，攻围蒲坂，东西连结以应宝寅。诏都督宗正珍孙讨之。

　　十一月，葛荣围魏信都，自春及冬，冀州刺史元孚帅励将士，昼夜拒守，粮储既竭，外无救援，己丑，城陷。荣执孚，逐出居民，冻死者什六七。孚兄祐为防城都督。荣大集将士，

听信道听途说的胡言乱语,想用赢弱残败的军队去把守潼关,窥伺皇位。现在魏朝的德政虽然衰败了,但天命未改。况且齐王他的恩义还没有滋润百姓,只能看到他失败,不会看到他成功。苏湛我不能为了齐王而使百口之家遭牵连而族灭。"萧宝寅又指使姜俭对苏湛说:"我为了免于一死不得不这样,之所以没有先通报,是担心你坏了我的计划。"苏湛说:"凡是谋划大事,应当得到天下奇才与他共事,现在只看到他与长安赌徒商议,这哪有成事的道理?苏湛我担心荆棘必将在斋阁里生出,希望送我这把老骨头回家乡去,也许可以病死在家,到地下有脸见先辈。"萧宝寅一向看重苏湛,而且知道他不会被自己所用,听任他返回武功。

冬季十月甲寅(二十五日),萧宝寅自称齐帝,改年号为隆绪,赦免部下,设置百官。都督长史毛遐是毛鸿宾的哥哥,与毛鸿宾率领氐、羌部落在马祇栅起兵抵抗萧宝寅,萧宝寅派遣大将军卢祖迁攻击他们,卢祖迁被毛遐杀了。萧宝寅正在南郊祭祀天地祖先,举行即位仪式,还没有结束,听说卢祖迁失败,神色大变,来不及整理队伍,就狼狈而归。萧宝寅任命姜俭为尚书左丞,把他视为心腹。文安人周惠达是萧宝寅的使者,正在洛阳,官府打算收捕他,周惠达逃回长安,萧宝寅任命周惠达为光禄勋。

丹杨王萧赞听说萧宝寅造反,因害怕而出走到白鹿山,到河桥被人抓住。魏孝明帝知道他没有参与谋乱,释放而且安慰他。行台郎封伟伯等与关中豪杰准备发兵诛杀萧宝寅,因谋划被泄露而身死。

魏朝廷任命尚书仆射长孙稚为行台,讨伐萧宝寅。

正平百姓薛凤贤造反,他的同族薛修义也在河东地区聚众谋反,分别占据盐池,围攻蒲坂,东西连结,响应萧宝寅。朝廷下诏命令都督宗正珍孙讨伐他们。

十一月,葛荣包围魏的信都,从春到冬,冀州刺史元孚激励将士,日夜拒守,粮食储备已空竭,外面没有援兵,己丑,信都被攻占。葛荣抓获了元孚,把城中居民赶出城外,冻死的有十分之六七。元孚的哥哥元祐是防城都督。葛荣把许多将士召集来,

议其生死，孚兄弟各自引咎，争相为死，都督潘绍等数百人，皆叩头请就法以活使君。荣曰："此皆魏之忠臣义士！"于是同禁者五百人皆得免。

魏以源子邕为冀州刺史，将兵讨荣。裴衍表请同行，诏许之。子邕上言："衍行，臣请留；臣行，请留衍。若逼使同行，败在旦夕。"不许。十二月戊申，行至阳平东北漳水曲，荣帅众十万击之，子邕、衍俱败死。

相州吏民闻冀州已陷，子邕等败，人不自保。相州刺史恒农李神志气自若，抚勉将士，大小致力。葛荣尽锐攻之，卒不能克。

二年春正月，魏北道行台杨津守定州城。居鲜于脩礼、杜洛周之间，迭来攻围。津蓄薪粮，治器械，随机拒击，贼不能克。津潜使人以铁券说贼党，贼党有应津者，遗津书曰："贼所以围城，正为取北人耳。城中北人，宜尽杀之，不然，必为患。"津悉收北人内子城中而不杀，众无不感其仁。及葛荣代脩礼统众，使人说津，许以为司徒，津斩其使，固守三年。杜洛周围之，魏不能救。津遣其子遁突围出，诣柔然头兵可汗求救。遁日夜泣请，头兵遣其从祖吐豆发帅精骑一万南出。前锋至广昌，贼塞隘口，柔然遂还。乙丑，津长史李裔引贼入，执津，欲烹之，既而舍之。瀛州刺史元宁以城降洛周。

商议处置元孚兄弟的方法，元孚兄弟各自把责任归在自己身上，争着去死，都督潘绍等数百人都叩头求死来救活元孚。葛荣说："这些人都是魏朝的忠臣义士！"于是元孚兄弟及一起囚禁的五百人全被赦免。

魏朝廷任命源子邕为冀州刺史，率兵讨伐葛荣。裴衍上表请求同行，孝明帝下诏准许。源子邕向朝廷上奏称："如果裴衍去，臣下我请求留下；臣下我去，请把裴衍留下。如果强迫我与他同行，那么很快就会失败。"孝明帝不同意。十二月戊甲（二十日），他们走到阳平东北的漳水曲处，葛荣率领十万大军进攻他们，源子邕、裴衍都战败身死。

相州的吏民听说冀州已经沦陷，源子邕等人战败，人人自危，无法自保。相州刺史恒农人李神神态自若，安抚勉励将士，官兵上下人人尽力而为。葛荣倾尽精锐部队攻打相州，最终还是没攻下来。

二年（528）春季正月，魏北道行台杨津守卫定州城。定州城处于鲜于脩礼和杜洛周两军之间，遭受他们的相继进攻。杨津积蓄粮食，修治兵器装备，灵活机动地抵挡敌军，敌军无法攻下定州城。杨津暗中派人带免死铁券游说贼党，贼党中有响应的给杨津写信说："贼军之所以包围定州城，正是为了得到城中的北方佬罢了。应该把城中的北方佬全部杀掉，不然必定会有后患。"杨津把城中北方人全部集中到内城，却没有杀他们，大家无不为杨津的仁义之举感动。待到葛荣取代鲜于脩礼统帅军队后，派人向杨津游说，许诺给杨津司徒之职，杨津杀了葛荣的使者，固守定州城长达三年。杜洛周又来包围定州城，魏不能相救。杨津派他的儿子杨遁突围而出，来到柔然国向头兵可汗求救。杨遁日夜哭泣请求，头兵可汗派他的堂祖父吐豆发带领一万精锐骑兵南下救援定州。吐豆发的前锋行至广昌时，贼军堵住了隘口，柔然军只得退回。乙丑（初七），杨津手下的长史李裔引贼进入了定州城，抓获杨津，打算烹杀他，后又放了他。瀛州刺史元宁献出全城投降了杜洛周。

萧宝寅围冯翊，未下。长孙稚军至恒农，行台左丞杨
侃谓稚曰："昔魏武与韩遂、马超据潼关相拒，遂、超之才，
非魏武敌也，然而胜负久不决者，扼其险要故也。今贼守
御已固，虽魏武复生，无以施其智勇。不如北取蒲坂，渡河
而西，入其腹心，置兵死地。则华州之围不战自解，潼关之
守必内顾而走，支节既解，长安可坐取也。若愚计可取，愿
为明公前驱。"稚曰："子之计则善矣，然今薛脩义围河东，
薛凤贤据安邑，宗正珍孙守虞坂不得进，如何可往？"侃曰：
"珍孙行陈一夫，因缘为将，可为人使，安能使人！河东治
在蒲坂，西逼河漘，封疆多在郡东。脩义驱帅士民西围郡
城，其父母妻子皆留旧村，一旦闻官军来至，皆有内顾之
心，必望风自溃矣。"稚乃使其子彦与侃帅骑兵自恒农北
渡，据石锥壁。侃声言："今且停此以待步兵，且观民情向
背，命送降名者各自还村，俟台军举三烽，当亦举烽相应。
其无应烽者，乃贼党也，当进击屠之，以所获赏军。"于是村
民转相告语，虽实未降者亦诈举烽，一宿之间，火光遍数百
里，贼围城者不测其故，各自散归。脩义亦逃还，与凤贤俱
请降。丙子，稚克潼关，遂入河东。

萧宝寅遣其将侯终德击毛遐。会郭子恢等屡为魏军
所败，终德因其势挫，还军袭宝寅。至白门，宝寅始觉，丁
丑，与终德战，败，携其妻南阳公主及其少子帅麾下百馀骑

萧宝寅包围冯翊，没能攻下。长孙稚的部队到达恒农，行台左丞杨侃对长孙稚说："从前魏武帝曹操与韩遂、马超在潼关相持不下，韩遂、马超的军事才能，不能与魏武帝相匹敌，但在很长时间里决不出胜负，原因就在于韩遂、马超占据了险要地形。现在贼军守卫已经稳固，即使魏武帝复生，也没法施展他的本事。我们不如向北夺取蒲坂城，渡过黄河向西，进入贼军腹地，把部队放置于必死之地。那么华州之围就不战而自解，守卫潼关的贼军必会顾虑后方而逃走，周围的城池解决了，长安城便可坐而取之。如果我的计策可取，我愿做明公您的前锋。"长孙稚说："你的计策很不错，但眼下薛脩义包围河东，薛凤贤据守安邑，宗正珍孙把守虞坂，不得通过，怎样才能到达呢？"杨侃说："宗正珍孙只是一介武夫，因为一个偶然的机会做了将军，只能被人驱使，哪能驱使别人！河东郡的治所在蒲坂城，蒲坂城西边靠近黄河，所辖地区大多在郡治所的东边。薛脩义率领士民向西包围了蒲坂城，他们的父母、妻子、儿女却都留在了原来的村庄，一旦听说官军到了，他们就都会有内顾之忧，必定会望风而逃。"长孙稚于是派遣儿子长孙子彦与杨侃一同率领骑兵从恒农北渡黄河，占据了石锥壁。杨侃声称："眼下暂时停留在这里等待步兵的到来，并且看一下民心所向，命令那些送来投降者名单的人各自返回本村，等官军燃起三堆烽火时，他们也应燃举烽火相呼应。那些不举烽火呼应的，便是贼军的同党，应该进击杀掉，把没收的财产犒赏军队。"于是村民们相互转告，即使内心不想投降的人也假装举火响应，一夜之间火光遍布几百里，围攻蒲坂城的贼军不知其中原委，各自溃散回家。薛脩义也逃回了老家，与薛凤贤一起请求投降。丙子（十八日），长孙稚攻克了潼关，于是进入河东地区。

　　萧宝寅派遣他的部将侯终德攻打毛遐。适逢郭子恢等人屡次被魏朝的军队打败，侯终德趁着萧宝寅势力受到挫折之际，率领军队返回袭击萧宝寅。侯终德率领军队到了白门，萧宝寅才发觉，丁丑（十九日），萧宝寅与侯终德交战，萧宝寅战败，萧宝寅携带他的妻子南阳公主及其小儿子，率领部下一百多名骑兵

自后门出,奔万俟丑奴。丑奴以宝寅为太傅。

二月,葛荣击杜洛周,杀之,并其众。

三月癸未,葛荣陷魏沧州,执刺史薛庆之,居民死者什八九。

夏六月,葛荣军乏食,遣其仆射任褒将兵南掠至沁水,魏以元天穆为大都督东北道诸军事,帅宗正珍孙等讨之。前幽州平北府主簿河间邢杲帅河北流民十万馀户反于青州之北海,自称汉王,改元天统。戊申,魏以征东将军李叔仁为车骑大将军、仪同三司,帅众讨之。辛亥,魏主诏曰:"朕当亲御六戎,扫静燕、代。"以大将军尔朱荣为左军,上党王天穆为前军,司徒杨椿为右军,司空穆绍为后军。葛荣退屯相州之北。

秋七月,万俟丑奴自称天子,置百官。会波斯国献师子于魏,丑奴留之,改元神兽。

八月,葛荣引兵围邺,众号百万,游兵已过汲郡,所至残掠,尔朱荣启求讨之。九月,尔朱荣召从子肆州刺史天光留镇晋阳,曰:"我身不得至处,非汝无以称我心。"自帅精骑七千,马皆有副,倍道兼行,东出滏口,以侯景为前驱。葛荣为盗日久,横行河北,尔朱荣众寡非敌,议者谓无取胜之理。葛荣闻之,喜见于色,令其众曰:"此易与耳,诸人俱办长绳,至则缚取。"自邺以北,列陈数十里,箕张而进。尔朱荣潜军山谷,为奇兵。分督将已上三人为一处,处有数百骑,令所在扬尘鼓噪,使贼不测多少。又以人马逼战,刀不如棒,勒军士赍袖棒一枚,置于马侧,至战时虑废腾逐,

从后门逃出,投奔了万俟丑奴。万俟丑奴封萧宝寅为太傅。

二月,葛荣攻打杜洛周,杀了他,收编了他的部众。

三月癸未(二十六日),葛荣攻占了魏朝的沧州,抓获了沧州刺史薛庆之,平民被杀的达十分之八九。

夏季六月,葛荣的部队因粮食缺乏,派遣他的仆射任褒率兵向南抢掠,到达沁水,魏朝廷任命元天穆为大都督东北道诸军事,率领宗正珍孙等讨伐任褒。前幽州平北府主簿河间人邢杲,率领河北十万多户流民在青州的北海造反,自称汉王,改年号为天统。戊申(二十二日),魏朝廷任命征东将军李叔仁为车骑大将军、仪同三司,率领人马讨伐邢杲。辛亥(二十五日),魏孝明帝下诏说:"朕要亲自统帅六军,扫平燕、代的贼寇。"任命大将军尔朱荣为左军,上党王元天穆为前军,司徒杨椿为右军,司空穆绍为后军。葛荣退到相州北部驻军。

秋季七月,万俟丑奴自称天子,设置百官。适逢波斯国向魏朝廷贡献狮子,被万俟丑奴留下,改年号为神兽。

八月,葛荣带兵围攻邺城,号称百万人马,游击部队已经过了汲郡,所到之处残杀抢掠,尔朱荣向朝廷上表请求讨伐葛荣。九月,尔朱荣把他侄子、肆州刺史尔朱天光招来,命令他留守晋阳,对他说:"我自己不能到的地方,不是你不能让我放心。"尔朱荣亲率七千精锐骑兵,还备有副马,快速兼程,东出滏口,以侯景为先锋。葛荣叛乱已久,横行于河北,尔朱荣的兵马很少,与葛荣的兵力众寡悬殊,不是对手,议论者认为尔朱荣断无获胜的道理。葛荣听说后,喜形于色,命令他的部下说:"尔朱荣容易对付,诸位都准备一根绳子,到时候就用来捆绑敌人。"葛荣从邺城往北,排成几十里的长阵,队阵像张开的簸箕一样向前推进。尔朱荣把部队埋伏在山谷中,用作奇兵。另外分派督将以上的军官每三人为一处,每处拥有数百名骑兵,命令各处故意扬起尘土,擂起战鼓,大声呼叫,使贼军摸不清多少人马。尔朱荣又认为人马近战时,用刀不如用棒,便命令士兵们每人把一根木棒放在马肚子的一侧,到交战时担心骑兵下马斩首会影响奔驰追逐,

不听斩级，以棒棒之而已。分命壮勇所向冲突，号令严明，战士同奋。尔朱荣身自陷陈，出于贼后，表里合击，大破之，于陈擒葛荣，馀众悉降。以贼徒既众，若即分割，恐其疑惧，或更结聚，乃下令各从所乐，亲属相随，任所居止。于是群情大喜，登即四散，数十万众一朝散尽。待出百里之外，乃始分道押领，随便安置，咸得其宜。擢其渠帅，量才授任，新附者咸安，时人服其处分机速。以槛车送葛荣赴洛，冀、定、沧、瀛、殷五州皆平。时上党王天穆军于朝歌之南，穆绍、杨椿犹未发，而葛荣已灭，乃皆罢兵。

乙亥，魏大赦，改元永安。

辛巳，以尔朱荣为大丞相、都督河北畿外诸军事，以杨椿为太保，城阳王徽为司徒。

冬十月丁亥，葛荣至洛，魏主御阊阖门引见，斩于都市。

十二月，葛荣馀党韩楼复据幽州反，北边被其患。尔朱荣以抚军将军贺拔胜为大都督，镇中山。楼畏胜威名，不敢南出。

中大通元年三月壬戌，魏诏上党王天穆讨邢杲。夏四月辛丑，破邢杲于济南。杲降，送洛阳，斩之。

秋九月，尔朱荣使大都督尖山侯渊讨韩楼于蓟，配卒甚少，骑止七百。或以为言，荣曰："侯渊临机设变，是其所长。若总大众，未必能用。今以此众击此贼，必能取之。"

不许骑兵斩首计功，只能用木棒棒打而已。又分命强壮勇敢的兵士冲突向前，号令严明，战士们同仇敌忾，奋勇争先。尔朱荣亲自冲锋陷阵，从贼军背后杀出，内外夹击，大破贼军，在战阵中抓获了葛荣，葛荣其馀的部众都投降了。因为贼军众多，如果马上把他们分开的话，担心他们疑虑恐惧，说不定还会聚结起来，于是尔朱荣下令让他们各从其便，亲属相随，随便他们到哪里定居。于是皆大欢喜，这些人迅即四处走散，几十万人在一个早晨就跑光了。等到这些人走出百里之外，这才开始分路押解他们，顺便安置他们，大家都感到各得其所。尔朱荣又从葛荣的队伍中选拔了一批将领，依据他们的才能授予适当的官职，这些新归附的将领们都安下心来，当时人都对尔朱荣处置此事的迅速灵活很佩服。尔朱荣又派人用囚车把葛荣送到洛阳，冀、定、沧、瀛、殷五州全部平定了。这时上党王元天穆驻军于朝歌之南，穆绍、杨椿还没有出发，而葛荣已被尔朱荣消灭了，于是元天穆、穆绍、杨椿都停止了发兵。

乙亥（九月二十一日），魏大赦天下，改年号为永安。

辛巳（九月二十七日），魏朝廷任命尔朱荣为大丞相、都督河北畿外诸军事，任命杨椿为太保，城阳王元徽为司徒。

冬季十月丁亥（初三），葛荣被押送到洛阳，魏孝庄帝亲自到阊阖门看了看他，然后在都市斩首。

十二月，葛荣的馀党韩楼又占据幽州造反，魏北部地区受到他的祸害。尔朱荣任命抚军将军贺拔胜为大都督，镇守中山。韩楼畏惧贺拔胜的威名，不敢向南出兵。

中大通元年（529）三月壬戌（十一日），魏孝庄帝下诏命令上党王元天穆讨伐邢杲。夏季四月辛丑（二十日），元天穆在济南击败了邢杲。邢杲投降，被送到洛阳斩首。

秋季九月，尔朱荣派大都督尖山人侯渊到蓟州去讨伐韩楼，配给他的士兵很少，骑兵只有七百。有人为侯渊请求多配兵，尔朱荣说：“侯渊能随机应变，这是他的长处。如果统领大部队，未必会有用处。现在让他率领这些部队讨伐韩楼，一定能取胜。”

渊遂广张军声，多设供具，亲帅数百骑深入楼境。去蓟百余里，值贼帅陈周马步万余，渊潜伏以乘其背，大破之，虏其卒五千余人。寻还其马仗，纵令入城。左右谏曰："既获贼众，何为复资遣之？"渊曰："我兵既少，不可力战，须为奇计以离间之，乃可克也。"渊度其已至，遂帅骑夜进，昧旦，叩其城门。韩楼果疑降卒为渊内应，遂走，追擒之。幽州平。以渊为平州刺史，镇范阳。

先是，魏使征东将军刘灵助兼尚书左仆射，慰劳幽州流民于濮阳顿丘，因帅流民北还，与侯渊共灭韩楼，仍以灵助行幽州事，加车骑将军，又为幽、平、营、安四州行台。

万俟丑奴攻魏东秦州，拔之，杀刺史高子朗。

二年春正月，万俟丑奴侵扰关中，魏尔朱荣遣武卫将军贺拔岳讨之。岳私谓其兄胜曰："丑奴，勍敌也，今攻之不胜，固有罪，胜之，谗嫉将生。"胜曰："然则奈何？"岳曰："愿得尔朱氏一人为帅而佐之。"胜为之言于荣，荣悦，以尔朱天光为使持节、都督二雍二岐诸军事、骠骑大将军、雍州刺史，以岳为左大都督，又以征西将军代郡侯莫陈悦为右大都督，并为天光之副以讨之。

天光初行，唯配军士千人，发洛阳以西路次民马以给之。时赤水蜀贼断路，诏侍中杨侃先行慰谕，并税其马，蜀持疑不下。军至潼关，天光不敢进，岳曰："蜀贼鼠窃，公尚迟疑，

侯渊大张声势,增设了很多器具,亲率一百骑兵深入韩楼境内。在离蓟州一百馀里的地方,正遇上贼将陈周的一万多骑兵和步兵,侯渊埋伏伏兵从贼军背后出击,大破贼军,俘获了陈周的部众五千多人。不久又还给这些人战马兵器,放他们回蓟州。侯渊的左右劝谏道:"既然已俘获了贼军,为何还要资助他们回去呢?"侯渊说道:"既然我军兵力少,不能力战死拼,必须设奇计来离间敌军,才能战胜他们。"侯渊估计放还的贼军已经到了蓟州,便率骑兵乘夜进军,在天亮时敲响了蓟州城门。韩楼果然怀疑被放回的士兵成了侯渊的内应,就逃跑了,侯渊追击并抓获了韩楼。幽州被平定。魏朝廷任命侯渊为平州刺史,镇守范阳。

在此之前,魏朝廷任命征东将军刘灵助兼尚书左仆射,到濮阳顿丘去慰劳幽州的流民,顺便带领流民返回,与侯渊一起消灭韩楼,朝廷又任命刘灵助行幽州事,加封车骑将军,又担任幽、平、营、安四州的行台。

万俟丑奴进攻魏的东秦州,攻占了它,杀死东秦州刺史高子朗。

二年(530)春季正月,万俟丑奴进犯关中,魏尔朱荣派遣武卫将军贺拔岳讨伐他。贺拔岳私下对他的哥哥贺拔胜说:"万俟丑奴是个劲敌,现在攻击他,不胜固然有罪,胜了他,嫉妒谗言也会产生。"贺拔胜问道:"那怎么办呢?"贺拔岳说:"希望有一个尔朱家族的人做统帅,我辅佐他。"于是贺拔胜把这话转告给尔朱荣,尔朱荣很高兴,任命尔朱天光为使持节、都督二雍二岐诸军事、骠骑大将军、雍州刺史,任命贺拔岳为左大都督,又任命征西将军代郡人侯莫陈悦为右大都督,共同做尔朱天光的副手以征讨万俟丑奴。

尔朱天光出发时,只配备了一千军士,征发洛阳以西沿途百姓的马匹供给这支军队。当时赤水的蜀贼切断了道路,朝廷就下诏命令侍中杨侃先到蜀贼那里慰问劝谕,还购买了他们的马匹,蜀贼还是犹豫不决。魏军到了潼关,尔朱天光不敢进军,贺拔岳对他说:"这些蜀贼是鸡鸣狗盗之徒,你尚且迟疑不决,

若遇大敌，将何以战？"天光曰："今日之事，一以相委。"岳
遂进击蜀于渭北，破之，获马二千匹，简其壮健以充军士，
又税民马合万馀匹。以军士尚少，淹留未进。荣怒，遣骑
兵参军刘贵乘驿至军中责天光，杖之一百，以军士三千人
助之。

三月，丑奴自将其众围岐州，遣其大行台尉迟菩萨、仆
射万俟仵自武功南渡渭，攻围趣栅。天光使贺拔岳将千骑
救之，菩萨等已拔栅而还，岳故杀掠其吏民以挑之，菩萨帅
步骑二万至渭北。岳以轻骑数十自渭南与菩萨隔水而语，
称扬国威，菩萨令省事传语，岳怒曰："我与菩萨语，卿何人
也！"射杀之。明日，复引百馀骑隔水与贼语，稍引而东，至
水浅可涉之处，岳即驰马东出，贼以为走，乃弃步兵轻骑南
渡渭追岳，岳依横冈设伏兵以待之，贼半渡冈东，岳还兵击
之，贼败走。岳下令："贼下马者勿杀。"贼悉投马，俄获三
千人，马亦无遗，遂擒菩萨。仍渡渭北，降步卒万馀，并收
其辎重。丑奴闻之，弃岐州，北走安定，置栅于平亭。天光
方自雍至岐，与岳合。

夏四月，天光至汧、渭之间，停军牧马，宣言："天时将
热，未可行师，俟秋凉更图进止。"获丑奴觇候者，纵遣之。丑
奴信之，散众耕于细川，使其太尉侯伏侯元进将兵五千，据
险立栅，其馀千人已下为栅者甚众。天光知其势分，晡时，

如果遇到大敌，又将怎么应付呢?"尔朱天光说:"今天的事情，我全部委托给你了。"于是贺拔岳就向渭北的蜀贼进攻，大破蜀贼，缴获战马两千匹，挑选蜀贼中健壮者充实魏军，又征集民马万馀匹。因为兵力还少，部队留下没有进军。尔朱荣大怒，派遣骑兵参军刘贵乘驿马赶到军中，责备尔朱天光，打了他一百军杖，又给他增派了三千军士。

三月，万俟丑奴亲率部众包围岐州，派遣手下的大行台尉迟菩萨、仆射万俟仵从武功南渡渭水，围攻魏军的军营。尔朱天光先派贺拔岳率领一千骑兵前去救援，尉迟菩萨等已拔下营寨返回了，贺拔岳故意大肆杀掠万俟丑奴的吏民来挑逗敌人，但尉迟菩萨已经率领两万步兵和骑兵回到了渭北。贺拔岳率领几十轻骑在渭水南岸与北岸的尉迟菩萨隔水对话，称颂张扬魏朝的国威，尉迟菩萨命令传话的使者向贺拔岳传话，贺拔岳愤怒地说:"我同尉迟菩萨对话，你算什么人!"用箭射死了他。第二天贺拔岳又带了一百多骑兵隔渭水与贼军对话，渐渐地把贼军引向东边，到了可以涉水而过的浅水处，贺拔岳当即骑马快速向东跑去，贼军以为贺拔岳逃跑，便抛下步兵，轻骑南渡渭水追击贺拔岳，贺拔岳已经在一条横岗背后设下伏兵等待贼军，待贼军过了横岗的一半，贺拔岳回兵反击，贼军败逃而去。贺拔岳发布命令:"贼军下马的不杀。"贼军全都下了马，一会儿就俘获了三千人，马匹也全都捕获，于是就抓住了尉迟菩萨。魏军又渡过渭北，收降贼军一万多步兵，并且还缴获了兵器装备。万俟丑奴听说了这件事，丢弃了岐州，向北逃到安定，在平亭安下营寨。尔朱天光这才从雍州到了岐州，与贺拔岳会合。

夏季四月，尔朱天光率军到了汧水与渭水之间，便停止进军放养战马，声称:"天气将要变热，不能征战，等秋天凉快时再考虑作战。"魏军抓获了万俟丑奴的侦察兵，都将他们放回去。万俟丑奴相信了这些传言，解散部队在细川从事耕作，派手下太尉侯伏侯元进率五千兵马占据险地设立营寨，其馀一千人以下扎营的很多。尔朱天光了解到万俟丑奴的势力分散了，傍晚时分，

密严诸军，相继俱发，黎明，围元进大栅，拔之，所得俘囚，一皆纵遣，诸栅闻之皆降。天光昼夜径进，抵安定城下，贼泾州刺史侯几长贵以城降。丑奴弃平亭走，欲趣高平，天光遣贺拔岳轻骑追之。丁卯，及于平凉，贼未成列，直阁代郡侯莫陈崇单骑入贼中，于马上生擒丑奴，因大呼，众皆披靡，无敢当者。后骑益集，贼众崩溃，遂大破之。天光进逼高平，城中执送萧宝寅以降。

甲戌，魏以关中平，大赦。万俟丑奴、萧宝寅至洛阳，置阊阖门外都街之中，士女聚观凡三日。丹杨王萧赞表请宝寅之命，吏部尚书李神隽、黄门侍郎高道穆素与宝寅善，欲左右之，言于魏主曰："宝寅叛逆，事在前朝。"会应诏王道习自外至，帝问道习在外所闻，对曰："唯闻李尚书、高黄门与萧宝寅周款，并居得言之地，必能全之。且二人谓宝寅叛逆在前朝，宝寅为丑奴太傅，岂非陛下时邪？贼臣不翦，法欲安施！"帝乃赐宝寅死于驼牛署，斩丑奴于都市。

六月，万俟丑奴既败，自泾、豳以西至灵州，贼党皆降于魏，唯所署行台万俟道洛帅众六千逃入山中，不降。时高平大旱，尔朱天光以马乏草，退屯城东五十里，遣都督长孙邪利帅二百人行原州事以镇之。道洛潜与城民通谋，掩袭邪利，并其所部皆杀之。天光帅诸军赴之，道洛出战而败，帅其众西入牵屯山，据险自守。尔朱荣以天光

秘密严令各支部队全部陆续出发,于黎明时分包围并攻下了侯伏侯元进的大本营,所俘获的俘虏,全都放回去,其他营寨的贼军听说后,都投降了魏军。尔朱天光昼夜前进,抵达安定城下,万俟丑奴部下的泾州刺史侯幾长贵献城投降。万俟丑奴放弃平亭城出逃,想去高平城,尔朱天光派贺拔岳率轻骑追击万俟丑奴。丁卯(二十二日),在平凉追上了贼军,贼军还未列成阵势,直阁代郡人侯莫陈崇单骑闯入贼阵,从马上活捉了万俟丑奴,趁势大呼,贼军望风披靡,没有人敢抵挡他。魏军的后续骑兵聚集得越来越多,贼军崩溃,于是大破了贼军。尔朱天光又进逼高平,城中人抓获了萧宝寅送来投降。

甲戌(二十九日),魏朝廷因为关中平定,大赦天下。万俟丑奴、萧宝寅被押到洛阳,放在阊阖门外的大街上,洛阳城中的男女老少聚集围观了三天。丹杨王萧赞向朝廷上表请求饶萧宝寅一命,吏部尚书李神儁、黄门侍郎高道穆平素与萧宝寅亲近友善,也想帮着为萧宝寅求情,对魏孝庄帝说:“萧宝寅反叛朝廷,发生在前朝。”这时应诏官王道习正从外面进入,魏孝庄帝问王道习在外面听到了什么,王道习回答说:“只听说李尚书、高黄门与萧宝寅关系密切,并且居于向皇上进言的位置,必定能保全萧宝寅。而且这二人说萧宝寅叛逆之事发生在前朝,但萧宝寅做了万俟丑奴的太傅,难道不是在陛下当政时吗?贼臣如果不除掉,王法还能施加于谁呢?”魏孝庄帝于是便赐萧宝寅死于驼牛署,把万俟丑奴押到都市斩首。

六月,万俟丑奴兵败后,从泾州、豳州以西直到灵州,原来的万俟丑奴党羽都归降了魏朝,只有他任命的行台万俟道洛率领六千人马逃入山中,不肯投降。当时高平大旱,尔朱天光因为马匹缺少水草,就退兵驻扎在高平城东五十里处,还派都督长孙邪利率领两百人管理原州的事务,在高平城内镇守。万俟道洛秘密与高平城中百姓合谋,突袭长孙邪利,把他及其部下都杀了。尔朱天光率领各路兵马赶往高平救援,万俟道洛出城迎战,战败,率部下向西逃进了牵屯山,据险自守。尔朱荣因为尔朱天光

失邪利,不获道洛,复遣使杖之一百,以诏书黜天光为抚军将军、雍州刺史,降爵为侯。

天光追击道洛于牵屯,道洛败走,入陇,归略阳贼帅王庆云。道洛骁果绝伦,庆云得之,甚喜,谓大事可济,遂称帝于水洛城,置百官,以道洛为大将军。

秋七月,天光帅诸军入陇,至水洛城。庆云、道洛出战,天光射道洛中臂,失弓还走,拔其东城。贼并兵趣西城,城中无水,众渴乏,有降者言:"庆云、道洛欲突走。"天光恐失之,乃遣人招谕庆云使早降,曰:"若未能自决,当听诸人今夜共议,明晨早报。"庆云等冀得少缓,因待夜突出,乃报曰:"请俟明日。"天光因使谓曰:"知须水,今相为小退,任取涧水饮之。"贼众悦,无复走心。天光密使军士多作木枪,各长七尺,昏后,绕城布列,要路加厚,又伏人枪中,备其冲突,兼令密缚长梯于城北。其夜,庆云、道洛果驰马突出,遇枪,马各伤倒,伏兵起,即时擒之。军士缘梯入城,馀众皆出城南,遇枪而止,穷窘乞降。丙子,天光悉收其仗而坑之,死者万七千人,分其家口。于是三秦、河、渭、瓜、凉、鄯州皆降。

天光顿军略阳。诏复天光官爵,寻加侍中、仪同三司。以贺拔岳为泾州刺史,侯莫陈悦为渭州刺史。秦州城民谋杀

损失了长孙邪利，却没有抓获万俟道洛，再次派使者去打尔朱天光一百杖，以皇上诏书的名义贬尔朱天光为抚军将军、雍州刺史，爵位降为侯爵。

尔朱天光追击万俟道洛到牵屯，万俟道洛战败逃走，进入陇地，投奔略阳贼军头领王庆云。万俟道洛骁勇无比，王庆云得到他后十分高兴，认为大事可以成功了，于是在水洛城称帝，设置百官，任命万俟道洛为大将军。

秋季七月，尔朱天光率领各路人马进入陇地，来到了水洛城。王庆云、万俟道洛出来迎战，尔朱天光用箭射中了万俟道洛的手臂，万俟道洛丢下弓箭往回逃，尔朱天光趁机攻占了东城。贼军聚合兵马退至西城，城中无水，大家很渴，有降魏的人对尔朱天光说："王庆云、万俟道洛打算突围逃走。"尔朱天光担心贼军逃去，就派人去招降王庆云，让他早日投降，对他说："如果你自己不能决定，应该让大家在今夜共同商议一下，明天早晨回话。"王庆云等希望局面稍稍缓和一下，以便等待夜里突围出逃，于是回答说："请等明天吧。"尔朱天光通过使者传话去说："我知道你们想得到水，现在我军稍微后退一些，让你们任意取涧水饮用。"贼军大喜，不再想逃跑了。尔失天光秘密派士兵们多做拒马枪，各长七尺，天黑后环城布置好，险要路口还加倍布置，同时又让士兵埋伏在枪丛中，防备贼军突围，又命令人暗中在城北编扎长梯。这天夜里，王庆云、万俟道洛果然驰马突围，遇到魏军的拒马枪，战马各个都受伤倒下，魏军伏兵冲出，当即抓获了王庆云、万俟道洛。魏军士兵登上长梯入城，剩下的贼军都从城南出逃，遇上拒马枪而被阻，贼军走投无路，只好投降。丙子（初三），尔朱天光收缴贼军的器具，把贼军都活埋了，死者多达一万七千人，他们的家属被分配赏给魏军将士。于是，三秦、河、渭、瓜、凉、鄯等州都投降了魏朝。

尔朱天光率军在略阳驻扎。魏朝廷下达诏令恢复了尔朱天光的官职、爵位，不久又加封他为侍中、仪同三司。魏朝廷还任命贺拔岳为泾州刺史，侯莫陈悦为渭州刺史。秦州城民想杀掉

刺史骆超,南秦州城民谋杀刺史辛显,超、显皆觉之,走归天光,天光遣兵讨平之。

步兵校尉宇文泰从贺拔岳入关,以功迁征西将军,行原州事。时关、陇凋弊,泰抚以恩信,民皆感悦,曰:"早遇宇文使君,吾辈岂从乱乎?"

刺史骆超，南秦州城民想杀掉刺史辛显，骆超、辛显都有所察觉，立即逃跑并投降了尔朱天光，尔朱天光派兵讨平了秦州、南秦州的叛乱。

步兵校尉宇文泰随贺拔岳入关，因功升任为征西将军，代理原州的事务。当时关、陇地区一派凋敝，宇文泰以恩威信义抚慰百姓，老百姓感激、喜欢他，都说："要是早点遇上宇文泰，我们怎么会跟着去叛乱呢？"

元颢入洛

梁武帝天监八年秋九月辛巳,魏封故北海王详子颢为北海王。

大通二年春正月癸亥,魏以北海王颢为骠骑大将军、开府仪同三司、相州刺史。

夏四月,魏北海王颢将之相州,至汲郡,闻葛荣南侵及尔朱荣纵暴,阴为自安之计,盘桓不进。以其舅殷州刺史范遵行相州事,代前刺史李神守邺。行台甄密知颢有异志,相帅废遵,复推李神摄州事,遣兵迎颢,且察其变。颢闻之,帅左右来奔。

冬十月,帝以魏北海王颢为魏王,遣东宫直阁将军陈庆之将兵送之还北。

元颢取魏铚城而据之。

中大通元年夏四月,魏元天穆将击邢杲,以北海王颢方入寇,集文武议之。众皆曰:"杲众强盛,宜以为先。"行台尚书薛琡曰:"邢杲兵众虽多,鼠窃狗偷,非有远志。颢帝室近亲,来称义举,其势难测,宜先去之。"天穆以诸将多欲击杲,又魏朝亦以颢为孤弱不足虑,命天穆等先定齐地,

元颢入洛

梁武帝天监八年(509)秋季九月辛巳(初六),魏朝廷封已故的北海王元详的儿子元颢为北海王。

大通二年(528)春季正月癸亥(初五),魏朝廷任命北海王元颢为骠骑大将军、开府仪同三司、相州刺史。

夏季四月,魏北海王元颢将到相州赴任,路过汲郡,听说葛荣向南进犯以及尔朱荣肆意残暴,便暗中为自己的安全打算,徘徊不前。元颢任命舅舅殷州刺史范遵代理相州事务,代替原相州刺史李神镇守邺城。行台甄密知道元颢有异心,与他人一起罢免了范遵,又推举李神管理相州事务,还派兵迎接元颢,并观察元颢的变化。元颢听说了这个消息,率领部下投奔了梁朝。

冬季十月,梁武帝任命魏北海王元颢为魏王,派遣东宫直阁将军陈庆之率兵护送他返回北方。

元颢攻占魏的铚城,在此据守。

中大通元年(529)夏季四月,魏朝的元天穆将要进攻邢杲,因为北海王元颢正在进犯魏,召集文武官员商议这件事。大家都说:"邢杲势力强盛,应该先攻打邢杲。"行台尚书薛琡说:"邢杲的人马虽然众多,但都是鸡鸣狗盗之徒,没有什么远大抱负。元颢是皇室近亲,这次前来号称义举,其势难以预测,应该首先消灭他。"元天穆因各位将领大多想先攻击邢杲,加上魏朝廷也认为元颢势单力薄不足为虑,命令元天穆等人先平定齐地的邢杲,

还师击颢,遂引兵东出。

颢与陈庆之乘虚自铚城进拔荥城,遂至梁国。魏丘大千有众七万,分筑九城以拒之。庆之攻之,自旦至申,拔其三垒,大千请降。颢登坛燔燎,即帝位于睢阳城南,改元孝基。

五月丁巳,魏以东南道大都督杨昱镇荥阳,尚书仆射尔朱世隆镇虎牢,侍中尔朱世承镇崿岅。乙丑,内外戒严。

戊辰,北海王颢克梁国。颢以陈庆之为卫将军、徐州刺史,引兵而西。杨昱拥众七万,据荥阳,庆之攻之,未拔。颢遣人说昱使降,昱不从。元天穆与骠骑将军尔朱吐没儿将大军前后继至,梁士卒皆恐,庆之解鞍秣马,谕将士曰:"吾至此以来,屠城略地,实为不少。君等杀人父兄、掠人子女,亦无算矣。天穆之众,皆是仇雠。我辈众才七千,虏众三十馀万,今日之事,唯有必死乃可得生耳。虏骑多,不可与之野战,当及其未尽至,急攻取其城而据之。诸君勿或狐疑,自取屠脍。"乃鼓之,使登城,将士即相帅蚁附而入。癸酉,拔荥阳,执杨昱。诸将三百馀人伏颢帐前请曰:"陛下渡江三千里,无遗镞之费,昨荥阳城下一朝杀伤五百馀人,愿乞杨昱以快众意!"颢曰:"我在江东闻梁主言,初举兵下都,袁昂为吴郡不降,每称其忠节。杨昱忠臣,奈何杀之?此外唯卿等所取。"于是斩昱所部统帅三十七人,皆刳其心而食之。俄而天穆等引兵围城,庆之帅骑三千背城力战,

之后再率领军队返回进攻元颢，于是就率领军队向东进发，讨伐邢杲。

元颢与陈庆之乘魏空虚之机，从铚城进发攻占了荥城，到了梁国。魏将丘大千拥有七万兵马，分头建筑了九座城堡来抵抗元颢。陈庆之率部攻打梁国，从早晨到下午申时，攻下了三个城堡，丘大千请求投降。元颢登上祭坛焚香祷告，在睢阳城南登基称帝，改年号为孝基。

五月丁巳（初六），魏朝廷任命东南道大都督杨昱镇守荥阳，尚书仆射尔朱世隆镇守虎牢，侍中尔朱世承镇守崿岅。乙丑（十四日），魏朝廷内外实行戒严。

戊辰（十七日），北海王元颢攻占梁国城。元颢任命陈庆之为卫将军、徐州刺史，带兵向西征讨。杨昱拥有七万大军，据守荥阳，陈庆之去攻打，未能攻克。元颢派人劝降杨昱，杨昱不答允。元天穆与骠骑将军尔朱吐没儿率领大军先后赶到荥阳，梁军兵士都很害怕，陈庆之解下马鞍边喂马边告诉将士说：“我们到这里以来，屠城夺地，实在已经不少了。你们杀人家的父兄，夺人家的子女，算也算不清。元天穆的部众，都是我们的敌人。我军只有七千，敌军有三十多万，今日之事，我军只有抱着必死的决心才有活路。敌军的骑兵很多，我们不能在野外与其作战，应该趁他们没完全到达，急速攻下荥阳城作为立足之地。诸位不要再疑虑了，否则会自取灭亡。”于是擂战鼓，命将士登城进攻，将士们相率蜂拥入城。癸酉（二十二日），攻占荥阳，抓获了杨昱。元颢的三百馀名部降俯伏在元颢帐前请求说：“陛下渡江北进三千里，没浪费过一支箭，昨天荥阳城下我军伤亡了五百多人，我们希望把杨昱交给我们处理，以快人心！”元颢说：“我在江东时听梁朝皇帝说，他当初举兵南下到建康时，袁昂占据吴郡不肯投降，梁朝皇帝常常称赞他忠节。杨昱是忠臣，为什么要杀他呢？除杨昱以外，其他人任由你们去处理。”于是杀了杨昱手下统帅三十七人，都挖出心来吃了。不久，元天穆等人率领部队围攻荥阳城，陈庆之率领三千骑兵背靠荥阳城奋力作战，

大破之，天穆、吐没儿皆走。庆之进击虎牢，尔朱世隆弃城走，获魏东中郎将辛纂。

魏主将出避颢，未知所之。或劝之长安，中书舍人高道穆曰："关中荒残，何可复往！颢士众不多，乘虚深入，由将帅不得其人，故能至此。陛下若亲帅宿卫，高募重赏，背城一战，臣等竭其死力，破颢孤军必矣。或恐胜负难期，则车驾不若渡河，征大将军天穆、大丞相荣各使引兵来会，掎角进讨，旬月之间，必见成功，此万全之策也。"魏主从之。甲戌，魏主北行，夜，至河内郡北。命高道穆于烛下作诏书数十纸，布告远近，于是四方始知魏主所在。乙亥，魏主入河内。

临淮王彧，安丰王延明，帅百僚，封府库，备法驾迎颢。丙子，颢入洛阳宫，改元建武，大赦。以陈庆之为侍中、车骑大将军，增邑万户。杨椿在洛阳，椿弟顺为冀州刺史，兄子侃为北中郎将，从魏主在河北。颢意忌椿，而以其家世显重，恐失人望，未敢诛也。或劝椿出亡，椿曰："吾内外百口，何所逃匿！正当坐待天命耳。"

颢后军都督侯暄守睢阳为后援，魏行台崔孝芬、大都督刁宣驰往围暄，昼夜急攻，戊寅，暄突走，擒斩之。

上党王天穆等帅众四万攻拔大梁，分遣费穆将兵二万攻虎牢，颢使陈庆之击之。天穆畏颢，将北渡河，谓行台郎中济阴温子昇曰："卿欲向洛，为随我北渡？"子昇曰："主上以虎牢失守，致此狼狈。元颢新入，人情未安，今往击之，

大败元天穆军，元天穆、尔朱吐没儿都逃走了。陈庆之又进攻虎牢城，尔朱世隆弃城逃走，陈庆之抓获了魏东中郎将辛纂。

魏孝庄帝想离开京城躲避元颢的部队，不知到哪里去。有人劝他到长安，中书舍人高道穆说："关中荒凉残破，怎么可以再去呢？元颢的兵众不多，乘我方空虚得以深入，这是因为我们选用将帅不当，才到这个地步。陛下如能亲自率领禁卫军，以重金招募士兵，加以重赏，背城决一死战，我等竭尽全力，一定会攻破元颢这支孤军。如果陛下担心胜负难料，那么您不如渡过黄河，命令大将军元天穆、大丞相尔朱荣各自率军来会合，构成掎角之势来进讨元颢，一月之内，必定会成功，这是万全之策。"魏孝庄帝听从了这个建议。甲戌（二十三日），孝庄帝向北进发，夜里到了河内郡北。孝庄帝命令高道穆在烛光下起草了几十张诏书，公告天下，于是四面八方才得知魏孝庄帝在那里。乙亥（二十四日），魏孝庄帝进入了河内郡辖地。

临淮王元彧和安丰王元延明带领众多僚属，封上府库，备好法驾迎接元颢。丙子（二十五日），元颢进入洛阳宫，改年号为建武，大赦天下。元颢任命陈庆之为侍中、车骑大将军，增封采邑一万户。当时杨椿在洛阳，他的弟弟杨顺是冀州刺史，侄子杨侃是北中郎将，跟从魏孝庄帝在河北。元颢心里忌恨杨椿，但因为杨椿家世显赫贵重，恐怕失去人心，就没敢杀杨椿。有人劝杨椿逃出洛阳，杨椿说："我里里外外有家属百口，能逃到哪里去？只能坐待天命罢了。"

元颢的后军都督侯暄镇守睢阳作为后援，魏行台崔孝芬、大都督刁宣急速前往围攻侯暄，日夜猛攻，戊寅（二十七日），侯暄突围逃走，被魏军捕杀了。

上党王元天穆等人率领四万人马攻占了大梁，分派费穆率领两万人马攻打虎牢，元颢派遣陈庆之进攻费穆。元天穆害怕元颢，想北渡黄河，就对行台郎中济阴人温子昇说："你是想去洛阳，还是想跟随我北渡黄河？"温子昇说："皇上因为虎牢失守，才导致这样狼狈。元颢刚来，民心还没有安定，现在前去攻打他，

无不克者。大王平定京邑，奉迎大驾，此桓、文之举也。舍此北渡，窃为大王惜之。"天穆善之而不能用，遂引兵渡河。费穆攻虎牢，将拔，闻天穆北渡，自以无后继，遂降于庆之。庆之进击大梁、梁国，皆下之。庆之以数千之众，自发铚县至洛阳，凡取三十二城，四十七战，所向皆克。

颢使黄门郎祖莹作书遗魏主曰："朕泣请梁朝，誓在复耻，正欲问罪于尔朱，出卿于桎梏。卿托命豺狼，委身虎口，假获民地，本是荣物，固非卿有。今国家隆替，在卿与我。若天道助顺，则皇魏再兴；脱或不然，在荣为福，于卿为祸。卿宜三复，富贵可保。"

颢既入洛，自河以南州郡多附之。齐州刺史沛郡王欣集文武议所从，曰："北海、长乐，俱帝室近亲，今宗祐不移，我欲受赦，诸君意何如？"在坐莫不失色。军司崔光韶独抗言曰："元颢受制于梁，引寇仇之兵以覆宗国，此魏之贼臣乱子也。岂唯大王家事所宜切齿，下官等皆荷朝眷，未敢仰从！"长史崔景茂等皆曰："军司议是。"欣乃斩颢使。光韶，亮之从父弟也。于是襄州刺史贾思同、广州刺史郑先护、南兖州刺史元遵亦不受颢命。思同，思伯之弟也。颢以冀州刺史元孚为东道行台、彭城郡王，孚封送其书于魏主。阳平王敬先起兵于河桥以讨颢，不克而死。

魏以侍中、车骑将军、尚书右仆射尔朱世隆为使持节、行台仆射、大将军、相州刺史，镇邺城。

攻无不克。大王您平定京邑后，再奉迎皇上的大驾，这是像齐桓公、晋文公一样的举动啊。您如果不这样做却选择北渡黄河，我私下真为大王您感到惋惜。"元天穆赞同温子昇的意见，却没有采纳，于是带兵渡过了黄河。费穆攻打虎牢城，就要攻破了，听说元天穆北渡黄河，认为没有了后继部队，于是就投降了陈庆之。陈庆之率领部队进攻大梁、梁国，都攻下了。陈庆之率领几千人马，从铚县出发到洛阳，共攻占了三十二座城池，打了四十七仗，所向无敌。

元颢命令黄门郎祖莹起草一封信送给魏孝庄帝，信上说："朕哭求梁朝发兵，誓在报仇雪恨，正是要向尔朱荣问罪，把你从桎梏中解救出来。你现在托命于豺狼，委身于虎口，我获得百姓和土地，本来是尔朱荣的东西，实在不属于你所有。当今国家兴亡，全在你我二人。如果天道助我顺利，那么大魏可以再复兴；如果不是这样的话，对于尔朱荣是福，对你就是祸。你应该思量再三，荣华富贵才能保得住。"

元颢进入洛阳后，黄河以南的州郡大多归降了他。齐州刺史、沛郡王元欣召集文武官员商议何去何从，元欣说："北海王和长乐王，都是皇室近亲，现在皇位并未落入外人手中，我想接受元颢的赦免，诸君意下如何？"在座的人无不受惊失色。只有军司崔光韶高声反对说："元颢受梁朝节制，引来仇敌之兵颠覆自己的国家，他是魏朝的贼臣乱子啊。不仅因为这是大王您的家事理应切齿痛恨，就是我等下官也都受朝廷恩典，不敢听从您的意见！"长史崔景茂等都说："军司的话很对。"元欣于是杀了元颢的使者。崔光韶是崔亮的堂弟。于是襄州刺史贾思同、广州刺史郑先护、南兖州刺史元暹也不接受元颢的节制。贾思同是贾思伯的弟弟。元颢任命冀州刺史元孚为东道行台、彭城郡王，元孚把元颢的委任书送给了魏孝庄帝。阳平王元敬先在河桥起兵讨伐元颢，没有成功就死了。

魏朝廷任命侍中、车骑将军、尚书右仆射尔朱世隆为使持节、行台仆射、大将军、相州刺史，镇守邺城。

魏主之出也,单骑而去,侍卫后宫皆按堵如故。颢一旦得之,号令已出,四方人情想其风政。而颢自谓天授,遂有骄怠之志。宿昔宾客近习,咸见宠待,干扰政事,日夜纵酒,不恤军国,所从南兵,陵暴市里,朝野失望。高道穆兄子儒自洛阳出从魏主,魏主问洛中事,子儒曰:"颢败在旦夕,不足忧也。"

尔朱荣闻魏主北出,即时驰传见魏主于长子,行,且部分。魏主即日南还,荣为前驱。旬日之间,兵众大集,资粮器仗,相继而至。六月壬午,魏大赦。

荣既南下,并、肆不安,乃以尔朱天光为并、肆等九州行台,仍行并州事。天光至晋阳,部分约勒,所部皆安。

己丑,费穆至洛阳,颢引入,责以河阴之事而杀之。颢使都督宗正珍孙与河内太守元袭据河内。尔朱荣攻之,上党王天穆引兵会之,壬寅,拔其城,斩珍孙及袭。

魏北海王颢既得志,密与临淮王彧、安丰王延明谋叛梁。以事难未平,藉陈庆之兵力,故外同内异,言多猜忌。庆之亦密为之备,说颢曰:"今远来至此,未服者尚多,彼若知吾虚实,连兵四合,将何以御之?宜启天子,更请精兵,并敕诸州,有南人没此者悉须部送。"颢欲从之,延明曰:"庆之兵不出数千,已自难制,今更增其众,宁肯复为人用乎?大权一去,动息由人,魏之宗庙,于斯坠矣。"颢乃不用庆之言。

魏孝庄帝出逃外奔时,是单人匹马离开宫中,他的侍卫及以后宫嫔妃都照旧留在宫内。元颢很快取得了政权,号令都由他自己发布,天下百姓原本希望他广施仁政,政治清明。而元颢自以为这是上天授予的,很快有了骄傲怠慢之心。他过去的宾客老友,都受到宠幸、厚待,这些人干扰政务,日夜酗酒,不关心军国大事,而从南方跟来的兵士,更是横行市里,欺凌残害百姓,朝野上下大失所望。高道穆的哥哥高子儒从洛阳逃出追随魏孝庄帝,魏孝庄帝向他询问洛阳城中的情况,高子儒说:"元颢很快就会失败,不值得担忧。"

尔朱荣听说魏孝庄帝向北逃亡,即刻飞马到长子去见孝庄帝,一边赶路,一边布置军队。魏孝庄帝在当天就南还,尔朱荣做了前锋。十天之内,魏军便大批集结,粮草兵器也相继运到。六月壬午(初二),魏朝廷大赦天下。

尔朱荣南下后,并、肆二州不安宁,尔朱荣就任命尔朱天光为并、肆等九州行台,仍然代理并州事务。尔朱天光到达晋阳,加以布置约束,这些地方都安宁了。

己丑(初九),费穆抵达洛阳,元颢将他引入,以河阴之事责备他,杀了他。元颢派都督宗正珍孙与河内太守元袭占据河内。尔朱荣进攻河内,上党王元天穆带兵与尔朱荣会合,壬寅(二十二日),攻下了河内城,杀了宗正珍孙及元袭。

魏北海王元颢得志后,暗中与临淮王元彧、安丰王元延明谋划反叛梁朝。因局面没有平定,要借助陈庆之的兵力,所以表面一致,内怀鬼胎,语言中多有猜忌。陈庆之也暗中做了防备,劝元颢说:"现在我们远道来此,不服的人很多,他们如果了解我方的虚实情况,联合兵力四面包围,我们将如何抵御?应当启奏梁朝天子,再请求增派精兵,同时敕令各州有南人留在这里的必须送来。"元颢打算听从他的意见,元延明说:"陈庆之的兵力不过数千,你已很难控制了,现在还要增加他的兵力,他怎么会肯为你所用呢?你的大权一旦失去,一举一动都由他人决定,这样魏的宗庙就要在此坠灭了。"元颢于是没有采用陈庆之的意见。

又虑庆之密启,乃表于上曰:"今河北、河南一时克定,唯尔朱荣尚敢跋扈,臣与庆之自能擒讨。州郡新服,正须绥抚,不宜更复加兵,摇动百姓。"上乃诏诸军继进者皆停于境上。

洛中南兵不满一万,而羌、胡之众十倍,军副马佛念谓庆之曰:"将军威行河、洛,声震中原,功高势重,为魏所疑,一旦变生不测,可无虑乎?不若乘其无备,杀颢据洛,此千载一时也。"庆之不从。颢先以庆之为徐州刺史,因固求之镇,颢心惮之,不遣,曰:"主上以洛阳之地全相任委,忽闻舍此朝寄,欲往彭城,谓君遽取富贵,不为国计,非徒有损于君,恐仆并受其责。"庆之不敢复言。

尔朱荣与颢相持于河上。庆之守北中城,颢自据南岸。庆之三日十一战,杀伤甚众。有夏州义士为颢守河中渚,阴与荣通谋,求破桥立效,荣引兵赴之。及桥破,荣应接不逮,颢悉屠之,荣怅然失望。又以安丰王延明缘河固守,而北军无船可渡,议欲还北,更图后举。黄门郎杨侃曰:"大王发并州之日,已知夏州义士之谋指来应之邪?为欲广施经略匡复帝室乎?夫用兵者,何尝不散而更合,疮愈更战,况今未有所损,岂可以一事不谐而众谋顿废乎?今四方颙颙,视公此举。若未有所成,遽复引归,民情失望,各怀去就,胜负所在,未可知也。不若征发民材,多为桴筏,间以舟楫缘河布列,数百里中,皆为渡势。首尾既远,

元颢又担心陈庆之秘密向梁朝廷上奏汇报，就向梁武帝上表说："现在河北、河南已经平定，只有尔朱荣还敢顽抗，臣下我与陈庆之能抓获他。眼下州郡刚刚归服，正需要安抚，不宜再增兵，使百姓不安。"梁武帝于是下诏命令正在进军的各路人马停留在梁朝的国境上，不得向前。

洛阳城中的梁军不满一万，而羌胡族军队是他们的十倍，梁军副马佛念对陈庆之说："将军你威震河、洛，声震中原，功高势强，被魏人所猜疑，一旦发生不测，能不担心吗？不如趁着元颢没有防备，杀死元颢占据洛阳，这是千载难逢的一个机会。"陈庆之没有听从他的意见。元颢先前任命陈庆之为徐州刺史，因为陈庆之坚持要求到徐州赴任，元颢心里怕他，没派他去，说："主上把洛阳之地全部委托给我们，他忽然听说你要离开洛阳到彭城去，便会认为你急着取得富贵，不为国家打算，这不仅有损于你自己，恐怕我也会一同受到主上的责备。"陈庆之就不敢再说去徐州赴任的事了。

尔朱荣与元颢在黄河相持。陈庆之镇守北中城，元颢自己镇守南岸。陈庆之三天内打了十一仗，杀伤敌军很多。有一夏州义士为元颢守河中小洲，暗中与尔朱荣串通，请求为尔朱荣破桥立功，尔朱荣率部队赶到河桥。等到河桥攻破，尔朱荣的部队没能接应上，元颢把叛变的人全杀了，尔朱荣怅然有失。元颢又委派安丰王元延明沿黄河岸固守，魏军无船渡河，便商议返回北方，以后再想办法。黄门郎杨侃对尔朱荣说："大王你在并州发兵时，是已经知道夏州义士来做你的内应才来的呢？还是想大力施展你的雄才大略匡复帝室才来的呢？用兵之人，谁不是打散了再聚起来，伤好了再投入战斗，何况现在我们并没有受到损失，怎么能因一件事没成功，就把所有的计划都废弃？当今四方百姓举首相望，就看您这次的举动了。如果一事无成，很快返回，那么百姓就大失所望，各自考虑何去何从，谁胜谁负就难以预料了。不如征发百姓的木材，多做些桴筏，间杂些舟船，沿着黄河排列，数百里中，都做出渡河的架势。首尾既然相距遥远，

使颢不知所防，一旦得渡，必立大功。”高道穆曰：“今乘舆
飘荡，主忧臣辱，大王拥百万之众，辅天子而令诸侯，若分
兵造筏，所在散渡，指掌可克。奈何舍之北归，使颢复得完
聚，征兵天下！此所谓养虺成蛇，悔无及矣。”荣曰：“杨黄
门已陈此策，当相与议之。”刘灵助言于荣曰：“不出十日，
河南必平。”伏波将军正平杨㯹与其族居马渚，自言有小船
数艘，求为乡导。戊辰，荣命车骑将军尔朱兆与大都督贺
拔胜缚材为筏，自马渚西硖石夜渡，袭击颢子领军将军冠
受，擒之。安丰王延明之众闻之，大溃。颢失据，帅麾下数
百骑南走，陈庆之收步骑数千，结陈东还。颢所得诸城，一
时复降于魏。尔朱荣自追陈庆之，会嵩高水涨，庆之军士
死散略尽。乃削须发为沙门，间行出汝阴，还建康。犹以
功除右卫将军，封永兴县侯。

中军大都督兼领军大将军杨津入宿殿中，扫洒宫庭，
封闭府库，出迎魏主于北邙，流涕谢罪，帝慰劳之。庚午，
帝入居华林园，大赦。以尔朱兆为车骑大将军、仪同三司。
北来军士及随驾文武诸立义者加五级，河北执事之官及河
南立义者加二级。壬申，加大丞相荣天柱大将军，增封通
前二十万户。

北海王颢自辕辕南出至临颍，从骑分散，临颍县卒江
丰斩之，癸酉，传首洛阳。临淮王或复自归于魏主，安丰王
延明携妻子来奔。

元颢就不知道防守哪里了，一旦我军渡过黄河，必定会立下大功。"高道穆也说："当今圣驾漂泊在外，皇上忧愁，大臣受辱，大王你拥有百万大军，辅佐天子号令诸侯，如果分兵制造木筏，各自分散渡河，战胜元颢易如反掌。怎么能舍此而北归，使元颢又得以修缮城池，征兵于天下！这真是所谓的养虺成蛇，后悔不及了。"尔朱荣说："杨黄门已经提出这一计策，大家应该商议一下。"刘灵助对尔朱荣说："不超过十天，河南必会平定。"伏波将军正平人杨樑与他的族人居住在马渚，他说有小船数艘，请求做向导。戊辰(闰六月十八日)，尔朱荣命令车骑大将军尔朱兆和大都督贺拔胜率军捆扎木材为木筏，从马渚西边的碲石夜渡黄河，袭击元颢之子、领军将军元冠受，抓获了元冠受。安丰王元延明的部众得知这一情况，纷纷溃散。元颢失去了寄托，率领部下数百名骑兵向南逃走，陈庆之收拢步、骑兵共几千人，结队返回东方。元颢原本攻取的城市，一时间全都投降了魏朝。尔朱荣亲自率领部队追击陈庆之，这时正遇到嵩高河发大水，陈庆之的部队死的死，散的散，差不多全完了。陈庆之于是削去头发、胡须，打扮成和尚，从小路逃出汝阴，回到建康。梁朝廷还是按功升任他为右卫将军，封永兴县侯。

中军大都督兼领军大将军杨津在朝廷殿中宿卫，洒扫宫庭，封闭府库，到北邙迎接魏孝庄帝，痛哭流涕地谢罪，孝庄帝慰劳他。庚午(闰六月二十日)，魏孝庄帝入居华林园，大赦天下。朝廷任命尔朱兆为车骑大将军、仪同三司。随同孝庄帝从北方来的将士及随侍皇帝的文武百官和那些没有投降元颢的都晋升五级官职，河北向朝廷报告敌情的官员和河南坚持未降的官员晋升二级官职。壬申(闰六月二十二日)，加封大丞相尔朱荣为天柱大将军，在原先基础上增封食邑，共二十万户。

北海王元颢从辕辕向南逃到临颍，随从的骑兵各自逃散，临颍县辛江丰杀了元颢，癸酉(闰六月二十三日)，元颢的首级传送到洛阳。临淮王元彧又归降孝庄帝，安丰王元延明带着妻子儿女来投奔梁朝。

乙亥,魏主宴劳尔朱荣、上党王天穆及北来督将于都亭。出宫人三百,缯锦杂彩数万匹,班赐有差,凡受元颢爵赏阶复者,悉追夺之。

乙亥(闰六月二十五日)，魏孝庄帝在都亭设宴慰劳尔朱荣、上党王元天穆及跟他从北方来的督将们。孝庄帝把宫女三百人、绫罗绸缎几万匹按功劳大小赏赐出去，对凡是接受元颢的爵位、奖赏、官职及免除赋役优惠的人，把他们的所得全都追夺回来。

元魏之乱

　　梁武帝天监十八年春正月,魏征西将军平陆文侯张彝之子仲瑀上封事,求铨削选格,排抑武人,不使豫清品。于是喧谤盈路,立榜大巷,克期会集,屠害其家。彝父子晏然,不以为意。二月庚午,羽林、虎贲近千人,相帅至尚书省诟骂,求仲瑀兄左民郎中始均不获,以瓦石击省门。上下慑惧,莫敢禁讨。遂持火掠道中薪蒿,以杖石为兵器,直造其第,曳彝堂下,捶辱极意,唱呼动地,焚其第舍。始均逾垣走,复还拜贼,请其父命,贼就殴击,生投之火中。仲瑀重伤走免,彝仅有馀息,再宿而死。远近震骇。胡太后收掩羽林、虎贲凶强者八人斩之,其馀不复穷治。乙亥,大赦以安之,因令武官得依资入选。识者知魏之将乱矣。

　　初,燕燕郡太守高湖奔魏,其子谧为侍御史,坐法徙怀朔镇,世居北边,遂习鲜卑之俗。谧孙欢,沈深有大志,家贫,执役在平城,富人娄氏女见而奇之,遂嫁焉。始有马,

元魏之乱

梁武帝天监十八年（519）春季正月，魏征西将军平陆文侯张彝的儿子张仲瑀上呈密封奏章，请求朝廷修订选官规定，限制武将，不让他们入选清贵的官职。于是吵闹之声到处都是，有人在大街上张榜，约定集会时间，要去屠害张家，张彝父子平静自如，不以为意。二月庚午（二十日），羽林、虎贲近一千人，相继来到尚书省叫骂，寻找张仲瑀的哥哥左民郎中张始均，没找到，就用瓦片、石块打砸尚书省大门。大家很害怕，没人敢去阻挡他们。这些人于是就用火把点燃了路上的蒿草，用石头、木棍作兵器，直达张家府第，把张彝拖到堂下，任意捶击污辱，呼声动地，焚烧了张家的府第。张始均跳墙逃跑，又返回向贼兵叩拜，请求放了他的父亲，贼兵趁机殴打他，把他活活投入火中。张仲瑀受重伤逃脱，张彝被打得奄奄一息，过了一宿就死了。这事让远近各方都感到震惊。胡太后收捕了羽林、虎贲中的凶强者，杀了八人，其馀的不再追究。乙亥（二十五日），朝廷大赦天下以安稳武官，又下令武官可以依照资格入选官职。有识之士知道魏朝就要发生动乱了。

当初，后燕燕郡太守高湖投奔魏国，其子高谧做了侍御史，犯法被流放到怀朔镇，从此世代居于北部边境，于是养成了鲜卑的风俗习惯。高谧的孙子高欢，深沉有大志，家境贫困，在平城服役，富家娄氏女见他非同一般，就嫁给了他。高欢这才有了马，

得给镇为函使。至洛阳,见张彝之死,还家,倾赀以结客。或问其故,欢曰:"宿卫相帅焚大臣之第,朝廷惧其乱而不问,为政如此,事可知矣,财物岂可常守邪?"欢与怀朔省事云中司马子如、秀容刘贵、中山贾显智、户曹史咸阳孙腾、外兵史怀朔侯景、狱掾善无尉景、广宁蔡隽特相友善,并以任侠雄于乡里。

普通五年。秀容酋长尔朱荣,羽健之玄孙也。荣神机明决,御众严整。时四方兵起,荣阴有大志,散其畜牧资财,招合骁勇,结纳豪杰,于是侯景、司马子如、贾显度及五原段荣、太安窦泰皆往依之。显度,显智之兄也。

六年。初,郑羲之兄孙俨为司徒胡国珍行参军,私得幸于太后,人未之知。萧宝寅西讨,以俨为开府属。太后再摄政,俨请奉使还朝,太后留之,拜谏议大夫、中书舍人,领尚食典御,昼夜禁中。每休沐,太后常遣宦者随之,俨见其妻,唯得言家事而已。中书舍人乐安徐纥,粗有文学,先以谄事赵脩,坐徙枹罕。后还,复除中书舍人,又谄事清河王怿。怿死,出为雁门太守。还洛,复谄事元义,义败,太后以纥为怿所厚,复召为中书舍人。纥又谄事郑俨。俨以纥有智数,仗为谋主。纥以俨有内宠,倾身承接,共相表里,势倾内外,号为徐、郑。俨累迁至中书令、车骑将军。纥累迁至给事黄门侍郎,仍领舍人,总摄中书、门下之事,军国诏令莫不由之。纥有机辩强力,终日治事,略无休息,不以为劳。时有急诏,令数吏执笔,或行或卧,人别占之,

得以做了一名镇上的信使。高欢到洛阳,看到张彝被乱兵打死一事,回到家中倾尽家财结交门客。有人问他这样做的原因,高欢说:"皇宫宿卫结伙焚烧大臣的府第,朝廷害怕他们造反而不过问,政府做事到了这个样子,以后的事情就可想而知了,这些财物怎么能够守得长呢?"高欢与怀朔省事云中人司马子如、秀容人刘贵、中山人贾显智、户曹史咸阳人孙腾、外兵史怀朔人侯景、狱掾善无人尉景、广宁人蔡隽特别友好亲善,他们都以仗义侠气称雄于乡里。

普通五年(524)。秀容酋长尔朱荣,是尔朱羽健的玄孙。尔朱荣灵巧机变,整治部下严格。当时四方起兵,尔朱荣暗藏大志,把家中牲畜钱财散发给大家,招纳骁勇之士,结交豪杰之人,于是侯景、司马子如、贾显度以及五原人段荣、太安人窦泰等人都前去依附他。贾显度是贾显智的哥哥。

六年(525)。当初,郑義的侄孙郑俨担任司徒胡国珍的行参军,私下得到胡太后的宠幸,外人都不知道。萧宝寅西征时,任命郑俨为开府属。胡太后再度摄政,郑俨向萧宝寅请求奉命出使回朝,胡太后留下了他,任命他为谏议大夫、中书舍人,兼领尚食典御,白天晚上都在宫中。每到放假回家,胡太后常派宦官跟随他,郑俨见了妻子,只能说说家务事而已。中书舍人乐安人徐纥,粗通文学,先前因谄媚侍奉赵脩,受牵连而流迁枹罕。后来回朝,重新担任中书舍人,又巴结投靠了清河王元怿。元怿死后他出任雁门太守。回洛阳后又讨好侍奉元义,元义身败,太后因为徐纥是元怿厚待的人,又召他担任中书舍人。徐纥又攀附郑俨。郑俨因徐纥有智术,倚仗他出谋划策。徐纥因郑俨受到太后的宠幸,就全力迎奉,两人相为表里,权倾朝廷内外,号为徐、郑。郑俨多次升迁,官做到中书令、车骑将军。徐纥多次升迁,官做到给事黄门侍郎,又兼领舍人,总管中书省、门下省事务,国家军政的诏令无不由他负责。徐纥机智善辩,精力旺盛,整日处理事务,几乎不休息,也不感到劳累。在急于写出诏书时,徐纥命令几个属吏执笔,自己或者来回走动,或者卧床构思,让别人记录,

造次俱成，不失事理。然无经国大体，专好小数，见人矫为恭谨，远近辐凑附之。给事黄门侍郎袁翻、李神轨皆领中书舍人，为太后所信任，时人云神轨亦得幸于太后，众莫能明也。

大通二年春二月，魏灵太后再临朝以来，嬖佞用事，政事纵弛，恩威不立，盗贼蜂起，封疆日蹙。魏肃宗年浸长，太后自以所为不谨，恐左右闻之于帝，凡帝所爱信者，太后辄以事去之，务为壅蔽，不使帝知外事。通直散骑常侍昌黎谷士恢有宠于帝，使领左右，太后屡讽之，欲用为州，士恢怀宠，不愿出外，太后乃诬以罪而杀之。有蜜多道人，能胡语，帝常置左右，太后使人杀之于城南而诈悬赏购贼。由是母子之间，嫌隙日深。

是时，车骑将军、仪同三司、并肆汾广恒云六州讨虏大都督尔朱荣兵势强盛，魏朝惮之。高欢、段荣、尉景、蔡隽先在杜洛周党中，欲图洛周不果，逃奔葛荣，又亡归尔朱荣。刘贵先在尔朱荣所，屡荐欢于荣，荣见其憔悴，未之奇也。欢从荣之马厩，厩有悍马，荣命欢翦之，欢不加羁绊而翦之，竟不蹄啮，起，谓荣曰："御恶人亦犹是矣。"荣奇其言，坐欢于床下，屏左右，访以时事。欢曰："闻公有马十二谷，色别为群，畜此竟何用也？"荣曰："但言尔意！"欢曰："今天子暗弱，太后淫乱，嬖孽擅命，朝政不行。以明公雄武，

一会儿就写好了,没有什么不合事理之处。但徐纥没有治理国家的大才,专门喜好雕虫小技,见到别人就有意做出恭敬谨慎的样子,远近之人都去依附他。给事黄门侍郎袁翻、李神轨都兼领中书舍人,得到太后的信任,当时人说李神轨也得到太后的宠幸,大家弄不清事实真相。

大通二年(528)春季二月,魏胡太后再次临朝当政以来,她宠幸的人专权,政事弛懈,朝廷的恩威没能树立起来,盗贼蜂起,领土一天比一天减少。孝明帝的年龄渐渐大了,胡太后也认为自己所做的事不太谨慎,担心左右向孝明帝汇报,凡是孝明帝所宠幸和信任的人,太后就借某事除去他们,竭力塞住孝明帝的视听,不让孝明帝知道外面的事。通直散骑常侍昌黎人谷士恢受到孝明帝的宠幸,孝明帝让他统领宫中卫士,太后多次暗示谷士恢,想把他外放担任州官,谷士恢倚仗受到孝明帝的宠幸,不愿出朝做地方官,太后就诬陷他有罪而杀了他。有个蜜多道人,会说胡语,孝明帝常把他放在身边,太后派人在城南杀了他,还假装悬赏缉拿罪犯。因为这些,胡太后与孝明帝母子之间的隔阂越来越深。

这时,车骑将军、仪同三司及并肆汾广恒云六州讨虏大都督尔朱荣兵势强盛,魏朝廷害怕他。高欢、段荣、尉景和蔡隽原先在杜洛周手下,想谋取杜洛周没成功,逃跑投奔葛荣,后又从葛荣那儿逃跑去归附尔朱荣。先到尔朱荣那里的刘贵,多次向尔朱荣推荐高欢,尔朱荣见高欢面容憔悴,没有看出他有什么与众不同之处。高欢随尔朱荣来到马厩,马厩中有一匹强悍不驯的马,尔朱荣命令高欢给这匹马修剪毛鬣,高欢没给这匹马套上马笼头和捆住马脚就修剪起来,这匹马没有脚踢和牙咬,高欢起身对尔朱荣说:"制服恶人也像这个一样。"尔朱荣觉得这话很神奇,让高欢在座席上坐下,屏退左右,向他询问当今时事。高欢说:"我听说你有十二群马,按颜色分成几群,这到底有什么用呢?"尔朱荣说:"只管说出你的想法!"高欢说:"现在皇上懦弱,太后淫乱,奸佞专权,朝廷政令得不到施行。以明公你的雄才武略,

乘时奋发，讨郑俨、徐纥之罪以清帝侧，霸业可举鞭而成，此贺六浑之意也。”荣大悦，语自日中至夜半乃出。自是每参军谋。

并州刺史元天穆，孤之五世孙也，与荣善，荣兄事之。荣常与天穆及帐下都督贺拔岳密谋，欲举兵入洛，内诛嬖倖，外清群盗，二人皆劝成之。

荣上书以“山东群盗方炽，冀、定覆没，官军屡败，请遣精骑三千东援相州。”太后疑之，报以：“念生枭戮，宝寅就擒，丑奴请降，关、陇已定。费穆大破群蛮，绛、蜀渐平。又，北海王颢帅众二万出镇相州，不须出兵。”荣复上书，以为：“贼势虽衰，官军屡败，人情危怯，恐实难用。若不更思方略，无以万全。臣愚以为蠕蠕主阿那瓌荷国厚恩，未应忘报，宜遣发兵东趣下口以蹑其背，北海之军严加警备以当其前。臣麾下虽少，辄尽力命自井陉以北，滏口以西，分据险要，攻其肘腋。葛荣虽并洛周，威恩未著，人类差异，形势可分。”遂勒兵召集义勇，北捍马邑，东塞井陉。徐纥说太后以铁券间荣左右，荣闻而恨之。

魏肃宗亦恶俨、纥等，逼于太后，不能去。密诏荣举兵内向，欲以胁太后。荣以高欢为前锋，行至上党，帝复以私诏止之。俨、纥恐祸及己，阴与太后谋鸩帝，癸丑，帝暴殂。甲寅，太后立皇女为帝，大赦。既而下诏称：“潘充华

乘这时举兵奋起讨伐郑俨、徐纥的罪行，肃清皇上身边的小人，那么你的霸业可以举鞭而成，这就是我的意思。”尔朱荣大喜，跟高欢从中午谈话到半夜才出来。从此以后，高欢经常参与尔朱荣的军事谋划。

并州刺史元天穆，是元孤的五世孙，与尔朱荣关系很好，尔朱荣待他像兄长一样。尔朱荣经常与元天穆及其部下都督贺拔岳秘密商议，打算举兵攻入洛阳，对内诛灭奸佞小人，对外肃清群盗，元天穆和贺拔岳二人都劝尔朱荣做成此事。

尔朱荣向朝廷上书，认为“山东群盗正很猖獗，冀州、定州失陷，官军屡战屡败，请求朝廷准许自己派遣精悍骑兵三千向东增援相州”。太后对此怀疑，回答说：“莫折念生已杀，萧宝寅被捉，万俟丑奴求降，关陇地区已经平定。费穆大破群蛮，绛、蜀一带逐渐平定。另外北海王元颢已率军两万出镇相州，所以你不必再出兵了。”尔朱荣又上书，认为：“贼军势力虽已衰落，但官军屡吃败仗，人心危惧，恐怕很难有实际的用处。如果不另想策略，不能确保万全。臣下我认为蠕蠕首长阿那瓌受过朝廷的厚恩，不应该忘记报答，应该让他发兵东去下口攻击贼兵的后背，命令北海王元颢的部队严加警备挡住贼兵的正面。我的部下虽然少，将竭尽全力，从井陉以北，滏口以西，分别占据险要地形，从侧面进攻贼兵。葛荣虽然兼并了杜洛周的部下，但施恩不够，威信未树，杜洛周的部下没有真心归附，趁此机会分而治之，那么形势可想而知。”于是尔朱荣就整治军队，征召义勇之人补充部队，向北守卫马邑城，向东占据了井陉。徐纥劝太后用赐予铁券的办法离间尔朱荣部下，尔朱荣听说后很痛恨徐纥。

魏孝明帝也厌恶郑俨、徐纥等，逼迫太后除去他俩，但未能除去。孝明帝秘密诏令尔朱荣发兵到京城，想以此胁迫胡太后。尔朱荣任命高欢为前锋，军队行进到上党时，孝明帝又下密诏阻止。郑俨、徐纥担心灾祸降临到自己头上，暗中与胡太后商议毒死孝明帝，癸丑（二十五日），孝明帝暴死。甲寅（二十六日），胡太后立皇女为皇帝，大赦天下。其后又颁布诏书说：“潘充华

本实生女。故临洮王宝晖世子钊，体自高祖，宜膺大宝。百官文武加二阶，宿卫加三阶。"乙卯，钊即位。钊始生三岁，太后欲久专政，故贪其幼而立之。

尔朱荣闻之，大怒，谓元天穆曰："主上晏驾，春秋十九，海内犹谓之幼君，况今奉未言之儿以临天下，欲求治安，其可得乎！吾欲帅铁骑赴哀山陵，翦诛奸佞，更立长君，何如？"天穆曰："此伊、霍复见于今矣。"乃抗表称："大行皇帝背弃万方，海内咸称鸩毒致祸。岂有天子不豫，初不召医，贵戚大臣皆不侍侧，安得不使远近怪愕！又以皇女为储两，虚行赦宥，上欺天地，下惑朝野。已乃选君于孩提之中，实使奸竖专朝，隳乱纲纪，此何异掩目捕雀，塞耳盗钟？今群盗沸腾，邻敌窥窬，而欲以未言之儿镇安天下，不亦难乎！愿听臣赴阙，参预大议，问侍臣帝崩之由，访禁卫不知之状，以徐、郑之徒付之司败，雪同天之耻，谢远近之怨，然后更择宗亲以承宝祚。"荣从弟世隆，时为直阁，太后遣诣晋阳慰谕荣。荣欲留之，世隆曰："朝廷疑兄，故遣世隆来，今留世隆，使朝廷得预为之备，非计也。"乃遣之。

三月，尔朱荣与元天穆议，以彭城武宣王有忠勋，其子长乐王子攸，素有令望，欲立之。又遣从子天光及亲信奚毅、仓头王相入洛，与尔朱世隆密议。天光见子攸，具论荣心，子攸许之。天光等还晋阳，荣犹疑之，乃以铜为显祖诸子孙各铸像，唯长乐王像成。荣乃起兵发晋阳，世隆逃出，

实际上生的是女儿。原来的临洮王元宝晖的世子元钊,是高祖的嫡传,应该继承皇位。文武百官官升二级,宿卫官升三级。"乙卯(二十七日),元钊即位。元钊这时才三岁,胡太后想长久专权,所以贪他年幼而立他为皇帝。

尔朱荣听说这事,大怒,对元天穆说:"皇上去世,十九岁了,天下还把他看作幼帝,况且现在立一个不会说话的幼儿统治天下,想要使国家长治久安,怎么可能!我想率铁甲骑兵去京城哀悼皇上,除掉奸佞,重立一个成年皇帝,怎么样?"元天穆说:"这真是伊尹、霍光又出现在今天。"于是尔朱荣向朝廷抗表称:"大行皇帝离开人世,海内人士都说是被毒酒毒死的。哪有天子身体不适,开始竟然不召医生看治,贵戚大臣都不侍奉左右的事,这怎么能不让天下之人感到奇怪、震愕?又立皇女为皇位继承人,虚行大赦,赦免罪人,上欺骗天地,下迷惑朝野。接着又选立孩童为帝,实质上是要让奸佞把持朝政,毁坏扰乱朝廷纲纪,这与掩目捕雀、塞耳盗钟有什么区别?现在群盗蜂起,邻近敌国暗中窥伺,而朝廷却让还不会说话的儿童去镇抚天下,这不是太难了吗?希望允许我奔赴京师,参与商议国家大计,向侍臣询问皇上驾崩的缘由,寻访禁卫不了解的真相,把徐纥、郑俨之徒交付执法机构,以雪天下之耻,消除远近人们的怨恨,然后再选择皇族宗亲继承皇位。"尔朱荣的堂弟尔朱世隆当时担任直阁,胡太后派他到晋阳去慰问告谕尔朱荣。尔朱荣想留下尔朱世隆,尔朱世隆说:"朝廷怀疑老兄,所以派我来,现在你留下我,就会使朝廷预先做好准备,这不是好计策。"尔朱荣于是就让他返回了。

三月,尔朱荣与元天穆商议,认为彭城武宣王建有功勋,他的儿子长乐王元子攸平素就有美好的名声,想立他为皇帝。尔朱荣又派遣侄子尔朱天光及亲信奚毅、仆人王相到洛阳,与尔朱世隆秘密商议。尔朱天光见到元子攸后,具体介绍了尔朱荣的想法,元子攸同意了。尔朱天光等人回到晋阳,尔朱荣还在犹豫不决,于是就用铜为皇室弟子各铸人像,只有长乐王元子攸的铜像铸成了。尔朱荣于是就从晋阳起兵,尔朱世隆逃出京城,

会荣于上党。灵太后闻之,甚惧,悉召王公等入议。宗室大臣皆疾太后所为,莫肯致言。徐纥独曰:"尔朱荣小胡,敢称兵向阙,文武宿卫足以制之。但守险要以逸待劳,彼悬军千里,士马疲弊,破之必矣。"太后以为然,以黄门侍郎李神轨为大都督,帅众拒之。别将郑季明、郑先护将兵守河桥,武卫将军费穆屯小平津。先护,俨之从祖兄弟也。

荣至河内,复遣王相密至洛,迎长乐王子攸。夏四月丙申,子攸与兄彭城王劭、弟霸城公子正潜自高渚渡河。丁酉,会荣于河阳,将士咸称万岁。戊戌,济河,子攸即帝位。以劭为无上王,子正为始平王。以荣为侍中、都督中外诸军事、大将军、尚书令、领军将军、领左右,封太原王。

郑先护素与敬宗善,闻帝即位,与郑季明开城纳之。李神轨至河桥,闻北中不守,即遁还。费穆弃众先降于荣。徐纥矫诏夜开殿门,取骅骝厩御马十匹,东奔兖州,郑俨亦走还乡里。太后尽召肃宗后宫,皆令出家,太后亦自落发。荣召百官迎车驾。己亥,百官奉玺绶,备法驾,迎敬宗于河桥。庚子,荣遣骑执太后及幼主,送至河阴,太后对荣多所陈说,荣拂衣而起,沈太后及幼主于河。

费穆密说荣曰:"公士马不出万人,今长驱向洛,前无横陈,既无战胜之威,群情素不厌服。以京师之众,百官之盛,知公虚实,有轻侮之心。若不大行诛罚,更树亲党,恐公还北之日,

在上党与尔朱荣会面。太后听说此事十分惧怕,把王公大臣全都召到宫中商议对策。宗室大臣对太后平时所做的事都很厌恶,没有人肯上言。只有徐纥说道:"尔朱荣不过是个小胡人,胆敢发兵冒犯朝廷,朝廷禁卫军足以制服他。只要守住险要地带,以逸待劳,尔朱荣千里而来,孤军深入,兵马疲惫,必定能击破他。"太后认为徐纥说得对,任命黄门侍郎李神轨为大都督,率领人马抗拒尔朱荣。别将郑季明、郑先护率兵守河桥,武卫将军费穆驻守于小平津。郑先护是郑俨的同族兄弟。

尔朱荣的部队抵达河内,派遣王相再秘密到洛阳去,迎接长乐王元子攸。夏季四月丙申(初九),元子攸与他的哥哥彭城王元劭、弟弟霸城公元子正偷偷从高渚渡过了黄河。丁酉(初十),在河阳与尔朱荣会面,将士们都呼叫万岁。戊戌(十一日),尔朱荣的军队渡过黄河,元子攸登上皇帝位。任命元劭为无上王,元子正为始平王。又任命尔朱荣为侍中、都督中外诸军事、大将军、尚书令、领军将军、领左右,封为太原王。

郑先护平时与元子攸亲近友善,听说他即皇帝位,与郑季明打开城门迎接他。李神轨到达河桥,听说北中失守,立即逃回了洛阳城。费穆丢下部属先投降了尔朱荣。徐纥假造圣旨,在夜里打开宫廷大门,从骅骝厩中牵出十匹御马,向东逃奔兖州,郑俨也逃回了故乡。太后把孝明帝后宫的所有嫔妃都召集起来,命令她们出家,太后自己也削了发。尔朱荣召朝廷百官迎接新皇帝孝庄帝的车驾。己亥(十二日),朝廷百官捧着皇帝用的印玺,备好了法驾,到河桥迎接孝庄帝。庚子(十三日),尔朱荣派遣骑兵抓获了胡太后和幼帝,把他们送到了河阴,胡太后向尔朱荣说了不少求情的话,尔朱荣撩起衣襟站起来,把胡太后和幼帝都沉入黄河。

费穆秘密劝告尔朱荣说:"你的兵马不超过万人,现在远道进军洛阳,前面没有遇到抵抗,既没有战胜的威望,人们平时对你又不心服。京师人多,百官气盛,若知道你的虚实,就会有轻视之心。如果不大肆诛罚,另外培植亲信,恐怕你回北方时,

未度太行而内变作矣。"荣心然之,谓所亲慕容绍宗曰:"洛中人士繁盛,骄侈成俗,不加芟翦,终难制驭。吾欲因百官出迎,悉诛之,何如?"绍宗曰:"太后荒淫失道,嬖倖弄权,淆乱四海,故明公兴义兵以清朝廷。今无故歼夷多士,不分忠佞,恐大失天下之望,非长策也。"荣不听,乃请帝循河西至淘渚,引百官于行宫西北,云欲祭天。百官既集,列胡骑围之,责以天下丧乱,肃宗暴崩,皆由朝臣贪虐,不能匡弼,因纵兵杀之,自丞相高阳王雍、司空元钦、仪同三司义阳王略以下,死者二千馀人。前黄门郎王遵业兄弟居父丧,其母,敬宗之从母也,相帅出迎,俱死。遵业,慧龙之孙也,隽爽涉学,时人惜其才而讥其躁。有朝士百馀人后至,荣复以胡骑围之,令曰:"有能为禅文者免死。"侍御史赵元则出应募,遂使为之。荣又令其军士言:"元氏既灭,尔朱氏兴。"皆称万岁。荣又遣数十人拔刀向行宫,帝与无上王劭、始平王子正俱出帐外。荣先遣并州人郭罗刹、西部高车叱烈杀鬼侍帝侧,诈言防卫,抱帝入帐,馀人即杀劭及子正,又遣数十人迁帝于河桥,置之幕下。

帝忧愤无计,使人谕旨于荣曰:"帝王迭兴,盛衰无常。今四方瓦解,将军奋袂而起,所向无前,此乃天意,非人力也。我本相投,志在全生,岂敢妄希天位!将军见逼,以至于此。若天命有归,将军宜时正尊号。若推而不居,存魏社稷,亦当更择亲贤而辅之。"时都督高欢劝荣称帝,

还没越过太行山，朝廷就发生内乱了。"尔朱荣心里赞同这话，对亲信慕容绍宗说："洛阳人口众多，骄侈成习，不加革除，最终将难以控制。我想趁百官出来迎接时全都杀了他们，你看怎么样？"慕容绍宗说："胡太后荒淫无道，奸嬖之人专权，把天下搞得一片混乱，所以明公你才起义兵以廓清朝廷。现在无缘无故杀灭朝中百官，不分忠臣奸臣，恐怕会使天下人大失所望，这不是上策。"尔朱荣不听，就请孝庄帝沿黄河向西到淘渚，尔朱荣带领朝中百官到了皇帝行宫的西北，说是要祭天。百官集中后，尔朱荣布置胡骑包围了他们，指斥这些百官说，天下丧乱，孝明帝暴死，都是由于朝中百官贪赃枉法，暴虐无度，不能匡辅天子造成的，所以发兵杀了他们，从丞相高阳王元雍、司空元钦、仪同三司义阳王元略以下，被杀死的有两千多人。前黄门郎王遵业兄弟正居父丧，他的母亲是孝庄帝的伯母，他们一起出迎皇帝，也都被杀。王遵业是王慧龙的孙子，为人爽快而有学问，他死后人们既可惜他的才学又讥讽他急躁。有朝中官员一百多名后来才到，尔朱荣又让胡骑包围了他们，命令这些官员说："如果有人能写篇元氏把皇位禅让给尔朱氏的文告，可以免死。"侍御史赵元则出来应命，尔朱荣就让他写禅让文告。尔朱荣又命令他的军士说："元氏已灭，尔朱氏兴。"士兵们呼叫万岁。尔朱荣又派遣几十人拔刀前往皇帝行宫，孝庄帝与无上王元劭、始平王元子正来到帐外。尔朱荣先派并州人郭罗刹、西部高车人叱烈杀鬼侍立在孝庄帝边侧，假称是防卫，把孝庄帝抱入帐中，其馀的人杀了元劭和元子正，又派几十人把孝庄帝迁到河桥，置于他的帐幕之中。

孝庄帝忧伤愤怒但又无计可施，派人向尔朱荣传达旨意说："帝王迭兴，盛衰无常。现在四海纷乱，将军奋袂起兵，所向无敌，这是天意，不是人力可以达到。我原本投奔你，只是希望能够活命罢了，怎么敢妄想登皇位？将军你逼我登位，我才当皇帝的。如果天命安排你做皇帝的话，将军你应该抓住时机登位。如果你推辞不当，保存魏朝的社稷，也应该另外选择亲信而又贤明的人当皇帝，你自己加以辅佐。"当时都督高欢劝尔朱荣称帝，

左右多同之，荣疑未决。贺拔岳进曰："将军首举义兵，志除奸逆，大勋未立，遽有此谋，正可速祸，未见其福。"荣乃自铸金为像，凡四铸，不成。功曹参军燕郡刘灵助善卜筮，荣信之，灵助言："天时人事未可。"荣曰："若我不吉，当迎天穆立之。"灵助曰："天穆亦不吉，唯长乐王有天命耳。"荣亦精神恍惚，不自支持，久而方寤，深自愧悔曰："过误若是，唯当以死谢朝廷。"贺拔岳请杀高欢以谢天下，左右皆曰："欢虽复愚疏，言不思难，今四方多事，须藉武将，请舍之，收其后效。"荣乃止。夜四更，复迎帝还营，荣望马首叩头请死。

　　荣所从胡骑杀朝士既多，不敢入洛城，即欲向北为迁都之计。荣狐疑甚久，武卫将军汎礼固谏。辛丑，荣奉帝入城。帝御太极殿，下诏大赦，改元建义。从太原王将士，普加五阶，在京文官二阶，武官三阶，百姓复租役三年。时百官荡尽，存者皆窜匿不出，唯散骑常侍山伟一人拜赦于阙下。洛中士民草草，人怀异虑，或云荣欲纵兵大掠，或云欲迁都晋阳。富者弃宅，贫者襁负，率皆逃窜，什不存一二。直卫空虚，官守旷废。荣乃上书，称："大兵交际，难可齐壹，诸王朝贵，横死者众，臣今粉躯不足塞咎，乞追赠亡者，微申私责。无上王请追尊为无上皇帝，自馀死于河阴者，诸王赠三司，三品赠令、仆，五品赠刺史，七品已下

尔朱荣的部下大多表示赞同，尔朱荣犹疑不决。贺拔岳进言说："将军你首先发起义兵，志在扫除奸人逆贼，大功还未告成，突然有了当皇帝的打算，只能很快招来祸难，看不出有什么好处。"尔朱荣就用黄金铸自己的塑像，一共铸了四次，都没有成功。功曹参军燕郡人刘灵助擅长占卜，尔朱荣信任他，刘灵助说："天时、人事两方面都不合适称帝。"尔朱荣说："如果我当皇帝不吉利，应当迎元天穆立他为皇帝。"刘灵助说："元天穆也不吉利，只有长乐王符合天意。"尔朱荣也精神恍惚，不能支持，过了很久才清醒过来，深感惭愧悔恨，说："犯下了这样的过错，只有用死来向朝廷谢罪了。"贺拔岳请求杀掉高欢来向天下谢罪，尔朱荣左右的人都说："高欢虽然愚笨而又粗疏，说话不考虑会招来灾难，但现在天下混乱，需要依靠武将，请饶他一条命，以观后效。"尔朱荣就没杀高欢。夜里四更时，尔朱荣又迎接孝庄帝回营，尔朱荣朝着孝庄帝的马首叩头，请求以死谢罪。

尔朱荣手下的胡人骑兵因为杀朝廷大臣太多，不敢进入洛阳城，就想把首都迁到北方。尔朱荣狐疑了很久，武卫将军汜礼坚持劝告他不要迁都。辛丑（十四日），尔朱荣侍奉孝庄帝进入洛阳城。孝庄帝登上太极殿，下诏大赦天下，改年号为建义。跟随太原王尔朱荣的将士，全都官升五级，在京城中的文官官升二级，武官晋升三级，百姓免除租税劳役三年。当时朝中百官已经荡然无存，即便活下来也都隐藏或逃走了，只有散骑常侍山伟一人拜见皇帝，受到赦免。洛阳城中的士民惶惶不可终日，人人都各有疑虑，有的说尔朱荣要纵兵大肆抢掠，有的说尔朱荣要迁都晋阳。于是富有人家丢弃住宅，贫穷人家携带包裹，纷纷逃跑，城中人十个不剩一两个。宫中守卫空虚，各官署空无一人。尔朱荣便向孝庄帝上书说："大兵交战之际，难以一致，各王与朝中大臣，横遭杀戮的很多，我现在即便粉身碎骨也不能抵消罪过，请求追封死去的大臣，稍稍弥补一下我的罪过。请求追封无上王为无上皇帝，其余在河阴被杀的人，凡原本分封为王的，追封三司，三品官员封赠令、仆，五品官员封赠刺史，七品官员以下

及白民赠郡镇。死者无后听继,即授封爵。又遣使者循城劳问。"诏从之,于是朝士稍出,人心粗安。封无上王之子韶为彭城王。

荣犹执迁都之议,帝亦不能违。都官尚书元谌争之,以为不可。荣怒曰:"何关君事,而固执也,且河阴之役,君应知之。"谌曰:"天下事当与天下论之,奈何以河阴之酷而恐元谌!谌,国之宗室,位居常伯,生既无益,死复何损?正使今日碎首流肠,亦无所惧。"荣大怒,欲抵谌罪,尔朱世隆固谏乃止。见者莫不震悚,谌颜色自若。后数日,帝与荣登高,见宫阙壮丽,列树成行,乃叹曰:"臣昨愚暗,有北迁之意,今见皇居之盛,熟思元尚书言,深不可夺。"由是罢迁都之议。庚戌,魏赐尔朱荣子义罗爵梁郡王。

五月丁巳朔,魏加尔朱荣北道大行台。尔朱荣入见魏主于明光殿,重谢河桥之事,誓言无复贰心,帝自起止之,因复为荣誓,言无疑心。荣喜,因求酒饮之,熟醉。帝欲诛之,左右苦谏,乃止,即以床舆向中常侍省。荣夜半方寤,遂达旦不眠,自此不复禁中宿矣。

荣女先为肃宗嫔,荣欲敬宗立以为后,帝疑未决。给事黄门侍郎祖莹曰:"昔文公在秦,怀嬴入侍。事有反经合义,陛下独何疑焉!"帝遂从之,荣意甚悦。

至平民封赠郡守、镇将。死者如果没有后代，听任另择继承人，立即授官封爵。另外还派使者慰问城中百姓。"孝庄帝听从了他的意见，于是朝中官员才渐渐出现，人心稍稍安定。朝廷封无上王之子元韶为彭城王。

尔朱荣还是坚持迁都的主张，孝庄帝也不能违背他的意思。都官尚书元谌与尔朱荣争论迁都的事，认为不能迁都。尔朱荣恼怒地说："关你什么事，你这么固执，而且河阴之役，你应该知道。"元谌说道："天下事应该让天下人商议，你何必用在河阴的酷杀来吓唬我元谌！我元谌是皇朝宗室，位居常伯，既然活着做不出什么益事，那么死了又有什么损失呢？即便我今天就碎首流肠，也没什么可害怕的。"尔朱荣大怒，想要治元谌的罪，在尔朱世隆的苦苦劝谏下才作罢。当时在场的人无不震惊害怕，而元谌却神色自如。过了几天后，孝庄帝与尔朱荣登高远望，看到皇宫雄壮秀丽，树木成行，尔朱荣才感叹地说："臣下我以前太愚蠢糊涂，竟有向北迁都的打算，现在我看到皇宫如此盛大，仔细思量尚书元谌的话，正确无比。"于是打消了迁都的想法。庚戌（二十三日），魏朝廷赐封尔朱荣的儿子尔朱义罗为梁郡王。

五月丁巳是初一，这一天魏朝廷加封尔朱荣为北道大行台。尔朱荣到明光殿面见魏孝庄帝，再次为在河桥残杀百官一事向皇帝谢罪，发誓再也不会对朝廷有二心，孝庄帝亲自起身阻止了尔朱荣的话，也对尔朱荣起誓，说决不对他有疑心。尔朱荣心里高兴，向皇上要酒喝，结果喝得烂醉。孝庄帝想趁此机会杀了他，左右大臣苦苦劝谏，这才作罢，立即让人用床荐把尔朱荣抬到中常侍省。尔朱荣到半夜才清醒，然后到天亮也没合眼，从此以后尔朱荣不再敢在宫中留宿了。

尔朱荣的女儿原先是魏孝明帝的妃子，尔朱荣想让孝庄帝立她为皇后，孝庄帝迟疑不决。给事黄门侍郎祖莹说："从前晋文公在秦国避难时，怀嬴曾经入侍其侧。有的事情违背经典却合乎道理，陛下你为何独自疑虑呢？"孝庄帝于是听从了祖莹的意见，立尔朱荣的女儿为皇后，尔朱荣心里十分高兴。

荣举止轻脱,喜驰射,每入朝见,更无所为,唯戏上下马。于西林园宴射,恒请皇后出观,并召王公、妃主共在一堂。每见天子射中,辄自起舞叫,将相卿士悉皆盘旋,乃至妃主亦不免随之举袂。及酒酣耳热,必自匡坐唱虏歌。日暮罢归,与左右连手蹋地唱《回波乐》而出。性甚严暴,喜愠无恒,刀槊弓矢,不离于手,每有瞋嫌,即行击射,左右恒有死忧。尝见沙弥重骑一马,荣即令相触,力穷不复能动,遂使傍人以头相击,死而后已。

辛酉,荣还晋阳,帝饯之于邙阴。荣令元天穆入洛阳,加天穆侍中、录尚书事、京畿大都督兼领军将军,以行台郎中桑乾朱瑞为黄门侍郎兼中书舍人,朝廷要官,悉用其腹心为之。

魏员外散骑常侍高乾,祐之从子也,与弟敖曹、季式皆喜轻侠,与魏主有旧。尔朱荣之向洛也,逃奔齐州,闻河阴之乱,遂集流民起兵于河、济之间,受葛荣官爵,频破州军。魏主使元欣谕旨,乾等乃降,以乾为给事黄门侍郎兼武卫将军,敖曹为通直散骑侍郎。荣以乾兄弟前为叛乱,不应复居近要,魏主乃听解官归乡里。敖曹复行抄掠,荣诱执之,与薛脩义同拘于晋阳。敖曹名昂,以字行。

秋七月乙丑,魏加尔朱荣柱国大将军、录尚书事。

尔朱荣举止轻佻、放纵,喜欢骑马射箭,每次入朝拜见孝庄帝,不做别的事,只是以骑马为戏。每次在西林园设宴比赛射箭时,尔朱荣总要把皇后请出来观看,并且把王公、后妃、公主召集到一个堂中。每次看到孝庄帝射中了,尔朱荣就起舞呼叫,朝中文武百官也都蹁跹起舞,就连妃嫔、公主们也情不自禁地随着挥袖舞动。待到酒酣耳热之时,尔朱荣必定会正襟危坐哼唱胡歌。日暮黄昏罢宴回府时,尔朱荣还与他的左右手拉着手,踏地为节拍,唱着《回波乐》而走出宫门。尔朱荣的性格十分严厉、残暴,喜怒无常,刀槊弓箭从不离开身边,每当他对人发怒时,就会痛击射杀对方,所以他的左右侍从常常有死亡的忧虑。曾经有一次,尔朱荣看到两个和尚骑在一匹马上,尔朱荣就命令这两个和尚相互触撞,等两人力气用尽不能动弹了,就让一旁的人提着他俩的头相互碰撞,直到死了为止。

　　辛酉(初五),尔朱荣回晋阳,孝庄帝在邙阴为他饯行。尔朱荣命令元天穆进驻洛阳,加封元天穆为侍中、录尚书事、京畿大都督兼领军将军,任命行台郎中桑乾人朱瑞为黄门侍郎兼中书舍人,朝廷中的重要官员全由他的心腹来担任。

　　魏员外散骑常侍高乾,是高祐的侄子,与他的弟弟高敖曹、高季式都喜好轻生重义,急人所难,与孝庄帝早有交情。尔朱荣到洛阳时,他们逃奔到齐州,听说了河阴之乱后,就召集流民,在河、济之间起兵,他们还接受了葛荣的官职爵位,多次打败魏朝的州郡部队。孝庄帝派元欣前去宣布谕旨,高乾等人就投降了,孝庄帝任命高乾为给事黄门侍郎兼武卫将军,高敖曹为通直散骑侍郎。尔朱荣认为高乾兄弟以前曾发动过叛乱,不应该再让他们担任皇帝身边的重要职务,孝庄帝只好解除高乾兄弟的官职,让他们返回家乡。高敖曹回到家乡后又干起抢劫的勾当,尔朱荣诱捕了他,把他与薛脩义一同关在晋阳。高敖曹名昂,一般称呼他的字。

　　秋季七月乙丑(初十),魏朝廷加封尔朱荣为柱国大将军、录尚书事。

初，宇文肱从鲜于脩礼攻定州，战死于唐河。其子泰在脩礼军中，脩礼死，从葛荣。葛荣败，尔朱荣爱泰之才，以为统军。

辛巳，以尔朱荣为大丞相、都督河北畿外诸军事。荣子平昌公文殊、乐昌公文畅并进爵为王。

中大通二年秋八月，魏尔朱荣虽居外藩，遥制朝政，树置亲党，布列魏主左右，伺察动静，大小必知。魏主虽受制于荣，然性勤政事，朝夕不倦，数亲览辞讼，理冤狱。荣闻之，不悦。帝又与吏部尚书李神儁议清治选部，荣尝关补曲阳县令，神儁以阶悬，不奏，别更拟人。荣大怒，即遣所补者往夺其任。神儁惧而辞位，荣使尚书左仆射尔朱世隆摄选。荣启北人为河南诸州，帝未之许。太宰天穆入见面论，帝犹不许。天穆曰："天柱既有大功，为国宰相，若请普代天下官，恐陛下亦不得违之，如何启数人为州，遽不用也！"帝正色曰："天柱若不为人臣，朕亦须代；如其犹存臣节，无代天下百官之理。"荣闻之，大恚恨，曰："天子由谁得立！今乃不用我语！"

尔朱皇后性妒忌，屡致忿恚，帝遣尔朱世隆语以大理，后曰："天子由我家置立，今便如此，我父本即自作，今亦复决。"世隆曰："止自不为，若本自为之，臣今亦封王矣。"

帝既外逼于荣，内迫皇后，恒怏怏不以万乘为乐，唯幸

当初，宇文肱随从鲜于修礼攻打定州，在唐河战死。他的儿子宇文泰也在鲜于修礼军中，鲜于修礼死后，宇文泰归随葛荣。葛荣失败，尔朱荣爱惜宇文泰的才干，任用他做了统军。

辛巳(二十六日)，魏朝廷任命尔朱荣为大丞相、都督河北畿外诸军事。尔朱荣的儿子平昌公尔朱文殊、乐昌公尔朱文畅一同进爵为王。

中大通二年(530)秋季八月，魏尔朱荣虽居住在京城之外的藩镇，但遥控朝政，树立亲信党羽，布置在孝庄帝的左右，窥伺观察朝中动静，朝中大事小事，他都知道。孝庄帝虽然受到尔朱荣的控制，但勤于政事，从早到晚不知疲倦，多次亲自察看诉讼，审理冤狱。尔朱荣听说了，很不高兴。孝庄帝又与吏部尚书李神俊商议整顿吏部，尔朱荣曾补授过一个曲阳县令，李神俊以官阶悬殊为由，没有上奏，想另选别人。尔朱荣大怒，立即派他补授的人去夺取曲阳县令之职。李神俊因害怕而辞职，尔朱荣让尚书左仆射尔朱世隆代替李神俊主持吏部。尔朱荣向朝廷启奏用北方人担任河南各州长官，孝庄帝没同意。太宰元天穆入见皇上当面论理，孝庄帝还是没有允许。元天穆说："天柱将军尔朱荣既然立有大功，担任国家的宰相，若他请求大批更换天下官员，恐怕陛下你也不能违背他的意愿，为什么他启奏用几个人为河南诸州的长官，您竟不用呢？"孝庄帝正色说："天柱将军如果不想做臣下的话，朕可以被他取代；如果他还想保存臣节，就没有取代天下百官的道理。"尔朱荣听说了，十分愤恨，说道："天子的位置是谁帮他得到的！现在竟然不采纳我的话了！"

尔朱皇后生性妒忌，多次向孝庄帝发泄怨恨不满，孝庄帝派尔朱世隆向她晓以大义，尔朱皇后却说："天子是由我家置立的，现在竟然这样，我父亲本来可以自己做皇帝，现在什么事都可以决定了。"尔朱世隆说："只是因为他自己不做皇帝，才会这样，如果当初自己做了皇帝，我现在也可封王了。"

魏孝庄帝在外受到尔朱荣的逼迫，回到宫内又要承受尔朱皇后逼迫，常常怏怏不乐，不以自己做皇帝为快乐，唯一庆幸的是

寇盗未息，欲使与荣相持。及关、陇既定，告捷之日，乃不甚喜，谓尚书令临淮王彧曰："即今天下便是无贼。"彧见帝色不悦，曰："臣恐贼平之后，方劳圣虑。"帝畏馀人怪之，还以他语乱之曰："然，抚宁荒馀，弥成不易。"荣见四方无事，奏称："参军许周劝臣取九锡，臣恶其言，已斥遣令去。"荣时望得殊礼，故以意讽朝廷，帝实不欲与之，因称叹其忠。

荣好猎，不舍寒暑，列围而进，令士卒必齐壹，虽遇险阻，不得违避。一鹿逸出，必数人坐死。有一卒见虎而走，荣谓曰："汝畏死邪！"即斩之，自是每猎，士卒如登战场。尝见虎在穷谷中，荣令十馀人空手搏之，毋得损伤，死者数人，卒擒得之。以此为乐，其下甚苦之。太宰天穆从容谓荣曰："大王勋业已盛，四方无事，唯宜修政养民，顺时搜狩，何必盛夏驰逐，感伤和气？"荣攘袂曰："灵后女主，不能自正，推奉天子，乃人臣常节。葛荣之徒，本皆奴才，乘时作乱，譬如奴走，擒获即已。顷来受国大恩，未能混壹海内，何得遽言勋业！如闻朝士犹自宽纵，今秋欲与兄戒勒士马，校猎嵩高，令贪污朝贵，入围搏虎。仍出鲁阳，历三荆，悉拥生蛮，北填六镇，回军之际，扫平汾胡。明年，简练精骑，分出江、淮，萧衍若降，乞万户侯，如其不降，以数千骑径渡缚取。然后与兄奉天子，巡四方，乃可称勋耳。今不

寇盗还没有平息，皇上想让寇盗与尔朱荣相抗衡。等到关、陇一带的寇盗被平定，捷报传来时，孝庄帝并不感到十分高兴，只对尚书令临淮王元彧说："从今以后天下没有贼寇了。"元彧见孝庄帝不高兴，说："我担心贼寇平定以后，正要圣上多费心思。"孝庄帝担心其他人感到奇怪，就用别的话打乱了他的话，说："是啊，安抚兵荒马乱后的百姓，实在不容易。"尔朱荣见天下平安无事，便向朝廷上奏说："参军许周劝我取九锡，臣下我厌恶他的话，已经斥责了他，让他滚远点。"尔朱荣当时希望得到孝庄帝的特殊礼遇，因此故意委婉地向孝庄帝暗示他的意愿，孝庄帝实在不想把高位赐给尔朱荣，所以只是大加称赞了尔朱荣的忠诚之心。

尔朱荣喜好打猎，不分酷寒还是炎暑，派部队列阵四面围狩，他命令士卒一定要统一行动，即便遇到艰难险阻，也不能躲避。如果有一只鹿逃走，一定会有几个人被处死。有一个士兵看到老虎后逃走，尔朱荣对他说："你怕死吗？"当即杀了他，从此每次打猎，士兵们就像上战场一样。有一次在死谷中发现一只老虎，尔朱荣命令十几个人赤手空拳与老虎搏斗，而且不得损伤老虎，死了几个人，最后才抓住老虎。尔朱荣以此为乐，他的部下却吃了很多苦头。太宰元天穆曾从容地对尔朱荣说："大王的功业已经很盛大，现在天下安宁无事，正应当兴修德政，休养生息，根据季节出去打猎，何必要在盛夏时追捕野兽，伤害自然的和谐之气呢？"尔朱荣挽起袖子说："胡太后身为女主，自己行为不正，推奉天子，是当臣下的常节。葛荣这帮人，原本都是奴才，乘机作乱，这好比奴仆跑了，抓住他们就是了。近来蒙受国家大恩，没能统一天下，怎能匆忙说建立了功勋？听说朝廷官员仍很放纵，今年秋天想与你整顿兵马，到嵩高打猎，让那些贪污朝臣到围场中与老虎搏斗。然后再出兵鲁阳，扫平三荆之地，把南蛮制服，向北镇抚六镇以后，回军时再铲平汾州界内的胡贼。明年，挑选精锐骑兵，分道出兵长江、淮河，萧衍如果投降，封他为万户侯，如果不投降，就率领数千骑兵直渡江淮，把他抓获。然后与你迎候天子，巡视天下，这才可以说是建立了功勋。眼下如果不

频猎,兵士懈怠,安可复用也!"

城阳王徽之妃,帝之舅女。侍中李彧,延寔之子,帝之姊婿也。徽、彧欲得权宠,恶荣为己害,日毁荣于帝,劝帝除之。帝惩河阴之难,恐荣终难保,由是密有图荣之意。侍中杨侃、尚书右仆射元罗亦预其谋。

会荣请入朝,欲视皇后娩乳,徽等劝帝因其入,刺杀之。唯胶东侯李侃晞、济阴王晖业言:"荣若来,必当有备,恐不可图。"又欲杀其党与,发兵拒之。帝疑未定,而洛阳人怀忧惧,中书侍郎邢子才之徒已避之东出,荣乃遍与朝士书,相任去留。中书舍人温子昇以书呈帝,帝恒望其不来,及见书,以荣必来,色甚不悦。子才名劭,以字行,峦之族弟也。时人多以字行者,旧史皆因之。

武卫将军奚毅,建义初往来通命,帝每期之甚重,然犹以荣所亲信,不敢与之言情。毅曰:"若必有变,臣宁死陛下,不能事契胡。"帝曰:"朕保天柱无异心,亦不忘卿忠款。"

尔朱世隆疑帝欲为变,乃为匿名书自榜其门云:"天子与杨侃、高道穆等为计,欲杀天柱。"取以呈荣。荣自恃其强,不以为意,手毁其书,唾地曰:"世隆无胆,谁敢生心!"荣妻北乡长公主亦劝荣不行,荣不从。

常常围猎的话,士兵们就会懈怠,怎么能再用呢?"

城阳王元徽的妃子,是孝庄帝舅舅的女儿。侍中李彧,是李延寔的儿子,也是孝庄帝的姐夫。元徽、李彧都想得到朝廷的权力和孝庄帝的恩宠,十分厌恶尔朱荣,将尔朱荣视为自己的祸害,每天在孝庄帝面前诋毁尔朱荣,劝说孝庄帝除掉尔朱荣。孝庄帝鉴于河阴之难,担心尔朱荣最终难以控制,至此暗中产生了图谋尔朱荣的想法。侍中杨侃、尚书右仆射元罗也参与了这一计划。

适逢尔朱荣请求入朝,想来探视皇后生育,元徽等人劝孝庄帝趁他入朝之机刺杀他。只有胶东侯李侃晞、济阴王元晖业说:"尔朱荣如果来的话,必定会有所防备,恐怕不好对付。"元徽等人又想杀掉尔朱荣的党羽,发兵抵抗他们。孝庄帝迟疑不定,而洛阳城中人人忧虑害怕,如中书侍郎邢子才之流已向东跑出了洛阳城,尔朱荣于是给朝中大臣都写了一封信,对各自的去留做了安排。中书舍人温子昇把信交给了孝庄帝,孝庄帝常希望尔朱荣不来,等到看到尔朱荣的信,知道尔朱荣一定会来,脸色显得很不高兴。邢子才名叫邢劭,人们一般称他的字,他是邢峦的族弟。当时有很多人都是以字行于当世,所以旧史书也沿袭下来称他的字。

武卫将军奚毅,建义初年就往来传达使命,孝庄帝很看重他,但还因为他是尔朱荣所亲信的人,因此不敢与他谈论实情。奚毅对孝庄帝说:"如果发生变故,臣下我宁肯为陛下而死,也不会为尔朱荣这个契胡卖力。"孝庄帝说:"朕保证天柱将军尔朱荣没有异心,也不忘记你对朝廷的忠诚。"

尔朱世隆怀疑孝庄帝要有新动作,就写了匿名信贴在家门口,信上说:"天子与杨侃、高道穆等人谋划,要杀天柱将军。"尔朱世隆取下这封信呈交给尔朱荣。尔朱荣自恃强大,对此并不在意,亲手撕了这封信,朝地上唾了一口说:"尔朱世隆太没有胆量,谁敢有这样的想法!"尔朱荣的妻子北乡长公主也劝尔朱荣不要到朝廷去,尔朱荣没有听从。

是月，荣将四五千骑发并州，时人皆言荣反，又云天子必当图荣。九月，荣至洛阳，帝即欲杀之，以太宰天穆在并州，恐为后患，故忍未发，并召天穆。有人告荣云："帝欲图之。"荣即具奏，帝曰："外人亦言王欲害我，岂可信之！"于是荣不自疑，每入谒帝，从人不过数十，又皆挺身不持兵仗。帝欲止，城阳王徽曰："纵不反，亦何可耐？况不可保邪！"

先是，长星出中台，扫大角。恒州人高荣祖颇知天文，荣问之，对曰："除旧布新之象也。"荣甚悦。荣至洛阳，行台郎中李显和曰："天柱至，那无九锡，安须王自索也！亦是天子不见机。"都督郭罗察曰："今年真可作禅文，何但九锡！"参军褚光曰："人言并州城上有紫气，何虑天柱不应之！"荣下人皆陵侮帝左右，无所忌惮，故其事皆上闻。

奚毅又见帝，求间，帝即下明光殿与语，知其至诚，乃召城阳王徽及杨侃、李彧告以毅语。荣小女适帝兄子陈留王宽，荣尝指之曰："我终当得此婿力。"徽以白帝，曰："荣虑陛下终为己患，脱有东宫，必贪立孩幼，若皇后不生太子，则立陈留耳。"帝梦手把刀自割落十指，恶之，告徽及杨侃，徽曰："蝮蛇螫手，壮士解腕，割指亦是其类，乃吉祥也。"

这一月,尔朱荣率领四五千骑兵从并州出发,当时人们都传说尔朱荣反叛,又说天子必定会图谋尔朱荣。九月,尔朱荣到达洛阳,孝庄帝想当即杀了他,但因为太宰元天穆在并州,担心留有后患,所以忍住未杀尔朱荣,同时召元天穆进京。有人告诉尔朱荣说:"孝庄帝要图谋你。"尔朱荣立即把这话上奏给孝庄帝,孝庄帝说:"外人也在传说你要害我,怎么可以相信这话呢!"于是尔朱荣不再怀疑,每次谒见孝庄帝,随从的人不过几十人,而且都赤手空拳不带兵器。孝庄帝想放弃杀尔朱荣的打算,城阳王元徽说:"即使尔朱荣不谋反,又怎么能容忍他呢?何况不能保证他不谋反。"

在这以前,彗星出中台,扫过大角星。恒州人高荣祖对天文很通晓,尔朱荣就问他这一天象预示的吉凶,高荣祖回答尔朱荣说:"这是除旧布新的预兆啊。"尔朱荣听了十分高兴。尔朱荣到了洛阳,行台郎中李显和说:"天柱将军到京城来,怎能不赐给九锡,何须大王你自己去索要!天子也太不知道事情的要害了。"都督郭罗察说:"今年真的可以让皇帝宣布禅位给你的文告了,何止是加九锡啊!"参军褚光说:"人们都说并州城的上空有紫气,何必担心天柱将军你不应这个征兆呢?"尔朱荣的部下对孝庄帝的左右侍从加以凌辱,无所顾忌,所以这些事情都传到了孝庄帝那里了。

奚毅又来见孝庄帝,请求单独谈话,孝庄帝当即走下明光殿同他交谈,知道他非常真诚,于是就召来了城阳王元徽及杨侃、李彧,告诉他们奚毅的话。尔朱荣的小女儿嫁给了孝庄帝的侄子陈留王元宽,尔朱荣曾指着元宽说:"我最终会得到这个女婿的帮助。"元徽把这件事告诉了孝庄帝,说:"尔朱荣担心陛下你最终会是他的祸患,如果一旦生下后宫太子,他必定会立幼子为帝,如果皇后生的不是男孩,就会立陈留王。"孝庄帝在梦中梦见自己持刀割掉了自己的十个手指,很讨厌这个梦,把它告诉了元徽及杨侃,元徽说:"蝮蛇螫手,壮士就砍断手腕,割掉手指也同这差不多,这是吉祥的征兆。"

戊子，天穆至洛阳，帝出迎之。荣与天穆并从入西林园宴射，荣奏曰：“近来侍官皆不习武，陛下宜将五百骑出猎，因省辞讼。”先是，奚毅言荣欲因猎挟天子移都，由是帝益疑之。

辛卯，帝召中书舍人温子昇，告以杀荣状，并问以杀董卓事，子昇具通本末。帝曰：“王允若即赦凉州人，必不应至此。”良久，语子昇曰：“朕之情理，卿所具知，死犹须为，况不必死，吾宁为高贵乡公死，不为常道乡公生！”帝谓杀荣、天穆，即赦其党，皆应不动。应诏王道习曰：“尔朱世隆、司马子如、朱元龙特为荣所委任，具知天下虚实，谓不宜留。”徽及杨侃皆曰：“若世隆不全，仲远、天光岂有来理！”帝亦以为然。徽曰：“荣腰间尝有刀，或能狼戾伤人，临事愿陛下起避之。”乃伏侃等十馀人于明光殿东。其日，荣与天穆并入，坐食未讫，起出，侃等从东阶上殿，见荣、天穆已至中庭，事不果。

壬辰，帝忌日。癸巳，荣忌日。甲午，荣暂入，即诣陈留王家饮酒，极醉，遂言病动，频日不入。帝谋颇泄，世隆又以告荣，且劝其速发。荣轻帝，以为无能为，曰：“何匆匆！”

预帝谋者皆惧，帝患之。城阳王徽曰：“以生太子为辞，荣必入朝，因此毙之。”帝曰：“后怀孕始九月，可乎？”徽曰：“妇人不及期而产者多矣，彼必不疑。”帝从之。

戊子(十五日),元天穆抵达洛阳,孝庄帝出来迎接他。尔朱荣和元天穆一同随孝庄帝到西林园宴饮猎射,尔朱荣上奏说:"近来侍卫官员都不习武艺,陛下应率五百骑兵外出打猎,借此解脱辞讼事务,轻松一下。"在这以前,奚毅曾告诉孝庄帝说尔朱荣想在围猎时胁迫天子迁都,由此孝庄帝更加怀疑尔朱荣了。

辛卯(十八日),孝庄帝召见中书舍人温子昇,告诉他想杀尔朱荣的事,并询问王允杀董卓的往事,温子昇从头至尾都告诉了他。孝庄帝说:"王允如果立即赦免了凉州人,必定不会落到这种地步。"过了很久,孝庄帝又对温子昇说:"我的思虑,你都是知道的,即使冒死也必定要做,况且还不一定死呢,我宁可像高贵乡公那样去死,也不愿像常道乡公那样活!"孝庄帝认为杀掉尔朱荣、元天穆,立即赦免他们的党羽,那么他们的党羽就不会有所举动了。应诏官王道习说:"尔朱世隆、司马子如、朱元龙由尔朱荣所委任,很了解国家的虚实,我认为不应该留着他们。"元徽及杨侃都说:"如果尔朱世隆被杀,尔朱仲远、尔朱天光哪有来的道理!"孝庄帝也认为他们说得对。元徽又说:"尔朱荣腰间曾带过刀,逼急了会像凶狼那样伤人,事发时希望陛下起身避开。"于是杨侃等十多人埋伏在明光殿东。这一天,尔朱荣与元天穆一起入宫,坐下来还没吃东西,就起身外出,杨侃等从东阶上殿,见尔朱荣、元天穆已到了中庭,杀他俩的事没能成功。

壬辰(十九日),是孝庄帝的忌日,癸巳(二十日),是尔朱荣的忌日。甲午(二十一日),尔朱荣短暂上朝后就前往陈留王家饮酒,喝得大醉,于是声称生病,多日不入宫朝见。魏孝庄帝的计划被泄漏了不少,尔朱世隆又把这些告诉给尔朱荣,而且还劝他迅速离开洛阳。尔朱荣轻视孝庄帝,认为他无所作为,说:"何必这么匆忙呢?"

参与孝庄帝谋划的人都害怕了,孝庄帝很担心。城阳王元徽说:"以皇后生太子为借口,尔朱荣必会入朝,借此机会杀他。"孝庄帝说:"皇后怀孕才有九个月,行吗?"元徽说:"妇人不到期限而生育的多了,他肯定不会怀疑。"孝庄帝听从了他的意见。

戊戌，帝伏兵于明光殿东序，声言皇子生，遣徽驰骑至荣第告之。荣方与上党王天穆博，徽脱荣帽，欢舞盘旋，兼殿内文武传声趣之，荣遂信之，与天穆俱入朝。帝闻荣来，不觉失色，中书舍人温子昇曰："陛下色变。"帝连索酒饮之。帝令子昇作赦文，即成，执以出，遇荣自外入，问："是何文书？"子昇颜色不变，曰："赦。"荣不取视而入。帝在东序下西向坐，荣、天穆在御榻西北南向坐。徽入，始一拜，荣见光禄少卿鲁安、典御李侃晞等抽刀从东户入，即起趋御座，帝先横刀膝下，遂手刃之。安等乱斫，荣与天穆同时俱死。荣子菩提及车骑将军尔朱阳睹等三十人从荣入宫，亦为伏兵所杀。帝得荣手板，上有数牒启，皆左右去留人名，非其腹心者悉在出限。帝曰："竖子若过今日，遂不可制。"于是内外喜噪，声满洛阳城，百僚入贺。帝登闾阖门，下诏大赦，遣武卫将军奚毅、前燕州刺史崔渊将兵镇北中。是夜，尔朱世隆奉北乡长公主帅荣部曲焚西阳门，出屯河阴。

卫将军贺拔胜与荣党田怡等闻荣死，奔赴荣第。时宫殿门犹未加严防，怡等议即攻门，胜止之曰："天子既行大事，必当有备，吾等众少，何可轻尔！但得出城，更为他计。"怡乃止。及世隆走，胜遂不从，帝甚嘉之。朱瑞虽为荣所委，而善处朝廷之间，帝亦善遇之，故瑞从世隆走而中道逃还。

戊戌（二十五日），孝庄帝在明光殿的东厢设下伏兵，声称皇子出生，派遣元徽快马赶到尔朱荣家中通报。尔朱荣正与上党王元天穆玩博戏，元徽摘下了尔朱荣的帽子，拿在手中欢舞盘旋，表示祝贺，加上殿内文武信使也来催促尔朱荣，尔朱荣就相信了，与元天穆一起入朝。孝庄帝听说尔朱荣来到，不禁惊慌失色，中书舍人温子昇说：“陛下脸色变了。”孝庄帝连忙要酒来喝。孝庄帝命令温子昇起草敕令，写好后，温子昇拿着走出宫殿，正好遇上尔朱荣从外面来，问道：“这是什么文书？”温子昇不动声色地说：“是圣旨。”尔朱荣没有拿过来看就走了进去。孝庄帝在东厢向西坐下，尔朱荣、元天穆在御榻西北面南向而坐。元徽进来后，才拜了一拜，尔朱荣就看到光禄少卿鲁安、典御李侃晞等拔刀从东边大门闯了进来，尔朱荣赶紧起身跑到孝庄帝的旁边，孝庄帝预先已将刀横在膝下，于是亲手杀了尔朱荣。鲁安等一阵乱砍，尔朱荣与元天穆一同被杀死。尔朱荣的儿子尔朱菩提及车骑将军尔朱阳睹等三十名随尔朱荣入宫的人，也全被伏兵所杀。孝庄帝获得了尔朱荣的手板，上面是几张启奏书，记的全是皇帝左右要除掉或留下的人名，不是尔朱荣的心腹均在赶出之列。孝庄帝说：“这家伙如果活过今天，就不能控制了。”于是朝廷内外一片欢喜声，声满洛阳城，朝中百官入朝祝贺。孝庄帝登上阊阖门，下诏实行大赦，派遣武卫将军奚毅、前燕州刺史崔渊率兵镇守北中城。当夜，尔朱世隆侍奉北乡长公主率领尔朱荣的部下焚毁西阳门，逃出洛阳后驻守河阴。

卫将军贺拔胜与尔朱荣党羽田怡等人听说尔朱荣已死，奔往尔朱荣的府第。当时皇宫宫殿大门还没来得及严加防守，田怡等人商议立即攻打皇宫，贺拔胜阻止说：“天子既然做了大事，必会有所防备，我们人少，怎么可以这么轻率！只能先出城，再另作打算。”田怡这才作罢。等到尔朱世隆出走，贺拔胜却没跟从他走，孝庄帝很是嘉奖了一番。朱瑞虽然是尔朱荣所委任的，但与朝中大臣相处很好，孝庄帝也对他不错，所以朱瑞跟随尔朱世隆逃跑后又半路逃回。

荣素厚金紫光禄大夫司马子如，荣死，自宫中突出，至荣第，弃家，随荣妻子走出城。世隆即欲还北，子如曰："兵不厌诈，今天下恟恟，唯强是视。当此之际，不可以弱示人，若亟北走，恐变生肘腋，不如分兵守河桥，遣军向京师，出其不意，或可成功。假使不得所欲，亦足示有馀力，使天下畏我之强，不敢叛散。"世隆从之。己亥，攻河桥，擒奚毅等，杀之，据北中城。魏朝大惧，遣前华阳太守段育慰谕之，世隆斩首以徇。

魏以雍州刺史尔朱天光为侍中、仪同三司。以司空杨津为都督并肆等九州诸军事、骠骑大将军、并州刺史，兼尚书令、北道大行台，经略河、汾。

荣之入洛也，以高敖曹自随，禁于驼牛署。荣死，帝引见，劳勉之。兄乾自东冀州驰赴洛阳，帝以乾为河北大使，敖曹为直阁将军，使归，招集乡曲为表里形援。帝亲送之于河桥，举酒指水曰："卿兄弟冀部豪杰，能令士卒致死，京城傥有变，可为朕河上一扬尘。"乾垂涕受诏，敖曹援剑起舞，誓以必死。

冬十月癸卯朔，世隆遣尔朱拂律归将胡骑一千，皆白服，来至郭下，索太原王尸。帝升大夏门望之，遣主书牛法尚谓之曰："太原王立功不终，阴图衅逆，王法无亲，已正刑书。罪止荣身，馀皆不问。卿等若降，官爵如故。"拂律归曰："臣等从太原王入朝，忽致冤酷，今不忍空归，愿得太原王尸，

尔朱荣平时对金紫光禄大夫司马子如很器重,尔朱荣死了,司马子如从宫中突围到了尔朱荣的府第,舍弃了家业,随尔朱荣的妻子及儿子逃出了洛阳城。尔朱世隆想立即返回北方,司马子如道:"兵不厌诈,眼下天下混乱,大家都在看谁是强者。当此之时,不能以弱者的姿态示人,如果急急忙忙朝北逃亡的话,恐怕内部会发生不可预测的事,不如分兵据守河桥,回军京师,出其不意,也许可以成功。即使不能成功,也足以显示我们还有馀力,使天下人畏惧我们的强盛,不敢叛变逃离。"尔朱世隆听从了他的意见。己亥(二十六日),尔朱世隆攻占了河桥,擒获了奚毅等人,杀了他们,占据北中城。魏朝廷大为惊恐,派遣前华阳太守段育前去慰问尔朱世隆,尔朱世隆把段育斩首示众。

魏朝廷任命雍州刺史尔朱天光为侍中、仪同三司。任命司空杨津为都督并肆等九州诸军事、骠骑大将军、并州刺史,兼尚书令、北道大行台,负责管制河、汾地区。

尔朱荣到洛阳时,把高敖曹带在身边,囚禁在驼牛署。尔朱荣一死,孝庄帝召见高敖曹,慰劳勉励了他。高敖曹的哥哥高乾从东冀州骑马赶赴洛阳,孝庄帝任命高乾为河北大使,高敖曹为直阁将军,派他们回乡招集乡勇,作为朝廷的外援。孝庄帝亲自送高乾、高敖曹到河桥,举起酒杯,指着黄河说:"你们兄弟俩是冀部的豪杰,能让士兵拼死作战,京城倘如有变故,你们可以为朕在黄河边助一下声势。"高乾流着眼泪接受了诏令,高敖曹拔剑起舞,发誓以死报答皇恩。

冬季十月癸卯是初一,这天,尔朱世隆派尔朱拂律归率胡人骑兵一千,都穿着白色衣服,来到洛阳城下索要太原王尔朱荣的尸体。孝庄帝登上大夏门视察后,派遣主书牛法尚对尔朱拂律归说:"太原王虽然建立了功勋,但未能保住晚节,暗中策划叛乱,国法不分亲疏,已按刑书规定处死。犯罪的只限于尔朱荣一人,其馀的人一概不予追究。你们如果投降的话,官职爵位全都照旧。"尔朱拂律归说:"臣下我等追随太原王入朝,太原王忽然蒙冤被杀,现在我们不忍心空手回去,希望得到太原王的尸首,

生死无恨。"因涕泣,哀不自胜,群胡皆恸哭,声振城邑。帝亦为之怆然,遣侍中朱瑞赍铁券赐世隆,世隆谓瑞曰:"太原王功格天地,赤心奉国,长乐不顾信誓,枉加屠害,今日两行铁字,何足可信!吾为太原王报仇,终无降理!"瑞还,白帝,帝即出库物置城西门外,募敢死之士以讨世隆,一日即得万人,与拂律归等战于郭外。拂律归等生长戎旅,洛阳之人不习战斗,屡战不克。甲辰,以前车骑大将军李叔仁为大都督,帅众讨世隆。

戊申,皇子生,大赦。以中书令魏兰根兼尚书左仆射,为河北行台,定、相、殷三州皆禀兰根节度。

尔朱氏兵犹在城下,帝集群臣博议,皆恇惧不知所出。通直散骑常侍李苗奋衣起曰:"今小贼唐突如此,朝廷有不测之危,正是忠臣烈士效节之日。臣虽不武,请以一旅之众为陛下径断河桥。"城阳王徽、高道穆皆以为善,帝许之。乙卯,苗募人从马渚上流乘船夜下,去桥数里,纵火船焚河桥,倏忽而至。尔朱氏兵在南岸者,望之,争桥北渡,俄而桥绝,溺死者甚众。苗将百许人泊于小渚以待南援,官军不至,尔朱氏就击之,左右皆尽,苗赴水死。帝伤惜之,赠车骑大将军、仪同三司,封河阳侯,谥曰忠烈。世隆亦收兵北遁。丙辰,诏行台源子恭将步骑一万出西道,杨昱将募士八千出东道以讨之。子恭仍镇太行丹谷,筑垒以防之。世隆至建州,刺史陆希质闭城拒守,世隆攻拔之,杀城中人无遗类,以肆其忿,唯希质走免。

我等不管生死也无遗憾。"说着流下眼泪,哀伤不止,胡兵都大声恸哭,声震洛阳城。孝庄帝也为之怆然,派侍中朱瑞带着免死铁券赐给尔朱世隆,尔朱世隆对朱瑞说:"太原王功盖天地,赤心报国,皇上不顾信誓,冤枉他,杀害他,今天的两行铁字,怎能让人相信!我要为太原王报仇,绝无投降的道理!"朱瑞回来后,报告了孝庄帝,孝庄帝立即取出府库中的物品放在洛阳城西门外,招募敢死之士讨伐尔朱世隆,一天就招到了一万人,与尔朱拂律归等在城外作战。尔朱拂律归等在军旅中长大,而洛阳城人不熟悉战斗,因此多次交战都没有攻克。甲辰(初二),朝廷任命前车骑大将军李叔仁为大都督,率领人马讨伐尔朱世隆。

戊申(初六),皇子出生,大赦天下。朝廷任命中书令魏兰根兼任尚书左仆射,为河北行台,定、相、殷三州都受魏兰根管辖。

尔朱氏的部队还留在洛阳城下,孝庄帝召集朝廷大臣广泛商议对策,大臣都很害怕,不知怎么办才好。通直散骑常侍李苗拂袖起身说道:"现在小贼如此猖獗,朝廷有难以预测的危险,这正是忠臣烈士报效尽忠之时。我虽然不通武艺,请求率领一支部队为陛下截断河桥。"城阳王元徽、高道穆都认为这建议好,孝庄帝就同意了。乙卯(十三日),李苗招募人从马渚的上游乘船在夜里顺流而下,在离桥几里时,点燃火船去焚烧河桥,火船一会儿就到了桥下。尔朱世隆在河南岸的士兵看到这一情况,争相涌上桥向北逃跑,桥很快烧断了,淹死的士兵很多。李苗率领一百左右人马留在河中小岛上等待南面官军救援,官军不见踪影,尔朱世隆向他们发动进攻,李苗的部下全都战死,李苗投水而死。孝庄帝对此很觉伤心可惜,追赠李苗为车骑大将军、仪同三司,封河阳侯,谥号为忠烈。尔朱世隆也收兵北逃。丙辰(十四日),孝庄帝下诏命令行台源子恭率领一万步兵与骑兵从西道进发,杨昱率领招募的八千士兵从东道进发讨伐尔朱世隆。源子恭依然在太行丹谷镇守,修筑营垒提防贼军。尔朱世隆到了建州,建州刺史陆希质闭城坚守,尔朱世隆攻占了建州,把城中人杀个精光,以发泄他的怨愤,只有陆希质一人逃走免死。

诏以前东荆州刺史元显恭为晋州刺史,兼尚书左仆射、西道行台。

魏东徐州刺史广牧斛斯椿素依附尔朱荣,荣死,椿惧,弃州归汝南王悦。

汾州刺史尔朱兆闻荣死,自汾州帅骑据晋阳。世隆至长子,兆来会之。壬申,共推太原太守、行并州事长广王晔即皇帝位,大赦,改元建明。晔,英之弟子也。以兆为大将军,进爵为王;世隆为尚书令,赐爵乐平王,加太傅、司州牧;又以荣从弟度律为太尉,赐爵常山王;世隆兄天柱长史彦伯为侍中;徐州刺史仲远为车骑大将军,兼尚书左仆射、三徐州大行台。仲远亦起兵向洛阳。

尔朱天光之克平凉也,宿勤明达请降,既而复叛,北走,天光遣贺拔岳讨之,明达奔东夏。岳闻尔朱荣死,不复穷追,还泾州以待天光。天光与侯莫陈悦亦下陇,与岳谋引兵向洛。魏敬宗使朱瑞慰谕天光,天光与岳谋,欲令帝外奔而更立宗室,乃频启云:“臣实无异心,唯欲仰奉天颜,以申宗门之罪。”又使其下僚属启云:“天光密有异图,愿思胜算以防之。”

范阳太守卢文伟诱平州刺史侯渊出猎,闭门拒之。渊屯于郡南,为荣举哀,勒兵南向,进,至中山,行台仆射魏兰根邀击之,为渊所败。

敬宗以城阳王徽兼大司马、录尚书事,总统内外。徽意谓荣既死,枝叶自应散落,及尔朱世隆等兵四起,党众日盛,徽忧怖,不知所出。性多忌嫉,不欲人居己前,每独与帝谋议,

孝庄帝下诏任命前东荆州刺史元显恭为晋州刺史，兼尚书左仆射、西道行台。

魏东徐州刺史广牧人斛斯椿一向依附尔朱荣，尔朱荣死后，他害怕了，丢弃南徐州投奔了汝南王元悦。

汾州刺史尔朱兆听说了尔朱荣死亡的消息，从汾州率领骑兵去占据了晋阳。尔朱世隆到达长子，尔朱兆来同他会合。壬申（三十日），众人推举太原太守、行并州事长广王元晔即皇帝位，大赦天下，改年号为建明。元晔是元英的侄子。元英任命尔朱兆为大将军，进爵为王；尔朱世隆为尚书令，赐爵乐平王，加封太傅、司州牧；又任命尔朱荣的堂弟尔朱度律为太尉，赐爵常山王；尔朱世隆的哥哥、天柱长史尔朱彦伯为侍中；徐州刺史尔朱仲远为车骑大将军，兼尚书左仆射、三徐州大行台。尔朱仲远也起兵向洛阳进军。

尔朱天光攻克平凉时，宿勤明达请求投降，后来又反叛向北逃走，尔朱天光派遣贺拔岳讨伐他，宿勤明达逃奔东夏。贺拔岳听说了尔朱荣已死的消息，不再对宿勤明达穷追猛打，返回泾州等待尔朱天光。尔朱天光与侯莫陈悦也南下陇地，与贺拔岳商议带兵攻回洛阳。孝庄帝派朱瑞来安慰尔朱天光，尔朱天光与贺拔岳商议，想让孝庄帝外逃，另立一位皇族为皇帝，于是尔朱天光一再向孝庄帝上表说："臣下我确实没有异心，只是想当陛下的面申述我家尔朱氏的罪过。"又让他的部下启奏说："尔朱天光暗中另有打算，希望陛下想个好办法来防备他。"

范阳太守卢文伟诱使平州刺史侯渊出城打猎，然后关闭城门不让他入城。侯渊驻守在范阳郡南，为尔朱荣举行哀悼，然后领兵向南，进军到了中山，行台仆射魏兰根前来拦击侯渊的军队，被侯渊的部队击败。

孝庄帝任命城阳王元徽兼大司马、录尚书事，总理朝廷内外事务。元徽认为尔朱荣已死，他的下属自会溃散，等到尔朱世隆等叛军四起，声势日盛，元徽忧虑恐惧，不知怎么办才好。元徽性格颇多嫉妒，不愿别人超过自己，常常独自与孝庄帝谋划商议，

群臣有献策者，徽辄劝帝不纳，且曰："小贼何虑不平！"又靳惜财货，赏赐率皆薄少，或多而中减，或与而复追，故徒有靡费而恩不感物。

十一月癸酉朔，敬宗以车骑将军郑先护为大都督，与行台杨昱共讨尔朱仲远。

乙亥，以司徒长孙稚为太尉，临淮王彧为司徒。

丙子，进雍州刺史广宗公尔朱天光爵为王。长广王亦以天光为陇西王。

尔朱仲远攻西兖州，丁丑，拔之，擒刺史王衍。衍，肃之兄子也。癸未，敬宗以右卫将军贺拔胜为东征都督。壬辰，又以郑先护兼尚书左仆射，为行台，与胜共讨仲远。戊戌，诏罢魏兰根行台，以定州刺史薛昙尚兼尚书，为北道行台。郑先护疑贺拔胜，置之营外。庚子，胜与仲远战于滑台东，兵败，降于仲远。

初，尔朱荣尝从容问左右曰："一日无我，谁可主军？"皆称尔朱兆。荣曰："兆虽勇于战斗，然所将不过三千骑，多则乱矣。堪代我者，唯贺六浑耳。"因戒兆曰："尔非其匹，终当为其穿鼻。"乃以高欢为晋州刺史。及兆引兵向洛，遣使召欢，欢遣长史孙腾诣兆，辞以："山蜀未平，今方攻讨，不可委去，致有后忧。定蜀之日，当隔河为掎角之势。"兆不悦，曰："还白高晋州，吾得吉梦，梦与吾先人登高丘，丘旁之地，耕之已熟，独馀马蔺，先人命吾拔之，随手而尽。以此观之，往无不克。"腾还报，欢曰："兆狂愚如是，而敢为悖逆，吾势不得久事尔朱矣。"

群臣中有向孝庄帝献计策的,元徽就劝孝庄帝不要采纳,而且他还说:"这些小贼,何必担心不能平定呢?"他又吝惜财货,赏赐大都很少,有时赏赐多了,他从中克扣,有时赏给别人,又去追回,所以白白浪费钱物,人家还不感恩。

十一月癸酉是初一,孝庄帝任命车骑将军郑先护为大都督,与行台杨昱一起讨伐尔朱仲远。

乙亥(初三),朝廷任命司徒长孙稚为太尉,临淮王元彧为司徒。

丙子(初四),朝廷将雍州刺史广宗公尔朱天光进爵为王。长广王也任命尔朱天光为陇西王。

尔朱仲远攻打西兖州,丁丑(初五),攻占西兖州,擒获刺史王衍。王衍是王肃的侄子。癸未(十一日),孝庄帝任命右卫将军贺拔胜为东征都督。壬辰(二十日),又任命郑先护兼尚书左仆射,为行台,与贺拔胜同讨尔朱仲远。戊戌(二十六日),诏罢魏兰根的行台职务,任命定州刺史薛昙尚兼尚书,为北道行台。郑先护怀疑贺拔胜,让他驻在大营外。庚子(二十八日),贺拔胜与尔朱仲远在滑台东交战,贺拔胜兵败,向尔朱仲远投降。

当初,尔朱荣曾从容地问他的左右说:"一旦我死了,谁可以统领部队?"他的左右都说是尔朱兆。尔朱荣说:"尔朱兆虽然战斗英勇,但他率领的军队不能超过三千骑兵,再多就乱了。能替代我的人,只有高欢罢了。"因此对尔朱兆劝诫说:"你不是高欢的对手,最终还是会受他的控制。"于是就任命高欢为晋州刺史。等到尔朱兆率领部队到达洛阳时,尔朱兆派人召请高欢,高欢派长史孙腾到尔朱兆那里推辞说:"山蜀叛乱尚未平息,眼下正在讨伐,不能放弃,以免留下后患。待到平蜀之日,就会隔着黄河与你构成掎角之势。"尔朱兆不高兴地对孙腾说:"你回去告诉高晋州,我做了个吉利的梦,梦见我与我的先人登上高丘,高丘旁边的土地耕作已熟,只留下了马蔺草,先人命把马蔺草拔掉,我随手把它拔干净了。由此看来,我会无往而不胜的。"孙腾回来把这话报告给高欢,高欢说:"尔朱兆如此愚蠢猖狂,敢做这样悖逆的事,看这架势我不能长久地事奉尔朱氏了。"

十二月壬寅朔，尔朱兆攻丹谷，都督崔伯凤战死，都督史仵龙开壁请降，源子恭退走。兆轻兵倍道兼行，从河桥西涉渡。先是，敬宗以大河深广，谓兆未能猝济，是日，水不没马腹。甲辰，暴风，黄尘涨天，兆骑叩宫门，宿卫乃觉，弯弓欲射，矢不得发，一时散走。华山王鸷，斤之玄孙也，素附尔朱氏。帝始闻兆南下，欲自帅诸军讨之，鸷说帝曰："黄河万仞，兆安得渡！"帝遂自安。及兆入宫，鸷复约止卫兵不使斗。帝步出云龙门外，遇城阳王徽乘马走，帝屡呼之，不顾而去。兆骑执帝，锁于永宁寺楼上，帝寒甚，就兆求头巾，不与。兆营于尚书省，用天子金鼓，设刻漏于庭，扑杀皇子，污辱嫔御妃主，纵兵大掠，杀司空临淮王彧、尚书左仆射范阳王诲、青州刺史李延寔等。

城阳王徽走至山南，抵前洛阳令寇祖仁家。祖仁一门三刺史，皆徽所引拔，以有旧恩，故投之。徽赍金百斤，马五十匹，祖仁利其财，外虽容纳，而私谓子弟曰："如闻尔朱兆购募城阳王，得之者封千户侯。今日富贵至矣！"乃怖徽云官捕将至，令其逃于他所，使人于路邀杀之，送首于兆，兆亦不加勋赏。兆梦徽谓己曰："我有金二百斤、马百匹在祖仁家，卿可取之。"兆既觉，意所梦为实，即掩捕祖仁，征其金、马。祖仁谓人密告，望风款服，云："实得金百斤、马五十匹。"兆疑其隐匿，依梦征之，祖仁家旧有金三十斤、马三十匹，

十二月壬寅是初一，这天，尔朱兆攻打丹谷，都督崔伯凤战死，都督史仵龙打开城门向尔朱兆请降，源子恭败退。尔朱兆率领轻装部队日夜兼程，从河桥西边渡过了黄河。在这以前，孝庄帝认为黄河深广，尔朱兆不可能快速渡过黄河，这天，河水竟没有没过马腹。甲辰（初三），狂风大作，黄尘漫天，尔朱兆的骑兵叩响宫门，宫廷宿卫这才发觉，想拉弓射箭，还来不及射出，就立即逃走了。华山王元鸷，是元斤的玄孙，一直依附于尔朱氏。孝庄帝在刚听说尔朱兆南下时，想亲自统领六军讨伐，元鸷劝孝庄帝说："黄河水深达万仞，尔朱兆怎么渡得过呢？"于是孝庄帝就安心了。待到尔朱兆的军队攻入皇宫，元鸷又制住宫廷卫兵，不让他们出战。孝庄帝步出云龙门外，遇到城阳王元徽骑马逃走，孝庄帝连声呼叫，元徽头也不回逃走了。尔朱兆的骑兵抓获了孝庄帝，把他锁在永宁寺的楼上，孝庄帝感到很寒冷，向尔朱兆求头巾，尔朱兆不给。尔朱兆在尚书省扎营，使用天子的金鼓，在廷殿设置刻漏，击杀了皇子，对宫中的嫔妃、公主进行污辱，纵兵大肆抢掠，杀了司空临淮王元彧、尚书左仆射范阳王元诲和青州刺史李延宴等。

城阳王元徽逃到山南，到了前洛阳令寇祖仁的家中。寇祖仁一家出了三个刺史，都是由元徽提拔的，因有旧恩，所以元徽投奔他家。元徽带着黄金百斤，马五十四，寇祖仁贪他的财，表面虽然留下了他，但私下对他的子弟说："听说尔朱兆正在悬赏捉拿城阳王，抓获他可封千户侯，今天我们富贵的日子到了！"于是吓唬元徽说官府捕手将到，让元徽逃到别处躲藏，寇祖仁派人在半路杀了元徽，把他的人头送到尔朱兆处，尔朱兆却没有给寇祖仁记功加赏。尔朱兆梦见元徽对自己说："我有黄金二百斤、马一百匹在寇祖仁家，你可以去取。"尔朱兆梦中醒来，感到梦中所见是真实的，于是当即逮捕了寇祖仁，向他索要金子、马匹。寇祖仁认为有人告密，全都照实交代了，说："实际得到一百斤黄金和五十匹马。"尔朱兆怀疑寇祖仁有所隐藏，按梦中所见搜查了寇祖仁的家，寇祖仁家中原有的黄金三十斤、马三十四，

尽以输兆,兆犹不信,发怒,执祖仁,悬首高树,大石坠足,捶之至死。

尔朱世隆至洛阳,兆自以为己功,责世隆曰:"叔父在朝日久,耳目应广,如何令天柱受祸!"按剑瞋目,声色甚厉。世隆逊辞拜谢,然后得已,由是深恨之。尔朱仲远亦自滑台至洛。

戊申,魏长广王大赦。

尔朱荣之死也,敬宗诏河西贼帅纥豆陵步蕃使袭秀容。及兆入洛,步蕃南下,兵势甚盛,故兆不暇久留,亟还晋阳以御之。使尔朱世隆、度律、彦伯等留镇洛阳。甲寅,兆迁敬宗于晋阳。兆自于河梁监阅财资。高欢闻敬宗向晋阳,帅骑东巡,欲邀之,不及,因与兆书,为陈祸福,不宜害天子,受恶名。兆怒,不纳。尔朱天光轻骑入洛,见世隆等,即还雍州。

初,敬宗恐北军不利,欲为南走之计,托云征蛮,以高道穆为南道大行台,未及发而兆入洛。道穆托疾去,世隆杀之。主者请追李苗封赠,世隆曰:"当时众议,更一二日即欲纵兵大掠,焚烧郭邑,赖苗之故,京师获全,天下之善一也,不宜复追。"

尔朱荣之死也,世隆等征兵于大宁太守代人房谟,谟不应,前后斩其三使,遣弟毓诣洛阳。及兆得志,其党建州刺史是兰安定执谟系州狱,郡中蜀人闻之,皆叛。安定给谟弱马,令军前慰劳,诸贼见谟,莫不遥拜。谟先所乘马,

也全部送给了尔朱兆,尔朱兆仍然不信,发怒,逮捕了寇祖仁,把他悬挂在树上,大石坠在脚上,鞭捶至死。

尔朱世隆到了洛阳,尔朱兆自认为这都是自己的功劳,责备尔朱世隆说:"叔公你身在朝廷这么长时间,耳闻目见应该很广,怎么让天柱将军遭受大祸!"尔朱兆说话时按剑瞋目,声色十分严厉。尔朱世隆以谦逊的辞令拜谢尔朱兆,这才没事,从此尔朱世隆深恨尔朱兆。这时尔朱仲远也从滑台来到了洛阳。

戊申(初七),魏长广王元晔大赦天下。

尔朱荣死的时候,魏孝庄帝下诏让河西贼寇头领纥豆陵步蕃攻袭秀容。待到尔朱兆进入洛阳后,纥豆陵步蕃率军南下,军势很盛,因此尔朱兆不能在洛阳久留,急忙回师晋阳来防御纥豆陵步蕃。尔朱兆让尔朱世隆、尔朱度律、尔朱彦伯等人留守洛阳城。甲寅(十三日),尔朱兆把孝庄帝迁到了晋阳。尔朱兆自己在河梁监察财货。高欢听说孝庄帝要到晋阳,率领骑兵向东想中途截留孝庄帝,未能赶及,于是就给尔朱兆写了一封信,向他陈述利害祸福,认为不应该害天子,承受恶名声。尔朱兆大怒,不接受他的意见。尔朱天光率轻骑来到洛阳,与尔朱世隆等见了面,立即回到雍州。

当初,孝庄帝担心北军不能取胜,有了南逃的打算,假托征伐南蛮,任命高道穆为南道大行台,还没来得及出发,尔朱兆就攻入了洛阳城。高道穆假托有病打算逃离洛阳,被尔朱世隆杀死。主事者请求追回对李苗的封赐,尔朱世隆说:"当时大家商议,再过一两天就要纵兵大掠,焚烧城邑,多亏了李苗,京师洛阳才得以保全,天下的善事是一致的,不应再追回给李苗的封赐。"

尔朱荣死时,尔朱世隆等向大宁太守代郡人房谟征发兵员,房谟没响应,前后斩杀了尔朱世隆派来的三位使者,还派弟弟房毓前去京师洛阳。待到尔朱兆得志,尔朱兆的党羽建州刺史是兰安定把房谟抓进了建州狱中囚禁,大宁郡中的蜀人听到这一消息,都反叛了。是兰安定给房谟一匹劣马,让他去叛军那儿慰劳,叛军们见到房谟后,无不遥遥相拜。房谟原先所骑的马,

安定别给将士,战败,蜀人得之,谓谟遇害,莫不悲泣。善养其马,不听人乘之,儿童妇女竞投草粟,皆言:"此房公马也。"尔朱世隆闻之,舍其罪,以为其府长史。

北道大行台杨津,以众少,留邺召募,欲自滏口入并州,会尔朱兆入洛,津乃散众,轻骑还朝。

尔朱世隆与兄弟密谋,虑长广王母卫氏干预朝政,伺其出行,遣数十骑如劫盗者于京巷杀之,寻悬榜以千万钱募贼。

甲子,尔朱兆缢敬宗于晋阳三级佛寺,并杀陈留王宽。

是月,纥豆陵步蕃大破尔朱兆于秀容,南逼晋阳。兆惧,使人召高欢并力。僚属皆劝欢勿应召,欢曰:"兆方急,保无他虑。"遂行。欢所亲贺拔焉过儿请缓行以弊之,欢往往逗留,辞以河无桥,不得渡。步蕃兵日盛,兆屡败,告急于欢,欢乃往从之。兆时避步蕃南出,步蕃至平乐郡,欢与兆进兵合击,大破之,斩步蕃于石鼓山,其众退走。兆德欢,相与誓为兄弟,将数十骑诣欢,通夜宴饮。

初,葛荣部众流入并、肆者二十馀万,为契胡陵暴,皆不聊生,大小二十六反,诛夷者半,犹谋乱不止。兆患之,问计于欢,欢曰:"六镇反残,不可尽杀,宜选王腹心使统之,

被是兰安定另外安排给了别的将士,战败后,那匹马被蜀人所得,蜀人以为房谟遇害,都悲伤哭泣。于是蜀人精心饲养这匹马,不让别人骑坐,儿童、妇女争相喂以饲料,都说:"这是房公的马啊。"尔朱世隆听说后,免去了房谟的罪过,任命他为自己府中的长史。

北道大行台杨津,认为自己的部众较少,就留在邺地招募新兵,打算从滏口进入并州,适逢尔朱兆攻入洛阳,杨津就遣散了他的部队,带一些轻装骑兵返回朝廷。

尔朱世隆与他的兄弟们秘密商议,担心长广王元晔的母亲卫氏干预朝政,侦察到她外出,就派遣了几十名骑兵,装成强盗,在洛阳城的小巷里杀了她,不久又贴出告示悬赏千万钱捉拿杀害卫氏的凶手。

甲子(二十三日),尔朱兆在晋阳的三级佛寺里缢杀了孝庄帝,同时还杀害了陈留王元宽。

这个月,纥豆陵步蕃在秀容大败尔朱兆,向南逼近晋阳。尔朱兆害怕了,派人去召高欢来合力抵御。高欢的僚属都劝高欢不要答应前去,高欢说:"眼下尔朱兆正处于危急中,肯定不会有其他企图。"便率军出发了。高欢的亲信贺拔焉过兒请求高欢缓慢进军,等待尔朱兆的部队更加疲惫,于是高欢以河上没桥,无法渡过为托词,时常逗留不前。纥豆陵步蕃的军队气势更盛,尔朱兆屡战屡败,向高欢告急,高欢这才前去救援。当时尔朱兆为避开纥豆陵步蕃的锋芒朝南转移,纥豆陵步蕃率军来到平乐郡,高欢与尔朱兆进军平乐,合击打败了纥豆陵步蕃的部队,在石鼓山杀了纥豆陵步蕃,纥豆陵步蕃的部下退逃。尔朱兆感激高欢的帮助,与高欢立誓结为兄弟,尔朱兆带领几十名骑兵来到高欢的住所,通宵设宴饮乐。

当初,葛荣的部众流落到并、肆二州的有二十多万,被契胡欺凌,都无法生存,规模或大或小的造反有二十六次,被杀了一半,还是谋乱不止。尔朱兆十分忧虑,向高欢询问计策,高欢说:"六镇百姓反叛,不能全部杀掉,应挑选一名心腹去统领六镇,

有犯者罪其帅，则所罪者寡矣。"兆曰："善！谁可使者？"贺拔允时在坐，请使欢领之。欢拳殴其口，折一齿，曰："平生天柱时，奴辈伏处分如鹰犬，今日天下事取舍在王，而阿鞠泥敢僭易妄言，请杀之！"兆以欢为诚，遂以其众委焉。欢以兆醉，恐醒而悔之，遂出，宣言："受委统州镇兵，可集汾东受号令。"乃建牙阳曲川，陈部分。军士素恶兆而乐属欢，莫不皆至。

居无何，又使刘贵请兆，以"并、肆频岁霜旱，降户掘田鼠而食之，面无谷色，徒污人境内，请令就食山东，待温饱更受处分"。兆从其议。长史慕容绍宗谏曰："不可。方今四方纷扰，人怀异望，高公雄才盖世，复使握大兵于外，譬如借蛟龙以云雨，将不可制矣。"兆曰："有香火重誓，何虑邪！"绍宗曰："亲兄弟尚不可信，何论香火！"时兆左右已受欢金，因称绍宗与欢有旧隙，兆怒，囚绍宗，趣欢发。欢自晋阳出滏口，道逢北乡长公主自洛阳来，有马三百匹，尽夺而易之。兆闻之，乃释绍宗而问之，绍宗曰："此犹是掌握中物也。"兆乃自追欢，至襄垣，会漳水暴涨，桥坏。欢隔水拜曰："所以借公主马，非有他故，备山东盗耳。王信公主之谮，自来赐追，今不辞渡水而死，恐此众便叛。"兆自陈无此意，

如反叛就惩处他们的首领，那么受惩处的人就会少了。"尔朱兆说："说得很好！派谁去合适呢？"贺拔允当时在座，他请尔朱兆派高欢领导六镇之民。高欢举拳击打贺拔允的嘴，打掉了他的一颗牙齿，说道："天柱大将军在世时，我们这些人接受他的调遣如鹰犬一般，眼下天下之事的取舍全在大王，贺拔允胆敢越权妄言，我请求杀了他！"尔朱兆以为高欢忠诚，就把他的军士交付给高欢指挥。高欢认为尔朱兆醉了，担心他酒醒后反悔，赶忙走出营帐，对将士们宣布说："我受到尔朱兆的委派统领州镇兵，你们可到汾河东面集中听候号令。"于是在阳曲川设立营帐，指挥安置部下。士兵们平时都憎恨尔朱兆，乐意做高欢的部下，无不前往投奔。

　　没过多久，高欢又派刘贵向尔朱兆请示，说是"并、肆两州连年遭受霜旱之灾，降户只得挖田鼠为食，面有菜色，只能使您在境内的威信受到玷污，请求您下令让他们到太行山东面谋生，待到解决温饱后再作安置"。尔朱兆同意了这个建议。长史慕容绍宗劝谏说："不能同意。眼下天下纷乱，人人各有打算，高欢雄才盖世，如果再让他在外掌握大军，就如同把云雨借给蛟龙，您将无法控制他了。"尔朱兆说："我和高欢有结拜重誓，何必过虑呢？"慕容绍宗说："亲兄弟尚且不能完全相信，何况结拜兄弟呢！"当时尔朱兆的左右人士都已接受了高欢的重金，就说慕容绍宗与高欢结有旧怨，尔朱兆大怒，囚禁了慕容绍宗，催促高欢早日出发。高欢从晋阳出滏口，中途遇到了洛阳来的北乡长公主，北乡长公主带着三百匹好马，全被高欢夺了下来，再换给北乡长公主一般的马。尔朱兆听说后，放出了慕容绍宗，向他询问计策，慕容绍宗说："高欢现在还没走远，还在你的掌握之中。"于是尔朱兆亲自追赶高欢，追到襄垣县，正值漳河暴涨，桥梁被冲坏。高欢隔着漳河向尔朱兆遥拜道："我之所以要借北乡长公主的马，并没有别的目的，只是为了防备山东的盗贼罢了。大王你相信北乡长公主的谗言，亲自来追赶我，我不害怕渡过河来受死，但恐怕我的部下要叛离了。"尔朱兆说自己没有这个意思，

因轻马渡水，与欢坐幕下陈谢，授欢刀，引颈使欢斫之。欢大哭曰："自天柱之薨，贺六浑更何所仰，但愿大家千万岁，以申力用耳。今为旁人所构间，大家何忍复出此言！"兆投刀于地，复斩白马，与欢为誓，因留宿夜饮。尉景伏壮士欲执兆，欢啮臂止之，曰："今杀之，其党必奔归聚结，兵饥马瘦，不可与敌，若英雄乘之而起，则为害滋甚，不如且置之。兆虽骁勇，凶悍无谋，不足图也。"旦日，兆归营，复召欢，欢将上马诣之，孙腾牵欢衣，欢乃止。兆隔水肆骂，驰还晋阳。兆腹心念贤领降户家属别为营，欢伪与之善，观其佩刀，因取杀之。士众感悦，益愿附从。

斛斯椿复弃汝南王悦奔魏。

三年春正月，魏右仆射郑先护闻洛阳不守，士众逃散，遂来奔。丙申，以先护为征北大将军。

魏自敬宗被囚，宫室空近百日，尔朱世隆镇洛阳，商旅流通，盗贼不作。世隆兄弟密议，以长广王疏远，又无人望，欲更立近亲。仪同三司广陵王恭，羽之子也，好学有志度，正光中领给事黄门侍郎，以元乂擅权，托喑病居龙华佛寺，无所交通。永安末，有白敬宗言王阳喑，将有异志，恭惧，逃于上洛山，洛州刺史执送之，系治久之，以无状获免。关西大行台郎中薛孝通说尔朱天光曰："广陵王，高祖犹子，夙有令望，沈晦不言，多历年所，若奉以为主，必天人允叶。"天光与世隆等谋之，疑其实喑，使尔朱彦伯潜往敦谕，

于是轻装骑马渡过漳河，与高欢并坐营帐前交谈，把自己的佩刀交给高欢，引颈让高欢斩首。高欢痛哭说："自从天柱将军死后，我还有谁可以仰仗，但愿大王能活千万岁，我可以为大王效力。现在被旁人挑拨离间，大王怎么忍心说出这种话！"尔朱兆把刀丢在地上，又斩杀了白马，与高欢立誓，还留下来与高欢夜饮。尉景埋伏下壮士想抓尔朱兆，高欢咬破自己手臂阻止了他，对他说："现在如果杀了尔朱兆，他的部下必定会逃回去重新聚结，我们兵饥马瘦，不能与他们相匹敌，如果这时有英雄乘机而起，那么为害就更大了，不如先放他一马。尔朱兆虽然骁勇，但却凶悍无谋，不难对付。"第二天，尔朱兆渡河回营，又来召请高欢，高欢将要上马前去，部下孙腾牵住高欢的衣服，高欢也就没去。尔朱兆隔河大骂高欢，驰回晋阳。尔朱兆的心腹念贤率领降户家属另立营寨，高欢假意与念贤友善，借口观看念贤的佩刀，就拿这把佩刀杀了念贤。士兵们感到高兴，更加愿意归附高欢了。

斛斯椿又叛离汝南王元悦，投奔魏朝廷。

三年（531）春季正月，魏右仆射郑先护听说洛阳失守，士兵们都逃散了，就投奔了梁朝。丙申（二十五日），朝廷任命郑先护为征北大将军。

魏朝自从孝庄帝被囚禁后，宫室空虚已近百日，尔朱世隆镇守洛阳，商人行旅通畅，盗贼不再作乱。尔朱世隆兄弟秘密商议，认为长广王元晔与皇族较为疏远，而且没有声望，想再立一位皇族近亲为帝。仪同三司广陵王元恭是元羽的儿子，好学而有志向、气度，正光年间担任给事黄门侍郎，因为元义专权，元恭就假托嗓子哑，住到了龙华佛寺，不与外人交往。永安末年，有人向孝庄帝报告元恭装哑，将另有企图，元恭害怕了，逃到上洛山，洛州刺史把他抓到了洛阳，囚禁了很久，因没发现有什么谋反的证据而释放了他。关西大行台郎中薛孝通对尔朱天光说："广陵王是高祖的侄子，平时有好声望，沉默不言，已经多年，如果奉他为帝，天人之际会更和谐。"尔朱天光与尔朱世隆等商议此事，又怀疑元恭真是哑巴，于是就派尔朱彦伯秘密前去敦告元恭，

且胁之，恭乃曰："天何言哉！"世隆等大喜。孝通，聪之子也。

二月己巳，长广王至邙山南，世隆等为之作禅文，使泰山太守辽西窦瑗执鞭独入，启长广王曰："天人之望，皆在广陵，愿行尧、舜之事。"遂署禅文。广陵王奉表三让，然后即位，大赦，改元普泰。黄门侍郎邢子才为赦文，叙敬宗枉杀太原王荣之状，节闵帝曰："永安手翦强臣，非为失德，直以天未厌乱，故逢成济之祸耳。"因顾左右取笔，自作赦文，直言："门下：朕以寡德，运属乐推，思与亿兆，同兹大庆。肆眚之科，一依常式。"帝闭口八年，至是乃言，中外欣然以为明主，望致太平。

庚午，诏以："三皇称'皇'，五帝称'帝'，三代称'王'，盖递为冲挹。自秦以来，竞称'皇帝'，予今但称'帝'，亦已褒矣。"加尔朱世隆仪同三司，赠尔朱荣相国、晋王，加九锡。世隆使百官议荣配飨，司直刘季明曰："若配世宗，于时无功；若配孝明，亲害其母；若配庄帝，为臣不终。以此论之，无所可配。"世隆怒曰："汝应死！"季明曰："下官既为议首，依礼而言，不合圣心，翦戮唯命！"世隆亦不之罪。以荣配高祖庙廷。又为荣立庙于首阳山，因周公旧庙而为之，以为荣功可比周公。庙成，寻为火所焚。

尔朱兆以不预废立之谋，大怒，欲攻世隆，世隆使尔朱彦伯往谕之，乃止。

并且进行胁迫，元恭于是说了句："天何言哉！"尔朱世隆等大喜。薛孝通是薛聪的儿子。

二月己巳（二十九日），长广王元晔来到邙山之南，尔朱世隆等已为他写了禅让文告，让泰山太守辽西人窦瑗拿着鞭子只身进入，向长广王启奏说："天意人心，都归于广陵王，希望你行尧、舜禅让之事。"于是长广王就签署了禅让文告。广陵王拿着禅文谦让了一番，然后登上皇位，大赦天下，改年号为普泰。黄门侍郎邢子才在起草的赦文中，记述了孝庄帝枉杀太原王尔朱荣的情状，节闵帝说："孝庄帝亲手杀强臣，并非失德，只是因为天意人心还没有厌乱，所以才重蹈了成济杀高贵公的灾祸罢了。"说着就回头让手下取笔，亲自写了赦文，直截了当地说："门下省：朕以寡德之身，有幸受到大家的乐意推举，朕愿与天下万民，共同大庆。大赦天下罪人，一依以前的定式。"节闵帝元恭闭口不言达八年之久，到这时才说话，朝廷内外都很高兴，认为他是个明君，希望他能使天下太平。

庚午（三十日），魏节闵帝下诏称："三皇称'皇'，五帝称'帝'，三代称'王'，大致是递相谦让。从秦朝以来，竞相称'皇帝'，今天我只称'帝'，也已经是褒扬我了。"加封尔朱世隆为仪同三司，追赠尔朱荣为相国、晋王，加九锡。尔朱世隆让朝中百官商议尔朱荣祔祀之事，司直刘季明说道："如果祔祀宣武帝的话，当时尔朱荣并无功勋；如果祔祀孝明帝的话，尔朱荣曾亲手害了他的母亲；如果祔祀孝庄帝的话，尔朱荣又为臣不终。由此看来，没有可以祔祀的。"尔朱世隆恼怒地说："你真该死！"刘季明说："下官我既然身为谏议官之首，就应该依礼而说话，如果不合你的心，要杀要剐由你，我唯命是从！"尔朱世隆也就不去问他的罪了。最后把尔朱荣配享于高祖庙廷。又为尔朱荣在首阳山立庙，在周公旧庙的基址上修建，认为尔朱荣的功勋可以与周公相比。庙建成后，不久被烧毁。

尔朱兆因为没有参与废立皇帝的谋划，大怒，打算攻打尔朱世隆，尔朱世隆派尔朱彦伯前去劝告，尔朱兆才停止了进兵。

初，敬宗使安东将军史仵龙、平北将军杨文义各领兵三千守太行岭，侍中源子恭镇河内。及尔朱兆南向，仵龙、文义帅众先降，由是子恭之军望风亦溃，兆遂乘胜直入洛阳。至是，尔朱世隆论仵龙、文义之功，各封千户侯。魏主曰："仵龙、文义，于王有功，于国无勋。"竟不许。尔朱仲远镇滑台，表用其下都督为西兖州刺史。先用后表，诏答曰："已能近补，何劳远闻！"

幽、安、营、并四州行台刘灵助，自谓方术可以动人，又推算知尔朱氏将衰，乃起兵，自称燕王、开府仪同三司、大行台，声言为敬宗复仇，且妄述图谶，云："刘氏当王。"由是幽、瀛、沧、冀之民多从之。从之者夜举火为号，不举火者诸村共屠之。引兵南至博陵之安国城。

尔朱兆遣监军孙白鹞至冀州，托言调发民马，欲俟高乾兄弟送马而收之。乾等知之，与前河内太守封隆之等合谋，潜部勒壮士，袭据信都，杀白鹞，执刺史元嶷。乾等欲推其父翼行州事，翼曰："和集乡里，我不如封皮。"乃奉隆之行州事，为敬宗举哀，将士皆缟素，升坛誓众，移檄州郡，共讨尔朱氏，仍受刘灵助节度。隆之，磨奴之族孙也。

殷州刺史尔朱羽生将五千人袭信都，高敖曹不暇擐甲，将十馀骑驰击之，乾在城中绳下五百人，追救未及，敖曹已交兵，羽生败走。敖曹马稍绝世，左右无不一当百，时人比之项籍。

当初，孝庄帝派遣安东将军史仵龙、平北将军杨文义各自率领三千兵马守卫太行岭，侍中源子恭率军镇守河内。待到尔朱兆向南进军，史仵龙、杨文义带领部属率先投降，因此，源子恭的军队也望风溃散，尔朱兆于是就乘胜直入洛阳城。到了这时，尔朱世隆为史仵龙、杨文义表功，想将两人各封千户侯。节闵帝说："史仵龙、杨文义对你有功，但对国家无功。"终未同意。尔朱仲远镇守滑台，向朝廷上表请求任命他部下的一位都督为西兖州刺史。先任用后再上表，节闵帝下诏答道："既然能就近补用，何必要远奏朝廷呢！"

幽、安、营、并四州行台刘灵助自称他的方术可以感召别人，又推算出尔朱氏将要衰败，于是就起兵，自称燕王、开府仪同三司、大行台，声称为孝庄帝复仇，而且还胡诌图谶，说："刘氏当王。"因此幽、瀛、沧、冀的百姓有很多人都投奔他。投奔他的人以夜里举火为号，不举火的各个村庄要全都屠杀光。刘灵助率军南进到博陵郡的安国城。

尔朱兆派遣监军孙白鹞到达冀州，假称征调百姓的马匹，想等待高乾兄弟送马来时收捕他们。高乾等人已经了解了孙白鹞的用意，就同前河内太守封隆之等人一起谋划，秘密部署军队，袭击并占据了信都，杀死了孙白鹞，抓住了冀州刺史元嶷。高乾等人打算推举高乾的父亲高翼主持冀州事务，高翼说："团结乡里百姓，我不如封隆之。"于是就推举封隆之代行冀州事务，并为孝庄帝举行哀悼，将士们都身穿丧服，登上高坛，誓师出征，向各州郡发出檄文，共同讨伐尔朱氏，接受刘灵助的指挥。封隆之是封磨奴的族孙。

殷州刺史尔朱羽生率领五千人马袭击信都，高敖曹来不及穿上铠甲，就率领十几人骑马驰入尔朱羽生的军中，与之厮杀，高乾从城上用绳子吊放下五百人，追救高敖曹未及，高敖曹已经与尔朱羽生的军队交战了，尔朱羽生战败逃走。高敖曹在马上使用长矛的功夫盖世无双，他的部下个个都以一当百，当时的人把他比作项羽。

高欢屯壶关大王山，六旬，乃引兵东出，声言讨信都，信都人皆惧，高乾曰："吾闻高晋州雄略盖世，其志不居人下。且尔朱无道，弑君虐民，正是英雄立功之会。今日之来，必有深谋，吾当轻马迎之，密参意旨，诸君勿惧也。"乃将十馀骑与封隆之子子绘潜谒欢于滏口，说欢曰："尔朱酷逆，痛结人神，凡曰有知，孰不思奋！明公威德素著，天下倾心，若兵以义立，则屈强之徒不足为明公敌矣。鄘州虽小，户口不减十万，谷秸之税，足济军资，愿公熟思其计。"乾辞气慷慨，欢大悦，与之同帐寝。

初，河南太守赵郡李显甫，喜豪侠，集诸李数千家于殷州西山方五六十里居之。显甫卒，子元忠继之。家素富，多出贷求利，元忠悉焚契免责，乡人甚敬之。时盗贼蜂起，清河有五百人西戍，还，经赵郡，以路梗，共投元忠。元忠遣奴为导，曰："若逢贼，但道李元忠遣。"如言，贼皆舍避。及葛荣起，元忠帅宗党作垒以自保，坐大槲树下，前后斩违命者凡三百人。贼至，元忠辄击却之。葛荣曰："我自中山至此，连为赵李所破，何以能成大事！"乃悉众攻围，执元忠以随军。贼平，就拜南赵郡太守，好酒无政绩。

及尔朱兆弑敬宗，元忠弃官归，谋举兵讨之。会高欢东出，元忠乘露车，载素筝浊酒以奉迎。欢闻其酒客，未即见之。元忠下车独坐，酌酒擘脯食之，谓门者曰："本言公招延俊杰，今闻国士到门，不吐哺辍洗，其人可知，还吾刺，

高欢在壶关大王山驻军,六十天后,才带兵向东进军,声称讨伐信都,信都人很害怕,高乾说:"我听说高欢雄才大略,盖世无双,其志不居人下。况且尔朱氏无道,上弑杀君主,下虐待百姓,正是英雄立功的好机会。今天高欢到来,肯定有深谋远虑,我应轻骑前往迎接,暗中观察他的意图,诸君不必害怕。"于是率十馀骑人马与封隆之的儿子封子绘一起秘密到滏口去见高欢,高乾劝高欢说:"尔朱氏残暴为逆,人神共怨,凡是有识之士,有谁不想奋起讨伐!明公你平时威德卓著,天下倾心归附,你如果兴兵替天行道,那么倔强之徒不是明公你的对手。我们冀州虽然小,户口不下十万,税收足够接济军资,希望明公你深思熟虑。"高乾言辞慷慨激昂,高欢非常高兴,当晚同高乾同帐而寝。

当初,河南太守赵郡人李显甫,喜豪侠,聚集了数千家李姓人家在殷州西山方圆五六十里的地方居住。李显甫死后,儿子李元忠继承家业。李家素来富有,多将钱借出求取利息,李元忠把契约全部烧掉,免去了所有的债务,乡里人十分敬重他。当时盗贼蜂起,清河有五百人西戍边关,回来时经过赵郡,因道路不通,都投奔了李元忠。李元忠派仆人作向导,并对他们说:"如果遇到贼寇,只要说是李元忠派来的。"这些人照李元忠的吩咐去说,贼寇都回避了。待到葛荣起兵,李元忠率宗族党羽修筑堡垒御敌自卫,他亲自坐在大槲树下,前后杀了违命者共三百人。葛荣军到达时,李元忠总是把他们击退。葛荣说:"我从中山到这里,连连被李氏击败,这样怎能成就大事!"于是出动全军围攻李元忠,抓获了李元忠,把他带在军中。葛荣被平定后,朝廷拜任李元忠为南赵郡太守,他喜好饮酒,并无政绩。

待到尔朱兆杀了孝庄帝,李元忠弃官返回家乡,打算起兵讨伐尔朱兆。适逢高欢向东进军,李元忠乘上敞篷马车,车上载着素筝米酒前去奉迎高欢。高欢听说李元忠是个酒徒,并没有立即召见他。李元忠下车后独自坐下,斟酒撕肉吃了起来,对高欢的门卫说:"本以为高公招揽英雄豪杰,现在听说国士到门前,却不吐哺辍洗来迎接,他这个人可想而知了,把我的名片还给我,

勿通也!"门者以告,欢遽见之,引入,觞再行,元忠车上取筝鼓之,长歌慷慨。歌阕,谓欢曰:"天下形势可见,明公犹事尔朱邪?"欢曰:"富贵皆因彼所致,安敢不尽节!"元忠曰:"非英雄也!高乾邕兄弟来未?"时乾已见欢,欢绐之曰:"从叔辈粗,何肯来!"元忠曰:"虽粗,并解事。"欢曰:"赵郡醉矣。"使人扶出,元忠不肯起。孙腾进曰:"此君天遣来,不可违也。"欢乃复留与语,元忠慷慨流涕,欢亦悲不自胜。元忠因进策曰:"殷州小,无粮仗,不足以济大事。若向冀州,高乾邕兄弟必为明公主人,殷州便以赐委。冀、殷既合,沧、瀛、幽、定自然弭服,唯刘诞黠胡或当乖拒,然非明公之敌。"欢急握元忠手而谢焉。

欢至山东,约勒士卒,丝毫之物不听侵犯。每过麦地,欢辄步牵马。远近闻之,皆称高仪同将兵整肃,益归心焉。

欢求粮于相州刺史刘诞,诞不与,有车营租米,欢掠取之。进至信都,封隆之、高乾等开门纳之。高敖曹时在外略地,闻之,以乾为妇人,遗以布裙。欢使世子澄以子孙礼见之,敖曹乃与俱来。

癸酉,魏封长广王晔为东海王,以青州刺史鲁郡王肃为太师,淮阳王欣为太傅,尔朱世隆为太保,长孙稚为太尉,赵郡王谌为司空,徐州刺史尔朱仲远、雍州刺史尔朱天光并为大将军,并州刺史尔朱兆为天柱大将军。赐高欢爵勃海王,征使入朝。长孙稚固辞太傅,乃以为骠骑大将军、

不必再通报了！"门卫把李元忠的话报告给高欢，高欢听后马上会见李元忠，把他引入帐中，两杯酒过后，李元忠从车上取下筝来弹奏，长歌一曲，慷慨激昂。唱完后，对高欢说："天下形势十分明朗，明公为什么还为尔朱氏做事？"高欢说："我的功名富贵都从尔朱氏那里得到，怎敢不为尔朱氏尽节！"李元忠说："你还称不上英雄啊！高乾兄弟来过没有？"当时高乾已经见过高欢，但高欢骗李元忠说："我堂叔很粗犷，怎肯来见我！"李元忠说："高乾兄弟虽然性格粗犷，但都明白事理。"高欢说："你喝醉了。"让人把他扶出去，李元忠不肯起身。这时孙腾进言说，"此人是上天派来的，你不能违背天意啊。"于是高欢留下了李元忠，与他交谈，李元忠言辞慷慨，泪流满面，高欢也不禁悲从中来。李元忠借机献策道："殷州太小，没有粮食兵仗，不能成大事。如果进军冀州，高乾、高邕兄弟定会成为明公的东道主，殷州可以委付我李元忠。这样冀州、殷州联为一体，沧州、瀛州、幽州、定州就自然平服了，只有刘诞这个狡猾的胡人也许会抵抗，但他不是明公的对手。"高欢听后紧握李元忠的手，向他道谢。

高欢到达山东，约束士兵，丝毫之物也不许侵犯。每次行军路过麦地，高欢就牵马步行。远近的人听说后，都称赞高欢带兵有方，纪律严明，更加归心于他了。

高欢向相州刺史刘诞要粮食，刘诞没给他，正好这时有车运租米，高欢把这些米抢夺了。部队行进到信都，封隆之、高乾等开门迎接。高敖曹这时在外占夺地盘，听说了这事，认为高乾胆小如妇人，派人送去布裙。高欢派长子高澄执子孙之礼去见高敖曹，高敖曹这才与高澄一同来到信都。

癸酉（三月初三）这天，北魏朝廷册封长广王元晔为东海王，又任命青州刺史鲁郡王元肃为太师，淮阳王元欣为太傅，尔朱世隆为太保，长孙稚为太尉，赵郡王元谌为司空，徐州刺史尔朱仲远、雍州刺史尔朱天光二人同为大将军，并州刺史尔朱兆为天柱大将军。朝廷还赐给高欢勃海王的爵位，征召高欢入朝。长孙稚坚持要辞去太傅一职，于是朝廷就任命他为骠骑大将军、

开府仪同三司。尔朱兆辞天柱，曰："此叔父所终之官，我何敢受！"固辞，不拜，寻加都督十州诸军事，世袭并州刺史。高欢辞不就征。尔朱仲远徙镇大梁，复加兖州刺史。

尔朱世隆之初为仆射也，畏尔朱荣之威严，深自刻厉，留心几案，应接宾客，有开敏之名。及荣死，无所顾惮，为尚书令，家居视事，坐符台省。事无大小，不先白世隆，有司不敢行。使尚书郎宋游道、邢昕在其听事东西别坐，受纳辞讼，称命施行。公为贪淫，生杀自恣。又欲收军士之意，泛加阶级，皆为将军，无复员限。自是勋赏之官大致猥滥，人不复贵。是时，天光专制关右，兆奄有并、汾，仲远擅命徐、兖，世隆居中用事，竞为贪暴。而仲远尤甚，所部富室大族，多诬以谋反，籍没其妇女财物入私家，投其男子于河，如是者不可胜数。自荥阳以东，租税悉入其军，不送洛阳。东南州郡自牧守以下至士民，畏仲远如豺狼。由是四方之人皆恶尔朱氏，而惮其强，莫敢违也。

己丑，魏以泾州刺史贺拔岳为岐州刺史，渭州刺史侯莫陈悦为秦州刺史，并加仪同三司。

魏使大都督侯渊、骠骑大将军代人叱列延庆讨刘灵助。至固城，渊畏其众，欲引兵西入，据关拒险以待其变。延庆曰："灵助庸人，假妖术以惑众，大兵一临，彼皆恃其符厌，岂肯戮力致死，与吾争胜负哉！不如出营城外，诈言西归，灵助闻之必自宽纵，然后潜军击之，往则成擒矣。"渊从之。

开府仪同三司。尔朱兆推辞天柱大将军一职,说:"这是我叔父生前最后的官职,我怎敢接受!"坚辞不肯接受,不久又加封他为都督十州诸军事,世袭并州刺史。高欢也推辞官爵,没有应召入朝。尔朱仲远迁到大梁镇守,又加封他为兖州刺史。

尔朱世隆当初做尚书仆射时,害怕尔朱荣的威严,办事认真小心,对尚书省的文书留心尽意,接应宾客,有贤达开明的名声。待到尔朱荣死后,尔朱世隆就没有什么顾虑担心了,身为尚书令,却在家中处理公务,像坐镇台省一样。无论事情大小,如果不先报告尔朱世隆,办事机构不敢执行。尔朱世隆让尚书郎宋游道、邢昕在他办事处东西两旁分坐,接受文书诉讼,只有合乎尔朱世隆的意思才能施行。他们公然贪污淫逸,他人的生死,全由他们恣意定夺。尔朱世隆又想收买军士之心,滥加提拔,军士都成了将军,而且没有员额的限制。从此奖授的官职,大都杂滥,人们不再重视官职。这时,尔朱天光掌管关右,尔朱兆拥有并州、汾州,尔朱仲远在徐、兖二州独断,尔朱世隆身居朝中专权用事,一个比一个贪婪残暴。这其中尤以尔朱仲远为最,他所辖地区的富家大族,大多被他诬为谋反,抄没他们家中的妇女财物入于他的私家,把男子投入河中,这类事不能尽数。从荥阳以东,租税全都充作军用,不向朝廷上交。东南各州郡从牧守以下到士人百姓,对尔朱仲远就像害怕豺狼一样。因此四方之人全都憎恨尔朱氏,只是畏惧尔朱氏的力量强大,没有人敢违抗他们。

己丑(十九日),魏朝廷任命泾州刺史贺拔岳为岐州刺史,渭州刺史侯莫陈悦为秦州刺史,并加仪同三司。

魏朝廷派大都督侯渊、骠骑大将军代郡人叱列延庆率军讨伐刘灵助。进军到固城,侯渊害怕刘灵助的部队强盛,想引兵向西,占据关险以等待情况的变化。叱列延庆对侯渊说:"刘灵助是个庸人,假借妖术迷惑众人,我大军一到,他的军士都想倚仗他的符咒取胜,怎么肯拼力死战与我军决胜负呢? 我军不如在城外扎营,假称西还,刘灵助听说后会松弛,然后我们秘密出兵袭击敌人,我们一去就会成功。"侯渊同意了叱列延庆的建议。

出顿城西,声云欲还。丙申,简精骑一千夜发,直抵灵助垒。灵助战败,斩之,传首洛阳。初,灵助起兵,自占胜负,曰:"三月之末,我必入定州,尔朱氏不久当灭。"及灵助首函入定州,果以是月之末。

夏四月癸丑,魏以高欢为大都督、东道大行台、冀州刺史。

丙寅,魏以侍中、骠骑大将军尔朱彦伯为司徒。

魏高欢将起兵讨尔朱氏,镇南大将军斛律金、军主善无库狄干,与欢妻弟娄昭、妻之姊夫段荣皆劝成之。欢乃诈为书,称尔朱兆将以六镇人配契胡为部曲,众皆忧惧。又为并州符,征兵讨步落稽。发万人,将遣之,孙腾与都督尉景为请留五日,如此者再,欢亲送之郊,雪涕执别,众皆号恸,声震郊野。欢乃谕之曰:"与尔俱为失乡客,义同一家,不意在上征发乃尔!今直西向,已当死,后军期,又当死,配国人,又当死,奈何?"众曰:"唯有反耳!"欢曰:"反乃急计,然当推一人为主,谁可者?"众共推欢,欢曰:"尔乡里难制。不见葛荣乎?虽有百万之众,曾无法度,终自败灭。今以吾为主,当与前异,毋得陵汉人,犯军令,生死任吾则可。不然,不能为天下笑。"众皆顿颡曰:"死生唯命!"欢乃椎牛飨士,庚申,起兵于信都,亦未敢显言叛尔朱氏也。

魏军在固城以西驻扎下来,声称要回师。丙申(十四日),侯渊选拔了一千名精锐骑兵,在夜里出发,直接抵达刘灵助的军垒。刘灵助战败,被杀死了,他的首级被送往洛阳。当初刘灵助起兵时,自己占卜胜负,说:"三月底,我必定能够进入定州,尔朱氏不久就会灭亡。"待到刘灵助首级用匣子装着送到定州时,果然是三月底这个时间。

夏季四月癸丑(十四日),魏朝廷任命高欢为大都督、东道大行台、冀州刺史。

丙寅(二十七日),魏朝廷任命侍中、骠骑大将军尔朱彦伯为司徒。

魏高欢想要起兵讨伐尔朱氏,镇南大将军斛律金、军主善无库狄干与高欢之妻弟娄昭、高欢妻子的姐夫段荣都劝高欢起兵。高欢就假托尔朱兆的名义写了一封信,声称尔朱兆要把六镇之人配给契胡当奴仆,大家听说后都忧虑害怕。高欢又伪造了一张并州的符命,征调高欢的部队征伐步落稽。高欢派遣一万人马,将要出发,孙腾与都督尉景为六镇人士请求留下五天,这样重复了两次,高欢亲自把这一万人马送到市郊,流着眼泪与将士告别,将士们都失声痛哭,声震郊野。于是高欢又告谕他们说:"我与你们都是流离失所的人,情义如同一家,没想到上面的人这样征调我们!现在如果向西征伐步落稽,当死无疑,如果延误了军期,又当处死,去配给契胡做部属,还是要死,我们怎么办才好?"大家说:"只有造反了!"高欢说:"造反是迫不得已的事,但应推举一个人为首领,谁能来担当呢?"大家都推高欢为首领,高欢说:"你们都是乡里乡亲,很难控制。没看见葛荣吗?虽然拥有百万之众,但没有法令制度,终究还是败亡了。今天你们推举我为首领,应该与以前不同,不得欺凌汉人,触犯军令,生死由我决定,这样我才同意。否则,我们不能做被天下之人笑话的事。"众人都顿首说道:"是生是死,我们唯命是从!"高欢于是就椎杀牛马,犒劳将士,庚申(六月二十二日),高欢在信都起兵,但还是不敢公开声称反叛尔朱氏。

会李元忠举兵逼殷州，欢令高乾帅众救之。乾轻骑入见刺史尔朱羽生，与指画军计，羽生与乾俱出，因擒斩之，持羽生首谒欢。欢抚膺曰："今日反决矣！"乃以元忠为殷州刺史，镇广阿。欢于是抗表罪状尔朱氏，尔朱世隆匿之不通。

魏杨播及弟椿、津皆有名德。播刚毅，椿、津谦恭，家世孝友，缌服同爨，男女百口，人无间言。椿、津皆至三公，一门七郡太守，三十二州刺史。敬宗之诛尔朱荣也，播子侃预其谋。城阳王徽、李彧，皆其姻戚也。尔朱兆入洛，侃逃归华阴，尔朱天光使侃妇父韦义远招之，与盟，许贳其罪。侃曰："彼虽食言，死者不过一人，犹冀全百口。"乃出应之，天光杀之。时椿致仕，与其子昱在华阴，椿弟冀州刺史顺、司空津、顺子东雍州刺史辩、正平太守仲宣皆在洛。秋七月，尔朱世隆诬奏杨氏谋反，请收治之，魏主不许。世隆苦请，帝不得已，命有司检案以闻。壬申夜，世隆遣兵围津第，天光亦遣兵掩椿家于华阴。东西之族无少长皆杀之，籍没其家。世隆奏云："杨氏实反，与收兵相拒，皆已格杀。"帝惋怅久之，不言而已。朝野闻之，无不痛愤。津子逸为光州刺史，尔朱仲远遣使就杀之。唯津子愔于被收时适出在外，逃匿，获免。往见高欢于信都，泣诉家祸，因为言讨尔朱氏之策，欢甚重之，即署行台郎中。

这时适逢李元忠起兵逼近殷州,高欢命令高乾率领军队去救援殷州。高乾率领轻装骑兵入城会见殷州尔朱羽生,参与谋划军事对策,尔朱羽生与高乾一同出城,高乾借机捕杀了尔朱羽生,带着尔朱羽生的首级拜见高欢。高欢抚着胸说:"今天只好决计造反了!"于是任命李元忠为殷州刺史,镇守广阿。高欢于是就向朝廷上表历数尔朱氏的罪状,尔朱世隆将此表扣下,没有向节闵帝通报。

魏臣杨播及他的弟弟杨椿、杨津都有声望、品德。杨播性情刚毅,杨椿、杨津性情恭谦,杨家世代孝悌友好,同族的亲属同灶而食,全家男女上下百口,没有人背后说坏话。杨椿、杨津都位至三公,杨家一门出了七位郡太守,三十二位州刺史。孝庄帝杀尔朱荣时,杨播的儿子杨侃参与了谋划。城阳王元徽、李彧,都是杨家的姻亲。尔朱兆攻入洛阳后,杨侃逃回了华阴,尔朱天光派杨侃的岳父韦义远召杨侃,要与他盟誓,答允把杨侃的罪过一笔勾销。杨侃说:"尔朱天光即使食言,死的也不过是我一人,还寄希望于能保全全家百口人。"于是杨侃即出应召,结果被尔朱天光杀了。当时杨椿已退休,与他的儿子杨昱正在华阴,杨椿的弟弟冀州刺史杨顺、司空杨津、杨顺的儿子东雍州刺史杨辩、正平太守杨仲宣都在洛阳。秋季七月,尔朱世隆诬告杨家谋反,请朝廷将他们收捕治罪,节闵帝没有同意。尔朱世隆苦苦请求,节闵帝不得已,命令有关部门审查报告。壬申(初四)深夜,尔朱世隆派兵包围了杨津的府第,同时尔朱天光也派兵到华阴掩杀杨椿一家。杨家的东西两族,不论老少都被杀,财产被抄没。尔朱世隆向节闵帝上奏道:"杨氏确实打算反叛,胆敢抗拒前去收捕的官军,现在已经全部杀了。"节闵帝惋惜了许久,什么话也没说。朝廷内外听说这事,无不痛惜、愤怒。杨津的儿子杨逸担任光州刺史,尔朱仲远派使者去杀了他。只有杨津的儿子杨愔在全家被捕杀时正好外出,就逃走躲藏起来,得以幸免于难。杨愔就到信都去见高欢,流着眼泪向高欢诉说家中之祸,顺便说了讨伐尔朱氏的策略,高欢很器重他,任命他为行台郎中。

丙戌，魏司徒尔朱彦伯以旱逊位，戊子，以彦伯为侍中、开府仪同三司。彦伯于兄弟中差无过恶。尔朱世隆固让太保，魏主特置仪同三师之官，位次上公之下。庚寅，以世隆为之。斛斯椿谮朱瑞于世隆，世隆杀之。

魏尔朱仲远、度律等闻高欢起兵，恃其强，不以为虑，独尔朱世隆忧之。尔朱兆将步骑二万出井陉，趣殷州，李元忠弃城奔信都。八月丙午，尔朱仲远、度律将兵讨高欢。九月己卯，魏以仲远为太宰。庚辰，以尔朱天光为大司马。

孙腾说高欢曰："今朝廷隔绝，号令无所禀，不权有所立，则众将沮散。"欢疑之，腾再三固请，乃立勃海太守元朗为帝。朗，融之子也。冬十月壬寅，朗即位于信都城西，改元中兴。以欢为侍中、丞相、都督中外诸军事、大将军、录尚书事、大行台，高乾为侍中、司空，高敖曹为骠骑大将军、仪同三司、冀州刺史，孙腾为尚书左仆射，河北行台，魏兰根为右仆射。

己酉，尔朱仲远、度律与骠骑大将军斛斯椿，车骑大将军、仪同三司贺拔胜，车骑大将军贾显智军于阳平。显智名智，以字行，显度之弟也。尔朱兆出井陉，军于广阿，众号十万。高欢纵反间，云"世隆兄弟谋杀兆"，复云"兆与欢同谋杀仲远等"，由是迭相猜贰，徘徊不进。仲远等屡使斛斯椿、贺拔胜往谕兆，兆帅轻骑三百来就仲远，同坐幕下，意色不平，手舞马鞭，长啸凝望，疑仲远等有变，遂趋出，驰还。

丙戌(十八日),魏朝司徒尔朱彦伯因为旱灾辞去了司徒的职务,戊子(二十日),节闵帝任命尔朱彦伯为侍中、开府仪同三司。尔朱彦伯在尔朱氏兄弟中恶行少些。尔朱世隆坚持推辞太保一职,于是节闵帝特意设置仪同三师之职,地位在上公之下。庚寅(二十二日),节闵帝任命尔朱世隆担当这一特设职务。斛斯椿向尔朱世隆诬告朱瑞谋反,尔朱世隆于是杀了朱瑞。

魏臣尔朱仲远、尔朱度律等听说高欢起兵背叛后,仍然自恃力量强盛,不太担心,只有尔朱世隆感到忧虑。尔朱兆率领步兵和骑兵两万人从井陉发兵,直扑殷州,李元忠弃城逃奔信都。八月丙午(初九),尔朱仲远、尔朱度律等率兵讨伐高欢。九月己卯(十二日),魏朝廷任命尔朱仲远为太宰。庚辰(十三日),又任命尔朱天光为大司马。

孙腾劝高欢说:"现在朝廷与我们隔绝不通,没有什么地方赋予我们号令,如果不暂且立一个皇帝的话,军队就会没有斗志而土崩瓦解。"高欢还是犹疑不定,在孙腾的一再请求下,高欢就立勃海太守元朗为皇帝。元朗是元融的儿子。冬十月壬寅(初六),元朗在信都城西登上皇位,改年号为中兴。任命高欢为侍中、丞相、都督中外诸军事、大将军、录尚书事、大行台,高乾为侍中、司空,高敖曹为骠骑大将军、仪同三司、冀州刺史,孙腾为尚书左仆射、河北行台,魏兰根为右仆射。

己酉(十三日),尔朱仲远、尔朱度律与骠骑大将军斛斯椿、车骑大将军、仪同三司贺拔胜,车骑大将军贾显智在阳平驻扎军队。贾显智名智,人们都称他的字"显智",他是贾显度的弟弟。尔朱兆从井陉发兵,在广阿驻军,人马号称十万之众。高欢施行反间计,说"尔朱世隆兄弟要谋杀尔朱兆",又说"尔朱兆与高欢一同谋划要杀掉尔朱仲远等人",于是尔朱氏兄弟相互猜忌,徘徊不前。尔朱仲远等人多次派斛斯椿、贺拔胜前去劝解尔朱兆,尔朱兆率领三百轻装骑兵来到尔朱仲远处,与尔朱仲远同坐营帐,尔朱兆脸色有不平之状,手中挥着马鞭,嘴里吹着口哨,凝望着远方,疑心尔朱仲远等人有变,就急速出帐骑马驰还。

仲远遣椿、胜等追,晓说之,兆执椿、胜还营,仲远、度律大惧,引兵南遁。兆数胜罪,将斩之,曰:"尔杀卫可孤,罪一也。天柱薨,尔不与世隆等俱来,而东征仲远,罪二也。我欲杀尔久矣,今复何言?"胜曰:"可孤为国巨患,胜父子诛之,其功不小,反以为罪乎。天柱被戮,以君诛臣,胜宁负王,不负朝廷。今日之事,生死在王。但寇贼密迩,骨肉构隙,自古及今,未有如是而不亡者。胜不惮死,恐王失策。"兆乃舍之。

高欢将与兆战,而畏其众强,以问亲信都督段韶。韶曰:"所谓众者,得众人之死;所谓强者,得天下之心。尔朱氏上弑天子,中屠公卿,下暴百姓,王以顺讨逆,如汤沃雪,何众强之有!"欢曰:"虽然,吾以小敌大,恐无天命不能济也。"韶曰:"韶闻'小能敌大,小道大淫','皇天无亲,唯德是辅'。尔朱氏外乱天下,内失英雄心,智者不为谋,勇者不为斗,人心已去,天意安有不从者哉!"韶,荣之子也。辛亥,欢大破兆于广阿,俘其甲卒五千馀人。

十一月庚辰,魏高欢引兵攻邺,相州刺史刘诞婴城固守。

四年春正月,魏高欢攻邺,为地道,施柱而焚之,城陷入地。壬午,拔邺,擒刘诞,以杨愔为行台右丞。时军国多事,文檄教令,皆出于愔及开府谘议参军崔㥄。㥄,逞之五世孙也。

尔朱仲远派斛斯椿、贺拔胜等人追赶尔朱兆，继续劝告他，尔朱兆把斛斯椿、贺拔胜抓回军营，尔朱仲远、尔朱度律听说这事后非常害怕，赶忙率军逃走。尔朱兆历数贺拔胜的罪状，要杀他，说："你杀了卫可孤，是第一条罪状。天柱大将军被杀后，你不与尔朱世隆等一起讨伐，却去东征尔朱仲远，这是第二条罪状。我早就想杀你，现在你还有什么话说？"贺拔胜说："卫可孤是国家大患，我贺拔父子把他杀了，功劳不小，反而成了罪状。天柱大将军被杀，是君杀臣，我贺拔胜宁肯有负于大王，不能有负于朝廷。今日之事，是死是活全在大王手里。只是贼寇越来越近，而兄弟骨肉之间却离心离德，从古至今，像这样没有不灭亡的。我贺拔胜并不怕死，只恐怕大王失策。"尔朱兆听后就放了贺拔胜。

高欢将要与尔朱兆交战，但害怕尔朱兆部队强盛，便向亲信都督段韶询问计策。段韶说："所谓军队众多，是指得到众人拼死作战；所谓强大，是指得到天下的人心。尔朱氏上弑天子，中杀公卿百官，下残平民百姓，大王你以顺伐逆，就像用开水去浇雪，尔朱氏有什么军队众多、强大可言！"高欢说："虽然如此，我们以弱小部队对付强大敌军，恐怕如无上天保佑，不能成功。"段韶说："我听古语云'弱小者能够战败强大者，因为弱小者正义，强大者邪恶'，'上天不偏爱哪一个人，只辅佐有道德的人'。现在尔朱氏外乱天下，内失英雄之心，才智之人不替他出谋划策，勇敢的人不替他战斗，他已失去人心，天意怎么会不顺从于你呢？"段韶是段荣的儿子。辛亥（十五日），高欢在广阿大败尔朱兆，俘虏敌军五千多人。

十一月庚辰（十四日），魏高欢带兵攻打邺城，相州刺史刘诞据城固守。

四年（532）春季正月，魏高欢攻打邺城，他派人去挖地道，而后又把支撑地道的柱子烧了，于是城墙倒塌陷入地下。壬午（十七日），高欢攻下邺城，擒获了刘诞，高欢任命杨愔为行台右丞。当时军国大事很多，文告教令都出自杨愔及开府谘议参军崔㥄之手。崔㥄是崔逞的五世孙。

二月辛亥，魏安定王追谥敬宗曰武怀皇帝。甲子，以高欢为丞相、柱国大将军、太师。三月丙寅，以高澄为骠骑大将军。丁丑，安定王帅百官入居于邺。

尔朱兆与尔朱世隆等互相猜阻，世隆卑辞厚礼谕兆，欲使之赴洛，唯其所欲。又请节闵帝纳兆女为后。兆乃悦，并与天光、度律更立誓约，复相亲睦。

斛斯椿阴谓贺拔胜曰："天下皆怨毒尔朱，而吾等为之用，亡无日矣，不如图之。"胜曰："天光与兆各据一方，欲尽去之甚难，去之不尽，必为后患，奈何？"椿曰："此易致耳。"乃说世隆追天光等赴洛，共讨高欢。世隆屡征天光，天光不至，使椿自往邀之，曰："高欢作乱，非王不能定，岂可坐视宗族夷灭邪！"天光不得已，将东出，问策于雍州刺史贺拔岳，岳曰："王家跨据三方，士马殷盛，高欢乌合之众，岂能为敌！但能同心戮力，往无不捷。若骨肉相疑，则图存之不暇，安能制人！如下官所见，莫若且镇关中以固根本，分遣锐师与众军合势，进可以克敌，退可以自全。"天光不从。闰月壬寅，天光自长安，兆自晋阳，度律自洛阳，仲远自东郡皆会于邺，众号二十万，夹洹水而军。节闵帝以长孙稚为大行台，总督之。

高欢令吏部尚书封隆之守邺，癸丑，出顿紫陌，大都督高敖曹将乡里部曲王桃汤等三千人以从。欢曰："高都督所将

二月辛亥（十六日），魏安定王追谥孝庄帝为武怀皇帝。甲子（二十九日），魏朝廷任命高欢为丞相、柱国大将军、太师。三月丙寅（初二），又任命高澄为骠骑大将军。丁丑（十三日），安定王率领百官进入邺城居住。

尔朱兆与尔朱世隆等相互猜忌，尔朱世隆低声下气地让人带着厚礼去劝告尔朱兆，想让他到洛阳来，表示一切都由他随心所欲。尔朱世隆又请节闵帝纳尔朱兆的女儿为皇后。尔朱兆这才高兴了，还和尔朱天光、尔朱度律等人另立誓约，重新相互亲睦。

斛斯椿私下对贺拔胜说："天下人都怨恨尔朱氏，而我们却在为他们效劳，尔朱氏灭亡的日子不远了，不如想办法收拾他们。"贺拔胜说："尔朱天光与尔朱兆各占一方，要想除尽他们很难，如果不除尽他们，必定成为后患，怎么办呢？"斛斯椿说："这容易做到。"斛斯椿于是就劝尔朱世隆督促尔朱天光等到洛阳，一起讨伐高欢。尔朱世隆数次召尔朱天光，尔朱天光没来，尔朱世隆于是就派斛斯椿亲自去邀请尔朱天光，斛斯椿对尔朱天光说："高欢作乱，只有大王你才能平定，你怎能坐视自己的宗族遭受夷平而不顾呢？"尔朱天光不得已，将要向东进发，向雍州刺史贺拔岳请教计策，贺拔岳说："大王你家雄踞三方，兵马强盛，高欢是一群乌合之众，怎么是你的对手！只要能够同心协力，大王你无往而不胜。如果兄弟之间相互猜疑，那想自存尚且来不及，怎么能制服敌人呢？依鄙人所见，不如暂且镇守关中以稳固根本，分派各路精锐部队与其他部队联合，进可以战胜敌人，退可以保全自己。"尔朱天光没采纳贺拔岳的意见。闰三月壬寅（初八），尔朱天光从长安出发，尔朱兆从晋阳出发，尔朱度律从洛阳出发，尔朱仲远从东郡出发，几路人马都到邺城会师，号称二十万人马，沿洹水两岸驻扎。节闵帝任命长孙稚为大行台，总督各路大军。

高欢任命吏部尚书封隆之镇守邺城，癸丑（十九日），高欢的部队离开邺城驻扎于紫陌，大都督高敖曹率领他的同乡部属王桃汤等三千人马相跟随。高欢对高敖曹说："高都督所统领的

皆汉兵，恐不足集事，欲割鲜卑兵千馀人相杂用之，何如？”敖曹曰：“敖曹所将，练习已久，前后格斗，不减鲜卑。今若杂之，情不相洽，胜则争功，退则推罪，不烦更配也。”

庚申，尔朱兆帅轻骑三千夜袭邺城，叩西门，不克而退。壬戌，欢将战，马不满二千，步兵不满三万，众寡不敌，乃于韩陵为圆陈，连系牛驴以塞归道，于是将士皆有死志。兆望见欢，遥责欢以叛己，欢曰：“本所以戮力者，共辅帝室。今天子何在？”兆曰：“永安枉害天柱，我报仇耳。”欢曰：“我昔亲闻天柱计，汝在户前立，岂得言不反邪！且以君杀臣，何报之有！今日义绝矣。”遂战。欢将中军，高敖曹将左军，欢从父弟岳将右军。欢战不利，兆等乘之，岳以五百骑冲其前，别将斛律敦收散卒蹑其后，敖曹以千骑自栗园出横击之，兆等大败，贺拔胜与徐州刺史杜德于陈降欢。兆对慕容绍宗抚膺曰：“不用公言，以至于此！”欲轻骑西走，绍宗反旗鸣角，收散卒成军而去。兆还晋阳，仲远奔东郡。尔朱彦伯闻度律等败，欲自将兵守河桥，世隆不从。

度律、天光将之洛阳，大都督斛斯椿谓都督贾显度、贾显智曰：“今不先执尔朱氏，吾属死无类矣。”乃夜于桑下盟，约倍道先还。世隆使其外兵参军阳叔渊单骑驰赴北中，简阅败众，以次内之。椿至，不得入城，乃诡说叔渊曰：“天光部下皆是西人，闻欲大掠洛邑，迁都长安，宜先内我

都是汉兵,恐怕不足以成事,我想拨给你鲜卑兵一千多人,与汉兵混同使用,怎么样?"高敖曹说:"我所统领的军队,已训练了很久,进退格斗,并不比鲜卑人差。现在如果把汉兵与鲜卑混杂,彼此情感不能融洽,打胜仗就要争功,败退时就会相互推卸罪责,所以不劳烦您混配在一起了。"

庚申(二十六日),尔朱兆率领三千轻装骑兵夜袭邺城,攻打西门未成,退了下来。壬戌(二十八日),高欢将要出战,所率骑兵不满两千,步兵不满三万,与敌军众寡悬殊,于是在韩陵布了一个圆阵,把牛、驴等牲畜用绳子连起来堵路,于是将士们都有了必死的决心。尔朱兆望见高欢,很远就责骂高欢反叛,高欢说:"原本我与你协力同心,是为了一起辅佐帝室。现在天子在哪里?"尔朱兆说:"上一个皇帝枉杀天柱将军,我报了仇。"高欢说:"我以前亲闻天柱将军尔朱荣谋划,你就立在门前,怎能说他没反叛?何况君杀臣怎么能报复呢?今天你我的情义断绝了。"于是两军大战。高欢统领中军,高敖曹统领左军,高欢的堂弟高岳统领右军。高欢作战失利,尔朱兆等乘势进击,高岳率五百骑兵从正面冲击尔朱兆军,别将斛律敦组织失散士兵,从后面攻击尔朱兆军,高敖曹则率一千骑兵从栗园进发横击尔朱兆,尔朱兆等大败,贺拔胜和徐州刺史杜德在阵前投降了高欢。尔朱兆抚胸对慕容绍宗说:"没采纳你的建议,才到这个地步!"尔朱兆想率轻装骑兵向西逃亡,慕容绍宗挥舞旗帜吹响号角,收聚散兵成军而去。尔朱兆逃回晋阳,尔朱仲远逃到东郡。尔朱彦伯听说尔朱度律等战败,打算自己去镇守河桥,尔朱世隆没同意。

尔朱度律、尔朱天光将到洛阳去,大都督斛斯椿对都督贾显度、贾显智说:"现在不先抓住尔朱氏的话,我们这些人就死无葬身之地了。"于是在夜里到桑树下盟誓,约定先快速赶回洛阳。尔朱世隆派遣他手下的外兵参军阳叔渊单人匹马驰往北中,选拔检阅败退的部队,分批进入洛阳城。斛斯椿赶到洛阳,不能进入城内,于是就哄骗阳叔渊说:"尔朱天光的部下都是西部人,我听说他们将大肆抢掠洛阳城,迁都到长安,你应该先让我进城

以为之备。"叔渊信之。夏四月甲子朔,椿等入据河桥,尽杀尔朱氏之党。度律、天光欲攻之,会大雨昼夜不止,士马疲顿,弓矢不可施,遂西走,至湹波津,为人所擒,送于椿所。椿使行台长孙稚诣洛阳奏状,别使贾显智、张欢帅骑掩袭世隆,执之。彦伯时在禁直,长孙稚于神虎门启陈:"高欢义功既振,请诛尔朱氏。"节闵帝使舍人郭崇报彦伯,彦伯狼狈走出,为人所执,与世隆俱斩于阊阖门外,送其首并度律、天光于高欢。

节闵帝使中书舍人卢辩劳欢于邺,欢使之见安定王,辩抗辞不从,欢不能夺,乃舍之。辩,同之兄子也。

尔朱天光之东下也,留其弟显寿镇长安,召秦州刺史侯莫陈悦欲与之俱东。贺拔岳知天光必败,欲留悦共图显寿以应高欢,计未有所出。宇文泰谓岳曰:"今天光尚近,悦未必有贰心,若以此告之,恐其惊惧。然悦虽为主将,不能制物,若先说其众,必人有留心,悦进失尔朱之期,退恐人情变动,乘此说悦,事无不遂。"岳大喜,即令泰入悦军说之,悦遂与岳俱袭长安。泰帅轻骑为前驱,显寿弃城走,追至华阴,擒之。欢以岳为关西大行台,岳以泰为行台左丞、领府司马,事无巨细皆委之。

辛巳,安定王至邙山。高欢以安定王疏远,使仆射魏兰根慰谕洛邑,且观节闵帝之为人,欲复奉之。兰根以帝

以做好准备。"阳叔渊相信了斛斯椿的话。夏季四月甲子是初一，这天，斛斯椿占据河桥，把尔朱氏党羽全杀了。尔朱度律、尔朱天光打算攻打河桥，适逢天下大雨，昼夜不止，兵马疲劳困顿，弓箭无法使用，于是向西逃跑，逃到湿波津，被人抓住，送到斛斯椿处。斛斯椿让行台长孙稚前去洛阳向朝廷通报，另派贾显智、张欢领骑兵袭击尔朱世隆，抓获了他。尔朱彦伯当时正在朝廷中，长孙稚在神虎门向节闵帝启奏道："高欢的义军兴起，请求诛杀尔朱氏。"节闵帝派舍人郭崇把此事通知给尔朱彦伯，尔朱彦伯狼狈地逃出宫去，被人捉住，与尔朱世隆一同在阊阖门外被斩首，又把尔朱彦伯、尔朱世隆的首级和尔朱度律、尔朱天光一起送到了高欢那里。

节闵帝派遣中书舍人卢辩到邺城去慰劳高欢，高欢叫他去见安定王，卢辩对此表示抗议，不肯去见，高欢不能压服他，只得放了他。卢辩是卢同的侄子。

尔朱天光向东进军时，留下他的弟弟尔朱显寿镇守长安，还召秦州刺史侯莫陈悦，要与他一同东进。贺拔岳知道尔朱天光必败，打算留下侯莫陈悦一同对付尔朱显寿，以响应高欢，但想不出好的法子。宇文泰对贺拔岳说："现在尔朱天光离这里还比较近，侯莫陈悦未必对他有叛心，若把你的打算告诉他，恐怕侯莫陈悦会惊慌恐惧。不过侯莫陈悦虽然是主将，却不能控制人，如果先劝说他的部众，必定人人想留下来，侯莫陈悦东进就会误了尔朱天光指定的日期，后退又担心人心变动，乘这个机会去劝说他，没有不成功的。"贺拔岳听后大喜，就命令宇文泰到侯莫陈悦军中去劝说，侯莫陈悦于是就与贺拔岳一同袭击长安。宇文泰率领轻装骑兵为前锋，尔朱显寿丢弃长安逃走，宇文泰追到华阴，把他抓获。高欢任命贺拔岳为关西大行台，贺拔岳任命宇文泰为行台左丞、领府司马，不论大事小事，都交给他处理。

辛巳（十八日），安定王元朗到达邙山。高欢因为安定王元朗是皇族的远支，就派遣仆射魏兰根前去洛阳慰问，同时观察节闵帝的为人，打算再次尊奉他为帝。魏兰根因为看到节闵帝

神采高明，恐于后难制，与高乾兄弟及黄门侍郎崔㥄共劝欢废之。欢集百官问所宜立，莫有应者，太仆代人綦毋儁盛称节闵帝贤明，宜主社稷，欢欣然是之。㥄作色曰："若言贤明，自可待我高王，徐登大位。广陵既为逆胡所立，何得犹为天子！若从儁言，王师何名义举？"欢遂幽节闵帝于崇训佛寺。

欢入洛阳，斛斯椿谓贺拔胜曰："今天下事，在吾与君耳，若不先制人，将为人所制。高欢初至，图之不难。"胜曰："彼有功于时，害之不祥，比数夜与欢同宿，具序往昔之怀，兼荷兄恩意甚多，何苦惮之！"椿乃止。

欢以汝南王悦，高祖之子，召欲立之，闻其狂暴无常，乃止。时诸王多逃匿，尚书左仆射平阳王脩，怀之子也，匿于田舍，欢欲立之，使斛斯椿求之。椿见脩所亲员外散骑侍郎太原王思政，问王所在，思政曰："须知问意。"椿曰："欲立为天子。"思政乃言之。椿从思政见脩，脩色变，谓思政曰："得无卖我邪？"曰："不也。"曰："敢保之乎？"曰："变态百端，何可保也！"椿驰报欢，欢遣四百骑迎脩入毡帐，陈诚，泣下沾襟。脩让以寡德，欢再拜，脩亦拜。欢出备服御，进汤沐，达夜严警。昧爽，文武执鞭以朝，使斛斯椿奉劝进表。椿入帷门，磬折延首而不敢前，脩令思政取表视之，曰："便不得不称朕矣。"乃为安定王作诏策而禅位焉。

神采奕奕,聪明智慧,担心以后难以控制,与高乾兄弟及黄门侍郎崔㥄等人一起劝高欢废掉节闵帝。高欢召集百官询问应该立谁为帝,没有人应声,太仆代郡人綦毋儁大力称赞节闵帝贤明,应该立他为社稷之主,高欢高兴地同意了。崔㥄脸色一变,说:"如果要说贤明,自然应等待我们的高王慢慢登上大位。广陵王既然是逆胡所立,怎么能还让他当天子呢!如果听从了綦毋儁的话,大王你的出师还称得上义举吗?"高欢于是就把节闵帝幽禁在崇训佛寺中。

高欢进入洛阳时,斛斯椿对贺拔胜说:"当今天下之事,全在你和我二人罢了,如果我们不先发制人的话,将来会被人所制。高欢刚到洛阳,图谋他不是难事。"贺拔胜说:"高欢对时局有功,害他不祥,近几个夜里我和高欢同宿,畅谈往昔之情,而且他得到很多你的恩情,你我何苦怕他呢?"斛斯椿这才作罢。

高欢因为汝南王元悦是高祖的儿子,把他召来想立他为帝,又听说他狂暴无常,只好作罢。当时魏诸王都已逃亡或躲藏,尚书左仆射平阳王元脩,是元怀的儿子,藏在乡间田舍中,高欢想立元脩为帝,派斛斯椿去寻他。斛斯椿找到了元脩所亲信的员外散骑侍郎太原人王思政,向他询问元脩在什么地方,王思政说:"我必须知道找他的原因。"斛斯椿说:"想立他为天子。"王思政就告诉了他。斛斯椿随同王思政去见元脩,元脩看到他们脸色都变了,对王思政说:"你不是出卖了我吧?"王思政说:"不是。"元脩说:"你敢保证吗?"王思政说:"事情千变万化,我怎么可以保证呢?"斛斯椿飞马驰去,向高欢做了汇报,高欢派遣四百名骑兵把元脩迎入军帐中,高欢表达了诚挚的心意,言谈之际泪下沾襟。元脩以自己寡德为由推让,高欢拜了两拜,元脩也回拜了。高欢出帐,准备好服装车子让元脩去沐浴,彻夜严加警戒。第二天清晨,文武百官执鞭朝拜元脩,高欢让斛斯椿献上劝进表。斛斯椿步入帷门,弯腰伸头不敢朝前,元脩命王思政取来劝进表观看,说:"我不得不即位称帝了。"高欢于是就为安定王作诏书禅位给元脩。

戊子，孝武帝即位于东郭之外，用代都旧制，以黑毡蒙七人，欢居其一。帝于毡上西向拜天毕，入御太极殿，群臣朝贺。升阊阖门大赦，改元太昌。以高欢为大丞相、天柱大将军、太师，世袭定州刺史。庚寅，加高澄侍中、开府仪同三司。

初，欢起兵信都，尔朱世隆知司马子如与欢有旧，自侍中、骠骑大将军出为南岐州刺史。欢入洛，召子如为大行台尚书，朝夕左右，参知军国。广州刺史广宁韩贤，素为欢所善，欢入洛，凡尔朱氏所除官爵例皆削夺，唯贤如故。以前御史中尉樊子鹄兼尚书左仆射，为东南道大行台，与徐州刺史杜德追尔朱仲远。仲远已出境，遂攻元树于谯。

丞相欢征贺拔岳为冀州刺史，岳畏欢，欲单马入朝。行台右丞薛孝通说岳曰：“高王以数千鲜卑破尔朱百万之众，诚亦难敌。然诸将或素居其上，或与之等夷，虽屈首从之，势非获已。今或在京师，或据州镇，高王除之则失人望，留之则为腹心之疾。且吐万人虽复败走，犹在并州，高王方内抚群雄，外抗劲敌，安能去其巢穴，与公争关中之地乎！今关中豪俊皆属心于公，愿效其智力。公以华山为城，黄河为堑，进可以兼山东，退可以封函谷，奈何欲束手受制于人乎！”言未卒，岳执孝通手曰：“君言是也。”乃逊辞为启而不就征。

壬辰，丞相欢还邺，送尔朱度律、天光于洛阳，斩之。

戊子(二十五日),魏孝武帝元脩在洛阳东郭之外即皇帝位,用鲜卑旧制,把黑毡蒙在七个人身上,高欢是其中之一。孝武帝在毡上向西拜过天后,进入太极殿,文武群臣朝拜庆贺。孝武帝登上阊阖门,大赦天下,改年号为太昌。孝武帝任命高欢为大丞相、天柱大将军、太师,世袭定州刺史。庚寅(二十七日),孝武帝又加封高澄为侍中、开府仪同三司。

　　当初,高欢在信都起兵的时候,尔朱世隆知道司马子如与高欢是老朋友,就把他从侍中、骠骑大将军的职位上调出担任南岐州刺史。高欢进入洛阳后,征召司马子如担任大行台尚书,让他朝夕都伴在身旁,参与主持军国大事。广州刺史广宁人韩贤,一直得到高欢的善待,高欢进入洛阳后,凡是尔朱氏所赏给的官职爵位都剥夺撤销了,只有韩贤还同以前一样。魏朝廷任命前御史中尉樊子鹄兼任尚书左仆射,为东南道大行台,与徐州刺史杜德追击尔朱仲远。尔朱仲远已经逃出境外,于是就在谯地攻打元树。

　　丞相高欢征召贺拔岳为冀州刺史,贺拔岳害怕高欢,想单人匹马入朝应召。行台右丞薛孝通劝导贺拔岳说:“高欢用几千鲜卑部队打败了尔朱氏百万大军,我们确实难以与他匹敌。但诸将有的原来的职位在他之上,有的职位与他相当,现在俯首屈从于他,其势是迫不得已。这些将领有的在京师洛阳,有的占据着各地州镇,高欢除掉他们就会失去人心,留下他们就会成为他的心腹之患。况且尔朱兆虽然败逃,仍在并州,高欢忙着内抚群雄,外抗劲敌,怎能离开他的基地,与你争夺关中地区呢? 现在关中一带的英才豪杰都心向着你,愿意为你用智效力。你如果以华山为城垒,以黄河为沟堑,进可以兼并崤山以东地区,退可以封住函谷关,为什么你要束手受制于他人呢?”话还没有说完,贺拔岳就握住薛孝通的手说:“你说得对。”于是用客气的口吻给高欢写了封信,推辞不去。

　　壬辰(二十九日),丞相高欢返回邺城,把尔朱度律、尔朱天光送到洛阳杀掉。

五月丙申，魏主鸩节闵帝于门下外省，诏百司会丧，葬用殊礼。以沛郡王欣为太师，赵郡王谌为太保，南阳王宝炬为太尉，长孙稚为太傅。宝炬，愉之子也。丞相欢固辞天柱大将军，戊戌，许之。己酉，清河王亶为司徒。

侍中河南高隆之，本徐氏养子，丞相欢命以为弟，恃欢势骄狎公卿，南阳王宝炬殴之，曰："镇兵何敢尔！"魏主以欢故，六月丁卯，黜宝炬为骠骑大将军，归第。

魏主避广平武穆王之讳，改谥武怀皇帝曰孝庄皇帝，庙号敬宗。

秋七月庚子，魏复以南阳王宝炬为太尉。

壬寅，魏丞相欢引兵入滏口，大都督库狄干入井陉，击尔朱兆。庚戌，魏主使骠骑大将军、仪同三司高隆之帅步骑十万，会丞相欢于太原，因以隆之为丞相军司。欢军于武乡，尔朱兆大掠晋阳，北走秀容。并州平。欢以晋阳四塞，乃建大丞相府而居之。

冬十一月甲辰，魏杀安定王朗、东海王晔。己酉，以汝南王悦为侍中、大司马。魏主以汝南王悦属近地尊，丁亥，杀之。

十二月，魏主纳丞相欢女为后，命太常卿李元忠纳币于晋阳。欢与之宴，论及旧事，元忠曰："昔日建义，轰轰大乐，比来寂寥无人问。"欢抚掌笑曰："此人逼我起兵！"元忠戏曰："若不与侍中，当更求建义处。"欢曰："建义不虑无，

五月丙申(初三),孝武帝在门下外省毒死了节闵帝,又下诏各部门来办丧事,用特殊的礼节安葬了节闵帝。孝武帝任命沛郡王元欣为太师,赵郡王元谌为太保,南阳王元宝炬为太尉,长孙稚为太傅。元宝炬是元愉的儿子。丞相高欢坚决推辞天柱大将军一职,戊戌(初五),朝廷同意了高欢的请求。己酉(十六日),朝廷任命清河王元亶为司徒。

侍中河南人高隆之原本是徐氏的养子,丞相高欢让他做自己的弟弟,高隆之倚仗高欢的势力,对公卿大臣傲慢不尊重,南阳王元宝炬打了他一顿,说:"一个镇兵竟敢如此狂妄!"孝武帝因为高欢的缘故,在六月丁卯(初五)这天,把元宝炬贬为骠骑大将军,还把他打发回老家。

孝武帝为避广平武穆王之讳,把武怀皇帝的谥号改为孝庄皇帝,庙号为敬宗。

秋季七月庚子(初八),魏朝廷又任命南阳王元宝炬为太尉。

壬寅(初十)这天,魏丞相高欢带兵入滏口,大都督库狄干入井陉,进攻尔朱兆。庚戌(十八日),孝武帝派骠骑大将军、仪同三司高隆之率领十万步兵和骑兵与丞相高欢在太原会师,于是就任命高隆之为丞相军司。高欢在武乡驻军,尔朱兆大肆掠夺晋阳,朝北面逃往秀容。并州被平定。高欢因为晋阳四周有山为屏障,就把大丞相府建在这儿。

冬季十一月甲辰(十四日),魏杀安定王元朗、东海王元晔。己酉(十九日),魏朝廷任命汝南王元悦为侍中、大司马。孝武帝因汝南王元悦与自己血缘近且地位高,在丁亥(十二月二十八日)这天杀了他。

十二月,孝武帝纳高欢的女儿为皇后,命令太常卿李元忠把订婚的彩礼送到晋阳高欢处。高欢宴请李元忠,谈及往事,李元忠说:"昔日您举起义旗的时候,轰轰烈烈,欢欢乐乐,近来却静悄悄地没人来问候了。"高欢拊掌大笑,说:"你这个人在逼我起兵啊!"李元忠开玩笑说:"如果你不同意我的意见,我就应该再寻找一个起兵的地方。"高欢说:"起兵的机会不必担心没有,

止畏如此老翁不可遇耳。”元忠曰：“止为此翁难遇，所以不去。”因抚欢须大笑。欢悉其雅意，深重之。

尔朱兆既至秀容，分兵守隘，出入寇掠。魏丞相欢扬声讨之，师出复止者数四，兆意怠。欢揣其岁首当宴会，遣都督窦泰以精骑驰之，一日一夜行三百里，欢以大军继之。

五年春正月，魏窦泰奄至尔朱兆庭，军人因宴休惰，忽见泰军，惊走，追破之于赤洪岭，众并降散。兆逃于穷山，命左右西河张亮及苍头陈山提斩己首以降，皆不忍。兆乃杀所乘白马，自缢于树。欢亲临，厚葬之。慕容绍宗携尔朱荣妻子及兆馀众诣欢降，欢以义故，待之甚厚。

只怕像我这样的老头你不会遇到了。"李元忠说:"只因为你难以遇到,所以我不离开。"于是捋着高欢的胡须大笑。高欢全都知道李元忠的本意,十分看重他。

尔朱兆到了秀容后,分兵把守关隘,时出时入,进行抢掠。魏丞相高欢扬言要讨伐他,部队出发后又停止,如此这般有过四次,尔朱兆心里松懈了。高欢估计尔朱兆要在年初举行宴会,派遣都督窦泰率领精锐骑兵急速进军,一天一夜行军三百里,高欢率领大军随后出发。

五年(533)春季正月,魏朝的窦泰率军突然出现在尔朱兆的大庭上,尔朱兆的部下因饮宴在休息,忽然发现窦泰军,惊慌逃窜,在赤洪岭被追上击溃,不是投降就是逃散。尔朱兆逃到穷山,命令他的侍从西河人张亮及苍头陈山提斩下自己的头去投降,张亮和陈山提都不忍心这么做。尔朱兆就杀了自己所骑的白马,在树上吊死了。高欢亲自到尔朱兆自杀的地方,厚葬了他。慕容绍宗带着尔朱荣的妻子、儿女及尔朱兆的馀部前来向高欢投降,高欢看在过去的份上,待他们很不错。

卷第二十三

魏分东西

梁武帝中大通四年。魏高欢之讨尔朱氏也,尔朱仲远来奔。仲远帐下都督乔宁、张子期自滑台诣欢降。欢责之曰:"汝事仲远,擅其荣利,盟契百重,许同生死。前仲远自徐州为逆,汝为戎首,今仲远南走,汝复叛之。事天子则不忠,事仲远则无信。犬马尚识饲之者,汝曾犬马之不如!"遂斩之。

五年春正月,魏侍中斛斯椿闻乔宁、张子期之死,内不自安,与南阳王宝炬、武卫将军元毗、王思政密劝魏主图丞相欢。毗,遵之玄孙也。舍人元士弼又言欢受诏不敬。帝由是不悦。椿劝帝置阁内都督部曲,又增武直人数,自直阁已下,员别数百,皆选四方骁勇者充之。帝数出游幸,椿自部勒,别为行陈。由是朝政、军谋,帝专与椿决之。帝以关中大行台贺拔岳拥重兵,密与相结,又出侍中贺拔胜为都督三荆等七州诸军事、荆州刺史,欲倚胜兄弟以敌欢。欢益不悦。

魏分东西

梁武帝中大通四年(532)。北魏高欢讨伐尔朱氏的时候,尔朱仲远来投奔梁朝。尔朱仲远帐下的都督乔宁、张子期从滑台到高欢那里去投降。高欢斥责他们说:"你们替尔朱仲远效力,享尽他给予的荣华富贵,盟约信誓一条接一条,许下同生共死的诺言。先前尔朱仲远在徐州反叛,你们是他的首要将领,如今尔朱仲远南逃,你们又背叛他。你们侍奉天子属于不忠,侍奉尔朱仲远则属于不讲信义。犬马尚且记得饲养它们的主人,你们连犬马都不如!"于是杀死了他俩。

五年(533)春季正月,北魏侍中斛斯椿得知乔宁、张子期的死讯后,内心不安,便与南阳王元宝炬、武卫将军元毗、王思政一起秘密劝说北魏孝武帝除掉丞相高欢。元毗是元遵的玄孙。舍人元士弼又说高欢在接受诏书时不恭敬。孝武帝因此很不高兴。斛斯椿劝孝武帝设置了负责皇宫守卫的阁内都督部曲,又增添了禁卫宫殿的值班卫士的人数,自直阁以下,还有定额以外的侍卫数百人,全部由各地挑选骁健勇猛的人来充任。孝武帝多次外出巡幸,斛斯椿都亲自组织安排,还另设卫队。从此,朝政和军机,孝武帝都只跟斛斯椿商讨决定。孝武帝因为关中大行台贺拔岳掌握重兵,便与贺拔岳暗中取得联系,并派出侍中贺拔胜担任都督三荆等七州诸军事、荆州刺史,打算依靠贺拔胜兄弟来对付高欢。高欢日益不满。

侍中、司空高乾之在信都也，遭父丧，不暇终服。及孝武帝即位，表请解职行丧。诏听解侍中，司空如故。乾虽求退，不谓遽见许。既去内侍，朝政多不关预，居常怏怏。帝既贰于欢，冀乾为己用，尝于华林园宴罢，独留乾，谓之曰："司空奕世忠良，今日复建殊效。相与虽则君臣，义同兄弟，宜共立盟约，以敦情契。"殷勤逼之。乾对曰："臣以身许国，何敢有贰。"时事出仓猝，且不谓帝有异图，遂不固辞，亦不以启欢。及帝置部曲，乾乃私谓所亲曰："主上不亲勋贤而招集群小，数遣元士弼、王思政往来关西与贺拔岳计议，又出贺拔胜为荆州，外示疏忌，实欲树党，令其兄弟相近，冀据有西方。祸难将作，必及于我。"乃密启欢。欢召乾诣并州，面论时事，乾因劝欢受魏禅。欢以袖掩其口曰："勿妄言！今令司空复为侍中，门下之事一以相委。"欢屡启请，帝不许。乾知变难将起，密启欢求为徐州。二月辛酉，以乾为骠骑大将军、开府仪同三司、徐州刺史。

三月，高乾将之徐州，魏主闻其漏泄机事，乃诏丞相欢曰："乾邕与朕私有盟约，今乃反覆两端。"欢闻其与帝盟，亦恶之，即取乾前后数启论时事者遣使封上。帝召乾，对欢使责之。乾曰："陛下自立异图，乃谓臣为反覆。人主

侍中、司空高乾在信都时，正好遇上父亲去世，却没时间把丧期服完。到孝武帝即位后，高乾便上表请求解除自己的职务以便为父亲守完丧。孝武帝下诏允许他不当侍中，但仍旧让他担任司空。高乾虽然要求解除职务，但没有想到孝武帝会立即批准。既已解除了内侍的职位，许多朝政都无法过问，因此，高乾平日总是快快不乐。孝武帝对高欢有了猜疑以后，便希望高乾能为自己所用，曾经在华林园酒宴散后，让高乾单独留下来，对他说："司空你累世忠良，今日又建有奇功。我们相处，虽为君臣，但义同兄弟，应该共立盟约，以加深情义。"孝武帝态度极为恳切，逼着高乾立约。高乾回答说："臣以身许国，怎敢有二心。"当时事情来得太突然，而且高乾也没想到孝武帝会另有企图，便不再坚决推辞，也没有把这件事情告诉高欢。直到孝武帝设置阁内都督部曲后，高乾才私下对自己所亲近的人说："主上不亲近有功和贤良的人，却招集一群小人，多次派遣元士弼、王思政往来关西与贺拔岳谋议，又让贺拔胜离开朝廷到荆州任职，表面上显示出疏远猜忌他的样子，其实是想树立私党，让贺拔胜兄弟相互靠近些，希图占据西方。祸乱即将发生，而且必然会殃及我。"于是，把这些情况密报给高欢。高欢把高乾召到并州，同他面议时事，高乾借此机会劝说高欢迫使孝武帝禅让帝位。高欢用衣袖掩住高乾的嘴，说："不要瞎说！我现在让司空你重新担任侍中，把门下省的事情全部委托给你。"高欢屡次上书请求让高乾复职，但孝武帝不允许。高乾知道要生变乱，便秘密告诉高欢，请高欢为他谋求徐州刺史的职务。二月辛酉（初三），朝廷任命高乾为骠骑大将军、开府仪同三司、徐州刺史。

　　三月，高乾即将去徐州上任，孝武帝得知他漏泄了机密的事情，便下诏给丞相高欢说："高乾与朕私下订有盟约，如今却在你我两边反复无常。"高欢听到高乾与孝武帝订有盟约，对高乾也产生了厌恶，便取出高乾先后写给他的几封议论时事的信，派人密封后呈送孝武帝。孝武帝召见高乾，当着高欢信使的面斥责他。高乾说道："陛下自己别有用心，竟说臣反复无常。帝王

加罪，其可辞乎！"遂赐死。帝又密敕东徐州刺史潘绍业杀其弟敖曹。敖曹先闻乾死，伏壮士于路，执绍业，得敕书于袍领，遂将十馀骑奔晋阳。欢抱其首哭曰："天子枉害司空。"敖曹兄仲密为光州刺史。帝敕青州断其归路，仲密亦间行奔晋阳。仲密名慎，以字行。

秋七月壬辰，魏以广陵王欣为大司马，赵郡王谌为太师。庚戌，以前司徒贺拔允为太尉。

初，贺拔岳遣行台郎冯景诣晋阳，丞相欢闻岳使至，甚喜，曰："贺拔公讵忆吾邪！"与景歃血，约与岳为兄弟。景还，言于岳曰："欢奸诈有馀，不可信也。"府司马宇文泰自请使晋阳，以观欢之为人。欢奇其状貌，曰："此儿视瞻非常。"将留之，泰固求复命。欢既遣而悔之，发驿急追，至关不及而返。

泰至长安，谓岳曰："高欢所以未篡者，正惮公兄弟耳。侯莫陈悦之徒，非所忌也。公但潜为之备，图欢不难。今费也头控弦之骑不下一万，夏州刺史斛拔弥俄突胜兵三千馀人，灵州刺史曹泥、河西流民纥豆陵伊利等各拥部众，未有所属。公若移军近陇，扼其要害，震之以威，怀之以惠，可收其士马以资吾军。西辑氐、羌，北抚沙塞，还军长安，匡辅魏室，此桓、文之功也。"岳大悦，复遣泰诣洛阳请事，密陈其状。魏主喜，加泰武卫将军，使还报。八月，帝以岳

加罪于人,这个人难道还能推卸掉吗!"于是,高乾被赐死。孝武帝又密令东徐州刺史潘绍业杀掉高乾之弟高敖曹。高敖曹事先已得知了高乾的死讯,就在潘绍业的来路上埋伏下精壮的士卒,活捉了潘绍业,从他的袍领中搜到了孝武帝的敕令,于是高敖曹便带领十多名骑兵逃往晋阳。高欢抱着他的头哭着说:"天子屈杀了司空。"高敖曹的哥哥高仲密当时担任光州刺史。孝武帝敕令青州截断他的归路,但高仲密也抄小路跑到了晋阳。高仲密名慎,平时以表字被世人称用。

秋季七月壬辰(初六),北魏任命广陵王元欣为大司马,赵郡王元谌为太师。庚戌(二十四日),任命前司徒贺拔允为太尉。

当初,贺拔岳派行台郎冯景前往晋阳,丞相高欢听说贺拔岳的使者到了,非常高兴,说:"贺拔公还能想起我呀!"与冯景歃血为盟,约定同贺拔岳结为兄弟。冯景回来后,对贺拔岳说:"高欢奸诈有馀,真诚不足,不可信任。"府司马宇文泰自告奋勇请求出使晋阳,去观察高欢的为人。高欢对宇文泰的相貌感到惊奇,说:"这个年轻人顾盼的神态非同寻常。"打算把他留下,宇文泰坚决要求回去复命。高欢让宇文泰走后又觉得后悔,便派骑马传递文书的人急追,一直追到函谷关也没追上,只好返回。

宇文泰回到长安,对贺拔岳说道:"高欢之所以还没有篡夺帝位,原因正是害怕你们兄弟几个。而侯莫陈悦等人,并不是他忌惮的对象。您只要暗中做准备,收拾高欢并不难。如今费也头部族善于射箭的骑兵不下一万,夏州刺史斛拔弥俄突有精兵三千馀人,灵州刺史曹泥、河西流民纥豆陵伊利等人也各自聚集一批人马,还没有确定的归属。您如果移动军队,逼近陇右,控扼住要害地段,用威力震慑他们,用恩惠感化他们,就可以收编他们的兵马,来壮大我军的力量。西面辑睦氐、羌,北面安抚沙漠一带,然后回军长安,匡辅魏室,这就是齐桓公、晋文公的功业了。"贺拔岳非常高兴,又派遣宇文泰前往洛阳向孝武帝请示有关事宜,秘密陈述有关情况。孝武帝十分高兴,加封宇文泰为武卫将军,让他回去转达朝廷的意见。八月,孝武帝任命贺拔岳

为都督雍、华等二十州诸军事，雍州刺史，又割心前血，遣使者赍以赐之。岳遂引兵西屯平凉，以牧马为名。斛拔弥俄突、纥豆陵伊利及费也头万俟受洛干、铁勒斛律沙门等皆附于岳，唯曹泥附于欢。秦、南秦、河、渭四州刺史同会平凉，受岳节度。岳以夏州被边要重，欲求良刺史以镇之。众举宇文泰。岳曰："宇文左丞，吾左右手，何可废也！"沉吟累日，卒表用之。

冬十二月，魏丞相欢患贺拔岳、侯莫陈悦之强，右丞翟嵩曰："嵩能间之，使其自相屠灭。"欢遣之。欢又使长史侯景招抚纥豆陵伊利，伊利不从。

六年春正月壬辰，魏丞相欢击伊利于河西，擒之，迁其部落于河东。魏主让之曰："伊利不侵不叛，为国纯臣，王忽伐之，讵有一介行人先请之乎！"

魏贺拔岳将讨曹泥，使都督武川赵贵至夏州与宇文泰谋之。泰曰："曹泥孤城阻远，未足为忧。侯莫陈悦贪而无信，宜先图之。"岳不听，召悦会于高平，与共讨泥。悦既得翟嵩之言，乃谋取岳。岳数与悦宴语，长史武川雷绍谏，不听。岳使悦前行，至河曲，悦诱岳入营，坐论军事。悦阳称腹痛而起，其婿元洪景拔刀斩岳。岳左右皆散走，悦遣人谕之云："我别受旨，止取一人，诸君勿怖。"众以为然，皆不敢动。

为都督雍、华等二十州诸军事,雍州刺史,又在自己胸前割了一刀,沥出鲜血,派遣使者送给贺拔岳。贺拔岳于是带兵西进,以牧马的名义在平凉屯驻下来。斛拔弥俄突、纥豆陵伊利以及费也头万俟受洛干、铁勒斛律沙门等人都依附于贺拔岳,只有曹泥还依附于高欢。秦、南秦、河、渭四个州的刺史一同在平凉会集,接受贺拔岳的指挥调度。贺拔岳因为夏州地处边境,位置重要,便打算找一位出色的刺史来镇守。大家都举荐宇文泰。贺拔岳说道:"宇文左丞是我的左右手,怎么可以大材小用呢?"他反复考虑了好几天,最终还是上书孝武帝,请求任用宇文泰为夏州刺史。

　　冬季十二月,北魏丞相高欢对贺拔岳和侯莫陈悦的强大感到忧虑,右丞翟嵩对高欢说:"我能够离间他们,使他们自相残杀。"高欢就派他去做此事。高欢又派遣长史侯景去招抚纥豆陵伊利,但纥豆陵伊利不听从。

　　六年(534)春季正月壬辰(初九),北魏丞相高欢在河西攻击纥豆陵伊利,活捉了他,把他的部落迁移到河东。北魏孝武帝谴责高欢说:"纥豆陵伊利既没有入侵,也没有叛变,是我们魏国忠纯的臣子,你突然讨伐他,可有一个使者事先来请示过我吗?"

　　北魏贺拔岳准备讨伐曹泥,派遣都督武川人赵贵到夏州先与宇文泰商量。宇文泰说:"曹泥只有一座孤城,距离隔得也远,不值得忧虑。侯莫陈悦贪婪而又不讲信义,应该先收拾他。"贺拔岳没有采纳宇文泰的建议,而召请侯莫陈悦在高平相会,与他共同讨伐曹泥。侯莫陈悦既已接受了翟嵩的意见,便定计除掉贺拔岳。贺拔岳多次与侯莫陈悦在酒宴上交谈,长史武川人雷绍劝谏他,可是他听不进去。贺拔岳让侯莫陈悦率军先行,到了河曲,侯莫陈悦诱骗贺拔岳进了他的军营,坐下来讨论军事。侯莫陈悦假装说自己肚子疼,站起身来,他的女婿元洪景拔出腰刀杀死了贺拔岳。贺拔岳身边的人纷纷逃散,侯莫陈悦派人告诉他们说:"我奉了朝廷密旨,只取贺拔岳一个人的性命,各位都不要害怕。"大家以为侯莫陈悦说的话是真的,都不敢乱动。

而悦心犹豫，不即抚纳，乃还入陇，屯水洛城。岳众散还平凉，赵贵诣悦请岳尸葬之，悦许之。岳既死，悦军中皆相贺，行台郎中薛憕私谓所亲曰："悦才略素寡，辄害良将，吾属今为人虏矣，何贺之有！"憕，真度之从孙也。

岳众未有所属，诸将以都督武川寇洛年最长，推使总诸军。洛素无威略，不能齐众，乃自请避位。赵贵曰："宇文夏州英略冠世，远近归心，赏罚严明，士卒用命，若迎而奉之，大事济矣。"诸将或欲南召贺拔胜，或欲东告魏朝，犹豫未决。都督盛乐杜朔周曰："远水不救近火，今日之事，非宇文夏州无能济者，赵将军议是也。朔周请轻骑告哀，且迎之。"众乃使朔周驰至夏州召泰。

泰与将佐宾客共议去留。前太中大夫颍川韩褒曰："此天授也，又何疑乎！侯莫陈悦，井中蛙耳，使君往，必擒之。"众以为："悦在水洛，去平凉不远，若已有贺拔公之众，则图之实难，愿且留以观变。"泰曰："悦既害元帅，自应乘势直据平凉，而退屯水洛，吾知其无能为也。夫难得易失者，时也。若不早赴，众心将离。"

夏州首望、都督弥姐元进阴谋应悦。泰知之，与帐下都督高平蔡祐谋执之。祐曰："元进会当反噬，不如杀之。"

但是侯莫陈悦心里却犹豫不决，没有马上安抚招纳贺拔岳的部属，就回到陇地，驻扎在水洛城。贺拔岳的部属陆续回到平凉，赵贵来到侯莫陈悦那里请求交还贺拔岳的尸体带回去安葬，侯莫陈悦答应了。贺拔岳死去之后，侯莫陈悦军队里的官兵都相互庆贺，行台郎中薛憕私下里对亲近的人说："侯莫陈悦向来缺少才略，动辄杀害良将，我们这些人现在就要被人俘虏了，有什么值得庆贺的呢！"薛憕是薛真度的侄孙子。

贺拔岳的部众没有归属，各位将领鉴于担任都督的武川人寇洛年龄最大，就推举他指挥全军。寇洛一向没有威望谋略，不能管好军队，便主动提出让位。赵贵说道："夏州刺史宇文泰的英勇和才略冠绝当世，远近的人心都归向他，他赏罚严明，士兵们都愿意为他效力，如果将他迎来，尊奉他为我们的首领，大事就可以成功了。"各位将领中有的想南去召来贺拔胜，有的想东去把情况禀告北魏朝廷，犹豫不决。都督盛乐人杜朔周说道："远水救不了近火，今天的事情，除了宇文泰外没有任何人能干得成，赵将军的意见是正确的。请允许我骑上快马向宇文泰报告贺拔岳遇害的噩耗，并且迎接他到这儿来。"大家就让杜朔周赶往夏州去请宇文泰。

宇文泰与他的将领、宾客一同商议是去是留。前太中大夫颍川人韩褒说道："这是上天授予的机遇，还有什么好疑虑的呢？侯莫陈悦只不过是井中之蛙罢了，如果您去的话，一定能够捉住他。"众人都认为："侯莫陈悦在水洛城，距离平凉不远，如果他已经拥有贺拔岳留下的兵马，收拾他就确实困难了，希望暂且留下来观察时局的变化。"宇文泰说："侯莫陈悦既已杀害了贺拔岳元帅，自然应该乘势直接占据平凉，而他却退据水洛城，由此我就知道他没有什么作为。难以得到而又容易失去的是时机。假如我不早去，大家的心将会离散。"

夏州首屈一指的望族、都督弥姐元进暗中谋划响应侯莫陈悦。宇文泰知道这一动向后，便与帐下都督高平人蔡祐谋划捉住他。蔡祐说："弥姐元进肯定会反咬我们一口，不如杀掉他。"

泰曰："汝有大决。"乃召元进等入计事。泰曰："陇贼逆乱，当与诸人戮力讨之，诸人似有不同者，何也？"祐即被甲持刀直入，瞋目谓诸将曰："朝谋夕异，何以为人！今日必断奸人首！"举坐皆叩头曰："愿有所择。"祐乃叱元进，斩之，并诛其党。因与诸将同盟讨悦。泰谓祐曰："吾今以尔为子，尔其以我为父乎？"

泰与帐下轻骑驰赴平凉，令杜朔周帅众先据弹筝峡。时民间惶惧，逃散者多，军士争欲掠之，朔周曰："宇文公方伐罪吊民，奈何助贼为虐乎！"抚而遣之，远近悦附。泰闻而嘉之。朔周本姓赫连，曾祖库多汗避难改焉，泰命复其旧姓，名之曰达。

丞相欢使侯景招抚岳众，泰至安定遇之，谓曰："贺拔公虽死，宇文泰尚存，卿何为者！"景失色曰："我犹箭耳，唯人所射。"遂还。

泰至平凉，哭岳甚恸，将士皆悲喜。

欢复使侯景与散骑常侍代郡张华原、义宁太守太安王基劳泰，泰不受，欲劫留之，曰："留则共享富贵，不然，命在今日。"华原曰："明公欲胁使者以死亡，此非华原所惧也。"泰乃遣之。基还，言："泰雄杰，请及其未定击灭之。"

宇文泰夸奖他说："你能做出重大决定。"于是召请弥姐元进等人到府中商议事情。宇文泰说："陇地奸贼叛乱，我理应和各位一道尽力讨伐他们，可是各位当中似乎有想法不同的，这是为什么？"话音刚落，蔡祐便身披铠甲手持钢刀径直走了进来，瞪大眼睛对各位将领说："早上同谋，晚上就变心，还能叫人吗？今天一定要砍掉奸贼的脑袋！"在座的人都跪下叩头说："但愿能区别好坏。"蔡祐就大声喝斥弥姐元进，接着杀掉了他，还诛杀了他的党羽。宇文泰于是与各位将领结成同盟，一道讨伐侯莫陈悦。宇文泰对蔡祐说："我如今把你当作我的儿子，你愿意把我认作你的父亲吗？"

宇文泰与帐下的轻骑兵快速赶赴平凉，命令杜朔周带领部众首先占领弹筝峡。当时老百姓十分惊惶恐惧，逃散的人很多，士兵们争着要抢掠他们，杜朔周对士兵们说："宇文公正在讨伐罪孽者，慰问受难的老百姓，你们怎么还帮助奸贼做坏事呢？"他安抚百姓并让他们回家，远近的人因此都高兴地前来归附。宇文泰听说此事后嘉奖了他。杜朔周本姓赫连，他的曾祖父库多汗为了避难而改姓杜，宇文泰叫杜朔周恢复原姓，给他起名为赫连达。

北魏丞相高欢派侯景去招纳安抚贺拔岳的部属，宇文泰在安定遇见了侯景，对他说："贺拔公虽然已经去世，我宇文泰还活着，你打算干什么？"侯景大惊失色，回答说："我好比是一支箭罢了，人家把我射到哪儿我就到哪儿。"于是就返回了。

宇文泰到达平凉之后，十分悲痛地哭悼贺拔岳，将士们都又悲又喜。

高欢又派侯景与散骑常侍代郡人张华原、义宁太守太安人王基去慰劳宇文泰，宇文泰不领情，想把他们扣留下来，说："留下来就和我们共同享受富贵，不然，你们的性命就在今日了断。"张华原回答说："您想用死亡来威胁使者，这可不是我张华原所害怕的。"宇文泰只好让他们回去了。王基回到晋阳后，对高欢说："宇文泰是英雄豪杰，请您趁他还没有站稳脚跟就消灭他。"

欢曰:"卿不见贺拔、侯莫陈乎! 吾当以计拱手取之。"

魏主闻岳死,遣武卫将军元毗慰劳岳军,召还洛阳,并召侯莫陈悦。毗至平凉,军中已奉宇文泰为主。悦既附丞相欢,不肯应召。泰因元毗上表称:"臣岳忽罹非命,都督寇洛等令臣权掌军事。奉诏召岳军入京,今高欢之众已至河东,侯莫陈悦犹在水洛,士卒多是西人,顾恋乡邑,若逼令赴阙,悦蹑其后,欢邀其前,恐败国殄民,所损更甚。乞少赐停缓,徐事诱导,渐就东引。"魏主乃以泰为大都督,即统岳兵。

初,岳以东雍州刺史李虎为左厢大都督,岳死,虎奔荆州,说贺拔胜使收岳众,胜不从。虎闻宇文泰代岳统众,乃自荆州还赴之,至阌乡,为丞相欢别将所获,送洛阳。魏主方谋取关中,得虎甚喜,拜卫将军,厚赐之,使就泰。虎,歆之玄孙也。

泰与悦书,责以:"贺拔公有大功于朝廷。君名微行薄,贺拔公荐君为陇右行台。又高氏专权,君与贺拔公同受密旨,屡结盟约,而君党附国贼,共危宗庙。口血未干,匕首已发。今吾与君皆受诏还阙,今日进退,唯君是视! 君若下陇东迈,吾亦自北道同归;若首鼠两端,吾则指日相见!"

高欢回答说:"你没看见贺拔岳、侯莫陈悦的事情吗? 我会使用计谋,拱手不动就能要了他的性命。"

北魏孝武帝听到贺拔岳的死讯,派遣武卫将军元毗去慰问贺拔岳的军队,召他们回洛阳,并且征召侯莫陈悦。元毗到了平凉,部队已经拥戴宇文泰为首领。侯莫陈悦已经归附丞相高欢,不肯接受孝武帝的征召。宇文泰通过元毗向孝武帝呈送表章,说:"大臣贺拔岳突然死于非命,都督寇洛等人要我暂且代理军事。我已经接到您宣召贺拔岳的军队进京城的诏书,但是现在高欢的部众已经到了河东,侯莫陈悦还在水洛城,我的士兵大多数是西部人,留恋家乡,如果逼迫他们赶赴京城,侯莫陈悦跟在后面追击,高欢在前面拦截,恐怕会使国家遭殃百姓被杀,受到的损失更严重。请您允许我们稍微停一停缓一缓,让我慢慢地进行诱导,逐步将他们带到东边。"孝武帝便任命宇文泰为大都督,正式统率贺拔岳的部队。

当初,贺拔岳任命东雍州刺史李虎为左厢大都督,贺拔岳死后,李虎跑到荆州,劝说贺拔胜,让他接收贺拔岳的部众,贺拔胜没有听从他的意见。李虎听说宇文泰已经代替贺拔岳统率将士,便从荆州往回赶,走到阌乡的时候,被丞相高欢的别部将领俘获,押送到洛阳。孝武帝正准备谋取关中地区,得到李虎十分欣喜,拜他为卫将军,还给他优厚的赏赐,让他回到宇文泰那里。李虎是李歆的玄孙。

宇文泰写给侯莫陈悦一封书信,用这样的话责备他:"贺拔公为朝廷立过大功。你名声很小,品行低下,贺拔公却推荐你担任陇右行台。此外,高欢独揽大权,你与贺拔公一同接受了朝廷的密旨,屡次缔结盟约,而你却阿附国贼,共同危害国家。你与贺拔公缔约时涂在嘴上的血还没有干,你手中的匕首就已经刺向了他。现在我与你都接到了诏书,要我们返回京城,今天是进是退,就看你的表现了! 你如果能从陇右撤下来而东去,我也就从北道与你一同回去;如果你首鼠两端,那么我们不久就将兵刃相见!"

魏主问泰以安秦、陇之策，泰表言："宜召悦授以内官，或处以瓜、凉一藩。不然，终为后患。"

原州刺史史归，素为贺拔岳所亲任，河曲之变，反为悦守。悦遣其党王伯和、成次安将兵二千助归镇原州。泰遣都督侯莫陈崇帅轻骑一千袭之。崇乘夜将十骑直抵城下，馀众皆伏于近路。归见骑少，不设备。崇即入，据城门，高平令陇西李贤及弟远穆在城中，为崇内应。于是，中外鼓噪，伏兵悉起，遂擒归及次安、伯和等归于平凉。泰表崇行原州事。三月，泰引兵击悦，至原州，众军毕集。

夏四月，魏南秦州刺史陇西李弼说侯莫陈悦曰："贺拔公无罪而公害之，又不抚纳其众，今奉宇文夏州以来，声言为主报仇，此其势不可敌也。宜解兵谢之，不然，必及祸。"悦不从。

宇文泰引兵上陇，留兄子导为都督，镇原州。泰军令严肃，秋毫无犯，百姓大悦。军出木狭关，雪深二尺，泰倍道兼行，出其不意。悦闻之，退保略阳，留万人守水洛。泰至，水洛即降。泰遣轻骑数百趣略阳，悦退保上邽，召李弼与之拒泰。弼知悦必败，阴遣使诣泰，请为内应。悦弃州城，南保山险。弼谓所部曰："侯莫陈公欲还秦州，汝辈何不装束！"

北魏孝武帝向宇文泰询问安定秦、陇地区的策略,宇文泰上奏说:"应该征召侯莫陈悦,授予他朝廷官职,或者将瓜、凉二州中的一个州封给他。不然的话,他终究要成为后患。"

原州刺史史归,一向被贺拔岳所亲近信任,河曲事变中,反而成了侯莫陈悦的官员。侯莫陈悦派他的党羽王伯和、成次安率两千人马帮助史归镇守原州。宇文泰派都督侯莫陈崇统帅一千名轻装骑兵去袭击他们。侯莫陈崇乘着黑夜,带了十名骑兵一直抵达城下,其余的人马都埋伏在附近道路上。史归看见来的骑兵很少,没有进行防备。侯莫陈崇立即冲了进去,占据了城门,高平县令陇西人李贤和他的弟弟李远穆在城内,做侯莫陈崇的内应。在这时,城里城外同时擂鼓呐喊,埋伏的士兵都一拥而起,于是捉住了史归以及成次安、王伯和等,把他们带回平凉。宇文泰上表孝武帝,请求让侯莫陈崇代理原州的事务。三月,宇文泰率领兵马攻打侯莫陈悦,到了原州,各路军队全都集结在那里。

夏季四月,北魏南秦州刺史陇西人李弼劝说侯莫陈悦道:"贺拔公无罪而您杀了他,又不安抚收纳他的部属,现在他们尊奉宇文泰为主将领兵而来,声言要为他们的主人报仇,这种态势是不可抵挡的。您应该放下武器向他们谢罪,不然的话,必定遭遇大祸。"侯莫陈悦拒不听从。

宇文泰率领军队向陇地进发,留下他哥哥的儿子宇文导以都督的身份镇守原州。宇文泰军令严明,部队一路上秋毫无犯,老百姓都非常高兴。部队出了木狭关之后,遇到了厚达二尺的大雪,宇文泰仍然带着队伍日夜兼程,要给侯莫陈悦来个出其不意。侯莫陈悦听到消息之后,退到略阳进行防守,留下一万人留守水洛城。宇文泰一到,水洛城的守军就投降了。宇文泰派遣几百名轻骑兵直扑略阳,侯莫陈悦又撤退到上邽据守,召李弼来和他一道抵御宇文泰。李弼知道侯莫陈悦肯定会失败,暗中派遣使者到宇文泰那里,请求做内应。侯莫陈悦又放弃了州城,向南撤往山中险要的地方自保。李弼对侯莫陈悦的部属说:"侯莫陈公打算返回秦州,你们这些人为什么还不整理行装?"

弼妻,悦之姨也,众咸信之,争趣上邽。弼先据城门以安集之,遂举城降泰,泰即以弼为秦州刺史。其夜,悦出军将战,军自惊溃。悦性猜忌,既败,不听左右近己,与其二弟并子及谋杀岳者七八人弃军迸走。数日之中,槃桓往来,不知所趣。左右劝向灵州依曹泥,悦从之,自乘驴,令左右皆步从,欲自山中趣灵州。宇文泰使原州都督贺拔颖追之。悦望见追骑,缢死于野。

泰入上邽,引薛憕为记室参军。收悦府库,财物山积,泰秋毫不取,皆以赏士卒。左右窃一银瓮以归,泰知而罪之,即剖赐将士。

悦党豳州刺史孙定兒据州不下,有众数万。泰遣都督中山刘亮袭之。定兒以大军远,不为备。亮先竖一纛于近城高岭,自将二十骑驰入城。定兒方置酒,众猝见亮至,骇愕不知所为。亮麾兵斩定兒,遥指城外纛,命二骑曰:"出召大军!"城中皆慑服,莫敢动。

先是,故氐王杨绍先乘魏乱逃归武兴,复称王。凉州刺史李叔仁为其民所执,氐、羌、吐谷浑所在蜂起,自南岐至瓜、鄯,跨州据郡者不可胜数。宇文泰令李弼镇原州,夏州刺史拔也恶蚝镇南秦州,渭州刺史可朱浑道元镇渭州,卫将军赵贵行秦州事,征豳、泾、东秦、岐四州之粟以给军。杨绍先惧,称藩,送妻子为质。

李弼的妻子，是侯莫陈悦的姨妈，大家都相信李弼的话，争相赶往上邽。李弼抢先占据了城门来安定人心，随后带着全城军民投降了宇文泰，宇文泰立即任命李弼为秦州刺史。当天晚上，侯莫陈悦派出队伍准备迎战，但士兵们却惊慌溃逃了。侯莫陈悦生性猜疑，打了败仗之后，不敢让手下的人靠近自己，而和两个弟弟，还有儿子以及谋杀贺拔岳的人，一共七八个人，抛弃大队人马逃跑。他们好几天转来转去，不知道去哪里才好。身边的人劝他到灵州去依附曹泥，侯莫陈悦答应了，他自己骑上驴子，命令手下的人都徒步跟随，打算穿过山路赶往灵州。宇文泰派原州都督贺拔颖在后面追赶。侯莫陈悦望见追来的骑兵，就在荒野之中上吊自杀了。

宇文泰进入上邽，招引薛憕担任记室参军。收缴侯莫陈悦的府库，财物堆积如山，宇文泰自己一点也不要，都用来犒赏士兵。身边的人窃取了一只银瓮回来，宇文泰知道后便处罚了他，随即将银瓮剖开分赐给了将士。

侯莫陈悦的同党豳州刺史孙定兒占据着该州还没被攻克，他手下拥有几万人马。宇文泰派都督中山人刘亮去袭击孙定兒。孙定兒以为宇文泰的军队离自己还远，没做防备。刘亮先在靠近州城的山头上竖起一杆大旗，自己带领二十名骑兵飞奔进城。孙定兒正在摆酒宴，参加酒宴的下属突然看见刘亮杀到，又惊又怕，手足无措。刘亮指挥士兵砍杀了孙定兒，然后遥指城外的大旗，命令两位骑兵道："出城去叫大部队进来！"城中的守军都被震服，没有一个人敢乱动。

在此之前，旧日的氐王杨绍先乘北魏混乱之机逃回了武兴，再次称王。凉州刺史李叔仁被他管辖的百姓捉住以后，氐、羌、吐谷浑在各自的聚居地区纷纷反叛，从南岐一直到瓜、鄯地区，跨州连郡的数不胜数。宇文泰命令李弼镇守原州，夏州刺史拔也恶蚝镇守南秦州，渭州刺史可朱浑道元镇守渭州，卫将军赵贵代理秦州的事务，征收豳、泾、东秦、岐四个州的粮食来供给军队。杨绍先惧怕了，向宇文泰称藩属，送来妻子和儿子作为人质。

　　夏州长史于谨言于泰曰："明公据关中险固之地,将士骁勇,土地膏腴。今天子在洛,迫于群凶,若陈明公之恳诚,算时事之利害,请都关右,挟天子以令诸侯,奉王命以讨暴乱,此桓、文之业,千载一时也!"泰善之。

　　丞相欢闻泰定秦、陇,遣使甘言厚礼以结之。泰不受,封其书,使都督济北张轨献于魏主。斛斯椿问轨曰："高欢逆谋,行路皆知之。人情所恃,唯在西方。未知宇文何如贺拔?"轨曰："宇文公文足经国,武能定乱。"椿曰："诚如君言,真可恃也。"

　　魏主命泰发二千骑镇东雍州,助为势援,仍命泰稍引军而东。泰以大都督武川梁御为雍州刺史,使将步骑五千前行。先是,丞相欢遣其都督太安韩轨将兵一万据蒲坂以救侯莫陈悦,雍州刺史贾显度以舟迎之。梁御见显度,说使从泰,显度即出迎御,御入据长安。

　　魏主以泰为侍中、骠骑大将军、开府仪同三司、关西大都督、略阳县公,承制封拜。泰乃以寇洛为泾州刺史,李弼为秦州刺史,前略阳太守张献为南岐州刺史。南岐州刺史卢待伯不受代,泰遣轻骑袭而擒之。

　　侍中封隆之言于丞相欢曰："斛斯椿等今在京师,必构祸乱。"隆之与仆射孙腾争尚魏主妹平原公主,公主归隆之,腾泄其言于椿,椿以白帝。隆之惧,逃还乡里,欢召

夏州长史于谨对宇文泰说："您占据了关中险要坚固的地方，将士们骁勇善战，土地肥沃富饶。现在天子在洛阳，受到一群凶恶之徒的胁迫，如果向他陈述您的诚恳，讲明时事对他的利害关系，请他将都城迁到关右，这样您就可以挟天子而令诸侯，禀承皇上的诏谕来讨伐叛乱，这是齐桓公、晋文公那样的大业，是千载难逢的好机会啊！"宇文泰同意他的看法。

丞相高欢听说宇文泰平定了秦、陇地区，就派遣使者用动听的言语和丰厚的礼物来结交宇文泰。宇文泰没有接受，把高欢送来的书信封好，就派遣都督济北人张轨去献给孝武帝。斛斯椿问张轨说："高欢的叛逆图谋，路人皆知。现在众望所归的，只有西边的宇文泰了。不知道宇文泰与贺拔岳相比怎么样？"张轨回答说："宇文公论文才足以治理国家，论武略能够平定叛乱。"斛斯椿说道："如果确实像你所说的那样，就真的可以依靠宇文泰了。"

北魏孝武帝命令宇文泰派出两千名骑兵镇守东雍州，造成援助京师的态势，又命令宇文泰率领部队逐渐向东移动。宇文泰任命大都督武川人梁御为雍州刺史，让他带着五千名步兵与骑兵向前推进。在此之前，丞相高欢派他的都督太安人韩轨率领一万人马占据蒲坂以救援侯莫陈悦，雍州刺史贾显度用船来接他。梁御见到贾显度，便劝说他跟随宇文泰，贾显度立即出城迎接梁御，梁御进城占领了长安。

孝武帝任命宇文泰为侍中、骠骑大将军、开府仪同三司、关西大都督、略阳县公，可以按照皇帝授权封官拜爵。宇文泰于是任命寇洛为泾州刺史，李弼为秦州刺史，前略阳太守张献为南岐州刺史。南岐州刺史卢待伯不接受由张献替代他的职务，宇文泰便派轻装骑兵去突袭并活捉了他。

侍中封隆之对丞相高欢说道："斛斯椿等人如今在京城，必定会造成祸乱。"封隆之曾经与仆射孙腾争着要娶孝武帝的妹妹平原公主，公主嫁给了封隆之，孙腾便把他的话透露给斛斯椿，斛斯椿又告诉了孝武帝。封隆之害怕了，逃回了家乡，高欢召

隆之诣晋阳。会腾带仗入省，擅杀御史，惧罪，亦逃就欢。领军娄昭辞疾归晋阳。帝以斛斯椿兼领军，改置都督及河南、关西诸刺史。华山王鸷在徐州，欢使大都督邸珍夺其管钥。建州刺史韩贤，济州刺史蔡俊，皆欢党也。帝省建州以去贤，使御史举俊罪，以汝阳王叔昭代之。欢上言："俊勋重，不可解夺。汝阳懿德，当受大藩。臣弟永宝，猥任定州，宜避贤路。"帝不听。五月丙子，魏主增置勋府庶子，厢别六百人，又增骑官，厢别二百人。

　　魏主欲伐晋阳，辛卯，下诏戒严，云"欲自将伐梁"。发河南诸州兵大阅于洛阳。南临洛水，北际邙山，帝戎服与斛斯椿临观之。六月丁巳，魏主密诏丞相欢，称："宇文黑獭、贺拔胜颇有异志，故假称南伐，潜为之备。王亦宜共为形援。读讫燔之。"欢表以为："荆、雍将有逆谋，臣今潜勒兵马三万，自河东渡，又遣恒州刺史库狄干等将兵四万自来违津渡，领军将军娄昭等将兵五万以讨荆州，冀州刺史尉景等将山东兵七万、突骑五万以讨江左，皆勒所部，伏听处分。"帝知欢觉其变，乃出欢表，命群臣议之，欲止欢军。欢亦集并州僚佐共议，还以表闻，仍云："臣为嬖佞所间，陛下一旦赐疑。臣若敢负陛下，使身受天殃，子孙殄绝。陛下若垂信赤心，使干戈不动，佞臣一二人愿斟量废出。"

封隆之到晋阳。恰好孙腾由于带着兵器闯入宫禁之中,擅自杀死了御史,畏罪而逃,也到了高欢那里。领军娄昭以生病为由回到了晋阳。孝武帝派斛斯椿兼任领军,改换了都督以及河南、关西的各位刺史。华山王元鸷在徐州,高欢派遣大都督邸珍去夺了他的城门钥匙。建州刺史韩贤、济州刺史蔡儁都是高欢的党羽。孝武帝用撤销建州的办法将韩贤免职,叫御史检举蔡儁的罪状,让汝阳王元叔昭取代了他。高欢向孝武帝上书说:"蔡儁功勋卓著,不可以解除剥夺他的职位。汝阳王有美德,应当封他大的藩国。我的弟弟高永宝滥竽充数,担任定州刺史,应该避让开,进用有才能的人。"孝武帝拒不采纳。五月丙子这天,孝武帝增设了勋府庶子,每厢各有六百人,又增设了骑官,每厢各有二百人。

孝武帝想要讨伐晋阳,辛卯(初十),颁发诏书命令戒严,宣称"要亲自带兵讨伐梁国"。他征调河南各州的兵马,在洛阳进行大规模的阅兵。阅兵场南临洛水,北抵邙山,孝武帝身穿军装,与斛斯椿一道亲临检阅。六月丁巳(初六),孝武帝向丞相高欢下达密诏,称:"宇文黑獭、贺拔胜颇有叛变篡位的意图,所以我借口说要讨伐南方,实际上是暗暗防备宇文黑獭、贺拔胜。您也应该一同做出增援的样子。读后请将诏书烧掉。"高欢奏上章表给孝武帝,认为:"荆州、雍州将有叛逆阴谋,我现在暗中带领三万兵马从黄河东渡,再派遣恒州刺史库狄干等人带领四万兵马从来违津渡河,领军将军娄昭等人带领五万兵马讨伐荆州,冀州刺史尉景等人带领七万山东兵、五万惯于冲锋陷阵的精锐骑兵讨伐江东,我们都率领自己的部众,恭敬地听候您的安排。"孝武帝知道高欢已经觉察出有问题,就拿出高欢的奏章,叫大臣们商议,想要制止高欢出兵。高欢也召集并州的幕僚官佐共同商议,再次呈递奏章,仍然说:"我受到奸佞之臣的离间,陛下一时对我有了怀疑。我要是胆敢辜负陛下,就让我遭受天降的灾祸,而且断子绝孙。陛下如果相信我的赤胆忠心,免动干戈,那一两个奸臣,我希望您能考虑把他们赶出去。"

　　丁卯，帝使大都督源子恭守阳胡，汝阳王暹守石济，又以仪同三司贾显智为济州刺史，帅豫州刺史斛斯元寿东趣济州。元寿，椿之弟也。蔡隽不受代，帝愈怒。辛未，帝复录洛中文武议意以答欢，且使舍人温子昇为敕赐欢曰："朕不劳尺刃，坐为天子，所谓生我者父母，贵我者高王。今若无事背王，规相攻讨，则使身及子孙，还如王誓。近虑宇文为乱，贺拔应之，故戒严，欲与王俱为声援。今观其所为，更无异迹。东南不宾，为日已久，今天下户口减半，未宜穷兵极武。朕既暗昧，不知佞人为谁。顷高乾之死，岂独朕意！王忽对昂言兄枉死，人之耳目何易可轻！如闻库狄干语王云：'本欲取懦弱者为主，无事立此长君，使其不可驾御。今但作十五日行，自可废之，更立馀者。'如此议论，自是王间勋人，岂出佞人之口！去岁封隆之叛，今年孙腾逃去，不罪不送，谁不怪王！王若事君尽诚，何不斩送二首！王虽启云西去，而四道俱进，或欲南度洛阳，或欲东临江左，言之者犹应自怪，闻之者宁能不疑！王若晏然居北，在此虽有百万之众，终无图彼之心；王若举旗南指，纵无匹马只轮，犹欲奋空拳而争死。朕本寡德，王已立之，百姓无知，或谓实可。若为他人所图，则彰朕之恶。假令还为王杀，幽辱齑粉，

丁卯(十六日),孝武帝派大都督源子恭镇守阳胡,汝阳王元暹镇守石济,又任命仪同三司贾显智为济州刺史,带领豫州刺史斛斯元寿向东赶往济州。斛斯元寿是斛斯椿的弟弟。蔡儁拒不接受让别人替代自己,孝武帝更加恼怒。辛未(二十日),孝武帝再次整理出洛阳文武官员的意见答复高欢,并且让舍人温子昇起草诏书送给高欢,说:"我连短刀都不用动一下,坐着就成为了天子,真可以说生我的是父母,而使我尊贵的却是高王您。我现在如果无缘无故背叛您,打算讨伐您,那么也让我和我的子孙,无不遭受到上天降临的灾难,跟您的誓言中说的一样。近来由于担心宇文泰犯上作乱,以及贺拔胜响应他,所以戒严,想和您相互声援。如今观察他们的所作所为,没有一点异常的迹象。东南方不服从我们,已经持续很久了,如今天下的户口减少了一半,所以不宜穷兵黩武。我很愚昧,所以不知道您说的奸臣是谁。不久前高乾之死,难道只是我的意思吗?您突然对高昂说他的兄长蒙冤而死,人的眼睛与耳朵怎么会轻易被欺骗呢?好像听库狄干对您讲过:'本来想找一个懦弱无能的人当皇帝,却无端立了这样一个年长的国君,弄得无法驾驭他。现在只需出兵十五日,自然就可以废掉他,从其他人中再立一位。'像这样的议论,本来出自您那边的亲近勋贵,哪里会出自我身边的奸臣之口呢?去年封隆之叛变,今年孙腾逃去,您不惩处他们,也不把他们送交回来,对此哪个人能不怪您!您要是事奉君主竭尽忠诚,为什么不斩了这两个人,把首级送给我呢?您虽然在奏章中声称要往西攻打宇文泰,而实际上却四路并进,有的想要南渡黄河到洛阳,有的想要东临江东,说这些话的人尚且应该自己感到奇怪,听的人怎么能不怀疑呢?您要是静静地呆在北方,我在这里即使拥有百万大军,最终也不会有算计您的心思;您要是举旗南指,我纵然没有一匹马一只车轮,也还打算赤手空拳争斗到死。我本来没有什么仁德,您已经立了我做皇帝,百姓们无知,有的人还认为我完全够格。我要是被别人算计,那就显出我是有罪恶的。假使我最终还是被您杀死,哪怕我受尽污辱,粉身碎骨,

了无遗恨。本望君臣一体,若合符契,不图今日分疏至此!"

中军将军王思政言于魏主曰:"高欢之心,昭然可知。洛阳非用武之地,宇文泰乃心王室,今往就之,还复旧京,何虑不克?"帝深然之,遣散骑侍郎河东柳庆见泰于高平,共论时事。泰请奉迎舆驾,庆复命,帝复私谓庆曰:"朕欲向荆州何如?"庆曰:"关中形胜,宇文泰才略可依。荆州地非要害,南迫梁寇,臣愚未见其可。"帝又问阁内都督宇文显和,显和亦劝帝西幸。时帝广征州郡兵,东郡太守河东裴侠帅所部诣洛阳,王思政问曰:"今权臣擅命,王室日卑,奈何?"侠曰:"宇文泰为三军所推,居百二之地,所谓己操戈矛,宁肯授人以柄。虽欲投之,恐无异避汤入火也。"思政曰:"然则如何而可?"侠曰:"图欢有立至之忧,西巡有将来之虑。且至关右徐思其宜耳。"思政然之,乃进侠于帝,授左中郎将。

初,丞相欢以为洛阳久经丧乱,欲迁都于邺。帝曰:"高祖定鼎河、洛,为万世之基。王既功存社稷,宜遵太和旧事。"欢乃止。至是复谋迁都,遣三千骑镇建兴,益河东及济州兵,拥诸州和籴粟,悉运入邺城。帝又敕欢曰:"王若厌伏人情,杜绝物议,唯有归河东之兵,罢建兴之戍,送相州之粟,

也没有一丝一毫的遗憾。本希望我们君臣能成为一体，犹如符信那样吻合，想不到如今相互之间分离、疏远竟到了这种地步！"

中军将军王思政对孝武帝说："高欢的野心，明明白白谁都知道。洛阳不是英雄用武的地方，宇文泰是尽忠皇室的，现在将朝廷迁到他那儿去，回头再光复旧都，还怕不能成功吗？"孝武帝很赞同他的话，便派遣散骑侍郎河东人柳庆到高平去见宇文泰，一同讨论时事。宇文泰请求迎接孝武帝来关中，柳庆回到洛阳回复了使命，孝武帝又私下对柳庆说："我想到荆州去，你看怎么样？"柳庆回答说："关中地势险要，宇文泰的才能谋略是可以依靠的。荆州所处不是要害之地，南面又靠近梁国，依我愚见，看不出去荆州有什么适宜之处。"孝武帝又征求阁内都督宇文显和的意见，宇文显和也劝说孝武帝西去。这时，孝武帝广泛征招各州郡兵马，东郡太守河东人裴侠率领部属到达洛阳，王思政问他说："如今权臣专断独行，皇室日趋卑弱，该怎么办呢？"裴侠回答说："宇文泰被三军推戴，占据着以两万人就足以抵挡百万人的险固之地，这正像人们所说的那样，自己手持戈矛，哪肯让别人抓住把柄呢？所以，即使想要去投靠他，恐怕也无异于躲避了沸水而又掉进火坑。"王思政又问道："那么怎样做才合适呢？"裴侠说道："算计高欢则会有近忧，到西部去则会有远愁。还是暂且先去关西地区，再慢慢想一个合适的办法吧。"王思政赞同裴侠的说法，于是把他推荐给了孝武帝，孝武帝任命他为左中郎将。

当初，丞相高欢认为洛阳久经兵火战乱，想要把国都迁到邺城去。孝武帝说道："高祖定都河、洛地区，开创万代的基业。高王您既然为国家建功立业，就应该遵照太和年间的旧制办事。"高欢这才放弃了迁都这一念头。到了这个时候，他又一次谋划迁都，派遣了三千名骑兵镇守建兴，又增加了河东以及济州的兵马，掌握了各个州购进的粮食，一袋不剩都运进了邺城。孝武帝又给高欢颁下敕书说道："高王您要是想平服人心，杜绝众人的非议，只有撤回河东的兵马，停止在建兴驻军，送回相州的粮食，

追济州之军，使蔡儁受代，邸珍出徐，止戈散马，各事家业，脱须粮廪，别遣转输。则谗人结舌，疑悔不生，王高枕太原，朕垂拱京洛矣。王若马首南向，问鼎轻重，朕虽不武，为社稷宗庙之计，欲止不能。决在于王，非朕能定。为山止篑，相为惜之。"欢上表极言宇文泰、斛斯椿罪恶。

帝以广宁太守广宁任祥兼尚书左仆射，加开府仪同三司。祥弃官走，渡河，据郡待欢。帝乃敕文武官北来者任其去留，遂下制书数欢咎恶，召贺拔胜赴行在所。胜以问太保掾范阳卢柔，柔曰："高欢悖逆，公席卷赴都，与决胜负，死生以之，上策也。北阻鲁阳，南并旧楚，东连兖、豫，西引关中，带甲百万，观衅而动，中策也。举三荆之地，庇身于梁，功名皆去，下策也。"胜笑而不应。

帝以宇文泰兼尚书仆射，为关西大行台，许妻以冯翊长公主，谓泰帐内都督秦郡杨荐曰："卿归语行台，遣骑迎我。"以荐为直阁将军。泰以前秦州刺史骆超为大都督，将轻骑一千赴洛，又遣荐与长史宇文测出关候接。

丞相欢召其弟定州刺史琛使守晋阳，命长史崔暹佐之。暹，挺之族孙也。欢勒兵南出，告其众曰："孤以尔朱擅命，建大义于海内，奉戴主上，诚贯幽明。横为斛斯椿谗构，以忠为逆。今者南迈，诛椿而已。"以高敖曹为前锋。

追回济州的军队,让蔡儁同意由别人取代他的职务,让邸珍离开徐州,放下武器,解散兵马,每个人从事自家的生产,如果需要粮食,另外派人转送。这样,说坏话的人就无话可说,君臣也不再有怀疑和悔恨,高王您在太原可以高枕无忧,我在京城洛阳也可以垂衣拱手而治了。你要是挥师南下,想觊觎皇位,我虽然在战争方面没有什么才能,但是为国家、宗庙考虑,我就是想罢休也不可能。决定权在您那里,而不是我能决定的。缺了最后一筐土,山也不成一座山,咱们一起珍惜吧。"高欢向孝武帝递送奏表,竭力陈说宇文泰、斛斯椿的罪恶。

孝武帝任命广宁太守广宁人任祥兼尚书左仆射,加授开府仪同三司。任祥弃官逃走,渡过黄河,占据郡城等高欢前来。于是孝武帝下敕规定文武百官中凡是来自北方的可以任意离开或者留下,在另一份制书中又历数高欢的罪恶,召贺拔胜赶赴京城。贺拔胜向太保掾范阳人卢柔询问计策,卢柔说:"高欢倒行逆施,您率领大军赶赴都城,与他一决胜负,生死全都在此一举,这是上策。在北面控扼鲁阳,在南面吞并从前的楚国土地,在东面联合兖州、豫州,在西面与关中结好,集结百万人马,窥伺可乘之机而行动,这是中策。把三荆之地作为资本,投靠梁国,使自己的功业名誉全都丧失,这是下策。"贺拔胜笑了笑,没回答。

孝武帝任命宇文泰兼尚书仆射,出任关西大行台,还答应将冯翊长公主许配给他做妻子,他对宇文泰的帐内都督秦郡人杨荐说:"你回去告诉你们行台,让他派骑兵来接我。"任命杨荐为直阁将军。宇文泰任命原秦州刺史骆超为大都督,率一千轻装骑兵前往洛阳,又派杨荐与长史宇文测一起到关外迎候孝武帝。

丞相高欢召来他的弟弟定州刺史高琛,让他镇守晋阳,命长史崔暹辅佐他。崔暹是崔挺的族孙。高欢率领部队向南方进发,告诉部众说:"我因为尔朱氏擅自发号施令,不受朝廷节制,所以在海内伸张正义,拥戴皇上,一片真心贯通天地。却意外遭到斛斯椿的谗言陷害,我的忠诚,却被他们视为叛逆。现在我们向南方进军,不过是要杀掉斛斯椿而已。"他任命高敖曹为先锋官。

宇文泰亦移檄州郡，数欢罪恶，自将大军发高平，前军屯弘农。贺拔胜军于汝水。

秋七月己丑，魏主亲勒兵十馀万屯河桥，以斛斯椿为前驱，陈于邙山之北。椿请帅精骑二千夜渡河掩其劳弊。帝始然之，黄门侍郎杨宽说帝曰："高欢以臣伐君，何所不至！今假兵于人，恐生他变。椿若渡河，万一有功，是灭一高欢，生一高欢矣。"帝遂敕椿停行。椿叹曰："顷荧惑入南斗，今上信左右间构，不用吾计，岂天道乎！"宇文泰闻之，谓左右曰："高欢数日行八九百里，此兵家所忌，当乘便击之。而主上以万乘之重，不能渡河决战，方缘津据守。且长河万里，捍御为难，若一处得渡，大事去矣。"即以大都督赵贵为别道行台，自蒲坂济，趣并州，遣大都督李贤将精骑一千赴洛阳。

帝使斛斯椿与行台长孙稚、大都督颍川王斌之镇虎牢，行台长孙子彦镇陕，贾显智、斛斯元寿镇滑台。斌之，鉴之弟。子彦，稚之子也。欢使相州刺史窦泰趣滑台，建州刺史韩贤趣石济。窦泰与显智遇于长寿津，显智阴约降于欢，引军退。军司元玄觉之，驰还，请益师，帝遣大都督侯几绍赴之，战于滑台东，显智以军降，绍战死。北中郎将田怙为欢内应，欢潜军至野王，帝知之，斩怙。欢至河北十馀里，再遣使口申诚款，帝不报。丙午，欢引军渡河。

宇文泰也向各州郡传布声讨文书，一一列举高欢的罪恶，并且亲自带领大军由高平进发，先头部队屯驻在弘农。贺拔胜的军队驻扎在汝水。

秋季七月己丑（初九），北魏孝武帝亲自率领十万兵马屯驻在河桥，任命斛斯椿为先锋，在邙山以北布下战阵。斛斯椿请求率领精锐骑兵两千名在夜间渡过黄河，袭击疲劳困乏的敌军。孝武帝开始同意他的计划，但黄门侍郎杨宽劝告孝武帝说："高欢以臣子的身份讨伐君王，还有什么做不出的事！现在把兵马授予他人，恐怕会发生其他的变故。如果斛斯椿渡过河去，万一有功的话，那就会消灭了一个高欢，又生出一个新的高欢。"孝武帝于是命令斛斯椿停止行动。斛斯椿叹息道："近来火星进入南斗，现在皇上听信身边人的挑拨离间，不采用我的计策，难道是天意吗？"宇文泰得知此事后，对身边的部下说："高欢几天之内行军八九百里路，这是兵家所忌讳的，应当趁这个机会攻击他。而皇上以万乘之尊，却不能渡河决战，正沿着渡口防守。况且长河万里，防御困难，如果高欢的军队从一个地方渡过河来，那大事就完了。"于是他任命大都督赵贵为别道行台，从蒲坂渡河，直扑并州，又派大都督李贤率领一千名精锐骑兵赶往洛阳。

孝武帝派斛斯椿与行台长孙稚、大都督颍川王元斌之镇守虎牢，派行台长孙子彦镇守陕城，派贾显智、斛斯元寿镇守滑台。元斌之是元鉴的弟弟。长孙子彦是长孙稚的儿子。高欢命令相州刺史窦泰向滑台进军，建州刺史韩贤向石济进军。窦泰与贾显智在长寿津相遇，贾显智暗中与窦泰约定投降高欢，带部队撤退了。军司元玄觉察出不对头，飞马奔回，请求增派部队，孝武帝派遣大都督侯几绍赶到那里，在滑台以东与窦泰交战，贾显智领着他的人马投降了，侯几绍战死。北中郎将田怙充当高欢的内应，高欢秘密进军到野王的时候，孝武帝知道了实情，杀掉了田怙。高欢到达黄河北岸十馀里的地方，再次派遣使者当面向孝武帝申明他的诚意，孝武帝不做答复。丙午（二十六日），高欢带领部队渡过了黄河。

　　魏主问计于群臣,或欲奔梁,或云南依贺拔胜,或云西就关中,或云守洛口死战,计未决。元斌之与斛斯椿争权,弃椿还,绐帝云:"高欢兵已至!"丁未,帝遣使召椿还,遂帅南阳王宝炬、清河王亶、广阳王湛以五千骑宿于瀍西,南阳王别舍沙门惠臻负玺持千牛刀以从。众知帝将西出,其夜,亡者过半,亶、湛亦逃归。湛,深之子也。武卫将军云中独孤信单骑追帝,帝叹曰:"将军辞父母,捐妻子而来,'世乱识忠臣',岂虚言也!"戊申,帝西奔长安,李贤遇帝于崤中。己酉,欢入洛阳,舍于永宁寺,遣领军娄昭等追帝,请帝东还。长孙子彦不能守陕,弃城走。高敖曹帅劲骑追帝至陕西,不及。帝鞭马长骛,糗浆乏绝,三二日间,从官唯饮涧水。至湖城,有王思村民以麦饭壶浆献帝。帝悦,复一村十年。至稠桑,潼关大都督毛鸿宾迎献酒食,从官始解饥渴。

　　八月甲寅,丞相欢集百官谓曰:"为臣奉主,匡救危乱,若处不谏争,出不陪从,缓则耽宠争荣,急则委之逃窜,臣节安在!"众莫能对。兼尚书左仆射辛雄曰:"主上与近习图事,雄等不得预闻。及乘舆西幸,若即追随,恐迹同佞党;留待大王,又以不从蒙责,雄等进退无所逃罪。"欢曰:"卿等备位大臣,当以身报国。群佞用事,卿等尝有一言谏争乎?

孝武帝向各位大臣询问对策，有人想投奔梁朝，有人提出向南去依附贺拔胜，有人说西去关中，有人说坚守洛口死战，计策定不下来。元斌之与斛斯椿争夺权力，丢下斛斯椿跑回来，欺骗孝武帝说："高欢的兵马已经到了！"丁未（二十七日），孝武帝派遣使者速召斛斯椿回来，于是就率领南阳王元宝炬、清河王元亶、广阳王元湛，带五千名骑兵在瀍水以西宿营，寄居在南阳王别第的出家人惠臻背着玉玺，手持千牛刀跟随。大家都知道孝武帝打算西去，这一天夜里，逃亡的人超过一半，清河王元亶、广阳王元湛也逃回去了。元湛是元深的儿子。武卫将军云中人独孤信单枪匹马追赶孝武帝，孝武帝感叹地说道："将军辞别父母，舍弃妻子儿女而来，'世乱识忠臣'，这话不假！"戊申（二十八日），孝武帝向西奔向长安，李贤在崤县境内遇见孝武帝。己酉（二十九日），高欢进入洛阳，住在永宁寺，派遣领军娄昭等人追赶孝武帝，请他东还。长孙子彦没能守住陕城，弃城逃跑了。高敖曹率领着强劲的骑兵追赶孝武帝一直到陕城以西，但没有赶上。孝武帝鞭打着马长时间地奔驰，干粮和水都吃喝光了，两三天里，跟随孝武帝的官员只能喝山涧的水。到了湖城，才有王思村的村民献给孝武帝麦饭与酒水。孝武帝感到很高兴，免除了这个村庄十年的赋税徭役。到了稠桑，潼关大都督毛鸿宾前来迎接，送上了酒与食物，跟随孝武帝的官员才解除了饥渴。

八月甲寅（初四），丞相高欢召集文武百官，对他们说道："做臣子要侍奉皇上，解救危难混乱，假如在位而不进谏争辩，皇上出门而不陪同跟随，局势平缓就一心争宠求荣，局势危急就丢了皇上自己逃窜，那么，做臣子的气节又在哪里呢？"大家都不能回答。兼尚书左仆射辛雄说道："皇上与他宠信的近臣们制造事端，我们这些人没有参与，并不知情。等到皇上西去的时候，我们要是立即追随，恐怕就与奸党一样了；而留下来等待大王，您又以不追随皇上来责难我们，我们这些人无论是进是退都无法逃脱罪责了。"高欢说道："你们身为大臣，应当以身报国。奸臣们当权的时候，你们当中曾经有人说过一句规劝抗争的话吗？

使国家之事一朝至此，罪欲何归！"乃收雄及开府仪同三司叱列延庆、兼吏部尚书崔孝芬、都官尚书刘廞、兼度支尚书天水杨机、散骑常侍元士弼，皆杀之。孝芬子司徒从事中郎猷间行入关，魏主使以本官奏门下事。欢推司徒清河王亶为大司马，承制决事，居尚书省。

宇文泰使赵贵、梁御帅甲骑二千奉迎。帝循河西行，谓御曰："此水东流，而朕西上，若得复见洛阳，亲诣陵庙，卿等功也。"帝及左右皆流涕。泰备仪卫迎帝，谒见于东阳驿，免冠流涕曰："臣不能式遏寇虐，使乘舆播迁，臣之罪也。"帝曰："公之忠节，著于遐迩。朕以不德，负乘致寇，今日相见，深用厚颜。方以社稷委公，公其勉之！"将士皆呼万岁。遂入长安，以雍州廨舍为宫，大赦，以泰为大将军、雍州刺史，兼尚书令，军国之政，咸取决焉。别置二尚书，分掌机事，以行台尚书毛遐、周惠达为之。时军国草创，二人积粮储，治器械，简士马，魏朝赖之。泰尚冯翊长公主，拜驸马都尉。

先是，荧惑入南斗，去而复还，留止六旬。上以谚云"荧惑入南斗，天子下殿走"，乃跣而下殿以禳之。及闻魏主西奔，惭曰："虏亦应天象邪！"

辛酉，魏丞相欢自追迎魏主。戊辰，清河王亶下制大赦。欢至弘农，九月乙巳，使行台仆射元子思帅侍官迎帝。

使国家大事一下子糟到这种地步，你们还能把罪责推到谁的身上！"说完，就下令逮捕了辛雄以及开府仪同三司叱列延庆、兼吏部尚书崔孝芬、都官尚书刘廞、兼度支尚书天水人杨机、散骑常侍元士弼，将他们都杀了。崔孝芬的儿子司徒从事中郎崔猷走小道进入关中地区，孝武帝让他以本官身份奏闻门下事。高欢推荐司徒、清河王元亶出任大司马，按照皇帝授权决断事务，入居尚书省。

宇文泰派赵贵、梁御率领两千名铁甲骑兵去恭迎孝武帝。孝武帝沿着黄河向西行进，对梁御说："这条河的水向东流，而朕却往西去，如果能够重见洛阳，亲自拜谒皇陵宗庙，那就都是你们的功劳。"说着，孝武帝和他身边的人都流下了眼泪。宇文泰备好了仪仗与卫队迎接孝武帝，在东阳驿参拜孝武帝，宇文泰摘下冠帽流着眼泪说道："我没能遏制住敌寇的残害，致使皇上颠沛流离，这是我的罪过。"孝武帝说道："你的忠诚与节操，远近闻名。朕缺乏足够的德行，身居尊位，结果招致贼寇横行，今天与你相见，实在太惭愧了。我将把国家的重担托付给你，你好好努力吧！"将士们都高呼万岁。孝武帝于是进入长安，将雍州的官署作为宫殿，大赦天下，任命宇文泰为大将军、雍州刺史，兼尚书令，国家的军政大事，都由宇文泰决定。孝武帝还另外设置了两名尚书，分别掌管军机大事，让行台尚书毛遐、周惠达担任。这时，政权草草创建，毛遐、周惠达两人积蓄粮食，制造兵器，精选士卒战马，整个朝廷都依靠着他们。宇文泰娶冯翊长公主，被拜为驸马都尉。

在此之前，火星进入南斗，离开了又返回，共停留了六十天。梁武帝根据谚语所说的"火星入南斗，皇帝下殿走"，因此就赤着脚走下宫殿祈祷消灾。等到听说北魏孝武帝西奔后，梁武帝羞惭地说道："胡虏也应天象呢！"

辛酉（十一日），魏丞相高欢亲自追赶孝武帝，要迎回他。戊辰（十八日），清河王元亶以皇帝名义下制书大赦天下。高欢到弘农，九月乙巳（二十五日），命行台仆射元子思率侍官迎接孝武帝。

己酉,攻潼关,克之,擒毛鸿宾,进屯华阴长城,龙门都督薛崇礼以城降欢。

贺拔胜使长史元颖行荆州事,守南阳,自帅所部西赴关中。至淅阳,闻欢已屯华阴,欲还,行台左丞崔谦曰:"今帝室颠覆,主上蒙尘,公宜倍道兼行,朝于行在,然后与宇文行台同心戮力,唱举大义,天下孰不望风响应! 今舍此而退,恐人人解体,一失事机,后悔何及!"胜不能用,遂还。

欢退屯河东,使行台尚书长史薛瑜守潼关,大都督库狄温守封陵。筑城于蒲津西岸,以薛绍宗为华州刺史,使守之。以高敖曹行豫州事。

欢自发晋阳,至是凡四十启,魏主皆不报。欢乃东还,遣行台侯景等引兵向荆州,荆州民邓诞等执元颖以应景。贺拔胜至,景逆击之。胜兵败,帅数百骑来奔。

魏主之在洛阳也,密遣阁内都督河南赵刚召东荆州刺史冯景昭帅兵入援。兵未及发,魏主西入关。景昭集府中文武议所从,司马冯道和请据州待北方处分。刚曰:"公宜勒兵赴行在所。"久之,更无言者。刚抽刀投地曰:"公若欲为忠臣,请斩道和;如欲从贼,可速见杀!"景昭感悟,即帅众赴关中。侯景引兵逼穰城,东荆州民杨祖欢等起兵应之,以其众邀景昭于路,景昭战败,刚没蛮中。

己酉（二十九日）这一天，攻打潼关并攻下了它，活捉了毛鸿宾，部队进驻到华阴长城，龙门都督薛崇礼率领全城军民投降了高欢。

贺拔胜派长史元颖代理荆州事务，守卫南阳，自己率领所属部队向西赶赴关中。他到了淅阳，听说高欢的军队已经驻扎在华阴，就想退回去，行台左丞崔谦对他说道："现在皇室倾覆，皇上在外蒙受风尘，您应该以加倍的速度日夜行军，到皇上所在的地方进行朝拜，然后与宇文行台同心协力，弘扬大义，那样的话，天下谁不望风而响应呢？如今您舍弃这义举而退却，恐怕人人都会离散而去，一旦失去了时机，后悔怎么来得及？"贺拔胜不肯采纳崔谦的意见，于是率军返回。

高欢退到河东驻扎，他派遣行台尚书长史薛瑜镇守潼关，大都督库狄温镇守封陵。在蒲津西岸修筑一座新城，任命薛绍宗为华州刺史，守卫新城。又让高敖曹代管豫州的事务。

高欢从离开晋阳到这里时，一共呈递了四十份奏章，孝武帝都不做答复。高欢于是东返，派遣行台侯景等人带领兵马进逼荆州，荆州的百姓邓诞等人拘捕了元颖，响应侯景。贺拔胜赶来，侯景迎头痛击。贺拔胜兵败，带领几名骑兵投奔了梁朝。

北魏孝武帝在洛阳的时候，曾秘密派遣阁内都督河南人赵刚征召东荆州刺史冯景昭率领部队来京都洛阳援助。冯景昭的兵马还没来得及出发，孝武帝已向西进入关中了。冯景昭召集府中的文武官员商议应跟随哪一方，司马冯道和建议冯景昭先呆在东荆州不动，等待北方高欢来处理。赵刚却说："您应该带领人马赶赴皇上所在的地方。"过了很久，再也没有一个人说话。赵刚抽出腰刀扔在地上，对冯景昭说道："您要是想做忠臣，请杀掉冯道和；如果想要跟随高欢这个奸贼，可以马上杀掉我！"冯景昭被赵刚的话感动，醒悟过来，立即统率大队人马赶赴关中。侯景率领部队逼近穰城，东荆州的百姓杨祖欢等人拉起武装响应侯景，在路上率众拦腰攻击冯景昭，冯景昭吃了败仗，赵刚逃入蛮夷聚居的地区。

冬十月,丞相欢至洛阳,又遣僧道荣奉表于孝武帝曰:"陛下若远赐一制,许还京洛,臣当帅勒文武,式清宫禁;若返正无日,则七庙不可无主,万国须有所归。臣宁负陛下,不负社稷。"帝亦不答。欢乃集百官耆老,议所立。时清河王亶出入已称警跸,欢丑之,乃托以:"孝昌以来,昭穆失序,永安以孝文为伯考,永熙迁孝明于夹室,业丧祚短,职此之由。"遂立清河世子善见为帝,谓亶曰:"欲立王,不如立王之子。"亶不自安,轻骑南走,欢追还之。丙寅,孝静帝即位于城东北,时年十一。大赦,改元天平。魏宇文泰进军攻潼关,斩薛瑜,虏其卒七千人。还长安,进位大丞相。东魏行台薛脩义等渡河据杨氏壁。魏司空参军河东薛端纠帅村民击却东魏兵,复取杨氏,丞相泰遣南汾州刺史苏景恕镇之。

丁卯,以信武将军元庆和为镇北将军,帅众伐东魏。

庚午,东魏以赵郡王谌为大司马,咸阳王坦为太尉,开府仪同三司高盛为司徒,高敖曹为司空。坦,树之弟也。

丞相欢以洛阳西逼西魏,南近梁境,乃议迁邺。书下三日即行。丙子,东魏主发洛阳,四十万户狼狈就道。收百官马,尚书丞郎已上非陪从者,尽令乘驴。欢留后部分,事毕,

冬季十月,丞相高欢到达洛阳,又派遣僧人道荣呈递一份奏章给孝武帝,说道:"陛下如果在远方恩赐给我们一份诏书,同意返回京城洛阳,我将率领文武百官清扫宫廷恭候您的归来;如果您定不下返回的日子,那么七庙不能没有祭祀的主人,天下邦国必须有所归依。届时,我宁可辜负陛下,也不辜负国家。"孝武帝同样不做答复。高欢于是召集文武百官和元老,商议立谁做皇帝。此时清河王元亶在进出时已跟皇帝一样警戒清道,高欢对此很厌恶,就借口说:"自从孝昌年间以来,宗庙中神主的排列次序开始混乱,永安年间敬宗皇帝只把孝文皇帝尊为伯父,永熙年间皇帝将孝明帝的牌位移到宗庙的夹室当中,近来的皇业丧失,国统短暂,原因就在于继承帝位的人辈分不对。"于是拥立清河王的世子元善见为皇帝,并对元亶说:"要拥立您,还不如拥立您的儿子。"元亶心中不安,单人匹马向南出走,高欢追赶上去把他押了回来。丙寅(十七日),孝静帝元善见在洛阳城东北登上皇位,当时才十一岁。孝静帝下令大赦天下,改年号为天平。西魏宇文泰进军攻打潼关,杀了薛瑜,俘虏了他手下的士兵共七千人。回到长安之后,宇文泰晋升为大丞相。东魏行台薛脩义等人渡过黄河占领了杨氏壁。西魏司空参军河东人薛端纠集村民击退了东魏军队,重新夺取了杨氏壁,丞相宇文泰派遣南汾州刺史苏景恕前去镇守。

丁卯(十八日),梁武帝任命信武将军元庆和为镇北将军,统帅部队讨伐东魏。

庚午(二十一日),东魏任命赵郡王元谌为大司马,咸阳王元坦为太尉,开府仪同三司高盛为司徒,高敖曹为司空。元坦是元树的弟弟。

丞相高欢认为洛阳西距西魏、南距梁朝太近,就提议将国都迁往邺城。文书才颁下三天,迁都一事就开始进行了。丙子(二十七日),东魏孝静帝从洛阳出发,四十万户人家非常狼狈地上路了。朝廷征收了百官的马匹,尚书丞郎以上不是陪伴随同孝静帝的,都被命令骑驴。高欢留下来部署有关事宜,事情结束后,

还晋阳。改司州为洛州，以尚书令元弼为洛州刺史，镇洛阳。以行台尚书司马子如为尚书左仆射，与右仆射高隆之、侍中高岳、孙腾留邺，共知朝政。诏以迁民赀产未立，出粟一百三十万石以赈之。

十一月，兖州刺史樊子鹄据瑕丘以拒东魏，南青州刺史大野拔帅众就之。庚寅，东魏主至邺，居北城相州之廨，改相州刺史为司州牧，魏郡太守为魏尹。是时，六坊之众从孝武帝西行者不及万人，馀皆北徙，并给常廪，春秋赐帛以供衣服，乃于常调之外，随丰稔之处，折绢籴粟以供国用。

十二月，魏丞相泰遣仪同李虎、李弼、赵贵击曹泥于灵州。

魏孝武帝复与丞相泰有隙。帝饮酒遇鸩而殂。泰奉太宰南阳王宝炬而立之。

东魏高敖曹、侯景兵至荆州，魏荆州刺史独孤信兵少，不敌，与都督杨忠皆来奔。

大同元年春正月戊申朔，魏文帝即位于城西，大赦，改元大统。

魏渭州刺史可朱浑道元先附侯莫陈悦，悦死，丞相泰攻之，不能克，与盟而罢。道元世居怀朔，与东魏丞相欢善，又母兄皆在邺，由是常与欢通。泰欲击之，道元帅所部三千户西北渡乌兰津抵灵州，灵州刺史曹泥资送至云州。欢闻之，遣资粮迎候，拜车骑大将军。

道元至晋阳，欢始闻孝武帝之丧，启请举哀制服。东魏主使群臣议之，太学博士潘崇和以为："君遇臣不以礼，

回到了晋阳。朝廷将司州改名为洛州，任命尚书令元弼为洛州刺史，镇守洛阳。任命行台尚书司马子如为尚书左仆射，与右仆射高隆之、侍中高岳、孙腾一起留在邺城，共同主持朝廷政务。孝静帝颁下诏书，考虑到移民因为搬迁，资产不能马上复原，特地拨出一百三十万石粮食来赈济他们。

十一月，兖州刺史樊子鹄占据了瑕丘来抗拒东魏，南青州刺史大野拔率领人马去投奔了他。庚寅（十一日），东魏孝静帝到达邺城，居住在北城的相州官署，把相州刺史改称为司州牧，魏郡太守改称为魏尹。这时，分为六坊的警卫部队中跟随孝武帝西去的不到一万人，其余的都被迁到北方，常年都供给他们俸禄，春秋两季赐给丝帛给他们做衣服用，因此，除了定额赋调之外，在那些年成好的地区，朝廷还将绸缎折价买进粮食供国家使用。

十二月，西魏丞相宇文泰派遣仪同李虎、李弼、赵贵在灵州攻击曹泥。

西魏孝武帝又和宇文泰产生了矛盾。孝武帝喝酒时遇毒身亡。宇文泰尊奉太宰南阳王元宝炬为皇帝。

东魏高敖曹、侯景的军队到了荆州，西魏荆州刺史独孤信兵少，抵挡不住，便与都督杨忠一道投奔了梁朝。

大同元年（535）春季正月戊申是初一，西魏文帝在长安城西登上了皇位，下令大赦天下，改年号为大统。

北魏渭州刺史可朱浑道元原先依附侯莫陈悦，侯莫陈悦死后，西魏丞相宇文泰对他发起进攻，没能取胜，便与他订立盟约，停止了军事冲突。可朱浑道元世代居住在怀朔，与东魏丞相高欢关系密切，另外他的母亲、哥哥都在邺城，因此常与高欢交往。宇文泰想攻打他，可朱浑道元率属下的三千户人家从西北渡过乌兰津到达灵州，灵州刺史曹泥出资送他到云州。高欢听到这一消息，便派人准备好粮食、财物前去迎接，拜他为车骑大将军。

可朱浑道元来到晋阳之后，高欢才知道孝武帝已经去世了，他上书孝静帝请求为孝武帝举哀服丧。孝静帝让各位大臣商议这件事，太学博士潘崇和认为："君主如果对臣子不以礼相待，

则无反服,是以汤之民不哭桀,周武之臣不服纣。"国子博士卫既隆、李同轨议以为:"高后于永熙离绝未彰,宜为之服。"东魏从之。

李虎等攻灵州,凡四旬,曹泥请降。

己酉,魏进丞相略阳公泰为都督中外诸军、录尚书事、大行台,封安定王。泰固辞王爵及录尚书,乃封安定公。以尚书令斛斯椿为太保,广平王赞为司徒。

己巳,东魏以丞相欢为相国,假黄钺,殊礼。固辞。

东魏大行台、尚书司马子如帅大都督窦泰、太州刺史韩轨等攻潼关,魏丞相泰军于霸上。子如与轨回军,从蒲津宵济,攻华州。刺史王罴合战,破之,子如等遂引去。

夏四月,元庆和攻东魏城父,丞相欢遣高敖曹帅三万人趣项,窦泰帅三万人趣城父,侯景帅三万人趣彭城,以任祥为东南道行台仆射,节度诸军。

秋七月,魏下诏数高欢二十罪,且曰:"朕将亲总六军,与丞相扫除凶丑。"欢亦移檄于魏,谓宇文黑獭、斛斯椿为逆徒,且言:"今分命诸将,领兵百万,刻期西讨。"

二年春正月甲子,东魏丞相欢自将万骑袭魏夏州,身不火食,四日而至。缚稍为梯,夜入其城,擒刺史斛拔弥俄突。因而用之,留都督张琼将兵镇守,迁其部落五千户以归。

那么臣子就不用再为旧君服丧，所以商汤的百姓不哭吊夏桀，周武王的臣子也不为商纣服丧。"国子博士卫既隆、李同轨也发表议论，认为："高皇后在皇上西奔后没同他正式断绝夫妇关系，应当为死去的皇上服丧。"东魏孝静帝采纳了他们的意见。

李虎等人攻打灵州，前后共四十天，曹泥请求投降。

己酉（初二），西魏晋升丞相略阳公宇文泰为都督中外诸军、录尚书事、大行台，封安定王。宇文泰坚持不接受王爵与录尚书的职务，于是西魏文帝封他为安定公。还任命尚书令斛斯椿为太保，广平王元赞为司徒。

己巳（二十二日），东魏任命丞相高欢为相国，假黄钺，赐以特殊礼遇。高欢坚决推辞不接受。

东魏大行台、尚书司马子如率领大都督窦泰、太州刺史韩轨等人进攻潼关，西魏丞相宇文泰把军队部署在霸上。司马子如与韩轨回军，从蒲津连夜渡过黄河，进攻华州。刺史王罴与东魏军队交战，击败了东魏军队，司马子如等人便带领部队撤退了。

夏季四月，梁朝的元庆和攻打东魏的城父，东魏丞相高欢派遣高敖曹统率三万人马赶往项城，窦泰统率三万人马赶往城父，侯景统率三万人马赶往彭城，任命任祥为东南道行台仆射，统一指挥各路军队。

秋季七月，西魏文帝颁下诏书，列举了高欢的二十条罪行，并且声明："朕将亲自统帅六军，与丞相宇文泰一道扫除凶恶的国贼。"高欢也向西魏传布声讨文书，说宇文黑獭、斛斯椿是大逆之徒，并且扬言："现在我将分头命令各位将领，统率百万人马，约定日期西讨逆贼。"

二年（536）春季正月甲子（二十二日），东魏丞相高欢亲自率领一万名骑兵袭击西魏的夏州，一路上不生火做饭，仅用了四天便赶到了。他们将长矛绑起来结成云梯，连夜攻入城中，活捉了刺史斛拔弥俄突。高欢随后又起用了他，并留下都督张琼领兵镇守夏州，还下令迁移斛拔弥俄突部落中的五千户人家，由自己带着返回晋阳。

魏灵州刺史曹泥复叛降东魏。

秋七月,魏降将贺拔胜等北还。

冬十二月丁丑,东魏丞相欢督诸军伐魏,遣司徒高敖曹趣上洛,大都督窦泰趣潼关。

三年春正月,东魏丞相欢军蒲坂,造三浮桥,欲渡河。魏丞相泰军广阳,谓诸将曰:"贼掎吾三面,作浮桥以示必渡,此欲缀吾军,使窦泰得西入耳。欢自起兵以来,窦泰常为前锋,其下多锐卒,屡胜而骄,今袭之,必克,克泰,则欢不战自走矣。"诸将皆曰:"贼在近,舍而袭远,脱有蹉跌,悔何及也!不如分兵御之。"丞相泰曰:"欢再攻潼关,吾军不出灞上,今大举而来,谓吾亦当自守,有轻我之心。乘此袭之,何患不克!贼虽作浮桥,未能径渡,不过五日,吾取窦泰必矣!"行台左丞苏绰、中兵参军代人达奚武亦以为然。庚戌,丞相泰还长安,诸将意犹异同。丞相泰隐其计,以问族子直事郎中深。深曰:"窦泰,欢之骁将。今大军攻蒲坂,则欢拒守而泰救之,吾表里受敌,此危道也。不如选轻锐潜出小关,窦泰躁急,必来决战,欢持重未即救。我急击,泰必可擒也。擒泰则欢势自沮,回师击之,可以决胜。"丞相泰喜曰:"此吾心也。"乃声言欲保陇右,辛亥,谒魏主而潜军东出。癸丑旦,至小关。窦泰猝闻军至,

西魏的灵州刺史曹泥又叛变投降了东魏。

秋季七月，北魏降将贺拔胜等人离开梁朝返回了北方。

冬季十二月丁丑(十一日)，东魏丞相高欢督率各路军队讨伐西魏，派遣司徒高敖曹赶赴上洛，大都督窦泰赶赴潼关。

三年(537)春季正月，东魏丞相高欢在蒲坂驻扎部队，建造了三座浮桥，准备渡过黄河。西魏丞相宇文泰在广阳驻扎部队，对手下的各位将领说："贼兵从三个方向牵制住我们，又造了浮桥来表明他们一定要渡河，其实他们是想把我军困在这里，使窦泰得以西进罢了。高欢自从起兵以来，窦泰经常充当先锋，他手下的精锐士兵很多，屡战屡胜而变得骄傲起来，我们现在去袭击，肯定能打垮他，而打垮了窦泰，高欢就会不战而自逃。"各位将领都说："贼兵就在近处，我们舍弃近处的敌人而去袭击远处的，假如有个闪失，那就后悔莫及了! 不如分兵抵御他们。"丞相宇文泰又说："高欢第二次攻打潼关时，我军没有离开灞上，现在他们向我们发起大规模的进攻，认为我们还会单纯防御，有轻视我们的意思。趁这个机会袭击他们，还怕不能取胜吗? 贼兵虽然搭起了浮桥，但还不能径直渡河，不超过五天，我肯定能捉住窦泰!"行台左丞苏绰、中兵参军代郡人达奚武也认为宇文泰的话很对。庚戌(十四日)，丞相宇文泰返回长安，各位将领仍有不同意见。丞相宇文泰先不说自己的计谋，而向担任直事郎中的远房侄子宇文深询问对策。宇文深回答说："窦泰是高欢的猛将。如今我们的大军要是攻打蒲坂，高欢坚守不出，窦泰前来救援，那么我们就会腹背受敌，这是危险的打法。不如挑选轻装精锐部队，悄悄地从小关出击，窦泰性子急躁，必定来同我们决战，而高欢老成持重不会马上营救。这样，我们迅速攻击，就一定能够捉住窦泰。捉住了窦泰，那么高欢的攻势就会自然瓦解，我们回师攻击他，就可以取得决定性的胜利。"丞相宇文泰高兴地说道："这说出了我心里的想法。"于是他声称要保住陇右地区，在辛亥(十五日)这天，拜见了西魏文帝后悄悄地带领部队向东出击。癸丑(十七日)早上，到达小关。窦泰突然听说敌军到了，

自风陵渡，丞相泰出马牧泽，击窦泰，大破之。士众皆尽，窦泰自杀，传首长安。丞相欢以河冰薄，不得赴救，撤浮桥而退。仪同代人薛孤延为殿，一日之中斫十五刀折，乃得免。丞相泰亦引军还。

高敖曹自商山转斗而进，所向无前，遂攻上洛。郡人泉岳及弟猛略与顺阳人杜窋等谋翻城应之。洛州刺史泉企知之，杀岳及猛略。杜窋走归敖曹，敖曹以为乡导而攻之。敖曹被流矢，通中者三，殒绝良久，复上马，免胄巡城。企固守旬馀，二子元礼、仲遵力战拒之。仲遵伤目，不堪复战，城遂陷。企见敖曹曰："吾力屈，非心服也。"敖曹以杜窋为洛州刺史。敖曹创甚，曰："恨不见季式作刺史。"丞相欢闻之，即以高季式为济州刺史。

敖曹欲入蓝田关，欢使人告曰："窦泰军没，人心恐动，宜速还。路险贼盛，拔身可也。"敖曹不忍弃众，力战全军而还。以泉企、泉元礼自随，泉仲遵以伤重不行。企私戒二子曰："吾馀生无几，汝曹才器足以立功，勿以吾在东，遂亏臣节。"元礼于路逃还。魏以元礼世袭洛州刺史。

夏五月，魏以贺拔胜为太师。
秋七月，独孤信北还，与杨忠皆至长安。
魏宇文深劝丞相泰取恒农。八月丁丑，泰帅李弼等十二将伐东魏，以北雍州刺史于谨为前锋，攻盘豆，拔之。戊子，至恒农，庚寅，拔之，擒东魏陕州刺史李徽伯，俘其战士八千。

就从风陵渡过黄河,丞相宇文泰由马牧泽出兵,攻击窦泰,彻底击败了他。窦泰全军覆没,就自杀了,首级被送到了长安。东魏丞相高欢由于黄河上的冰太薄,无法过河赶去救援,只好拆除浮桥撤退。仪同代郡人薛孤延为全军殿后,一天之内砍坏了十五把战刀,才得以撤还。西魏丞相宇文泰也率军返回。

高敖曹从商山一路转战进击,所向无敌,于是攻到了上洛。住在上洛城内的泉岳和他弟弟泉猛略,还有顺阳人杜窋等密谋翻出城去接应高敖曹。洛州刺史泉企知道后,杀了泉岳和泉猛略。杜窋逃到了高敖曹那里,高敖曹让他做向导攻打上洛。高敖曹被流箭击中,有三箭射穿了他的躯体,他昏死过去很久,醒过来后又骑上马,没戴头盔就巡视城防。泉企坚守了十几天,他的两个儿子泉元礼、泉仲遵奋力战斗抵抗敌人进攻。泉仲遵眼睛受伤,无法继续打仗,于是上洛城陷落了。泉企见到高敖曹时说:"我是精疲力尽了,心里并不服你。"高敖曹任命杜窋为洛州刺史。高敖曹的伤势很重,他说:"遗憾的是我见不到我的弟弟季式当刺史了。"丞相高欢听说了,马上任命高季式为济州刺史。

高敖曹想要进入蓝田关,高欢派人告诉他说:"窦泰全军覆没,人心惶惶,你应该迅速返回。路途艰险,贼兵势盛,你独自脱身就行了。"高敖曹不忍心丢下部众,经过奋力拼杀,带着全部人马返回。他让泉企、泉元礼跟着自己,泉仲遵因伤势严重没有同行。泉企曾经暗暗告诫两个儿子说:"我活不了几年了,你们的才能足以建功立业,不要因为我在东魏,就亏损做臣子的气节。"泉元礼在途中逃了回去。西魏朝廷让泉元礼世袭洛州刺史。

夏季五月,西魏任命贺拔胜为太师。

秋季七月,独孤信离开梁朝北返,与杨忠都到了长安。

西魏的宇文深劝说丞相宇文泰夺取恒农。八月丁丑(十四日),宇文泰率领李弼等十二员将领讨伐东魏,任命北雍州刺史于谨担当先锋,攻打并占领了盘豆。戊子(二十五日),到达了恒农,庚寅(二十七日),攻下该城,活捉东魏陕州刺史李徽伯,俘虏了他的八千名士兵。

时河北诸城多附东魏,左丞杨檦自言父猛尝为邵郡白水令,知其豪杰,请往说之,以取邵郡。泰许之。檦乃与土豪王覆怜等举兵,收邵郡守程保及县令四人,斩之。表覆怜为郡守,遣谍说谕东魏城堡,旬月之间,归附甚众。

闰九月,东魏丞相欢将兵二十万自壶口趣蒲津,使高敖曹将兵三万出河南。时关中饥,魏丞相泰所将将士不满万人,馆谷于恒农五十馀日,闻欢将济河,乃引兵入关。高敖曹遂围恒农。欢右长史薛琡言于欢曰:"西贼连年饥馑,故冒死来入陕州,欲取仓粟。今敖曹已围陕城,粟不得出,但置兵诸道,勿与野战,比及麦秋,其民自应饿死,宝炬、黑獭何忧不降!愿勿渡河。"侯景曰:"今兹举兵,形势极大,万一不捷,猝难收敛。不如分为二军,相继而进,前军若胜,后军全力;前军若败,后军承之。"欢不从,自蒲津济河。

丞相泰遣使戒华州刺史王罴,罴语使者曰:"老罴当道卧,貉子那得过!"欢至冯翊城下,谓罴曰:"何不早降!"罴大呼曰:"此城是王罴冢,死生在此。欲死者来!"欢知不可攻,乃涉洛,军于许原西。

泰至渭南,征诸州兵,皆未会。欲进击欢,诸将以众寡不敌,请待欢更西以观其势。泰曰:"欢若至长安,则人情大扰。今及其远来新至,可击也。"即造浮桥于渭,令军士

当时，黄河以北地区各城大多依附于东魏，左丞杨檦自称他父亲杨猛曾经当过邵郡的白水县令，熟悉那里的豪杰，请求去游说他们，以便夺取邵郡。宇文泰答应了。杨檦就与当地豪强王覆怜等人起兵，逮捕了邵郡郡守程保以及四位县令，把他们都杀了。杨檦上书请求任命王覆怜为郡守，派遣间谍去游说东魏的各个城堡，在一个月之间，有很多城堡归附西魏。

闰九月，东魏丞相高欢率领二十万兵马从壶口直奔蒲津，让高敖曹率领三万人马由河南出击。这时关中发生饥荒，西魏丞相宇文泰手下的将士还不到一万人，在恒农吃住了五十多天，听说高欢即将渡过黄河，就带领部队开进关中。于是，高敖曹包围了恒农。高欢的右长史薛琡对高欢说："西贼连年遭受饥荒，所以冒死进入陕州，想要夺取仓库中的粮食。现在高敖曹已经包围了陕城，粮食运不出去，我们只要在各条道路上部署兵力，而不和他们野战，等到麦子成熟的季节，他们的百姓自然会饿死，还愁元宝炬、宇文黑獭不投降吗？希望丞相您不要渡河。"侯景说："如今这次出兵，规模极大，万一不能取胜，仓促之中就很难控制住局面了。不如分成两支部队，相继前进，如果前军得胜，后军就全力投入作战；如果前军失败，后军就顶替上去。"高欢没有听从他们的劝告，从蒲津渡过了黄河。

西魏丞相宇文泰派遣使者告诫华州刺史王罴，王罴对使者说道："我老罴在道路中间躺着，貉子哪能过得去呢？"高欢来到冯翊城下，对王罴说道："为什么不尽早投降呢？"王罴大声呼喊道："这座城是我王罴的坟墓，生和死都在这里。想要送死的就过来吧！"高欢知道不能攻克，就渡过洛水，把部队驻扎在了许原的西面。

宇文泰到达渭河南岸，征招各州的兵马，可他们都没有到来。宇文泰想要进攻高欢，而他手下的将领们都认为寡不敌众，建议等高欢再西进时，看一看情况再做打算。宇文泰对他们说："高欢如果到了长安，人心就会惊惶不安。现在趁他刚刚从远道而来，可以打击他们。"随即派人在渭河建造浮桥，又叫将士们

赍三日粮，轻骑渡渭，辎重自渭南夹渭而西。冬十月壬辰，泰至沙苑，距东魏军六十里。诸将皆惧，宇文深独贺。泰问其故，对曰："欢镇抚河北，甚得众心。以此自守，未易可图。今悬师渡河，非众所欲，独欢耻失窦泰，愎谏而来，所谓忿兵，可一战擒也。事理昭然，何为不贺！愿假深一节，发王罴之兵邀其走路，使无遗类。"泰遣须昌县公达奚武觇欢军。武从三骑，皆效欢将士衣服，日暮，去营数百步下马，潜听得其军号，因上马历营，若警夜者，有不如法，往往挞之，具知敌之情状而还。

欢闻泰至，癸巳，引兵会之。候骑告欢兵且至，泰召诸将谋之。开府仪同三司李弼曰："彼众我寡，不可平地置陈。此东十里有渭曲，可先据以待之。"泰从之，背水东西为陈，李弼为右拒，赵贵为左拒，命将士皆偃戈于苇中，约闻鼓声而起。晡时，东魏兵至渭曲，都督太安斛律羌举曰："黑獭举国而来，欲一死决，譬如狋狗，或能噬人。且渭曲苇深土泞，无所用力，不如缓与相持，密分精锐径掩长安，巢穴既倾，则黑獭不战成擒矣。"欢曰："纵火焚之，何如？"侯景曰："当生擒黑獭以示百姓，若众中烧死，谁复信之！"

带上三天的干粮,骑着马轻装渡过渭河,辎重车辆则从渭河南岸沿着渭河往西行进。冬季十月壬辰(初一),宇文泰到了沙苑,距离东魏的部队六十里。各位将领都感到恐惧,唯独宇文深为此而庆贺。宇文泰问他庆贺的原因,宇文深回答说:"高欢镇守抚慰河北一带,很得人心。假如他凭借这一点自守疆土,倒不容易算计他。现在他率领一支孤军渡过黄河,这并不是众人所愿意的,唯独高欢一人对失去窦泰一事感到耻辱,不接受劝阻坚持要来,这就是所谓的不忍小故而愤怒用兵,只要一次交战即可擒获。这道理明明白白,为什么不庆贺呢?希望丞相能够授予我一道符节,去调动王罴的部队来拦截高欢的退路,不让他们一个人活着回去。"宇文泰派须昌县公达奚武去侦察高欢的军队。达奚武带领三名骑兵,都穿上跟高欢的将士一样的衣服,在夜幕降临的时候,在距离敌营几百步的地方下了马,偷听到了对方军中的口令,随后上马穿越敌营,装成夜间巡逻人员,发现有不守军规的,往往抽打他们一顿,详细了解了敌情后返回自己营地。

高欢听到宇文泰已经到来的消息,就在癸巳(初二)这一天,率领兵马前去交战。西魏的侦察骑兵报告说高欢的部队快要到达,宇文泰召集各位将领商量对策。开府仪同三司李弼说道:"敌众我寡,不能在平地布置战阵。此处以东十里有一个地方叫渭曲,可以先占据渭曲等待高欢的到来。"宇文泰同意了李弼的意见,在渭曲背靠河水的东西两侧布置了战阵,由李弼指挥右侧的战阵,赵贵指挥左侧的战阵,命令将士们都放倒兵器躲藏在芦苇丛中,约定听到鼓声后冲出。大约在午后的申时,东魏的兵马来到了渭曲,都督太安人斛律羌举说道:"宇文黑獭把全国的部队都带来了,要和我们决一死战,就好比一条疯狗,有时候也能咬人。况且渭曲这个地方芦苇茂密,淤土泥泞,无法用力,不如暂缓与他们对峙,秘密地分出精锐部队径直突袭长安,捣翻他们的老窝之后,宇文黑獭就可以不战而擒了。"高欢问道:"放火焚烧芦苇丛怎么样?"侯景说:"我们应当活捉宇文黑獭,把他带给老百姓看,如果他在人群中被烧死,谁又会相信他真的死了呢?"

彭乐盛气请斗，曰："我众贼寡，百人擒一，何忧不克！"欢从之。东魏兵望见魏兵少，争进击之，无复行列。兵将交，丞相泰鸣鼓，士皆奋起，于谨等六军与之合战，李弼等帅铁骑横击之。东魏兵中绝为二，遂大破之。李弼弟檦，身小而勇，每跃马陷陈，隐身鞍甲之中，敌见皆曰："避此小儿！"泰叹曰："胆决如此，何必八尺之躯！"征虏将军武川耿令贵杀伤多，甲裳尽赤，泰曰："观其甲裳，足知令贵之勇，何必数级！"彭乐乘醉深入魏陈，魏人刺之，肠出，内之复战。丞相欢欲收兵更战，使张华原以簿历营点兵，莫有应者，还，白欢曰："众尽去，营皆空矣！"欢犹未肯去。阜城侯斛律金曰："众心离散，不可复用，宜急向河东。"欢据鞍未动，金以鞭拂马，乃驰去。夜，渡河，船去岸远，欢跨橐驼就船，乃得渡。丧甲士八万人，弃铠仗十有八万。丞相泰追欢至河上，选留甲士二万馀人，馀悉纵归。都督李穆曰："高欢破胆矣，速追之，可获。"泰不听，还军渭南。所征之兵甫至，乃于战所人种柳一株以旌武功。

侯景言于欢曰："黑獭新胜而骄，必不为备。愿得精骑二万，径往取之。"欢以告娄妃，妃曰："设如其言，景岂有

彭乐满是怒气地请求出战,他说:"我们人多,敌军人少,一百人抓一个人,还担心打不败他们吗?"高欢听从了他的意见。东魏兵看到西魏兵人数少,便争着冲上前去攻击对方,队列完全乱了。等双方人马将要交战时,西魏丞相宇文泰敲响了战鼓,战士们都奋勇冲击,于谨等人的六支部队与敌兵正面交战,李弼等人率领铁甲骑兵拦腰攻击敌军。东魏军队从正中被截断为两部分,于是西魏军队把东魏军队打得一败涂地。李弼的弟弟李檦,个子虽小但异常勇猛,他每次跃马冲锋陷阵,都把自己隐藏在鞍甲之中,敌军见了都叫道:"避开这个小子!"宇文泰感叹道:"如此勇猛果断,何必一定要有八尺长的身躯呀!"征虏将军武川人耿令贵杀伤了许多敌兵,铠甲与衣裳都被染红,宇文泰说道:"看他的铠甲与战袍,就足以知道耿令贵的勇敢,何必再计算他砍下了多少首级呢?"彭乐趁着醉意深入到西魏的军阵之中,西魏人刺他,肠子都出来了,他把肠子塞进腹中,继续作战。东魏丞相高欢打算收兵再战,派遣张华原带着名册走遍各军营清点官兵人数,可是没人应声,只好回去向高欢报告说:"大家都已经跑光,军营全空了!"高欢还是不肯离去。阜城侯斛律金说:"人心已经离散,无法再用了,我们应该尽快赶往河东。"高欢坐在马鞍上一动不动,斛律金挥鞭抽打他的马,高欢才驰马离去。在夜间渡黄河,船距离河岸较远,高欢骑着骆驼靠近船边,才得以渡过黄河。这一仗,高欢丧失了八万精兵,丢弃了十八万副盔甲兵器。西魏丞相宇文泰追赶高欢到了黄河岸边,从东魏军人中挑选了两万多名精兵留下,剩下的全都释放他们回去。都督李穆说:"高欢已吓破了胆,如果迅速追赶,可以抓获他。"宇文泰没有听取李穆的意见,带领军队回到了渭河以南。这时,从各州征召来的士兵才刚刚到达,宇文泰就让他们每人在战场上栽种一棵柳树,以纪念这次战役的胜利。

　　侯景对高欢说:"宇文黑獭因最近打了胜仗而十分骄傲,肯定缺乏戒备。我愿率两万精锐骑兵,直接去捉住他。"高欢将侯景的话告诉娄妃,娄妃说:"假如真像他说的那样,侯景难道还有

还理！得黑獭而失景，何利之有！"欢乃止。

魏加丞相泰柱国大将军，李弼等十二将皆进爵增邑有差。

高敖曹闻欢败，释恒农，退保洛阳。

己酉，魏行台宫景寿等向洛阳，东魏洛州大都督韩贤击走之。州民韩木兰作乱，贤击破之。一贼匿尸间，贤自按检收铠仗，贼欻起斫之，断胫而卒。

魏复遣行台冯翊王季海与独孤信将步骑二万趣洛阳，洛州刺史李显趣三荆，贺拔胜、李弼围蒲坂。

东魏丞相欢之西伐也，蒲坂民敬珍谓其从祖兄祥曰："高欢迫逐乘舆，天下忠义之士皆欲剚刃于其腹。今又称兵西上，吾欲与兄起兵断其归路，此千载一时也。"祥从之，纠合乡里，数日，有众万馀。会欢自沙苑败归，祥、珍帅众邀之，斩获甚众。贺拔胜、李弼至河东，祥、珍帅猗氏等六县十馀万户归之。丞相泰以珍为平阳太守，祥为行台郎中。

东魏秦州刺史薛崇礼守蒲坂。别驾薛善，崇礼之族弟也，言于崇礼曰："高欢有逐君之罪。善与兄忝衣冠绪馀，世荷国恩。今大军已临，而犹为高氏固守。一旦城陷，函首送长安，署为逆贼，死有馀愧。及今归款，犹为愈也。"崇礼犹豫不决，善与族人斩关纳魏师。崇礼出走，追获之。丞相泰进军蒲坂，略定汾、绛。凡薛氏预开城之谋者，皆赐五等爵。善曰："背逆归顺，臣子常节，岂容阖门大小

回来的道理吗？得到了宇文黑獭而失去侯景，有什么好处呢？"
高欢于是作罢。

西魏加封丞相宇文泰为柱国大将军，李弼等十二位将领则根据各人的功劳，分别晋升爵位，增加封邑，大小多少不等。

高敖曹听到高欢战败的消息，放弃了对恒农的包围，退守洛阳。

己酉（十八日），西魏行台宫景寿等人向洛阳进军，东魏洛州大都督韩贤带兵出击，赶走了他们。洛州百姓韩木兰发起暴动，韩贤打败了他们。一名乱贼躲藏在尸体之间，韩贤亲自查验收缴铠甲兵器，乱贼忽然跳起来用刀砍韩贤，韩贤因小腿被砍断而死。

西魏再次派遣行台冯翊王元季海与独孤信率领两万名步兵和骑兵直扑洛阳，洛州刺史李显进军三荆，贺拔胜、李弼围攻蒲坂。

东魏丞相高欢讨伐西魏的时候，蒲坂的百姓敬珍对他的族兄敬祥说道："高欢逼走了皇上，天下的忠义之士都想在他的肚子上捅一刀。现在他又向西大举进兵，我想和兄长您一道起兵，切断他的归路，这可是千载难逢的好时机。"敬祥接受了敬珍的建议，在乡里召集人马，几天之后，便召集到了一万多人。适逢高欢从沙苑败退回来，敬祥、敬珍率领人马在路上截击，杀死、俘虏了许多人。贺拔胜、李弼到达河东后，敬祥、敬珍带着猗氏等六个县的十几万户百姓前去归附。西魏丞相宇文泰任命敬珍为平阳太守，敬祥为行台郎中。

东魏秦州刺史薛崇礼镇守蒲坂。别驾薛善是他的族弟，薛善对薛崇礼说："高欢犯有驱逐君王的罪行。我和兄长都还算是士大夫的后代，世世代代都蒙受国恩。如今西魏的大军已经来到，而我们还在替姓高的坚守。一旦城池被攻破，我们的脑袋将被装进匣子里送到长安，定为叛贼，那就真是死而有愧了。我们现在去投诚，还不算晚。"薛崇礼犹豫不决，薛善就和族人一道杀掉了守关的将士迎进西魏军队。薛崇礼出城逃跑，被追上并抓获。西魏丞相宇文泰进军蒲坂，夺占平定了汾、绛两地。他对薛氏家族中凡参与打开城门计划的人，都赐予五等爵位。薛善说："背弃叛贼，归附君王，这是臣子应该具备的节操，怎么能让我们全家老小

俱叨封邑!"与其弟慎固辞不受。

东魏行晋州事封祖业弃城走,仪同三司薛脩义追至洪洞,说祖业还守,祖业不从。脩义还据晋州,安集固守。魏仪同三司长孙子彦引兵至城下,脩义开门伏甲以待之。子彦不测虚实,遂退走。丞相欢以脩义为晋州刺史。

独孤信至新安,高敖曹引兵北渡河。信逼洛阳,洛州刺史广阳王湛弃城归邺,信遂据金墉城。孝武帝之西迁也,散骑常侍河东裴宽谓诸弟曰:"天子既西,吾不可以东附高氏。"帅家属逃于大石岭。独孤信入洛,乃出见之。时洛阳荒废,人士流散,唯河东柳虬在阳城,裴诹之在颍川,信俱征之,以虬为行台郎中,诹之为开府属。

东魏颍州长史贺若统执刺史田迄,举城降魏,魏都督梁迥入据其城。前通直散骑侍郎郑伟起兵陈留,攻东魏梁州,执其刺史鹿永吉。前大司马从事中郎崔彦穆攻荥阳,执其太守苏淑,与广州长史刘志皆降于魏。伟,先护之子也。丞相泰以伟为北徐州刺史,彦穆为荥阳太守。

十一月,东魏行台任祥帅督将尧雄、赵育、是云宝攻颍川。丞相泰使大都督宇文贵、乐陵公辽西怡峰将步骑二千救之。军至阳翟,雄等军已去颍川三十里,祥帅众四万继其后。诸将咸以为"彼众我寡,不可争锋"。贵曰:"雄等谓吾兵少,必不敢进。彼与任祥合兵攻颍川,城必危矣。若贺若统陷没,吾辈坐此何为!今进据颍川,有城可守,又出其不意,破之必矣。"遂疾趋,据颍川,背城

都接受封地呢?"他和他的弟弟薛慎坚决推辞不接受。

东魏代理晋州事务的封祖业丢弃城池逃跑,仪同三司薛脩义追到洪洞,劝他回去守城,但是他不愿意。薛脩义回兵占据晋州,安定百姓,固守州城。西魏仪同三司长孙子彦带领人马攻到城下,薛脩义打开城门,埋伏了士兵等待对方。长孙子彦猜不透城中的虚实,就撤走了。东魏丞相高欢任命薛脩义为晋州刺史。

独孤信到达新安,高敖曹便带领部队北渡黄河。独孤信逼近洛阳,洛州刺史广阳王元湛弃城逃回邺城,独孤信于是占据了金墉城。孝武帝当初迁往西部的时候,散骑常侍河东人裴宽对他弟弟们说:"皇上既然已经西去,我们就不能去东边归附高欢了。"于是带着全家逃到了大石岭。独孤信进入洛州之后,裴宽才出来与他相见。此时洛阳已经荒废,名门士族流亡离散,只有河东人柳虬还在阳城,裴诹之还在颍川,独孤信都征用他们,任命柳虬为行台郎中,裴诹之为开府属。

东魏颍州长史贺若统拘捕了刺史田迅,率领全城军民投降西魏,西魏都督梁迥进入并占据了这座州城。原通直散骑侍郎郑伟在陈留起兵,攻打东魏的梁州,拘捕了梁州刺史鹿永吉。原大司马从事中郎崔彦穆攻打荥阳,拘捕了荥阳太守苏淑,与广州长史刘志一起投降了西魏。郑伟是郑先护的儿子。西魏丞相宇文泰任命郑伟为北徐州刺史,崔彦穆为荥阳太守。

十一月,东魏行台任祥率领督将尧雄、赵育、是云宝攻击颍川。西魏丞相宇文泰派遣大都督宇文贵、乐陵公辽西人怡峰带着两千名步兵和骑兵前去援救。西魏部队到达阳翟时,尧雄等人的部队距离颍川只有三十里路了,任祥带领四万兵马紧跟其后。西魏的将领们都认为"敌军人多,我方人少,不可与之争锋"。宇文贵说:"尧雄等人认为我们兵员少,一定不敢进兵。要是让他们和任祥联合起来攻打颍川,这座城肯定就危险了。如果贺若统城破人亡,那我们坐在这儿干什么呢?现在我们如果先进占颍川的话,有城可以防守,又出乎敌人的意料,就一定能够打败他们。"说罢,便快速进军,占领了颍川,然后背靠城墙

为陈以待。雄等至，合战，大破之。雄走，赵育请降，俘其士卒万馀人，悉纵遣之。任祥闻雄败，不敢进，贵与怡峰乘胜逼之，祥退保宛陵。贵追及，击之，祥军大败。是云宝杀其阳州刺史那椿，以州降魏。魏以贵为开府仪同三司，是云宝、赵育为车骑大将军。都督杜陵韦孝宽攻东魏豫州，拔之，执其行台冯邕。孝宽名叔裕，以字行。丙子，东魏以骠骑大将军、仪同三司万俟普为太尉。

十二月，魏行台杨白驹与东魏阳州刺史段粲战于蓼坞，魏师败绩。魏荆州刺史郭鸾攻东魏东荆州刺史清都慕容俨。俨昼夜拒战，二百馀日，乘间出击鸾，大破之。时河南诸州多失守，唯东荆获全。河间邢磨纳、范阳卢仲礼、仲礼从弟仲裕等皆起兵海隅以应魏。东魏济州刺史高季式有部曲千馀人，马八百匹，铠仗皆备。濮阳民杜灵椿等为盗，聚众近万人，攻城剽野。季式遣骑三百，一战擒之，又击阳平贼路文徒等，悉平之，于是远近肃清。或谓季式曰："濮阳、阳平乃畿内之郡，不奉诏命，又不侵境，何急而使私军远战！万一失利，岂不获罪乎！"季式曰："君何言之不忠也！我与国家同安共危，岂有见贼而不讨乎！且贼知台军猝不能来，又不疑外州有兵击之，乘其无备，破之必矣。以此获罪，吾亦无恨。"

严阵以待。尧雄等人的部队到了，宇文贵与贺若统联合作战，彻底击败了敌人。尧雄逃跑了，赵育请求投降，停虏了一万多名东魏士兵，宇文贵把他们全部遣散了。任祥听到尧雄失败的消息，不敢继续前进，宇文贵与怡峰乘胜向任祥进行逼压，任祥撤退到宛陵进行防守。宇文贵追到了宛陵，向任祥发起进攻，任祥的部队遭到惨败。是云宝杀掉了他所在的阳州刺史那椿，献出州城，投降了西魏。西魏任命宇文贵为开府仪同三司，是云宝、赵育为车骑大将军。都督杜陵人韦孝宽攻打东魏的豫州，将州城攻克，停虏了东魏行台冯邕。韦孝宽本名为韦叔裕，人们一般都叫他的表字。丙子(十五日)，东魏任命骠骑大将军、仪同三司万俟普为太尉。

十二月，西魏行台杨白驹与东魏阳州刺史段粲在蓼坞交战，西魏的军队战败。西魏荆州刺史郭鸾攻打东魏东荆州刺史清都人慕容俨。慕容俨日夜抵抗，坚守了二百多天之后，瞅准空隙出击，把郭鸾打得大败。当时东魏黄河以南的各州大多数失守了，只有东荆州得以保全。河间人邢磨纳、范阳人卢仲礼、卢仲礼的堂弟卢仲裕等人都在海边起兵，响应西魏。东魏济州刺史高季式有私家军队一千多人，战马八百匹，铠甲与兵器都很齐备。濮阳百姓杜灵椿等人做强盗，纠集了将近一万人，进攻城池，又在野外抢劫。高季式派出三百多名骑兵，一仗就活捉了杜灵椿，又攻打阳平的盗贼路文徒等人，将那些盗贼全部平定，从此远近的盗贼都被肃清了。有人对高季式说道："濮阳、阳平这两个郡属于京城管辖，你没有得到讨伐盗贼的诏令，盗贼也没有侵犯济州境内，你何必这么着急，竟派出私家军队出远门作战呢？万一失利，岂不是要背上罪名吗？"高季式回答说："您怎么能说出这种不忠的话来！我和国家同安共危，哪有见到盗贼而不去讨伐的道理呢？况且盗贼知道朝廷军队仓促间不会到来，又不疑心会有别的州的兵马来打击他们，所以乘他们没有防备，就一定能够消灭他们。即使因为这事而背上罪名，我也没有什么可遗憾的。"

　　四年春二月，东魏大都督善无贺拔仁攻魏南汾州，刺史韦子粲降之，丞相泰灭子粲之族。东魏大行台侯景等治兵于虎牢，将复河南诸州。魏梁迥、韦孝宽、赵继宗皆弃城西归。侯景攻广州，数旬未拔，闻魏救兵将至，集诸将议之。行洛州事卢勇请进观形势，乃帅百骑至大騩山，遇魏师。日已暮，勇多置幡旗于树颠，夜，分骑为十队，鸣角直前，擒魏仪同三司程华，斩仪同三司王征蛮而还。广州守将骆超遂以城降东魏。丞相欢以勇行广州事。勇，辩之从弟也。于是南汾、颍、豫、广四州复入东魏。

　　三月辛酉，东魏丞相欢以沙苑之败，请解大丞相，诏许之。顷之，复故。

　　秋七月，东魏侯景、高敖曹等围魏独孤信于金墉，太师欢帅大军继之。景悉烧洛阳内外官寺民居，存者什二三。魏主将如洛阳拜园陵，会信等告急，遂与丞相泰俱东。命尚书左仆射周惠达辅太子钦守长安，开府仪同三司李弼、车骑大将军达奚武帅千骑为前驱。八月庚寅，丞相泰至穀城，侯景等欲整陈以待其至，仪同三司太安莫多娄贷文请帅所部击其前锋，景等固止之。贷文勇而专，不受命，与可朱浑道元以千骑前进。夜，遇李弼、达奚武于孝水。弼命军士鼓噪，曳柴扬尘。贷文走，弼追斩之。

四年（538）春季二月，东魏大都督善无人贺拔仁进攻西魏的南汾州，南汾州刺史韦子粲向贺拔仁投降，西魏丞相宇文泰杀掉了韦子粲全族男女老幼。东魏大行台侯景等人在虎牢整顿军队，准备收复黄河以南的各州。西魏的梁迥、韦孝宽、赵继宗都放弃城池跑回西部地区。侯景攻打广州，一连好几十天没有攻克，他听说西魏的救兵将要赶到，就召集将领商议对策。代理洛州事务的卢勇请求去前方观察形势，在征得侯景同意后，他便带领一百名骑兵来到大隗山，与西魏的部队相遇。当时已是黄昏时分，卢勇叫人在树梢插上许多旗帜，到了晚上，他把骑兵分成十队，大家吹着号角径直向前冲去，活捉了西魏仪同三司程华，杀死了仪同三司王征蛮，然后返回。广州守将骆超于是献出城池向东魏投降。东魏的丞相高欢任命卢勇代理广州的事务。卢勇是卢辩的堂弟。从此，南汾州、颍州、豫州、广州这四个州重新归入东魏的统辖范围。

　　三月辛酉（初二），东魏的丞相高欢由于沙苑战役失败，请求孝静帝免除他的大丞相职务，孝静帝下诏表示同意。不久，高欢又恢复了大丞相的职务。

　　秋季七月，东魏的侯景、高敖曹等人在金墉包围了西魏的独孤信，太师高欢率领大军随后推进。侯景放火焚烧洛阳城内外所有的官衙与居民住宅，幸存下来的只有十分之二三。西魏文帝正要去洛阳祭拜园陵，恰逢独孤信等人告急，于是就和丞相宇文泰一道东行。文帝命令尚书左仆射周惠达辅佐太子元钦镇守长安，又叫开府仪同三司李弼、车骑大将军达奚武率一千名骑兵作为先头部队。八月庚寅（初三），西魏丞相宇文泰到达穀城，侯景等人打算列好军阵等待宇文泰前来，仪同三司太安人莫多娄贷文请求带领自己的部属去攻击宇文泰的先头部队，侯景等人坚决阻止了他。莫多娄贷文生性勇猛而独断独行，不接受侯景等人的命令，与可朱浑道元带领着一千名骑兵向前进发。夜间，他们在孝水与李弼、达奚武遭遇。李弼命令士兵们擂鼓呐喊，拖着树枝扬起灰尘。莫多娄贷文转身逃跑，李弼追上去杀掉了他。

道元单骑获免,悉俘其众送恒农。

泰进军瀍东,侯景等夜解围去。辛卯,泰帅轻骑追景至河上。景为陈,北据河桥,南属邙山,与泰合战。泰马中流矢惊逸,遂失所之。泰坠地,东魏兵追及之,左右皆散。都督李穆下马,以策杖泰背骂曰:"笼东军士!尔曹主何在,而独留此?"追者不疑其贵人,舍之而过。穆以马授泰,与之俱逸。

魏兵复振,击东魏兵,大破之。东魏兵北走。京兆忠武公高敖曹,意轻泰,建旗盖以陵陈。魏人尽锐攻之,一军皆没。敖曹单骑走投河阳南城。守将北豫州刺史高永乐,欢之从祖兄子也,与敖曹有怨,闭门不受。敖曹仰呼求绳,不得,拔刀穿阖,未彻而追兵至。敖曹伏桥下,追者见其从奴持金带,问敖曹所在,奴指示之。敖曹知不免,奋头曰:"来,与汝开国公!"追者斩其首去。高欢闻之,如丧肝胆,杖高永乐二百,赠敖曹太师、大司马、太尉。泰赏杀敖曹者布绢万段,岁岁稍与之,比及周亡,犹未能足。魏又杀东魏西兖州刺史宋显等,虏甲士万五千人,赴河死者以万数。

初,欢以万俟普尊老,特礼之,尝亲扶上马。其子洛免冠稽首曰:"愿出死力以报深恩。"及邙山之战,诸军北渡

可朱浑道元单人匹马逃了回去,他手下的人全都被俘虏并送往恒农。

宇文泰向瀍水以东进军,侯景等人在夜里解除包围而去。辛卯(初四),宇文泰统率轻装骑兵追击侯景一直到了黄河边上。侯景布置了军阵,北面占据河桥,南面连接邙山,与宇文泰交战。宇文泰的战马中了流箭,受惊狂奔乱跑,于是不见了下落。宇文泰从马上跌了下来,东魏的士兵追到跟前,宇文泰身边的人都逃散了。都督李穆见到这种情景,跳下马来,挥鞭抽打宇文泰的后背,骂道:"你这狼狈的败兵!你们的头子在哪里,你为什么一个人呆在这儿?"追兵没怀疑这是个大人物,放过他便跑过去了。李穆把马给宇文泰,和宇文泰一起逃掉了。

西魏军队重振之后,又进攻东魏军队,彻底打败了他们。东魏将士们纷纷向北逃跑。京兆忠武公高敖曹看不起宇文泰,树起旗盖以显示军阵的威风。西魏军队出动所有精锐向他发起进攻,消灭了他的全部军队。高敖曹单人匹马跑去投奔河阳南城。该城守将北豫州刺史高永乐,是高欢族兄的儿子,与高敖曹有怨仇,他关紧城门不让高敖曹进城。高敖曹仰面呼喊,要求城楼上放一根绳子下来,但城上的人不给绳子,于是他拔出腰刀凿门,门还没有砍开,追兵就赶到了。高敖曹藏身在桥下,追兵看见他的奴仆手里拿着一条金带,就问高敖曹的下落,奴仆便指给追兵看。高敖曹知道自己已难免一死,便昂头对追兵说道:"来吧,给你一个当开国公的机会!"追兵砍下他的脑袋离去了。高欢听到这个消息后,好像丧失了肝胆,打了高永乐二百大棒,又追封高敖曹为太师、大司马、太尉。宇文泰赏给杀高敖曹的人一万匹布和绢,每年给一点,一直到北周灭亡的时候,还没有给足。西魏军队又杀死了东魏西兖州刺史宋显等人,俘虏精兵一万五千人,而东魏兵跳入黄河里被淹死的足有上万人。

当初,高欢因万俟普爵位高年龄大,所以给予他特殊礼遇,曾亲自扶他上马。万俟普的儿子万俟洛摘下冠帽向高欢叩头说:"愿出死力来报答大恩。"到邙山之战时,各军队都向北跑过了

桥,洛独勒兵不动,谓魏人曰:"万俟受洛干在此,能来可来也!"魏人畏之而去。欢名其所营地为回洛。

是日,东、西魏置陈既大,首尾悬远,从旦至未,战数十合,氛雾四塞,莫能相知。魏独孤信、李远居右,赵贵、怡峰居左,战并不利。又未知魏主及丞相泰所在,皆弃其卒先归。开府仪同三司李虎、念贤等为后军,见信等退,即与俱去。泰由是烧营而归,留仪同三司长孙子彦守金墉。

王思政下马,举长稍左右横击,一举辄踣数人。陷陈既深,从者尽死,思政被重创,闷绝。会日暮,敌亦收兵。思政每战常著破衣弊甲,敌不知其将帅,故得免。帐下督雷五安于战处哭求思政,会其已苏,割衣裹创,扶思政上马。夜久,始得还营。

平东将军蔡祐下马步斗,左右劝乘马以备仓猝。祐怒曰:"丞相爱我如子,今日岂惜生乎!"帅左右十馀人合声大呼,击东魏兵,杀伤甚众。东魏人围之十馀重,祐弯弓持满,四面拒之。东魏人募厚甲长刀者直进取之。去祐可三十步,左右劝射之,祐曰:"吾曹之命,在此一矢,岂可虚发!"将至十步,祐乃射之。应弦而倒,东魏兵稍却,祐徐引还。

河桥,唯独万俟洛带领自己的部队留在原地不动,他对西魏的将士喊道:"万俟受洛干在此,你们能来的就来吧!"西魏的将士都害怕他,向后退走了。高欢将万俟洛安营扎寨的地方命名为回洛。

这一天,东魏、西魏布置的军阵都非常庞大,头尾相距很远,从早晨到晚上,双方打了几十个回合,战场上烟雾尘土四处弥漫,因此相互都不清楚战况。西魏的独孤信、李远处在右面,赵贵、怡峰处在左面,在交战中都失利了。他们又不知道文帝与丞相宇文泰在哪里,于是都扔下自己的士兵先跑回来了。开府仪同三司李虎、念贤等人担任后军指挥,看到独孤信等人退却了,就立即和他们一道离开了战场。宇文泰因此烧掉军营撤回,留下仪同三司长孙子彦镇守金墉。

王思政跳下马来,举起长矛左右横扫,一抬手就击倒数人。他冲入敌阵深处,跟随着他的人都阵亡了,自己也身受重伤,昏迷过去。此刻已到黄昏,敌人也收兵了。王思政每次打仗常常穿着破旧的衣袍与盔甲,敌人看不出他是将帅,因此幸免于难。他的帐下督雷五安在战场上哭着寻找他,恰逢他也已经苏醒过来,雷五安就从衣服上割下一块布,为他包扎好伤口,然后扶他上马。入夜很久后,他们才返回了营地。

平东将军蔡祐下马步战,身边的人都劝他上马,以便能应付紧急情况。蔡祐怒气冲冲地说道:"宇文丞相爱我就像爱儿子一样,今天我怎么能吝惜自己的性命!"带着身边的十几个人齐声大喊,向东魏兵发起进攻,杀伤了许多人。东魏将士把他们围了十几层,蔡祐搭上箭拉满弓,抵抗四面八方的敌人。东魏军队募集到身穿厚甲手持长刀的人,径直向蔡祐猛扑过来。离蔡祐大约只有三十步远了,蔡祐身边的人都劝他放箭,蔡祐回答说:"我们的性命,全在这一支箭上,哪里能够虚发呢?"直到敌人离他快十步远的时候,蔡祐才将箭射出。随着弓弦的响声,打头的东魏兵倒在地上,后面的人稍稍向后退了一段距离,蔡祐慢慢地带领人马返回营地。

魏主至恒农，守将已弃城走，所虏降卒在恒农者相与闭门拒守。丞相泰攻拔之，诛其魁首数百人。

蔡祐追及泰于恒农。夜，见泰，泰曰："承先，尔来，吾无忧矣。"泰惊不得寝，枕祐股，然后安。祐每从泰战，常为士卒先，战还，诸将皆争功，祐终无所言。泰每叹曰："承先口不言勋，我当代其论叙。"泰留王思政镇恒农，除侍中、东道行台。

魏之东伐也，关中留守兵少，前后所虏东魏士卒散在民间，闻魏兵败，谋作乱。李虎等至长安，计无所出，与太尉王盟、仆射周惠达等奉太子钦出屯渭北。百姓互相剽掠，关中大扰。于是沙苑所虏东魏都督赵青雀、雍州民于伏德等遂反，青雀据长安子城，伏德保咸阳，与咸阳太守慕容思庆各收降卒以拒还兵。长安大城民相帅以拒青雀，日与之战。大都督侯莫陈顺击贼，屡破之，贼不敢出。顺，崇之兄也。

扶风公王罴镇河东，大开城门，悉召军士谓曰："今闻大军失利，青雀作乱，诸人莫有固志。王罴受委于此，以死报恩。有能同心者可共固守。必恐城陷，任自出城。"众感其言，皆无异志。

魏主留阌乡。丞相泰以士马疲弊，不可速进，且谓青雀等乌合，不能为患，曰："我至长安，以轻骑临之，必当面缚。"通直散骑常侍吴郡陆通谏曰："贼逆谋久定，必无迁善

西魏文帝到达恒农时,守将已经弃城逃跑了,城里原来被俘虏的东魏兵一起关闭了城门,据城防守。丞相宇文泰攻下了该城,杀掉了几百个领头的人。

蔡祐在恒农追上了宇文泰。晚上,他去见宇文泰,宇文泰说道:"承先,你一来,我就没有什么可忧虑的了。"宇文泰由于受惊无法入睡,枕着蔡祐的大腿之后才安静入眠。蔡祐每次跟随宇文泰作战,总是身先士卒,打仗回来,将领们都争抢功劳,而蔡祐却始终不提自己的功劳。宇文泰常常感叹地说:"承先不提自己的功劳,我应当替他论一论奖赏。"宇文泰留下王思政镇守恒农,任命他为侍中、东道行台。

西魏东伐时,关中留守的军队很少,西魏先后俘虏的东魏士兵散落在民间,他们听说西魏军队兵败的消息后,便图谋作乱。李虎等人来到长安,想不出好的对策,便和太尉王盟、仆射周惠达等人侍奉着太子元钦出城,到渭水之北屯驻。百姓们相互劫掠,关中大乱。此时,在沙苑之战中被俘虏的东魏都督赵青雀、雍州的百姓于伏德等人趁机造反,赵青雀占据了长安的子城,于伏德据守咸阳,与咸阳太守慕容思庆各自收罗东魏的降兵,以抗拒从战场上返回的西魏军队。长安主城中的百姓组织起来,共同抵抗赵青雀,每天同他交战。大都督侯莫陈顺进攻反贼,多次打败他们,反贼从此不敢出战。侯莫陈顺是侯莫陈崇的兄长。

扶风公王罴镇守河东,敞开城门,叫来所有将士,对他们说:"如今听说大部队在前线失利,赵青雀作乱,许多人失去了坚定的意志。我王罴受皇上委托守卫河东,决心以死报恩。你们中间能够跟我一条心的人可以和我一同坚守。实在害怕本城陷落的,可以随便出城。"大家被他的话感动了,都没有叛变之心。

西魏文帝留在了阌乡。丞相宇文泰鉴于士兵与马匹都已经非常疲惫了,不能够快速推进,并且认为赵青雀等人是乌合之众,不会造成大的祸患,便说道:"我到达长安,用轻装骑兵对付他们,他们一定会双手反绑着来投降的。"通直散骑常侍吴郡人陆通劝告宇文泰说:"乱贼早就图谋叛乱了,肯定没有改恶从善

之心。蜂虿有毒，安可轻也！且贼诈言东寇将至，今若以轻骑临之，百姓谓为信然，益当惊扰。今军虽疲弊，精锐尚多。以明公之威，总大军以临之，何忧不克！"泰从之，引兵西入。父老见泰至，莫不悲喜，士女相贺。华州刺史宇文导引兵袭咸阳，斩思庆，禽伏德，南渡渭，与泰会，攻青雀，破之。太保梁景睿以疾留长安，与青雀通谋，泰杀之。

东魏太师欢自晋阳将七千骑至孟津，未济，闻魏师已遁，遂济河，遣别将追魏师至崤，不及而还。欢攻金墉，长孙子彦弃城走，焚城中室屋俱尽，欢毁金墉而还。

东魏之迁邺也，主客郎中裴让之留洛阳。独孤信之败也，让之弟诹之随丞相泰入关，为大行台仓曹郎中。欢囚让之兄弟五人。让之曰："昔诸葛亮兄弟，事吴、蜀各尽其心，况让之老母在此，不忠不孝，必不为也。明公推诚待物，物亦归心；若用猜忌，去霸业远矣。"欢皆释之。

九月，魏主入长安，丞相泰还屯华州。
冬十月，魏归高敖曹、窦泰、莫多娄贷文之首于东魏。
十二月，魏是云宝袭洛阳，东魏洛州刺史王元轨弃城走。都督赵刚袭广州，拔之。于是自襄、广以西城镇复为魏。

初，魏伊川土豪李长寿为防蛮都督，积功至北华州刺史。孝武帝西迁，长寿帅其徒拒东魏，魏以长寿为广州刺史。侯景攻拔其壁，杀之。其子延孙复收集父兵以拒东魏。

之心。蜂、蝎是有毒的，怎么可以轻视呢？况且乱贼欺骗百姓，说东魏人将要到达，现在如果用轻装骑兵对付他们，老百姓就会认为乱贼所说的是真的，就会更加惊扰不安。眼下我军虽然疲惫，但是精锐兵马还比较多。凭着您的威望，统率大部队来对付他们，还愁不能打败他们？"宇文泰听从了陆通的意见，指挥部队向西进入长安。父老们看见宇文泰到来，没有谁不悲喜交加，男男女女都相互庆贺。华州刺史宇文导带领人马袭击咸阳，杀了慕容思庆，捉住了于伏德，又南渡渭河，与宇文泰会合，向赵青雀发起进攻，击败了赵青雀。西魏的太保梁景睿因病留在长安，与赵青雀一同密谋叛乱，宇文泰杀掉了他。

东魏太师高欢率七千骑兵从晋阳赶到孟津，还没有渡黄河，就听说西魏军队已经逃走，于是渡过黄河，派其他将领追击西魏军队，追到崤县还没追上，这才返回。高欢进攻金墉城，长孙子彦弃城逃走，把城里的房屋全部烧毁，高欢毁掉金墉城后返回。

东魏迁都邺城时，主客郎中裴让之留在洛阳。独孤信失败以后，裴让之的弟弟裴诹之跟随西魏丞相宇文泰进入关中，担任大行台仓曹郎中。高欢囚禁了裴让之兄弟五人。裴让之对高欢说："昔日诸葛亮兄弟分别为吴国、蜀国效力，各自都尽心尽力，何况我裴让之还有老母亲在这里，不忠不孝之事，我肯定是不会干的。您要是诚心待人，别人也会归心于您；如果您喜欢猜疑人，那就离建立霸业很远了。"高欢听罢，将裴让之兄弟都释放了。

九月，西魏文帝进入长安，丞相宇文泰回到华州屯驻。

冬季十月，西魏归还高敖曹、窦泰、莫多娄贷文首级给东魏。

十二月，西魏的是云宝攻打洛阳，东魏洛州刺史王元轨弃城逃跑。都督赵刚袭击广州并攻占了该城。从此，襄州、广州以西的城镇重新归西魏所有。

当初，西魏伊川的地方豪强李长寿担任防蛮都督，立下了不少功劳，被提升为北华州刺史。孝武帝西迁，李长寿率领手下的人抗拒东魏，西魏任命李长寿为广州刺史。侯景攻占了他的营垒，杀掉了他。他的儿子李延孙又召集起父亲的兵马抗拒东魏。

魏之贵臣广陵王欣、录尚书长孙稚等皆携家往依之，延孙资遣卫送，使达关中。东魏高欢患之，数遣兵攻延孙，不能克。魏以延孙为京南行台、节度河南诸军事、广州刺史。延孙以澄清伊、洛为己任。魏以延孙兵少，更以长寿之婿京兆韦法保为东洛州刺史，配兵数百以助之。法保名祐，以字行。既至，与延孙连兵置栅于伏流。独孤信之入洛阳也，欲缮修宫室，使外兵郎中天水权景宣帅徒兵三千出采运。会东魏兵至，河南皆叛，景宣间道西走，与李延孙相会。攻孔城，拔之，洛阳以南寻亦西附。丞相泰即留景宣守张白坞，节度东南诸军应关西者。是岁，延孙为其长史杨伯兰所杀，韦法保即引兵据延孙之栅。

东魏将段琛等据宜阳，遣阳州刺史牛道恒诱魏边民。魏南兖州刺史韦孝宽患之，乃诈为道恒与孝宽书，论归款之意，使谍人遗之于琛营，琛果疑道恒。孝宽乘其猜阻，出兵袭之，擒道恒及琛，崤、渑遂清。东道行台王思政以玉壁险要，请筑城自恒农徙镇之，诏加都督汾、晋、并州诸军事、并州刺史，行台如故。

六年春二月，东魏大行台侯景出三鸦，将复荆州。魏丞相泰遣李弼、独孤信各将五千骑出武关，景乃还。

夏五月乙酉，魏行台宫延和、陕州刺史宫延庆降于东魏，东魏以河北马场为义州以处之。

原北魏的显贵大臣广陵王元欣、录尚书长孙稚等人都携家带口前去投靠他，李延孙送给他们钱财，并派卫队护送，使他们安全到达关中。东魏高欢对此感到忧虑，多次派部队攻打李延孙，都没有成功。西魏任命李延孙为京南行台、节度河南诸军事、广州刺史。李延孙把平定伊、洛作为自己的责任。西魏朝廷认为他的兵力不足，又派李长寿的女婿京兆人韦法保任东洛州刺史，配置了数百名士兵来帮助李延孙。韦法保本名韦祐，当时人们都称用他的表字。他到达任所之后，与李延孙联合出兵，在伏流设置了营寨。独孤信进入洛阳时，打算修缮宫殿，便派外兵郎中天水人权景宣带领三千名步兵出去采伐和运输木材。正赶上东魏兵马赶到，河南各州郡都反叛了，权景宣抄小路向西逃跑，与李延孙会合。他们一同攻打孔城，占领了它，洛阳以南的州郡不久也都归附西魏。西魏丞相宇文泰随即留下权景宣镇守张白坞，让他统一指挥东南各路军队中响应关西的人马。这年，李延孙被他的长史杨伯兰杀害，韦法保于是带领部队占据了李延孙的营寨。

东魏将领段琛等人占据了宜阳，派遣阳州刺史牛道恒去引诱西魏边境的百姓。西魏南兖州刺史韦孝宽十分忧虑，就伪造了一封牛道恒写给自己的信，信中谈到归附西魏的愿望，派间谍故意将此信遗失在段琛的营地，段琛果然对牛道恒有了怀疑。韦孝宽趁他因猜疑而跟牛道恒产生隔阂的时候，出兵袭击，活捉了牛道恒和段琛，于是崤山与渑池地区都得以平定。东道行台王思政鉴于玉壁地势险要，请求在那里筑城，并请求从恒农调去镇守，文帝颁下诏书，加封他为都督汾、晋、并州诸军事、并州刺史，原先担任的行台职务不变。

六年（540）春季二月，东魏大行台侯景从三鸦出兵，准备收复荆州。西魏丞相宇文泰派遣李弼、独孤信各自率领五千名骑兵从武关出发御敌，侯景于是撤兵返回。

夏季五月乙酉这一天，西魏行台宫延和、陕州刺史宫延庆向东魏投降，东魏把黄河之北的牧马场设为义州，安排他们去那里做官。

八年春三月，魏初置六军。

秋八月，东魏丞相欢击魏，入自汾、绛，连营四十里。丞相泰使王思政守玉壁以断其道。欢以书招思政曰："若降，当授以并州。"思政复书曰："可朱浑道元降，何以不得？"冬十月己亥，欢围玉壁，凡九日，遇大雪，士卒饥冻，多死者，遂解围去。魏遣太子钦镇蒲坂。丞相泰出军蒲坂，至皂荚，闻欢退渡汾，追之，不及。十一月，东魏以可朱浑道元为并州刺史。

九年春二月壬申，东魏御史中尉高仲密以虎牢叛，降魏。魏以仲密为侍中、司徒。欢以仲密之叛由崔暹，将杀之。高澄匿暹，为之固请。欢曰："我丐其命，须与苦手。"澄乃出暹，而谓大行台都官郎陈元康曰："卿使崔暹得杖，勿复相见。"元康为之言于欢曰："大王方以天下付大将军，大将军有一崔暹不能免其杖，父子尚尔，况于他人！"欢乃释之。

高季式在永安戍，仲密遣信报之。季式走告欢，欢待之如旧。

魏丞相泰帅诸军以应仲密，以太子少傅李远为前驱，至洛阳，遣开府仪同三司于谨攻柏谷，拔之。三月壬申，围河桥南城。

东魏丞相欢将兵十万至河北，泰退军瀍上，纵火船于上流以烧河桥。斛律金使行台郎中张亮以小艇百馀载长锁，伺火船将至，以钉钉之，引锁向岸。桥遂获全。

八年(542)春季三月,西魏开始设置六军。

秋季八月,东魏丞相高欢进攻西魏,从汾、绛进入西魏的领地,构筑的营垒连结起来长达四十里。西魏丞相宇文泰命令王思政守住玉壁,以切断高欢的路。高欢写信招降王思政,说:"你如果投降,我就把并州授予你。"王思政回信问道:"可朱浑道元投降,为什么没有得到并州呢?"冬季十月己亥(初六),高欢围攻玉壁,共持续了九天时间,遇上天降大雪,士兵们饥寒交迫,死了许多人,于是解围撤退。西魏派皇太子元钦镇守蒲坂。丞相宇文泰出兵前往蒲坂,到达皂荚的时候,听说高欢已经撤退,便渡过汾河追赶,结果没有追上。十一月,东魏任命可朱浑道元为并州刺史。

九年(543)春季二月壬申(十二日),东魏御史中尉高仲密在虎牢反叛,投降了西魏。西魏任命高仲密为侍中、司徒。高欢认为高仲密叛变是由崔暹引起的,便准备杀掉崔暹。高澄把崔暹隐藏起来,一再为他求情。高欢回答说:"我可以饶他一命,但必须痛打他一顿。"高澄这才交出崔暹,但是对大行台都官郎陈元康说:"你要是让崔暹遭受刑杖,我们就不要再见面了。"陈元康为了高澄,向高欢说道:"大王您刚刚把天下托付给大将军,大将军有一个崔暹却不能使他免除刑杖,你们父子之间都这样,更何况对他人呢!"于是高欢饶过了崔暹。

高季式在永安驻防,高仲密写信给他,说了自己的情况。高季式跑去告诉了高欢,高欢跟以往一样对待他。

西魏丞相宇文泰率领各路大军来策应高仲密,让太子少傅李远担任先锋,到达洛阳之后,派遣开府仪同三司于谨攻打柏谷,夺取了该城。三月壬申这一天,包围了河桥南城。

东魏丞相高欢率领十万人马到达黄河北岸,宇文泰把部队撤回到瀍水岸边,从黄河上游放出火船来焚烧河桥。斛律金派行台郎中张亮用一百多只小船装上长锁链,待火船漂来时,用钉子把锁链钉在火船上,然后牵拉锁链把火船拖到岸边。于是,桥梁得以保全。

欢渡河，据邙山为陈，不进者数日。泰留辎重于瀍曲，夜，登邙山以袭欢。候骑白欢曰："贼距此四十馀里，蓐食干饭而来。"欢曰："自当渴死！"乃正阵以待之。戊申，黎明，泰军与欢军遇。东魏彭乐以数千骑为右甄，冲魏军之北垂，所向奔溃，遂驰入魏营。人告彭乐叛，欢甚怒。俄而西北尘起，乐使来告捷，虏魏侍中、开府仪同三司、大都督临洮王柬、蜀郡王荣宗、江夏王昇、钜鹿王阐、谯郡王亮、詹事赵善及督将僚佐四十八人。诸将乘胜击魏，大破之，斩首三万馀级。

欢使彭乐追泰。泰窘，谓乐曰："汝非彭乐邪？痴男子，今日无我，明日岂有汝邪！何不急还营，收汝金宝！"乐从其言，获泰金带一囊以归，言于欢曰："黑獭漏刃，破胆矣！"欢虽喜其胜，而怒其失泰，令伏诸地，亲捽其头，连顿之，并数以沙苑之败。举刃将下者三，嚌龄良久。乐曰："乞五千骑，复为王取之。"欢曰："汝纵之何意，而言复取邪？"命取绢三千匹压乐背，因以赐之。

明日复战，泰为中军，中山公赵贵为左军，领军若干惠等为右军。中军、右军合击东魏，大破之，悉俘其步卒。欢失马，赫连阳顺下马以授欢。欢上马走，从者步骑七人。追兵至，亲信都督尉兴庆曰："王速去，兴庆腰有百箭，足杀百人。"欢曰："事济，以尔为怀州刺史，若死，用尔子。"

高欢渡过黄河,靠着邙山布置军阵,一连几天没进军。宇文泰把辎重留在瀍曲,夜里登上邙山指挥部队,袭击高欢。侦察骑兵向高欢报告说:"贼兵距离这儿有四十多里地,他们是一大早吃了一顿干粮之后来的。"高欢说:"他们自然会渴死的!"于是,下令摆正阵势等待敌人的到来。戊申(十八日)黎明,宇文泰的军队与高欢的军队遭遇了。东魏的彭乐率领几千名骑兵作为右翼,冲击西魏军队的北边,冲到哪里,哪里就溃散,于是冲进了西魏的军营。有人报告说彭乐反叛了,高欢十分恼怒。不久西北方尘土飞扬,彭乐的使者跑来报捷,说俘虏了西魏的侍中、开府仪同三司、大都督临洮王元柬,以及蜀郡王元荣宗、江夏王元昇、钜鹿王元阐、谯郡王元亮、詹事赵善以及督将僚佐四十八人。将领们乘胜进攻,把西魏军队打得大败,共斩首三万多。

　　高欢派彭乐追赶宇文泰。宇文泰被追得走投无路,对彭乐说:"你不是彭乐吗?痴汉子,今天要是没有了我,明天哪还会有你!你为什么不赶快回到营地,收取属于你的金银财宝?"彭乐听取了他的意见,获得了宇文泰留下来的一袋子金条返回,他对高欢说道:"宇文黑獭从我的刀下逃走,已经吓破胆了!"高欢虽然对彭乐取胜感到高兴,但却恼怒他没将宇文泰捉住,就命令他趴在地上,自己亲手揪住他的头髻,连连往下磕,并且数落他在沙苑之战中战败的事。三次举起刀想要劈下去,气得咬牙切齿,长时间不能平息下来。彭乐说:"求您拨给我五千名骑兵,我再去为大王捉拿他。"高欢说道:"你为何放掉了他,又说要再去捉他呢?"叫人拿来三千匹绢压到彭乐的背上,然后奖给了他。

　　第二天双方再次交战,宇文泰指挥中军,中山公赵贵指挥左军,领军若干惠等人指挥右军。中军与右军合击东魏军队,把他们打得大败,俘虏了所有步兵。战斗中高欢失去了坐骑,赫连阳顺下马,把马让给高欢。高欢跨上马就跑,跟随的步、骑兵只有七人。追兵赶到了,高欢的亲信都督尉兴庆说:"大王快走,我腰间有一百支箭,完全能够杀死一百个人。"高欢说:"这次仗打完后,我就任命你为怀州刺史,要是你死了,我就任用你的儿子。"

兴庆曰:"儿小,愿用兄。"欢许之。兴庆拒战,矢尽而死。

　　东魏军士有逃奔魏者,告以欢所在,泰募勇敢三千人,皆执短兵,配大都督贺拔胜以攻之。胜识欢于行间,执矟与十三骑逐之。驰数里,矟刃垂及,因字之曰:"贺六浑,贺拔破胡必杀汝!"欢气殆绝。河州刺史刘洪徽从傍射胜,中其二骑,武卫将军段韶射胜马,毙之。比副马至,欢已逸去。胜叹曰:"今日不执弓矢,天也!"

　　魏南郢州刺史耿令贵,大呼,独入敌中,锋刃乱下,人皆谓已死,俄奋刀而还。如是数四,当令贵前者死伤相继,乃谓左右曰:"吾岂乐杀人! 壮士除贼,不得不尔。若不能杀贼,又不为贼所伤,何异逐坐人也!"

　　左军赵贵等五将战不利,东魏兵复振,泰与战,又不利。会日暮,魏兵遂遁,东魏兵追之。独孤信、于谨收散卒自后击之,追兵惊扰,魏诸军由是得全。若干惠夜引去,东魏兵追之。惠徐下马,顾命厨人营食。食毕,谓左右曰:"长安死,此中死,有以异乎!"乃建旗鸣角,收散卒徐还。追骑疑有伏兵,不敢逼。泰遂入关,屯渭上。

　　欢进至陕,泰使开府仪同三司达奚武等拒之。行台郎中封子绘言于欢曰:"混壹东西,正在今日。昔魏太祖平汉中,不乘胜取巴、蜀,失在迟疑,后悔无及。愿大王不以为疑。"

尉兴庆说:"我儿子还小,希望任用我的兄长。"高欢答应了他的要求。尉兴庆阻击追兵,箭射完后被杀死。

逃奔到西魏部队的东魏军士,说出了高欢所在的地方,宇文泰招募了三千名勇士,全部手持短兵器,分配给大都督贺拔胜指挥,用来攻打高欢。贺拔胜从敌军队伍中认出了高欢,就手执长矛与十三名骑兵一道追赶上去。追了几里路后,长矛的尖头快要触到高欢了,贺拔胜便叫着高欢的表字说:"贺六浑,我贺拔破胡一定要杀掉你!"高欢又惊又怒,差点背过气去。河州刺史刘洪徽在一旁向贺拔胜放箭,射中了他的两名骑兵,武卫将军段韶射死了贺拔胜的马。等到贺拔胜的备用马送到,高欢已经逃跑了。贺拔胜叹息道:"今天我没有带弓箭,这是天意呀!"

西魏南郢州刺史耿令贵大声喊叫着,一个人冲进了敌群中,敌人的刀剑向他身上乱砍乱刺,人们都以为他已经死去,可不久他却挥刀返回了自己的阵地。他几次这样来回冲杀,挡在他前头的敌人不断死伤,于是他对身边的人说道:"我哪里乐意杀人?大丈夫杀贼,不能不这样。如果不能够杀贼,又不能被贼兵打伤,那跟在座中随众人空发议论的人有什么两样?"

左军赵贵等五位将军作战失利,东魏军队又振作起来,宇文泰与他们交战,再次失利。恰好天黑了,于是西魏军队乘机逃跑,东魏军队随后追击。独孤信、于谨收拢溃散的士兵从后面进行袭击,东魏追兵受到惊扰,西魏的各路军队因此得以保全。若干惠在夜间带领部队逃跑,东魏的人马在后面追赶。若干惠慢慢地从马上下来,回头命令厨师埋锅做饭。吃完饭,他对身边的人说道:"在长安死,在这里死,有什么不同吗?"于是,他叫人竖起战旗,吹响号角,收拢好溃散的士兵缓缓地向西撤退。追赶的东魏骑兵怀疑有埋伏,不敢逼近。宇文泰于是进入关中,驻扎在渭河边上。

高欢推进到了陕地,宇文泰派遣开府仪同三司达奚武等人对高欢进行阻击。东魏的行台郎中封子绘对高欢说道:"统一东西,就在今天。昔日魏太祖曹操平定汉中,没有乘胜占领巴、蜀,就失误在犹豫不决上,后悔不及。希望大王您不要犹疑了。"

欢深然之，集诸将议进止，咸以为："野无青草，人马疲瘦，不可远追。"陈元康曰："两雄交争，岁月已久。今幸而大捷，天授我也。时不可失，当乘胜追之。"欢曰："若遇伏兵，孤何以济？"元康曰："王前沙苑失利，彼尚无伏。今奔败若此，何能远谋！若舍而不追，必成后患。"欢不从，使刘丰生将数千骑追泰，遂东归。

泰召王思政于玉壁，将使镇虎牢。未至而泰败，乃使守恒农。思政入城，令开门解衣而卧，慰勉将士，示不足畏。后数日，刘丰生至城下，惮之，不敢进，引军还。思政乃修城郭，起楼橹，营农田，积刍粟，由是恒农始有守御之备。

丞相泰求自贬，魏主不许。是役也，魏诸将皆无功，唯耿令贵与太子武卫率王胡仁、都督王文达力战功多。泰欲以雍、岐、北雍三州授之，以州有优劣，使探筹取之。仍赐胡仁名勇，令贵名豪，文达名杰，用彰其功。于是广募关、陇豪右以增军旅。

高仲密之将叛也，阴遣人扇动冀州豪杰，使为内应。东魏遣高隆之驰驿慰抚，由是得安。高澄密书与隆之曰："仲密枝党与之俱西者，宜悉收其家属，以惩将来。"隆之以为恩旨既行，理无追改，若复收治，示民不信，脱致惊扰，所亏

高欢非常赞成他的意见,于是召集各位将领商议是否继续追击,大家都认为:"野地里没有青草,人和马都已经疲乏消瘦,不能再长途追击了。"陈元康说:"两雄相争,已经很久了。现在有幸获得大捷,这是上天赐予我们的恩惠。机会不能失去,应该乘胜追击。"高欢问道:"如果遇上埋伏,那我又怎么摆脱呢?"陈元康回答说:"大王之前在沙苑失利时,他们都没有设伏。现在他们遭遇如此惨败,怎么还能够想这么远呢?假如舍弃他们不进行追击,必然要留下后患。"高欢不同意,仅让刘丰生率领几千名骑兵追击宇文泰,而自己却向东返回。

宇文泰派人去玉壁征召王思政,准备让他镇守虎牢。王思政还没有赶到,宇文泰已经战败,于是他派王思政镇守恒农。王思政入城之后,下令打开城门,脱了衣服睡觉,又慰问勉励将士,以便让大家感到没什么可怕的。几天后,东魏的刘丰生来到恒农城下,对这种情形感到害怕,不敢进去,带着部队回去了。王思政就下令修筑城郭,建起瞭望、防御用的高台,营造农田,屯积草料与粮食,从这时起恒农才开始有了防御设施。

西魏丞相宇文泰自己请求贬职,文帝没有答应。在这次战役中,西魏的将领们都没有功劳,只有耿令贵与太子武卫率王胡仁、都督王文达奋力作战,立下了不少功劳。宇文泰想把雍、岐、北雍三个州交给他们掌管,由于这三个州好坏不一,宇文泰就让他们抽签来决定。他还分别赐给他们新的名字,王胡仁叫作王勇,耿令贵叫作耿豪,王文达叫作王杰,以此来表彰他们的功绩。从这时起,西魏广泛招募关、陇地区的豪门大族来扩充军队。

高仲密准备叛变时,暗中派人去煽动冀州的豪杰,让他们做自己的内应。东魏派高隆之骑着驿站的快马赶到那里,对他们进行慰问安抚,这一地区因此而安定。高澄给高隆之写了一封密信,说:"高仲密的党徒中,凡是跟他一道投靠西魏的,应把他们的家属全部拘捕,以警戒后人。"高隆之认为朝廷表明恩惠的旨意已经颁行,按理不应该改变,如果再拘捕、处治这些家属,就等于向百姓表示朝廷言而无信,假若因此引起人心动摇,损失

不细,乃启丞相欢而罢之。

夏四月,丞相泰使谍潜入虎牢,令守将魏光固守。侯景获之,改其书云:"宜速去。"纵谍入城。光宵遁。景获高仲密妻子送邺。北豫、洛二州复入于东魏。五月壬辰,东魏以克复虎牢,降死罪已下囚,惟不赦高仲密家。丞相欢以高乾有义勋,高昂死王事,季式先自告,皆为之请免。

乙未,以侯景为司空。

中大同元年秋八月,魏徙并州刺史王思政为荆州刺史,使之举诸将可代镇玉壁者。思政举晋州刺史韦孝宽,丞相泰从之。东魏丞相欢悉举山东之众,将伐魏。癸巳,自邺会兵于晋阳。九月,至玉壁,围之。以挑西师,西师不出。

冬十月,东魏丞相欢攻玉壁,昼夜不息,魏韦孝宽随机拒之。城中无水,汲于汾。欢使移汾,一夕而毕。欢于城南起土山,欲乘之以入。城上先有二楼,孝宽缚木接之,令常高于土山以御之。欢使告之曰:"虽尔缚楼至天,我当穿地取尔。"乃凿地为十道,又用术士李业兴孤虚法,聚攻其北,北,天险也。孝宽掘长堑,邀其地道。选战士屯堑上,每穿至堑,战士辄擒杀之。又于堑外积柴贮火,敌有在地道内者,

就大了,于是在征得丞相高欢准许后,没按高澄的意思去做。

夏季四月,西魏丞相宇文泰派遣间谍潜入虎牢,命令守城的将领魏光坚守。侯景捉住了这位间谍,把宇文泰的信改成:"应迅速撤离。"然后放间谍进城去。魏光看到信以后连夜逃跑了。侯景俘虏了高仲密的妻子和儿女,将他们送到邺城。北豫州、洛州又重新归入东魏。五月壬辰(初三),由于收复了虎牢,东魏对死罪以下的囚犯作了宽大处理,唯独不赦免高仲密的家人。丞相高欢鉴于高乾有拥戴之功,高昂为国家而死,高季式自己先告发高仲密反叛,就在孝静帝面前一一替他们说情,免了他们的罪。

乙未(初六),东魏任命侯景为司空。

梁武帝中大同元年(546)秋季八月,西魏调并州刺史王思政担任荆州刺史,并让他从各位将领中推举一位可以代替自己镇守玉壁的人。王思政推举晋州刺史韦孝宽,丞相宇文泰听从了他的意见。东魏丞相高欢率领崤山以东的全部兵马,将要讨伐西魏。癸巳(二十三日),高欢便带兵从邺城出发,到晋阳与其他将领会师。九月,到达玉壁,将玉壁包围起来。他们向西魏的军队挑战,西魏的军队却不出来应战。

冬季十月,东魏丞相高欢进攻玉壁,日夜不停,西魏的韦孝宽随机应变地抵抗东魏的进攻。玉壁城中没有水源,要从汾河汲水。高欢于是派人在一个晚上便完成了另开新渠、让汾河改道的工程。高欢在玉壁城南面筑起一座土山,想利用土山居高临下攻进城里。玉壁城上原先有两座城楼,韦孝宽把木头绑在楼台上,让它的高度常常高于东魏堆筑的土山,以抵御东魏的进攻。高欢派人告诉韦孝宽说:"即使你把木头绑在楼台上,使楼台高到天上,我还是会凿地洞抓获你。"于是高欢派人掘地,挖了十条地道,又采用术士李业兴的"孤虚法",集中兵力进攻玉壁城的北面,城的北面,是天然的险要之地。韦孝宽挖了一条长沟,阻截高欢挖掘的地道。他挑选战士驻守在长沟上面,每当敌人从地道穿到长沟里,战士们便立即将他们抓住并杀掉。韦孝宽又叫人在沟的外面堆积木柴,贮存火种,一旦地道里面有敌人,

塞柴投火，以皮排吹之，一鼓皆焦烂。敌以攻车撞城，车之所及，莫不摧毁，无能御者。孝宽缝布为幔，随其所向张之，布既悬空，车不能坏。敌又缚松、麻于竿，灌油加火以烧布，并欲焚楼。孝宽作长钩，利其刃，火竿将至，以钩遥割之，松、麻俱落。敌又于城四面穿地为二十道，其中施梁柱，纵火烧之，柱折，城崩。孝宽随崩处竖木栅以扞之，敌不得入。城外尽攻击之术，而城中守御有馀。孝宽又夺据其土山。欢无如之何，乃使仓曹参军祖珽说之曰："君独守孤城而西方无救，恐终不能全，何不降也？"孝宽报曰："我城池严固，兵食有馀。攻者自劳，守者常逸。岂有旬朔之间已须救援！适忧尔众有不返之危。孝宽关西男子，必不为降将军也！"珽复谓城中人曰："韦城主受彼荣禄，或复可尔。自外军民，何事相随入汤火中！"乃射募格于城中云："能斩城主降者，拜太尉，封开国郡公，赏帛万匹。"孝宽手题书背，返射城外云："能斩高欢者准此。"珽，莹之子也。东魏苦攻凡五十日，士卒战及病死者七万人，共为一冢。欢智力皆困，因而发疾。有星坠欢营中，士卒惊惧。十一月庚子，解围去。

先是，欢别使侯景将兵趣齐子岭。魏建州刺史杨檦镇车箱，恐其寇邵郡，帅骑御之。景闻檦至，斫木断路六十馀

便把柴草塞入地道,把火种投掷进去,并用皮排吹火,一经鼓风吹火,地道里的敌人全部被烧得焦烂。敌人用攻车撞击城墙,攻车所到之处,没有不被摧毁撞坏的,没有能抵挡它的东西。韦孝宽把布匹缝成慢帐,顺着攻车撞城的方向张开,慢帐既然是悬在空中的,攻车便无法撞坏它。敌军又把松枝和麻杆绑在长竿上,灌油点火,用来烧毁慢帐,并且想焚烧城楼。韦孝宽制造了长钩,把它的刃磨得很锋利,等火竿快要到时,远远地用长钩割断它,松枝和麻杆都纷纷坠落。敌人又在城墙四面挖了二十条地道,先在地道中用木柱支撑住,然后放火烧掉这些木柱,木柱烧断,城墙就坍塌了。韦孝宽在城墙坍塌的地方竖起木栅栏来抵御,敌人未能攻进城。城外进攻的手段已经用尽,而城内抵御的办法还绰绰有馀。韦孝宽又夺取了高欢堆起来的土山。高欢对他没办法,就派仓曹参军祖珽去劝韦孝宽说:"您独自守卫孤城,西方又没有救兵,恐怕最终也不能保全它,为什么不投降呢?"韦孝宽回答说:"我城池坚固,士兵和粮食都绰绰有馀。进攻的人是自讨辛苦,而守城的人却能常常得到休息。哪有十天或一个月就已需别人援助的?我倒是担心你们有回不去的危险。我韦孝宽是关西汉子,一定不会做投降的将军!"祖珽又对城里的人说:"韦城主享受着西魏的荣华富贵和功名利禄,倒还可以这样做。但其馀的军民,为什么要跟他一起赴汤蹈火呢?"于是向城里射去悬赏捉拿韦孝宽所定的报酬条件,称:"能斩杀城主投降的人,拜太尉,封开国郡公,赏赐丝帛一万匹。"韦孝宽在赏格的背面写了些字,又射回城外,说:"能斩杀高欢的人,赏赐规格与此相同。"祖珽是祖莹的儿子。东魏军队苦苦攻打,前后共五十天,战死及病死的士兵有七万人,全都埋在一个大坟墓里。高欢的智慧和精力都用尽了,因此得了病。有颗流星坠落在高欢的军营中,东魏士兵惊恐不安。十一月庚子(初一),东魏军队撤围而去。

原先,高欢曾另派侯景率军进逼齐子岭。西魏建州刺史杨檦镇守车箱,他怕东魏侵犯邵郡,就率骑兵前去抵御。侯景听说杨檦来到,就让人砍了许多树木堆在路上,阻断道路六十多

里,犹惊而不安,遂还河阳。

庚戌,欢使段韶从太原公洋镇邺。辛亥,征世子澄会晋阳。

魏以韦孝宽为骠骑大将军、开府仪同三司,进爵建忠公。时人以王思政为知人。

十二月己卯,欢以无功,表解都督中外诸军,东魏主许之。

欢之自玉壁归也,军中讹言韦孝宽以定功弩射杀丞相。魏人闻之,因下令曰:"劲弩一发,凶身自殒。"欢闻之,勉坐见诸贵。使斛律金作《敕勒歌》,欢自和之,哀感流涕。

太清元年春正月丙午,东魏勃海献武王欢卒。

二年夏四月甲戌,东魏遣太尉高岳、行台慕容绍宗、大都督刘丰生等将步骑十万攻魏王思政于颍川。思政令卧鼓偃旗,若无人者。岳恃其众,四面陵城。思政选骁勇开门出战。岳兵败走。岳更筑土山,昼夜攻之。思政随方拒守,夺其土山,置楼堞以助防守。

三年夏四月,东魏高岳等攻魏颍川,不克。大将军澄益兵助之,道路相继。逾年犹不下。山鹿忠武公刘丰生建策,堰洧水以灌之,城多崩颓,岳悉众分休迭进。王思政身当矢石,与士卒同劳苦。城中泉涌,悬釜而炊。太师泰遣大将军赵贵督东南诸州兵救之。自长社以北,皆为陂泽,兵至穰,不得前。东魏人使善射者乘大舰临城射之,城垂陷。

里,仍惊恐不安,于是便返回河阳。

庚戌(十一日),东魏丞相高欢派遣段韶跟从太原公高洋镇守邺城。辛亥(十二日),高欢征召世子高澄到晋阳相会。

西魏任命韦孝宽为骠骑大将军、开府仪同三司,进爵为建忠公。当时人们都认为王思政很能识拔人才。

十二月己卯(十一日),由于出兵无功,高欢上表要求解除自己都督中外诸军的职务,东魏孝静帝同意了他的请求。

高欢从玉壁返回时,军中谣传说韦孝宽用定功弩射杀了丞相。西魏朝廷听到后,便颁布命令说:"强劲的弩一射,元凶自然就死了。"高欢得知后,勉强坐起来召见权贵们。他让斛律金作了一首《敕勒歌》,自己也跟着唱,哀伤流泪。

梁武帝太清元年(547)春季正月丙午(初八),东魏勃海献武王高欢去世。

二年(548)夏季四月甲戌(十三日),东魏派遣太尉高岳、行台慕容绍宗、大都督刘丰生等人率领十万步兵和骑兵到颍川攻打西魏王思政。王思政命令部队把战鼓和军旗都放倒在地,好像没有人的样子。高岳依仗自己人多,从四面攀登城墙。王思政挑选骁勇善战的将士开门出战。高岳的军队败走了。高岳又堆筑土山,日夜不停地攻城。王思政随机应变进行防御,夺取了高岳的土山,设置了齿状的矮墙来辅助防守。

三年(549)夏季四月,东魏的高岳等人攻打西魏的颍川,没有攻克。大将军高澄增派兵力前去相助,在通往颍川的道路上不断有东魏援军行进。一年过去了,还是没有攻克颍川。山鹿忠武公刘丰生提出一个办法,在洧水之上建起拦河坝,提高水位灌城,使得该城许多地方都崩塌了,高岳将部队分成几部分,交替休息与进攻。王思政冒着横飞的箭石指挥作战,与士兵同甘共苦。城里到处水如泉涌,他们就把锅挂起来做饭。西魏太师宇文泰派遣大将军赵贵统率东南各州的部队救援颍川。长社以北的地区都成了湖泽,部队到穰城后,便无法前进了。东魏人派箭术高超的人乘坐大船靠近颍川城射箭,颍川城快要陷落了。

燕郡景惠公慕容绍宗与刘丰生临堰视之，见东北尘起，同入舰坐避之。俄而暴风至，远近晦冥。缆断，飘船径向城。城上人以长钩牵船，弓弩乱发，绍宗赴水溺死，丰生游上，向土山，城上人射杀之。

五月，东魏高岳既失慕容绍宗等，志气沮丧，不敢复逼长社城。陈元康言于大将军澄曰：“王自辅政以来，未有殊功，虽破侯景，本非外贼。今颍川垂陷，愿王自以为功。”澄从之。戊寅，自将步骑十万攻长社，亲临作堰。堰三决，澄怒，推负土者及囊并塞之。

六月，长社城中无盐，人病挛肿，死者什八九。大风从西北起，吹水入城，城坏。东魏大将军澄令城中曰：“有能生致王大将军者封侯。若大将军身有损伤，亲近左右皆斩。”王思政帅众据土山，告之曰：“吾力屈计穷，唯当以死谢国。”因仰天大哭，西向再拜，欲自刎。都督骆训曰：“公常语训等：‘汝赍我头出降，非但得富贵，亦完一城人。’今高相既有此令，公独不哀士卒之死乎！”众共执之，不得引决。澄遣通直散骑赵彦深就土山遗以白羽扇，执手申意，牵之以下。澄不令拜，延而礼之。思政初入颍川，将士八千人，及城陷，才三千人，卒无叛者。澄悉散配其将卒于远方，改颍州为郑州，礼遇思政甚重。西阁祭酒卢潜曰：“思政不能死节，何足可重！”澄谓左右曰：“我有卢潜，乃是更得一

燕郡景惠公慕容绍宗与刘丰生一起来到拦河坝视察，看见东北方向尘土飞扬，便一同上船坐下躲避。一会儿暴风袭来，远近一片昏暗。船的缆绳被刮断了，一直向颍川城漂去。城上的人用长钩拉住船，用弓弩乱射，慕容绍宗跳到水里淹死了，刘丰生浮出水面，向土山游去，城上的人也将他射死了。

五月，东魏的高岳失去了慕容绍宗等人以后，志气沮丧，不敢再逼近长社城。陈元康对大将军高澄说道："大王自从辅政以来，还没有突出的功绩，虽然击破侯景，但侯景本来就不是外贼。现在颍川即将陷落，希望大王亲自去建立功业。"高澄采纳了这一建议。戊寅（二十四日），高澄自己统领步兵与骑兵共十万人攻打长社城，亲自督造拦河坝。拦河坝三次决口，高澄大怒，把背土的人以及装土的袋子一起推下去堵缺口。

六月，长社城里没有盐吃，人们得了痉挛、浮肿的病，死的人有十分之八九。大风从西北方刮来，把水吹到了城里，城被大水冲坏了。东魏大将军高澄向城里人宣布："有能够把王大将军活捉送来的，就封他为侯。如果王大将军身上有损伤，那么他的亲信以及身边的人都将被处死。"王思政率领人马占据了土山，告诉他们说："我已力屈计穷，只能以死来向国家谢罪了。"说完他就仰天大哭起来，向西面拜了两拜，然后准备自刎。都督骆训说："您常常对我们说：'你们带着我的首级出去投降，不但能得到富贵，也能保全全城的人。'现在高相国既然有这样的命令，您难道就不哀怜士兵们因为您而死吗？"大家一起抓住王思政，王思政因此没能自杀。高澄派了通直散骑赵彦深来到土山上，送给王思政白羽扇，握住他的手说明高澄的意图，又把他牵下山来。高澄没有叫王思政下拜，彬彬有礼地接待了他。王思政当初进入颍川的时候，共有将士八千人，等到长社城陷落，只剩下三千人，但是最终也没有一个人叛变。高澄把这些将士都分散安排到遥远的地方，将颍川改为郑州，给予王思政很高的礼遇。西阁祭酒卢潜说道："王思政没能以死来保全气节，有什么值得看重的？"高澄对身旁的人说："我有了卢潜，便是又得到了一个

王思政。"潜,度世之曾孙也。

初,思政屯襄城,欲以长社为行台治所,遣使者魏仲启陈于太师泰,并致书于渐州刺史崔猷。猷复书曰:"襄城控带京、洛,实当今之要地,如有动静,易相应接。颍川既邻寇境,又无山川之固,贼若潜来,径至城下。莫若顿兵襄城,为行台之所。颍川置州,遣良将镇守。则表里胶固,人心易安,纵有不虞,岂能为患!"仲见泰,具以启闻。泰令依猷策。思政固请,且约:"贼水攻期年,陆攻三年之内,朝廷不烦赴救。"泰乃许之。及长社不守,泰深悔之。猷,孝芬之子也。

侯景之南叛也,丞相泰恐东魏复取景所部地,使诸将分守诸城。及颍川陷,泰以诸城道路阻绝,皆令拔军还。

王思政。"卢潜是卢度世的曾孙。

当初，王思政驻守襄城时，想把长社定为行台所在地，派遣使者魏仲去向太师宇文泰请示，并且写了一封信给淅州刺史崔猷。崔猷回信说道："襄城控制连接着京、洛，实在是当今的战略要地，要是有什么变故，容易相互接应。颍川既邻近敌寇的地盘，又没有山川之险，贼兵如果悄悄过来，可以直接到达城下。不如让部队屯驻在襄城，将襄城作为行台所在地。把颍川作为州城，派良将镇守。这样，里外牢固，人心也容易安定，纵然出现意外情况，怎能有什么祸患？"魏仲见到宇文泰，详细汇报了王思政的意见。宇文泰下令按照崔猷的计策办理。王思政再三请求，并且保证："贼兵如果从水上进攻，那么在一年之内，如果从陆上进攻，那么在三年之内，都不用麻烦朝廷派兵来救援。"宇文泰这才答应。等到长社城陷落后，宇文泰对此深感后悔。崔猷是崔孝芬的儿子。

侯景叛逃梁朝的时候，西魏丞相宇文泰恐怕东魏再来夺取侯景原先的地盘，就派将领们分别把守各城。等到颍川陷落后，宇文泰因为各城的道路都被隔断，便下令叫将领们全都率领部队返回。

高氏篡东魏　北齐

　　梁武帝太清元年。东魏静帝美容仪，旅力过人，能挟石师子逾宫墙，射无不中；好文学，从容沉雅。时人以为有孝文风烈。大将军澄深忌之。始，献武王自病逐君之丑，事静帝礼甚恭，事无大小必以闻，可否听旨。每侍宴，俯伏上寿。帝设法会，乘辇行香，欢执香炉步从，鞠躬屏气，承望颜色，故其下奉帝莫敢不恭。及澄当国，倨慢顿甚。使中书黄门郎崔季舒察帝动静，大小皆令季舒知之。澄与季舒书曰："痴人比复何似？痴势小差未？宜用心检校。"帝尝猎于邺东，驰逐如飞，监卫都督乌那罗受工伐从后呼曰："天子勿走马，大将军嗔！"澄尝侍饮酒，举大觞属帝曰："臣澄劝陛下酒。"帝不胜忿，曰："自古无不亡之国，朕亦何用此生为！"澄怒曰："朕？朕？狗脚朕！"使崔季舒殴帝三拳，奋衣而出。明日，澄使季舒入劳帝，帝亦谢焉，

高氏篡东魏 北齐

梁武帝太清元年(547)。东魏孝静帝容貌俊美、仪表堂堂，臂力过人，能腋下夹着石狮子跳过宫墙，射箭百发百中；还喜好文学，举止从容，沉稳高雅。当时的人都认为他有北魏孝文帝的风范。大将军高澄深深忌悍他。以前，献武王高欢因为自己背上了驱逐君主的丑名而成为一块心病，所以侍奉孝静帝礼节特别恭敬，事无大小一定都汇报给孝静帝，是否可行全听孝静帝的旨意。每次侍宴，他都俯身向皇帝祝寿。孝静帝举办法会，乘车去进香时，他手持香炉，徒步跟在后面，弯腰鞠躬，屏住呼吸，看皇上眼色行事，所以他的部下也没人敢不恭敬地侍奉孝静帝。等高澄执掌国家大权后，立刻就对孝静帝非常傲慢无礼了。他让中书黄门郎崔季舒暗中观察皇帝的动静，大小事都让崔季舒了解清楚。高澄写信给崔季舒说："那呆子近来又怎么样了？痴呆劲儿好一点没有？你要用心看好他。"孝静帝曾在邺城东打猎，骑马追逐野兽如飞，监卫都督乌那罗受工伐跟在孝静帝的马后高声呼喊道："皇上您别纵马奔驰，大将军要怪罪的！"高澄曾陪同孝静帝饮酒，他举起一樽大杯酒递给孝静帝说："臣高澄劝陛下满饮此杯。"孝静帝不胜愤怒，说："自古以来没有不灭亡的国家，朕又何必靠这种方式活着呢？"高澄大怒说："朕？朕？长着狗脚的朕！"让崔季舒打了孝静帝三拳，然后拂袖而去。第二天，高澄让崔季舒进宫去安慰孝静帝，孝静帝也向高澄表示了歉意，

赐季舒绢百匹。

帝不堪忧辱，咏谢灵运诗曰："韩亡子房奋，秦帝鲁连耻。本自江海人，忠义动君子。"常侍侍讲颍川荀济知帝意，乃与祠部郎中元瑾、长秋卿刘思逸、华山王大器、淮南王宣洪、济北王徽等谋诛澄。大器，鸷之子也。帝谬为敕问济曰："欲以何日开讲？"乃诈于宫中作土山，开地道向北城。至千秋门，门者觉地下响，以告澄。澄勒兵入宫，见帝，不拜而坐，曰："陛下何意反？臣父子功存社稷，何负陛下邪！此必左右妃嫔辈所为。"欲杀胡夫人及李嫔。帝正色曰："自古唯闻臣反君，不闻君反臣。王自欲反，何乃责我！我杀王则社稷安，不杀则灭亡无日。我身且不暇惜，况于妃嫔！必欲弑逆，缓速在王！"澄乃下床叩头，大啼谢罪。于是酣饮，夜久乃出。居三日，幽帝于含章堂。壬辰，烹济等于市。

初，济少居江东，博学能文，与上有布衣之旧。知上有大志，然负气不服，常谓人曰："会于盾鼻上磨墨檄之。"上甚不平。及即位，或荐之于上，上曰："人虽有才，乱俗好反，不可用也。"济上书谏上崇信佛法、为塔寺奢费。上大怒，欲集朝众斩之。朱异密告之，济逃奔东魏。澄为中书监，欲用济为侍读。献武王曰："我爱济，欲全之，故不用济。济入宫，必败。"澄固请，乃许之。及败，侍中杨遵彦

赏赐给崔季舒一百匹绢。

孝静帝忍受不了忧愁侮辱，便吟咏谢灵运的诗道："韩亡子房奋，秦帝鲁连耻，本自江海人，忠义动君子。"常侍侍讲颍川人荀济明了孝静帝的心思，便和祠部郎中元瑾、长秋卿刘思逸、华山王元大器、淮南王元宣洪、济北王元徽等人一起谋划杀掉高澄。元大器是元鸷的儿子。孝静帝降旨假意问荀济道："打算在什么时间开讲？"于是诈称要在皇宫里修一座土山，实际上是挖地道通向北城。挖到千秋门时，守门人发觉地下有响动，便禀告高澄。高澄带着士兵入宫，见到孝静帝，根本不叩拜便坐了下来，说："陛下为什么要策划反叛？臣父子有保全社稷的功绩，有什么对不起陛下的呢？这一定是您身边的嫔妃们干的。"高澄想要杀掉胡夫人以及李嫔。孝静帝态度严肃地说："自古以来只听说过臣子反叛君王，没听说过君王反叛臣子的。你自己想造反，为什么竟来责怪我呢？我杀掉你江山社稷就会安定，不杀你国家就会很快灭亡。我自身尚且顾不上爱惜，何况对嫔妃呢！如果你一定要弑君作乱的话，那迟早都由你！"高澄听后，才离开坐榻向孝静帝叩头，哭号着向孝静帝谢罪。于是，君臣一起痛饮，直到深夜高澄才离开皇宫。过了三天，高澄把孝静帝囚禁在含章堂。八月壬辰（二十八日），把荀济等人在街市上用大锅煮死了。

当初，荀济年轻时住在江东，学识渊博，会写诗文，与梁武帝有平民百姓般的交情。荀济知道梁武帝有大志，但却自负才气而不服梁武帝，常常对别人说："正该在盾鼻上磨墨写檄文来声讨他。"梁武帝对此十分气愤。等到梁武帝即位，有人将荀济推荐给他，梁武帝说："这个人虽然有才，但扰乱风俗，喜好造反，不可以任用。"荀济上书梁武帝，对他崇信佛法、建造寺塔而大肆浪费进行规谏。梁武帝勃然大怒，打算召集朝臣斩杀荀济。朱异将这一消息秘密告知荀济，荀济便逃奔到了东魏。高澄这时正担任中书监，想任用荀济当侍读。献武王高欢对高澄说："我喜爱荀济，想保全他，所以才不任用他。荀济进入皇宫，必定会身败名裂。"高澄再三请求，高欢才应允了。等荀济败后，侍中杨遵彦

谓之曰:"衰暮何苦复尔?"济曰:"壮气在耳!"因下辨曰:"自伤年纪摧颓,功名不立,故欲挟天子,诛权臣。"澄欲宥其死,亲问之曰:"苟公何意反?"济曰:"奉诏诛高澄,何谓反!"有司以济老病,鹿车载诣东市,并焚之。

澄疑谘议温子昇知瑾等谋,方使之作《献武王碑》,既成,饿于晋阳狱。食弊襦而死。弃尸路隅,没其家口。太尉长史宋遊道收葬之。澄谓遊道曰:"吾近书与京师诸贵论及朝士,以卿僻于朋党,将为一病。今乃知卿真是重故旧、尚节义之人,天下人代卿怖者,是不知吾心也!"九月辛丑,澄还晋阳。

三年夏四月甲辰,东魏进大将军勃海王澄位相国,封齐王,加殊礼。丁未,澄入朝于邺,固辞。不许。澄召将佐密议之,皆劝澄宜膺朝命。独散骑常侍陈元康以为未可,澄由是嫌之。崔暹乃荐陆元规为大行台郎以分元康之权。

秋七月,东魏大将军澄诣邺,辞爵位殊礼,且请立太子。澄谓济阴王晖业曰:"比读何书?"晖业曰:"数寻伊、霍之传,不读曹、马之书。"

八月辛卯,东魏立皇子长仁为太子。

勃海文襄王高澄以其弟太原公洋次长,意常忌之。洋深自晦匿,言不出口,常自贬退,与澄言,无不顺从。澄

对荀济说:"衰暮之年,何苦还干这类事呢?"荀济回答说:"壮气还在罢了!"随后在供辞中写道:"我自伤年纪衰老,还没有建立功名,所以想挟持天子,诛杀权臣。"高澄想宽宥荀济,免他一死,亲自去问他:"荀公出于什么考虑要谋反?"荀济回答说:"奉皇帝的诏令诛杀高澄,哪能叫谋反呢?"有关部门因为荀济年老多病,就用小车把他载到东市,把他连同小车一起用火烧了。

高澄怀疑谘议温子昇知道元瑾等人的阴谋,但这时正在让他撰写《献武王碑》,等写好之后,就把他关进了晋阳监狱,不给饭吃。温子昇饿极了,吞嚼破短袄而死。高澄命令把他的尸体丢弃在路边,把他的家人没入官府为奴婢。太尉长史宋遊道收殓埋葬了他。高澄对宋遊道说:"我最近写信给京师的各位达官贵人,谈论到朝廷官员,认为你热衷朋党,将会成为一大祸患。现在才知道你确实是注重老交情、崇尚节义的人,天下那些替你惶恐不安的人,纯属不了解我的心思啊!"九月辛丑(初七),高澄回到了晋阳。

三年(549)夏季四月甲辰(十九日),东魏晋升大将军、勃海王高澄为相国,封为齐王,给予他特殊的礼遇。丁未(二十二日),高澄来到邺城朝拜孝静帝,坚决推辞新封的官爵。但是孝静帝不批准。高澄召集将佐秘密商议此事,大家都劝高澄应该接受朝廷的任命。唯独散骑常侍陈元康认为不能这样做,高澄因此而嫌恶他。于是,崔暹推荐陆元规担任大行台郎,来分割陈元康的权力。

秋季七月,东魏大将军高澄来到邺城,要辞去爵位和特殊礼遇,并且请求立太子。他对济阴王元晖业说:"近来你读什么书?"元晖业回答说:"我多次找伊尹、霍光的传记看,不读有关曹氏和司马氏的书。"

八月辛卯(初八),东魏立皇子元长仁为太子。

勃海文襄王高澄因他的弟弟太原公高洋在兄弟中年龄仅次于自己,心里常常忌恨他。高洋把自己的形迹深深掩饰起来,有话也不说出来,常主动贬抑退让,与高澄讲话,无不顺从。高澄

轻之,常曰:"此人亦得富贵,相书亦何可解!"洋为其夫人赵郡李氏营服玩小佳,澄辄夺取之。夫人或恚未与,洋笑曰:"此物犹应可求,兄须何容吝惜!"澄或愧不取,洋即受之,亦无饰让。每退朝还第,辄闭阁静坐,虽对妻子,能竟日不言。或时祖跣奔跃,夫人问其故,洋曰:"为尔漫戏。"其实盖欲习劳也。

　　澄获徐州刺史兰钦子京,以为膳奴。钦请赎之,不许。京屡自诉,澄杖之,曰:"更诉,当杀汝!"京与其党六人谋作乱。澄在邺,居北城东柏堂,嬖琅邪公主,欲其往来无间,侍卫者常遣出外。辛卯,澄与散骑常侍陈元康、吏部尚书侍中杨愔、黄门侍郎崔季舒屏左右,谋受魏禅,署拟百官。兰京进食,澄却之,谓诸人曰:"昨夜梦此奴斫我,当急杀之。"京闻之,置刀盘下,冒言进食,澄怒曰:"我未索食,何为遽来!"京挥刀曰:"来杀汝!"澄自投伤足,入于床下。贼去床,弑之。愔狼狈走出,遗一靴。季舒匿于厕中。元康以身蔽澄,与贼争刀被伤,肠出。库直王纮冒刃御贼,纥奚舍乐斗死。时变起仓猝,内外震骇。太原公洋在城东双堂,闻之,神色不变,指麾部分,入讨群贼,斩而脔之。徐出,言曰:"奴反,大将军被伤,无大苦也。"内外莫不惊异。洋秘不发丧。陈元康

很轻视高洋，经常说："这个人也能得到荣华富贵，相面书又怎能解释得通呀？"高洋为他的夫人赵郡人李氏弄到一些略显精巧的工艺品，高澄见了总是要强行拿走。高洋的夫人有时很愤恨，不想给，高洋笑着对她说："这种东西还可以再弄到，兄长需要，怎能吝惜呢？"高澄有时也因惭愧而不再要了，高洋就拿了过来，也不做出谦让的样子。每次退朝回家之后，高洋就闭门静坐，哪怕面对自己的妻子儿女，也能整天不说一句话。有时候他脱去上衣赤脚奔跃，夫人问他其中的缘故，高洋说："为你随便表演表演。"其实他是想锻炼锻炼身体。

高澄抓获了徐州刺史兰钦的儿子兰京，让他充当做饭的奴仆。兰钦请求赎回兰京，高澄不答应。兰京自己多次提出请求，高澄用木杖打他，说道："你要是再提此事，就杀掉你！"兰京与他的六个同伙密谋作乱。高澄在邺城，住在北城东侧的柏堂，很宠幸琅邪公主，他为了使自己与公主之间来往方便，经常把侍卫们派遣到外面去。辛卯（初八）这一天，高澄与散骑常侍陈元康、吏部尚书侍中杨愔、黄门侍郎崔季舒让身边的人退下后，便一起讨论逼东魏皇帝禅让皇位的计划，议定对文武百官的安排。兰京送来食品，高澄叫他走开，对众人说道："昨天夜里，我梦见这个奴才用刀砍我，应该赶快把他杀掉。"兰京听到这话，便将刀子放在盘子底下，假装说要来进献食物，高澄恼怒地说道："我没要食物，你为什么突然进来？"兰京挥着刀说道："来杀你！"高澄跌倒在地，伤了脚，就钻到了床下。兰京掀翻床，杀掉了他。杨愔狼狈逃出，丢下了一只靴子。崔季舒藏到了厕所里面。陈元康用自己的身体掩护高澄，和兰京争夺刀子，被砍伤，肠子流了出来。库直王纮迎着刀锋抵御叛贼，纥奚舍乐在搏斗中死去。当时这一事变发生得非常突然，朝廷内外都感到震惊和恐骇。太原公高洋在城东的双堂听到这一消息之后，神色不变，指挥部署，赶到出事地点讨伐群贼，把他们杀死并将尸体切成肉块。接着慢慢地走出来说道："奴才造反，大将军受了伤，但伤势并不严重。"朝廷内外没有谁不感到惊异。高洋秘不发丧。陈元康

手书辞母，口占使功曹参军祖珽作书陈便宜。至夜而卒。洋殡之第中，诈云出使，虚除元康中书令。以王纮为领左右都督。纮，基之子也。

勋贵以重兵皆在并州，劝洋早如晋阳，洋从之。夜，召大将军督护太原唐邕，使部分将士，镇遏四方。邕支配须臾而毕，洋由是重之。

癸巳，洋讽东魏主以立太子大赦。澄死问渐露，东魏主窃谓左右曰："大将军今死，似是天意，威权当复归帝室矣！"洋留太尉高岳、太保高隆之、开府仪同三司司马子如、侍中杨愔守邺，馀勋贵皆自随。甲午，入谒东魏主于昭阳殿，从甲士八千人，登阶者二百馀人，皆攘袂扣刃，若对严敌。令主者传奏曰："臣有家事，须诣晋阳。"再拜而出。东魏主失色，目送之曰："此人又似不相容，朕不知死在何日！"晋阳旧臣、宿将素轻洋。及至，大会文武，神彩英畅，言辞敏洽，众皆大惊。澄政令有不便者，洋皆改之。

简文帝大宝元年春正月戊辰，东魏进太原公高洋位丞相、都督中外诸军、录尚书事、大行台、齐郡王。三月庚申，东魏进丞相洋爵为齐王。

东魏齐王洋之为开府也，勃海高德政为管记，由是亲昵，言无不尽。金紫光禄大夫丹杨徐之才、北平太守广宗宋景业皆善图谶，以为太岁在午，当有革命。因德政以白洋，劝之受禅。洋以告娄太妃，太妃曰："汝父如龙，兄如虎，犹以天位不可妄据，终身北面。汝独何人，

亲笔给母亲写了封诀别信，又向功曹参军祖珽口授，叫他代自己向朝廷上书，陈述急应施行的事项。夜里，陈元康便死了。高洋把陈元康停放在自己的府第里，谎称他出使到外地了，假装授予他中书令。高洋任命王纮为领左右都督。王纮是王基的儿子。

功臣权贵们考虑到东魏重兵都在并州，劝高洋尽快赶到晋阳，高洋接受了这一劝告。他连夜召来大将军督护太原人唐邕，叫唐邕部署将士，镇遏住四方。唐邕一会儿就把事情安排完毕，高洋因此很器重唐邕。

癸巳（初十），高洋示意东魏孝静帝以立太子为由大赦天下。高澄的死讯渐渐透露出来，孝静帝悄悄地对身边的人说："现在大将军死了，似乎是天意，威望和权力应当重新归于皇室了！"高洋留下太尉高岳、太保高隆之、开府仪同三司司马子如、侍中杨愔守卫邺城，其馀的功臣权贵都跟随着自己。甲午（十一日），高洋来到昭阳殿谒见孝静帝，身后跟着八千名全副武装的士兵，登上宫殿台阶的有二百多人，个个都捋着袖子按住刀剑，就像面对大敌一样。高洋叫负责的官员向孝静帝传奏："我有一些家事，需要赶到晋阳。"奏毕，他拜了两拜离开皇宫。孝静帝大惊失色，目送着远去的高洋说："此人又好像与我不能相容，朕不知道会死在哪一天！"晋阳的旧臣、宿将一向轻视高洋。等到抵达晋阳后，高洋大会文武官员，神采飞扬，言语敏捷周洽，官员们都十分吃惊。高澄的政策和法令有不妥当的，高洋都做了修正。

梁简文帝大宝元年（550）春季正月戊辰（十八日），东魏晋升太原公高洋为丞相、都督中外诸军、录尚书事、大行台、齐郡王。三月庚申（十一日），东魏把丞相高洋的爵位晋升为齐王。

东魏齐王高洋在开府置官时，勃海人高德政担任管记，因此两人关系很亲密，什么话都说到底。金紫光禄大夫丹杨人徐之才、北平太守广宗人宋景业都精通图谶，他们认为太岁星在午位，世间就要改朝换代。于是通过高德政告诉高洋，劝他受禅。高洋把这事禀告娄太妃，太妃说："你父亲如龙，兄长如虎，还都认为皇位天授不能随便窃据，终生北面称臣。可你竟是什么人，

欲行舜、禹之事乎！”洋以告之才，之才曰：“正为不及父兄，故宜早升尊位耳！”洋铸像卜之而成。乃使开府仪同三司段韶问肆州刺史斛律金。金来见洋，固言不可，以宋景业首陈符命，请杀之。洋与诸贵议于太妃前，太妃曰：“吾儿懦直，必无此心，高德政乐祸，教之耳。”洋以人心不壹，使高德政如邺察公卿之意。未还，洋拥兵而东，至平都城，召诸勋贵议之，莫敢对。长史杜弼曰：“关西，国之勍敌。若受魏禅，恐彼挟天子，自称义兵而东向，王何以待之！”徐之才曰：“今与王争天下者，彼亦欲为王所为，纵其屈强，不过随我称帝耳。”弼无以应。高德政至邺，讽公卿，莫有应者。司马子如逆洋于辽阳，固言未可。洋欲还，仓丞李集曰：“王来为何事？而今欲还？”洋伪使于东门杀之，而别令赐绢十匹，遂还晋阳。自是居常不悦。徐之才、宋景业等日陈阴阳杂占，云宜早受命。高德政亦敦劝不已。洋使术士李密卜之，遇《大横》。曰：“汉文之卦也。”又使宋景业筮之，遇《乾》之《鼎》。曰：“《乾》，君也。《鼎》，五月卦也。宜以仲夏受禅。”或曰：“五月不可入官，犯之，终于其位。”景业曰：“王为天子，无复下期，岂得不终于其位乎！”洋大悦，乃发晋阳。

高德政录在邺诸事，条进于洋。洋令左右陈山提驰驿赍事条，并密书与杨愔。是月，山提至邺。杨愔即召太常卿

想做舜、禹禅让的事吗?"高洋把娄太妃的话告诉徐之才,徐之才说:"正因为比不上父兄,所以才应该早日登上尊位呀!"高洋铸像进行占卜,结果大吉。于是,高洋让开府仪同三司段韶去征求肆州刺史斛律金的意见。斛律金来拜见高洋,一再言说这件事干不得,由于宋景业首先向高洋讲符命,因此斛律金要求高洋杀了他。高洋和各位贵戚一起在娄太妃面前商议这件事,娄太妃说:"我儿子懦弱正直,肯定没有这种心思,都是高德政幸灾乐祸,教他这样干罢了。"高洋因为人心不一致,就派高德政去邺城观察公卿们的意向。高德政尚未回来,高洋就率军队向东进发,抵达平都城,召集诸位元勋重臣一起商议,但没有人敢发表意见。长史杜弼说:"关西宇文氏是我国的强敌。如果接受魏禅,恐怕宇文氏会挟持天子,自称义兵而东进的,大王拿什么来对付他们呢?"徐之才说:"现在和大王争天下的人,他也想做大王要做的事,即使他倔强不顺从,大不了也会跟在我们之后称帝罢了。"杜弼无言以对。高德政抵达邺城后,婉言劝导公卿大臣,但没有谁响应。司马子如在辽阳迎接高洋,再三言说此事不行。高洋想返回晋阳,仓丞李集说:"大王来这里是为了什么事?而现在又想回去?"高洋假装派他到东门去办事,在那里杀了他,又另外下令赏赐他十四绢,然后返回晋阳。从此,高洋总是闷闷不乐。徐之才、宋景业等每天向他大讲阴阳占验,说应该早点做皇帝。高德政也不停地劝说敦促。高洋让术士李密占卜此事,得到了龟纹呈横形的兆象。李密说:"这可是汉孝文帝即位前测得的吉卦。"高洋又让宋景业用筮草预测,结果是《乾》卦到《鼎》卦。宋景业说:"《乾》是君主,《鼎》是说在五月发生变化。您应在仲夏受禅。"有人说:"五月不能入居官位,违犯了就会死在这个位置上。"宋景业说:"大王为天子,没有下台离位的时候,哪能不死在自己的皇位上呢!"高洋非常高兴,于是离开晋阳出发了。

高德政记录下在邺城的事情,分条进呈给高洋。高洋命令身边的侍从陈山提沿着驿路急行,带着高德政进呈的事条和一封密信送给杨愔。本月,陈山提抵达邺城。杨愔就召集太常卿

邢劭等议撰仪注，秘书监魏收草九锡、禅让、劝进诸文。引魏宗室诸王入北宫，留于东斋。甲寅，东魏进洋位相国，总百揆，备九锡。洋行至前亭，所乘马忽倒，意甚恶之，至平都城，不复肯进。高德政、徐之才苦请曰："山提先去，恐其漏泄。"即命司马子如、杜弼驰驿续入，观察物情。子如等至邺，众人以事势已决，无敢异言。洋至邺，召夫赍筑具集城南。高隆之请曰："用此何为？"洋作色曰："我自有事，君何问为！欲族灭邪！"隆之谢而退。于是作圆丘，备法物。

丙辰，司空潘乐、侍中张亮、黄门郎赵彦深等求入启事，东魏孝静帝在昭阳殿见之。亮曰："五行递运，有始有终。齐王圣德钦明，万方归仰，愿陛下远法尧、舜。"帝敛容曰："此事推挹已久，谨当逊避。"又曰："若尔，须作制书。"中书郎崔劼、裴让之曰："制已作讫。"使侍中杨愔进之。东魏主既署，曰："居朕何所？"愔对曰："北城别有馆宇。"乃下御坐，步就东廊，咏范蔚宗《后汉书》赞曰："献生不辰，身播国屯，终我四百，永作虞宾。"所司请发，帝曰："古人念遗簪弊履，朕欲与六宫别，可乎？"高隆之曰："今日天下犹陛下之天下，况在六宫！"帝步入，与妃嫔已下别，举宫皆哭。赵国李嫔诵陈思王诗云："王其爱玉体，俱享黄发期。"直长赵道德以故犊车一乘候于东阁，帝登车，道德超上抱之。帝叱之曰："朕自畏天顺人，何物奴敢逼人如此！"道德犹不下。出云龙门，

邢劭等人商议制定礼仪制度，秘书监魏收起草九锡、禅让、劝进等文书。把东魏宗室诸王带入北宫，扣留在东斋。五月甲寅（初六），东魏晋升高洋为相国，总领百官，加九锡。高洋走到前亭时，他所乘骑的马忽然倒下，高洋对此深感厌恶，抵达平都城后，就不肯再前行了。高德政、徐之才苦苦请求说："陈山提已经先去邺城了，恐怕他会泄漏消息。"高洋随即命令司马子如、杜弼沿驿路再入邺城，去观察事态发展。司马子如等人抵达邺城，众人以为大势已定，没人敢表示异议。高洋抵达邺城，召集民夫带着工具在城南集中。高隆之问道："召集这些民夫干什么？"高洋板起面孔，说："我自己有事要干，你问这干什么？是想全族被诛灭吗？"高隆之谢罪退下。于是高洋下令修筑祭天用的圆形高坛，准备登基大典用的各种法器。

丙辰（初八），司空潘乐、侍中张亮、黄门郎赵彦深等请求入宫奏事，东魏孝静帝在昭阳殿召见他们。张亮说："金木水火土五行交替运行，有开始就有终结。齐王高洋天资圣明，道德高尚，天下归心，万众敬仰，希望陛下效法古代的尧、舜。"孝静帝神色凝重地说："这件事考虑很久了，我理当逊位让贤。"又说："如果这样，理应写制书。"中书郎崔劼、裴让之说："制书已经拟好了。"便让侍中杨愔把制书上呈孝静帝。孝静帝签名以后，说道："让朕住到哪里？"杨愔回答说："北城另有房舍。"于是孝静帝走下御座，步行走向东廊，口里吟咏着范晔《后汉书》中的一段赞辞："献帝生不逢辰，身既流离，国又遭难，汉祚四百年终结，只能永远充当虞舜的宾客。"主管官员请孝静帝离开宫廷，孝静帝说："古人还顾念旧物与故情呢，朕想和六宫妃嫔告别，可以吧？"高隆之说："今天天下还是陛下的天下，何况六宫呢！"孝静帝步行进宫，与妃嫔及其以下的人告别，整个皇宫都痛哭失声。赵国人李嫔诵读陈思王曹植的诗："王其爱玉体，俱享黄发期。"直长赵道德备好一辆旧牛车在东门等候，孝静帝登车，赵道德跳上去抱住他。孝静帝喝斥他说："朕自己畏天命，顺人心，你是什么奴才，竟敢这样逼朕！"赵道德却仍然不下车。孝静帝出云龙门，

王公百僚拜辞，高隆之洒泣。遂入北城，居司马子如南宅，遣太尉彭城王韶等奉玺绶，禅位于齐。

戊午，齐王即皇帝位于南郊，大赦，改元天保。自魏敬宗以来，百官绝禄，至是始复给之。己未，封东魏主为中山王，待以不臣之礼。追尊齐献武王为献武皇帝，庙号太祖，后改为高祖；文襄王为文襄皇帝，庙号世宗。辛酉，尊王太后娄氏为皇太后。乙丑，降魏朝封爵有差，其宣力霸朝及西、南投化者，不在降限。

夏六月，齐主封宗室高岳等十人、功臣库狄干等七人皆为王。癸未，封弟浚为永安王，淹为平阳王，浟为彭城王，演为常山王，涣为上党王，淯为襄城王，湛为长广王，潜为任城王，湜为高阳王，济为博陵王，凝为新平王，润为冯翊王，洽为汉阳王。

二年。齐主每出入，常以中山王自随。王妃太原公主恒为之尝饮食，护视之。冬十二月，齐主饮公主酒，使人鸩中山王，杀之，并其三子。谥王曰魏孝静皇帝，葬于邺西漳北。其后齐主忽掘其陵，投梓宫于漳水。齐主初受禅，魏神主悉寄于七帝寺，至是亦取焚之。

彭城公元韶以高氏婿，宠遇异于诸元。开府仪同三司美阳公元晖业以位望隆重，又志气不伦，尤为齐主所忌，从齐主在晋阳。晖业于宫门外骂韶曰："尔不及一老姬！负玺与人，何不击碎之！我出此言，知即死，尔亦讵得

王公百官向他拜辞,高隆之流泪哭泣。孝静帝进入北城,住在司马子如的南宅,派太尉彭城王元韶等人献出玉玺,把皇位禅让给了齐王高洋。

戊午(初十),齐王高洋在邺城南郊登上皇帝宝座,大赦天下,改年号为天保。自北魏敬宗孝庄帝以来,朝廷百官都断绝了俸禄,到这时候才又发。己未(十一日),高洋封孝静帝为中山王,在礼节上不把他当成臣下对待。追尊齐献武王高欢为献武皇帝,庙号太祖,后来又改称为高祖;追尊文襄王高澄为文襄皇帝,庙号世宗。辛酉(十三日),尊奉王太后娄氏为皇太后。乙丑(十七),把原来魏朝授予的封爵按不同情况降了等级,但其中为高氏政权效力以威慑朝廷的,以及从关西和江南来投降归附的人,都不在降级之列。

夏季六月,北齐国主高洋把宗室高岳等十人、功臣库狄干等七人全部封为王。癸未(初五),封弟弟高浚为永安王,高淹为平阳王,高浟为彭城王,高演为常山王,高涣为上党王,高淯为襄城王,高湛为长广王,高湝为任城王,高湜为高阳王,高济为博陵王,高凝为新平王,高润为冯翊王,高洽为汉阳王。

二年(551)。北齐国主高洋每次出入宫廷,常常让中山王即原东魏孝静帝跟着自己。中山王的妃子太原公主经常为中山王先尝饮食,保护照料他。冬季十二月,高洋请太原公主喝酒,派人毒死了中山王,连同他的三个儿子也一起杀掉。北齐给中山王的谥号是魏孝静皇帝,把他埋葬在邺城西边漳水以北。后来高洋忽然又掘开他的陵墓,把他的棺材扔进了漳水。高洋刚接受禅让时,北魏祖先的神主牌位都寄放在七帝寺,到了这时候,也都取出来烧掉了。

彭城公元韶因是高氏女婿,享受到了与其他元姓成员不同的恩宠礼遇。开府仪同三司美阳公元晖业因位高望重,志向气概又超群出众,特别被高洋所猜忌,他随高洋住在晋阳。元晖业在宫门外骂元韶:"你还比不上一个老太婆!拿着玉玺给人家,为什么不击碎它!我说出这话,知道立刻会死,但你又能活到

几时!"齐主闻而杀之,及临淮公元孝友,皆凿汾水冰,沉其尸。孝友,彧之弟也。齐主尝剃元韶鬓须,加之粉黛以自随,曰:"吾以彭城为嫔御。"言其懦弱如妇人也。

几时呢!"高洋得知此事后,就杀了元晖业以及临淮公元孝友,凿开汾河上的冰,把他们的尸体都扔了进去。元孝友是临淮王元彧的弟弟。高洋曾把元韶的鬓发胡须剃光,让他涂脂抹粉描眉毛,随从自己,说:"我拿彭城王当我的妃嫔。"意思是说他懦弱得像妇女一样。

宇文篡西魏 后周

梁武帝中大通六年。魏孝武帝闺门无礼，从妹不嫁者三人，皆封公主。平原公主明月，南阳王宝炬之同产也，从帝入关，丞相泰使元氏诸王取明月杀之。帝不悦，或时弯弓，或时椎案，由是复与泰有隙。冬闰十二月癸巳，帝饮酒遇鸩而殂。泰与群臣议所立，多举广平王赞。赞，孝武之兄子也。侍中濮阳王顺，于别室垂涕谓泰曰："高欢逼逐先帝，立幼主以专权，明公宜反其所为。广平冲幼，不如立长君而奉之。"泰乃奉太宰南阳王宝炬而立之。顺，素之曾孙也。殡孝武帝于草堂佛寺，谏议大夫宋球恸哭呕血，浆粒不入口者数日。泰以其名儒，不之罪也。

大同八年。魏丞相泰妻冯翊公主生子觉。

太清二年夏五月，魏以丞相泰为太师。

元帝承圣二年春二月，魏太师泰去丞相、大行台，为都督中外诸军事。冬十一月，魏尚书元烈谋杀宇文泰，事泄，泰杀之。

宇文篡西魏 后周

梁武帝中大通六年（534）。西魏孝武帝在宫中失礼乱伦，他的堂妹中不出嫁的有三个人，都被封为公主。平原公主明月，与南阳王元宝炬是同母兄妹，跟随孝武帝来到关中，丞相宇文泰叫元氏的各位亲王把明月抓来杀了。孝武帝对此很不高兴，有时弯弓射箭，有时捶击桌案，从此又和宇文泰产生了矛盾。冬季闰十二月癸巳（十五日），孝武帝喝酒时中毒身亡。宇文泰和大臣们商议应该拥立谁当新皇帝，大多数人推举广平王元赞。元赞是孝武帝哥哥的儿子。侍中濮阳王元顺在另外一个房间流着眼泪对宇文泰说："高欢逼走了先帝，拥立一位年幼的新君来独揽大权，您应该反其道而行之。广平王还年幼，不如拥立尊奉一位年长的君王。"于是，宇文泰尊奉太宰南阳王元宝炬为皇帝。元顺是常山王元素的曾孙子。宇文泰把孝武帝的灵柩停放在草堂佛寺，谏议大夫宋球放声痛哭，哭得口吐鲜血，接连几天，不喝一口水不吃一粒饭。宇文泰因为他是著名儒士，所以没有惩罚他。

大同八年（542）。西魏丞相宇文泰的夫人冯翊公主生下儿子宇文觉。

太清二年（548）夏季五月，西魏任命丞相宇文泰为太师。

梁元帝承圣二年（553）春季二月，西魏太师宇文泰辞去丞相、大行台的职务，担任都督中外诸军事。冬季十一月，西魏尚书元烈密谋诛杀宇文泰，结果事情败露，被宇文泰杀死。

三年。魏主自元烈之死，有怨言，密谋诛太师泰。临淮王育、广平王赞垂涕切谏，不听。泰诸子皆幼，兄子章武公导、中山公护皆出镇，唯以诸婿为心膂。大都督清河公李基、义城公李晖、常山公于翼俱为武卫将军，分掌禁兵。基，远之子；晖，弼之子；翼，谨之子也。由是魏主谋泄，泰废魏主，置之雍州，立其弟齐王廓，去年号，称元年，复姓拓跋氏，九十九姓改为单者，皆复其旧。魏初统国三十六，大姓九十九，后多灭绝。泰乃以诸将功高者为三十六国，次者为九十九姓。所将士卒亦改从其姓。

夏四月庚戌，魏太师泰鸩杀废帝。

敬帝绍泰元年。魏宇文泰讽淮安王育上表请如古制降爵为公。于是宗室诸王皆降为公。

太平元年春正月丁丑，魏初建六官，以宇文泰为太师、大冢宰。

夏四月，魏太师泰尚孝武妹冯翊公主，生略阳公觉，姚夫人生宁都公毓。毓于诸子最长，娶大司马独孤信女。泰将立嗣，谓公卿曰："孤欲立子以嫡，恐大司马有疑，如何？"众默然，未有言者。尚书左仆射李远曰："夫立子以嫡不以长。略阳公为世子，公何所疑！若以信为嫌，请先斩之。"遂拔刀而起。泰亦起，曰："何至于是！"信又自陈解，远乃止。于是群公并从远议。远出外，拜谢信曰："临大事不得不尔。"信亦

三年(554)。西魏废帝元钦自从元烈死后,颇有怨言,密谋要诛杀太师宇文泰。临淮王元育、广平王元赞流泪苦苦劝谏,但元钦拒不听从。宇文泰的儿子们都还年幼,他哥哥的儿子章武公宇文导、中山公宇文护都在外镇统兵,他只能用几个女婿充当得力心腹。其中大都督清河公李基、义城公李晖、常山公于翼都担任武卫将军,分别掌管禁军。李基是李远的儿子,李晖是李弼的儿子,于翼是于谨的儿子。因此,元钦的密谋就泄露了。宇文泰废掉元钦,把他安置到雍州,另立他的弟弟齐王元廓为帝,取消了旧年号,称元年,并且让帝室恢复了拓跋旧姓,曾被改为单姓的九十九个姓氏,也都恢复了原来的复姓。北魏早年统辖三十六个封国,大姓九十九个,后来大多灭绝了。于是,宇文泰把诸位将领中功劳大的分为三十六国,功劳低一些的定为九十九姓。他们指挥的将士也都改姓主将的姓氏。

夏季四月庚戌这一天,西魏太师宇文泰毒死了元钦。

梁敬帝绍泰元年(555)。西魏宇文泰暗示淮安王拓跋育上表,请求仿效古代制度,把自己的爵位降为公。自此,宗室诸王都被降为公。

太平元年(556)春季正月丁丑(初一),西魏开始仿效《周礼》设立天、地、春、夏、秋、冬六官,任命宇文泰为太师、大冢宰。

夏季四月,西魏太师宇文泰娶了孝武帝的妹妹冯翊公主,生下儿子略阳公宇文觉,姚夫人则生了宁都公宇文毓。宇文毓在宇文泰的几个儿子当中年龄最大,娶了大司马独孤信的女儿。宇文泰准备确立继承人,对公卿们说道:"我想立嫡出的儿子为世子,但担心大司马起疑心,该怎么办好呢?"众大臣默不作声,谁都不发话。尚书左仆射李远说道:"从来立世子都以嫡出为标准,而不论年长与否。立略阳公为世子,您有什么可疑虑的呢?如果怕独孤信不满,那我请求先把他斩了。"于是就拔刀而起。宇文泰也站起来说道:"何至于这样!"独孤信又自己做了解释,李远这才罢休。于是大臣们都听从了李远的意见。李远出来后,向独孤信道歉说:"面临大事,不得不这样做。"独孤信也

谢远曰:"今日赖公决此大议。"遂立觉为世子。

太师泰北巡。秋八月,泰北渡河。

冬十月,魏安定文公宇文泰还至牵屯山而病,驿召中山公护。护至泾州,见泰。泰谓护曰:"吾诸子皆幼,外寇方强,天下之事,属之于汝,宜努力以成吾志。"乙亥,卒于云阳。护还长安,发丧。泰能驾御英豪,得其力用。性好质素,不尚虚饰,明达政事,崇儒好古,凡所施设,皆依仿三代而为之。丙子,世子觉嗣位,为太师、柱国、大冢宰,出镇同州。时年十五。

中山公护,名位素卑,虽为泰所属,而群公各图执政,莫肯服从。护问计于大司寇于谨,谨曰:"谨早蒙先公非常之知,恩深骨肉。今日之事,必以死争之。若对众定策,公必不得让。"明日,群公会议,谨曰:"昔帝室倾危,非安定公无复今日。今公一旦违世,嗣子虽幼,中山公亲其兄子,兼受顾托,军国之事,理须归之。"辞色抗厉,众皆悚动。护曰:"此乃家事,护虽庸昧,何敢有辞!"谨素与泰等夷,护常拜之。至是,谨起而言曰:"公若统理军国,谨等皆有所依。"遂再拜。群公迫于谨,亦再拜,于是众议始定。护纲纪内外,抚循文武,人心遂安。

感激李远说:"今天仰赖您才把这件大事决定下来。"于是,宇文觉被立为世子。

太师宇文泰去北方巡视。秋季八月,宇文泰向北渡过黄河。

冬季十月,西魏安定文公宇文泰回到牵屯山时病倒了,派人沿驿路去征召中山公宇文护。宇文护赶到泾州,拜见宇文泰。宇文泰对宇文护说:"我几个儿子都还年幼,外寇现在很强大,天下的事情就嘱托给你了,你要发奋努力来实现我的志向。"乙亥(初四),宇文泰在云阳去世。宇文护回到长安,给宇文泰发丧。宇文泰能够驾驭英雄豪杰,获得他们的全力支持。他天性就喜好质朴简素,不追求虚荣装饰,处理政事明识练达,尊崇儒家,仰慕古人,他的一切措施,都仿照尧、舜、禹三代的古制来制定。丙子(初五),世子宇文觉继位,担任太师、柱国、大冢宰,出朝镇守同州。这年他十五岁。

中山公宇文护名望地位历来比较低,虽然受到宇文泰的嘱托,但各位王公大臣却都想掌权,没有谁肯服从他。宇文护向大司寇于谨请教对策,于谨说:"我于谨早就蒙受先公宇文泰异乎寻常的知遇之恩,这恩情比骨肉至亲还深。今天的事情,我一定会以死相争。如果面对众人确定国策时,那您一定不要谦让。"第二天,各位王公聚集在一起商议时,于谨说:"过去帝室陷于倾覆危败的状态,要是没有安定公就不会有今天。现在安定公突然去世,嗣位的世子虽然幼小,但中山公却把他哥哥的儿子当成亲儿子看待,同时又接受了安定公的顾命重托,军国大事理所当然应归他掌管。"于谨声音洪亮,神色严厉,众人都被震惊了。宇文护说:"这是我们的家事,我宇文护虽然平庸愚昧,哪里敢推辞呢?"于谨平时一向与宇文泰处于同等的地位,宇文护常常向他跪拜。到了这时,于谨站起来对宇文护说:"您如果统领管理军国大事,那我们这些人就都有依靠了。"于是向宇文护跪拜了两次。各位王公大臣受到于谨的逼迫,也跟着跪拜了两次,这时大家的意见才算确定下来。宇文护掌领内外大政,安抚文臣武将,人心于是安定下来。

十二月，魏封世子觉为周公。

魏宇文护以周公幼弱，欲早使正位以定人心。庚子，以魏恭帝诏禅位于周。使大宗伯赵贵持节奉册，济北公迪致皇帝玺绶。恭帝出居大司马府。

陈高祖永定元年春正月辛丑，周公即天王位，柴燎告天，朝百官于露门。追尊王考文公为文王，妣为文后。大赦。封魏恭帝为宋公。以木德承魏水，行夏之时，服色尚黑。以李弼为太师，赵贵为太傅，独孤信为太保，中山公护为大司马。

二月，周人杀魏恭帝。

秋八月，晋公护废周王为略阳公，迎立岐州刺史宁都公毓。后月馀，护弑略阳公。事见《宇文护逆节》。

二年秋九月甲申，周封少师元罗为韩国公，以绍魏后。

三年秋八月，周御正中大夫崔猷建议，以为："圣人沿革，因时制宜。今天子称王，不足以威天下，请遵秦、汉旧制称皇帝，建年号。"己亥，周王始称皇帝，追尊文王曰文皇帝，改元武成。

十二月,西魏封世子宇文觉为周公。

西魏宇文护鉴于周公宇文觉幼小力弱,想早一点儿让他正式登位来安定人心。庚子(三十日),迫使魏恭帝下诏禅位于周公。宇文护派大宗伯赵贵手持节杖献上册书,派济北公宇文迪献上皇帝玉玺和绶带。魏恭帝离开宫廷,住进大司马的府第。

陈武帝永定元年(557)春季正月辛丑(初一),周公宇文觉登上天王位,点燃柴草祭告上天,在朝廷外的大门前接受文武百官的朝拜。追尊父亲文公宇文泰为文王,母亲为文后。大赦天下。封魏恭帝为宋公。按五行相生相克的朝代循环次序推算,用木德承续西魏的水德,实行古代夏朝的历法,服装的颜色推崇黑色。任命李弼为太师,赵贵为太傅,独孤信为太保,中山公宇文护为大司马。

二月,北周人杀害了魏恭帝。

秋季八月,晋公宇文护废北周天王宇文觉为略阳公,迎立岐州刺史宁都公宇文毓。此后过了一个多月,宇文护杀害略阳公。事见《宇文护逆节》。

二年(558)秋季九月甲申这一天,北周封少师元罗为韩国公来继承魏国的香火。

三年(559)秋季八月,北周御正中大夫崔猷提出建议,认为:"圣人在政治上的继承和变革,都按照因时制宜的原则来进行。现今天子称王,不足以咸慑天下,请遵照秦、汉旧制称皇帝,建年号。"己亥(十五日),周王宇文毓开始称皇帝,追尊文王宇文泰为文皇帝,改年号为武成。

侯景之乱

梁武帝中大同元年。东魏司徒、河南大将军、大行台侯景,右足偏短,弓马非其长,而多谋算。诸将高敖曹、彭乐等皆勇冠一时,景常轻之,曰:"此属皆如豕突,势何所至!"景尝言于丞相高欢:"愿得兵三万,横行天下,要须济江缚取萧衍老公,以为太平寺主。"欢使将兵十万,专制河南,杖任若己之半体。

景素轻高澄,尝谓司马子如曰:"高王在,吾不敢有异。王没,吾不能与鲜卑小儿共事!"子如掩其口。及欢疾笃,澄诈为欢书以召景。先是,景与欢约曰:"今握兵在远,人易为诈,所赐书皆请加微点。"欢从之。景得书无点,辞不至。又闻欢疾笃,用其行台郎颍川王伟计,遂拥兵自固。

欢谓澄曰:"我虽病,汝面更有馀忧,何也?"澄未及对,欢曰:"岂非忧侯景叛邪?"对曰:"然。"欢曰:"景专制河南,十四年矣,常有飞扬跋扈之志。顾我能畜养,非汝所能

侯景之乱

　　梁武帝中大同元年(546)。东魏司徒、河南大将军、大行台侯景,右脚短了一截,不擅长骑马射箭,但却足智多谋。高敖曹、彭乐等将领都是当时最勇猛的,侯景经常看不起他们,说:"这些人都像受了惊的野猪一样横冲直撞,能有多大威力呢?"侯景曾对丞相高欢说:"我愿率领三万人马,横行天下,必定能渡过长江把萧衍那老头子绑来,让他做太平寺的寺主。"高欢派他带领十万兵马,全权管理黄河以南地区,依靠、信任他,就好像他是自己的半个身体一样。

　　侯景历来轻视高澄,曾对司马子如说:"高王在,我不敢怀有异心。一旦高王死了,我可不能与那鲜卑小子共事!"司马子如赶忙捂住侯景的嘴。等到高欢病重时,高澄便伪造了一封高欢的信叫侯景前来。以前,侯景曾与高欢约定,说:"现在我在远处掌握军队,人们容易搞鬼,以后凡是您赐给我的书信都请加一个小点。"高欢同意了侯景的要求。至此,侯景收到高欢的书信后,见没有点,便推托不去。他又听说高欢病重,就采用了手下行台郎颍川人王伟的计谋,拥兵自重。

　　高欢对高澄说:"我虽然病了,可你脸上却带出其他的忧虑来,这是为什么呢?"还没等高澄回答,高欢就说:"莫不是担心侯景要反叛?"高澄回答说:"是的。"高欢说:"侯景全权管理河南,已有十四年了,常有飞扬跋扈之心。只有我能畜养他,他不是你能

驾御也。今四方未定,勿遽发哀。库狄干鲜卑老公,斛律金敕勒老公,并性遒直,终不负汝。可朱浑道元、刘丰生,远来投我,必无异心。潘相乐本作道人,心和厚,汝兄弟当得其力。韩轨少戆,宜宽借之。彭乐心腹难得,宜防护之。堪敌侯景者,唯有慕容绍宗,我故不贵之,留以遗汝。"又曰:"段孝先忠亮仁厚,智勇兼备,亲戚之中,唯有此子,军旅大事,宜共筹之。"又曰:"邙山之战,吾不用陈元康之言,留患遗汝,死不瞑目。"相乐,广宁人也。

太清元年春正月丙午,东魏勃海献武王欢卒。侯景自念己与高氏有隙,内不自安。辛亥,据河南叛,归于魏。颍州刺史司马世云以城应之。景诱执豫州刺史高元成、襄州刺史李密、广州刺史怀朔暴显等。遣军士二百人载仗暮入西兖州,欲袭取之。刺史邢子才觉之,掩捕,尽获之。因散檄东方诸州,各为之备,由是景不能取。

诸将皆以为景之叛由崔暹,澄不得已,欲杀暹以谢景。陈元康谏曰:"今虽四海未清,纲纪已定。若以数将在外,苟悦其心,枉杀无辜,亏废刑典,岂直上负天神,何以下安黎庶!晁错前事,愿公慎之。"澄乃止,遣司空韩轨督诸军讨景。

二月,魏以开府仪同三司若干惠为司空,侯景为太傅、河南大行台、上谷公。庚辰,景又遣其行台郎中丁和来,上表言:"臣与高澄有隙,请举函谷以东,瑕丘以西,豫、广、颍、荆、襄、兖、南兖、济、东豫、洛、阳、北荆、北扬等

驾驭的。现在天下还未安定,我死后,你不要马上发丧。库狄干这位鲜卑老人,斛律金这位敕勒老人,都是性格刚强耿直的人,终究不会背叛你。可朱浑道元、刘丰生远道前来投奔我,肯定不会有异心。潘相乐原本是个道人,心地和善厚道,你们兄弟会得到他帮助的。韩轨有些愚直,应宽容待他。彭乐的内心很难揣测,应该提防他。能够与侯景对抗的,只有慕容绍宗,我故意不让他得到富贵,是想把他给你留下。"又说:"段孝先这个人忠诚坦荡,仁慈厚道,智勇双全,亲戚之中,只有这个人了,军旅大事应该和他一起筹划。"高欢又说:"邙山之战时,我没有听取陈元康的建议,给你留下了祸患,我死不瞑目。"潘相乐是广宁人。

太清元年(547)春季正月丙午(初八),东魏勃海献武王高欢去世。侯景想到自己与高家有矛盾,心里感到不安。辛亥(十三),侯景占据河南反叛,归属了西魏。颍州刺史司马世云带领全城军民响应侯景。侯景施展诱骗手段,捉住了豫州刺史高元成、襄州刺史李密、广州刺史怀朔人暴显等人。他派遣二百名军士,用车载着兵器在黄昏时分进入了西兖州,想用偷袭的方法夺取该州。西兖州刺史邢子才发觉后,突然进行搜捕,将这些人全部抓获。随后,邢子才向东方的各州散发檄文,让这些州各自都做好防备,因此侯景未能夺取这些地方。

各位将领都认为侯景的反叛是由崔暹引起的,高澄迫不得已,便想杀掉崔暹来向侯景道歉。陈元康劝谏高澄说:"现在虽然天下还未太平,但国家法纪已经确定。如果因为几个将领在外领兵,为了讨得他们的欢心,便枉杀无辜、破坏刑典,哪里只是有负上苍神灵,又用什么来安抚黎民百姓呢?汉代晁错之事已是前车之鉴,希望您慎重处理。"高澄便打消了杀崔暹的念头,派遣司空韩轨督率各路军队讨伐侯景。

二月,西魏任命开府仪同三司若干惠为司空,侯景为太傅、河南大行台、上谷公。庚辰(十三日),侯景又派他的行台郎中丁和到梁朝,上表称:"我与高澄有矛盾,请让我率函谷关以东、瑕丘以西的豫、广、颍、荆、襄、兖、南兖、济、东豫、洛、阳、北荆、北扬等

十三州内附,唯青、徐数州,仅须折简。且黄河以南,皆臣所职,易同反掌。若齐、宋一平,徐事燕、赵。"上召群臣廷议。尚书仆射谢举等皆曰:"顷岁与魏通和,边境无事,今纳其叛臣,窃谓非宜。"上曰:"虽然,得景则塞北可清。机会难得,岂宜胶柱!"

是岁正月乙卯,上梦中原牧守皆以地来降,举朝称庆。旦,见中书舍人朱异,告之,且曰:"吾为人少梦,若有梦必实。"异曰:"此乃宇内混壹之兆也。"及丁和至,称景定计以正月乙卯,上愈神之。然意犹未决,尝独言:"我国家如金瓯,无一伤缺,今忽受景地,讵是事宜? 脱致纷纭,悔之何及?"朱异揣知上意,对曰:"圣明御宇,南北归仰,正以事无机会,未达其心。今侯景分魏土之半以来,自非天诱其衷,人赞其谋,何以至此! 若拒而不纳,恐绝后来之望。此诚易见,愿陛下无疑。"上乃定议纳景。壬午,以景为大将军,封河南王,都督河南、北诸军事、大行台,承制如邓禹故事。平西谘议参军周弘正,善占候,前此谓人曰:"国家数年后当有兵起。"及闻纳景,曰:"乱阶在此矣!"

三月甲辰,遣司州刺史羊鸦仁督兖州刺史桓和、仁州刺史湛海珍等,将兵三万趣悬瓠,运粮食应接侯景。

十三个州前来归附，剩下青、徐等几个州，我只要写封信过去就能解决。况且黄河以南，都是我管辖的地区，做起来易如反掌。青州、徐州一旦平定，就可以慢慢谋取燕、赵之地了。"梁武帝召集大臣们到朝廷商议此事。尚书仆射谢举等人都说："近年来，我们与魏交往和好，边境平安无事，现在接纳它的叛臣，我们私下都觉得不太合适。"梁武帝说："尽管如此，得到侯景，那塞北就可以平定。机会难得，怎么能胶柱鼓瑟而不知变通呢！"

这一年的正月乙卯（十七日），梁武帝梦见中原的地方长官都来献地投降，举朝欢庆。早晨，梁武帝看见中书舍人朱异，便把所做的梦告诉了他，并说："我这个人很少做梦，如果做了梦，梦见的事就一定会应验。"朱异说："这是天下要统一的征兆。"等到丁和来到，说侯景定下计策要在正月乙卯这天行动，梁武帝就更认为这梦很神了。但是他仍然下不了接纳侯景的决心，曾自言自语地说："我的国家像金瓯一样，无一伤缺之处，现在忽然接受侯景的土地，这难道是该干的事吗？倘若引起混乱，后悔怎么来得及呢？"朱异揣摩到梁武帝的心思，便对梁武帝说："陛下圣明无比，统治天下，南北双方都仰慕归心，只因为没有机会，所以他们的心愿一直没有实现。现在，侯景分出魏国一半土地前来归附您，如果不是上天开导他的心，人们赞助他的计划，哪里会出现这种情况呢？如果拒绝侯景，不接纳他，恐怕就会断绝日后要来归降者的希望。这确实是显而易见的，希望陛下您不要迟疑。"于是，梁武帝决定接纳侯景。壬午，梁武帝任命侯景为大将军，封他为河南王，都督河南、北诸军事、大行台，并授权他可以像东汉的邓禹那样以皇帝名义处理辖区内的事务。平西谘议参军周弘正擅长观察天象变化而预测吉凶，他在侯景投奔梁朝之前曾对人说："几年之后国内会出现战乱。"等他听说梁武帝接纳了侯景，便说："祸乱的根子就在此时种下了！"

三月甲辰（初七），梁武帝派司州刺史羊鸦仁督率兖州刺史桓和、仁州刺史湛海珍等人，带领三万人马开赴悬瓠，运送粮食接应侯景。

夏五月，高澄遣武卫将军元柱等将数万众昼夜兼行以袭侯景，遇景于颍川北，柱等大败。景以羊鸦仁等军犹未至，乃退保颍川。

东魏司徒韩轨等围侯景于颍川。景惧，割东荆、北兖州、鲁阳、长社四城赂魏以求救。尚书左仆射于谨曰："景少习兵，奸诈难测，不如厚其爵位以观其变，未可遣兵也。"荆州刺史王思政以为："若不因机进取，后悔无及。"即以荆州步骑万馀从鲁阳关向阳翟。丞相泰闻之，加景大将军兼尚书令，遣太尉李弼、仪同三司赵贵将兵一万赴颍川。景恐上责之，遣中兵参军柳昕奉启于上，以为："王旅未接，死亡交急，遂求援关中，自救目前。臣既不安于高氏，岂见容于宇文！但螫手解腕，事不得已。本图为国，愿不赐咎。臣获其力，不容即弃，今以四州之地为饵敌之资，已令宇文遣人入守。自豫州以东，齐海以西，悉臣控压。见有之地，尽归圣朝，悬瓠、项城、徐州、南兖，事须迎纳。愿陛下速救境上，各置重兵，与臣影响，不使差互。"上报之曰："大夫出境，尚有所专，况始创奇谋，将建大业，理须适事而行，随方以应。卿诚心有本，何假词费！"

六月，东魏韩轨等围颍川，闻魏李弼、赵贵等将至，己巳，引兵还邺。侯景欲因会执弼与贵，夺其军。贵疑之，不往。贵欲诱景入营而执之，弼止之。羊鸦仁遣长史邓鸿

夏季五月，东魏高澄派遣武卫将军元柱等人率领几万人日夜兼程去袭击侯景，在颍川以北与侯景遭遇，元柱等人被打得大败。侯景因为羊鸦仁等人的军队还没有赶到，便退守颍川。

东魏司徒韩轨等人率军在颍川围攻侯景。侯景害怕了，便割让东荆州、北兖州、鲁阳、长社四座城献给西魏，以求得西魏的援救。西魏尚书左仆射于谨说："侯景年轻时就熟悉军事，为人奸诈难测，所以不如封给他很高的爵位，来观察他的变化，不能派兵去援救他。"荆州刺史王思政却认为："如果不抓住时机进取，后悔就来不及了。"当下他就率领荆州的一万多名步兵和骑兵从鲁阳关向阳翟进发。西魏丞相宇文泰得知消息后，加封侯景为大将军兼尚书令，并派遣太尉李弼、仪同三司赵贵率领一万人马赶赴颍川。侯景怕梁武帝责怪他，便派中兵参军柳昕给梁武帝送去一封信，解释说："陛下的军队还没有来到，而我这里生死攸关，情况万分危急，所以只好向关中求援，自救目前的险境。我在高澄那里既不得安宁，又怎么会被宇文泰容纳呢？但是手被毒蛇咬了一口，也只能砍掉手腕，这是万不得已的事。我的本心是为了国家，希望不要怪罪我。我得到了关中的帮助，不能马上就背弃他们，现在我把四个州的土地当作引敌人上钩的诱饵，已经让宇文泰派人进驻了。从豫州以东，到旧时齐国沿海以西的地区，都在我的控制范围之内。我现有的土地，全都归圣朝所有，悬瓠、项城、徐州、南兖州，正在迎接王师的进驻。希望陛下您迅速向边境发布命令，各自布置重兵，与我呼应，不要让彼此之间出现差错误会。"梁武帝回信说："大夫离开国境，还有权自做决断呢，何况你始建奇谋，将建立大功，理应根据事态的发展而行事，随机应变。你一片诚心，心系朝廷，何须多加解释呢？"

六月，东魏的韩轨等人包围了颍川，得知西魏的李弼、赵贵等人将要领兵到来时，便在己巳（初四）那天，带领军队撤回邺城。侯景想趁会面的时候抓获李弼和赵贵二人，吞并他们的军队。赵贵怀疑侯景居心不良，不去颍川与侯景相会。赵贵想把侯景诱入军营拘捕他，李弼阻止他这样干。羊鸦仁派长史邓鸿

将兵至汝水，弼引兵还长安。王思政入据颍川。景阳称略地，引军出屯悬瓠。

景复乞兵于魏。丞相泰使同轨防主韦法保及都督贺兰愿德等将兵助之。大行台左丞蓝田王悦言于泰曰："侯景之于高欢，始敦乡党之情，终定君臣之契，任居上将，位重台司。今欢始死，景遽外叛，盖所图甚大，终不为人下故也。且彼既能背德于高氏，岂肯尽节于朝廷！今益之以势，援之以兵，窃恐朝廷贻笑将来也。"泰乃召景入朝。

景阴谋叛魏，事计未成，厚抚韦法保等，冀为己用，外示亲密无猜间。每往来诸军间，侍从至少，魏军中名将，皆身自造诣。同轨防长史裴宽谓法保曰："侯景狡诈，必不肯入关，欲托款于公，恐未可信。若伏兵斩之，此亦一时之功也。如其不尔，即应深为之防，不得信其诳诱，自贻后悔。"法保深然之，不敢图景，但自为备而已。寻辞还所镇。王思政亦觉其诈，密召贺兰愿德等还，分布诸军，据景七州、十二镇。景果辞不入朝，遗丞相泰书曰："吾耻与高澄雁行，安能比肩大弟！"泰乃遣行台郎中赵士宪悉召前后所遣诸军援景者。景遂决意来降。魏将任约以所部千馀人降于景。泰以所授景使持节、太傅、大将军兼尚书令、河南大行台、都督河南诸军事回授王思政，思政并让不受。频使敦谕，唯受都督河南诸军事。

率领军队到了汝水,李弼便率领军队返回长安。王思政带兵进驻颍川。侯景假称要攻城略地,带领军队出城,屯驻在悬瓠。

侯景又向西魏乞求援兵。丞相宇文泰让同轨郡的防主韦法保以及都督贺兰愿德等人率领军队前去帮助他。大行台左丞蓝田人王悦对宇文泰说:"侯景对高欢,先是利用同乡情谊套近乎,最终订立了君臣盟约,由此当上了大将,权倾朝廷。如今高欢刚死,侯景便很快居外反叛,这是因为他的野心太大,终究不甘居他人之下的缘故。况且他既然能背弃高氏的恩德,又哪能为我们朝廷尽忠尽节呢?现在您扩大他的声势,派兵去援助他,我担心这样我们朝廷会让后人耻笑的。"于是,宇文泰便征召侯景入朝。

侯景阴谋反叛西魏,但计划还没有实现,他极力抚慰韦法保等人,希望他们能替自己效力,表面上装出亲密无间的样子。侯景常常来往于各部队之间,带的侍从极少,对于西魏军队中的著名将领,他都亲自去拜访他们。同轨郡的防长史裴宽对韦法保说:"侯景狡猾奸诈,一定不肯入关,想通过您向朝廷讲情,恐怕不能相信他。如果埋伏兵士斩了他,这也是一时的功劳啊。如果不这样干,就应该深深地提防他,不能轻信他的欺骗和引诱,给自己留下悔恨。"韦法保非常赞同裴宽的看法,不敢算计侯景,只是自己加强了防备而已。不久,他找了个借口便回自己的镇所去了。王思政也觉察到侯景有诈,秘密把贺兰愿德等人召了回来,分别部署各路军队,占领了侯景所管辖的七个州、十二个镇。侯景果然推辞而不肯入朝,他在给西魏丞相宇文泰的信中说:"我对同高澄为伍感到羞耻,又怎么能同大弟您平起平坐呢?"宇文泰这才派行台郎中赵士宪将前后派去的救援侯景的各路军队全部召回。于是,侯景便决心投降梁朝。西魏将领任约带领部属一千馀人投降了侯景。西魏丞相宇文泰把授给侯景的使持节、太傅、大将军兼尚书令、河南大行台、都督河南诸军事等官职转授给了王思政,王思政全部推辞不接受。宇文泰频频派人敦促劝谕王思政,但王思政只接受了都督河南诸军事这一职务。

秋七月庚申，羊鸦仁入悬瓠城。甲子，诏更以悬瓠为豫州，寿春为南豫州，改合肥为合州。以鸦仁为司、豫二州刺史，镇悬瓠；西阳太守羊思达为殷州刺史，镇项城。

八月乙丑，下诏大举伐东魏。遣南豫州刺史贞阳侯渊明、南兖州刺史南康王会理分督诸将。渊明，懿之子；会理，续之子也。始，上欲以鄱阳王范为元帅。朱异取急在外，闻之，遽入曰："鄱阳雄豪盖世，得人死力，然所至残暴，非吊民之材。且陛下昔登北顾亭以望，谓江右有反气，骨肉为戎首。今日之事，尤宜详择。"上默然，曰："会理何如？"对曰："陛下得之矣。"会理懦而无谋，所乘襻舆，施版屋，冠以牛皮。上闻，不悦。贞阳侯渊明时镇寿阳，屡请行，上许之。会理自以皇孙，复为都督，自渊明已下，殆不对接。渊明与诸将密告朱异。追会理还，遂以渊明为都督。

或告东魏大将军澄云："侯景有北归之志。"会景将蔡道遵北归，言："景颇知悔过。"景母及妻子皆在邺，澄乃以书谕之，语以阖门无恙，若还，许以豫州刺史终其身，还其宠妻、爱子，所部文武，更不追摄。景使王伟复书曰："今已引二邦，扬旌北讨，熊豹齐奋。克复中原，幸自取之，何劳恩赐！昔王陵附汉，母在不归，太上囚楚，乞羹自若。矧伊妻子，

秋季七月庚申(二十五日)，羊鸦仁进入了悬瓠城。甲子(二十九日)，梁武帝下诏改悬瓠为豫州，改寿春为南豫州，改合肥为合州。任命羊鸦仁为司、豫两州刺史，镇守悬瓠；任命西阳太守羊思达为殷州刺史，镇守项城。

八月乙丑(初一)，梁武帝下诏大举讨伐东魏。派遣南豫州刺史贞阳侯萧渊明、南兖州刺史南康王萧会理分别督率各位将领进军。萧渊明是萧懿的儿子，萧会理是萧续的儿子。开始，梁武帝想让鄱阳王萧范担任元帅。朱异正在外面休假，听说梁武帝这一意向后，急忙入朝对梁武帝说："鄱阳王虽然雄武豪迈，盖世无双，许多人为他拼死效力，但他所到之处都非常残暴，不是能慰问受苦百姓的人。而且陛下您往日登上北顾亭眺望时，曾说长江西边有反气，骨肉至亲将成为战乱的祸首。所以今日之事，尤其应该仔细选人。"梁武帝沉默了一会儿，问："会理如何？"朱异回答说："陛下选对人了。"萧会理怯懦而又无谋，他所乘坐的抬轿，做成木板屋子的样子，外面蒙着牛皮。梁武帝知道后很不高兴。贞阳侯萧渊明此时正镇守寿阳，他屡次向梁武帝请求出征，梁武帝允许了。萧会理依仗自己是皇帝的孙子，又担任了都督，因此，对萧渊明以下的人，几乎就不加理睬。萧渊明和诸位将领一起把这种情况秘密告知朱异。朱异请梁武帝把萧会理追了回来，于是让萧渊明担任了都督。

有人告诉东魏大将军高澄说："侯景有北归之意。"正好侯景的将领蔡道遵回到了东魏，说："侯景有所悔过。"侯景的母亲和妻子儿女都在邺城，高澄便写信开导侯景，告诉他全家人都安然无恙，并许诺说如果他肯回来，便让他终身担任豫州刺史，把宠妻、爱子还给他，对他手下的文武官员，更是既往不咎。侯景叫王伟给高澄回信说："现在我已经引来梁和西魏，举旗北伐，将士们如熊如豹，一齐奋勇前进。收复中原，我希望自己攻取，怎么能有劳您来恩赐呢？从前王陵归附汉朝后，母亲被项羽捉去了他也不回去，刘邦的父亲被项羽囚禁，而刘邦却若无其事地向项羽讨要煮他父亲的肉汤喝。父母尚且如此，更何况妻子儿女，

而可介意！脱谓诛之有益，欲止不能。杀之无损，徒复坑戮。家累在君，何关仆也！"戊子，诏以景录行台尚书事。

九月，上命萧渊明堰泗水于寒山以灌彭城，俟得彭城，乃进军与侯景掎角。癸卯，渊明军于寒山，去彭城十八里，断流立堰。侍中羊侃监作堰，再旬而成。东魏徐州刺史太原王则婴城固守。侃劝渊明乘水攻彭城，不从。诸将与渊明议军事，渊明不能对，但云"临时制宜"。

冬十一月，东魏大将军澄使大都督高岳救彭城，欲以金门郡公潘乐为副。陈元康曰："乐缓于机变，不如慕容绍宗。且先王之命也。公但推赤心于斯人，景不足忧也。"时绍宗在外，澄欲召见之，恐其惊叛。元康曰："绍宗知元康特蒙顾待，新使人来饷金。元康欲安其意，受之而厚答其书，保无异也。"乙酉，以绍宗为东南道行台，与岳、乐偕行。初，景闻韩轨来，曰："啖猪肠儿何能为！"闻高岳来，曰："兵精人凡。"诸将无不为所轻者。及闻绍宗来，叩鞍有惧色，曰："谁教鲜卑儿解遣绍宗来！若然，高王定未死邪！"

澄以廷尉卿杜弼为军司，摄行台左丞。临发，问以政事之要、可为戒者，使录一二条。弼请口陈之，曰："天下大务，莫过赏罚。赏一人使天下之人喜，罚一人使天下之人

能往心里去吗？如果认为杀掉我的母亲、妻子和孩子对你有利的话，我想阻止你也阻止不了。如果杀掉他们对我并无损害，那么您杀戮了他们也是徒然。我的家人在您手中，与我有什么相干啊！"戊子（二十四日），梁武帝下诏委任侯景为录行台尚书事。

九月，梁武帝命令萧渊明在寒山筑堰挡泗水淹灌彭城，等到夺取了彭城，便进军与侯景形成掎角之势。癸卯（初九），萧渊明驻军于寒山，他在离彭城十八里的地方截流筑堰。侍中羊侃负责监修堰坝，用了二十天时间便建成了。东魏徐州刺史太原人王则环城固守。羊侃奉劝萧渊明利用水势攻打彭城，萧渊明没有听从。众将领与萧渊明一起商议军事，萧渊明不能对答，只是说"到时候再根据情况采取相应措施"。

冬季十一月，东魏大将军高澄派遣大都督高岳援救彭城，想让金门郡公潘乐担任高岳的副手。陈元康说："潘乐反应迟缓不能随机应变，比不上慕容绍宗。何况让慕容绍宗去对付侯景也是先王的命令。您只要诚心对待这个人，侯景是不足为虑的。"当时慕容绍宗正在外地，高澄想召见他，但又怕他受惊起疑心而反叛。陈元康说："慕容绍宗知道我陈元康特别受您的照顾和优待，最近派人来向我馈赠黄金。我为了让他放心，便接受了这些黄金，并给他回信深致谢意，我担保他不会有异心。"乙酉这一天，东魏任命慕容绍宗为东南道行台，与高岳、潘乐一起出发。当初，侯景听说韩轨到来，便说："这个只会啃猪肠子的小子能干什么？"听说高岳要来，侯景说："兵士倒是很精锐，但这个领兵的人却很一般。"东魏的各位将领没有不被侯景轻视的。等侯景听说慕容绍宗到来时，侯景不禁敲打马鞍，露出恐惧的神色，说："谁教高澄这个鲜卑儿懂得派遣慕容绍宗来的呢？如果这样，那高王就肯定没有死！"

高澄任命廷尉卿杜弼为军司，代理行台左丞。临出发时，高澄向他询问政事的要点以及应引以为戒的地方，叫他写上一两条来。杜弼请求口述，说道："天下的大事，没有比赏罚更重要的了。奖赏一人而使天下的人都高兴，惩罚一人而使天下的人都

惧，苟二事不失，自然尽美。"澄大悦，曰："言虽不多，于理甚要。"

绍宗帅众十万据橐驼岘。羊侃劝贞阳侯渊明乘其远来击之，不从。旦日，又劝出战，亦不从。侃乃帅所领出屯堰上。

丙午，绍宗至城下，引步骑万人攻潼州刺史郭凤营，矢下如雨。渊明醉，不能起，命诸将救之，皆不敢出。北兖州刺史胡贵孙谓谯州刺史赵伯超曰："吾属将兵而来，本欲何为？今遇敌而不战乎？"伯超不能对。贵孙独帅麾下与东魏战，斩首二百级。伯超拥众数千不敢救，谓其下曰："虏盛如此，与战必败。不如全军早归，可以免罪。"皆曰"善！"遂遁还。

初，侯景常戒梁人曰："逐北不过二里。"绍宗将战，以梁人轻悍，恐其众不能支，一一引将卒谓之曰："我当阳退，误吴儿使前，尔击其背。"东魏兵实败走。梁人不用景言，乘胜深入。魏将卒以绍宗之言为信，争共掩击之。梁兵大败，贞阳侯渊明及胡贵孙、赵伯超等皆为东魏所虏，失亡士卒数万人。羊侃结陈徐还。

上方昼寝，宦者张僧胤白朱异启事，上骇之，遽起升舆，至文德殿阁。异曰："韩山失律。"上闻之，恍然将坠床，僧胤扶而就坐，乃叹曰："吾得无复为晋家乎！"

害怕,如果做这两点都没有疏失,自然就尽善尽美了。"高澄听后十分高兴,说:"话虽然说得不多,道理却非常重要。"

慕容绍宗率领十万人占据了橐驼岘。羊侃劝贞阳侯萧渊明趁着对方远道而来去袭击他,萧渊明拒不听从。第二天,羊侃又劝萧渊明出战,萧渊明还是不同意。于是,羊侃率领他的部队离开了萧渊明,驻扎到了堰坝上。

丙午(十三日),慕容绍宗来到城下,带领一万多名步兵和骑兵攻打潼州刺史郭凤的军营,箭射得像雨点一样。萧渊明喝醉了酒,不能起身,他命令将领们去援救郭凤,但他们都不敢出战。北兖州刺史胡贵孙对谯州刺史赵伯超说:"我们这些人带兵来这里,本来想干什么? 现在遇到了敌人,难道不去应战吗?"赵伯超无言对答。胡贵孙便独自率领自己的部队与东魏军队作战,斩下二百名东魏兵的人头。赵伯超拥有几千人马却不敢前去救援,对自己的部下说:"贼虏如此强盛,与他们交战一定会失败。倒不如保全军队早日回去,还可以免罪。"他的部下都说:"好!"于是,赵伯超便率军逃回去了。

当初,侯景常常告诫梁朝人说:"追杀败退的军队不要超过二里地。"慕容绍宗将要出战,见梁朝士兵轻捷勇猛,担心自己的军队会支撑不住,便一一引见手下的将士们,对他们说:"我假装败退,迷惑吴人,让他们向前追,你们从背后攻打他们。"交战中,东魏军队果真败退逃跑。梁朝军队没有听从侯景的话,乘胜深入追击。东魏的将士还以为慕容绍宗的话是真的,便争相袭击梁朝军队。梁朝军队大败,贞阳侯萧渊明以及胡贵孙、赵伯超等人都被东魏俘虏,阵亡和失散的士兵有数万人。羊侃结成战阵,徐徐撤回。

梁武帝正在睡午觉,宦官张僧胤禀告说朱异有事要报告,梁武帝吃了一惊,马上起床,登上车,来到了文德殿的殿堂上。朱异说:"韩山的军队作战失利。"梁武帝听后,神情恍惚,差点儿从御床上摔下来,张僧胤扶他坐下,梁武帝于是感叹道:"我莫非会再次落得晋朝那样的下场吗?"

郭凤退保潼州，慕容绍宗进围之。十二月甲子朔，凤弃城走。

东魏使军司杜弼作檄移梁朝曰："皇家垂统，光配彼天，唯彼吴、越，独阻声教。元首怀止戈之心，上宰薄兵车之命，遂解絷南冠，喻以好睦。虽嘉谋长算，爰自我始，罢战息民，彼获其利。侯景竖子，自生猜贰，远托关、陇，依凭奸伪，逆主定君臣之分，伪相结兄弟之亲，岂曰无恩！终成难养，俄而易虑，亲寻干戈。衅暴恶盈，侧首无托，以金陵逋逃之薮，江南流寓之地，甘辞卑礼，进孰图身，诡言浮说，抑可知矣。而伪朝大小，幸灾忘义，主荒于上，臣蔽于下，连结奸恶，断绝邻好，征兵保境，纵盗侵国。盖物无定方，事无定势，或乘利而受害，或因得而更失。是以吴侵齐境，遂得句践之师；赵纳韩地，终有长平之役。矧乃鞭挞疲民，侵轶徐部，筑垒拥川，舍舟徼利。是以援枹秉麾之将，拔拒投石之士，含怒作色，如赴私仇。彼连营拥众，依山傍水，举螳螂之斧，被蛣蜣之甲，当穷辙以待轮，坐积薪而候燎。及锋刃暂交，埃尘且接，已亡戟弃戈，土崩瓦解，掬指舟中，衿甲鼓下，同宗异姓，缧绁相望。曲直既殊，强弱不等，获一人而失一国，见黄雀而忘深阱，

郭凤退守潼州，慕容绍宗进兵包围了他。十二月甲子是初一，郭凤弃城而逃。

东魏让军司杜弼撰写檄文送到梁朝，檄文写道："皇家延续国统，光德配于上天，唯独你们吴越，偏偏阻挡声威教化。圣上有心停止兵戈，大丞相也轻易不下出征命令，于是放还南方的俘虏，让你们知道我们和睦通好的态度。虽然这样的好主意，首先是出自我方，但是休战养民，你们也获得了利益。侯景这小子，自生猜疑背叛之心，托身于远方的关、陇地区，依靠奸伪之朝，叛逆之主与他定下君臣名分，关中伪丞相与他结为兄弟，怎么能说他们没有给他恩惠？然而侯景终究还是成了难养的小人，很快又另有所谋，亲自挑起战端。他好斗残暴，恶贯满盈，四处张望也找不到栖身之地，见金陵是逃亡的黑窝，江南是寄居的地方，就甜言蜜语，卑躬屈节，进献虚美之辞，想找到立身之地，他那些虚假浮夸的话语，用意是不难知道的。而伪朝的大小官员们都幸灾乐祸，忘却大义，主子在上面荒淫无道，臣子在下面隐瞒真相，勾结奸恶之徒，断绝邻邦的友好关系，征兵保卫边境，纵容强盗侵略他国。事物的发展变化没有一定的态势，有的为追逐利益而受害，有的要获得对方的东西，反而失去自己的东西。所以吴国侵略齐国，结果招来了越王句践的军队；赵国接受韩国的土地，最终导致了长平之战。何况你们驱使疲惫之民，侵略我方徐州，修筑堡垒，拦截河流，舍弃舟船而追求一时的利益。所以，我方击鼓挥旗的将领，勇力无比的士兵，出征时都面带怒容，好像要去报自己的私仇一样。你们营寨连成片，兵马众多，依山傍水，但无非是举着螳螂前臂一样的斧头，披着蜣螂虫一样的甲衣，站在绝路上等待车轮来轧，坐在柴禾堆上等候大火来烧。等到两军刚刚相交，战尘才起，你们就丢戟弃戈，土崩瓦解，官兵抢着上船逃命，而被砍下落在舱里的手指多得可以捧起来，将士甲衣未解，却被成群地绑在中军战鼓之下，不管是同宗还是异姓的人，都被一长串一长串地捆了起来。是非分明，强弱不等，为了得到一个人而失去一个国家，只见黄雀却忘掉脚下有深深的陷阱，

智者所不为，仁者所不向。诚既往之难逮，犹将来之可追。侯景以鄙俚之夫，遭风云之会，位班三事，邑启万家，揣身量分，久当止足。而周章向背，离披不已。夫岂徒然，意亦可见。彼乃授之以利器，诲之以慢藏，使其势得容奸，时堪乘便。今见南风不竞，天亡有征，老贼奸谋，将复作矣。然推坚强者难为功，摧枯朽者易为力。计其虽非孙、吴猛将，燕、赵精兵，犹是久涉行陈，曾习军旅，岂同剽轻之师，不比危脆之众。拒此则作气不足，攻彼则为势有馀，终恐尾大于身，踵粗于股，倔强不掉，狼戾难驯。呼之则反速而衅小，不征则叛迟而祸大。会应遥望廷尉，不肯为臣；自据淮南，亦欲称帝。但恐楚国亡猿，祸延林木，城门失火，殃及池鱼，横使江、淮士子，荆、扬人物，死亡矢石之下，夭折雾露之中。彼梁主操行无闻，轻险有素，射雀论功，荡舟称力。年既老矣，耄又及之，政散民流，礼崩乐坏。加以用舍乖方，废立失所，矫情动俗，饰智惊愚，毒螫满怀，妄敦戒业，躁竞盈胸，谬治清净。灾异降于上，怨讟兴于下，人人厌苦，家家思乱，履霜有渐，坚冰且至。传险躁之风俗，任轻薄之子孙，朋党

这种事情是智者不愿做,仁者不愿沾边的。诚然,过去的事情已经无法挽回了,但考虑将来怎样办还来得及。侯景本是一个粗野庸俗的人,却赶上了风云变幻之际,因此而位列三公,食邑万户,他要是能掂量清自己的身份,早就应该知止知足了。但是他自始至终都反复无常,朝秦暮楚,最后众叛亲离,不可收拾。他这么做哪里是无所用心,其用意是很容易看出来的。但是你们还授予他兵权,引诱他去干坏事,使他得势而能够行使奸计,乘机实现自己的野心。现在已看到南方势力衰弱,这是天将要灭亡梁朝的征兆,侯景这老贼的奸谋,恐怕又要乘机施展了。然而要推倒坚强之物是难以成功的,而要推倒枯朽之物则非常容易。想来侯景尽管不是孙子、吴起那样的猛将,他率领的也不是燕国、赵国的精兵,可他毕竟久经沙场,熟悉军事,他的军队比不上剽悍轻捷的雄师,可也不是脆弱无力的乌合之众。他如果要与我朝相抗则底气不足,但是攻打你们则力量有余,最终恐怕他会尾大于身,脚后跟粗过大腿,倔强而不听调遣,凶狠而难以驯服。如果召他回朝,他会立即反叛,但是只能引起小的事端;如果不召回的话,虽然他可能反叛得迟一些,但是会酿出更大的祸患。他一定会像苏峻那样,老远在山头上望着廷尉,最终不肯为臣;也一定会像黥布占据淮南那样,想自己称帝。只恐怕会有楚国亡猿而祸延林木、城门失火而殃及池鱼那样的灾祸发生,让江淮士子、荆扬人士,横死在乱箭飞石之下,丧生在迷雾湿露之中。你们梁朝的君主没有什么操守品行,却一向轻薄阴险,就像晋平公因一只鹛鸟而要杀掉竖襄,又像齐桓公因蔡姬在船上使他摇晃就要杀掉她那样,来显示自己的权威,专在小事上斤斤计较。他年纪已经老了,头脑也糊涂了,搞得政务散乱,民众流亡,礼崩乐坏。加上他任免官员背离原则,废立太子违反次序,违背常情煽动俗人,弄巧设诈以惊服愚人,满腹毒水,却假奉佛祖,权势欲盈胸,却谎称清净。上天降下灾异,世间埋怨痛骂,人人厌苦,家家思乱,冰冻三尺非一日之寒,这也不是一朝一夕的事了。他还让邪异的风俗流传,任用言行轻薄的子孙,使朋党

路开,兵权在外。必将祸生骨肉,衅起腹心,强弩冲城,长戈指阙。徒探雀鷇,无救府藏之虚,空请熊蹯,讵延晷刻之命。外崩中溃,今实其时,鹬蚌相持,我乘其敝。方使骏骑追风,精甲辉日,四七并列,百万为群,以转石之形,为破竹之势。当使钟山渡江,青盖入洛,荆棘生于建业之宫,麋鹿游于姑苏之馆。但恐革车之所辖轹,剑骑之所蹂践,杞梓于焉倾折,竹箭以此摧残。若吴之王孙,蜀之公子,归款军门,委命下吏,当即授客卿之秩,特加骠骑之号。凡百君子,勉求多福。"其后梁室祸败,皆如弼言。

侯景围谯城不下,退攻城父,拔之。壬申,遣其行台左丞王伟等诣建康说上曰:"邺中文武合谋,召臣共讨高澄。事泄,澄幽元善见于金墉,杀诸元六十馀人。河北物情,俱念其主,请立元氏一人以从人望。如此,则陛下有继绝之名,臣景有立功之效。河之南北,为圣朝之邾、莒,国之男女,为大梁之臣妾。"上以为然,乙亥,下诏以太子舍人元贞为咸阳王,资以兵力,使还北主魏,须渡江,许即位,仪卫以乘舆之副给之。贞,树之子也。

萧渊明至邺,东魏主升闾阖门受俘,让而释之,送于晋阳,大将军澄待之甚厚。

路开，兵权在外。亲骨肉之间必将发生战祸，事端必将起于心腹之人，强弩射向都城，长戈指向宫阙。到时候就是像赵武灵王那样去捉雏鸟来吃也是徒然，也无法补救府藏的空虚，就是像楚成王那样请求吃了熊掌再死也是无济于事，又怎么能使生命延长片刻。现在你们内外都崩溃的时候已经来临，鹬蚌相争，我们将乘乱得利。我们将让骏马追风逐电，让铠甲在日光下闪闪发光，杰出将领列阵，百万大军聚结，如同高山滚石，势如破竹地攻击你们。我们将让钟山北渡长江，让梁主被抓进洛阳，让建业城的宫殿里长满荆棘，让姑苏城的馆舍中有麋鹿游荡。只担心战车碾压之处，铁骑践踏之地，会使杞梓倾折，竹箭残损。如果你们能像左思《三都赋》中的东吴王孙和西蜀公子那样，前来军门投诚归顺，听命于我们的下级官吏，我们就会像秦国任用从楚国来的李斯以及晋朝加封从吴国来的孙秀那样，立即授予你们高官厚禄，特加骠骑将军名号。各位君子，希望你们尽力，以求多福。"事后，梁室遭祸败亡，完全跟杜弼所说的一样。

侯景围攻谯城，未能攻克，便退攻城父，攻下了该城。壬申（初九），侯景派遣他的行台左丞王伟等人到建康劝梁武帝，说："邺城中的文武百官合谋，召我与他们共同讨伐高澄。结果事情泄露了，高澄把元善见囚禁在金墉城，杀死了六十多个元氏家族的人。河北的民心所向，都思念他们的主人，请求陛下立元氏一人为主，以便顺应百姓的愿望。这样一来，陛下就享有存亡继绝的美名，我侯景也有立功建勋的成就。黄河的南边和北边，便像春秋时的小国邾国、莒国那样成为圣朝的附属国，那里的男男女女，都成为大梁的臣妾。"梁武帝认为侯景讲得对，就在乙亥（十二日）这天颁布诏书，封太子舍人元贞为咸阳王，给他提供军队，让他回到北方入主魏国，等他渡过了长江，就允许他登上王位，至于仪仗和卫队，按照仅次于皇帝的规格配给他。元贞是元树的儿子。

萧渊明被押送到邺城，东魏孝静帝登上阊阖门接收战俘，责备之后就释放了他，把他送到了晋阳，大将军高澄非常厚待他。

　　慕容绍宗引军击侯景,景辎重数千两,马数千匹,士卒四万人,退保涡阳。绍宗士卒十万,旗甲耀日,鸣鼓长驱而进。景使谓之曰:"公等为欲送客,为欲定雌雄邪?"绍宗曰:"欲与公决胜负。"遂顺风布陈。景闭垒,俟风止乃出。绍宗曰:"侯景多诡计,好乘人背。"使备之,果如其言。景命战士皆被短甲,执短刀,入东魏陈,但低视,斫人胫马足。东魏兵遂败,绍宗坠马,仪同三司刘丰生被伤,显州刺史张遵业为景所擒。

　　绍宗、丰生俱奔谯城。裨将斛律光、张恃显尤之,绍宗曰:"吾战多矣,未见如景之难克者也。君辈试犯之!"光等被甲将出,绍宗戒之曰:"勿渡涡水。"二人军于水北,光轻骑射之。景临涡水谓光曰:"尔求勋而来,我惧死而去。我,汝之父友,何为射我? 汝岂自解不渡水南,慕容绍宗教汝也。"光无以应。景使其徒田迁射光马,洞胸。光易马隐树,又中之,退入于军。景擒恃显,既而舍之。光走入谯城,绍宗曰:"今定何如? 而尤我也!"光,金之子也。

　　开府仪同三司段韶夹涡而军,潜于上风纵火。景帅骑入水,出而却走。草湿,火不复然。

　　侯景与东魏慕容绍宗相持数月,景食尽,司马世云降于绍宗。
　　二年春正月己亥,慕容绍宗以铁骑五千夹击侯景。景诳其众曰:"汝辈家属已为高澄所杀。"众信之。绍宗遥呼

慕容绍宗率领军队攻打侯景，侯景带着几千辆辎重车，几千匹马，四万名兵卒，退保涡阳。慕容绍宗手下十万士兵，旌旗、铠甲在阳光下闪闪发光，敲着战鼓长驱直进。侯景派人对慕容绍宗说："你们这是想送客，还是想决一雌雄呢？"慕容绍宗说："想和你决一胜负。"于是，他顺着风势布下了战阵。侯景关闭营垒，等风停了才出来。慕容绍宗说："侯景诡计多端，喜欢从人的背后进攻。"他派人加强防备，结果确实与他说的一样。侯景命令战士们都身披短甲，手持短刀，进入东魏的阵地，目光只管往下看，专砍人腿和马腿。东魏的军队于是被打败了，慕容绍宗从马上掉了下来，仪同三司刘丰生受了伤，显州刺史张遵业被侯景擒获。

　　慕容绍宗、刘丰生一起逃往谯城。副将斛律光、张恃显责怪他们，慕容绍宗说："我经历的战斗多了，没见过像侯景这样难打赢的。你们试着去斗他一斗吧！"斛律光等人披上铠甲准备出战，慕容绍宗告诫他们说："不要渡过涡水。"两人把军队驻扎在涡水北面，斛律光乘轻骑用弓箭射侯景。侯景站在涡水岸边对斛律光说："你为求取功勋而来，我因怕死而去。我是你父亲的朋友，你为什么射我？你哪里能明白不可渡过涡水到南面来的道理，一定是慕容绍宗教你的。"斛律光无言以对。侯景让他手下人田迁射斛律光的马，箭穿透了马的前胸。斛律光换了匹马躲在了树后，而田迁的箭又射中了他的马，斛律光便退入军营。侯景捉住了张恃显，很快又放了他。斛律光跑进了谯城，慕容绍宗说："今天这一仗究竟如何？你还责怪我！"斛律光是斛律金的儿子。

　　开府仪同三司段韶驻军于涡水两岸，偷偷地顺风纵火。侯景率领骑兵进入水中，然后从水中出来向后撤退。草被打湿以后，火就不能再燃烧了。

　　侯景与东魏的慕容绍宗相持了几个月，侯景的粮食吃完了，司马世云投降了慕容绍宗。

　　太清二年(548)春季正月己亥(初七)这天，东魏慕容绍宗用五千铁甲骑兵夹击侯景。侯景欺骗他的士兵们说："你们的家属已经被高澄杀掉了。"大家都信以为真。慕容绍宗在远方高喊

曰："汝辈家属并完，若归，官勋如旧。"被发向北斗为誓。景士卒不乐南渡，其将暴显等各帅所部降于绍宗。景众大溃，争赴涡水，水为之不流。景与腹心数骑自硖石济淮，稍收散卒，得步骑八百人，南过小城，人登埤诟之曰："跛奴！欲何为邪！"景怒，破城，杀诟者而去。昼夜兼行，追军不敢逼。使谓绍宗曰："景若就禽，公复何用！"绍宗乃纵之。

甲辰，豫州刺史羊鸦仁以东魏军渐逼，称运粮不继，弃悬瓠，还义阳。殷州刺史羊思达亦弃项城走。东魏人皆据之。上怒，责让鸦仁。鸦仁惧，启申后期，顿军淮上。

侯景既败，不知所适。时鄱阳王范除南豫州刺史，未至。马头戍主刘神茂，素为监州事韦黯所不容，闻景至，故往候之。景问曰："寿阳去此不远，城池险固，欲往投之，韦黯其纳我乎？"神茂曰："黯虽据城，是监州耳。王若驰至近郊，彼必出迎，因而执之，可以集事。得城之后，徐以启闻。朝廷喜王南归，必不责也。"景执其手曰："天教也！"神茂请帅步骑百人先为乡导。壬子，景夜至寿阳城下。韦黯以为贼也，授甲登埤。景遣其徒告曰："河南王战败来投此镇，愿速开门！"黯曰："既不奉敕，不敢闻命。"景谓神茂曰："事不谐矣。"神茂曰："黯懦而寡智，可说下也。"乃遣寿阳徐思玉入见黯曰："河南王为朝廷所重，

道:"你们的家属都平安无事,如果你们回来,官职勋爵都和从前一样。"他披散着头发朝着北斗星发誓。侯景的士兵们不乐意南渡,他的部将暴显等人各自率领自己的部队投降了慕容绍宗。侯景的人马全面溃败,士兵们争相抢渡涡水,河水都被败兵们阻断,流不动了。侯景与几个心腹骑兵从硖石渡过了淮河,逐渐收拾散兵,集合起步兵、骑兵八百人,他们向南经过一座小城时,有人登上了城墙谩骂侯景说:"跛脚的奴才!你还想做什么!"侯景恼羞成怒,攻破了这座小城,杀掉了骂他的人之后带兵离去。他们昼夜兼程,追兵不敢逼近。侯景派人对慕容绍宗说:"侯景如果被擒,那您还有什么用呢?"慕容绍宗就放过了他。

甲辰(十二日),梁朝豫州刺史羊鸦仁因东魏军队逐渐逼近,便声称粮草接济不上,丢掉悬瓠,回到了义阳。殷州刺史羊思达也丢掉项城逃走。这些地方都被东魏军队占领。梁武帝大怒,斥责了羊鸦仁。羊鸦仁很害怕,启奏梁武帝申请宽限一段时间,把军队驻扎在淮河边上。

侯景战败后,不知道该投奔哪里。这时,鄱阳王萧范被任命为南豫州刺史,还没有上任。马头戍主刘神茂一向不被监州事韦黯所容,他听说侯景来到,特意前去迎候。侯景问他:"寿阳离这里不远,城池险要坚固,我想前去投奔,韦黯他能接纳我吗?"刘神茂回答说:"韦黯虽然占据着寿阳城,但他只不过是监州罢了。如果大王奔驰到寿阳近郊,韦黯一定会出来迎接,趁此机会捉住他,事情就可以成功。得到寿阳城之后,再慢慢启奏皇上。朝廷对大王南归会很高兴,一定不会责怪的。"侯景听完拉起刘神茂的手说:"真是天教我啊!"刘神茂请求率一百名步兵和骑兵在前面做向导。壬子(二十日),侯景夜里来到寿阳城下。韦黯以为是贼盗,便发给士兵铠甲登城防守。侯景派手下人告诉韦黯说:"河南王战败前来投奔此镇,希望赶快打开城门!"韦黯说:"我还没接到皇帝的敕令,不敢从命。"侯景对刘神茂说:"事情不妙了。"刘神茂说道:"韦黯懦弱又缺少智谋,可以说服他。"于是,侯景派寿阳人徐思玉进城去见韦黯说:"河南王被朝廷所器重,

君所知也。今失利来投，何得不受？"黯曰："吾之受命，唯知守城。河南自败，何预吾事！"思玉曰："国家付君以阃外之略，今君不肯开城，若魏追兵来至，河南为魏所杀，君岂能独守！纵使或存，何颜以见朝廷？"黯然之。思玉出报，景大悦曰："活我者，卿也。"癸丑，黯开门纳景。景遣其将分守四门，诘责黯，将斩之。既而抚手大笑，置酒极欢。黯，叡之子也。

朝廷闻景败，未得审问。或云景与将士尽没，上下咸以为忧。侍中、太子詹事何敬容诣东宫，太子曰："淮北始更有信，侯景定得身免，不如所传。"敬容对曰："得景遂死，深为朝廷之福。"太子失色，问其故。敬容曰："景翻覆叛臣，终当乱国。"太子于玄圃自讲《老》《庄》，敬容谓学士吴孜曰："昔西晋祖尚玄虚，使中原沦于胡羯。今东宫复尔，江南亦将为戎乎！"

甲寅，景遣仪同三司于子悦驰以败闻，并自求贬削。优诏不许。景复求资给，上以景兵新破，未忍移易。乙卯，即以景为南豫州牧，本官如故。更以鄱阳王范为合州刺史，镇合肥。光禄大夫萧介上表谏曰："窃闻侯景以涡阳败绩，只马归命。陛下不悔前祸，复敕容纳。臣闻凶人之性不移，天下之恶一也。昔吕布杀丁原以事董卓，终诛董而为贼；刘牢反王恭以归晋，还背晋以构妖。何者？狼子野心，终无

你是知道的。现在他作战失利前来投奔你,怎么能不接纳呢?"韦黯说:"我接受的命令,只是知道要守卫寿阳城。河南王自己战败了,与我有什么相干!"徐思玉说:"国家赋予你统兵在外的权力,现在你不肯打开城门,如果东魏的追兵赶到,河南王被东魏人杀掉,那你怎能有力量独自守城呢?即使能活下来,你还有什么脸面见朝廷呢?"韦黯认为徐思玉说得对。徐思玉出城禀报,侯景非常高兴地说:"使我活命的,正是你啊。"癸丑(二十一日),韦黯打开城门接纳了侯景。侯景派他的将领分别把守四个城门,责怪韦黯,想要杀他。但过一会儿侯景又拍手大笑,摆上酒宴,与韦黯尽情欢乐。韦黯是韦叡的儿子。

朝廷听说侯景战败,但未能详细地查问。有说侯景与将士全军覆没的,朝廷上上下下都为此而担忧。侍中、太子詹事何敬容来到东宫,太子说:"淮北刚又有了消息,侯景肯定已经逃脱,不像人们传说的那样。"何敬容回答说:"要是侯景已经死去,那可就真是朝廷的福分了。"太子听完大惊失色,问他其中的缘故。何敬容说:"侯景是个反复无常的叛臣,终将会使国家大乱。"太子在玄圃亲自讲读《老子》《庄子》,何敬容对学士吴孜说:"过去西晋崇尚玄妙虚无之说,结果使中原沦丧在胡人、羯人的手中。现在东宫又这样做,江南也将会成为胡人的天下了吗?"

甲寅(二十二日)这天,侯景派遣仪同三司于子悦飞马把战败的情况向朝廷报告,并且自己请求革职贬官。梁武帝下诏褒奖他,没有同意。侯景又请求为他补充财物和给养,梁武帝因为侯景的军队刚刚被打败,不忍心调换他。乙卯(二十三日)这天,便让侯景担任了南豫州牧,原来的官职依然不变。又任命鄱阳王萧范为合州刺史,镇守合肥。光禄大夫萧介上表进谏说:"我私下听说侯景在涡阳打了败仗,单枪匹马前来归顺。陛下不追悔前祸,又下令接纳他。我听说恶人的秉性不会改变,天下的恶都是一样的。从前吕布杀死丁原来为董卓效力,而最终又杀死董卓成为叛贼。刘牢之反叛王恭来归附晋朝,但又背弃了晋朝,制造邪恶事端。这是为什么呢?是因为狼子野心,最终也不会有

驯狎之性，养虎之喻，必见饥噬之祸。侯景以凶狡之才，荷高欢卵翼之遇，位忝台司，任居方伯，然而高欢坟土未干，即还反噬。逆力不逮，乃复逃死关西，宇文不容，故复投身于我。陛下前者所以不逆细流，正欲比属国降胡以讨匈奴，冀获一战之效耳。今既亡师失地，直是境上之匹夫，陛下爱匹夫而弃与国，臣窃不取也。若国家犹待其更鸣之晨，岁暮之效，臣窃惟侯景必非岁暮之臣。弃乡国如脱屣，背君亲如遗芥，岂知远慕圣德，为江、淮之纯臣乎！事迹显然，无可致惑。臣朽老疾侵，不应干预朝政。但楚囊将死，有城郢之忠；卫鱼临亡，亦有尸谏之节。臣忝为宗室遗老，敢忘刘向之心！"上叹息其忠，然不能用。介，思话之孙也。

二月，东魏杀其南兖州刺史石长宣，讨侯景之党也。其馀为景所胁从者，皆赦之。

东魏既得悬瓠、项城，悉复旧境。大将军澄数遣书移，复求通好，朝廷未之许。澄谓贞阳侯渊明曰："先王与梁主和好，十有馀年。闻彼礼佛文云：'奉为魏主，并及先王。'此乃梁主厚意。不谓一朝失信，致此纷扰。知非梁主本心，当是侯景扇动耳。宜遣使谘论，若梁主不忘旧好，吾亦不敢违先王之意，诸人并即遣归，侯景家属亦当同遣。"渊明乃遣省事夏侯僧辩奉启于上，称："勃海王弘厚长者，若更通好，

驯服、顺从的秉性，以喂养老虎为例，一定会有在老虎饥饿时被吃掉的祸患。侯景凭借凶狠与狡猾的歪才，受高欢的豢养和保护，身居高位，独掌一方，然而，高欢死后坟土还未干，他就反叛了高氏。只是因为叛逆的力量还不足，他才又逃命到关西，宇文泰不收容他，所以他又投靠我们。陛下您以往之所以不拒细流，接纳了侯景，正是为了像汉代在边境上设置属国安置投降的胡人来对付匈奴那样，希望他同东魏打场胜仗。现在侯景既然丧师失地，那他便只是边境上的一个匹夫，陛下爱惜这个匹夫而抛弃友好国家，我私下认为这是不妥当的。如果国家还等待他自新之时，晚年效力，那我私下认为侯景必定不是能在晚年效力的臣子。他抛弃家国像脱掉鞋一样轻率，背弃国君、亲人像丢掉草芥一样容易，您怎么能知道他能远慕圣德而来，做我们梁朝忠纯的臣子呢？他的所作所为很明显，迷惑不了人。我已衰老，又疾病缠身，本不应该干预朝廷政事。但是，楚国令尹子囊在快死时，还叮嘱子庚修筑郢都的城墙，不忘忠于社稷；卫国的史鱼在临终前，还有让儿子置尸窗下进谏卫灵公的举动。我身为皇族遗老，怎么敢忘记西汉刘向那样的一片忠心！"梁武帝很赞赏萧介的忠心，却不采纳他的忠告。萧介是萧思话的孙子。

二月，东魏杀掉了南兖州刺史石长宣，这是讨伐侯景的同党。其馀被侯景胁从反叛的人，都被赦免了。

东魏得到了悬瓠、项城后，完全恢复了旧日的疆土。大将军高澄多次派人送交国书，再次请求与梁朝互通友好，但梁朝没有答应。高澄对贞阳侯萧渊明说："先王与梁主和睦相处了十多年。听说他拜佛时在祷告辞中说：'是为了魏主及先王高丞相。'这是梁主的厚意。没想到一朝失信，竟导致如此纷乱。我知道这并不是梁主的本意，一定是侯景煽动的。应该派遣使者进行商议，如果梁主没有忘记旧日的友好关系，我也不敢违背先王的意愿，我会立即遣返留在北方的人，侯景的家属也会同时遣返。"萧渊明于是派遣省事夏侯僧辩向梁武帝呈递了奏书，声称："勃海王高澄是宽宏大量、十分厚道的长者，如果再次互通友好，

当听渊明还。”上得启，流涕。与朝臣议之。右卫将军朱异、御史中丞张绾等皆曰：“静寇息民，和实为便。”司农卿傅岐独曰：“高澄何事须和？必是设间，故命贞阳遣使，欲令侯景自疑。景意不安，必图祸乱。若许通好，正堕其计中。”异等固执宜和，上亦厌用兵，乃从异言，赐渊明书曰：“知高大将军礼汝不薄，省启，甚以慰怀。当别遣行人，重敦邻睦。”

僧辩还，过寿阳。侯景窃访知之，摄问，具服。乃写答渊明之书，陈启于上曰：“高氏心怀鸩毒，怨盈北土。人愿天从，欢身殒越。子澄嗣恶，讨灭待时。所以昧此一胜者，盖天荡澄心以盈凶毒耳。澄苟行合天心，腹心无疾，又何急急奉璧求和？岂不以秦兵扼其喉，胡骑迫其背，故甘辞厚币，取安大国。臣闻‘一日纵敌，数世之患’，何惜高澄一竖，以弃亿兆之心！窃以北魏安强，莫过天监之始，钟离之役，匹马不归。当其强也，陛下尚伐而取之；及其弱也，反虑而和之。舍已成之功，纵垂死之虏，使其假命强梁，以遗后世，非直愚臣扼腕，实亦志士痛心。昔伍相奔吴，楚邦卒灭；陈平去项，刘氏用兴。臣虽才劣古人，心同往事。诚知高澄忌贾在翟，

高澄就会允许我返回。"梁武帝看到萧渊明的奏书后,流下了眼泪。他与朝中大臣们共同商议此事。右卫将军朱异、御史中丞张绾等人都说:"平息敌寇,修养百姓,讲和确实很合适。"唯独司农卿傅岐说:"高澄为什么要和我们讲和? 这一定是他设下的离间计,之所以让贞阳侯派来使者,是想让侯景自己产生猜疑。侯景心中感到不安,就一定会图谋作乱。如果答应互通友好,就正好中了高澄的奸计。"朱异等人坚持主张应该与东魏和好,梁武帝对用兵也感到厌倦,于是便听从了朱异的意见,写给萧渊明一封信,说:"知道高大将军对你不错,我看了你的奏书,感到很宽慰。我会另外派遣使者到魏国,重新建立睦邻友好关系。"

　　夏侯僧辩返回的时候,路过寿阳城。侯景私下查访,知道了这件事,便拘捕了他,对他进行审问,夏侯僧辩把情况详尽地供了出来。侯景于是写了一封回复萧渊明的书信,向梁武帝陈启说:"高氏内心像毒酒一样狠毒,北方对他充满了怨恨。天从人愿,高欢终于死去。他的儿子高澄继续作恶,被攻灭的日子已经不远了。高澄之所以对涡阳一战的胜利认识不清,大概是上天要动荡其心,好让他恶贯满盈吧。高澄的行为如果合乎上天的意愿,心里没鬼的话,又为什么要急急忙忙地奉献玉璧求和呢? 还不是因为关中的军队扼住了他的咽喉,柔然的骑兵在他的背后步步紧逼,所以他才用甜言蜜语和丰厚的钱财,来换取同大国之间关系的稳定。我听说'一天放跑了敌人,几代人都会有祸患',何必舍不得高澄这小子,而背弃亿万人之心呢! 我认为北魏安定强大的时期,莫过于天监初年,但钟离之战,北魏却全军覆灭。当它强大的时候,陛下还去讨伐并且战胜了它;现在东魏衰弱了,您反而顾虑重重而与它讲和。舍弃已成之功,放跑东魏这个垂死的敌人,使其委政于强臣,把祸患留给后世,这不只是让我扼腕叹息,确实也让有志之士感到痛心啊。以前,伍子胥投奔吴国,楚国最终被吴国灭掉;陈平离开项羽,刘氏因此兴盛起来。我的才能虽然比不上古人,但是我的心却和他们一样。我知道高澄忌恨我投奔梁朝,就像忌恨贾季投奔翟,

恶会居秦。求盟请和,冀除其患。若臣死有益,万殒无辞。唯恐千载,有秽良史。"景又致书于朱异,饷金三百两。异纳金而不通其启。

己卯,上遣使吊澄。景又启曰:"臣与高氏,衅隙已深,仰凭威灵,期雪仇耻。今陛下复与高氏连和,使臣何地自处!乞申后战,宣畅皇威!"上报之曰:"朕与公大义已定,岂有成而相纳,败而相弃乎!今高氏有使求和,朕亦更思偃武。进退之宜,国有常制,公但清静自居,无劳虑也!"景又启曰:"臣今蓄粮聚众,秣马潜戈,指日计期,克清赵、魏。不容军出无名,故愿以陛下为主耳。今陛下弃臣遐外,南北复通,将恐微臣之身,不免高氏之手。"上又报曰:"朕为万乘之主,岂可失信于一物!想公深得此心,不劳复有启也。"

景乃诈为邺中书,求以贞阳侯易景,上将许之。舍人傅岐曰:"侯景以穷归义,弃之不祥。且百战之馀,宁肯束手受絷!"谢举、朱异曰:"景奔败之将,一使之力耳。"上从之,复书曰:"贞阳旦至,侯景夕返。"景谓左右曰:"我固知吴老公薄心肠!"王伟说景曰:"今坐听亦死,举大事亦死,唯王图之!"于是始为反计,属城居民,悉召募为军士,辄停责市估及田租,百姓子女悉以配将士。

夏五月,上遣建康令谢挺、散骑常侍徐陵聘于东魏,复修前好。陵,摛之子也。

厌恶随会投奔秦一样。他请求结盟讲和,只是希望除掉他的祸害。如果我死能对国家有益,我万死不辞。只怕千年后,会在史册上留下陛下的污点。"侯景又写信给朱异,并赠给朱异三百两黄金。朱异收下了侯景的金子却没有把侯景的信呈送给梁武帝。

己卯(十七日),梁武帝派遣使者就高欢病逝去慰问高澄。侯景又向梁武帝启奏说:"我与高氏之间,嫌隙和仇恨已经很深,我仰仗您的威灵,期待着报仇雪耻。现在陛下又与高氏修好讲和,让我何处安身呢?请求您让我再次与高澄交战,来充分显示皇威!"梁武帝写信答复侯景说:"朕与你君臣大义已定,怎会有打了胜仗就接纳,打了败仗就抛弃的道理呢?现在,高氏派遣使者来求和,朕也转而考虑停止干戈。应该进还是应该退,国家有一贯的制度,你只管清静自居,不必再费心了!"侯景又向梁武帝启奏说:"我现在已储备了粮草,聚集了士兵,喂饱了战马,藏好了武器,算好了时间,准备扫平赵、魏。我不能出师无名,所以希望陛下您能为我做主。现在,陛下把我抛弃在远方,南北又开始沟通和好,只怕微臣的性命,免不了要送在高氏手中。"梁武帝又写信答复侯景说:"朕是万乘之主,怎么可以失信于人呢!我想你深知此心,不必劳烦再启奏了。"

侯景于是假造了一封来自邺城的书信,信中要求用贞阳侯萧渊明交换侯景,梁武帝打算答应这一要求。舍人傅岐说:"侯景因为山穷水尽才归奔我朝,抛弃他是不吉祥的。况且侯景身经百战,哪肯束手就擒呢?"谢举、朱异说:"侯景是败逃之将,用一个使者就能把他制服。"梁武帝听从了谢举、朱异的话,给邺城回信说:"贞阳侯早上一到,侯景晚上就回。"侯景对身边的人说:"我早就知道这个老家伙寡恩无义!"王伟劝侯景说:"现在我们等着听候梁国安排也是死,图谋大事也是死,望大王考虑一下这件事!"于是侯景便开始计划反叛,将城内所有的居民都招募为军士,并立即停止收取市场税及田租,百姓之女都被许配给了将士。

夏季五月,梁武帝派遣建康令谢挺、散骑常侍徐陵出访东魏,恢复从前的友好关系。徐陵是徐摛的儿子。

秋八月，侯景自至寿阳，征求无已，朝廷未尝拒绝。景请娶于王、谢，上曰："王、谢门高非偶，可于朱、张以下访之。"景恚曰："会将吴儿女配奴！"又启求锦万匹为军人作袍。中领军朱异议以青布给之。又以台所给仗多不能精，启请东冶锻工，欲更营造。敕并给之。景以安北将军夏侯夔之子谮为长史，徐思玉为司马。谮遂去"夏"称"侯"，托为族子。

上既不用景言，与东魏和亲，是后景表疏稍稍悖慢。又闻徐陵等使魏，反谋益甚。元贞知景有异志，累启还朝。景谓曰："河北事虽不果，江南何虑失之，何不小忍！"贞惧，逃归建康，具以事闻。上以贞为始兴内史，亦不问景。

临贺王正德，所至贪暴不法，屡得罪于上。由是愤恨，阴养死士，储米积货，幸国家有变。景知之。正德在北与徐思玉相知，景遣思玉致笺于正德曰："今天子年尊，奸臣乱国，以景观之，计日祸败。大王属当储贰，中被废黜，四海业业，归心大王。景虽不敏，实思自效，愿王允副苍生，鉴斯诚款！"正德大喜曰："侯公之意，暗与吾同，天授我也！"报之曰："朝廷之事，如公所言。仆之有心，为日久矣。今仆为其内，公为其外，何有不济！机事在速，今其时矣。"

秋季八月，侯景自从来到寿阳后，就不断地提出要求，朝廷都未曾拒绝过他。侯景要娶王家或谢家的女子为妻，梁武帝说："王家和谢家门第高贵，你与他们不相配，你可以从朱、张以下的家族中寻找一位女子为妻。"侯景气愤地说："该把你这老儿的女儿配给奴隶！"他又向梁武帝启奏，要求给他一万匹锦缎，为军人制作战袍。中领军朱异提出建议，给了侯景青布。侯景又以朝廷分发的武器大多不精良为理由，启奏请求派来东冶的锻工，打算再制造武器。梁武帝下令把东冶锻工都给了他。侯景任命安北将军夏侯夔的儿子夏侯谱为长史，任命徐思玉为司马。夏侯谱于是去掉了姓中的"夏"字，只称"侯"，假托是侯景的同族子孙。

梁武帝既然没有采纳侯景的意见，与东魏和睦相亲，此后侯景在上给梁武帝的奏疏中，言辞也渐渐变得傲慢不恭了。他又听说徐陵等人出使东魏，心里反叛的念头就更强烈了。元贞知道侯景对梁朝有异心，多次请求返回朝廷。侯景对元贞说："河北的事即使没有成功，江南又何必担心会失掉呢，何不稍稍忍耐一下？"元贞十分恐惧，逃回了建康城，把这些事都告诉了梁武帝。梁武帝任命元贞为始兴内史，也没有再责问侯景。

临贺王萧正德，无论走到哪里都贪婪残暴，不遵守法令，多次受到梁武帝的责罚。萧正德因此对梁武帝十分愤恨，他暗中豢养了敢死之士，储存粮食，积攒财物，希望国家发生意外事变。侯景知道萧正德的心思。萧正德在北方时，与徐思玉是知己，侯景让徐思玉给萧正德送去了一封书信，信上说："现在天子年纪已老，奸臣乱国，依我看，梁朝不久就会出现灾祸，遭遇失败。大王本应是皇位的继承人，中途却被废黜，四海之人都归心于大王。我侯景虽不聪敏，但确实想亲自为您效劳，希望大王顺应百姓的要求，明察我这片诚心！"萧正德大喜，说："侯公之意，与我不谋而合，这真是上天授予我的福分！"他给侯景回信说："朝廷的事，正如您所讲的那样。我有这个打算已很久了。现在我做内应，您当外援，那还有什么事办不到呢？事不宜迟，现在正是好时机。"

鄱阳王范密启景谋反。时上以边事专委朱异,动静皆关之。异以为必无此理。上报范曰:"景孤危寄命,譬如婴儿仰人乳哺。以此事势,安能反乎!"范重陈之曰:"不早翦扑,祸及生民。"上曰:"朝廷自有处分,不须汝深忧也。"范复请自以合肥之众讨之,上不许。朱异谓范使曰:"鄱阳王遂不许朝廷有一客!"自是范启,异不复为通。

景邀羊鸦仁同反,鸦仁执其使以闻。异曰:"景数百叛虏,何能为!"敕以使者付建康狱,俄解遣之。景益无所惮,启上曰:"若臣事是实,应罹国宪。如蒙照察,请戮鸦仁!"景又上言:"高澄狡猾,宁可全信!陛下纳其诡语,求与连和,臣亦窃所笑也。臣宁堪粉骨,投命仇门!乞江西一境,受臣控督。如其不许,即帅甲骑,临江上,向闽、越。非唯朝廷自耻,亦是三公肝食。"上使朱异宣语答景使曰:"譬如贫家,畜十客、五客,尚能得意。朕唯有一客,致有忿言,亦朕之失也!"益加赏赐锦彩钱布,信使相望。

戊戌,景反于寿阳,以诛中领军朱异、少府卿徐驎、太子右卫率陆验、制局监周石珍为名。异等皆以奸佞骄贪,蔽主弄权,为时人所疾,故景托以兴兵。驎、验,吴郡人。

鄱阳王萧范秘密启奏梁武帝,说侯景密谋反叛。当时,梁武帝把边境方面的事全都委托给了朱异,边境有什么动静都直接由朱异处理。朱异认为侯景必无反叛的道理。梁武帝答复萧范说:"侯景孤身一人,境况危险才寄身于我们,就像婴儿一样,还得仰仗人用乳汁来喂他。依据这种情况看,他怎么能反叛呢?"萧范再次向梁武帝陈奏说:"不早些把他消灭,就会给百姓带来灾祸。"梁武帝说:"朝廷对此事自有处理,不需要你过多忧虑。"萧范又请求梁武帝允许自己率合肥的军队去讨伐侯景,梁武帝没有同意。朱异对萧范的使者说:"鄱阳王竟不允许朝廷有一个客人!"从此以后,萧范给梁武帝的奏书,朱异便不再为他通报了。

　　侯景邀羊鸦仁一同反叛,羊鸦仁拘捕了侯景的使者,并报告给朝廷。朱异说:"侯景只有数百名叛兵,能干出什么名堂来?"梁武帝令把侯景的使者押到建康的监狱,不久又释放了他。侯景更加肆无忌惮,向梁武帝启奏说:"如果我反叛一事属实,我应该受到国家法律的制裁。如果我能承蒙您的关照和详察,请您杀掉羊鸦仁!"侯景又启奏说:"高澄为人十分狡猾,怎么可以完全相信呢?陛下听信了他的谎言,求得与他和好,我私下里对这件事也感到可笑。我怎敢冒粉身碎骨的危险,投身到我仇人的门下去呢?请求您将江西全都划归给我控制。如果您不答应我这一要求,我就统率铁甲骑兵抵临长江,杀向闽、越。这样的话,不仅朝廷蒙受耻辱,三公大臣们也会忧虑不安。"梁武帝让朱异代替他向侯景的信使回话,说:"打个比方说吧,一个贫寒的家庭,蓄养了十个、五个食客,还有得志的时候。朕只有一个客人,就招致了你这些愤慨的话,这也是朕的过失啊!"梁武帝增加了对侯景的赏赐,赏给了他许多鲜艳华美的彩帛及钱币,信使往来不断,道路相望。

　　戊戌(初十)这一天,侯景在寿阳反叛,以诛杀中领军朱异、少府卿徐驎、太子右卫率陆验、制局监周石珍为名。朱异等人都因为为人奸佞、骄奢贪婪、蒙蔽主上、玩弄权术而被当时的人所痛恨,所以侯景便以此为借口起兵叛乱。徐驎、陆验是吴郡人。

石珍,丹杨人。骊、验迭为少府丞,以苛刻为务,百贾怨之。异尤与之昵,世人谓之"三蠹"。

司农卿傅岐,梗直士也,尝谓异曰:"卿任参国钧,荣宠如此。比日所闻,鄙秽狼藉,若使圣主发悟,欲免得乎!"异曰:"外间谤讟,知之久矣。心苟无愧,何恤人言!"岐谓人曰:"朱彦和将死矣。恃谄以求容,肆辩以拒谏,闻难而不惧,知恶而不改,天夺其鉴,其能久乎!"

景西攻马头,遣其将宋子仙东攻木栅,执戍主曹璆等。上闻之,笑曰:"是何能为!吾折棰笞之。"敕购斩景者,封三千户公,除州刺史。甲辰,诏以合州刺史鄱阳王范为南道都督,北徐州刺史封山侯正表为北道都督,司州刺史柳仲礼为西道都督,通直散骑常侍裴之高为东道都督,以侍中、开府仪同三司、邵陵王纶持节董督众军以讨景。正表,宏之子;仲礼,庆远之孙;之高,邃之兄子也。

九月,侯景闻台军讨之,问策于王伟。伟曰:"邵陵若至,彼众我寡,必为所困。不如弃淮南,决志东向,帅轻骑直掩建康。临贺反其内,大王攻其外,天下不足定也。兵贵拙速,宜即进路。"景乃留外弟中军大都督王显贵守寿阳。癸未,诈称游猎,出寿阳,人不之觉。冬十月庚寅,景扬声趣合肥,而实袭谯州。助防董绍先开城降之。执刺史

周石珍是丹杨人。徐骥与陆验曾轮流担任少府丞,都做事苛刻,商人们都怨恨他们。朱异与他俩关系尤其亲密,因此世上的人称他们是"三蠹"。

司农卿傅岐,是个为人耿直的官员,他曾对朱异说:"你掌握朝政大权,得到的荣誉和受到的宠幸如此隆盛。近来关于您的传闻,都是些污秽、狼藉之事,如果这些让皇上知道了,你能得到解脱吗?"朱异回答说:"外面对我的诽谤和玷污,我早就知道了。只要我心里无愧,又何必顾虑别人讲些什么呢?"傅岐事后对别人说:"朱异快要死了。他倚仗自己能巴结奉承来求得圣上欢心,肆意为自己狡辩而拒绝别人的劝告,听到灾难降临却不畏惧,知道自己的罪恶却不思改悔,上天已剥夺了他的判断力,他还能活得长么?"

侯景向西进攻马头,派遣他的将领宋子仙向东攻打木栅,捉住了戍主曹璆等人。梁武帝得知后,笑着说:"这能有什么作为?我折断一根木棍就能打他。"于是梁武帝下令悬赏,能杀掉侯景的人,封为三千户公,授予州刺史之职。甲辰(十六日),梁武帝下诏任命合州刺史鄱阳王萧范为南道都督,北徐州刺史封山侯萧正表为北道都督,司州刺史柳仲礼为西道都督,通直散骑常侍裴之高为东道都督,侍中、开府仪同三司、邵陵王萧纶持符节督率各路军队去讨伐侯景。萧正表是萧宏的儿子,柳仲礼是柳庆远的孙子,裴之高是裴邃哥哥的儿子。

九月,侯景听说官军前来讨伐他,便向王伟询问对策。王伟说:"邵陵王的军队如果到来,他们人多,我们人少,一定会被他们所围困。我们不如放弃淮南,决心向东进军,统率轻装骑兵直扑建康。临贺王在城内造反,大王在城外进攻,天下平定就不在话下。用兵宁可拙于机智也要行动迅速,应该马上启程。"侯景于是留下自己的外弟中军大都督王显贵守卫寿阳。癸未(二十五日),侯景诈称外出游猎,出了寿阳城,寿阳人都没觉察出来。冬季十月庚寅(初三),侯景扬言进军合肥,实际上却袭击了谯州。谯州助防董绍先打开城门,投降了侯景。侯景抓住了刺史

丰城侯泰。泰,范之弟也,先为中书舍人,倾财以事时要,超授谯州刺史。至州,遍发民丁,使担腰舆、扇、伞等物,不限士庶。耻为之者,重加杖责,多输财者,即纵免之。由是人皆思乱。及侯景至,人无战心,故败。

　　庚子,诏遣宁远将军王质帅众三千巡江防遏。景攻历阳太守庄铁。丁未,铁以城降。因说景曰:"国家承平岁久,人不习战,闻大王举兵,内外震骇。宜乘此际速趋建康,可兵不血刃而成大功。若使朝廷徐得为备,内外小安,遣羸兵千人直据采石,大王虽有精甲百万,不得济矣。"景乃留仪同三司田英、郭骆守历阳,以铁为导,引兵临江。江上镇戍相次启闻。上问讨景之策于都官尚书羊侃,侃请"以二千人急据采石,令邵陵王袭取寿阳,使景进不得前,退失巢穴。乌合之众,自然瓦解"。朱异曰:"景必无渡江之志。"遂寝其议。侃曰:"今兹败矣!"

　　戊申,以临贺王正德为平北将军、都督京师诸军事,屯丹杨郡。正德遣大船数十艘,诈称载荻,密以济景。景将济,虑王质为梗,使谍视之。会临川太守陈昕启称:"采石急须重镇,王质水军轻弱,恐不能济。"上以昕为云旗将军,代质戍采石,征质知丹杨尹事。昕,庆之之子也。质去采石,而昕犹未下渚。谍告景云:"质已退。"景使折江东树枝为验。

丰城侯萧泰。萧泰是萧范的弟弟,他以前担任中书舍人,倾尽家财来侍奉当时的权贵,从而被破格提拔为谯州刺史。到了谯州,他到处征发民夫,让他们抬腰舆、打扇、打伞等,不论是读书人还是百姓,都在征发之列。如果谁耻于做这些事,就会遭到木棍的痛打,谁多送给他钱财,就免除谁的劳役。因此,人们都想作乱。等到侯景来到谯州时,人人都无心作战,所以萧泰失败被俘了。

庚子(十三日),梁武帝下诏派遣宁远将军王质统率三千人马沿长江防御。侯景进攻历阳太守庄铁。丁未(二十日),庄铁率全城军民投降。庄铁随后向侯景建议说:"国家和平安宁已许多年了,人们都对作战感到生疏,听说大王您起兵,朝廷内外都很震惊和害怕。应该趁着这时候迅速开赴建康,这样就可以兵不血刃而成就大功。如果让朝廷渐渐有所防备,内外稍稍获得安定,派遣一千名老弱士兵径直占据采石,大王即使有百万精锐军队,也渡不过长江。"侯景于是留下仅同三司田英以及郭骆守卫历阳,让庄铁担任向导,带领军队来到了长江边上。防卫长江的将领相继把战况启奏梁武帝。梁武帝向都官尚书羊侃询问讨伐侯景的计策,羊侃请求"派两千人马迅速占据采石,命令邵陵王袭取寿阳,让侯景既不能前进,退又失去巢穴。这些乌合之众,自然也就土崩瓦解了"。朱异说:"侯景一定没有渡过长江的打算。"于是否决了羊侃的建议。羊侃说:"失败就在眼前了!"

戊申(二十一日),梁武帝任命临贺王萧正德为平北将军、都督京师诸军事,屯驻在丹杨郡。萧正德派出几十艘大船,谎称运送荻草,而暗中却用来载运侯景的军队过江。侯景将要渡江的时候,担心王质从中作梗,便派间谍去侦察情况。正好这时临川太守陈昕向梁武帝启奏说:"采石急需重兵把守,王质的水军力量薄弱,恐怕不能顶用。"梁武帝于是任命陈昕为云旗将军,代替王质守卫采石,征调王质去担任丹杨尹。陈昕是陈庆之的儿子。王质离开了采石,而陈昕还没有去采石赴任。间谍告诉侯景说:"王质已经退走。"侯景让他折断长江东岸的树枝来验证一下。

谍如言而返。景大喜曰:"吾事办矣!"己酉,自横江济于采石,有马数百匹,兵八千人。是夕,朝廷始命戒严。

景分兵袭姑孰,执淮南太守文成侯宁。南津校尉江子一帅舟师千馀人,欲于下流邀景。其副董桃生,家在江北,与其徒先溃走。子一收馀众,步还建康。子一,子四之兄也。

太子见事急,戎服入见上,禀受方略。上曰:"此自汝事,何更问为! 内外军悉以付汝。"太子乃停中书省,指挥军事。物情惶骇,莫有应募者。朝廷犹不知临贺王正德之情,命正德屯朱雀门,宁国公大临屯新亭,太府卿韦黯屯六门,缮修宫城,为受敌之备。大临,大器之弟也。

己酉,景至慈湖。建康大骇,御街人更相劫掠,不复通行。赦东西冶、尚方钱署及建康系囚,以扬州刺史宣城王大器都督城内诸军事,以羊侃为军师将军副之,南浦侯推守东府,西丰公大春守石头,轻车长史谢禧、始兴太守元贞守白下,韦黯与右卫将军柳津等分守宫城诸门及朝堂。推,秀之子;大春,大临之弟;津,仲礼之父也。摄诸寺库公藏钱,聚之德阳堂,以充军实。

庚戌,侯景至板桥,遣徐思玉来求见上,实欲观城中虚实。上召问之。思玉诈称叛景请间陈事。上将屏左右,舍人高善宝曰:"思玉从贼中来,情伪难测,安可使独在殿上!"朱异侍坐,曰:"徐思玉岂刺客邪!"思玉出景启,

间谍按照他的吩咐做了之后，返回了长江西岸。侯景十分高兴地说："我的事成了！"己酉（二十二日），侯景从横江渡江到达采石，一共有几百匹马和八千士兵。这天晚上，朝廷才开始下令戒严。

侯景分兵袭击姑孰城，捉住了淮南太守文成侯萧宁。南津校尉江子一统率千余名水军，想在长江下游截击侯景的军队。江子一的副将董桃生，家住长江北面，就与手下人率先溃逃了。江子一收聚剩下的人马，徒步回到了建康。江子一是江子四的哥哥。

太子见事态危急，便身穿军装进入皇宫见梁武帝，请梁武帝指示方略。梁武帝说："这本是你的事，又何必问我呢？朝廷内外的军队我全都交给你。"太子于是留在了中书省，指挥军事。人们惶恐惊骇，没有人敢出来应募。朝廷还不了解临贺王萧正德的情况，便命令萧正德驻守朱雀门，命宁国公萧大临驻守新亭，太府卿韦黯驻守六门，修缮皇宫的城墙，做好抵御敌人进攻的准备。萧大临是萧大器的弟弟。

己酉（二十二日），侯景杀到了慈湖。建康全城都非常惊恐，御街上人们互相抢夺房掠，已经不能通行了。梁武帝赦免了东西冶、尚方钱署以及建康城在押的囚犯，任命扬州刺史宣城王萧大器为都督城内诸军事，任命羊侃担任军师将军，当萧大器的副手，命令南浦侯萧推守卫东府，西丰公萧大春守卫石头，轻车长史谢禧、始兴太守元贞守卫白下，韦黯与右卫将军柳津等人分别守卫宫城的各个城门以及朝堂。萧推是萧秀的儿子，萧大春是萧大临的弟弟，柳津是柳仲礼的父亲。梁武帝下令把各官署仓库中存的钱都取出来，集中在德阳堂，用来充实军需。

庚戌（二十三日），侯景杀到了板桥，派徐思玉来求见梁武帝，实际上是想观察一下建康城里的虚实。梁武帝召见了他，问他来干什么。徐思玉谎称他背叛了侯景，请求单独向梁武帝报告情况。梁武帝要屏退左右，舍人高善宝说："徐思玉从叛贼那里来，真假难测，怎能让他单独留在殿上！"朱异当时陪坐在梁武帝身边，说："徐思玉难道是刺客吗？"徐思玉拿出了侯景的奏书，

言:"异等弄权,乞带甲入朝,除君侧之恶。"异甚惭悚。景又请遣了事舍人出相领解,上遣中书舍人贺季、主书郭宝亮随思玉劳景于板桥。景北面受敕。季曰:"今者之举何名?"景曰:"欲为帝也!"王伟进曰:"朱异等乱政,除奸臣耳。"景既出恶言,遂留季,独遣宝亮还宫。

百姓闻景至,竞入城,公私混乱,无复次第。羊侃区分防拟,皆以宗室间之。军人争入武库,自取器甲,所司不能禁,侃命斩数人,方止。是时,梁兴四十七年,境内无事,公卿在位及闾里士大夫罕见甲兵。贼至猝迫,公私骇震。宿将已尽,后进少年并出在外,军旅指拨,一决于侃。侃胆力俱壮,太子深仗之。

辛亥,景至朱雀桁南,太子以临贺王正德守宣阳门,东宫学士新野庾信守朱雀门,帅宫中文武三千馀人营桁北。太子命信开大桁以挫其锋。正德曰:"百姓见开桁,必大惊骇,可且安物情。"太子从之。俄而景至,信帅众开桁,始除一舸,见景军皆著铁面,退隐于门。信方食甘蔗,有飞箭中门柱,信手甘蔗,应弦而落,遂弃军走。南塘游军沈子睦,临贺王正德之党也,复闭桁渡景。太子使王质将精兵三千援信,至领军府,遇贼,未陈而走。正德

上面写道："朱异等人专擅朝权,我请求带兵入朝,除掉国君身边的坏人。"朱异感到非常惭愧和恐惧。侯景又请求梁武帝派能明白事理的舍人来总录侯景要说的事并分辨是非,梁武帝于是派中书舍人贺季、主书郭宝亮跟随徐思玉到板桥去慰劳侯景。侯景面向北方拜受了诏书。贺季问:"你这次举兵是以什么名义?"侯景回答说:"想当皇帝!"王伟上前说道:"朱异等人搞乱了朝政,我们只不过是要除掉奸臣罢了。"侯景既已口出恶言,于是便拘留了贺季,只打发郭宝亮返回皇宫。

百姓听说侯景到来,争相逃入城里,官员与百姓混杂在一起,不再有秩序。羊侃划分防区布置防御,每处都安插了皇室成员。军人争相进入武器库,自己动手拿兵器和盔甲,有关部门不能禁止,羊侃下令斩杀了几个人,才制止住这种现象。这时,梁朝已立国四十七年了,由于国内平安无事,在职的公卿以及在里巷居住的士大夫都很少见到兵器。现在,叛贼突然来到,官员与百姓都感到震惊。朝廷中的老将已经没有了,继之而起的青年将领都被派到外地领兵,军队的指挥,完全由羊侃一人决定。羊侃的胆量和气力都很大,太子深深地仰仗他。

辛亥(二十四日),侯景来到朱雀航这座用船铺设成的浮桥的南面,太子命临贺王萧正德把守宣阳门,命东宫学士新野人庾信把守朱雀门,统率皇宫中的三千多名文武官员在航北扎营。太子命令庾信撤除朱雀航来抑制侯景的进攻势头。萧正德说:"百姓看到撤除朱雀航,一定会非常惊恐,应该暂且先安抚百姓的情绪。"太子采纳了他的意见。一会儿侯景的部队来到,庾信率众撤除朱雀航,刚移动一艘大船,因看到侯景的士兵都戴着铁面具,士兵们都吓得逃走,隐藏到朱雀门后。庾信正在吃甘蔗,有支流箭飞来射中了门柱,庾信手中的甘蔗随着弓弦的响声不由地坠落到了地上,于是他抛弃军队逃走了。南塘游军沈子睦,是临贺王萧正德的同党,他又闭合了朱雀航,让侯景渡过秦淮河。太子派王质率领三千精兵增援庾信,到达领军府,便遇到侯景的军队,王质的军队还没来得及布阵就逃走了。萧正德

帅众于张侯桥迎景，马上交揖。既入宣阳门，望阙而拜，歔欷流涕，随景渡淮。景军皆著青袍，正德军并著绛袍，碧里。既与景合，悉反其袍。景乘胜至阙下，城中恟惧。羊侃诈称得射书云："邵陵王、西昌侯援兵已至近路。"众乃少安。西丰公大春弃石头，奔京口；谢禧、元贞弃白下走；津主彭文粲等以石头城降景，景遣其仪同三司于子悦守之。

壬子，景列兵绕台城，幡旗皆黑。射启于城中曰："朱异等蔑弄朝权，轻作威福。臣为所陷，欲加屠戮。陛下若诛朱异等，臣则敛辔北归。"上问太子："有是乎？"对曰："然。"上将诛之。太子曰："贼以异等为名耳。今日杀之，无救于急，适足贻笑将来。俟贼平诛之未晚。"上乃止。

景绕城既匝，百道俱攻，鸣鼓吹唇，喧声震地。纵火烧大司马、东西华诸门。羊侃使凿门上为窍，下水沃火。太子自捧银鞍，往赏战士。直阁将军朱思帅战士数人逾城出外洒水，久之方灭。贼又以长柯斧斫东掖门，门将开，羊侃凿扇为孔，以槊刺杀二人，斫者乃退。景据公车府，正德据左卫府，景党宋子仙据东宫，范桃棒据同泰寺。景取东宫妓数百，分给军士。东宫近城，景众登其墙射城内。至夜，景于东宫置酒奏乐。太子遣人焚之，台殿及所聚图书

率领他的人马在张侯桥迎接侯景，在马上相互作揖。进入宣阳门后，萧正德望着宫阙叩拜，欷歔流泪，跟随侯景渡过了秦淮河。侯景军队的士兵都穿青色战袍，萧正德军队的士兵都穿绛色战袍，但战袍里衬是青绿色的。与侯景部队会合后，萧正德就让士兵把战袍全都翻过来穿。侯景乘胜进军到宫阙下面，城里的人十分恐惧。羊侃谎称得到了一封射进来的书信，称："邵陵王和西昌侯的援兵已经到达附近。"众人这才稍稍安定下来。西丰公萧大春放弃了石头城，逃奔京口；谢禧、元贞放弃了白下逃走；津主彭文粲等人献上石头城投降了侯景，侯景便派遣仪同三司于子悦来守卫石头城。

壬子（二十五日），侯景让士兵列队围绕在台城周围，战旗都是黑色的。他叫人向城内射去了一封奏疏，说："朱异等人蔑视玩弄朝廷大权，擅自作威作福。我被他所陷害，他想要杀掉我。如果陛下杀掉朱异等人，那我就勒马北归。"梁武帝问太子："有这样的事吗？"太子回答说："侯景说得对。"梁武帝于是要杀掉朱异。太子说："叛贼只是以朱异等人为借口罢了。今天杀掉朱异，不能救急，只会被后人耻笑。等到平定反贼之后，再来杀掉他也不晚。"梁武帝这才作罢。

侯景将台城团团包围起来后，从各处一齐攻城，他们敲着战鼓，吹起了口哨，喧嚣的声音震动大地。侯景叫人放火烧大司马、东华、西华等门。羊侃派人在门上凿出一些洞，倒水去浇灭火焰。太子亲自捧着银制的马鞍，前去犒赏战士。直阁将军朱思率领几名战士翻过城墙到外面去洒水，过了很久火才被浇灭。侯景又让人用长柄斧子砍东掖门，门快要被砍开了，羊侃叫人在门扇上凿出孔眼，用长矛刺死了两名敌兵后，砍门的敌兵才退了回去。侯景占据了公车府，萧正德占据了左卫府，侯景的党羽宋子仙占据了东宫，范桃棒占据了同泰寺。侯景把东宫的几百名歌妓带来分给他手下的军士。东宫靠近台城，侯景的士兵登上了东宫城墙向台城内射箭。到了夜晚，侯景在东宫摆设酒宴，奏起音乐。太子叫人放火烧东宫，台殿以及殿内收藏的图书

皆尽。景又烧乘黄厩、士林馆、太府寺。癸丑,景作木驴数百攻城,城上投石碎之。景更作尖项木驴,石不能破。羊侃使作雉尾炬,灌以膏蜡,丛掷焚之,俄尽。景又作登城楼,高十馀丈,欲临射城中。侃曰:"车高堑虚,彼来必倒,可卧而观之。"及车动,果倒。

景攻既不克,士卒死伤多,乃筑长围以绝内外,又启求诛朱异等。城中亦射赏格出外曰:"有能送景首者,授以景位,并钱一亿万,布绢各万匹。"朱异、张绾议出兵击之,上问羊侃,侃曰:"不可。今出人若少,不足破贼,徒挫锐气;若多,则一旦失利,门隘桥小,必大致失亡。"异等不从,使千馀人出战。锋未及交,退走,争桥赴水死者太半。

侃子鷟,为景所获,执至城下,以示侃。侃曰:"我倾宗报主,犹恨不足,岂计一子,幸早杀之!"数日,复持来,侃谓鷟曰:"久以汝为死矣,犹在邪!"引弓射之。景以其忠义,亦不之杀。

庄铁虑景不克,托称迎母,与左右数十人趣历阳。先遣书绐田英、郭骆曰:"侯王已为台军所杀,国家使我归镇。"骆等大惧,弃城奔寿阳。铁入城,不敢守,奉其母奔寻阳。

十一月戊午朔,刑白马,祀蚩尤于太极殿前。

全部化为灰烬。侯景又派人焚烧乘黄厩、士林馆以及太府寺。癸丑(二十六日),侯景制作了几百个木驴攻城,城上的人扔下大石头,把它们砸碎了。侯景又改做尖颈的木驴,石头无法将它砸破。羊侃让人制作了雉尾炬,把油脂和蜡灌注在炬筒中,聚集起来点燃扔下城去,很快就把木驴烧光了。侯景又制造了一种能攀登城墙的高楼战车,高十多丈,想用它居高临下向城里射箭。羊侃说:"战车高而壕沟土很虚,战车过来一定会倒下,我们可以埋伏起来观看。"等到战车出动后,果然倒下了。

侯景攻城没有攻下,死伤的士兵又很多,于是便构筑起长围来阻断皇城的内外联系,同时又向梁武帝启奏请求杀掉朱异等人。台城里也向城外射出悬赏的报酬条件,宣布:"有能把侯景的首级送来的,就把侯景的爵位授予他,并赏赐一亿万钱,一万匹布,一万匹绢。"朱异、张绾商议要出兵攻击侯景,梁武帝问羊侃行不行,羊侃说:"不行。现在如果派少量人马,不足以攻破贼兵,只会白白挫伤自己的锐气;如果派出的人马很多,一旦失利,门窄桥小,一定会导致重大伤亡。"朱异等人不听从羊侃的意见,派遣一千多人出战。还没交锋,就退了回来,士兵抢着过桥,被挤到水里淹死的人有一多半。

羊侃的儿子羊鷟被侯景俘获,侯景把他押到城下,让羊侃看。羊侃说:"我豁出整个宗族报效君主,尚恨不够,怎么会在乎一个儿子,希望你早点杀掉他!"几天后,侯景又把羊侃的儿子押来,羊侃对羊鷟说:"我还以为你早就死了,怎么还活着呢!"说完就拉弓放箭射羊鷟。侯景觉得羊侃忠义,也就没有杀掉羊鷟。

庄铁担心侯景不能攻克台城,便借口要去迎接母亲,同手下几十人一起奔向历阳。他先给田英、郭骆写了封信,骗他们说:"侯王已经被官兵杀死,朝廷派我回来镇守。"郭骆等人看到信后十分恐惧,弃城逃奔寿阳。庄铁进入历阳城后,不敢据守,便侍奉着他的母亲奔往寻阳。

十一月戊午这天是初一,梁武帝举行宰杀白马的仪式,在太极殿前祭祀蚩尤以求福祥。

临贺王正德即帝位于仪贤堂，下诏称："普通以来，奸邪乱政。上久不豫，社稷将危。河南王景，释位来朝，猥用朕躬，绍兹宝位。可大赦，改元正平。"立其世子见理为皇太子，以景为丞相，妻以女，并出家之宝货悉助军资。

于是景营于阙前，分其兵二千人攻东府。南浦侯推拒之，三日，不克。景自往攻之，矢石雨下。宣城王防阁许伯众潜引景众登城。辛酉，克之。杀南浦侯推及城中战士三千人，载其尸聚于杜姥宅，遥语城中人曰："若不早降，正当如此！"

景声言上已晏驾，虽城中亦以为然。壬戌，太子请上巡城，上幸大司马门，城上闻跸声，皆鼓噪流涕，众心粗安。

江子一之败还也，上责之。子一拜谢曰："臣以身许国，常恐不得其死。今所部皆弃臣去，臣以一夫安能击贼！若贼遂能至此，臣誓当碎身以赎前罪，不死阙前，当死阙后。"癸亥，子一启太子，与弟尚书左丞子四、东宫主帅子五帅所领百馀人开承明门出战。子一直抵贼营，贼伏兵不动。子一呼曰："贼辈何不速出！"久之，贼骑出，夹攻之。子一径前，引槊刺贼，从者莫敢继。贼解其肩而死。子四、子五相谓曰："与兄俱出，何面独旋！"皆免胄赴贼。子四中矟，

临贺王萧正德在仪贤堂登上帝位,下诏宣称:"从普通年间以来,奸佞小人扰乱了朝政。皇上长期患病,国家危难将至。河南王侯景放弃自己的爵位来到朝廷,扶持我继承了帝位。可大赦天下,改年号为正平。"萧正德立自己的世子萧见理为皇太子,任命侯景为丞相,把自己的女儿嫁给了侯景,并拿出家中财宝,全部用来资助军需。

从此,侯景在宫阙前安营扎寨,分兵两千攻打东府。南浦侯萧推带兵抵抗,侯景的部队进攻了三天,未能攻克。侯景于是亲自前往攻打东府,战斗异常激烈,箭和石块像雨点一般地落下。宣城王防阁许伯众暗中引导侯景的军队登城。辛酉(初四),攻克了东府。侯景杀死了南浦侯萧推以及城中战士三千人,把他们的尸体用车拉到杜姥宅堆积起来,从远处向城里的人喊道:"如果不早点投降,那就会落得这样的下场!"

侯景声称梁武帝已经去世,就连城里的人也以为侯景的话是真的。壬戌(初五),太子请梁武帝巡视全城,梁武帝登临大司马门时,城上的守军听到清道的吆喝声,都击鼓呐喊,流下了眼泪,军心才稍稍安定下来。

江子一战败逃回的时候,梁武帝斥责了他。江子一向梁武帝叩拜谢罪说:"我以身许国,常常担心不能为国尽忠而死。现在,我的下属都背弃我而去,凭我一个人怎么能攻击反贼呢?如果反贼果真能来到这里,我发誓会粉身碎骨以赎回前罪,我不死在宫阙前面,也会死在宫阙后面。"癸亥(初六)这一天,江子一向太子启奏后,与他的弟弟尚书左丞江子四、东宫主帅江子五一起率领部下一百多人打开承明门出战。江子一径直抵达侯景的军营,贼兵按兵不动。江子一高呼道:"你们这些反贼为什么不快些出来?"过了很久之后,反贼的骑兵出来了,从两面夹击江子一。江子一直接冲上前去,挥槊刺贼,随从江子一出战的人却不敢跟上来。贼兵挥刀砍掉了江子一的肩膀,把他杀死了。江子四、江子五相互说道:"和哥哥一起出来,有什么脸面独自回去呢?"于是,他们俩都脱下甲胄冲向贼兵。江子四被敌人的长矛刺中,

洞胸而死。子五伤股,还至堑,一恸而绝。

景初至建康,谓朝夕可拔,号令严整,士卒不敢侵暴。及屡攻不克,人心离沮。景恐援兵四集,一旦溃去。又食石头常平诸仓既尽,军中乏食。乃纵士卒掠夺民米及金帛子女。是后米一升直七八万钱,人相食,饿死者什五六。

乙丑,景于城东、西起土山。驱迫士民,不限贵贱,乱加殴捶。疲羸者因杀以填山,号哭动地。民不敢窜匿,并出从之,旬日间,众至数万。城中亦筑土山以应之。太子、宣城王以下,皆亲负土,执畚锸,于山上起芙蓉层楼,高四丈,饰以锦罽。募敢死士二千人,厚衣袍铠,谓之"僧腾客",分配二山,昼夜交战不息。会大雨,城内土山崩。贼乘之,垂入,苦战不能禁。羊侃令多掷火,为火城以断其路,徐于内筑城,贼不能进。

景募人奴降者,悉免为良。得朱异奴,以为仪同三司,异家资产悉与之。奴乘良马,衣锦袍,于城下仰诟异曰:"汝五十年仕宦,方得中领军。我始事侯王,已为仪同矣!"于是三日之中,群奴出就景者以千数。景皆厚抚以配军。人人感恩,为之致死。

穿透了胸膛而死。江子五被刺伤了脖颈,回到战壕后,大哭了一声也气绝身亡了。

侯景刚刚到达建康的时候,以为很快就能够攻克建康,所以军纪严明,士兵们不敢侵扰施暴。等到屡攻不克时,人心逐渐涣散沮丧。侯景担心救援建康的军队从四面八方汇集到这里,自己的部队迟早有一天会溃退。再者石头城常平等仓的粮食已经吃完了,军队中缺乏食物。于是,侯景便纵容士兵去掠夺百姓们的米粮以及金银、丝织品和子女。从这以后,大米的价格一升价值七八万钱,出现了人吃人的惨象,被饿死的人达到十分之五六。

乙丑(初八),侯景在城东、城西堆筑土山。他驱赶士人和平民去干活,不论贵贱,都乱加殴打。那些疲惫、瘦弱的人随后就被杀掉,用来填山,弄得哭喊嚎叫声惊天动地。百姓们不敢逃走或隐藏起来,全出来顺从了侯景,十天之内人数便达到了几万。城中也堆筑土山来对付侯景。太子、宣城王以下的人都亲自背土,用铁锹挖土,畚箕运土,在土山上筑起了芙蓉高楼,楼有四丈高,用彩帛和氍毹装饰起来。梁朝又招募了两千名敢死之士,给他们穿上厚厚的战袍和铠甲,称之为"僧腾客",把这些人分配在东土山和西土山上,日夜不停地与侯景的军队交战。这时正遇上大雨,城内的土山崩溃了。贼兵从高处俯冲,眼看就攻入城内,梁朝的士兵与贼兵苦战,却无法阻挡住。羊侃命令部队多多投掷火把,形成一道火墙以切断贼兵的来路,接下来便在城内筑起了城墙,贼兵无法攻入。

侯景招募前来投降的奴仆,全部免除了他们的奴仆身份,让他们成为平民。侯景得到朱异的奴仆,便任命他为仪同三司,把朱异家的资产全都给了他。这个奴仆骑着骏马,穿着锦袍,在城下仰面告诉朱异:"你做了五十年的官,才只做到中领军。我刚为侯王效力,就已经当上仪同三司了!"自此,三天之内,数以千计的奴仆都出城投奔了侯景。侯景对他们都厚加抚慰,并把他们分配到自己的军队中。这些奴仆人人感恩,为侯景拼死效力。

荆州刺史湘东王绎闻景围台城，丙寅，戒严。移檄所督湘州刺史河东王誉、雍州刺史岳阳王詧、江州刺史当阳公大心、郢州刺史南平王恪等，发兵入援。大心，大器之弟；恪，伟之子也。

朱异遗景书，为陈祸福。景报书，并告城中士民，以为："梁自近岁以来，权倖用事，割剥齐民，以供嗜欲。如曰不然，公等试观今日国家池苑，王公第宅，僧尼寺塔。及在位庶僚，姬姜百室，仆从数千，不耕不织，锦衣玉食。不夺百姓，从何得之！仆所以趋赴阙庭，指诛权佞，非倾社稷。今城中指望四方入援，吾观王侯、诸将，志在全身，谁能竭力致死，与吾争胜负哉！长江天险，二曹所叹，吾一苇航之，日明气净。自非天人允协，何能如是！幸各三思，自求元吉！"

景又奉启于东魏主，称："臣进取寿春，暂欲停憩。而萧衍识此运终，自辞宝位。臣军未入其国，已投同泰舍身。去月二十九日，届此建康。江海未苏，干戈暂止，永言故乡，人马同恋。寻当整辔，以奉圣颜。臣之母、弟，久谓屠灭，近奉明敕，始承犹在。斯乃陛下宽仁，大将军恩念，臣之弱劣，知何仰报！今辄赍启迎臣母、弟、妻、儿。伏愿圣慈，特赐裁放。"

己巳，湘东王绎遣司马吴晔、天门太守樊文皎等将兵发江陵。

荆州刺史湘东王萧绎听说侯景包围了台城，便于丙寅（初九）实行戒严。他发布檄文派人送给他所管辖的湘州刺史河东王萧誉、雍州刺史岳阳王萧詧、江州刺史当阳公萧大心、郢州刺史南平王萧恪等人，让他们发兵进京救援。萧大心是萧大器的弟弟，萧恪是萧伟的儿子。

　　朱异让人送给侯景一封书信，向侯景陈述祸福利害。侯景给朱异回了信，并且通告城中的士人百姓，说："梁朝从近年以来，奸臣当权，搜刮平民，来满足他们自己的嗜欲。如果你们认为不是这样，那就请你们看一看今天皇家的园林、王公的住宅、僧尼的寺塔吧。还有在位的官员，妻妾成群，奴仆随从多达几千人，他们既不耕作又不织布，穿的却是锦绣衣服，吃的是珍贵食物。如果他们不掠夺百姓，又从哪儿弄到这些东西呢？我之所以来到都城，是想来杀掉掌权的奸佞之人，并不是想倾覆国家。现在城中的人指望四方的援兵来救援，而我看那些王侯、将领们的心思却只在于保全自己，谁会竭尽全力拼死与我争个胜负呢！长江天险，连曹操、曹丕都感叹无能为力，而我只用一叶扁舟就渡过来了，而且太阳高照，天气爽朗。如果不是上天保佑，百姓协助，哪里会这样？希望各位三思而行，自求大吉大利吧！"

　　侯景又向东魏孝静帝启奏说："我已向前攻取了寿春，暂时想停下来休息一下。但萧衍知道他的气数已尽，主动辞掉了皇帝的宝座。我的军队还没进入梁都，他就已经舍身同泰寺了。上月二十九日，我军来到建康。天下虽还没有平定，但战事已告暂停，提到故乡，人、马都很依恋。不久我就要整顿队伍，回到北方侍奉皇上。我的母亲和弟弟，很早就听人说被杀害了，最近收到皇上的诏书，才知道母亲和弟弟还在人间。这是因为陛下待人宽厚仁慈，高大将军顾念往日旧恩，我能力低弱，不知道该如何报答！今天特地送上奏折，想接我的母亲、弟弟、妻子、儿女。希望圣上大发慈悲，释放他们。"

　　己巳（十二日），湘东王萧绎派遣司马吴晔、天门太守樊文皎等人率领军队从江陵出发。

陈昕为景所擒，景与之极饮，使昕收集部曲，欲用之。昕不可，景使其仪同三司范桃棒囚之。昕因说桃棒，使帅所部袭杀王伟、宋子仙，诣城降。桃棒从之，潜遣昕夜缒入城。上大喜，敕镌银券赐桃棒曰："事定之日，封汝河南王，即有景众，并给金帛女乐。"太子恐其诈，犹豫不决。上怒曰："受降常理，何忽致疑！"太子召公卿会议，朱异、傅岐曰："桃棒降必非谬。桃棒既降，贼景必惊，乘此击之，可大破也。"太子曰："吾坚城自守以俟外援，援兵既至，贼岂足平！此万全策也。今开门纳桃棒，桃棒之情，何易可知！万一为变，悔无所及。社稷事重，须更详之。"异曰："殿下若以社稷之急，宜纳桃棒；如其犹豫，非异所知。"太子终不能决。桃棒又使昕启曰："今止将所领五百人，若至城门，皆自脱甲，乞朝廷开门赐容。事济之后，保擒侯景。"太子见其恳切，愈疑之。朱异拊膺曰："失此，社稷事去矣！"俄而桃棒为部下所告，景拉杀之。陈昕不知，如期而出，景邀得之，逼使射书城中曰："桃棒且轻将数十人先入。"景欲衷甲随之。昕不肯，期以必死，乃杀之。

景使萧见理与仪同三司卢晖略戍东府。见理凶险，夜与群盗剽劫于大桁，中流矢而死。

陈昕被侯景抓获,侯景与陈昕一起畅饮,让陈昕收集他的私兵,打算起用他。陈昕没有答应,侯景便派他的仪同三司范桃棒把陈昕关押起来。陈昕趁机劝说范桃棒,让他率自己的部众袭击王伟、宋子仙并杀掉他们,然后到台城去投降。范桃棒同意了,他偷派陈昕在夜里用绳子攀入城内。梁武帝闻讯后大喜,下令镌刻银券赐给范桃棒,银券上面刻着:"事情成功的那天,封你为河南王,立即统领侯景的人马,并且赐给你金帛以及歌妓。"太子担心其中有诈,因此犹豫不决。梁武帝发怒了,说道:"接受投降是常理之中的事,你为什么突然又产生怀疑!"太子召集公卿大臣们开会商议,朱异、傅岐说道:"范桃棒投降,肯定不假。范桃棒投降后,叛贼侯景一定会惊慌,乘此机会攻击他,可以大败叛贼。"太子说道:"我们坚守城池,等候外面的援兵,援兵到来后,叛贼被平定那还不容易?这才是万全之策。现在如果打开城门接纳范桃棒,范桃棒的真假虚实,哪里容易弄清楚呢?万一发生变故,后悔都来不及了。事关江山社稷,应该再仔细地考虑。"朱异说道:"殿下若以国家危急为重,就应该接纳范桃棒;如果您犹豫不决,我不知道结果会怎样。"太子最终也拿不定主意。范桃棒又派陈昕启奏说:"现在我只率领我的部下五百人前来,如果到达城门时,我们会全部自动脱下铠甲,请朝廷开门接纳我们。事情成功之后,我保证抓获侯景。"太子看到范桃棒态度恳切,就更加怀疑他。朱异捶胸感叹道:"失去这次机会,国家大事就完了!"不久,范桃棒被他的部下告发,侯景就把他拉出去杀死了。陈昕还蒙在鼓里,仍按照原定日期从城内出来,侯景在半路上拘捕了他,逼迫他向城里射进一封书信,信上说:"范桃棒准备率领几十人先轻装入城。"侯景想在衣服里面穿上铠甲跟随这些人进城。陈昕不肯答应,决心一死,侯景就把他杀掉了。

侯景派遣萧见理和仪同三司卢晖略一起镇守东府。萧见理为人凶险,夜里与一群强盗一起到朱雀航去抢劫,被飞来的乱箭射中死去。

　　邵陵王纶行至钟离,闻侯景已渡采石,纶昼夜兼道,旋军入援。济江,中流风起,人马溺者什一二。遂帅宁远将军西丰公大春、新涂公大成、永安侯确、安南侯骏、前谯州刺史赵伯超、武州刺史萧弄璋等,步骑三万自京口西上。大成,大春之弟;确,纶之子;骏,懿之孙也。

　　景遣军至江乘拒纶军。赵伯超曰:"若从黄城大路,必与贼遇。不如径指钟山,突据广莫门,出贼不意,城围必解矣。"纶从之。夜行失道,迂二十馀里。庚辰旦,营于蒋山。景见之大骇,悉送所掠妇女、珍货于石头,具舟欲走。分兵三道攻纶,纶与战,破之。时山巅寒雪,乃引军下爱敬寺。景陈兵于覆舟山北。乙酉,纶进军玄武湖侧,与景对陈,不战。至暮,景更约明日会战,纶许之。安南侯骏见景军退,以为走,即与壮士逐之。景旋军击之,骏败走,趣纶军。赵伯超望见,亦引兵走。景乘胜追击之,诸军皆溃。纶收馀兵近千人,入天保寺。景追之,纵火烧寺。纶奔朱方,士卒践冰雪,往往堕足。景悉收纶辎重,生擒西丰公大春、安前司马庄丘慧、主帅霍俊等而还。丙戌,景陈所获纶军首虏铠仗及大春等于城下,使言曰:"邵陵王已为乱兵所杀!"霍俊独曰:"王小失利,已全军还京口。城中但坚守,援军寻至。"

邵陵王萧纶行进到钟离,听说侯景已经从采石渡过了长江,他就日夜兼程,回师建康救援朝廷。渡长江时,江中心刮起风来,萧纶的人马落入水里,淹死的有十分之一二。于是,萧纶便率领宁远将军西丰公萧大春、新涂公萧大成、永安侯萧确、安南侯萧骏、前谯州刺史赵伯超、武州刺史萧弄璋等人及三万步兵、骑兵从京口向西进军。萧大成是萧大春的弟弟,萧确是萧纶的儿子,萧骏是萧懿的孙子。

侯景派遣军队到江乘阻击萧纶的军队。赵伯超对萧纶说:"如果沿着黄城的大路走,就一定会与敌人相遇。我们不如径直进军钟山,突然占据广莫门,出乎反贼的意料,台城之围就一定会解除。"萧纶采纳了赵伯超的建议。但由于夜间行军,迷失了道路,多走了二十多里地。庚辰(二十三日)这天早上,萧纶在蒋山安营扎寨。侯景见到这种情况十分惊恐,把抢来的妇女和珍宝全部运送到石头城,配齐船只想要逃走。同时,又分兵三路攻打萧纶,萧纶的军队与侯景的军队交战,打败了侯景。这时,山顶上十分寒冷,下起了雪,萧纶便把军队带下山,到了爱敬寺。侯景把军队布置在覆舟山北面。乙酉(二十八日),萧纶进军到玄武湖畔,与侯景对阵,但没有交战。到了黄昏,侯景提出改到明天再交战,萧纶答应下来。安南侯萧骏看到侯景后退,以为他在逃跑,就与精壮的士兵一起追赶他。侯景回转军队攻击萧骏,萧骏战败,逃向萧纶的军营。赵伯超看见了这一情况,也带领军队逃跑。侯景乘胜追击,梁军全部溃败。萧纶收拢了将近一千名残兵,进入了天保寺。侯景追来,放火焚烧该寺。萧纶逃往朱方,士兵们踩着冰雪前进,有很多人都冻坏了脚。侯景收缴了萧纶的全部军用物资,活捉了西丰公萧大春、安前司马庄丘慧、主帅霍俊等人后率军返回。丙戌(二十九日),侯景把他所获取的萧纶军队的人头、俘虏、铠甲、武器以及萧大春等人带到城下向城内展示,让他们对城里人说:"邵陵王已经被乱兵杀死了!"唯独霍俊说道:"邵陵王只是遇到了小小的挫折,他已经率全部人马返回京口了。城中只管放心坚守,援军很快就会到来。"

贼以刀殴其背，俊辞色弥厉。景义而释之，临贺王正德杀之。

是日晚，鄱阳王范遣其世子嗣与西豫州刺史裴之高、建安太守赵凤举各将兵入援，军于蔡洲，以待上流诸军。范以之高督江右援军事。景悉驱南岸居民于水北，焚其庐舍，大街已西，扫地俱尽。

北徐州刺史封山侯正表镇钟离，上召之入援，正表托以船粮未集，不进。景以正表为南兖州刺史，封南郡王。正表乃于欧阳立栅以断援军。帅众一万，声言入援，实欲袭广陵。密书诱广陵令刘询，使烧城为应。询以告南兖州刺史南康王会理。十二月，会理使询帅步骑千人夜袭正表，大破之。正表走还钟离。询收其兵粮，归就会理，与之入援。

癸巳，侍中、都官尚书羊侃卒，城中益惧。侯景大造攻具，陈于阙前。大车高数丈，一车二十轮。丁酉，复进攻城，以虾蟆车运土填堑。

湘东王绎遣世子方等将步骑一万入援建康。庚子，发公安。绎又遣竟陵太守王僧辩将舟师万人出自汉川，载粮东下。方等有俊才，善骑射，每战，亲犯矢石，以死节自任。

壬寅，侯景以火车焚台城东南楼。材官吴景，有巧思，于城内构地为楼，火才灭，新楼即立，贼以为神。景因火起，潜遣人于其下穿城。城将崩，乃觉之。吴景于城内更

贼兵用刀殴击霍俊后背,霍俊的言辞和态度却更严厉了。侯景认为霍俊是位义士,便释放了他,但临贺王萧正德却把他杀了。

这天晚上,鄱阳王萧范派遣他的世子萧嗣与西豫州刺史裴之高、建安太守赵凤举各自率军救援建康,驻扎在蔡洲,以等待长江上游的各路人马。萧范让裴之高担任督江右援军事。侯景把住在秦淮河南岸的居民全部赶到了北岸,烧毁了他们的房屋,沿河大街以西的所有建筑,都被清除得一干二净。

北徐州刺史封山侯萧正表镇守钟离,梁武帝征召他前来援救,萧正表用船只和粮草还没有准备齐全为借口,不肯进军。侯景任命萧正表为南兖州刺史,封南郡王。萧正表于是在欧阳设立栅栏来阻断增援朝廷的军队。他率领一万人马,表面上声称是进兵援救建康,实际上是想要偷袭广陵。他写密信诱降广陵县令刘询,让他烧毁城池做内应。刘询把情况告诉了南兖州刺史南康王萧会理。十二月,萧会理派遣刘询率领步兵、骑兵一千人,在夜间偷袭萧正表,把萧正表打得大败。萧正表逃回钟离。刘询收缴了萧正表的兵众与粮草,前往萧会理那里,与萧会理一起去救援建康城。

癸巳(初七),侍中、都官尚书羊侃去世,城里更加惶恐不安。侯景大量制造攻城器具,把这些器具陈列在宫阙前。大战车高达几丈,每辆车有二十个车轮。丁酉(十一日),侯景又向台城发动进攻,用虾蟆车运土填平战壕。

湘东王萧绎派遣世子萧方等率领一万步兵、骑兵前来建康救援。庚子(十四日),援兵从公安出发。萧绎又派遣竟陵太守王僧辩率领一万名水军从汉川出发,运载粮食顺流东下。萧方等具有杰出的才干,擅长骑马射箭,每次与敌人交战,他都亲自冒着飞箭乱石冲锋陷阵,以尽臣节而死作为己任。

壬寅(十六日),侯景用火车焚烧台城东南楼。材官吴景心灵手巧,在台城里面的地上建造楼台,大火刚灭,新建的楼就立了起来,贼兵认为这太神了。侯景趁大火燃烧起来时,偷偷派人在城下凿城。城墙快要塌时,城内的人才发觉。吴景在城内又

筑迁城，状如却月以拟之，兼掷火，焚其攻具，贼乃退走。

太子遣洗马元孟恭将千人自大司马门出荡，孟恭与左右奔降于景。

己酉，景土山稍逼城楼。柳津命作地道以取其土。外山崩，压贼且尽。又于城内作飞桥，悬罩二土山上。景众见飞桥迥出，崩腾而走。城内掷雉尾炬，焚其东山，楼栅荡尽，贼积死于城下。乃弃土山不复修，自焚其攻具。材官将军宋嶷降于景，教之引玄武湖水以灌台城，阙前皆为洪流。

上征衡州刺史韦粲为散骑常侍，以都督长沙欧阳颎监州事。粲，放之子也。还，至庐陵，闻侯景乱，粲简阅部下，得精兵五千，倍道赴援。至豫章，闻景已出横江，粲就内史刘孝仪谋之。孝仪曰："必如此，当有敕。岂可轻信人言，妄相惊动！或恐不然。"时孝仪置酒，粲怒，以杯抵地曰："贼已渡江，便逼宫阙，水陆俱断，何暇有报！假令无敕，岂得自安！韦粲今日何情饮酒！"即驰马出部分。将发，会江州刺史当阳公大心遣使邀粲，粲乃驰往见大心曰："上游藩镇，江州去京最近，殿下情计诚宜在前。但中流任重，当须应接，不可阙镇。今宜且张声势，移镇湓城，遣偏将赐随，于事便足。"大心然之，遣中兵柳昕帅兵二千人随粲。粲至

修筑了迂回曲折的城墙,形状好似半圆形月亮,同时还向敌人投掷火把,焚烧他们的攻城器具,贼兵这才退走。

太子派遣洗马元孟恭率领一千人从大司马门冲杀出去,元孟恭与左右亲信却跑去投降了侯景。

己酉(二十三日),侯景修筑的土山逐渐逼近台城城楼。柳津命令士兵挖地道来掏空土山下面的土。城外的土山崩塌了,山四周的贼兵几乎全被压死。柳津又让人在城内修筑一座飞桥,悬空铺架在两座土山上。侯景的人马一见飞桥远远地伸出来,便一窝蜂地逃走了。城里的人投掷鸡尾火炬,焚烧侯景的东土山,山上的楼和栅栏全被烧尽,贼兵的尸体堆积在城下。于是侯景放弃土山,不再修筑,自行焚烧了攻城器具。材官将军宋嶷投降了侯景,教他引玄武湖水来淹灌台城,宫阙前全是一片洪水。

梁武帝征召衡州刺史韦粲担任散骑常侍,任命都督长沙人欧阳颜为监州事。韦粲是韦放的儿子。回到庐陵时,听说侯景叛乱,韦粲简拔部下,选出五千名精锐士兵,加倍赶路前去援救朝廷。部队抵达豫章,听说侯景已经军出横江,韦粲便到内史刘孝仪那里与他商量对策。刘孝仪说:"如果情况真的是这样的话,那皇上就会传下敕书来。怎么可以轻信别人说的话,胡乱自相惊扰呢?我想情况或许并不是这样。"这时刘孝仪设下酒席,韦粲勃然大怒,把酒杯摔在地上说:"叛贼已经渡过了长江,就要进逼皇宫,水上、陆地的交通全部被阻断,朝廷哪里来得及向我们通报情况呢?即便是没有敕书,难道我们自己能够心安理得吗?我韦粲今天哪有兴致饮酒!"说完就飞马去布置军事行动。将要出发时,正赶上江州刺史当阳公萧大心派遣使者来邀请韦粲,韦粲于是飞马前去会见萧大心说:"在京城上游的藩镇中,江州离京城最近,殿下按情理来说,确实应该最先采取行动。但江州处于长江中游,责任重大,还必须应接军队,不可离开镇所。现在我们应该暂且虚张声势,移军镇守湓城,派遣你的副将随我一同去,就足够应付了。"萧大心觉得他的建议正确,便派遣中兵柳昕率领两千人马跟随韦粲一同前去。韦粲到达

南洲,外弟司州刺史柳仲礼亦帅步骑万馀人至横江。粲即送粮仗赡给之,并散私金帛以赏其战士。

西豫州刺史裴之高自张公洲遣船渡仲礼。丙辰夜,粲、仲礼及宣猛将军李孝钦、前司州刺史羊鸦仁、南陵太守陈文彻合军屯新林王游苑。粲议推仲礼为大都督,报下流众军。裴之高自以年位,耻居其下,议累日不决。粲抗言于众曰:"今者同赴国难,义在除贼。所以推柳司州者,正以久捍边疆,先为侯景所惮。且士马精锐,无出其前。若论位次,柳在粲下,语其年齿,亦少于粲,直以社稷之计,不得复论。今日形势,贵在将和,若人心不同,大事去矣。裴公朝之旧德,岂应复挟私情以沮大计!粲请为诸军解之。"乃单舸至之高营,切让之曰:"今二宫危逼,猾寇滔天,臣子当戮力同心,岂可自相矛盾!豫州必欲立异,锋镝便有所归。"之高垂泣致谢,遂推仲礼为大都督。

宣城内史杨白华遣其子雄将郡兵继至。援军大集,众十馀万,缘淮树栅。景亦于北岸树栅以应之。

裴之高与弟之横以舟师一万屯张公洲。景囚之高弟、侄、子、孙,临水陈兵,连镮列于陈前,以鼎镬、刀锯随其后,谓曰:"裴公不降,今即烹之。"之高召善射者使射其子,再发,皆不中。

南洲时,他的外弟司州刺史柳仲礼也率领一万多步兵、骑兵到了横江。韦粲立刻送去粮食、武器供给柳仲礼,并且把自己的金银、丝帛拿出来犒赏他的士兵。

西豫州刺史裴之高从张公洲派出船只把柳仲礼的军队渡过江。丙辰(三十日)夜里,韦粲、柳仲礼以及宣猛将军李孝钦、前司州刺史羊鸦仁、南陵太守陈文彻的军队会合在一起,驻扎在新林的王游苑。韦粲提议推举柳仲礼担任大都督,并告知下游的军队。裴之高自认为年龄和官位本来就高,对身居柳仲礼之下感到羞耻,因此大家商议多日也没做出最后决定。韦粲厉声对众人说:"今天我们共赴国难,是为了铲除叛贼。我之所以推举柳司州,正是因为他长期守卫边疆,以前曾让侯景害怕。而且他的人马精锐,没有人能超过他。如果论地位资历,柳仲礼还在我之下,如果论年龄,他也比我年轻,只是为国家着想,不能再讲论这些了。现在的形势,贵在将领团结,如果人心不统一,大事就完了。裴公是朝廷中有德望的老臣,怎么能再夹带私情,败坏国家大计呢! 我韦粲请求为各路军队解决这件事。"于是,韦粲一个人乘船来到裴之高的军营,严厉地责备裴之高说:"现在皇上和太子危在旦夕,狡诈的敌人罪恶滔天,做臣子的应该齐心协力,怎么能自己内部发生矛盾呢? 裴豫州一定要与大家离心离德的话,那刀锋箭头就会落到你身上。"裴之高流泪向韦粲谢罪,于是推举柳仲礼为大都督。

宣城内史杨白华派遣他的儿子杨雄率领郡兵随后赶到。众多援军汇集在一起,有十万多人,沿着秦淮河竖立栅栏。侯景也在北岸竖立栅栏来对付援军。

裴之高与他的弟弟裴之横率一万水军驻扎在张公洲。侯景把裴之高的弟弟、侄子、儿子、孙子囚禁起来,在水边摆开了战阵,把裴之高的亲属锁成一串押在战阵前面,将鼎镬、刀、锯放在他们身后,对裴之高说:"裴公如果不投降,今天就把他们煮了。"裴之高把善于射箭的人召来,让他用弓箭射自己的儿子,连射两箭,都没有射中。

景帅步骑万人于后渚挑战,仲礼欲出击之。韦粲曰:"日晚我劳,未可战也。"仲礼乃坚壁不出,景亦引退。

湘东王绎将锐卒三万发江陵,留其子绥宁侯方诸居守。谘议参军刘之遴等三上笺请留,答教不许。鄱阳王范遣其将梅伯龙攻王显贵于寿阳,克其罗城。攻中城,不克而退。范益其众,使复攻之。

丙辰晦,柳仲礼夜入韦粲营,部分众军。旦日,会战,诸将各有据守,令粲顿青塘。粲以青塘当石头中路,贼必争之,颇惮之。仲礼曰:"青塘要地,非兄不可。若疑兵少,当更遣军相助。"乃使直阁将军刘叔胤助之。

三年春正月丁巳朔,柳仲礼自新亭徙营大桁。会大雾,韦粲军迷失道,比及青塘,夜已过半。立栅未合,侯景望见之,亟帅锐卒攻粲。粲使军主郑逸逆击之,命刘叔胤以舟师截其后。叔胤畏懦不敢进,逸遂败。景乘胜入粲营,左右牵粲避贼,粲不动,叱子弟力战。遂与子尼及三弟助、警、构、从弟昂皆战死,亲戚死者数百人。仲礼方食,投箸被甲,与其麾下百骑驰往救之,与景战于青塘,大破之,斩首数百级,沉淮水死者千馀人。仲礼稍将及景,而贼将支伯仁自后斫仲礼中肩。马陷于淖,贼聚稍刺之,骑将郭山石救之,得免。仲礼被重疮,会稽人惠釴吮疮断血,故得不死。

侯景率领一万名步兵、骑兵在后渚向援军挑战,柳仲礼打算出击。韦粲说:"天色已晚,我军又很疲劳,不能交战。"柳仲礼于是坚守营垒不出战,侯景也领兵退了回去。

湘东王萧绎率领三万名精锐的士兵从江陵出发,留下他的儿子绥宁侯萧方诸镇守江陵。谘议参军刘之遴等人三次向萧绎上书请求他留下,萧绎不同意他们的请求。鄱阳王萧范派遣他的将领梅伯龙在寿阳攻打王显贵,攻克了外城。攻打内城时没能得手,便退了回来。萧范给他增拨军队,让他再去进攻寿阳。

丙辰这天是月末,柳仲礼夜间进入韦粲的军营,部署各路军队。第二天早上,与侯景的军队交战,各个将领各有自己要把守的地方,柳仲礼命令韦粲屯驻在青塘。韦粲因青塘处于通往石头的道路正中,叛贼一定会争夺此地,所以对此感到很害怕。柳仲礼说:"青塘是要地,非得兄长你去不可。如果你担心兵力少的话,我会再派军队协助你。"于是就派直阁将军刘叔胤协助韦粲。

三年(549)春季正月丁巳是初一,这天柳仲礼从新亭把军营迁往朱雀航。正遇上大雾,韦粲的军队在路上迷失了方向,等到达青塘的时候,已经是后半夜了。竖立的栅栏还没有合拢,侯景就已经望见了,迅速率领精锐部队前来攻打韦粲。韦粲派军主郑逸迎击敌军,命令刘叔胤率水军切断侯景的退路。刘叔胤胆怯,不敢前进,郑逸于是战败。侯景乘胜攻进韦粲的军营,韦粲身边的人拉他躲避贼兵,韦粲却一动不动,大声命令子弟奋力战斗。于是,他与儿子韦尼以及三个弟弟韦助、韦警、韦构,还有堂弟韦昂全都战死,死去的亲戚还有好几百人。柳仲礼正在吃饭,他扔下筷子,穿上盔甲,与他帐下的一百名骑兵飞马赶去救援,在青塘和侯景展开了激战,将侯景的部队打得大败,斩下首级数百,淹死在秦淮河的敌军达一千多人。柳仲礼的长矛差点儿就要扎到侯景了,而这时叛贼将领支伯仁却从后面挥刀砍中了柳仲礼的肩膀。柳仲礼的战马陷入泥泞,贼兵用长矛一齐向他刺去,骑兵将领郭山石赶上去营救,柳仲礼才免于一死。柳仲礼身受重伤,会稽人惠𬭤为他吸吮伤口止血,所以才保住了性命。

自是景不敢复济南岸,仲礼亦气衰,不复言战矣。

邵陵王纶复收散卒,与东扬州刺史临城公大连、新淦公大成等自东道并至。庚申,列营于桁南,亦推柳仲礼为大都督。大连,大临之弟也。

朝野以侯景之祸共尤朱异,异惭愤发疾,庚申,卒。故事,尚书官不以为赠。上痛惜异,特赠尚书右仆射。

甲子,湘东世子方等及王僧辩军至。

己巳,太子迁居永福省。高州刺史李迁仕、天门太守樊文皎将援兵万馀人至城下。台城与援军信命久绝,有羊车儿献策,作纸鸱,系以长绳,写敕于内,放以从风,冀达众军,题云:“得鸱送援军,赏银百两。”太子自出太极殿前,乘西北风纵之。贼怪之,以为厌胜,射而下之。援军募人能入城送启者。鄱阳世子嗣左右李朗请先受鞭,诈为得罪,叛投贼,因得入城。城中方知援兵四集,举城鼓噪。上以朗为直阁将军,赐金遣之。朗缘钟山之后,宵行昼伏,积日乃达。

癸未,鄱阳世子嗣、永安侯确、庄铁、羊鸦仁、柳敬礼、李迁仕、樊文皎将兵渡淮,攻东府前栅,焚之。侯景退。众军营于青溪之东,迁仕、文皎帅锐卒五千独进深入,所向

从此，侯景不敢再渡河到南岸，柳仲礼也失去了原来的气势，不再说交战的事情了。

邵陵王萧纶重新聚集逃散的士兵，与东扬州刺史临城公萧大连、新淦公萧大成等人一起从东道赶到。庚申（初四），他们在朱雀航的南面布列营垒，也推举柳仲礼为大都督。萧大连是萧大临的弟弟。

梁朝朝野上下都因为侯景之祸而责怪朱异，朱异因惭愧愤恨而生病，于庚申（初四）去世。按照惯例，尚书官不用于追赠。梁武帝对朱异的死感到痛惜，特地追赠他为尚书右仆射。

甲子（初八），梁朝湘东王的世子萧方等以及王僧辩的部队赶到了。

己巳（十三日）这一天，梁朝的皇太子搬到永福省居住。高州刺史李迁仕、天门太守樊文皎率领一万多名援兵赶到城下。台城与援军之间的书信往来已经中断很久了，有一个叫羊车儿的人献计，制作了一只纸鸢，系上长绳，将敕令写在纸鸢里面，顺风放出去，希望它能到达援军手里，纸鸢上还题写着这样几个字："如果得到纸鸢就把它送给援军，奖赏一百两银子。"皇太子亲自走到太极殿的前面，乘着西北风把纸鸢放了出去。贼兵见到后觉得很奇怪，以为这是一种用诅咒制服人的巫术，就把它射了下来。援军召募能够进入都城送信的人。鄱阳王世子萧嗣的侍从李朗主动请求先打自己一顿鞭子，假装得罪了上司，叛逃到贼兵那里，乘此机会进入城中。城中的军民这才知道援军已经从四面八方赶过来了，全城上下一齐擂鼓呐喊。梁武帝任命李朗为直阁将军，赏赐给他金子之后又派他出城。李朗从钟山的后面绕道而行，晚上赶路白天潜伏，几天之后才到达援军的营垒。

癸未（二十七日），鄱阳王世子萧嗣、永安侯萧确、庄铁、羊鸦仁、柳敬礼、李迁仕、樊文皎率军渡过秦淮河，攻打东府前面的栅栏，把它烧毁了。侯景退却。援军各部队在青溪东面安营扎寨，李迁仕、樊文皎率五千名精锐士兵独自进攻，深入贼军营地，所向

摧靡。至菰首桥东,景将宋子仙伏兵击之。文皎战死,迁仕遁还。敬礼,仲礼之弟也。

仲礼神情傲很,陵蔑诸将,邵陵王纶每日执鞭至门,亦移时弗见。由是与纶及临城公大连深相仇怨。大连又与永安侯确有隙。诸军互相猜阻,莫有战心。援军初至,建康士民扶老携幼以候之,才过淮,即纵兵剽掠。由是士民失望。贼中有谋应官军者,闻之,亦止。

临贺王记室吴郡顾野王起兵讨侯景,二月己丑,引兵来至。

初,台城之闭也,公卿以食为念,男女贵贱并出负米,得四十万斛。收诸府藏钱帛五十万亿,并聚德阳堂,而不备薪刍、鱼盐。至是,坏尚书省为薪,撤荐,剉以饲马,荐尽,又食以饭。军士无膜,或煮铠、熏鼠、捕雀而食之。御甘露厨有干苔,味酸咸,分给战士。军人屠马于殿省间,杂以人肉,食者必病。侯景众亦饥,抄掠无所获。东城有米,可支一年,援军断其路。又闻荆州兵将至,景甚患之。王伟曰:“今台城不可猝拔,援兵日盛,吾军乏食,若伪求和以缓其势,东城之米,足支一年。因求和之际,运米入石头,援军必不得动。然后休士息马,缮修器械,伺其懈怠

披靡。打到荻首桥东面的时候,侯景手下的将领宋子仙埋伏下部队袭击他们。结果樊文皎战死,李迁仕逃回。柳敬礼是柳仲礼的弟弟。

柳仲礼看上去总是一副傲慢而凶狠的样子,欺侮怠慢各位将领,邵陵王萧纶每天用部将求见主帅时的礼节,拿着鞭子来到他的门口,他也好长时间不接见。因此,他与萧纶以及临城公萧大连相互之间结下了深仇。萧大连又和永安侯萧确存在嫌隙。各路部队之间因互相猜疑而产生了隔阂,都没有打仗的心思。援军刚到的时候,建康的士人和平民都扶老携幼出来迎接,可是部队刚刚渡过秦淮河,就放纵将士们抢劫掠夺。士人和平民因此都感到失望。叛贼里面有一些人原来打算响应官军,听到这一情况后,也停止了行动。

梁朝临贺王的记室、吴郡人顾野王起兵讨伐侯景,二月己丑(初三),率部队赶到了建康。

当初,台城关闭大门时,公卿们一心挂念着粮食问题,男的、女的、尊贵的、低贱的都出来背米,一共得到四十万斛。又收集到各府贮藏的钱财、绢帛五十万亿,全都集中在德阳堂,但却没有储备木柴、牲口草料以及鱼、盐。到了此时,只好拆除尚书省的建筑当柴烧,拿掉垫席,铡碎了喂马,垫席用光了,又用饭喂马。士兵们没有肉吃之后,有的人煮甲衣上的皮革、熏老鼠、捕捉鸟雀来吃。御甘露厨里有干苔,味道又酸又咸,不得已也拿出来分给战士。军人们在皇宫与各省的办公地点之间杀马,在马肉中夹杂着人肉吃,吃的人无不得病。侯景的部队也很饥饿,四处掠夺也没有收获。东城存有大米,可以供应部队整整一年,可通往那里的路被援军切断了。侯景又听说荆州的部队将要杀到,对此十分忧虑。王伟说:"如今台城不可能迅速攻克,援军日益增多,而我们部队缺少粮食,如果暂且假装向他们求和来缓解他们逼近的势头,那么东城的大米就足够供我们吃一年的。趁着求和的时候,把大米运进石头城,援军一定不会采取什么行动。然后我们让将士与战马都休息,修治军械,等对方懈怠下来时

击之，一举可取也。"景从之，遣其将任约、于子悦至城下，拜表求和，乞复先镇。太子以城中穷困，白上，请许之。上怒曰："和不如死！"太子固请曰："侯景围逼已久，援军相仗不战，宜且许其和，更为后图。"上迟回久之，乃曰："汝自图之，勿令取笑千载。"遂报许之。景乞割江右四州之地，并求宣城王大器出送，然后济江。中领军傅岐固争曰："岂有贼举兵围宫阙而更与之和乎！此特欲却援军耳。戎狄兽心，必不可信。且宣城嫡嗣之重，国命所系，岂可为质！"上乃以大器之弟石城公大款为侍中，出质于景。又敕诸军不得复进，下诏曰："善兵不战，止戈为武。可以景为大丞相，都督江西四州诸军事，豫州牧、河南王如故。"己亥，设坛于西华门外，遣仆射王克、上甲侯韶、吏部郎萧瑳与于子悦、任约、王伟登坛共盟。太子詹事柳津出西华门，景出栅门，遥相对，更杀牲歃血为盟。既盟，而景长围不解，专修铠仗，托云"无船，不得即发"，又云"恐南军见蹑"，遣石城公还台，求宣城王出送，邀求稍广，了无去志。太子知其诈言，犹羁縻不绝。韶，懿之孙也。

庚子，前南兖州刺史南康王会理、前青冀二州刺史湘潭侯退、西昌侯世子彧众合三万，至于马印洲。景虑其自白下而上，启云："请敕北军聚还南岸，不尔，妨臣济江。"

再攻击他们，一下子就可以夺取台城。"侯景接受了他的建议，派遣手下的将领任约、于子悦来到台城下，恭敬地递上章表求和，请皇上允许他去恢复原来镇守的失地。皇太子鉴于城里处境艰难，就向梁武帝建议，请他答应侯景的要求。梁武帝愤怒地说："讲和不如去死！"皇太子再三请求说："侯景围困逼迫我们已经很久，援军又相互推诿不主动出战，应该暂且答应与侯景讲和，再考虑下一步行动。"梁武帝犹豫了很久，才说："你自己决定这件事吧，不要让后人取笑千年。"于是朝廷派人告诉侯景，说皇上已答应了他的请求。侯景乞求朝廷割让江西的四个州归他统辖，并请求让宣城王萧大器出来相送，然后他才渡过长江。中领军傅岐坚决争辩说："哪有叛贼举兵围攻宫阙，而我们反过来却跟他们讲和的道理！侯景现在的举动不过是想让援军撤走。戎狄心如禽兽，绝对不能相信。况且宣城王是皇位继承人，地位重要，国家的命运维系在他的身上，怎么可以去当人质？"梁武帝于是任命萧大器的弟弟石城公萧大款为侍中，出城去侯景那里做人质。他又命令各路援军一律不得前进，下诏说："善于用兵的人不争战就能获胜，'止'与'戈'合起来是'武'字。可任命侯景为大丞相，都督江西四州诸军事，原来所封的豫州牧、河南王官爵仍予保留。"己亥（十三日），梁武帝在西华门外设坛，派仆射王克、上甲侯萧韶、吏部郎萧瑳与于子悦、任约、王伟一同登坛订立盟约。太子詹事柳津走出西华门，侯景走出营寨门，遥遥相对，又宰杀牲畜，歃血为盟。盟约订立后，侯景却不解除长围，而一心修缮铠甲兵器，借口说"没有船只，不能立即出发"，又说"害怕南军追杀我们"，他叫石城公返回台城，要求宣城王出来相送，提的要求越来越多，丝毫没有离去的意思。皇太子明知他说的都是假话，却还是不停地笼络他。萧韶是萧懿的孙子。

庚子（十四日），前南兖州刺史南康王萧会理、前青冀二州刺史湘潭侯萧退、西昌侯的世子萧彧，共拥有三万人马，来到马印洲。侯景担心他们从白下攻打过来，就向梁武帝启奏说："请敕令驻扎在北面的部队回到南岸集中，否则，就会妨碍我渡江。"

太子即勒会理自白下城移军江潭苑。退，恢之子也。

辛丑，以邵陵王纶为司空，鄱阳王范为征北将军，柳仲礼为侍中、尚书右仆射。景以于子悦、任约、傅士哲皆为仪同三司，夏侯谮为豫州刺史，董绍先为东徐州刺史，徐思玉为北徐州刺史，王伟为散骑常侍。上以伟为侍中。

乙卯，景又启曰："适有西岸信至，高澄已得寿阳、钟离，臣今无所投足，求借广陵并谯州，俟得寿阳，即奉还朝廷。"又云："援军既在南岸，须于京口渡江。"太子并答许之。癸卯，大赦。

庚戌，景又启曰："永安侯确、直阁赵威方频隔栅见诟云：'天子自与汝盟，我终当破汝。'乞召侯及威方入，即当引路。"上遣吏部尚书张缵召确。辛亥，以确为广州刺史，威方为盱眙太守。确累启固辞，不入，上不许。确先遣威方入城，因欲南奔。邵陵王纶泣谓确曰："围城既久，圣上忧危，臣子之情，切于汤火，故欲且盟而遣之，更申后计。成命已决，何得拒违！"时台使周石珍、东宫主书左法生在纶所，确谓之曰："侯景虽云欲去而不解长围，意可见也。今召仆入城，何益于事！"石珍曰："敕旨如此，郎那得辞！"确意尚坚，纶大怒，谓赵伯超曰："谯州为我斩之！持其首去！"伯超挥刃盱确曰："伯超识君侯，刀不识也。"确乃流涕入城。

皇太子随即命令萧会理将部队从白下城转移到江潭苑。萧退是萧恢的儿子。

辛丑(十五日),梁武帝任命邵陵王萧纶为司空,鄱阳王萧范为征北将军,柳仲礼为侍中、尚书右仆射。侯景把于子悦、任约、傅士哲都任命为仪同三司,任命夏侯譒为豫州刺史,董绍先为东徐州刺史,徐思玉为北徐州刺史,王伟为散骑常侍。梁武帝又任命王伟为侍中。

乙卯(二十九日),侯景又启奏梁武帝说:"刚才有一封从西岸送到的信,说高澄已经攻占了寿阳、钟离,我现在没有地方可以立足,请求皇上将广陵和谯州借给我,等我夺回寿阳,就把这两地奉还给朝廷。"又说:"援军既然在南岸,我军就理应在京口渡江。"对这些要求,皇太子全都答应了。癸卯(十七日),梁朝大赦天下。

庚戌(二十四日),侯景又启奏说:"永安侯萧确、直阁赵威方频繁地隔着栅栏骂我说:'天子同你订立盟约是他自己的事,我反正终究要消灭你。'乞求皇上宣召永安侯与赵威方入城,我会立即带领部队上路。"梁武帝派遣吏部尚书张绾去召回萧确。辛亥(二十五日),梁武帝任命萧确为广州刺史,赵威方为盱眙太守。萧确屡次启奏梁武帝,坚决推辞,不进台城,梁武帝不批准。萧确先派赵威方进城,自己想乘机奔向南方。邵陵王萧纶流着泪对萧确说:"台城已经被围困很久了,皇上忧虑戒惧,我们做臣子的心情,比陷入沸水与烈火还急切,所以想暂且与侯景订立盟约,打发他离开,以后再做其他打算。这一圣命已经决定,怎么能够抗拒呢?"此时台使周石珍、东宫主书左法生正在萧纶那里,萧确对他们说:"侯景虽然说要撤离,但又不解除长围,他的意图由此可见。现在召我进城,对局势能有什么帮助呢?"周石珍回答说:"圣旨如此,你哪能推辞呢?"萧确还是坚持自己的意见毫不动摇,萧纶大怒,对赵伯超说:"你替我把他杀了!提着他的头进城!"赵伯超挥起刀斜眼看着萧确说:"我赵伯超认识君侯您,可刀却不认识您。"萧确这才流着眼泪进入台城。

上常蔬食，及围城日久，上厨蔬茹皆绝，乃食鸡子。纶因使者暂通，上鸡子数百枚，上手自料简，欷歔哽咽。

湘东王绎军于郢州之武城，湘州刺史河东王誉军于青草湖，信州刺史桂阳王慥军于西峡口，托云俟四方援兵，淹留不进。中记室参军萧贲，骨鲠士也，以绎不早下，心非之。尝与绎双六，食子未下，贲曰："殿下都无下意。"绎深衔之。及得上敕，绎欲旋师。贲曰："景以人臣举兵向阙，今若放兵，未及渡江，童子能斩之矣，必不为也。大王以十万之众，未见贼而退，奈何！"绎不悦，未几，因事杀之。慥，懿之孙也。侯景运东府米入石头，既毕，王伟闻荆州军退，援军虽多，不相统壹，乃说景曰："王以人臣举兵，围守宫阙，逼辱妃主，残秽宗庙，擢王之发，不足数罪。今日持此，欲安所容身乎！背盟而捷，自古多矣，愿且观其变。"临贺王正德亦谓景曰："大功垂就，岂可弃去！"景遂上启，陈上十失，且曰："臣方事睽违，所以冒陈谠直。陛下崇饰虚诞，恶闻实录，以妖怪为嘉祯，以天谴为无咎。敷演六艺，排摈前儒，王莽之法也。以铁为货，使轻重无常，公孙之制也。烂羊镌印，朝章鄙杂，更始、赵伦之化也。豫章以所天为血仇，邵陵以父存而冠布，

梁武帝平时常吃蔬菜,台城被包围的时间一长,他厨房里的蔬菜都吃光了,于是开始吃鸡蛋。萧纶趁着使者暂时能够出入的机会,献上几百个鸡蛋,梁武帝亲自清点数目,歔欷哽咽。

湘东王萧绎把部队驻扎在郢州的武城,湘州刺史河东王萧誉把部队驻扎在青草湖,信州刺史桂阳王萧慥把部队驻扎在西峡口,他们都借口等待四方援兵而留在原地不前进。中记室参军萧贲是个耿直的人,看到萧绎不尽早向下游进发,心里十分反感。他曾和萧绎玩一种叫双六的赌博游戏,吃了子却不拿下,萧贲对萧绎说:"殿下您一点儿没有下的意思。"萧绎深深怨恨萧贲。等得到梁武帝敕书,萧绎便打算回师。萧贲说:"侯景以臣子的身份举兵攻打皇宫,现在他如果退兵,那么等不到渡江,一个小孩子就能杀掉他,所以他必定不会这么做。大王拥有十万大军,还没看见叛贼就撤退,这是为什么?"萧绎听后很不高兴,没有多久,就找了个借口杀了萧贲。萧慥是萧懿的孙子。侯景将东府的大米运进石头城,运完之后,王伟听说荆州的部队已经撤退,援军的人数虽然多,但是相互不统一,于是劝侯景道:"大王以臣子的身份举兵围困皇宫,逼迫污辱妃嫔公主,毁坏弄脏宗庙,犯下的罪行之多,就是拔光大王的头发也数不过来。今天身负如此重罪,想到哪里去安身呢?背弃盟约而取得胜利这类事情,自古以来就很多,希望您暂且观察事态的发展。"临贺王萧正德也对侯景说:"大功眼看就要告成,怎么可以放弃呢?"侯景于是上书梁武帝,列举梁武帝的十大过失,并且说:"我正要渡江与您分别,所以行前冒昧地向您陈述正直之言。陛下喜欢推崇虚假荒诞之说,讨厌听取事实,将怪异现象视为吉祥的象征,对上天的谴责却置若罔闻。您解说六经,排斥前儒之说,这是王莽的做法。您用铁来铸造货币,使价值时常变化,这是公孙述所采用的制度。您还滥授官爵,乱刻官印,使官职像烂羊头、烂羊胃一样不值钱,使朝廷规章鄙陋杂乱,这是刘玄更始年间、晋代赵王司马伦篡位时期的风气。豫章王萧综将父皇视为仇敌,邵陵王萧纶在父皇在世时,把一个老头装扮成自己的父亲而加以捶打,

石虎之风也。修建浮图，百度糜费，使四民饥馁，笮融、姚兴之代也。"又言："建康宫室崇侈，陛下唯与主书参断万机，政以贿成，诸阉豪盛，众僧殷实。皇太子珠玉是好，酒色是耽，吐言止于轻薄，赋咏不出《桑中》。邵陵所在残破，湘东群下贪纵，南康、定襄之属，皆如沐猴而冠耳。亲为孙侄，位则藩屏，臣至百日，谁肯勤王！此而灵长，未之有也。昔鬻拳兵谏，王卒改善，今日之举，复奚罪乎！伏愿陛下小惩大戒，放谗纳忠，使臣无再举之忧，陛下无婴城之辱，则万姓幸甚！"

上览启，且惭且怒。三月丙辰朔，立坛于太极殿前，告天地，以景违盟，举烽鼓噪。

初，闭城之日，男女十馀万，擐甲者二万馀人。被围既久，人多身肿气急，死者什八九，乘城者不满四千人，率皆羸喘。横尸满路，不可瘗埋，烂汁满沟。而众心犹望外援。柳仲礼唯聚妓妾、置酒作乐，诸将日往请战，仲礼不许。安南侯骏说邵陵王纶曰："城危如此，而都督不救，若万一不虞，殿下何颜自立于世！今宜分军为三道，出贼不意攻之，可以得志。"纶不从。柳津登城谓仲礼曰："汝君父在难，不能竭力，百世之后，谓汝为何！"仲礼亦不以为意。上问策于津，

这是石虎的做法。您建造佛塔,造成极大的浪费,使得四方的百姓饥饿不堪,这分明又是当年笮融、姚兴佞佛的再现。"侯景又说:"建康的宫廷建筑崇尚奢华,陛下只跟主书一起决断万机,政务要通过贿赂才能办成,宦官们奢豪富足,和尚们产业殷实。皇太子一味喜好珠宝,沉湎于酒色之中,说出的都是轻薄的话语,撰写与吟咏的都是《桑中》那类淫荡的诗赋。邵陵王到处摧残破坏,湘东王的官员们贪婪放纵,南康王、定襄侯之类,个个都沐猴而冠。像孙子、侄子一类的亲人,都封王封侯,我到这里都一百天了,又有谁肯前来保卫王室? 这样却想永保皇位,那是从来没有过的。过去鬻拳以发动兵变的形式劝戒楚王,楚王最终改正了自己的错误,我今天的举动,又有什么罪过呢? 我希望陛下您受到这次小的惩罚之后,能够加倍警戒自己,放逐小人,接纳忠臣,使我不用考虑再次发动兵变,陛下也不用蒙受被围困在城中的耻辱了,这样,老百姓就非常幸运了!"

梁武帝阅读着这份文书,又羞惭又愤怒。三月丙辰是初一,这天,他下令在太极殿前设坛,祭告天地,以侯景违背盟约为由,举起烽火擂鼓呐喊要讨伐他。

当初,城门关闭的时候,城里有男男女女十几万人,有披带盔甲的将士两万多人。被围困的时间一长,大多数人身体浮肿,呼吸急促,死去的占十分之八九。能登城作战的不满四千人,而且都身体疲弱气喘吁吁。城里的道路上到处横卧着尸体,无法掩埋,腐臭的尸水积满了阴沟。但众人还把希望寄托在外面的援军身上。柳仲礼只醉心于聚集妓妾,摆设酒宴寻欢作乐,将领们天天去向他请战,但他都不允许。安南侯萧骏劝说邵陵王萧纶道:"台城面临的危险已经如此严重了,但是大都督却不去营救,如果万一发生不测,那么殿下还有什么脸面自立于世呢? 现在应该把部队分成三路,出其不意地攻打叛贼,一定可以取胜。"萧纶拒不听从。柳津登上城楼对柳仲礼说道:"你的君王与父亲正在受难,而你却不能竭尽全力救援,百世以后,人们将会把你说成什么人?"柳仲礼仍旧不往心里去。梁武帝向柳津询问计策,

对曰:"陛下有邵陵,臣有仲礼,不忠不孝,贼何由平!"

戊午,南康王会理与羊鸦仁、赵伯超等进营于东府城北,约夜渡军。既而鸦仁等晓犹未至,景众觉之,营未立,景使宋子仙击之,赵伯超望风退走。会理等兵大败,战及溺死者五千人。景积其首于阙下,以示城中。

景又使于子悦求和,上使御史中丞沈浚至景所。景实无去志,谓浚曰:"今天时方热,军未可动。乞且留京师立效。"浚发愤责之,景不对,横刀叱之。浚曰:"负恩忘义,违弃诅盟,固天地所不容!沈浚五十之年,常恐不得死所,何为以死相惧邪!"因径去不顾。景以其忠直,舍之。

于是景决石阙前水,百道攻城,昼夜不息。邵陵世子坚屯太阳门,终日蒱饮,不恤吏士。其书佐董勋、熊昙朗恨之。丁卯,夜向晓,勋、昙朗于城西北楼引景众登城。永安侯确力战,不能却,乃排闼入启上云:"城已陷!"上安卧不动,曰:"犹可一战乎?"对曰:"不可。"上叹曰:"自我得之,自我失之,亦复何恨!"因谓确曰:"汝速去,语汝父,勿以二宫为念。"因使慰劳在外诸军。

俄而景遣王伟入文德殿奉谒。上命褰帘开户引伟入,伟拜呈景启,称:"为奸佞所蔽,领众入朝,惊动圣躬,今诣阙待罪。"上问:"景何在?可召来。"景入见于太极东堂,

柳津回答说:"陛下有邵陵王,我有柳仲礼,他们不忠又不孝,叛贼怎能平定?"

戊午(初三),南康王萧会理与羊鸦仁、赵伯超等人率军推进,在东府城的北面扎下营寨,约定晚上渡河。可后来直至拂晓,羊鸦仁等人也还没有赶到,侯景的人马发现了这一动向,没等对方建立好营地,侯景便派遣宋子仙前去攻击,赵伯超望风而逃。萧会理等人的部队遭到惨败,战死以及淹死的达五千人。侯景把这些人的首级堆到宫阙下,给城里的人看。

侯景又派于子悦向梁武帝求和,梁武帝派御史中丞沈浚来到侯景驻地。侯景并没有离去的意向,他对沈浚说:"现在天气正转热,我们的部队无法行动。请让我们暂且留在京城效力。"沈浚怒火上升痛责侯景,侯景不答话,横刀喝斥沈浚。沈浚说:"你忘恩负义,违背盟誓,实在不能被天地所容!我沈浚已经五十岁,经常忧虑自己不能死得其所,你何必要用死来吓唬我呢!"说完,他头也不回地径直离去。侯景认为他忠诚正直,便放走了他。

于是侯景决开石阙前的水,从各个方向攻城,昼夜不停。邵陵王的世子萧坚屯驻在太阳门,整天赌博饮酒,不抚恤官吏与将士。他的书佐董勋、熊昙朗恨透了他。丁卯(十二日)下半夜临近拂晓的时候,董勋、熊昙朗在台城的西北楼引领侯景的人马登上城头。永安侯萧确奋力作战,不能打退敌人,就推门向梁武帝禀报说:"城已经被攻破!"梁武帝平静地躺着不动,问道:"还可以打一仗吗?"萧确回答说:"不行了。"梁武帝叹息说:"国家由我得到,又由我失去,又有什么可遗憾的!"随后又对萧确说:"你快离开,告诉你的父亲,不要挂念我和太子。"于是就派萧确去慰劳在外面的各路军队。

没过多久,侯景派遣王伟到文德殿来奉迎拜见梁武帝。梁武帝下令掀起帘幕、打开房门带王伟进来,王伟跪在地上把侯景的文书呈献给梁武帝,声称:"受到奸臣蒙蔽,带领人马入朝,惊动了皇上,现来到朝廷等候降罪。"梁武帝问道:"侯景在什么地方?可以把他叫来。"侯景来到太极殿的东堂晋见梁武帝,

以甲士五百人自卫。景稽颡殿下,典仪引就三公榻。上神色不变,问曰:"卿在军中日久,无乃为劳!"景不敢仰视,汗流被面。又曰:"卿何州人,而敢至此,妻子犹在北邪?"景皆不能对。任约从旁代对曰:"臣景妻子皆为高氏所屠,唯以一身归陛下。"上又问:"初渡江有几人?"景曰:"千人。""围台城几人?"曰:"十万。""今有几人?"曰:"率土之内,莫非己有。"上俯首不言。

景复至永福省见太子,太子亦无惧容。侍卫皆惊散,唯中庶子徐摛、通事舍人陈郡殷不害侧侍。摛谓景曰:"侯王当以礼见,何得如此!"景乃拜。太子与言,又不能对。

景退,谓其厢公王僧贵曰:"吾常跨鞍对陈,矢刃交下,而意气安缓,了无怖心。今见萧公,使人自慑,岂非天威难犯!吾不可以再见之。"于是悉撤两宫侍卫,纵兵掠乘舆、服御、宫人皆尽,收朝士、王侯送永福省,使王伟守武德殿,于子悦屯太极东堂。矫诏大赦,自加大都督、中外诸军、录尚书事。

建康士民逃难四出。太子洗马萧允,至京口,端居不行,曰:"死生有命,如何可逃!祸之所来,皆生于利,苟不求利,祸从何生!"

己巳,景遣石城公大款以诏命解外援军。柳仲礼召诸将议之,邵陵王纶曰:"今日之命,委之将军。"仲礼熟视不对。裴之高、王僧辩曰:"将军拥众百万,致宫阙沦没,

随身带了五百名甲士自卫。侯景在大殿下面屈膝下拜，以额触地，典仪把他领到三公榻就坐。梁武帝神色不变，问侯景说："你在军队里的时间很长了，真是太辛苦了！"侯景不敢抬头看梁武帝，汗水流了满脸。梁武帝又问道："你是哪个州的人，竟敢到这里来，妻儿还在北方吗？"这些问题侯景都不能对答。任约在旁边代替侯景回答说："臣侯景的妻儿都被高氏杀光了，只单身一人投靠陛下。"梁武帝又问道："当初你渡江的时候有多少人？"侯景说："一千人。"梁武帝再问道："包围台城时有多少人？"侯景回答说："十万人。"梁武帝问："现在有多少人？"侯景回答："四海之内，没有不属于我的人。"梁武帝低下头，不说话了。

侯景又到永福省去拜见皇太子，皇太子也没有露出害怕的神情。皇太子身边的侍卫都已惊慌逃散了，只有中庶子徐摛、通事舍人陈郡人殷不害在一旁陪伴。徐摛对侯景说："侯王应当按照礼节拜见，怎么可以这样！"侯景这才跪下参拜。皇太子与侯景说话，侯景又不能对答。

侯景退下之后，对他的厢公王僧贵说道："我经常跨上马鞍与敌人对阵，箭矢刀剑交相而下，可我心绪平稳如常，心里一点也不害怕。今天见到萧公，使人不禁感到恐慌，这岂不是天子的威严难以触犯吗？我决不能再见他了。"于是把两宫的侍卫都撤掉，放纵将士把皇帝的车辆、服装、宫女都抢得一干二净，又把朝臣、王侯们抓到永福省关押起来，派王伟守卫武德殿，让于子悦屯驻在太极殿的东堂。侯景接着又伪造梁武帝的诏书，下令大赦天下，还加封自己为大都督、都督中外诸军、录尚书事。

建康的士人和平民往四面八方逃难。太子洗马萧允走到京口，便端坐在地上不走了，说："生死有命，怎么可以逃脱呢？灾祸都是由利生出来的，如果不求利，灾祸从哪里产生？"

己巳（十四日），侯景派石城公萧大款用梁武帝的诏命解散外来援军。柳仲礼召集诸将商议此事，邵陵王萧纶说："今天该下什么样的命令，我们都听将军您的。"柳仲礼眼睛盯着萧纶不回答。裴之高、王僧辩说："将军拥兵百万，却致使皇宫沦陷，

正当悉力决战,何所多言!"仲礼竟无一言。诸军乃随方各散。南兖州刺史临成公大连、湘东世子方等、鄱阳世子嗣、北兖州刺史湘潭侯退、吴郡太守袁君正、晋陵太守陆经等各还本镇。君正,昂之子也。邵陵王纶奔会稽。仲礼及弟敬礼、羊鸦仁、王僧辩、赵伯超并开营降,军士莫不叹愤。仲礼等入城,先拜景而后见上。上不与言。仲礼见父津,津恸哭曰:"汝非我子,何劳相见!"

湘东王绎使全威将军会稽王琳送米二十万石以馈军。至姑孰,闻台城陷,沉米于江而还。

景命烧台内积尸,病笃未绝者亦聚而焚之。

庚子,诏征镇、牧守可复本任。景留柳敬礼、羊鸦仁,而遣柳仲礼归司州,王僧辩归竟陵。初,临贺王正德与景约,平城之日,不得全二宫。及城开,正德帅众挥刀欲入,景先使其徒守门,故正德不果入。景更以正德为侍中、大司马,百官皆复旧职。正德入见上,拜且泣。上曰:"啜其泣矣,何嗟及矣!"秦郡、阳平、盱眙三郡皆降景,景改阳平为北沧州,改秦郡为西兖州。

侯景以仪同三司萧邕为南徐州刺史,代西昌侯渊藻镇京口。又遣其将徐相攻晋陵,陆经以郡降之。

侯景以前临江太守董绍先为江北行台,使赍上手敕,召南兖州刺史南康王会理。壬午,绍先至广陵,众不满二

眼下正应该投入全部力量决一死战,何必多言呢?"柳仲礼到最后也没说出一句话。各路援军于是分路各自散去。南兖州刺史临城公萧大连、湘东王世子萧方等、鄱阳王世子萧嗣、北兖州刺史湘潭侯萧退、吴郡太守袁君正、晋陵太守陆经等人都各自返回自己镇守的州郡。袁君正是袁昂的儿子。邵陵王萧纶奔往会稽。柳仲礼和弟弟柳敬礼、羊鸦仁、王僧辩、赵伯超都打开营门向侯景投降,将士们无不叹息愤恨。柳仲礼等人入城后,先拜见侯景然后才拜见梁武帝。梁武帝不跟他们说话。柳仲礼去见父亲柳津,柳津痛哭道:"你不是我的儿子,何必劳烦来相见!"

湘东王萧绎派遣全威将军会稽人王琳运送二十万石大米供给援军。到达姑孰时,听说台城已经陷落,王琳便下令将大米沉到江中,然后回去了。

侯景下令焚烧掉台城内堆积的尸体,病重但是还没有断气的人,也被聚集在一块儿烧死了。

庚子(十五日),梁武帝下诏,允许四征、四镇各将军和刺史、太守返归自己的任所。侯景留下柳敬礼、羊鸦仁,而打发柳仲礼返回司州,王僧辩返回竟陵。当初,临贺王萧正德与侯景约定,攻克台城的那一天,不得保全皇上与太子。等到城门打开时,萧正德率领人马挥刀想闯进去,但侯景却先派手下的人把守住了大门,所以萧正德最终没能进去。侯景改任萧正德为侍中、大司马,文武百官都恢复了原来的职务。萧正德进入皇宫晋见梁武帝,一边跪拜一边哭泣。梁武帝引用《诗经》的句子挖苦他说:"哭啊哭啊,悲叹悔恨莫及呀!"秦郡、阳平、盱眙三个郡都向侯景投降,侯景把阳平改为北沧州,把秦郡改为西兖州。

侯景任命仪同三司萧邕为南徐州刺史,代替西昌侯萧渊藻镇守京口。又派遣手下的将领徐相攻打晋陵郡,郡守陆经率领全郡军民投降了。

侯景任命前临江太守董绍先担任江北行台,派他带着梁武帝的亲笔敕令,前去征召南兖州刺史南康王萧会理。壬午(二十七日)这一天,董绍先到达了广陵,他带领的人马还不满二

百,皆积日饥疲,会理士马甚盛。僚佐说会理曰:"景已陷京邑,欲先除诸藩,然后篡位。若四方拒绝,立当溃败,奈何委全州之地以资寇手! 不如杀绍先,发兵固守,与魏连和,以待其变。"会理素懦,即以城授之。绍先既入,众莫敢动。会理弟通理请先还建康,谓其姊曰:"事既如此,岂可阖家受毙! 前途亦思立效,但未知天命如何耳。"绍先悉收广陵文武、部曲、铠仗、金帛,遣会理单马还建康。

湘潭侯退与北兖州刺史定襄侯祗出奔东魏。侯景以萧弄璋为北兖州刺史,州民发兵拒之。景遣直阁将军羊海将兵助之,海以其众降东魏,东魏遂据淮阴。祗,伟之子也。

癸未,侯景遣于子悦等将羸兵数百东略吴郡。新城戍主戴僧逿有精甲五千,说太守袁君正曰:"贼今乏食,台中所得,不支一旬,若闭关拒守,立可饿死。"土豪陆映公等恐不能胜而资产被掠,皆劝君正迎之。君正素怯,载米及牛酒郊迎。子悦执君正,掠夺财物、子女。东人皆立堡拒之。景又以任约为南道行台,镇姑孰。

夏四月,湘东世子方等至江陵,湘东王绎始知台城不守,命于江陵四旁七里树木为栅,掘堑三重而守之。

上虽外为侯景所制,而内甚不平。景欲以宋子仙为司空,上曰:"调和阴阳,安用此物!"景又请以其党二人为

百,由于连日赶路,都又饿又累,而萧会理的人马却非常强盛。僚佐们劝萧会理说:"侯景已经攻陷了京城,如今打算先除去各位藩王,然后篡夺皇位。如果各地都反对他,他立即就会溃败,怎么能把全州的土地交到强盗手里增加他的力量呢?我们不如杀掉董绍先,派兵坚守,再和魏国联合起来,等待形势发生变化。"萧会理一向懦弱,立即将全城交给了董绍先。董绍先进城之后,大家都不敢动。萧会理的弟弟萧通理请求先返回建康,对他的姐姐说:"事情已到这般地步,怎么可以让全家被人杀光?我以后也想为国家效力,只是不知道天命到底怎样而已。"董绍先将广陵的文武官员、军队、铠甲兵器、金银绸缎都接管过来,派萧会理单人匹马回建康。

湘潭侯萧退与北兖州刺史定襄侯萧祇逃出来投奔了东魏。侯景任命萧弄璋为北兖州刺史,该州的百姓组织队伍抵制他就职。侯景派遣直阁将军羊海统率部队前来相助,羊海却带领自己的人马投降了东魏,东魏于是占据了淮阴。萧祇是萧伟的儿子。

癸未(二十八日),侯景派遣于子悦等人率领几百名疲弱的士兵向东去攻取吴郡。新城戍主戴僧逖拥有五千名精锐士兵,他劝太守袁君正说:"贼兵现在缺乏粮食,他们从朝廷中所得到的粮食不够支持十天,如果我们闭关拒守,他们马上就会饿死。"当地豪强陆映公等人害怕不能取胜而自己的财产遭到掠夺,便一道劝说袁君正迎接于子悦入城。袁君正一向怯懦,于是就载着米、牛、酒到郊外迎接。于子悦逮捕了袁君正,掠夺了财产、子女。东部的人都建起城堡抵抗他。侯景又任命任约为南道行台,镇守姑孰。

夏季四月,湘东王的世子萧方等来到江陵,湘东王萧绎这才知道台城已经陷落,于是下令砍伐江陵周围七里之内的树木设立栅栏,挖三道壕沟进行防守。

梁武帝虽然表面上被侯景所控制,但他心里却十分不平。侯景想让宋子仙担任司空,梁武帝说道:"三公是要调和阴阳的,怎么可以任用这类蠢货呢?"侯景又请求让他的两个同党担任

便殿主帅，上不许。景不能强，心甚惮之。太子入，泣谏，上曰："谁令汝来！若社稷有灵，犹当克复；如其不然，何事流涕！"景使其军士入直省中，或驱驴马，带弓刀，出入宫庭。上怪而问之，直阁将军周石珍对曰："侯丞相甲士。"上大怒，叱石珍曰："是侯景，何谓丞相！"左右皆惧。是后上所求多不遂志，饮膳亦为所裁节，忧愤成疾。太子以幼子大圜属湘东王绎，并翦爪发以寄之。五月丙辰，上卧净居殿，口苦，索蜜不得，再曰"荷！荷！"遂殂。年八十六。景秘不发丧，迁殡于昭阳殿，迎太子于永福省，使如常入朝。王伟、陈庆皆侍太子，太子呜咽流涕，不敢泄声，殿外文武皆莫之知。

辛巳，发高祖丧，升梓宫于太极殿。是日，太子即皇帝位，大赦，侯景出屯朝堂，分兵守卫。

壬午，诏北人在南为奴婢者，皆免之，所免万计。景或更加超擢，冀收其力。

高祖之末，建康士民服食、器用，争尚豪华，粮无半年之储，常资四方委输。自景作乱，道路断绝，数月之间，人至相食，犹不免饿死，存者百无一二。贵戚、豪族皆自出采稆，填委沟壑，不可胜纪。

便殿主帅,梁武帝不同意。侯景拗不过梁武帝,心里非常畏忌他。皇太子进来,流着眼泪劝告梁武帝,梁武帝说道:"谁让你来的? 如果国家有福的话,还可以恢复;如果国家没有福,又为什么要流眼泪呢?"侯景派遣手下的士兵到宫禁之中值勤,有的人赶着驴马,带着弓刀,在宫廷中出出进进。梁武帝感到奇怪,询问这是怎么回事,直阁将军周石珍回答说:"这是侯丞相的甲士。"梁武帝大怒,斥责周石珍道:"是侯景,为什么管他叫丞相呢!"旁边的人都很害怕。从此以后,梁武帝所提出的要求大多数都不能得到满足,饮食也被减少了,梁武帝忧虑气愤,因而病倒了。皇太子把小儿子萧大圜托付给了湘东王萧绎,并且剪下指甲与头发寄给他。五月丙辰(初二)这一天,梁武帝躺在净居殿,口中发苦,要喝蜂蜜,却没人拿来,发出了两声"荷! 荷!"的声音便死去了。享年八十六岁。侯景封锁消息,不公布梁武帝的死讯,将梁武帝的棺柩移到昭阳殿里停放,从永福省接来皇太子,叫他像平常一样入朝。王伟、陈庆都在皇太子身边侍候,皇太子呜咽流泪,不敢发出声音,大殿外面的文武百官都不知道梁武帝去世这件事。

辛巳(二十七日),侯景公布了梁武帝去世的消息,将棺柩抬到太极殿。这一天,皇太子萧纲登上皇位,大赦天下,侯景出殿到朝堂屯驻,分拨兵士守卫。

壬午(二十八日)这一天,梁简文帝萧纲下诏宣布,凡是在南朝当奴婢的北方人,都免去奴婢的身份,被免去奴婢身份的人数以万计。侯景对他们中的有些人还破格予以提拔,希望他们能够为自己效力。

梁武帝末年,建康的士人和平民在吃、穿、用方面都争相崇尚豪华,储存的粮食不够半年用的,常常要靠各地运来粮食。自从侯景叛乱以来,因道路断绝,几个月内,便到了人吃人的地步,仍免不掉有饿死的人,一百个人里面活下来的不到一两个。那些皇亲国戚、豪门大族都自己出城去采割野生的稻子吃,饿死在沟壑中的人,数不胜数。

癸未，景遣仪同三司来亮入宛陵，宣城太守杨白华诱而斩之。甲申，景遣其将李贤明攻之，不克。景又遣中军侯子鉴入吴郡，以厢公苏单于为吴郡太守，遣仪同宋子仙等将兵东屯钱塘，新城戍主戴僧逖据县拒之。御史中丞沈浚避难东归，至吴兴，太守张嵊与之合谋，举兵讨景。嵊，稷之子也。东扬州刺史临城公大连，亦据州不受景命。景号令所行，唯吴郡以西、南陵以北而已。

六月丁亥，立宣城王大器为皇太子。

壬辰，封皇子大心为寻阳王，大款为江陵王，大临为南海王，大连为南郡王，大春为安陆王，大成为山阳王，大封为宜都王。

宋子仙围戴僧逖，不克。丙午，吴盗陆缉等起兵袭吴郡，杀苏单于，推前淮南太守文成侯宁为主。

临贺王正德怨侯景卖己，密书召鄱阳王范，使以兵入。景遮得其书，癸丑，缢杀正德。景以仪同三司郭元建为尚书仆射、北道行台、总江北诸军事，镇新秦；封元罗等诸元十馀人皆为王。景爱永安侯确之勇，常置左右。邵陵王纶潜遣人呼之，确曰："景轻佻，一夫力耳。我欲手刃之，正恨未得其便。卿还启家王，勿以确为念。"景与确游钟山，引弓射鸟，因欲射景，弦断，不发。景觉而杀之。

侯景以赵威方为豫章太守，江州刺史寻阳王大心遣军拒之，擒威方，系州狱。威方逃还建康。

癸未(二十九日),侯景派遣仪同三司来亮进入宛陵,宣城太守杨白华诱杀了来亮。甲申(三十日),侯景派遣手下的将领李贤明攻打宣城,但未攻克。侯景又派遣中军侯子鉴进入吴郡,任命厢公苏单于为吴郡太守,派遣仪同宋子仙等人率领兵马东进,屯驻钱塘,新城戍主戴僧逖占据县城进行抵抗。御史中丞沈浚避难东归,到达吴兴时,太守张嵊同他合谋,举兵讨伐侯景。张嵊是张稷的儿子。东扬州刺史临城公萧大连也占据东扬州不接受侯景的命令。侯景号令能够得到执行的地区,仅限于吴郡以西,南陵以北而已。

六月丁亥(初三),梁简文帝册立宣城王萧大器为皇太子。

壬辰(初八),梁简文帝封皇子萧大心为寻阳王,萧大款为江陵王,萧大临为南海王,萧大连为南郡王,萧大春为安陆王,萧大成为山阳王,萧大封为宜都王。

宋子仙包围了戴僧逖,但没有获胜。丙午(二十二日),吴郡强盗陆缉等人起兵袭击吴郡,杀掉了苏单于,推戴前淮南太守文成侯萧宁为他们的首领。

临贺王萧正德怨恨侯景出卖了自己,秘密写信召请鄱阳王萧范,叫他带兵前来。侯景截住了这封信,在癸丑(二十九日)这天勒死了萧正德。侯景任命仪同三司郭元建为尚书仆射、北道行台、总江北诸军事,让他镇守新秦;又把元罗等十几个元姓人都封为王。侯景很喜爱永安侯萧确的勇猛,经常把他安排在自己的身边。邵陵王萧纶秘密派人叫萧确回去,萧确对来人说:"侯景为人轻佻,一夫之勇而已。我想要亲手杀掉他,现在正恨没有便于下手的机会。你回去告诉我的父王,叫他不要把我挂在心上。"侯景与萧确一同去游览钟山,拉弓射鸟,萧确想乘机射死侯景,不料弓弦被拉断,箭没有射出去。侯景发觉后,就杀死了他。

侯景任命赵威方为豫章太守,江州刺史寻阳王萧大心派部队进行抵抗,活捉了赵威方,把他关在该州的监狱里。赵威方又设法逃回了建康。

陆缉等竞为暴掠,吴人不附,宋子仙自钱塘旋军击之。壬戌,缉弃城奔海盐,子仙复据吴郡。戊辰,侯景置吴州于吴郡,以安陆王大春为刺史。

鄱阳王范闻建康不守,戒严,欲入。僚佐或说之曰:"今魏人已据寿阳,大王移足,则虏骑必窥合肥。前贼未平,后城失守,将若之何!不如待四方兵集,使良将将精卒赴之,进不失勤王,退可固本根。"范乃止。会东魏大将军澄遣西兖州刺史李伯穆逼合肥,又使魏收为书谕范。范方谋讨侯景,藉东魏为援,乃帅战士二万出东关,以合州输伯穆,并遣谘议刘灵护送二子勤、广为质于东魏以乞师。范屯濡须以待上游之军,遣世子嗣将千馀人守安乐栅。上游诸军皆不下,范粮乏,采芪稗菱藕以自给。勤、广至邺,东魏人竟不为出师。范进退无计,乃溯流西上,军于枞阳。景出屯姑孰,范将裴之悌以众降之。之悌,之高之弟也。

秋八月甲申朔,侯景遣其中军都督侯子鉴等击吴兴。

侯景以宋子仙为司徒,郭元建为尚书左仆射,与领军任约等四十人并开府仪同三司,仍诏:"自今开府仪同不须更加将军。"是后开府仪同至多,不可复记矣。

鄱阳王范自枞阳遣信告江州刺史寻阳王大心,大心遣信邀之。范引兵诣江州,大心以溢城处之。

陆缉等人竞相施暴掠夺,吴人都不愿归附,宋子仙从钱塘回师攻击他们。七月壬戌(初九),陆缉弃城逃到海盐,宋子仙重新占据了吴郡。戊辰(十五日),侯景在吴郡设置了吴州,任命安陆王萧大春为刺史。

鄱阳王萧范听到建康失守的消息,下令戒严,准备杀入建康。他的僚佐中有人劝他说:"现在魏人已经占据了寿阳,如果大王动身离开,那魏国骑兵一定会窥伺合肥。前方的贼寇还没有平定,后方的州城又失守,那将怎么办?不如等各地的部队集结之后,派良将率领精锐的士兵赶赴建康,进不耽误扶助王室,退可以巩固自己的根基。"萧范这才放弃了原来的念头。适逢东魏大将军高澄派遣西兖州刺史李伯穆带兵进逼合肥,又叫魏收写信晓谕萧范。萧范正在谋划讨伐侯景,想借助东魏为援,于是率领两万人马从东关出发,把合州献给了李伯穆,还派遣谘议刘灵将自己的两个儿子萧勤、萧广护送到东魏当人质,以此作为请求东魏出兵的条件。萧范屯驻在濡须,等待长江上游的部队到来,又派遣世子萧嗣带领一千多人守卫安乐栅。长江上游的各路部队都不出兵,萧范的粮食开始缺乏,只好采摘茭白、稗子、菱角、莲藕为食。萧勤、萧广到达邺城之后,东魏却又不出兵援助萧范了。萧范进退两难,无计可施,只好逆流西上,把军队驻扎在枞阳。侯景出兵屯驻在姑孰,萧范的部将裴之悌率领自己的人马投降了他。裴之悌是裴之高的弟弟。

秋季八月甲申这天是初一,侯景派遣他的中军都督侯子鉴等攻击吴兴。

侯景任命宋子仙为司徒,任命郭元建为尚书左仆射,与领军任约等四十个人全都任开府仪同三司,还下达诏书说:"从今以后开府仪同不必再加上将军名号。"此后,开府仪同三司多得数不胜数。

鄱阳王萧范从枞阳派人送信给江州刺史寻阳王萧大心,萧大心随后派人带着信前去邀请萧范。萧范带领人马到达江州,萧大心把他安置在湓城。

吴兴兵力寡弱，张嵊书生，不闲军旅。或劝嵊效袁君正以郡迎侯子鉴。嵊叹曰："袁氏世济忠贞，不意君正一旦隳之。吾岂不知吴郡既没，吴兴势难久全。但以身许国，有死无贰耳。"九月癸丑朔，子鉴军至吴兴，嵊战败，还府，整服安坐。子鉴执送建康。侯景嘉其守节，欲活之，嵊曰："吾忝任专城，朝廷倾危，不能匡复，今日速死为幸。"景犹欲存其一子，嵊曰："吾一门已在鬼录，不就尔虏求恩！"景怒，尽杀之，并杀沈浚。

冬十月，宋子仙自吴郡趣钱塘。刘神茂自吴兴趣富阳，前武州刺史富阳孙国恩以城降之。

十一月乙卯，葬武皇帝于修陵，庙号高祖。

百济遣使入贡，见城阙荒圮，异于向来，哭于端门。侯景怒，录送庄严寺，不听出。

壬戌，宋子仙急攻钱塘，戴僧逖降之。

宋子仙乘胜渡浙江，至会稽。邵陵王纶闻钱塘已败，出奔鄱阳，鄱阳内史开建侯蕃以兵拒之。范进击蕃，破之。

南郡王大连为东扬州刺史。时会稽丰沃，胜兵数万，粮仗山积。东人惩侯景残虐，咸乐为用，而大连朝夕酣饮，不恤军事。司马东阳留异，凶狡残暴，为众所患，大连悉以军事委之。十二月庚寅，宋子仙攻会稽，大连弃城走，异奔还乡里，寻以其众降于子仙。大连欲奔鄱阳，异为子仙乡导，追及大连于信安，执送建康，大连犹醉不之知。帝闻之，

吴兴兵力既少又弱，张嵊是一个书生，不熟习军务。有人劝张嵊仿效袁君正率领全郡军民迎接侯子鉴。张嵊感叹道："袁家世代忠贞，没想到这好名声被袁君正毁于一旦。我难道不晓得吴郡陷落之后，吴兴势必也难长久保全的道理吗？我只想以身许国，战死之外，不考虑第二条路。"九月癸丑是初一，这天侯子鉴的部队到达吴兴，张嵊战败，返回府中，穿戴整齐安坐不动。侯子鉴将他拘捕，押送建康。侯景赞许张嵊能够守节，想让他活下来，张嵊说："我愧任太守，朝廷倾危而我却不能挽救，今天我只希望快速去死。"侯景还想留下他的一个儿子，张嵊说："我全家都已经上了阴间鬼籍，我不向你这个胡虏乞求恩惠！"侯景大为恼怒，把他全家斩尽杀绝，同时杀掉了沈浚。

冬季十月，宋子仙从吴郡直扑钱塘。刘神茂从吴兴直扑富阳，前武州刺史富阳人孙国恩打开城门向他投降了。

十一月乙卯(初四)，梁朝把梁武帝安葬在修陵，定庙号为高祖。

百济国派遣使者来到建康进贡，使者看到城阙荒废毁坏，同以前大不一样，就在端门前哭了起来。侯景大怒，拘捕了使者，把他押送到庄严寺，不让他出来。

壬戌(十一日)，宋子仙猛攻钱塘，戴僧逖投降了宋子仙。

宋子仙乘胜渡过浙江，到达会稽。邵陵王萧纶听说钱塘方面已经失败，就往鄱阳出逃，鄱阳内史开建侯萧蕃动用军队，拒绝萧纶入城。萧范进军攻击萧蕃，将他打败。

南郡王萧大连担任东扬州刺史。当时会稽物产丰富，土地肥沃，拥有精兵数万，粮食和兵器堆成了山。东部的人把侯景的残酷暴虐引为教训，都乐意为萧大连效力，可萧大连整天拼命喝酒，对军事一点也不用心。司马东阳人留异凶狠狡诈，残酷暴虐，众人对他都很头疼，萧大连却将军事都交给他处理。十二月庚寅(初九)，宋子仙进攻会稽，萧大连弃城逃跑，留异逃回家乡，不久留异便率领部众投降了宋子仙。萧大连准备逃往鄱阳，留异为宋子仙充当向导，在信安追上了萧大连，将他活捉后押送到建康，可萧大连还醉醺醺的，什么都不知道。简文帝听到这一消息，

引帷自蔽，掩袂而泣。于是三吴尽没于景，公侯在会稽者，俱南度岭。景以留异为东阳太守，收其妻子为质。

邵陵王纶进至九江，寻阳王大心以江州让之，纶不受，引兵西上。

简文帝大宝元年春正月，始兴太守陈霸先发兵讨侯景。事见《萧勃据岭南》。

广陵人来嶷说前广陵太守祖皓曰："董绍先轻而无谋，人情不附，袭而杀之，此壮士之任耳。今欲纠帅义勇，奉戴府君。若其克捷，可立桓、文之勋；必天未悔祸，犹足为梁室忠臣。"皓曰："此仆所愿也。"乃相与纠合勇士，得百馀人。癸酉，袭广陵，斩南兖州刺史董绍先，据城，驰檄远近，推前太子舍人萧勔为刺史。乙亥，景遣郭元建帅众奄至，皓婴城固守。

二月，侯景遣任约、于庆等帅众二万攻诸藩。

侯景遣侯子鉴帅舟师八千，自帅徒兵一万，攻广陵。三日克之，执祖皓，缚而射之，箭遍体，然后车裂以徇。城中无少长皆埋之于地，驰马射而杀之。以子鉴为南兖州刺史，镇广陵，景还建康。

宣城内史杨白华进据安吴。侯景遣于子悦等帅众攻之，不克。

侯景纳上女溧阳公主，甚爱之。三月甲申，景请上禊宴于乐游苑，帐饮三日。上还宫，景与公主共据御床，南面并坐，群臣文武列坐侍宴。

鄱阳世子嗣与任约战于三章，约败走。嗣因徙镇三章，谓之安乐栅。

拉起帷幕把自己遮挡起来,用袖子捂住脸哭泣。至此三吴地区都被侯景占领,在会稽的公侯们都向南翻越五岭而逃。侯景任命留异为东阳太守,把他的妻儿留下充当人质。

邵陵王萧纶进军到九江,寻阳王萧大心把江州让给他,萧纶没有接受,带领部队沿江西上。

梁简文帝大宝元年(550)春季正月,始兴太守陈霸先发兵讨伐侯景。事见《萧勃据岭南》。

广陵人来嶷游说前广陵太守祖皓说:"董绍先轻率而缺乏谋略,人心不归附他,发兵袭击他,将他杀掉,这是壮士的责任罢了。现在我想召集率领义勇兵,拥戴您主持大事。如果这件事成功了,那就可以建立齐桓公、晋文公那样的功勋;如果他气数原本未尽,此事未成,也足以成为梁室的忠臣。"祖皓说:"这正是我的心愿。"于是和来嶷一起召集勇士,召集到一百余人。癸酉(二十三日),他们袭击广陵,杀了南兖州刺史董绍先,占据了广陵城,向远近各方发布告示,推举前太子舍人萧勔为刺史。乙亥(二十五日),侯景派郭元建带领大队人马突然杀到,祖皓环城固守。

二月,侯景派任约、于庆带兵两万攻打梁朝的各个藩王。

侯景派侯子鉴率领水军八千人,自己率领步兵一万人,攻打广陵。打了三天,将广陵攻克,抓住了祖皓,把他绑起来用箭射,祖皓浑身上下都是箭,然后侯景又下令把他车裂示众。城中军民不分老少都被埋在地里,士兵纵马驰射,把他们全都射死。侯景任命侯子鉴为南兖州刺史,镇守广陵,自己返回了建康。

宣城内史杨白华进兵占据了安吴。侯景派遣于子悦等人率领大队人马攻打安吴,但没有攻下。

侯景娶了简文帝的女儿溧阳公主,特别喜爱她。三月甲申这一天,侯景请皇上在乐游苑举行祓除不祥的禊祭宴会,在帐幕里喝了三天酒。简文帝回宫后,侯景与溧阳公主共同占据御床,面朝南并坐,文武百官列坐侍宴。

鄱阳王世子萧嗣与任约在三章开战,任约败逃。萧嗣于是将藩镇治所迁移到三章,把三章称为安乐栅。

　　夏四月丙午，侯景请上幸西州。上御素辇，侍卫四百馀人。景浴铁数千，翼卫左右。上闻丝竹，凄然泣下，命景起舞，景亦请上起舞。酒阑坐散，上抱景于床曰："我念丞相。"景曰："陛下如不念臣，臣何得至此！"逮夜乃罢。

　　时江南连年旱蝗，江、扬尤甚，百姓流亡，相与入山谷、江、湖，采草根、木叶、菱芡而食之，所在皆尽，死者蔽野。富室无食，皆鸟面鹄形，衣罗绮，怀金玉，俯伏床帷，待命听终。千里绝烟，人迹罕见，白骨成聚，如丘陇焉。

　　景性残酷，于石头立大碓，有犯法者捣杀之。常戒诸将曰："破栅平城，当净杀之，使天下知吾威名。"故诸将每战胜，专以焚掠为事，斩刈人如草芥，以资戏笑。由是百姓虽死，终不附之。又禁人偶语，犯者刑及外族。为其将帅者，悉称行台；来降附者，悉称开府；其亲寄隆重者曰左右厢公；勇力兼人者曰库直都督。

　　侯景召宋子仙还京口。
　　湘东王绎自去岁闻高祖之丧，以长沙未下，故匿之。壬寅，始发丧，刻檀为高祖像，置于百福殿，事之甚谨，动静必咨焉。绎以为天子制于贼臣，不肯从大宝之号，犹称太清四年。丙午，绎下令大举讨侯景，移檄远近。

　　鄱阳王范至湓城，以晋熙为晋州，遣其世子嗣为刺史。江州郡县多辄改易。寻阳王大心，政令所行，不出一郡。

夏季四月丙午(二十七日),侯景请简文帝巡视西州。简文帝乘坐不加雕漆的素辇,带了四百多名侍卫。侯景则率几千名铁甲锃亮的武士,护卫在左右。简文帝听到乐器的演奏声,凄然流泪,命令侯景起舞,侯景也请简文帝起舞。酒阑人散,简文帝在坐榻上抱着侯景说:"我心里挂念着丞相。"侯景回答说:"陛下如不挂念我,我哪能有现在的地位!"直到入夜才分手。

　　这时江南连年发生旱灾、蝗灾,江州、扬州尤其严重,老百姓流离失所,成群结队逃入山谷和江、湖之中,采集草根、树叶、菱角和芡实来吃,每到一处,这些东西一扫而空,饿死的人遮蔽山野。富裕人家也没有吃的,一个个饿得面容枯瘦,穿着罗绮衣裳,怀抱着黄金珠玉,趴在床帷之间等死。千里之内炊烟断绝,人迹罕见,白骨成堆,像丘陇一样。

　　侯景生性残酷,他在石头城设立大碓,有犯法的人,就用大碓把他们捣死。他经常告诫诸位将领说:"一旦攻破栅栏,踏平城邑,就杀它个干干净净,叫天下人知道我的威名。"所以他手下的诸位将领每次获胜后,就专门以烧杀抢掠为能事,杀人如割草芥,以此来助兴取乐。因此老百姓即使死,也绝不归附他。侯景又禁止百姓交头接耳,有违犯的连外族也要受株连。担任他将帅的,都称为行台;来投降归附他的,都称为开府;他特别亲信看重的称为左右厢公;勇气力量超人的称为库直都督。

　　侯景征召宋子仙回京口。

　　湘东王萧绎从去年就听到了高祖驾崩的消息,但因为当时长沙还没攻下,所以就封锁了这一消息。壬寅(二十二日),他才为高祖发丧,用檀木雕刻了高祖像,安放在百福殿里,服侍朝拜,非常恭谨,每有行动都要向高祖木像征询意见。萧绎认为天子被贼臣挟制,所以不肯采用大宝的年号,还是按照旧年号称太清四年。丙午(二十六日),萧绎下令大规模讨伐侯景,向四方发布檄文。

　　鄱阳王萧范到达湓城之后,在晋熙郡设置了晋州,派他的世子萧嗣为晋州刺史。江州所属郡县大多径行改换门庭,归附了萧范。寻阳王萧大心的政令所能推行的地方,出不了一个郡。

大心遣兵击庄铁。嗣与铁素善,请发兵救之。范遣侯瑱帅精甲五千助铁。由是二镇互相猜忌,无复讨贼之志。大心使徐嗣徽帅众二千,筑垒稽亭以备范,市籴不通,范数万之众,无所得食,多饿死。范愤恚,疽发于背,五月乙卯,卒。范众秘不发丧,奉范弟安南侯恬为主,有众数千人。

丙辰,侯景以元思虔为东道大行台,镇钱塘。丁巳,以侯子鉴为南兖州刺史。

六月,侯景以羊鸦仁为五兵尚书。庚子,鸦仁出奔江西,将赴江陵,至东莞,盗疑其怀金,邀杀之。

湘东王绎以陈霸先为豫州刺史,领豫章内史。

初,东魏遣仪同武威牒云洛等迎鄱阳世子嗣,使镇皖城。嗣未及行,任约军至,洛等引去。嗣遂失援,出战,败死。约遂略地至溢城,寻阳王大心遣司马韦质出战而败。帐下犹有战士千馀人,咸劝大心走保建州。大心不能用,戊辰,以江州降约。先是,大心使前太子洗马韦臧镇建昌,有甲士五千,闻寻阳不守,欲帅众奔江陵,未发,为麾下所杀。臧,粲之子也。于庆略地至豫章,侯瑱力屈,降之,庆送瑱于建康。景以瑱同姓,待之甚厚,留其妻子及弟为质,遣瑱随庆徇蠡南诸郡,以瑱为湘州刺史。

初,巴山人黄法𣰰,有勇力,侯景之乱,合徒众保乡里。太守贺诩下江州,命法𣰰监郡事。法𣰰屯新淦,于庆自豫章分兵袭新淦,法𣰰败之。陈霸先使周文育进军击庆。

萧大心派兵攻打庄铁。萧嗣与庄铁一向关系很好,就请求萧范发兵援救他。萧范派侯瑱率领精锐甲兵五千人去救助庄铁。从此鄱阳、寻阳二镇互相猜忌,再也没有讨贼的心思了。萧大心派徐嗣徽率领两千人马,在稽亭修筑堡垒来防备萧范,结果造成粮食不能买卖流通,萧范数万军队没办法获得粮食,大多饿死。萧范十分愤恨,背上长出毒疮,在五月乙卯(初七)病故。他的部下封锁消息,不公布萧范死讯,拥戴他的弟弟安南侯萧恬为主帅,拥有部众数千人。

丙辰(初八),侯景任命元思虔为东道大行台,镇守钱塘。丁巳(初九),侯景任命侯子鉴为南兖州刺史。

六月,侯景任命羊鸦仁为五兵尚书。庚子(二十二日),羊鸦仁出逃到江西,打算去江陵,走到东莞时,强盗怀疑他带有黄金,在路上拦截并把他杀死了。

湘东王萧绎任命陈霸先为豫州刺史,兼领豫章内史。

当初,东魏曾派仪同武威人牒云洛等人迎接鄱阳王的世子萧嗣,让他镇守皖城。萧嗣还没来得及上路,任约的军队就到了,牒云洛等人领兵离去。萧嗣于是失去了援助,出兵迎战任约,兵败身死。任约于是攻城略地,抵达湓城,寻阳王萧大心派司马韦质出战,韦质战败。萧大心手下还有战士一千余人,大家都劝萧大心退保建州。萧大心拒不采纳,戊辰,献出江州投降任约。在此之前,萧大心让前太子洗马韦臧镇守建昌,韦臧拥有甲士五千人,听说寻阳已经失守,想率领人马投奔江陵,但还没出发,就被部下杀死了。韦臧是韦粲的儿子。于庆攻城略地,抵达豫章,侯瑱兵力不济,投降了于庆,于庆把侯瑱送到了建康。侯景因侯瑱与自己同姓,对待他特别优厚,把他的妻子、儿子和弟弟留作人质,派他随于庆去攻打蠡南诸郡,任命他为湘州刺史。

当初,巴山人黄法氍勇猛有力,侯景作乱的时候,他集合起手下的人马保卫乡里。太守贺诩乘船下江州,命令黄法氍监管郡中的政事。黄法氍驻扎在新淦,于庆从豫章出发,分兵袭击新淦,黄法氍击败了他。陈霸先派遣周文育进军攻打于庆。

法虬引兵会之。

邵陵王纶闻任约将至，使司马蒋思安将精兵五千袭之，约众溃。思安不设备，约收兵袭之，思安败走。

秋九月，任约进寇西阳、武昌。初，宁州刺史彭城徐文盛募兵数万人讨侯景，湘东王绎以为秦州刺史，使将兵东下，与约遇于武昌。绎以庐陵王应为江州刺史，以文盛为长史、行府州事，督诸将拒之。应，续之子也。邵陵王纶引齐兵未至，移营马栅，距西阳八十里。任约闻之，遣仪同叱罗子通等将铁骑二百袭之。纶不为备，策马亡走。时湘东王绎亦与齐连和，故齐人观望，不助纶。定州刺史田祖龙迎纶，纶以祖龙为绎所厚，惧为所执，复归齐昌。行至汝南，魏所署汝南城主李素，纶之故吏也，开城纳之。任约遂据西阳、武昌。

裴之高帅子弟部曲千馀人至夏首，湘东王绎召之，以为新兴、永宁二郡太守。又以南平王恪为武州刺史，镇武陵。

初，邵陵王纶以衡阳王献为齐州刺史，镇齐昌。任约击擒之，送建康，杀之。献，畅之孙也。

乙亥，进侯景位相国，封二十郡，为汉王，加殊礼。冬十月乙未，侯景自加宇宙大将军、都督六合诸军事，以诏文呈上。上惊曰：“将军乃有宇宙之号乎！”

十一月丁卯，徐文盛军贝矶，任约帅水军逆战，文盛大破之，斩叱罗子通、赵威方，仍进军大举口。侯景遣宋子仙等将兵二万助约，以约守西阳，久不能进，自出屯晋熙。

黄法氍带领军队和他会合。

邵陵王萧纶听说任约的军队快到了,便派司马蒋思安率精兵五千人去袭击任约,任约的军队被打散了。蒋思安不设防备,任约把溃散的士兵收拢后,向蒋思安发动袭击,蒋思安战败退走。

秋季九月,任约进犯西阳、武昌。当初,宁州刺史彭城人徐文盛曾招募几万士兵去讨伐侯景,湘东王萧绎任命他为秦州刺史,让他带兵东下,与任约在武昌遭遇。萧绎任命庐陵王萧应为江州刺史,任命徐文盛为长史、行府州事,统率众将抵抗任约。萧应是萧续的儿子。邵陵王萧纶招引的北齐军队还没到,他便把自己的军营移到了马栅,距离西阳八十里。任约听到消息,派仪同叱罗子通等人带领二百名铁甲骑兵去袭击萧纶。萧纶未做防备,策马奔逃。这时湘东王萧绎也和北齐联合,所以北齐人采取观望态度,不发兵救助萧纶。定州刺史田祖龙迎接萧纶,萧纶却因田祖龙一向受到萧绎厚待,害怕被他抓住,所以又回齐昌去了。西魏所封的汝南城主李素原是萧纶的老部下,当萧纶走到汝南时,李素就打开城门接纳了他。任约于是占据了西阳、武昌。

裴之高率领子弟私兵一千余人行进到夏首,湘东王萧绎召请他,任命他为新兴、永宁二郡太守。又任命南平王萧恪为武州刺史,镇守武陵。

当初,邵陵王萧纶任命衡阳王萧献为齐州刺史,镇守齐昌。任约向他发起进攻,捉住了他,把他送到建康杀掉了。萧献是萧畅的孙子。

乙亥(二十四日),简文帝晋升侯景为相国,封给他二十个郡,加封他为汉王,给予特殊礼遇。冬季十月乙未(十九日),侯景自封为宇宙大将军、都督六合诸军事,写成诏书后呈给简文帝。简文帝惊讶地说:"将军竟然还有宇宙的称号吗?"

十一月丁卯(二十一日),徐文盛驻军在贝矶,任约率水军迎战,徐文盛把他打得大败,斩杀了叱罗子通、赵威方,并继续进军大举口。侯景派宋子仙等人率兵两万人去援助任约,让任约驻守西阳,因久久不能前进,侯景便亲自出兵驻扎在晋熙。

　　南康王会理以建康空虚，与太子左卫将军柳敬礼、西乡侯劝、东乡侯勔谋起兵诛王伟。安乐侯乂理出奔长芦，集众得千馀人。建安侯贲、中宿世子子邕知其谋，以告伟。伟收会理、敬礼、劝、勔及会理弟祁阳侯通理，俱杀之。乂理为左右所杀。钱塘褚冕，以会理故旧，捶掠千计，终无异言。会理隔壁谓之曰："褚郎，卿岂不为我致此？卿虽忍死明我，我心实欲杀贼！"冕竟不服，景乃宥之。劝，昺之子；贲，正德之弟子；子邕，憺之孙也。

　　帝自即位以来，景防卫甚严，外人莫得进见，唯武林侯谘及仆射王克、舍人殷不害，并以文弱得出入卧内，帝与之讲论而已。及会理死，克、不害惧祸，稍自疏。谘独不离帝，朝请无绝。景恶之，使其仇人刁戍刺杀谘于广莫门外。帝之即位也，景与帝登重云殿，礼佛为誓云："自今君臣两无猜贰，臣固不负陛下，陛下亦不得负臣。"及会理谋泄，景疑帝知之，故杀谘。帝自知不久，指所居殿谓殷不害曰："庞涓当死此下。"

　　景自帅众讨杨白华于宣城，白华力屈而降。景以其北人，全之，以为左民尚书，诛其兄子彬以报来亮之怨。十二月丙子朔，景封建安侯贲为竟陵王，中宿世子子邕为随王，仍赐姓侯氏。

　　侯景还建康。
　　二年春正月，新吴余孝顷举兵拒侯景，景遣于庆攻之，不克。

南康王萧会理鉴于建康空虚，就与太子左卫将军柳敬礼、西乡侯萧劝、东乡侯萧勔商议起兵杀掉王伟。安乐侯萧义理出逃到长芦，召集人马，集结了一千多人。建安侯萧贲、中宿世子萧子邕得知他们的密谋，就向王伟告发。王伟收捕了萧会理、柳敬礼、萧劝、萧勔以及萧会理的弟弟祁阳侯萧通理，把他们全都杀了。萧义理则被身边的人杀死。钱塘人褚冕因为是萧会理的老朋友，虽然被拷打得死去活来，但他最终也没有说出对萧会理不利的话来。萧会理隔着墙壁对褚冕说："褚郎，你这不是为了我才被打成这样的吗？你虽然豁出命来想开脱我，但我本意确实是想杀贼！"褚冕自始至终也不屈服，侯景便饶恕了他。萧劝是萧昺的儿子，萧贲是萧正德哥哥的儿子，萧子邕是萧憺的孙子。

简文帝自从登上帝位以来，侯景对他防卫很严密，外人无法入见，只有武林侯萧谘和仆射王克、舍人殷不害，都因文弱才得以出入皇上的住处，简文帝和他们也只是闲谈而已。等到萧会理被杀后，王克、殷不害害怕惹祸，就主动慢慢和简文帝疏远了。只有萧谘不离开简文帝，朝请问安，从不间断。侯景很厌恶他，指使他的仇人刁戍把萧谘在广莫门外刺杀了。简文帝即位的时候，侯景曾和简文帝一起登上重云殿，拜佛发誓说："从今以后我们君臣两人互不猜忌，我固然不能有负于陛下，陛下也不能有负于我。"待至萧会理的计划泄漏后，侯景怀疑简文帝知道这件事，所以就杀死了萧谘。简文帝知道自己活不长了，便指着自己居住的宫殿对殷不害说："庞涓将死在这下面。"

侯景亲自统率军队在宣城讨伐杨白华，杨白华力量耗尽，就投降了。侯景因他是北方人，就保全了他，还任命他担任左民尚书，杀了杨白华哥哥的儿子杨彬，为来亮报了仇。十二月丙子这天是初一，侯景封建安侯萧贲为竟陵王，中宿世子萧子邕为随王，同时赐他们姓侯。

侯景回到建康。

二年(551)春季正月，新吴人余孝顷举兵抵抗侯景，侯景派于庆去攻打他，但没有取得胜利。

庚戌，湘东王绎遣护军将军尹悦、安东将军杜幼安、巴州刺史王珣将兵二万自江夏趣武昌，受徐文盛节度。

张彪遣其将赵稜围钱塘，孙凤围富春，侯景遣仪同三司田迁、赵伯超救之，稜、凤败走。稜，伯超之兄子也。

侯景以王克为太师，宋子仙为太保，元罗为太傅，郭元建为太尉，张化仁为司徒，任约为司空，王伟为尚书左仆射，索超世为右仆射。景置三公官，动以十数，仪同尤多。以子仙、元建、化仁为佐命元功，伟、超世为谋主，于子悦、彭儁主击断，陈庆、吕季略、卢晖略、丁和等为爪牙。梁人为景用者，则故将军赵伯超，前制局监周石珍，内监严亹，邵陵王记室伏知命。自馀王克、元罗及侍中殷不害、太常周弘正等，景从人望，加以尊位，非腹心之任也。

北兖州刺史萧邕谋降魏，侯景杀之。

三月乙卯，徐文盛等克武昌，进军芦洲。

任约告急，侯景自帅众西上，携太子大器从军以为质，留王伟居守。闰月，景发建康，自石头至新林，舳舻相接。约分兵袭破定州刺史田祖龙于齐安。壬寅，景军至西阳，与徐文盛夹江筑垒。癸卯，文盛击破之，射其右丞库狄式和，坠水死。景遁走还营。

夏四月，郢州刺史萧方诸，年十五，以行事鲍泉和弱，常侮易之，或使伏床，骑背为马。恃徐文盛在近，不复设备，日以蒲酒为乐。侯景闻江夏空虚，乙巳，使宋子仙、

庚戌(初五),湘东王萧绎派护军将军尹悦、安东将军杜幼安、巴州刺史王珣统率两万兵马从江夏赶赴武昌,接受徐文盛指挥。

张彪派他的部将赵稜包围钱塘,孙凤包围富春,侯景派仪同三司田迁、赵伯超去救援,赵稜、孙凤兵败逃走。赵稜是赵伯超哥哥的儿子。

侯景委派王克担任太师,宋子仙担任太保,元罗担任太傅,郭元建担任太尉,张化仁担任司徒,任约担任司空,王伟担任尚书左仆射,索超世担任尚书右仆射。侯景设置三公官,三公的员额往往有十多个,而仪同的人数更多。侯景把宋子仙、郭元建、张化仁视为辅佐自己创立基业的一等功臣,把王伟、索超世引为首席谋士,让于子悦、彭㒞掌管决策,让陈庆、吕季略、卢晖略、丁和等人充当爪牙。梁朝旧人被侯景重用的,有原将军赵伯超、前制局监周石珍、内监严亶、邵陵王的记室伏知命。其他的如王克、元罗以及侍中殷不害、太常周弘正等人,由于深孚众望,因此侯景便顺从人心,给他们加封了尊贵的官位,但都不把他们作为心腹来使用。

北兖州刺史萧邕密谋投降西魏,侯景杀了他。

三月乙卯(十一日),徐文盛等人攻克武昌,进军芦洲。

任约向侯景告急,侯景便亲自率领人马向西进发,带着太子萧大器随军而行,把他作为人质,王伟被留下来守卫建康。闰三月,侯景的军队从建康出发,从石头到新林,兵船一艘接一艘,头尾相连。任约分出一支部队在齐安袭击并打败了定州刺史田祖龙。壬寅(二十九日),侯景的军队抵达西阳,与徐文盛的部队隔江对峙,双方在大江两岸修筑营垒。癸卯(三十日),徐文盛发动攻击,击败侯景军队,用箭把侯景的右丞库狄式和射下长江淹死了。侯景逃回了兵营。

夏季四月,郢州刺史萧方诸,十五岁,由于行事鲍泉平和软弱,所以萧方诸常常捉弄他,有时让他伏在床上,拿他当马骑。萧方诸仗着徐文盛在附近,就不再设防,整天用玩樗蒲和喝酒来寻欢作乐。侯景听说江夏守备空虚,便于乙巳(初二)派宋子仙、

任约帅精骑四百，由淮内袭郢州。丙午，大风疾雨，天色晦冥，有登陴望见贼者，告泉曰："虏骑至矣！"泉曰："徐文盛大军在下，贼何由得至？当是王珣军人还耳。"既而走告者稍众，始命闭门，子仙等已入城。方诸方踞泉腹，以五色彩辩其髯。见子仙至，方诸迎拜，泉匿于床下。子仙俯窥见泉素髯间彩，惊愕，遂擒之，及司马虞豫，送于景所。景因便风，中江举帆，遂越文盛等军。丁未，入江夏。文盛众惧而溃，与长沙王韶等逃归江陵。王珣、杜幼安以家在江夏，遂降于景。

湘东王绎以王僧辩为大都督，帅巴州刺史丹杨淳于量、定州刺史杜龛、宜州刺史王琳、郴州刺史裴之横东击景，徐文盛以下并受节度。戊申，僧辩等军至巴陵，闻郢州已陷，因留戍之。绎遗僧辩书曰："贼既乘胜，必将西下。不劳远击，但守巴丘，以逸待劳，无虑不克。"又谓僚佐曰："景若水步两道，直指江陵，此上策也；据夏首，积兵粮，中策也；悉力攻巴陵，下策也。巴陵城小而固，僧辩足可委任。景攻城不拔，野无所掠，暑疫时起，食尽兵疲，破之必矣。"乃命罗州刺史徐嗣徽自岳阳，武州刺史杜崱自武陵引兵会僧辩。

景使丁和将兵五千守夏首，宋子仙将兵一万为前驱，趣巴陵，分遣任约直指江陵，景帅大兵水步继进。于是缘江戍逻，望风请服。景拓逻至于隐矶。僧辩乘城固守，偃旗

任约率领精锐骑兵四百人，渡过淮水去偷袭郢州。丙午（初三）这天，刮大风，下暴雨，天色昏暗，郢州城里有人登上城头望见贼兵已到，便报告鲍泉说："敌人骑兵杀来了！"鲍泉说："徐文盛的大军在下游，贼兵是怎么到这里的？一定是王珣的士兵回来了。"过了一阵，跑来报告军情的人多起来了，鲍泉才命令关上城门，但宋子仙等人已经进城。萧方诸正坐在鲍泉肚子上，用五色彩线给鲍泉的胡子编小辫儿。看到宋子仙来到，萧方诸起身迎拜，而鲍泉则躲到床下。宋子仙低头察看，发现鲍泉的白胡子间夹杂着彩线，感到很惊讶，于是把鲍泉抓起来，连同司马虞豫，一块押送到侯景那里去了。侯景借着顺风，在长江中流扬帆疾驶，于是越过了徐文盛等军的防线。丁未（初四），侯景进入江夏。徐文盛的人马感到恐惧，就溃散了，徐文盛和长沙王萧韶等人一起逃回江陵。王珣、杜幼安因为家在江夏，就投降了侯景。

湘东王萧绎任命王僧辩为大都督，统领巴州刺史丹杨人淳于量、定州刺史杜龛、宜州刺史王琳、郴州刺史裴之横向东进军攻击侯景，徐文盛以下的将领全都受王僧辩指挥。戊申（初五），王僧辩等人率领的军队抵达巴陵，听说郢州已经陷落，就在巴陵驻扎了下来。萧绎写信给王僧辩说："贼兵既然要乘胜推进，必然会向西扑来。我军用不着远距离去进攻，只须守住巴陵，以逸待劳，不用担心打败不了敌人。"萧绎又对僚佐们说："侯景如果从水陆两路直扑江陵，这是上策；据守夏首，蓄积军粮，这是中策；全力攻打巴陵，这是下策。巴陵城小但很坚固，王僧辩足以胜任守城之职。侯景攻城攻不下来，野外又抢掠不到什么东西，酷暑季节疫病时常流行，军粮吃完，士兵疲惫，我们打败他是必然的。"于是命令罗州刺史徐嗣徽从岳阳出发，武州刺史杜崱从武陵带领军队和王僧辩会合。

侯景派遣丁和带兵五千人守卫夏首，宋子仙带兵一万人担任先锋，进逼巴陵，另外派遣任约率军直扑江陵，自己则率领大军从水陆两路随后推进。于是沿江的戍卫巡逻部队全都望风请降。侯景把巡逻的范围延伸到了隐矶。王僧辩登城固守，偃旗

卧鼓,安若无人。壬戌,景众济江,遣轻骑至城下,问:"城内为谁?"答曰:"王领军。"骑曰:"何不早降?"僧辩曰:"大军但向荆州,此城自当非碍。"骑去。顷之,执王珣等至城下,使说其弟琳。琳曰:"兄受命讨贼,不能死难,曾不内惭,翻欲赐诱!"取弓射之,珣惭而退。景肉薄百道攻城,城中鼓噪,矢石雨下,景士卒死者甚众,乃退。僧辩遣轻兵出战,凡十馀返,皆捷。景被甲在城下督战,僧辩著绶、乘舆、奏鼓吹巡城。景望之,服其胆勇。

五月,侯景昼夜攻巴陵,不克,军中食尽,疾疫死伤太半。湘东王绎遣晋州刺史萧惠正将兵援巴陵,惠正辞不堪,举胡僧祐自代。僧祐时坐谋议忤旨系狱,绎即出之,拜武猛将军,令赴援。戒之曰:"贼若水战,但以大舰临之,必克。若欲步战,自可鼓棹直就巴丘,不须交锋也。"僧祐至湘浦,景遣任约帅锐卒五千据白塓以待之。僧祐由他路西上。约谓其畏己,急追之,及于芊口,呼僧祐曰:"吴儿,何不早降!走何所之!"僧祐不应,潜引兵至赤沙亭。会信州刺史陆法和至,与之合军。法和有异术,先隐于江陵百里洲,衣食居处,一如苦行沙门,或豫言吉凶,多中,人莫能测。侯景之围台城也,或问之曰:"事将何如?"法和曰:"凡人取果,宜待熟时,

息鼓,城内安静得像没人一样。壬戌(十九日),侯景的军队渡过了长江,派轻骑兵来到城下,问道:"城内守将是谁?"城内士兵回答:"是王领军。"轻骑兵问:"为什么不早早投降?"王僧辩回答:"如果大军只是去荆州的话,那这座城自然不会挡住你们。"轻骑兵回去禀报。过了不久,侯景派人把王珣等人押到城下,让他向弟弟王琳劝降。王琳说道:"哥哥接受命令讨伐贼兵,不能以身殉难,竟然不感到内疚,反倒来诱我投降!"拿过弓箭就射,王珣惭愧地退回去了。侯景下令肉搏血战,从四面八方攻打城池,城中击鼓呐喊,箭、石像雨点似的投射下来,侯景的士卒被打死了很多,这才退下去。王僧辩又派轻便迅捷的小部队从城内出击,前后共出了十几次,都获得了胜利。侯景披着铠甲在城下督战,王僧辩身披绶带,乘坐战车,奏着鼓乐绕城巡视。侯景远远看着他,对他的胆量和勇气深为叹服。

五月,侯景日夜不停地攻打巴陵城,但不能攻克,他军中的粮食已经吃完,士兵又染上了疫病,死伤了一大半。湘东王萧绎派晋州刺史萧惠正率兵支援巴陵,萧惠正用自己担当不了这一重任作为理由推辞,举荐胡僧祐代替自己。当时胡僧祐因进谏忤旨而获罪,正关在监狱里,萧绎就把他释放出狱,封他为武猛将军,命令他去救援巴陵。临行前,萧绎告诫他说:"贼兵如果水战,你只管用大兵舰去靠近他们,就一定能获胜。如果贼兵要用步兵进行陆战,那你可以开船直抵巴丘,不必与他们交锋。"胡僧祐抵达湘浦,侯景派任约指挥五千名精锐士卒据守白塉等待他。胡僧祐改由另一条路西进。任约以为他害怕自己,就快速率军追赶,追到芊口时,任约向胡僧祐呼喊道:"吴儿,为什么不早早投降? 要逃到哪里去?"胡僧祐不理睬他,偷偷把队伍带到了赤沙亭。正好信州刺史陆法和也到了,便与胡僧祐合成一军。陆法和身怀奇异的法术,早先隐居在江陵百里洲,衣食居处,全都像苦修的和尚,有时预言吉凶祸福,往往应验,人们都不能测知其奥妙。侯景包围台城时,有人去问他:"事情将会怎样?"陆法和说:"一般说来,人要是摘果子,最好等待果子成熟的时候,

不撩自落。"固问之,法和曰:"亦克亦不克。"及任约向江陵,法和自请击之,绎许之。

壬寅,约至赤亭。六月甲辰,僧祐、法和纵兵击之,约兵大溃,杀溺死者甚众,禽约送江陵。景闻之,乙巳,焚营宵遁。以丁和为郢州刺史,留宋子仙等,众号二万,戍郢城。别将支化仁镇鲁山,范希荣行江州事,仪同三司任延和、晋州刺史夏侯威生守晋州。景与麾下兵数千,顺流而下。丁和以大石磕杀鲍泉及虞预,沉于黄鹤矶。任约至江陵,绎赦之。徐文盛坐怨望,下狱死。巴州刺史余孝顷遣兄子僧重将兵救鄱阳,于庆退走。

绎以王僧辩为征东将军、尚书令,胡僧祐等皆进位号,使引兵东下。陆法和请还,既至,谓绎曰:"侯景自然平矣,蜀贼将至,请守险以待之。"乃引兵屯峡口。庚申,王僧辩至汉口,先攻鲁山,擒支化仁送江陵。辛酉,攻郢州,克其罗城,斩首千级。宋子仙退据金城,僧辩四面起土山,攻之。

豫州刺史荀朗自巢湖出濡须邀景,破其后军。景奔归,船前后相失。太子船入枞阳浦,船中腹心皆劝太子因此入北,太子曰:"自国家丧败,志不图生。主上蒙尘,宁忍违离左右!吾今若去,乃是叛父,非避贼也。"因涕泗呜咽,即命前进。

甲子,宋子仙等困蹙,乞输郢城,身还就景。王僧辩伪许之,命给船百艘以安其意。子仙谓为信然,浮舟将发,

那时不去碰它,它自己就会掉下来。"问的人再三追问,陆法和说:"也能胜,也不能胜。"等到任约进军江陵时,陆法和主动请求去攻打任约,萧绎答应了。

壬寅(三十日),任约抵达赤亭。六月甲辰(初二),胡僧祐、陆法和指挥部队攻击任约,任约的士兵溃败,被杀死、淹死的很多,任约被抓住送往江陵。侯景听到兵败消息,在乙巳(初三)烧掉军营,连夜逃跑了。侯景任命丁和为郢州刺史,又留下宋子仙等人,号称两万人马,驻守郢城。侯景又派别将支化仁镇守鲁山,范希荣代理江州事务,仪同三司任延和、晋州刺史夏侯威生镇守晋州。侯景与帐下兵卒几千人顺流而下。丁和用大石头砸死了鲍泉和虞预,把尸体沉在黄鹤矶。任约到了江陵,萧绎赦免了他。徐文盛因心怀怨恨而获罪,下狱而死。巴州刺史余孝顷派他哥哥的儿子余僧重带兵去救鄱阳,于庆率军退走。

萧绎任命王僧辩为征东将军、尚书令,对胡僧祐等人也都晋升官位名号,让他们带兵东下。陆法和要求回去,回去后,他对萧绎说:"侯景自然会被平定,但蜀地的贼兵将会来到,请派兵遣将守卫险要地段,等待贼兵到来。"于是他就带兵驻守峡口。庚申(十八日),王僧辩抵达汉口,先攻打鲁山,抓获了支化仁送往江陵。辛酉(十九日),攻打郢州,攻克郢州的外城,斩首一千级。宋子仙退守金城,王僧辩在城四周堆起土山攻城。

豫州刺史荀朗从巢湖出兵到濡须拦击侯景,击败了侯景的后军。侯景向建康逃归,船队前后失去了联络。太子乘坐的船进入枞阳浦,在船上的亲信都劝太子借此机会投奔北方,太子说道:"自从国家遭受丧亡败乱以来,我就不想再活下去了。现在皇上遭难,我怎么能忍心离开他身边呢?现在我如果跑了,就是背叛父亲,而不是躲避乱贼了。"说着,他痛哭流涕,随即命令继续前进。

甲子(二十二日),宋子仙等人感到困顿窘迫,请求献上郢城,允许他们回到侯景那里。王僧辩装作答应他们的要求,下令拨付一百只船来稳住他们。宋子仙信以为真,乘船正要启航时,

僧辩命杜龛帅精勇千人攀堞而上，鼓噪奋进。水军主宋遥帅楼船，暗江云合。子仙且战且走，至白杨浦，大破之。周铁虎生擒子仙及丁和，送江陵，杀之。

秋七月乙亥，湘东王绎以长沙王韶监郢州事。丁亥，侯景还至建康。于庆自鄱阳还豫章，侯瑱闭门拒之，庆走江州，据郭默城。绎以瑱为兖州刺史。景悉杀瑱子弟。

辛丑，王僧辩乘胜下湓城。陈霸先帅所部三万人将会之，屯于巴丘。西军乏食，霸先有粮五十万石，分三十万以资之。八月壬寅朔，王僧辩前军袭于庆，庆弃郭默城走，范希荣亦弃寻阳城走。晋熙王僧振等起兵围郡城，僧辩遣沙州刺史丁道贵助之，任延和等弃城走。湘东王绎命僧辩且顿寻阳以待诸军之集。

初，景既克建康，常言："吴儿怯弱，易以掩取，当须拓定中原，然后为帝。"景尚帝女溧阳公主，嬖之，妨于政事。王伟屡谏，景以告主，主有恶言。伟恐为所谗，因说景除帝。及景自巴陵败归，猛将多死，自恐不能久存，欲早登大位。王伟曰："自古移鼎，必须废立，既示我威权，且绝彼民望。"景从之，使前寿光殿学士谢昊为诏书，以为："弟侄争立，星辰失次，皆由朕非正绪，召乱致灾，宜禅位于豫章王栋。"使吕季略赍入，逼帝书之。栋，欢之子也。

王僧辩命令杜龛率领精兵勇士一千人攀着战船的防护堞口爬了上去,击鼓呐喊,袭击敌兵。水军主宋遥率领楼船进攻,楼船如云聚集,使江面都变得昏暗了。宋子仙边战边逃,到了白杨浦,便被彻底打败了。周铁虎活捉了宋子仙和丁和,送到江陵,杀了他们。

秋季七月乙亥(初四),湘东王萧绎任命长沙王萧韶监郢州事。丁亥(十六日),侯景回到了建康。于庆从鄱阳回到了豫章,侯填关上城门不让他进,于庆跑到江州,占据了郭默城。萧绎任命侯填为兖州刺史。侯景把侯填的子弟全部杀掉了。

辛丑(三十日),王僧辩乘胜攻下溢城。陈霸先率部众三万人准备和他会师,屯驻在巴丘。王僧辩率领的西军缺乏军粮,陈霸先有粮食五十万石,便分出三十万石支援西军。八月壬寅是初一,王僧辩的前军在这天袭击于庆,于庆放弃了郭默城逃跑,范希荣也放弃了寻阳城逃跑。晋熙人王僧振等起兵围攻郡城,王僧辩派沙州刺史丁道贵去帮助他们,任延和等人弃城逃跑。湘东王萧绎命令王僧辩暂且在寻阳停驻,以等待各路人马汇集。

当初,侯景攻下建康之后,常常说:"吴儿生性胆怯软弱,很容易出其不意地收拾掉他们,应当平定中原地区,然后当皇帝。"侯景娶了简文帝的女儿溧阳公主,很宠爱她,因而妨碍了处理政事。王伟多次劝谏侯景不要贪恋女色,侯景把这话告诉了溧阳公主,公主痛骂王伟。王伟恐怕被她的谗言所害,就劝说侯景除掉简文帝。等到侯景从巴陵兵败逃回之后,手下的猛将大多战死了,自己也担心不能久存于人世,就想早日登上皇帝宝座。王伟说:"自古以来凡是帝位更替,就必须废旧帝立新主,这样既显示我方的威权,又断了对方的民望。"侯景听从了他的建议,让前寿光殿学士谢昊起草诏书,诏书说:"皇弟和皇侄争夺帝位,星辰运行失去正常的秩序,这都是由于朕不是正统的继承人,才招来动乱和灾难的,应禅位给豫章王萧栋。"侯景派吕季略把诏书带入宫内,逼着简文帝抄写下来。豫章王萧栋是华容公萧欢的儿子。

戊午，景遣卫尉卿彭㒞等帅兵入殿，废帝为晋安王，幽于永福省，悉撤内外侍卫，使突骑左右守之，墙垣悉布枳棘。庚申，下诏迎豫章王栋。栋时幽拘，廪饩甚薄，仰蔬茹为食。方与妃张氏锄葵，法驾奄至，栋惊，不知所为，泣而升辇。

景杀哀太子大器、寻阳王大心、西阳王大钧、建平王大球、义安王大昕及王侯在建康者二十馀人。太子神明端嶷，于景党未尝屈意，所亲窃问之，太子曰："贼若于事义，未须见杀，吾虽陵慢呵叱，终不敢言。若见杀时至，虽一日百拜，亦无所益。"又曰："殿下今居困厄，而神貌怡然，不贬平日，何也？"太子曰："吾自度死日必在贼前，若诸叔能灭贼，贼必先见杀，然后就死。若其不然，贼亦杀我以取富贵。安能以必死之命为无益之愁乎！"及难，太子颜色不变，徐曰："久知此事，嗟其晚耳！"刑者将以衣带绞之，太子曰："此不能见杀。"命取系帐绳绞之而绝。

壬戌，栋即帝位，大赦，改元天正。太尉郭元建闻之，自秦郡驰还，谓景曰："主上先帝太子，既无愆失，何得废之！"景曰："王伟劝吾，云'早除民望'。吾故从之以安天下。"元建曰："吾挟天子，令诸侯，犹惧不济。无故废之，乃所以自危，何安之有！"景欲迎帝复位，以栋为太孙。

戊午(十七日),侯景派卫尉卿彭儁等人率领士兵进入宫殿,把简文帝废为晋安王,软禁在永福省,把他的内侍和卫兵都撤了,派精锐骑兵严密看守他,并在墙头插满枳、棘一类多刺的树枝。庚申(十九日),侯景下达诏书迎立豫章王萧栋。萧栋这时正被软禁,饮食特别差,每天靠蔬菜填饱肚子。他正与妃子张氏一起在园中给葵菜锄草,迎接他即位的天子车驾突然来了,他大吃一惊,不知道该怎么办好,便哭着登上了车。

侯景杀了哀太子萧大器、寻阳王萧大心、西阳王萧大钧、建平王萧大球、义安王萧大昕以及在建康居住的王侯二十多人。太子萧大器神色端庄,在侯景乱党面前从来没有低过头,他的亲信偷偷问他为什么要这样,太子说:"贼党如果是为了自己的目的,那我就不一定被杀,因此,即使我傲慢轻蔑乃至斥责他们,他们最终也不敢说什么。如果我被杀的时候到了,那么即使我对他们一日百拜,也没有什么用处。"亲信们又问:"殿下如今处于艰难险恶的环境中,但神色却显得平静轻松,不比往常差,这是为什么?"太子萧大器说:"我自己估计,我一定会死在贼党前头,因为如果皇叔们能消灭贼党,那贼党就一定会先把我杀了,然后再去死。如果情况不是这样,那贼党也会杀害我以换取富贵。我怎么能用这必死无疑的身家性命去发没什么用处的哀愁呢?"到临死时,太子萧大器神色不变,慢慢地说:"我早料到这件事情了,只是感叹它来得太晚了!"剑子手要用衣带绞死他,太子萧大器说:"这带子勒不死人。"于是命令剑子手拿系帐幕的绳子绞死了他。

壬戌(二十一日),萧栋登上皇位,大赦天下,改年号为天正。太尉郭元建听到这个消息,从秦郡急忙赶回建康,对侯景说:"皇上是先帝的太子,既然没有什么罪过,怎么能废了他?"侯景说:"王伟劝我说:'早点消除梁室在百姓中的声望。'所以我听从了他的意见,来安定天下。"郭元建说:"我们挟持天子来命令诸侯,还担心不能成功。无缘无故把皇上废了,这是自取危亡的做法,有什么安定可言?"侯景想迎回简文帝复位,让萧栋当皇太孙。

王伟曰："废立大事,岂可数改邪!"乃止。

乙丑,景又使使杀南海王大临于吴郡,南郡王大连于姑孰,安陆王大春于会稽,高唐王大壮于京口。以太子妃赐郭元建,元建曰:"岂有皇太子妃乃为人妾乎!"竟不与相见,听使入道。丙寅,追尊昭明太子为昭明皇帝,豫章安王为安皇帝。以刘神茂为司空。

王伟说侯景弑太宗以绝众心,景从之。冬十月壬寅夜,伟与左卫将军彭儁、王脩纂进酒于太宗。太宗极饮,既醉而寝。伟乃出,儁进土囊,脩纂坐其上而殂。伟撤户扉为棺,迁殡于城北酒库中。谥曰明皇帝,庙号高宗。

司空、东道行台刘神茂闻侯景自巴丘败还,阴谋叛景,吴中士大夫咸劝之。乃与仪同三司尹思合、刘归义、王晔、云麾将军元颢等据东阳以应江陵,遣颢及别将李占下据建德江口。张彪攻永嘉,克之。新安民程灵洗起兵据郡以应神茂。于是浙江以东皆附江陵。湘东王绎以灵洗为谯州刺史,领新安太守。

十一月,侯景以赵伯超为东道行台,据钱塘;以田迁为军司,据富春;以李庆绪为中军都督,谢答仁为右厢都督,李遵为左厢都督,以讨刘神茂。

己卯,加侯景九锡,汉国置丞相以下官。己丑,豫章王栋禅位于景,景即皇帝位于南郊。还,登太极殿,其党数万,皆吹唇呼噪而上。大赦,改元太始。封栋为淮阴王,并其二弟桥、樛同锁于密室。

王伟说:"废旧君立新主是大事情,怎么可以来回改变呢?"侯景这才作罢。

乙丑(二十四日),侯景又派人在吴郡杀了南海王萧大临,在姑孰杀了南郡王萧大连,在会稽杀了安陆王萧大春,在京口杀了高唐王萧大壮。侯景还把太子萧大器的妃子赐给郭元建,郭元建说:"哪有皇太子的妃子充当人家侍妾的呢?"始终不和她见面,听任她去当道姑。丙寅(二十五日),新皇帝萧栋追尊昭明太子为昭明皇帝,豫章安王为安皇帝。又任命刘神茂为司空。

王伟劝说侯景弑杀简文帝来断绝众人的希望,侯景听从了。冬季十月壬寅(初二)夜里,王伟和左卫将军彭隽、王脩纂献酒给简文帝。简文帝尽情痛饮,醉后便睡了。王伟于是退了出来,彭隽拿进来一个盛满土的大口袋压到简文帝脸上,王脩纂坐在口袋上,把简文帝闷死了。王伟拆下门板做成棺材,把棺材搬到城北酒库中停放下来。给简文帝的谥号是明皇帝,庙号为高宗。

司空、东道行台刘神茂听说侯景从巴丘兵败逃回,便阴谋背叛侯景,吴中的士大夫们都鼓励他这样做。于是刘神茂就和仪同三司尹思合、刘归义、王晔、云麾将军元颛等人占据东阳以响应江陵,派遣元颛和别将李占到下游占据了建德江口。张彪攻打永嘉,拿下了它。新安的平民程灵洗起兵占据了郡城来响应刘神茂。从此,浙江以东都依附了江陵。湘东王萧绎任命程灵洗为谯州刺史,领新安太守。

十一月,侯景任命赵伯超为东道行台,据守钱塘;任命田迁为军司,据守富春;任命李庆绪为中军都督,谢答仁为右厢都督,李遵为左厢都督,去讨伐刘神茂。

己卯(初九),梁室赐予侯景九锡殊礼,让汉国设置丞相以下的官职。己丑(十九日),豫章王萧栋把皇位禅让给侯景,侯景在南郊登上帝位。从南郊回来后,侯景登上太极殿,他的党徒数万人,都吹起口哨、呐喊着上殿。侯景下令大赦天下,改年号为太始。封萧栋为淮阴王,并把他和他的两个弟弟萧桥、萧樛一起锁进密室中。

王伟请立七庙，景曰："何谓七庙？"伟曰："天子祭七世祖考。"并请七世讳。景曰："前世吾不复记，唯记我父名标。且彼在朔州，那得来啖此！"众咸笑之。景党有知景祖名乙羽周者。自外皆王伟制其名位。追尊父标为元皇帝。

景之作相也，以西州为府，文武无尊卑皆引接。及居禁中，非故旧不得见，由是诸将多怨望。景好独乘小马，弹射飞鸟，王伟每禁止之，不许轻出。景郁郁不乐，更成失志，曰："吾无事为帝，与受摈不殊！"

十二月丁未，谢答仁、李庆绪攻建德，擒元颢、李占送建康。景截其手足以徇，经日乃死。

元帝承圣元年春正月，湘东王命王僧辩等东击侯景。二月庚子，诸军发寻阳，舳舻数百里。陈霸先帅甲士三万，舟舰二千，自南江出湓口，会僧辩于白茅湾。筑坛歃血，共读盟文，流涕慷慨。癸卯，僧辩使侯瑱袭南陵、鹊头二戍，克之。戊申，僧辩等军于大雷。丙辰，发鹊头。戊午，侯子鉴还至战鸟，西军奄至，子鉴惊惧，奔还淮南。

侯景仪同三司谢答仁攻刘神茂于东阳。程灵洗、张彪皆勒兵将救之，神茂欲专其功，不许，营于下淮。或谓神茂曰："贼长于野战，下淮地平，四面受敌，不如据七里濑，贼必不能进。"不从。神茂偏裨多北人，不与神茂同心。别将王晔、郦通并据外营，降于答仁。刘归义、尹思合等弃城走。神茂

王伟请求建立七庙，侯景问："什么叫七庙？"王伟说："天子祭祀七代祖宗。"并请侯景说出他七代祖先的名字。侯景说："上几辈祖先名字我不记得了，只记得我父亲名叫侯标。而且他在朔州，哪能跑到这儿来吃祭饭呢？"大家都笑他。侯景党徒中有人知道侯景的祖父名叫乙羽周。除此之外，侯景的祖宗都是由王伟编造排定的名字和位号。侯景追尊父亲侯标为元皇帝。

在侯景当丞相时，把西州作为自己的府第，对文武百官，无论尊卑都接见。等到他居住在皇宫之后，除了故旧之外，其他人都不能随意入见，于是将领们对他多有不满。侯景喜欢独自骑乘幼马，用弹弓射飞鸟，王伟老是禁止他，不许他轻易出去。侯景闷闷不乐，更加重了失望情绪，说："我无端地当了这个皇帝，和受到摈弃没什么两样！"

十二月丁未（初八），谢答仁、李庆绪攻打建德，活捉了元额、李占，将他们押送到建康。侯景把他们的手脚砍下来示众，整整过了一天他们才死去。

梁元帝承圣元年（552）春季正月，湘东王命令王僧辩等人向东进军，攻击侯景。二月庚子（初二），各路大军从寻阳出发，船队首尾相接长达几百里。陈霸先率甲士三万人，舟舰两千只，从南江出湓口，和王僧辩会师于白茅湾。两人筑坛歃血，一起流泪宣读盟文，慷慨激昂。癸卯（初五），王僧辩派侯填袭击南陵、鹊头这两个敌军据点，拿下了它们。戊申（初十），王僧辩等人驻扎在大雷。丙辰（十八日），他们从鹊头出发。戊午（二十日），侯子鉴回到战鸟，西军突然杀到，侯子鉴又惊又怕，逃回淮南。

侯景手下的仪同三司谢答仁在东阳攻打刘神茂。程灵洗、张彪都集结好部队准备前去救援，刘神茂想要独占战功，不让他们来救援，自己在下淮扎营。有人对刘神茂说道："贼兵擅长野外作战，下淮地势平坦，四面受敌，不如据守七里濑，贼兵肯定不能向前推进。"刘神茂不听从这个建议。刘神茂手下的偏将大多数是北方人，和刘神茂不是一条心。别将王晔、郦通一起占据外营，投降了谢答仁。刘归义、尹思合等人弃城逃跑。刘神茂

孤危,辛未,亦降于答仁。答仁送之建康。

癸酉,王僧辩等至芜湖,侯景守将张黑弃城走。景闻之,甚惧,下诏赦湘东王绎、王僧辩之罪。众咸笑之。侯子鉴据姑孰南洲以拒西师,景遣其党史安和等将兵二千助之。三月己巳朔,景下诏欲自至姑孰,又遣人戒子鉴曰:"西人善水战,勿与争锋。往年任约之败,良为此也。若得步骑一交,必当可破。汝但结营岸上,引船入浦以待之。"子鉴乃舍舟登岸,闭营不出。僧辩等停军芜湖十馀日,景党大喜,告景曰:"西师畏吾之强,势将遁矣,不击,且失之。"景乃复命子鉴为水战之备。

丁丑,僧辩至姑孰,子鉴帅步骑万馀人渡洲,于岸挑战,又以鹢舸千艘载战士。僧辩麾细船皆令退缩,留大舰夹泊两岸。子鉴之众谓水军欲退,争出趋之。大舰断其归路,鼓噪大呼,合战中江。子鉴大败,士卒赴水死者数千人。子鉴仅以身免,收散卒走还建康,据东府。僧辩留虎臣将军庄丘慧达镇姑孰,引军而前,历阳戍迎降。景闻子鉴败,大惧,涕下覆面,引衾而卧,良久方起,叹曰:"误杀乃公!"

庚辰,僧辩督诸军至张公洲。辛巳,乘潮入淮,进至禅灵寺前。景召石头津主张宾,使引淮中舣舻及海艦,以石缒之,塞淮口。缘淮作城,自石头至于朱雀街,十馀里中,楼堞相接。僧辩问计于陈霸先,霸先曰:"前柳仲礼数十万

陷入孤立无援的危险境地,辛未这一天,也投降了谢答仁。谢答仁把他押往建康。

癸酉这一天,王僧辩等人抵达芜湖,侯景守将张黑弃城逃跑。侯景听到消息,十分恐惧,便发布诏书赦免湘东王萧绎、王僧辩之罪。众人对此都感到荒唐可笑。侯子鉴据守姑孰南洲抵抗西军,侯景派他的党羽史安和等人率领两千名士兵去援助侯子鉴。三月己巳是初一,侯景发布诏书,打算亲自到姑孰去,又派人告诫侯子鉴说:"西军士兵善于水战,别和他们在水上争输赢。往年任约吃败仗,就是因为这个缘故。如果能在陆地上用步兵、骑兵和他们打一仗,就一定可以击破他们。你就在岸上安营扎寨,把船停在水边等待他们前来。"侯子鉴于是舍船登岸,闭营不出。王僧辩等人在芜湖停军十几天,侯景党徒大喜,告诉侯景说:"西军害怕我军强大的实力,看样子要逃跑了,如果不出击,就会让他们溜了。"侯景于是又命令侯子鉴做好水战的准备。

丁丑(初九),王僧辩的军队抵达姑孰,侯子鉴率领步、骑兵一万馀人渡过南洲,在岸上挑战,又用艑舸船千艘载运战士。王僧辩指挥小船,让它们都往后退,只留大兵舰在两岸夹江停泊。侯子鉴的人马以为敌军水师要退却了,争着出来追赶。这时,王僧辩指挥大兵舰截断了敌军的归路,击鼓呐喊,从两岸夹击,在江心与敌军会战。侯子鉴大败,士兵跳入水里淹死的有几千人。侯子鉴只身一人逃脱,收拢散兵逃回建康,据守东府。王僧辩留下虎臣将军庄丘慧达镇守姑孰,自己带兵向前挺进,历阳戍守将出迎投降。侯景听到侯子鉴失败的消息,极为恐惧,泪流满面,拉过被子躺下,过了很久才起来,叹息说:"可把老子坑苦了!"

庚辰(十二日)这一天,王僧辩指挥各路军队抵达张公洲。辛巳(十三日),趁着涨潮挥师进入秦淮河,挺进到禅灵寺前。侯景召来石头津主张宾,让他牵引秦淮河里的舣舫小船和海艟大舰,装满石头沉入水里,堵塞住秦淮河口。又沿秦淮河岸修筑城墙,自石头城到朱雀街,在十几里长的地段上,城楼密相连。王僧辩向陈霸先请教破敌的计策,陈霸先说:"从前柳仲礼几十万

兵隔水而坐,韦粲在青溪,竟不渡岸。贼登高望之,表里俱尽,故能覆我师徒。今围石头,须渡北岸。诸将若不能当锋,霸先请先往立栅。"壬午,霸先于石头西落星山筑栅,众军次连八城,直出石头西北。景恐西州路绝,自帅侯子鉴等亦于石头东北筑五城以遏大路。景使王伟等守台城。乙酉,景杀湘东世子方诸、前平东将军杜幼安。

刘神茂至建康,丙戌,景命为大剉碓,先进其足,寸寸斩之,以至于头。留异外同神茂而潜通于景,故得免祸。

丁亥,王僧辩进军招提寺北,侯景帅众万馀人、铁骑八百馀匹陈于西州之西。陈霸先曰:"我众贼寡,应分其兵势,以强制弱。何故聚其锋锐,令致死于我!"乃命诸将分处置兵。景冲将军王僧志陈,僧志小缩。霸先遣将军安陆徐度将弩手二千横截其后,景兵乃却。霸先与王琳、杜龛等以铁骑乘之,僧辩以大军继进,景兵败退,据其栅。龛,岸之兄子也。景仪同三司卢晖略守石头城,开北门降,僧辩入据之。景与霸先殊死战,景帅百馀骑,弃矟执刀,左右冲陈。陈不动,众遂大溃。诸军逐北至西明门。

景至阙下,不敢入台,召王伟责之曰:"尔令我为帝,今日误我!"伟不能对,绕阙而藏。景欲走,伟执鞚谏曰:"自古岂有叛天子邪!宫中卫士,犹足一战,弃此,将欲

大军隔水按兵不动,韦粲在青溪,始终也不渡江登岸进攻。贼兵登高眺望,里里外外一览无遗,所以能打败我方的军队。现在我军包围石头城,理应渡河登上北岸去。诸位将领如果不能打头阵,那我陈霸先就请求先去北岸扎营立栅。"壬午(十四日),陈霸先在石头城西面落星山扎营筑栅,各路部队依次修筑了八个互相连结的城堡,一直伸到了石头城的西北面。侯景担心西州的道路被截断,亲自率领侯子鉴等人也在石头城东北面修筑起五个城堡来扼守大路。侯景派王伟等人守卫台城。乙酉(十七日),侯景杀了湘东王的世子萧方诸、前平东将军杜幼安。

刘神茂被押送到建康,丙戌(十八日),侯景命令准备一口大铡刀,先把刘神茂的脚塞进去,一寸一寸铡断,一直铡到头部。留异表面上与刘神茂合伙而暗中与侯景相通,所以能够免祸。

丁亥(十九日),王僧辩向招提寺北面进军,侯景率领一万多人马、八百多名铁甲骑兵在西州的西边严阵以待。陈霸先说:"我军兵力多,贼党兵力少,应该分散他们的兵势,以强制弱。为什么要让贼兵把精锐力量集中在一起,让他们来同我军拼个死活呢?"于是命令将领们分头到几个地方布置部队。侯景冲击将军王僧志的战阵,王僧志向后稍稍退却。陈霸先派将军安陆人徐度率领弩手两千人拦腰切断侯景的后一半部队,侯景的部队这才退却。陈霸先和王琳、杜龛等用铁甲骑兵迅速追击,王僧辩指挥大军跟上来,侯景战败,退守营栅。杜龛是杜岸哥哥的儿子。侯景手下的仪同三司卢晖略把守石头城,他打开北门投降,王僧辩占据了石头城。侯景与陈霸先拼死搏杀,侯景亲率一百多骑兵,扔下长矛,手执短刀,左冲右突,冲击陈霸先的军阵。陈霸先的军阵没被侯景冲破,侯景的人马于是彻底溃败。梁朝各路兵马追击败兵,一直追到西明门。

侯景逃到宫阙下,不敢入宫,他把王伟叫来,责备王伟说:"你让我做皇帝,今天可把我耽误了!"王伟无言以对,绕着宫阙躲闪。侯景想逃跑,王伟抓住他的马笼头劝道:"自古哪有叛逆的天子!宫中卫士还足够用来决一死战,放弃这地方,你准备

安之!"景曰:"我昔败贺拔胜,破葛荣,扬名河朔,渡江平台城,降柳仲礼如反掌。今日天亡我也!"因仰观石阙,叹息久之。以皮囊盛其江东所生二子,挂之鞍后,与房世贵等百馀骑东走,欲就谢答仁于吴。侯子鉴、王伟、陈庆奔朱方。

僧辩命裴之横、杜龛屯杜姥宅,杜岸入据台城。僧辩不戢军士,剽掠居民。男女裸露,自石头至于东城,号泣满道。是夜,军士遗火,焚太极殿及东西堂,宝器、羽仪、辇辂无遗。

戊子,僧辩命侯瑱等帅精甲五千追景。王克、元罗等帅台内旧臣迎僧辩于道,僧辩劳克曰:"甚苦,事夷狄之君。"克不能对。又问:"玺绂何在?"克良久曰:"赵平原持去。"僧辩曰:"王氏百世卿族,一朝而坠。"僧辩迎太宗梓宫升朝堂,帅百官哭踊如礼。

己丑,僧辩等上表劝进,且迎都建业。湘东王答曰:"淮海长鲸,虽云授首,襄阳短狐,未全革面。太平玉烛,尔乃议之。"

庚寅,南兖州刺史郭元建,秦郡戍主郭正买,阳平戍主鲁伯和,行南徐州事郭子仲,并据城降。

僧辩之发江陵也,启湘东王曰:"平贼之后,嗣君万福,未审何以为礼?"王曰:"六门之内,自极兵威。"僧辩曰:"讨贼之谋,臣为己任,成济之事,请别举人。"王乃密谕宣猛将军

到哪儿去呢?"侯景说:"我过去打败贺拔胜,击破葛荣,扬名于河朔,渡江攻下台城,降服柳仲礼易如反掌。今天是天要灭亡我啊!"说完,仰头观望石阙,叹息了很久。然后,侯景用皮袋子把他到江南后生的两个儿子装好,挂在马鞍后,与房世贵等一百多名骑兵向东逃跑,想去吴地投奔谢答仁。侯子鉴、王伟、陈庆逃往朱方。

王僧辩命令裴之横、杜龛屯驻在杜姥宅,让杜崱进入台城驻守。王僧辩对士兵不加约束,放任他们抢劫掠夺建康居民。全城男女,被劫掠得赤身露体,从石头城一直到东城,一路上都是嚎哭的难民。这天晚上,士兵们放火,烧毁了太极殿和东西堂,宫殿中的珍宝器物、仪仗羽饰、车辆等,全被烧得干干净净。

戊子(二十日),王僧辩命令侯瑱等率领精锐甲兵五千人追赶侯景。王克、元罗等率领朝中旧臣在道路两旁迎接王僧辩,王僧辩嘲讽地慰劳王克说:"您侍奉夷狄君主可太辛苦了啊。"王克无言以对。王僧辩又问:"玉玺绶带在什么地方?"王克呆了好一会儿才回答说:"给赵平原拿走了。"王僧辩说:"王氏一家,世代都是公卿士族,今天到你这儿算是完了。"王僧辩把简文帝的棺材放在朝堂上,率百官按礼仪哭吊。

己丑(二十一日),王僧辩等人上表劝萧绎称帝,并迎接萧绎来建业建都。湘东王萧绎回答说:"盘据淮海的巨寇侯景,虽说已经等着被斩,但占据襄阳的短狐萧詧,却还没有洗心革面来归降。登基的事,等天下太平、四时之气和畅了再说吧。"

庚寅(二十二日),南兖州刺史郭元建、秦郡戍主郭正买、阳平戍主鲁伯和、行南徐州事郭子仲,都献上所占据的城池向萧绎投降。

王僧辩从江陵出发的时候,曾启奏湘东王萧绎说:"平定乱贼之后,如果当今皇上幸免于难,不知该怎样对待?"湘东王回答说:"台城六门之内,任你随意发挥兵威。"王僧辩说道:"策划讨伐乱贼,是我的责任,但是成济弑杀魏君曹髦那样的事情,请您选派别人去干吧。"于是,湘东王萧绎就秘密告诉宣猛将军

朱买臣，使为之所。及景败，太宗已殂，豫章王栋及二弟
桥、樛相扶出于密室，逢杜崱于道，为去其锁。二弟曰："今
日始免横死矣！"栋曰："倚伏难知，吾犹有惧。"辛卯，遇朱
买臣，呼之就船共饮，未竟，并沉于水。

　　僧辩遣陈霸先将兵向广陵受郭元建等降，又遣使者往
安慰之。诸将多私使别索马仗。会侯子鉴渡江至广陵，谓
元建等曰："我曹，梁之深仇，何颜复见其主！不若投北，可
得还乡。"遂皆降齐。霸先至欧阳，齐行台辛术已据广陵。

　　王伟与侯子鉴相失，直渎戍主黄公喜获之，送建康。
王僧辩问曰："卿为贼相，不能死节，而求活草间邪？"伟曰：
"废兴，命也。使汉帝早从伟言，明公岂有今日！"尚书左
丞虞骘尝为伟所辱，乃唾其面。伟曰："君不读书，不足与
语。"骘惭而退。僧辩命罗州刺史徐嗣徽镇朱方。

　　壬辰，侯景至晋陵，得田迁馀兵，因驱掠居民，东趋吴郡。

　　谢答仁讨刘神茂还，至富阳，闻侯景败走，帅万人欲
北出候之。赵伯超据钱塘拒之。侯景进至嘉兴，闻伯超叛
之，乃退据吴。己酉，侯瑱追及景于松江。景犹有船二百
艘，众数千人。瑱进击，败之，擒彭俊、田迁、房世贵、蔡寿
乐、王伯丑。瑱生剖俊腹，抽其肠。俊犹不死，手自收之，
乃斩之。

朱买臣，让他负责此事。等到侯景兵败，简文帝已死，豫章王萧栋和他的两个弟弟萧桥、萧璆互相搀扶着从密室走出来，正好在路上碰上杜崱，杜崱为他们去掉锁链。两个弟弟说："今天才算免掉横死之祸！"萧栋说："是祸是福，变化难知，我还是感到害怕。"辛卯（二十三日），三个人遇到朱买臣，朱买臣招呼他们到船上一起饮酒，没等喝完，三个人全被沉入水中。

王僧辩派遣陈霸先带兵去广陵接受郭元建等人的投降，又派遣使者去安慰他们。将领们都向使者私通关节，另外索要战马武器。正好这时侯子鉴渡江逃到了广陵，他对郭元建说道："我们这些人，是梁朝的大仇人，有什么脸面再见到梁朝的主子！不如投奔北方，还可以回到家乡。"于是，郭元建等人都投降了北齐。当陈霸先抵达欧阳的时候，北齐行台辛术已经占据了广陵。

王伟在路上和侯子鉴跑散了，直渎戍主黄公喜抓住了他，把他押送到建康。王僧辩问他说："你身为贼党丞相，不能为贼党恪守臣节而死，还想在民间苟且偷生吗？"王伟说："朝代的废兴，是天命。假使汉帝早听从我的话，你哪能有今天？"尚书左丞虞骘过去曾经被王伟凌辱过，于是朝王伟脸上吐唾沫。王伟说："你不读书，不值得和你争辩。"虞骘惭愧地退下了。王僧辩任命罗州刺史徐嗣徽镇守朱方。

壬辰（二十四日），侯景逃到晋陵，收拢到田迁剩下的士兵，乘势驱迫掠夺晋陵居民，然后往东奔赴吴郡。

谢答仁讨伐刘神茂回来，行至富阳时，听说侯景兵败逃跑，就率领一万人马打算向北进发去等待侯景。赵伯超据守钱塘，阻止他前进。侯景行进到嘉兴，听到赵伯超背叛他的消息，就退回吴郡据守。四月己酉（十二日），侯瑱在松江追上了侯景。侯景还有二百只船，数千人马。侯瑱发动进攻，打败了侯景，活捉了彭儁、田迁、房世贵、蔡寿乐、王伯丑。侯瑱把彭儁活活剖腹，抽出了他的肠子。彭儁还没死，用手把自己的肠子收了回去，于是侯瑱就杀死了他。

景与腹心数十人单舸走,推堕二子于水,将入海。瑱遣副将焦僧度追之。景纳羊侃之女为小妻,以其兄鹍为库直都督,待之甚厚。鹍随景东走,与景所亲王元礼、谢葳蕤密图之。葳蕤,答仁之弟也。景下海,欲向蒙山,己卯,景昼寝,鹍语海师:"此中何处有蒙山,汝但听我处分。"遂直向京口。至胡豆洲,景觉,大惊,问岸上人,云"郭元建犹在广陵",景大喜,将依之。鹍拔刀,叱海师向京口,因谓景曰:"吾等为王效力多矣,今至于此,终无所成,欲就乞头以取富贵。"景未及答,白刃交下。景欲投水,鹍以刀斫之。景走入船中,以佩刀抉船底。鹍以矟刺杀之。尚书右仆射索超世在别船,葳蕤以景命召而执之。南徐州刺史徐嗣徽斩超世,以盐纳景腹中,送其尸于建康。僧辩传首江陵,截其手,使谢葳蕤送于齐。暴景尸于市,士民争取食之,并骨皆尽。溧阳公主亦预食焉。初,景之五子在北齐,世宗剥其长子面而烹之,幼者皆下蚕室。齐显祖即位,梦猕猴坐其御床,乃尽烹之。赵伯超、谢答仁皆降于侯瑱,瑱并田迁等送建康。王僧辩斩房世贵于市,送王伟、吕季略、周石珍、严亹、赵伯超、伏知命于江陵。

丁巳,湘东王下令解严。乙丑,葬简文帝于庄陵,庙号太宗。

侯景之败也,以传国玺自随,使其侍中兼平原太守赵

侯景与身边的亲信几十个人乘一只小船逃跑,把两个儿子推到水中淹死了,准备入海。侯瑱派副将焦僧度去追击。侯景娶羊侃的女儿为妾,任命她哥哥羊鹍为库直都督,对待他很优厚。羊鹍跟着侯景往东跑,和侯景所信任的王元礼、谢葳蕤秘密地商议收拾侯景。谢葳蕤是谢答仁的弟弟。侯景入海后,想去蒙山。己卯这一天,侯景白天正在睡觉时,羊鹍对驾驶海船的人说:“这海中哪里有蒙山,你只管听我指挥。”于是,直接驶向京口。船到胡豆洲时,侯景发觉了,大吃一惊。他向岸上的人打听情况,岸上的人说“郭元建还在广陵”,侯景大喜,就准备去投奔郭元建。羊鹍拔刀,喝令驾船的人把船开往京口,随后对侯景说:“我们为大王出力不少,现在到了这个地步,最终也没有干成什么事。因此我想用你的头来换取富贵。”侯景还没来得及回答,羊鹍等人手中的利刃便轮番砍下来。侯景想跳海,羊鹍用刀砍他。侯景逃入船舱里,用自己的佩刀戳船底。羊鹍用长矛把他刺死了。尚书右仆射索超世在别的船上,谢葳蕤用侯景的命令把他召来,抓住了他。南徐州刺史徐嗣徽杀掉索超世,用盐填入侯景肚子里,把他的尸体送到建康。王僧辩把侯景的首级传送到江陵,砍下他的手,派谢葳蕤送到北齐。王僧辩把侯景的尸体摆在街市上示众,建康的士人和平民争着去割他的肉来吃,连骨头都被抢光了。溧阳公主也参与吃了侯景的肉。当初,侯景的五个儿子在北齐,北齐世宗高澄把侯景长子的脸皮剥了下来,然后用油锅烹死了他,其他四个小儿子都被抓到蚕室处以腐刑。北齐显祖高洋即位之后,梦见猕猴坐他的御床上,于是把侯景的几个幼子全部下了油锅。赵伯超、谢答仁都投降了侯瑱,侯瑱把他们和田迁等人一道押送到建康。王僧辩在街市上把房世贵斩首,把王伟、吕季略、周石珍、严亶、赵伯超、伏知命等人押送到江陵。

丁巳(二十日),湘东王萧绎下令解除戒严。乙丑(二十八日),把简文帝埋葬在庄陵,定庙号为太宗。

侯景败时,把传国玉玺随身带走,让他的侍中兼平原太守赵

思贤掌之，曰："若我死，宜沉于江，勿令吴儿复得之！"思贤自京口济江，遇盗，从者弃之草间，至广陵，以告郭元建。元建取之，以与辛术。壬申，术送之至邺。

五月庚午，司空南平王恪等复劝进，湘东王犹不受，遣侍中丰城侯泰等谒山陵，修复庙、社。戊寅，侯景首至江陵，枭之于市三日，煮而漆之，以付武库。

庚辰，以南平王恪为扬州刺史。甲申，以王僧辩为司徒、镇卫将军，封长宁公。陈霸先为征虏将军、开府仪同三司，封长城县侯。

乙酉，诛侯景所署尚书仆射王伟、左民尚书吕季略、少府周石珍、舍人严亘于市。赵伯超、伏知命饿死于狱。以谢答仁不失礼于太宗，特宥之。王伟于狱中上五百言诗，湘东王爱其才，欲宥之。有嫉之者，言于王曰："前日伟作檄文甚佳。"王求而视之，檄云："项羽重瞳，尚有乌江之败；湘东一目，宁为赤县所归！"王大怒，钉其舌于柱，剜腹、脔肉而杀之。

丁亥，下令，以："王伟等既死，自馀衣冠旧贵，被逼偷生，猛士勋豪，和光苟免者，皆不问。"

思贤掌管。侯景向赵思贤交代说:"如果我死了,最好把它沉到江里去,别让吴儿又得到它!"赵思贤从京口渡江时,遇到强盗,他的随从在慌乱之中把传国玉玺丢到了草丛中,赵思贤到达广陵后,把这事告诉了郭元建。郭元建取回了传国玉玺,把它交给了辛术。壬申这一天,辛术把传国玉玺送到了邺城。

五月庚午(初三),司空、南平王萧恪等人又劝萧绎登上帝位,湘东王萧绎仍然不接受,派侍中、丰城侯萧泰等人去拜谒祖先陵墓,重新修复宗庙神社。戊寅(十一日),侯景的首级送到了江陵,被挂在街市上示众三天之后,又煮熟、涂上油漆后交付武库保管。

庚辰(十三日),梁朝任命南平王萧恪为扬州刺史。甲申(十七日),任命王僧辩为司徒、镇卫将军,加封长宁公。任命陈霸先为征虏将军、开府仪同三司,加封长城县侯。

乙酉(十八日),侯景所任命的尚书仆射王伟、左民尚书吕季略、少府周石珍、舍人严亶等人在街市上被斩。赵伯超、伏知命饿死在监狱之中。因为谢答仁对简文帝不失臣子之礼,所以湘东王萧绎特意饶恕了他。王伟在狱中献上一首五百字的长诗,湘东王萧绎喜爱他的才华,想饶恕他。有嫉妒王伟的人对萧绎说:"前些日子王伟写了一篇檄文,非常出色。"萧绎让人找来看,檄文中写道:"项羽是双眼仁,尚且有乌江的败亡;湘东王只有一只眼睛,难道能使天下归顺?"萧绎看后大怒,就把王伟的舌头钉在柱子上,把他的肚子剖开,又一片片地割下他的肉,这样处死了他。

丁亥(二十日),萧绎下令宣布:"鉴于王伟等人已经处死,其他的士大夫以及旧贵族中,因被逼迫而苟且偷生的,勇猛而有功勋的豪杰中,隐遁不出而求免祸的,都不再查办了。"

卷第二十四

梁氏乱亡 陈霸先篡梁

梁武帝中大通三年夏四月乙巳,昭明太子统卒。五月丙申,立太子母弟晋安王纲为皇太子。朝野多以为不顺,司议侍郎周弘正,尝为晋安王主簿,乃奏记曰:"谦让道废,多历年所。伏惟明大王殿下,天挺将圣,四海归仁,是以皇上发德音,以大王为储副。意者愿闻殿下抗目夷上仁之义,执子臧大贤之节,逃玉舆而弗乘,弃万乘如脱屣,庶改浇竞之俗,以大吴国之风。古有其人,今闻其语,能行之者,非殿下而谁!使无为之化复生于遂古,让王之道不坠于来叶,岂不盛欤!"王不能从。六月癸丑,立华容公欢为豫章王,其弟枝江公誉为河东王,曲阿公詧为岳阳王。上以人言不息,故封欢兄弟以大郡,用慰其心。

梁氏乱亡 陈霸先篡梁

梁武帝中大通三年(531)夏季四月乙巳(初六)这天,梁朝昭明太子萧统去世。五月丙申(二十七日)这天,梁武帝立昭明太子的同母弟晋安王萧纲为皇太子。朝廷和民间的大多数人都认为立萧纲为皇太子不符合立嗣的顺序,司议侍郎周弘正曾经担任过晋安王萧纲的主簿,他用书面报告向萧纲陈述意见说:"谦让之道的废弃,已经有很多年了。我想到贤明的大王殿下,天意大概要使您成为圣者,天下的百姓都归附于您的仁德,所以皇上发出了圣旨,立大王您为皇太子。可是我还是希望您能够树立目夷崇尚仁爱而不居皇位那样的大义,持守子臧光大才德而固辞君位那样的节操,像王子搜那样逃避玉饰的车子而不去乘坐,像虞舜那样放弃帝位就如同脱掉鞋子,像吴太伯那样辞让君位,以求改变追名逐利的浮薄风俗,使吴国之风发扬光大。古代有那样的人,如今还能听到他们说过的话,现在能够这么做的,不是殿下您,还会有谁呢?让远古时代无为而治的风气再生于今世,让今世谦让王位的举动流传于后世,难道不是一件盛事吗?"晋安王萧纲没有听从周弘正的意见。六月癸丑(十五日)这天,梁武帝立华容公萧欢为豫章王,立萧欢的弟弟枝江公萧誉为河东王,曲阿公萧詧为岳阳王。梁武帝因为人们议论不止,所以把面积大、人口多的郡封授给萧欢兄弟,以此来安慰他们。

中大同元年。上年高,诸子心不相下,互相猜忌。邵陵王纶为丹杨尹,湘东王绎在江州,武陵王纪在益州,皆权侔人主。太子纲恶之,尝选精兵以卫东宫。八月,以纶为南徐州刺史。冬十月乙亥,以前东扬州刺史岳阳王詧为雍州刺史。上舍詧兄弟而立太子纲,内常愧之,宠亚诸子。以会稽人物殷阜,故用詧兄弟迭为东扬州以慰其心。詧兄弟亦内怀不平。詧以上衰老,朝多秕政,遂蓄聚货财,折节下士,招募勇敢,左右至数千人。以襄阳形胜之地,梁业所基,遇乱可以图大功,乃克己为政,抚循士民,数施恩惠,延纳规谏,所部称治。

太清三年。初,上以河东王誉为湘州刺史,徙湘州刺史张缵为雍州刺史,代岳阳王詧。缵恃其才望,轻誉少年,迎候有阙。誉至,检括州府付度事,留缵不遣。闻侯景作乱,颇陵蔑缵。缵恐为所害,轻舟夜遁,将之雍部,复虑詧拒之。缵与湘东王绎有旧,欲因之以杀誉兄弟,乃如江陵。及台城陷,诸王各还州镇,誉自湖口归湘州。桂阳王慥以荆州督府留军江陵,欲待绎至拜谒,乃还信州。缵遗绎书曰:"河东戴櫓上水,欲袭江陵,岳阳在雍,共谋不逞。"江陵游军主朱荣

中大同元年(546)。梁武帝年事已高,他的儿子们心里互不谦让,互相猜忌。邵陵王萧纶担任丹杨尹,湘东王萧绎在江州,武陵王萧纪在益州,他们的权势都与国君差不多。太子萧纲十分忌恨他们,曾挑选精锐的部队来保卫太子东宫。八月,武帝任命萧纶担任南徐州刺史。冬季十月乙亥(初六),武帝任命前东扬州刺史岳阳王萧詧担任雍州刺史。武帝没有立萧詧兄弟而立萧纲为太子,心里经常感到愧对萧詧兄弟,他对萧詧兄弟,也不如对其他几个儿子那样宠爱。由于会稽地区人口众多,物产丰富,所以武帝任用萧詧兄弟几个人轮流担任东扬州刺史,以此来抚慰他们。但萧詧兄弟在心里也感到不满。萧詧认为皇帝已经衰老,朝廷有很多不好的政策措施,于是他积聚钱财与物资,屈身结交贤士,招募勇敢善战的人,他身边的文人武士多达几千人。因为襄阳是个地理位置优越、地势险要的地方,又是梁朝大业的根基所在,如果遇到天下大乱,能够在此图谋大业,所以萧詧便克制住自己,以公心处理政事,安抚存恤士人百姓,多次对他们施与恩惠,听取采纳大家的告诫和规劝,他所管辖的地方被治理得很好。

太清三年(549)。起初,武帝任命河东王萧誉为湘州刺史,调湘州刺史张缵为雍州刺史,取代原雍州刺史岳阳王萧詧。张缵倚仗自己的才能和声望,轻视萧誉年轻,在迎候萧誉时缺少应有的礼节。萧誉到任之后,检查州府的交接事宜,留下了张缵,没让他走。后来,萧誉听到侯景叛乱的消息,便常欺侮逼迫张缵。张缵恐怕自己被萧誉害死,便乘着小船趁着夜晚逃跑,快要到达雍州辖境时,又担忧萧詧拒绝接纳自己。张缵与湘东王萧绎有老交情,打算凭借他来杀掉萧誉兄弟,于是前往江陵。等到建康的宫城陷落以后,诸侯王们各自返回管辖的州郡,萧誉也从湖口返回湘州。桂阳王萧慥因为荆州督府的部队留在江陵,打算等萧绎来了,拜访了他之后,再返回信州。张缵写信给萧绎说:"河东王萧誉的部队乘着挂帆的船只向上游驶来,准备袭击江陵,岳阳王萧詧在雍州,他们共同密谋作乱。"江陵游军主朱荣

亦遣使告绎云："桂阳留此,欲应誉、督。"绎惧,凿船,沉米,斩缆,自蛮中步道驰归江陵,囚愔,杀之。

湘东王绎之入援也,令所督诸州皆发兵,雍州刺史岳阳王督遣府司马刘方贵将兵出汉口。绎召督使自行,督不从。方贵潜与绎相知,谋袭襄阳。未发,会督以他事召方贵,方贵以为谋泄,遂据樊城拒命。督遣军攻之。绎厚资遣张缵使赴镇,缵至大堤,督已拔樊城,斩方贵。缵至襄阳,督推迁未去,但以城西白马寺处之。督犹总军府之政,闻台城陷,遂不受代。助防杜岸绐缵曰:"观岳阳势不容使君,不如且往西山以避祸。"岸既襄阳豪族,兄弟九人,皆以骁勇著名。缵乃与岸结盟,著妇人衣,乘青布舆,逃入西山。督使岸将兵追擒之,缵乞为沙门,更名法缵,督许之。

夏五月丙辰,上殂。辛巳,太子即皇帝位。

六月,上甲侯韶自建康出奔江陵,称受高祖密诏征兵,以湘东王绎为侍中、假黄钺、大都督中外诸军事、司徒、承制,自馀藩镇并加位号。

湘州刺史河东王誉,骁勇得士心。湘东王绎将讨侯景,遣使督其粮众,誉曰:"各自军府,何忽隶人!"使者三返,誉不与。湘东王世子方等请讨之,绎乃以少子安南侯方矩为湘州刺史,使方等将精卒二万送之。方等将行,谓所亲曰:

也派使者去告诉萧绎说："桂阳王留在此地,打算响应萧誉、萧詧叛乱。"萧绎害怕了,下令凿沉船只,把大米沉入江中,又斩断船上的缆绳,从蛮中的陆路骑马赶回江陵,囚禁萧慥,把他杀了。

湘东王萧绎去京城救援的时候,命令自己所统管的各州全部出兵,雍州刺史岳阳王萧詧派遣府司马刘方贵带领部队从汉口出发。萧绎召见萧詧,让萧詧本人也出征,萧詧不服从。刘方贵暗中与萧绎有交情,便密谋袭击襄阳。还没有开始行动,恰好萧詧因为别的事情召见刘方贵,刘方贵以为计谋泄漏,就占据樊城,抗拒萧詧的命令。萧詧派出部队攻打樊城。萧绎给了很多钱,派张缵奔赴雍州镇守,张缵才抵达大堤,萧詧就已经攻取樊城,并杀了刘方贵。张缵抵达襄阳,萧詧推三阻四不愿离去,只让张缵在城西白马寺住下来。萧詧自己仍总管军府的政事,后来听到台城陷落的消息,便不接受由张缵取代自己官职的命令。助防杜岸欺骗张缵说:"我看岳阳王这边的情势,他是不会容留您的,您不如暂时到西山去避一避灾祸。"杜岸家是襄阳的豪门大族,兄弟九人都因为骁勇而出名。张缵于是与杜岸结成同盟,自己穿上女人的衣服,乘坐用青布围起来的车子,逃进了西山。萧詧派杜岸带着人马追上并活捉了张缵,张缵请求出家当和尚,把名字改成法缵,萧詧同意了。

夏季五月丙辰(初二),武帝逝世。辛巳(二十七日),太子萧纲即位做皇帝。

六月,上甲侯萧韶从建康逃亡到江陵,声称接受武帝的秘密诏书前来征兵,他任命湘东王萧绎担任侍中、假黄钺、大都督中外诸军事、司徒、承制,其馀藩王也一并加封职位和名号。

湘州刺史河东王萧誉勇猛善战,很得士兵们拥戴。湘东王萧绎将要讨伐侯景,派使者去督察萧誉的粮秣和人马,萧誉说:"各人有各人的军府,怎么忽然来检查别人!"使者往返多次,萧誉就是不让他督察。湘东王萧绎的世子萧方等请求讨伐萧誉,萧绎于是任命自己的小儿子安南侯萧方矩为湘州刺史,派萧方等率两万精兵护送萧方矩上任。萧方等临行前,对他的亲信说:

"是行也,吾必死之,死得其所,吾复奚恨!"

湘东世子方等军至麻溪,河东王誉将七千人击之,方等军败,溺死。安南侯方矩收馀众还江陵,湘东王绎无戚容。

西江督护陈霸先起兵讨侯景。

湘东王绎遣竟陵太守王僧辩、信州刺史东海鲍泉击湘州,分给兵粮,刻日就道。僧辩以竟陵部下未尽至,欲俟众集然后行,与泉入白绎,求申期日。绎疑僧辩观望,案剑厉声曰:"卿惮行拒命,欲同贼邪? 今唯有死耳!"因斫僧辩,中其左髀,闷绝,久之方苏,即送狱。泉震怖,不敢言。僧辩母徒行流涕入谢,自陈无训。绎意解,赐以良药,故得不死。丁卯,鲍泉独将兵伐湘州。

秋八月己亥,鲍泉军于石椁寺,河东王誉逆战而败。辛丑,又败于橘洲,战及溺死者万馀人。誉退保长沙,泉引军围之。

九月,河东王誉告急于岳阳王詧,詧留谘议参军济阳蔡大宝守襄阳,帅众二万、骑二千伐江陵以救湘州。湘东王绎大惧,遣左右就狱中问计于王僧辩。僧辩具陈方略,绎乃赦之,以为城中都督。乙卯,詧至江陵,作十三营以攻之。会大雨,平地水深四尺,詧军气沮。绎与新兴太守

"这次出去,我肯定会死,但是死得有价值,我又有什么可遗憾的呢?"

湘东王萧绎的世子萧方等的部队抵达麻溪时,河东王萧誉带领七千人马进行阻击,萧方等的部队战败,萧方等本人淹死在水中。安南侯萧方矩收拾残馀的部众返回江陵,湘东王萧绎的脸上没有悲戚的表情。

西江督护陈霸先出兵讨伐侯景。

湘东王萧绎派遣竟陵太守王僧辩、信州刺史东海人鲍泉去攻打湘州,分拨给他们兵马粮秣,限定日期,叫他们上路。王僧辩由于他在竟陵的部属尚未到齐,打算等全部人马汇集之后再出发,就和鲍泉一同到萧绎那儿去反映情况,请求延缓出发的日期。萧绎怀疑王僧辩采取观望态度,按住剑柄厉声说道:"你害怕出兵,抗拒命令,打算与叛贼结成一伙吗? 你今天只有死路一条了!"说着就拔剑砍杀王僧辩,击中了王僧辩左大腿,王僧辩昏了过去,过了很久才苏醒,接着就被送入监狱。鲍泉十分恐惧,不敢说话。王僧辩的母亲徒步来到萧绎的府第,流着眼泪向萧绎谢罪,说自己平时对儿子缺少训谕。萧绎心中的不快这才化解,赏赐给王僧辩一些好药,王僧辩因此没有死。七月丁卯(十四日),鲍泉独自率领部队讨伐湘州。

秋季八月己亥(十六日),鲍泉的部队驻扎在石椁寺,河东王萧誉率领部队迎战,遭到失败。辛丑(十八日),萧誉的部队又在橘洲战败,阵亡及淹死一万多人。萧誉退守长沙,鲍泉带领部队包围了长沙城。

九月,河东王萧誉向岳阳王萧詧告急,萧詧留下谘议参军济阳人蔡大宝守卫襄阳,自己统率两万步兵、两千骑兵攻伐江陵以拯救湘州。湘东王萧绎十分恐惧,派身边的人到狱中向王僧辩询问计策。王僧辩详细地陈述了用兵的计划和策略,于是萧绎赦免了王僧辩,任命他当城中都督。乙卯(初三),萧詧来到江陵城下,把部队编成十三个军营以攻城。正好遇到下大雨,平地上的积水有四尺深,萧詧的部队士气低落。萧绎与新兴太守

杜岸有旧,密邀之。乙丑,岸与兄㟧、岸、弟幼安、兄子㿉各帅所部降于绎。岸请以五百骑袭襄阳,昼夜兼行。去襄阳三十里,城中觉之。蔡大宝奉詧母龚保林登城拒战。詧闻之,夜遁,弃粮食、金帛、铠仗于湋水,不可胜纪。张缵病足,詧载以随军。及败走,守者恐为追兵所及,杀之,弃尸而去。詧至襄阳,岸奔广平,依其兄南阳太守巘。

湘东王绎以鲍泉围长沙久不克,怒之,以平南将军王僧辩代为都督,数泉十罪,命舍人罗重懽与僧辩偕行。泉闻僧辩来,愕然曰:"得王竟陵来助我,贼不足平。"拂席待之。僧辩入,背泉而坐,曰:"鲍郎,卿有罪,令旨使我锁卿,卿勿以故意见期。"使重懽宣令,锁之床侧。泉为启自申,且谢淹缓之罪,绎怒解,遂释之。

冬十一月,岳阳王詧使将军薛晖攻广平,拔之,获杜岸,送襄阳。詧拔其舌,鞭其面,支解而烹之。又发其祖父墓,焚其骸而扬之,以其头为漆碗。

詧既与湘东王绎为敌,恐不能自存,遣使求援于魏,请为附庸。丞相泰令东阁祭酒荣权使于襄阳。绎使司州刺史柳仲礼镇竟陵以图詧。詧惧,遣其妃王氏及世子嶚为质于魏。丞相泰欲经略江、汉,以开府仪同三司杨忠都督

杜崱有老交情,秘密邀请杜崱前来相会。乙丑(十三日),杜崱与他的哥哥杜岌、杜岸、弟弟杜幼安、侄子杜龛各自率领部属向萧绎投降。杜岸请求带领五百名骑兵袭击襄阳,征得同意后,就日夜不停地赶路。走到离襄阳还有三十里的地方,城里的守军发现了他们。蔡大宝帮助萧詧的母亲龚保林登上城墙进行防守。萧詧听到这一消息,连夜逃离江陵,逃跑时丢弃在漼水中的粮食、金银、绸缎、铠甲、兵器不可胜数。张缵的脚有伤,萧詧用车子载上他跟着部队行动。等到他们败逃的时候,看守张缵的人恐怕被追兵赶上,便杀了张缵,丢下他的尸体离开了。萧詧抵达襄阳,杜岸便逃往广平,去依附他的哥哥南阳太守杜崱。

湘东王萧绎因为鲍泉把长沙包围了很长时间还没有攻克,感到很生气,就任命平南将军王僧辩代替鲍泉担任都督,还列举了鲍泉的十大罪状,命令舍人罗重懽与王僧辩同行。鲍泉听说王僧辩要来,惊讶地说:“王僧辩能够来帮助我,叛贼就不难平定了。”他掸净坐席,等待王僧辩到来。王僧辩走进屋子,背对着鲍泉坐下来,说:“鲍郎,你有罪,湘东王命令我把你锁起来,你可不要认为我是有意这样子的。”接着就让罗重懽宣读萧绎的命令,然后将鲍泉锁在坐榻旁边。鲍泉为自己的罪责申辩,并且对自己进军缓慢而表示请罪,萧绎的愤怒平息下来,于是释放了鲍泉。

冬季十一月,岳阳王萧詧派将军薛晖进攻广平,薛晖攻取了广平,还活捉了杜岸,并将他押送到襄阳。萧詧拔掉了杜岸的舌头,鞭打杜岸的脸,将他肢解并烹煮。接着,萧绎又挖开杜岸祖父的坟墓,焚烧他的骸骨,扔掉他的骨灰,用他的头盖骨做成漆碗。

萧詧与湘东王萧绎为敌后,怕自己难以生存,就派使者向西魏求援,请求充当西魏的附属。西魏丞相宇文泰命东阁祭酒荣权出使襄阳。萧绎派司州刺史柳仲礼镇守竟陵,设法对付萧詧。萧詧害怕了,派自己的妃子王氏及世子萧察到西魏当人质。丞相宇文泰想谋划江、汉地区,任命开府仪同三司杨忠为都督

三荆等十五州诸军事，镇穰城。仲礼至安陆，安陆太守沈
勰以城降之。仲礼留长史马岫与其弟子礼守之，帅众一万
趣襄阳。泰遣杨忠及行台仆射长孙俭将兵击仲礼以救詧。
魏杨忠将至义阳，太守马伯符以下滏城降之，忠以伯符为乡
导。伯符，岫之子也。十二月，魏杨忠拔随郡，执太守桓和。

　　简文帝大宝元年春正月，陈霸先进军南康，湘东王绎
承制授霸先明威将军、交州刺史。
　　魏杨忠围安陆，柳仲礼驰归救之。诸将恐仲礼至则安
陆难下，请急攻之。忠曰："攻守势殊，未可猝拔。若引日
劳师，表里受敌，非计也。南人多习水军，不闲野战。仲礼
师在近路，吾出其不意，以奇兵袭之，彼怠我奋，一举可克。
克仲礼，则安陆不攻自拔，诸城可传檄定也。"乃选骑二千，
衔枚夜进，败仲礼于漴头，获仲礼及其弟子礼，尽俘其众。
马岫以安陆，别将王叔孙以竟陵，皆降于忠。于是汉东之
地尽入于魏。

　　二月，魏杨忠乘胜至石城，欲进逼江陵，湘东王绎遣舍
人庾恪说忠曰："詧来伐叔而魏助之，何以使天下归心！"忠
遂停湅北。绎遣舍人王孝祀等送子方略为质以求和，魏人
许之。绎与忠盟曰："魏以石城为封，梁以安陆为界，请同
附庸，并送质子，贸迁有无，永敦邻睦。"忠乃还。

三荆等十五州诸军事,镇守穰城。柳仲礼抵达安陆,安陆太守沈
勰献城投降。柳仲礼留下长史马岫及自己的弟弟柳子礼一道镇
守安陆,自己率领一万人马奔赴襄阳。宇文泰派杨忠及行台仆
射长孙俭率领部队袭击柳仲礼,以援救萧詧。西魏杨忠快要到
达义阳的时候,义阳太守马伯符率领下溠城军民向杨忠投降,杨
忠让马伯符担任向导。马伯符,是马岫的儿子。十二月,西魏杨
忠攻取随郡,活捉了随郡太守桓和。

简文帝大宝元年(550)春季正月,陈霸先进军南康,湘东王
萧绎秉承皇帝的旨意,授予陈霸先明威将军、交州刺史。

西魏杨忠带领部队围攻安陆,柳仲礼急忙率兵赶回来救援。
杨忠的部将恐怕柳仲礼的援军抵达以后安陆就难以攻克,都请
求加紧攻城。杨忠说:"进攻与防守所处的情势不同,安陆是不
可能很快攻克的。我们如果拖延时日,使部队疲惫,敌军的援兵
一到,我们里外受敌,那就失算了。南方人大都习惯于水战,不
熟悉在旷野中交战。柳仲礼的部队就在附近,我们出其不意,用
奇兵突袭敌军,敌军懈怠,我军振奋,就可以一下子打败他们。
打败了柳仲礼,那么安陆就不攻自破,其他各座城池传一道檄文
过去就可以平定了。"于是挑选了两千骑兵,令每个人在嘴里衔
一根小木棍,不让喧哗,乘夜进兵,在漴头打败了柳仲礼的部队,
擒获柳仲礼和他的弟弟柳子礼,俘虏了他的所有部属。马岫献
出安陆,别将王叔孙献出竟陵,都投降了杨忠。从此汉水以东地
区全部归入西魏。

二月,西魏杨忠乘胜攻到石城,打算进逼江陵,湘东王萧绎
派舍人庾恪去游说杨忠说:"萧詧前来讨伐叔父,而西魏居然帮
助他,这怎么能使天下的百姓诚心归附呢?"杨忠听了,就将部队
停驻在淯水之北。萧绎派舍人王孝祀等护送自己的儿子萧方略
到杨忠那儿做人质以求讲和,西魏人同意了。萧绎与杨忠订立
盟约,约定:"西魏把石城作为疆界,梁朝把安陆作为边界,双方
互相依附,互相送儿子到对方那儿做人质,发展贸易互通有无,
永远作为邻邦和睦相处。"于是,杨忠率领部队退回原来的驻地。

邵陵王纶欲救河东王誉而兵粮不足,乃致书于湘东王绎曰:"天时、地利,不及人和,况乎手足肱支,岂可相害!今社稷危耻,创巨痛深,唯应剖心尝胆,泣血枕戈,其馀小忿,或宜容贳。若外难未除,家祸仍构,料今访古,未或不亡。夫征战之理,唯求克胜,至于骨肉之战,愈胜愈酷,捷则非功,败则有丧,劳兵损义,亏失多矣。侯景之军所以未窥江外者,良为藩屏盘固,宗镇强密。弟若陷洞庭,不戢兵刃,雍州疑迫,何以自安,必引进魏军以求形援。弟若不安,家国去矣。必希解湘州之围,存社稷之计。"绎复书,陈誉过恶不赦,且曰:"詧引杨忠来相侵逼,颇遵谈笑,用却秦军,曲直有在,不复自陈。临湘旦平,暮便即路。"纶得书,投之于案,慷慨流涕曰:"天下之事,一至于斯!湘州若败,吾亡无日矣!"

夏四月,邵陵王纶在郢州,以听事为正阳殿,内外斋阁,悉加题署。其部下陵暴军府,郢州将佐莫不怨之。谘议参军江仲举,南平王恪之谋主也,说恪图纶。恪惊曰:"若我杀邵陵,宁静一镇,荆、益兄弟必皆内喜,海内若平,则以大义责我矣。且巨逆未枭,骨肉相残,自亡之道也。卿且息之。"仲举不从,部分诸将,刻日将发,谋泄,

邵陵王萧纶想要救援河东王萧誉,但兵粮不够,于是写信给湘东王萧绎说:"适宜的时机和有利的环境都比不上人事的和谐,何况兄弟如手足股肱,怎么可以互相伤害!如今国家正处于危险和屈辱的境地,创伤巨大,痛苦深重,我们只有剖心沥胆,泣血枕戈,而其他的小怨恨,应该互相谅解才是。如果国外的忧患没有消除,国内的灾祸又接连不断,观今鉴古,没有哪个能不败亡。征伐攻战的道理,只求克敌制胜,至于同胞相残的战争,越是获胜,越是残酷,大捷也不是什么功绩,战败则肯定有人丧身,劳累了军队,丧失了道义,亏损的就太多了。侯景的军队之所以没有进犯长江以南,的确是因为宗藩的屏护固如磐石,宗室的镇守非常严密。你如果攻陷湘州,又不收敛兵锋,雍州方面会怀疑你将要进逼,他们没有办法保全自己,就势必引入西魏的军队,谋求他们的声援和呼应。你要是感到不安定,那么梁朝的天下也就完了。请你一定解除湘州之围,多考虑如何保存我们的国家。"萧绎回信,陈述萧誉罪大恶极,不能饶恕,并且说:"萧誉如果引杨忠来侵害逼迫我们的话,那我将如同鲁仲连在谈笑之间击退秦军那样,轻而易举地打败他们,是非曲直明摆着,我自己就不再陈述了。临湘早上平定的话,当晚我就上路出征。"萧纶看到回信,把它扔在几案上,情绪激动地流泪痛哭,说:"天下的事情,竟然糟到这个地步!河东王萧誉要是战败,我的灭亡也为时不远了!"

夏季四月,邵陵王萧纶在郢州,用处理政事的名义建造正阳殿,里里外外的屋舍楼阁,他全都题写名字。他的部下在军府里欺辱别人,郢州的将士官佐没有不怨恨的。谘议参军江仲举,是南平王萧恪的主要谋士,他劝说萧恪设法对付萧纶。萧恪惊讶地说:"如果我杀了邵陵王,只能安定郢州一个地方,而荆州、益州的宗室兄弟肯定都会暗暗高兴,海内如果平定了,他们就会用君臣大义来责备我。况且最大的逆贼还没被枭首示众,同胞间就互相残杀,这是自取灭亡之道。你还是算了吧。"江仲举不听,他部署好手下将领,定好时间就要行动,可是却走漏了消息,

纶压杀之。恪狼狈往谢，纶曰："群小所作，非由兄也。凶党已毙，兄勿深忧！"

王僧辩急攻长沙，辛巳，克之。执河东王誉，斩之，传首江陵。湘东王绎反其首而葬之。绎以僧辩为左卫将军，加侍中、镇西长史。

六月，魏人欲令岳阳王詧发哀嗣位，詧辞，不受。丞相泰使荣权册命詧为梁王，始建台，置百官。秋七月辛酉，梁王詧入朝于魏。

邵陵王纶大修铠仗，将讨侯景。湘东王绎恶之。八月甲午，遣左卫将军王僧辩、信州刺史鲍泉等帅舟师一万东趣江、郢，声言拒任约，且云迎邵陵王还江陵，授以湘州。九月，王僧辩军至鹦鹉洲，郢州司马刘龙虎等潜送质于僧辩。邵陵王纶闻之，遣其子威正侯碻将兵击之，龙虎败，奔于僧辩。纶以书责僧辩曰："将军前年杀人之侄，今岁伐人之兄，以此求荣，恐天下不许！"僧辩送书于湘东王绎，绎命进军。辛酉，纶集其麾下于西园，涕泣言曰："我本无他，志在灭贼。湘东常谓与之争帝，遂尔见伐。今日欲守则交绝粮储，欲战则取笑千载，不容无事受缚，当于下流避之。"麾下壮士争请出战，纶不从，与碻自仓门登舟北出。僧辩入据郢州。绎以南平王恪为尚书令、开府仪同三司，世子方诸为郢州刺史，王僧辩为领军将军。

萧纶镇压诛杀了他们。萧恪狼狈不安地到萧纶那儿去谢罪,萧纶说:"这是一群小人干的,不是由您策划的。现在凶党已经消灭,您不必多虑!"

王僧辩猛烈地进攻长沙,辛巳(初二),攻破该城。捉住河东王萧誉,斩了他,并把首级传送到江陵。湘东王萧绎让人把首级送回,和萧誉的身子一块儿安葬。萧绎任命王僧辩为左卫将军,加授侍中、镇西长史。

六月,西魏人想让岳阳王萧詧为萧誉举行哀悼仪式,并继承王位,萧詧推辞,没有接受。丞相宇文泰派遣荣权去册封萧詧为梁王,萧詧这才开始建立官署,设置百官。秋季七月辛酉(十三日),梁王萧詧去西魏朝见。

邵陵王萧纶大量备办铠甲兵器,准备讨伐侯景。湘东王萧绎很厌恶萧纶。八月甲午(十七日),萧绎派左卫将军王僧辩、信州刺史鲍泉等率领一万水兵往东奔赴江州、郢州一带,声称这是为了抵御任约的进攻,而且说要迎接邵陵王返回江陵,把湘州授给他。九月,王僧辩的部队抵达鹦鹉洲,郢州司马刘龙虎等暗地里送人质到王僧辩那儿表示友好。邵陵王萧纶听说此事,派儿子咸正侯萧碩带兵去攻打他们,刘龙虎战败,投奔到王僧辩那儿。萧纶写信责备王僧辩说:"将军前年杀了人家的侄子,今年又讨伐人家的兄长,用这样的做法去邀功求荣,恐怕天下的人都不会赞许!"王僧辩把信送给湘东王萧绎看,萧绎命令王僧辩继续进军。辛酉(十四日),邵陵王萧纶在西园集合他的部将,流着眼泪说:"我原本没有其他想法,一心只想消灭叛贼侯景。湘东王经常以为我要同他争夺帝位,我于是被他兴兵讨伐。如今想要守城则储存粮食的道路已被切断,想要出战则贻笑千年,我不允许自己无缘无故被俘受缚,还是到长江下游去避避风头吧。"萧纶部下的壮士争着请求出战,萧纶都没有同意,与萧碩从仓门登船向北逃离。王僧辩进占郢州。萧绎任命南平王萧恪为尚书令、开府仪同三司,任命世子萧方诸为郢州刺史,任命王僧辩为领军将军。

　　纶遇镇东将军裴之高于道,之高之子畿掠其军器,纶与左右轻舟奔武昌涧饮寺,僧法馨匿纶于岩穴之下。纶长史韦质、司马姜律等闻纶尚存,驰往迎之,说七栅流民以求粮仗。纶出营巴水,流民八九千人附之,稍收散卒,屯于齐昌。遣使请降于齐,齐以纶为梁王。岳阳王詧还襄阳。

　　冬十一月甲子,南平王恪帅文武拜笺推湘东王绎为相国,总百揆,绎不许。十二月,邵陵王纶在汝南,修城池,集士卒,将图安陆。魏安州刺史马祐以告丞相泰,泰遣杨忠将万人救安陆。

　　二年春正月,魏杨忠围汝南,李素战死。二月乙亥,城陷,执邵陵携王纶,杀之,投尸江岸。岳阳王詧取而葬之。

　　齐遣散骑常侍曹文皎使于江陵,湘东王绎使兼散骑常侍王子敏报之。三月己未,齐以湘东王绎为梁相国,建梁台,总百揆,承制。

　　岳阳王詧闻侯景克郢州,遣蔡大宝将兵一万进据武宁,遣使至江陵,诈称赴援。众议欲答以侯景已破,令其退军。湘东王绎曰:“今语以退军,是趣之令进也。”乃使谓大宝曰:“岳阳累启连和,不相侵犯,卿那忽据武宁?今当遣天门太守胡僧祐精甲二万、铁马五千顿澧水,待时进军。”詧闻之,召其军还。僧祐,南阳人也。

萧纶在逃亡途中与镇东将军裴之高遭遇,裴之高的儿子裴畿劫掠了萧纶部队的武器装备,萧纶与他身边的侍从乘小船逃到武昌涧饮寺,僧人法馨把萧纶藏在一个山洞里。萧纶的长史韦质、司马姜律等听说萧纶还活着,驰马前去迎接,并游说北江州结七栅以自保的流民为萧纶供应粮食和兵器。萧纶从山洞里出来,在巴水结营,八九千流民前去归附他,又逐渐收拢了溃散的士兵,在齐昌驻扎下来。萧纶派出使者向北齐请求归降,北齐封萧纶为梁王。岳阳王萧詧返回襄阳。

冬季十一月甲子(十八日),南平王萧恪率领文武百官共进奏章,推举湘东王萧绎担任相国,总领百官,萧绎不答应。十二月,邵陵王萧纶在汝南,他修建城池,集合士兵,准备夺取安陆。西魏安州刺史马祐把这一情况报告丞相宇文泰,宇文泰派杨忠率领一万人马去救援安陆。

二年(551)春季正月,西魏杨忠带兵围攻汝南,守城的将领李素战死。二月乙亥(初一),杨忠攻破汝南城,抓住了邵陵携王萧纶,把他杀了,并把尸体扔在江岸边。岳阳王萧詧取回萧纶的尸体,将他埋葬。

北齐派散骑常侍曹文皎出使江陵,湘东王萧绎派兼散骑常侍王子敏回访北齐。三月己未(十五日),北齐任命湘东王萧绎为梁朝的相国,让他建立台省,总领百官,秉承北齐皇帝的旨意行事。

岳阳王萧詧听说侯景攻克了郢州,就派蔡大宝率领一万人马进占武宁,并派使者到江陵,假装说要前来援助。谋士们进行商议,打算用“侯景已被打败”来答复使者,让萧詧退兵。湘东王萧绎说:“今天对他说退兵,等于是催促他让他进军。”于是派使者去对蔡大宝说:“岳阳王萧詧多次函告湘东王萧绎,表示要和我们联合,互不侵犯,你怎么突然占据了武宁?现在我们准备派天门太守胡僧祐率领披甲的精锐步兵两万人和披甲的精锐骑兵五千人驻扎于㳇水,等待时机进军。”萧詧听说了这一情况,就召回了蔡大宝的部队。胡僧祐是南阳人。

秋八月，侯景废帝为晋安王，下诏迎豫章王栋。壬戌，栋即帝位。九月己亥，湘东王绎以尚书令王僧辩为江州刺史，江州刺史陈霸先为东扬州刺史。冬十月壬寅，侯景弑太宗。王僧辩等闻太宗殂，丙辰，启湘东王绎，请上尊号，绎弗许。十一月乙亥，王僧辩等复上表劝进，湘东王绎不许。己丑，豫章王栋禅位于侯景，景封栋为淮阴王。

元帝承圣元年春三月乙丑，王僧辩等上表劝进，且迎都建业，不许。辛卯，宣猛将军朱买臣沉豫章王栋于水。

夏四月，王僧辩启陈霸先镇京口。五月庚午，司空南平王恪等复劝进，湘东王犹不受。庚辰，以南平王恪为扬州刺史。甲申，以王僧辩为司徒、镇卫将军，封长宁公；陈霸先为征虏将军、开府仪同三司，封长城县侯。齐主使其散骑常侍曹文皎等来聘，湘东王使散骑常侍柳晖等报之。

齐主使潘乐、郭元建将兵围秦郡，行台尚书辛术谏曰："朝廷与湘东王信使不绝。阳平，侯景之土，取之可也。今王僧辩已遣严超达守秦郡，于义何得复争之！且水潦方降，不如班师。"弗从。陈霸先命别将徐度引兵助秦郡固守。齐众七万，攻之甚急。王僧辩使左卫将军杜崱救之，霸先亦自欧阳来会。与元建大战于土林，大破之，斩首万馀级，生擒千馀人。元建收馀众北遁。犹以通好，不穷追也。

秋季八月，侯景废梁简文帝为晋安王，下诏迎立豫章王萧栋。壬戌（二十一日），萧栋登基做了皇帝。九月己亥（二十九日），湘东王萧绎任命尚书令王僧辩为江州刺史，任命江州刺史陈霸先为东扬州刺史。冬季十月壬寅（初二），侯景杀害简文帝。王僧辩等人听说简文帝已经死了，丙辰（十六日），上书湘东王萧绎，请求给简文帝进奉尊号，萧绎不同意。十一月乙亥（初五），王僧辩等人又一次上表劝萧绎登皇帝位，湘东王萧绎不应允。己丑（十九日），豫章王萧栋把帝位禅让给侯景，侯景封萧栋为淮阴王。

元帝承圣元年（552）春季三月乙丑，王僧辩等人又上表劝湘东王萧绎登皇帝位，并且迎请萧绎来建业建都，萧绎不应允。辛卯（二十三日），宣猛将军朱买臣把豫章王萧栋沉入水中，将他淹死。

夏季四月，王僧辩请示让陈霸先镇守京口。五月庚午（初三），司空南平王萧恪等再次劝萧绎登皇帝位，湘东王萧绎还是不接受。庚辰（十三日），萧绎任命南平王萧恪为扬州刺史。甲申（十七日），萧绎任命王僧辩为司徒、镇卫将军，并封他为长宁公；任命陈霸先为征虏将军、开府仪同三司，并封他为长城县侯。北齐国君高洋派他的散骑常侍曹文皎等人出使梁朝，湘东王萧绎则派散骑常侍柳晖等回访北齐。

北齐国君高洋派潘乐、郭元建带领部队围攻秦郡，行台尚书辛术上书劝阻，说："我们朝廷与湘东王萧绎之间信使往来不绝。阳平，是侯景的地盘，拿过来是可以的。如今王僧辩已经派严超达去守卫秦郡，从道义上说，怎能再去争夺呢？而且现在正值雨季，天下大雨，不如调回军队。"高洋不听。陈霸先命令别部将领徐度带兵去协助严超达坚守秦郡。北齐七万大军，攻城很猛烈。王僧辩派左卫将军杜崱前去救援，陈霸先也从欧阳赶来会师。他们与郭元建在土林大战，彻底击败郭元建的部队，杀死一万多人，活捉一千多人。郭元建收拾残部向北逃跑。由于双方仍然交好，梁朝的军队没有持续追击。

六月，立安南侯方矩为王太子。

齐政烦赋重，江北之民不乐属齐，其豪杰数请兵于王僧辩，僧辩以与齐通好，皆不许。秋七月，广陵侨人朱盛等潜聚党数千人，谋袭杀齐刺史温仲邕，遣使求援于陈霸先，云已克其外城。霸先使告僧辩，僧辩曰："人之情伪，未易可测。若审克外城，亟须应援，如其不尔，无烦进军。"使未报，霸先已济江，僧辩乃命武州刺史杜崱等助之。会盛等谋泄，霸先因进军围广陵。

九月甲戌，司空南平王恪卒。甲申，以王僧辩为扬州刺史。齐主使告王僧辩、陈霸先曰："请释广陵之围，必归广陵、历阳两城。"霸先引兵还京口，江北之民从霸先济江者万馀口。湘东王以霸先为征北大将军、开府仪同三司、南徐州刺史，征霸先世子昌及兄子顼诣江陵，以昌为员外散骑常侍，顼为领直。

公卿、藩镇数劝进于湘东王。十一月丙子，世祖即皇帝位于江陵，改元，大赦。是日，帝不升正殿，公卿陪列而已。己卯，立王太子方矩为皇太子，更名元良。皇子方智为晋安王，方略为始安王，方等之子庄为永嘉王。

侯景之乱，州郡太半入魏，自巴陵以下至建康，以长江为限，荆州界北尽武宁，西拒硖口，岭南复为萧勃所据。诏令所行，千里而近，民户著籍者，不盈三万而已。

六月,湘东王萧绎立安南侯萧方矩为王太子。

北齐政令繁杂,赋税很重,长江以北地区的民众不乐意归属于北齐,他们中的豪杰之士多次到王僧辩那儿请求出兵讨伐北齐,王僧辩因为国家正与北齐友好往来,都没有同意。秋季七月,侨居广陵的朱盛等人暗暗聚集党羽几千人,谋划袭击并杀死北齐的刺史温仲邕,朱盛派使者向陈霸先求援,说已经攻破了广陵的外城。陈霸先派人报告王僧辩,王僧辩说:"一个人真真假假,很不容易猜测。如果确实攻破了广陵的外城,那就急需接应援助,如果事情不是如此,就不用进军。"使者还没来得及把王僧辩的意见转告给陈霸先,陈霸先已经渡过长江了,于是王僧辩命令武州刺史杜崱等出兵协助陈霸先。正在这时,朱盛等人的密谋泄露,陈霸先乘机进兵,围攻广陵。

九月甲戌(初九),司空南平王萧恪去世。甲申(十九日),湘东王萧绎任命王僧辩为扬州刺史。北齐国君高洋派使者向王僧辩、陈霸先求和,说:"请你们解除对广陵的围困,我一定把广陵、历阳两座城还给你们。"陈霸先率领部队撤回京口,江北的民众跟随陈霸先一同渡江的有一万多人。湘东王萧绎任命陈霸先为征北大将军、开府仪同三司、南徐州刺史,征召陈霸先的世子陈昌和侄子陈顼到江陵,任命陈昌为员外散骑常侍,任命陈顼为领直。

公卿大臣和藩镇长官多次劝湘东王萧绎登皇帝位。十一月丙子(十二日),萧绎在江陵即位做皇帝,改换年号,大赦天下。这一天,梁元帝萧绎没有登上正殿,只是让公卿大臣在左右排列一下而已。己卯(十五日),梁元帝立王太子萧方矩为皇太子,把他的名字改为元良。封皇子萧方智为晋安王,萧方略为始安王,封萧方等的儿子萧庄为永嘉王。

侯景之乱以来,梁朝的州郡有一大半被并入西魏,从巴陵以下到建康,把长江作为界限,荆州的北界到武宁为止,西部到硖口为止,岭南又被萧勃占据着。梁朝皇帝诏令所能传布的地方,不到方圆一千里,登记在册的民户,还不足三万户。

　　二年春正月，王僧辩发建康，承制使陈霸先代镇扬州。秋八月，下诏将还建康，领军将军胡僧祐、太府卿黄罗汉、吏部尚书宗懔、御史中丞刘毅谏曰："建业王气已尽，与虏正隔一江，若有不虞，悔无及也！且古老相承云：'荆州洲数满百，当出天子。'今枝江生洲，百数已满，陛下龙飞，是其应也。"上令朝臣议之。黄门侍郎周弘正、尚书右仆射王褒曰："今百姓未见舆驾入建康，谓是列国诸王。愿陛下从四海之望。"时群臣多荆州人，皆曰："弘正等东人也，志愿东下，恐非良计。"弘正面折之曰："东人劝东，谓非良计，君等西人欲西，岂成长策！"上笑。又议于后堂，会者五百人。上问之曰："吾欲还建康，诸卿以为如何？"众莫敢先对。上曰："劝吾去者左袒。"左袒者过半。武昌太守朱买臣言于上曰："建康旧都，山陵所在。荆镇边疆，非王者之宅。愿陛下勿疑，以致后悔。臣家在荆州，岂不愿陛下居此？但恐是臣富贵，非陛下富贵耳！"上使术士杜景豪卜之，不吉，对上曰："未去。"退而言曰："此兆为鬼贼所留也。"上以建康凋残，江陵全盛，意亦安之，卒从僧祐等议。九月庚午，诏王僧辩还镇建康，陈霸先复还京口。

　　齐主使郭元建治水军二万馀人于合肥，将袭建康，纳

二年(553)春季正月,王僧辩从建康出发去巴陵,秉承梁元帝的旨意,让陈霸先代替自己镇守扬州。秋季八月,梁元帝下诏,准备回建康,领军将军胡僧祐、太府卿黄罗汉、吏部尚书宗懔、御史中丞刘毂联名上书劝阻说:"建康的帝王之气已尽,并且与敌人只隔着一条长江,假如有什么意想不到的事情发生,后悔就来不及了!况且从古到今都传说道:'荆州江中的沙洲满一百,就会出天子。'现在,枝江生出一个新的沙洲,一百的数目已经满了,陛下即位,这正是验证。"梁元帝命令朝廷大臣讨论这件事。黄门侍郎周弘正、尚书右仆射王褒说道:"如今老百姓还没有看见陛下的车驾进入建康,还以为陛下是封国的一个王。希望陛下依从天下百姓的愿望,回到建康定都。"当时群臣多数是荆州人,他们都说:"周弘正等是东部的人,当然期望回到东部去,但那恐怕并不是好主意。"周弘正当面争辩说:"东部的人劝说皇上回到东部去,就认为不是好主意,你们各位西部的人想要留在西部,难道就成了长久之计吗?"梁元帝笑了。又在后堂讨论这个问题,与会者共有五百人。梁元帝征询大家的意见,说道:"我想要回建康建都,各位认为怎么样?"众人谁也不敢先回答。梁元帝说道:"劝我去建康的人,请袒露左臂。"结果袒露左臂的人超过了一半。武昌太守朱买臣向梁元帝进言道:"建康是我们梁朝的旧都,是皇家陵园的所在地。而荆州是边疆重镇,并不是帝王居住的地方。希望陛下不要犹豫,以致将来后悔。我家就住在荆州,怎么能不愿意陛下住在这里呢?但这样恐怕是臣下的富贵之计,而不是陛下的富贵之计啊!"梁元帝让术士杜景豪占卜一下吉凶,结果是不吉利,于是杜景豪对梁元帝说:"不要去建康。"退朝后他又说:"这个征兆是鬼贼所留下的。"梁元帝认为建康凋敝残破,而江陵正处于最兴盛的时期,内心也是想安居在此地,最终听从了胡僧祐等人的意见,不去建康。九月庚午(十一日)这一天,梁元帝下诏,命王僧辩回去镇守建康,陈霸先再回京口。

北齐国君派郭元建在合肥训练两万多水军,要攻建康,接纳了

湘潭侯退，又遣将军邢景远、步大汗萨帅众继之。陈霸先在建康闻之，白上。上诏王僧辩镇姑孰以御之。冬十月己酉，王僧辩至姑孰，遣婺州刺史侯瑱、吴郡太守张彪、吴兴太守裴之横筑垒东关，以待齐师。闰月丁丑，南豫州刺史侯瑱与郭元建战于东关，齐师大败，溺死者万计。湘潭侯退复归于邺，王僧辩还建康。

十一月丙寅，上使侍中王琛使于魏。太师泰阴有图江陵之志，梁王詧闻之，益重其贡献。

三年春正月，陈霸先自丹徒济江，围齐广陵，秦州刺史严超达自齐郡进围泾州，南豫州刺史侯瑱、吴郡太守张彪皆出石梁，为之声援。三月己酉，魏侍中宇文仁恕来聘，会齐使者亦至江陵，帝接仁恕不及齐使。仁恕归，以告太师泰。帝又请据旧图定疆境，辞颇不逊。泰曰："古人有言：'天之所弃，谁能兴之。'其萧绎之谓乎！"荆州刺史长孙俭屡陈攻取之策，泰征俭入朝，问以经略，复命还镇，密为之备。马伯符密使告帝，帝弗之信。夏四月丙寅，上使散骑常侍庾信等聘于魏。

癸酉，以陈霸先为司空。

五月，散骑郎新野庾季才言于上曰："去年八月丙申，月犯心中星，今月丙戌，赤气干北斗。心为天王，丙主楚分，臣恐建子之月有大兵入江陵，陛下宜留重臣镇江陵，整旆还都以避其患。假令魏虏侵蹙，止失荆、湘，在于社稷，

湘潭侯萧退的投降，又派将军邢景远、步大汗萨率兵跟进。陈霸先在建康听到这些情况，就报告梁元帝。梁元帝下诏，命令王僧辩去镇守姑孰，进行防御。冬季十月己酉（二十日），王僧辩抵达姑孰，派婺州刺史侯瑱、吴郡太守张彪、吴兴太守裴之横在东关修筑营垒，以等待北齐军队。闰十一月丁丑，南豫州刺史侯瑱与郭元建在东关会战，北齐军大败，落水淹死的士兵数以万计。湘潭侯萧退又退回邺城，王僧辩返回建康。

十一月丙寅（初八），梁元帝派侍中王琛出使西魏。西魏太师宇文泰暗地里有夺取江陵的野心，梁王萧詧听说这一情况，增加了给西魏的进贡。

三年（554）春季正月，陈霸先从丹徒渡过长江，包围了北齐的广陵，秦州刺史严超达从齐郡进兵，包围了泾州，南豫州刺史侯瑱、吴郡太守张彪都从石梁出发，声援陈霸先和严超达。三月己酉（二十三日），西魏侍中宇文仁恕出使梁朝，恰好遇上北齐使者也到了江陵，梁元帝接待宇文仁恕不如接待北齐使者那样隆重。宇文仁恕回去后，把这些情况报告给太师宇文泰。梁元帝又建议根据过去的版图来划定梁朝与西魏的边界，措辞十分傲慢。宇文泰说："古人有一种说法：'上天所摒弃的东西，谁能使他兴盛起来？'这说的就是萧绎吧！"荆州刺史长孙俭曾多次陈述进攻梁朝的计策，宇文泰征召长孙俭入朝，向他询问作战方略，然后命令他回原地镇守，秘密地为南下攻梁做准备。马伯符秘密地派出使者把这些情况报告给梁元帝，梁元帝不相信。夏季四月丙寅（十一日），梁元帝派散骑常侍庾信等到西魏去访问。

癸酉（十八日），梁朝任命陈霸先为司空。

五月，散骑郎新野人庾季才向梁元帝进言说："去年八月丙申（初六），月亮侵犯了心宿三星中的中星，本月丙戌（初一），赤气侵犯了北斗星。心宿三星中的中星是天王，丙的天干主管楚地分野，我担心建子月（十一月）将有大军来犯江陵，陛下最好留下重臣镇守江陵，自己整顿旌旗仪仗返回建康，以避祸患。即使西魏敌寇入侵，也只限于失去荆州、湘州，而对于整个国家来说，

犹得无虑。"上亦晓天文,知楚有灾,叹曰:"祸福在天,避之何益!"

六月壬午,齐步大汗萨将兵四万趣泾州,王僧辩使侯瑱、张彪自石梁引兵助严超达拒之。瑱、彪迟留不进。将军尹令思将万馀人谋袭盱眙。齐冀州刺史段韶将兵讨东方白额于宿预,广陵、泾州皆来告急,诸将患之。韶曰:"梁氏丧乱,国无定主,人怀去就,强者从之。霸先等外托同德,内有离心,诸君不足忧,吾揣之熟矣。"乃留仪同三司敬显携等围宿预,自引兵倍道趣泾州,涂出盱眙。令思不意齐兵猝至,望风退走。韶进击超达,破之,回趣广陵,陈霸先解围走。杜僧明还丹徒,侯瑱、张彪还秦郡。

秋九月乙巳,魏遣柱国常山公于谨、中山公宇文护、大将军杨忠将兵五万入寇。冬十月壬戌,发长安。长孙俭问谨曰:"为萧绎之计,将如何?"谨曰:"耀兵汉、沔,席卷渡江,直据丹杨,上策也;移郭内居民退保子城,峻其陴堞,以待援军,中策也;若难于移动,据守罗郭,下策也。"俭曰:"揣绎定出何策?"谨曰:"下策。"俭曰:"何故?"谨曰:"萧氏保据江南,绵历数纪,属中原多故,未遑外略。又以我有齐氏之患,必谓力不能分。且绎懦而无谋,多疑少断,愚民难与虑始,皆恋邑居,所以知其用下策也。"

仍然可以无忧。"梁元帝也通晓天文,明白楚地会有兵灾,叹了一口气,说:"人的祸福都是由上天决定的,躲避有什么用?"

六月壬午(二十七日),北齐步大汗萨率领四万兵马直逼泾州,王僧辩派南豫州刺史侯瑱、吴郡太守张彪率领部队从石梁出发,去协助严超达抵抗北齐的入侵。侯瑱、张彪都滞留下来,不肯进兵。梁朝将军尹令思带领一万多人策划袭击盱眙。北齐冀州刺史段韶带领部队在宿预讨伐东方白额,这时广陵、泾州方面都来告急,将领们都很担心。段韶说:"梁朝政局动乱,国家没有确定的主人,臣子怀着或去或留两种心思,看谁强大就顺从谁。陈霸先等人表面上宣称与梁朝同心同德,实际上早已离心,各位不必担忧,我对个中情形都已揣摩透了。"于是留下仪同三司敬显携等人围困宿预,自己带领部队用加倍的速度直奔泾州,进军途中经过盱眙。尹令思没想到北齐的部队会突然到达,望风逃跑了。段韶进攻严超达的部队,打败了他们,回过头来直奔广陵,陈霸先解除对广陵的围困,撤回部队。杜僧明回丹徒,侯瑱、张彪回秦郡。

秋季九月乙巳那天,西魏派柱国常山公于谨、中山公宇文护、大将军杨忠带领五万兵马侵犯梁朝。冬季十月壬戌(初九),部队从长安出发。长孙俭问于谨:"我们替萧绎盘算一下,他将怎样对付我们的进攻呢?"于谨回答说:"他如果在汉水、沔水一带炫耀兵威,然后带上全部人马和家当渡过长江,长驱直入占据丹杨,这是上策;他如果迁移江陵外城的居民退守内城,加高城墙以等待援军,这是中策;他如果觉得迁移居民很困难,便就地把守外城,这是下策。"长孙俭问:"你估计萧绎到底会采用哪一种计策?"于谨答道:"下策。"长孙俭问:"为什么呢?"于谨答道:"萧氏家族占据江南,已经延续了几十年,正好这段时间里中原大地多灾多难,顾不上向外扩张。又因为我们有北齐为患,萧氏肯定认为我们不可能分出兵力去进攻他们。况且萧绎懦弱而无计谋,多疑而少决断,而平民百姓都不能深谋远虑,又都留恋自己的家园,所以我知道萧绎会采用下策。"

癸亥，武宁太守宗均告魏兵且至，帝召公卿议之。领军胡僧祐、太府卿黄罗汉曰："二国通好，未有嫌隙，必应不尔。"侍中王琛曰："臣揣宇文容色，必无此理。"乃复使琛使魏。丙寅，于谨至樊、邓，梁王詧帅众会之。丁卯，内外戒严。王琛至石梵，未见魏军，驰书报黄罗汉曰："吾至石梵，境上帖然，前言皆儿戏耳。"帝闻而疑之。

辛未，帝使主书李膺至建康，征王僧辩为大都督、荆州刺史，命陈霸先徙镇扬州。僧辩遣豫州刺史侯瑱帅程灵洗等为前军，兖州刺史杜僧明帅吴明彻等为后军。甲戌，帝夜登凤凰阁，徙倚叹息曰："客星入翼、轸，今必败矣！"嫔御皆泣。

陆法和闻魏师至，自郢州入汉口，将赴江陵。帝使逆之曰："此自能破贼，但镇郢州，不须动也。"法和还州，垩其城门，著衰绖，坐苇席，终日，乃脱之。

十一月，帝大阅于津阳门外，遇北风暴雨，轻辇还宫。癸未，魏军济汉，于谨令宇文护、杨忠帅精骑先据江津，断东路。甲申，护克武宁，执宗均。是日，帝乘马出城行栅，插木为之，周围六十馀里。以领军将军胡僧祐都督城东诸军事，尚书右仆射张绾为之副，左仆射王褒都督城西诸军事，四厢领直元景亮为之副。王公已下各有所守。丙戌，命太子

癸亥（初十），武宁太守宗均报告西魏军队即将来到，梁元帝召集公卿会商对策。领军胡僧祐、太府卿黄罗汉说："西魏和梁朝两国友好交往，也没有什么矛盾怨仇，我想不会向我们进攻吧。"侍中王琛说："我揣摩宇文泰的神色，绝对没有发兵进攻我们的道理。"于是，梁元帝再次派王琛出使西魏。丙寅（十三日），于谨的部队抵达樊、邓一带，梁王萧詧率领兵众在这里与于谨会师。丁卯（十四日），江陵城内城外实行戒严。王琛抵达石梵，没有看见西魏的军队，迅速送信报告黄罗汉，说："我已经到达石梵，边境上很安宁，上次说西魏要进攻我们，都是儿戏罢了。"梁元帝听了有点怀疑。

辛未（十八日），梁元帝派主书李膺去建康，征召王僧辩担任大都督、荆州刺史，命令陈霸先移兵镇守扬州。王僧辩派豫州刺史侯瑱带领程灵洗等为前军，兖州刺史杜僧明带领吴明彻等为后军。甲戌（二十一日），梁元帝夜晚登上凤凰阁，来回踱步，叹息说："客星侵犯翼宿和轸宿，这回肯定要失败了！"随行的嫔妃侍妾听了之后都哭了。

陆法和听说西魏军队杀了过来，就从郢州赶到汉口，准备前往江陵抗敌。梁元帝派人拦住他，带口信给他说："这儿我自己能够打败敌人，你只管守住郢州，不需要你出动。"陆法和返回郢州，用白土粉刷城门，自己穿上丧服，在苇席上坐了一整天，才脱下丧服。

十一月，梁元帝在津阳门外举行盛大的阅兵式，遇到刮北风下暴雨，赶紧乘坐轻便的辇车回宫。癸未（初一），西魏军队渡过汉水，于谨命令宇文护、杨忠率领精锐的骑兵先去占领江津，切断梁朝君臣东逃的道路。甲申（初二），宇文护攻克武宁，拘捕了太守宗均。这一天，梁元帝骑马出城巡视护城的栅栏，栅栏是用插在地上的木头构成的，围绕一周有六十多里。又任命领军将军胡僧祐为都督城东诸军事，尚书右仆射张绾做他的副手，任命左仆射王褒为都督城西诸军事，四厢领直元景亮做他的副手。王公以下的大臣各有守责。丙戌（初四），梁元帝命令太子

巡行城楼，令居人助运木石。夜，魏军至黄华，去江陵四十里。丁亥，至栅下。戊子，巂州刺史裴畿、畿弟新兴太守机、武昌太守朱买臣、衡阳太守谢答仁开柹杷门出战，裴机杀魏仪同三司胡文伐。畿，之高之子也。

帝征广州刺史王琳为湘州刺史，使引兵入援。丁酉，栅内火，焚数千家及城楼二十五。帝临所焚楼，望魏军济江，四顾叹息。是夜，遂止宫外，宿民家。己亥，移居祗洹寺。于谨令筑长围，中外信命始绝。

庚子，信州刺史徐世谱、晋安王司马任约等筑垒于马头，遥为声援。是夜，帝巡城，犹口占为诗，群臣亦有和者。帝裂帛为书，趣王僧辩曰："吾忍死待公，可以至矣！"壬寅，还宫。癸卯，出长沙寺。戊申，王褒、胡僧祐、朱买臣、谢答仁等开门出战，皆败还。己酉，帝移居天居寺。癸丑，移居长沙寺。朱买臣按剑进曰："唯斩宗懔、黄罗汉，可以谢天下！"帝曰："曩实吾意，宗、黄何罪！"二人退入众中。

王琳军至长沙，镇南府长史裴政请间道先报江陵。至百里洲，为魏人所获。梁王詧谓政曰："我，武皇帝之孙也，不可为尔君乎？若从我计，贵及子孙；如或不然，腰领分矣。"政诡曰："唯命。"詧锁之至城下，使言曰"王僧辩闻

上城楼巡视督责，命令居民帮助搬运守城用的木头和石头。夜里，西魏军队抵达黄华，那儿离江陵只有四十里。丁亥（初五），抵达栅栏附近。戊子（初六），巂州刺史裴畿、裴畿的弟弟新兴太守裴机、武昌太守朱买臣、衡阳太守谢答仁率领各自的部队打开枇杷门出兵迎战，裴机杀死西魏仪同三司胡文伐。裴畿，是裴之高的儿子。

梁元帝征召广州刺史王琳担任湘州刺史，让他带兵来江陵救援。丁酉（十五日），栅栏内失火，烧毁了几千户人家和二十五座城楼。梁元帝亲临烧毁的城楼，远望正在渡江的西魏军队，环视四周，不禁长叹。这一夜，梁元帝居住在宫外，住在了老百姓家里。己亥（十七日），移居到了祇洹寺内。西魏于谨下令修筑围城的工事，从此梁朝无法派信使向外传递诏命，内外联络被切断。

庚子（十八日），信州刺史徐世谱、晋安王司马任约等在马头修筑营垒，远远地作为声援。这一夜，梁元帝巡视城池，还随口吟诗，群臣中也有和诗的。梁元帝撕裂缯帛，在上面写了封信，催促王僧辩说："我临死不肯绝气等着你来，你可以来了吧！"壬寅（二十日），梁元帝回到宫中。癸卯（二十一日），又出宫住在长沙寺。戊申（二十六日），王褒、胡僧祐、朱买臣、谢答仁等打开城门出城迎战，全部战败而回。己酉（二十七日），梁元帝移居天居寺。十二月癸丑（初一），又移居长沙寺。朱买臣用手抚剑，向梁元帝进言说："只有杀了宗懔、黄罗汉，才能够向天下百姓谢罪！"梁元帝说："过去决定不回建康实际上是我的意思，宗懔、黄罗汉有什么罪？"宗、黄二人退入群臣之中。

王琳的部队抵达长沙，镇南府长史裴政请求抄近路先把援军到来的消息报告江陵方面。裴政赶到百里洲，被西魏人抓获。梁王萧詧对裴政说："我是梁武帝的孙子，不能做你的君主吗？如果接受我的计策，我让你子子孙孙都富贵；如果不照我说的做，那么你的腰和脖子就将分置两处。"裴政假装同意，说："我听你的。"萧詧用铁链把他锁住，推到江陵城下，让他说"王僧辩听

台城被围，已自为帝，王琳孤弱，不能复至”，政告城中曰：
“援兵大至，各思自勉。吾以间使被禽，当碎身报国。”监者
击其口，詈怒，命速杀之。西中郎参军蔡大业谏曰：“此民
望也，杀之，则荆州不可下矣。”乃释之。政，之礼之子。大
业，大宝之弟也。

　　时征兵四方，皆未至。甲寅，魏人百道攻城，城中负户
蒙楯，胡僧祐亲当矢石，昼夜督战，奖励将士，明行赏罚，
众咸致死，所向摧殄，魏不得前。俄而僧祐中流矢死，内
外大骇。魏悉众攻栅，反者开西门纳魏师。帝与太子、王
褒、谢答仁、朱买臣退保金城，令汝南王大封、晋熙王大圆
质于于谨以请和。魏军之初至也，众以王僧辩子侍中颙可
为都督，帝不用，更夺其兵，使与左右十人入守殿中。及胡
僧祐死，乃用为都督城中诸军事。裴畿、裴机、历阳侯峻皆
出降。于谨以机手杀胡文伐，并畿杀之。峻，渊猷之子也。
时城南虽破，而城北诸将犹苦战，日暝，闻城陷，乃散。

　　帝入东阁竹殿，命舍人高善宝焚古今图书十四万卷，
将自赴火，宫人左右共止之。又以宝剑击柱令折，叹曰：“文
武之道，今夜尽矣！”乃使御史中丞王孝祀作降文。谢答仁、
朱买臣谏曰：“城中兵众犹强，乘暗突围而出，贼必惊，因而
薄之，可渡江就任约。”帝素不便走马，曰：“事必无成，只增

说台城被围困，已经自立为皇帝，王琳势孤力弱，不能再来救援了"，裴政却大声告诉城里说："救援的部队大批地赶来了，希望你们自奋自励。我因担任秘密报信的使者，被敌军俘虏，理当粉身碎骨报效国家。"监视他的人打他的嘴巴，萧詧非常愤怒，命令手下的人快把他杀了。西中郎参军蔡大业劝阻说："裴政的所作所为，使民众仰望而归心，如果杀了他，荆州就攻不下来了。"萧詧于是释放了裴政。裴政，是裴之礼的儿子。蔡大业，是蔡大宝的弟弟。

当时梁元帝向四面八方征召援军，可全都没有来。甲寅（初二），西魏军队想尽各种办法攻城，城里的守军扛着门板做盾牌，胡僧祐亲自冒着飞箭流石，日夜督战，奖赏勉励将士，严明地实行赏罚，大家都拼死抵抗，所向披靡，西魏官兵无法前进。不久，胡僧祐被流箭击中身亡，江陵内城和外城的军民十分惊恐。西魏军队全体出动，猛攻栅栏，叛逆者打开江陵城西门迎入西魏军队。梁元帝和太子、王褒、谢答仁、朱买臣等退守金城，命令汝南王萧大封、晋熙王萧大圆作为人质，到于谨那儿去求和。在西魏军队刚来攻城的时候，大家认为王僧辩的儿子侍中王颛可以担任都督，但梁元帝没有任用他，还剥夺了他率领的士兵，命令他和十个侍从到宫殿中进行守卫。等到胡僧祐死了，才任命他为都督城中诸军事。裴畿、裴机、历阳侯萧峻都出城投降了。于谨让裴机动手杀了胡文伐，又把裴机和裴畿一块儿杀了。萧峻，是萧渊猷的儿子。当时城南虽然已被攻破，但城北的将士们仍在苦战，天黑的时候，听说城池已被攻陷，于是纷纷逃散。

梁元帝进入东阁竹殿，命令舍人高善宝焚烧古今图书十四万卷，正准备跳到火里自焚，宫女和左右侍从一起阻止了他。梁元帝又用宝剑砍柱子，将宝剑砍折，他长叹说："文武之道，今天晚上全完了！"于是命令御史中丞王孝祀写投降文告。谢答仁、朱买臣劝阻说："城内的兵力还算强大，如果趁着黑夜突围出城，贼寇肯定惊慌，趁机逼近敌阵，就能渡过长江向任约的部队靠拢。"梁元帝平时不善于骑马，说："这事肯定不会成功的，只会增添

辱耳。"答仁求自扶,帝以问王褒,褒曰:"答仁,侯景之党,岂足可信!成彼之勋,不如降也!"答仁又请守子城,收兵可得五千人。帝然之,即授城中大都督,配以公主。既而召王褒谋之。以为不可。答仁请入不得,欧血而去。于谨征太子为质,帝使王褒送之。谨子以褒善书,给之纸笔,褒乃书曰:"柱国常山公家奴王褒。"有顷,黄门郎裴政犯门而出。帝遂去羽仪文物,白马素衣出东门,抽剑击阖曰:"萧世诚一至此乎!"魏军士度堑牵其辔,至白马寺北,夺其所乘骏马,以驽马代之。遣长壮胡人手扼其背以行,逢于谨,胡人牵帝使拜。梁王詧使铁骑拥帝入营,囚于乌幔之下,甚为詧所诘辱。

帝性残忍,且惩高祖宽纵之弊,故为政尚严。及魏师围城,狱中死囚且数千人,有司请释之以充战士。帝不许,悉令梏杀之,事未成而城陷。

十二月丙辰,徐世谱、任约退戍巴陵。于谨逼帝使为书召王僧辩,帝不可。使者曰:"王今岂得自由?"帝曰:"我既不自由,僧辩亦不由我。"又从长孙俭求宫人王氏、苟氏及幼子犀首,俭并还之。或问:"何意焚书?"帝曰:"读书万卷,犹有今日,故焚之!"

耻辱罢了。"谢答仁要求亲自为梁元帝牵马护侍,梁元帝征询王褒的意见,王褒说:"谢答仁,是侯景的党羽,怎么值得相信?与其成就他的功勋,还不如投降呢!"谢答仁又请求去守卫内城,说收拾散兵能够得到五千人。梁元帝同意了,立即授予他城中大都督的官职,还把公主许配给他。不久以后,梁元帝又召见王褒来商议这件事,王褒认为这样不行。谢答仁请求入宫晋见梁元帝,但不获批准,谢答仁气得吐血,只好走了。于谨要求让梁朝的太子去当人质,梁元帝让王褒把太子送去。于谨的儿子知道王褒擅长书法,给他纸和笔请他写字,王褒竟然写道:"柱国常山公于谨的家奴王褒。"过了一会儿,黄门郎裴政冲出门去。梁元帝于是丢弃羽仪饰物,骑着白马,穿着素服,从东门逃出去,出门时还抽出宝剑砍了一下门扇,说:"我萧世诚竟然落到这一地步!"西魏的士兵跳过沟堑,拉住梁元帝坐骑的辔头,牵到白马寺北边,夺走梁元帝乘坐的这匹骏马,换了一匹劣马给他。又派了一名高大粗壮的胡人用手掐住他的后背,押着他向前走,路上遇到于谨,胡人牵引着梁元帝,要他跪拜。梁王萧詧派精锐骑兵推推搡搡地把梁元帝送进军营,关押在黑色帐幕之中,萧詧狠狠地责问、羞辱了他一通。

梁元帝生性残忍,而且为了克服梁武帝为政过于宽容放纵的弊病,所以处理政事崇尚严峻。到西魏军队围城时,狱中关押的死罪囚犯还有数千人,有关官员建议予以释放,让他们充当战士。梁元帝不同意,下令用棍棒把他们全部打死,但此事还没有做成,江陵城已经陷落了。

十二月丙辰(初四),徐世谱、任约退守巴陵。于谨逼迫梁元帝的使者写信征召王僧辩,梁元帝不允许使者写信。使者问:"如今难道还能由大王自己做主?"梁元帝回答说:"我既然不能由自己做主,王僧辩也不会听我的。"梁元帝又向长孙俭要宫人王氏、苟氏以及幼子萧犀首,长孙俭都还给了他。有人问梁元帝:"你为什么要烧书呢?"萧元帝说:"我读了一万卷书,仍然落得今天的下场,所以烧了它们!"

辛未,帝为魏人所杀。梁王詧遣尚书傅准监刑,以土囊陨之。詧使以布帊缠尸,敛以蒲席,束以白茅,葬于津阳门外。并杀愍怀太子元良、始安王方略、桂阳王大成等。世祖性好书,常令左右读书,昼夜不绝,虽熟睡,卷犹不释,或差误及欺之,帝辄惊寤。作文章,援笔立就。常言:"我韬于文士,愧于武夫。"论者以为得言。

魏立梁王詧为梁主,资以荆州之地,延袤三百里,仍取其雍州之地。詧居江陵东城,魏置防主,将兵居西城,名曰助防,外示助詧备御,内实防之。以前仪同三司王悦留镇江陵。于谨收府库珍宝及宋浑天仪、梁铜晷表、大玉径四尺及诸法物。尽俘王公以下及选百姓男女数万口为奴婢,分赏三军,驱归长安,小弱者皆杀之。得免者三百馀家,而人马所践及冻死者什二三。

魏师之在江陵也,梁王詧将尹德毅说詧曰:"魏虏贪惏,肆其残忍,杀掠士民,不可胜纪。江东之人涂炭至此,咸谓殿下为之。殿下既杀人父兄,孤人子弟,人尽仇也,谁与为国!今魏之精锐尽萃于此,若殿下为设享会,请于谨等为欢,预伏武士,因而毙之,分命诸将,掩其营垒,大歼群丑,俾无遗类。收江陵百姓,抚而安之,文武群寮,随材铨授。魏人慑息,未敢送死,王僧辩之徒,折简可致。然后朝服济江,

辛未（十九日），梁元帝被西魏人杀死。梁王萧詧派尚书傅准去监督行刑，用装满沙土的袋子把他压死。萧詧派人用粗布包裹尸体，用蒲席装殓，用白茅草捆住，埋葬在津阳门外。同时被杀的还有愍怀太子萧元良、始安王萧方略、桂阳王萧大成等。梁元帝生性喜欢书籍，经常让身边的人给他读书，日夜不停地读，即使睡熟了，书还没有放下，有时读错了或有意漏读欺骗他，他会立即惊醒过来。他写文章，提起笔来就立即成篇。他经常说："我比文士更善于谋篇成文，比起武夫来却有些惭愧。"评论他的人认为这话说得很恰当。

西魏立梁王萧詧为梁朝国君，给了他荆州界内缘江一块狭长的土地，宽不超过三百里，西魏还夺取了萧詧雍州的土地。萧詧住在江陵东城，西魏在江陵设置防主，带兵住在西城，名义上是协助防务，对外表示帮助萧詧备战御敌，对内其实是防备萧詧。西魏任命前仪同三司王悦留下来镇守江陵。于谨没收了梁朝府库中的珍宝以及刘宋时期的浑天仪、梁朝的铜晷表、直径四尺的美玉和各种用于仪仗、祭祀的器物。把王公以下的官员和挑选出来的普通男女几万人全部俘虏去当奴仆和婢女，分赏给三军将士，驱赶回长安，而年幼体弱的全都杀死。有三百多户人家幸免于死，但被人马踩死和冻死的也占了十分之二三。

西魏军队在江陵的时候，梁王萧詧的将领尹德毅劝萧詧说："西魏寇虏贪得无厌，残忍本性暴露无遗，杀害劫掠的官员和民众，数不胜数。江东的百姓遭受如此灾难，大家都认为是殿下您干的。殿下既已杀了人家的父兄，使人家的子弟成为孤儿，大家都仇恨殿下，谁还肯为国出力呢？如今，西魏的精锐部队都集中在这里，如果殿下设宴犒劳他们，邀请于谨等人尽情欢饮，预先埋伏武士，趁机击毙他们，然后分头命令各位将领，突然袭击他们的军营，彻底歼灭这些丑类，使他们一个也不能活下来。再收容离散的江陵老百姓，抚慰并安置他们，对于文武百官，根据才能大小而选拔任用。这样，西魏人因恐惧而不敢随便来送死，王僧辩之辈，写封信就能招降。然后就可以穿上朝服渡过长江，

入践皇极。暑刻之间，大功可立。古人云：'天与不取，反受其咎。'愿殿下恢弘远略，勿怀匹夫之行。"詧曰："卿此策非不善也，然魏人待我厚，未可背德。若遽为卿计，人将不食吾馀。"既而阖城长幼被虏，又失襄阳，詧乃叹曰："恨不用尹德毅之言！"

王僧辩、陈霸先共奉江州刺史晋安王方智为太宰，承制。

王褒、王克、刘毂、宗懔、殷不害及尚书右丞吴兴沈炯至长安，太师泰皆厚礼之。

敬帝绍泰元年春正月壬午朔，邵陵太守刘棻将兵援江陵，至三百里滩，部曲宋文彻杀之，帅其众还据邵陵。

梁王詧即皇帝位于江陵，改元大定。追尊昭明太子为昭明皇帝，庙号高宗，妃蔡氏为昭德皇后。尊其母龚氏为皇太后，立妻王氏为皇后，子岿为皇太子。赏刑制度并同王者，唯上疏于魏则称臣，奉其正朔。至于官爵其下，亦依梁氏之旧，其勋级则兼用柱国等名。以谘议参军蔡大宝为侍中、尚书令，参掌选事。外兵参军太原王操为五兵尚书。大宝严整有智谋，雅达政事，文辞赡速，后梁主推心任之，以为谋主，比之诸葛孔明。操亦亚之。追赠邵陵王纶太宰，谥曰壮武；河东王誉丞相，谥曰武桓。

齐主使清河王岳将兵攻魏安州，以救江陵。岳至义阳，江陵陷，因进军临江，郢州刺史陆法和及仪同三司宋莅举州降之。长史江夏太守王岷不从，杀之。甲午，齐召岳还，

回建康登上皇位。顷刻之间,巨大的功业就可以建立。古人说:'上天给予的东西不去拿,反而会受到上天的责罚。'希望殿下弘扬雄才大略,深谋远虑,而不要像普通人那样行事。"萧詧说:"你这计策并不是不好,可西魏人待我很好,我不能背弃别人的恩德。如果轻率地采纳你的计策,人们连我的肉也不屑于去吃。"不久以后,江陵全城的百姓不分长幼都被俘虏,又丢失了襄阳,萧詧才长叹一声,说:"只恨当初没有采用尹德毅的建议!"

王僧辩、陈霸先共同尊奉江州刺史晋安王萧方智为太宰,继承梁朝的朝制。

王褒、王克、刘毂、宗懔、殷不害以及尚书右丞吴兴人沈炯都来到长安,西魏太师宇文泰均给予优厚的礼遇。

敬帝绍泰元年(555)春季正月壬午是初一,邵陵太守刘棻带领部队援救江陵,部队行进到三百里滩,部将宋文彻杀了刘棻,把部队带回邵陵据守。

梁王萧詧在江陵即皇帝位,改年号为大定。追尊昭明太子萧统为昭明皇帝,庙号为高宗,追尊昭明太子的妃子蔡氏为昭德皇后。尊奉自己的母亲龚氏为皇太后,立妻子王氏为皇后,立儿子萧岿为皇太子。赏赐刑罚方面的规定,都与称帝的体制相同,只有在向西魏上书时自称臣下,并采用西魏的历法。至于授官封爵方面的规定,也还依照梁朝的旧例,而功勋的等级则兼用西魏设置的柱国等名目。任命谘议参军蔡大宝为侍中、尚书令,参与掌管选拔官员之事。任命外兵参军太原人王操为五兵尚书。蔡大宝为人严肃庄重,富有谋略,一向通晓政事,作文措辞丰沛思路敏捷,后梁主萧詧推心置腹地任用他,把他当作主要谋士,比作诸葛孔明。王操的地位也仅次于蔡大宝。追赠邵陵王萧纶为太宰,谥号为壮武;河东王萧誉为丞相,谥号为武桓。

北齐国主高洋派遣清河王高岳率领部队攻打西魏的安州,以援救江陵。高岳抵达义阳时,江陵已经陷落,于是进军沿江地区,郢州刺史陆法和以及仪同三司宋萐带领全州官兵投降。长史江夏太守王岷不顺从,被杀。甲午(十三日),北齐召回高岳,

使仪同三司清都慕容俨戍郢州。王僧辩遣江州刺史侯瑱攻郢州,任约、徐世谱、宜丰侯循皆引兵会之。

辛丑,齐立贞阳侯渊明为梁主,使其上党王涣将兵送之,徐陵、湛海珍等皆听从渊明归。贞阳侯陷魏事,见《侯景之乱》

二月癸丑,晋安王至自寻阳,入居朝堂,即梁王位,时年十三。以太尉王僧辩为中书监、录尚书、骠骑大将军、都督中外诸军事,加陈霸先征西大将军。

齐主先使殿中尚书邢子才驰传诣建康,与王僧辩书,以为:“嗣主冲藐,未堪负荷。彼贞阳侯,梁武犹子,长沙之胤,以年以望,堪保金陵,故置为梁主,纳于彼国。卿宜部分舟舻,迎接今主,并心一力,善建良图。”乙卯,贞阳侯渊明亦与僧辩书求迎。僧辩复书曰:“嗣主体自宸极,受于文祖。明公傥能入朝,同奖王室,伊、吕之任,金曰仰归。意在主盟,不敢闻命。”甲子,齐以陆法和为都督荆雍等十州诸军事、太尉、大都督、西南道大行台,又以宋莅为郢州刺史,莅弟簉为湘州刺史。甲戌,上党王涣克谯郡。己卯,渊明又与僧辩书,僧辩不从。

故刘菜主帅赵朗杀宋文彻,以邵陵归于王琳。

三月,贞阳侯渊明至东关,散骑常侍裴之横御之。丙戌,齐克东关,斩裴之横,俘数千人。王僧辩大惧,出屯姑孰,谋纳渊明。

夏五月,王琳迎永嘉王庄送之建康。

命令仪同三司清都人慕容俨守卫郢州。王僧辩派江州刺史侯瑱攻打郢州,任约、徐世谱、宜丰侯萧循等都带兵前去会合。

辛丑(二十日),北齐立贞阳侯萧渊明为梁主,并派他们的上党王高涣率领部队护送萧渊明回南方,徐陵、湛海珍等都被允许跟萧渊明一块儿回去。贞阳侯萧渊明陷于西魏一事,参见《侯景之乱》。

二月癸丑(初二),晋安王萧方智从寻阳来到建康,进入朝堂居住,即位做梁王,当时十三岁。萧方智任命太尉王僧辩担任中书监、录尚书、骠骑大将军、都督中外诸军事,加封陈霸先为征西大将军。

北齐国主高洋先派殿中尚书邢子才驾着驿站的车马赶往建康,送去写给王僧辩的一封信,信中认为:"嗣位的君主年龄幼小,不能担当重任。而那位贞阳侯萧渊明,是梁武帝的侄子,长沙王萧懿的后代,就他的年纪和声望而言,能够保全金陵,因此把他立为梁朝的主子,交还给他的国家。你应该安排船只,迎接现在的国君,跟他同心协力,好好创建美好的未来。"乙卯(初四),贞阳侯萧渊明也给王僧辩写信,要求他来迎接自己。王僧辩给萧渊明回信说:"嗣位的君主萧方智的血统来自梁武帝,又受命于梁元帝。您如果能来到朝廷,跟我一同辅佐王室,那么伊尹、吕望的使命,大家都会说应该归于您了。如果您想回来当主子,那么我不能接受这样的命令。"甲子(十三日),北齐任命陆法和为都督荆州、雍州等十州诸军事、太尉、大都督、西南道大行台。又任命宋茝为郢州刺史,任命宋茝的弟弟宋簉为湘州刺史。甲戌(二十三日),上党王高涣攻克谯郡。己卯(二十八日),萧渊明又给王僧辩写信,要求他来迎接自己,王僧辩仍然没答应。

已故邵陵太守刘棻的主帅赵朗杀了宋文彻,带着邵陵郡军民归附湘州刺史王琳。

三月,贞阳侯萧渊明来到东关,散骑常侍裴之横带兵抵御。丙戌(初六),北齐军队攻克东关,斩杀裴之横,俘获了几千人。王僧辩非常恐惧,离开建康去驻守姑孰,并打算接纳萧渊明。

夏季五月,湘州刺史王琳接来永嘉王萧庄,把他送到建康。

王僧辩遣使奉启于贞阳侯渊明,定君臣之礼。又遣别使奉表于齐,以子显及显母刘氏、弟子世珍为质于渊明。遣左民尚书周弘正至历阳奉迎,因求以晋安王为皇太子,渊明许之。渊明求度卫士三千,僧辩虑其为变,止受散卒千人。庚子,遣龙舟法驾迎之。渊明与齐上党王涣盟于江北,辛丑,自采石济江。于是梁舆南渡,齐师北返。僧辩疑齐,拥楫中流,不敢就西岸。齐侍中裴英起卫送渊明,与僧辩会于江宁。癸卯,渊明入建康,望朱雀门而哭,道逆者以哭对。丙午,即皇帝位,改元天成。以晋安王为皇太子,王僧辩为大司马,陈霸先为侍中。

六月,齐慕容俨始入郢州,而侯瑱等奄至城下,俨随方备御,瑱等不能克。乘间出击瑱等军,大破之。城中食尽,煮草木根叶及靴皮带角食之,与士卒分甘共苦,坚守半岁,人无异志。贞阳侯渊明立,乃命瑱等解围,瑱还镇豫章。齐人以城在江外难守,因割以还梁。俨归,望齐主,悲不自胜。齐主呼前,执其手,脱帽看发,叹息久之。

吴兴太守杜龛,王僧辩之婿也。僧辩以吴兴为震州,用龛为刺史,又以其弟侍中僧愔为豫章太守。

壬子,齐主以梁国称藩,诏凡梁民悉遣南还。

王僧辩派使者向贞阳侯萧渊明呈上奏章,确定君臣的礼节。又派另一使者到北齐上表,派儿子王显、王显的母亲刘氏以及侄子王世珍到萧渊明那儿去做人质。又派左民尚书周弘正到历阳恭迎萧渊明,趁机要求确立晋安王萧方智为皇太子,萧渊明同意了。萧渊明要求自己的三千卫兵一同过江,王僧辩担心这些卫兵作乱,只接受了不成建制的士兵一千人。庚子(二十一日),王僧辩派龙船、天子车驾迎接萧渊明。萧渊明与北齐上党王高涣在长江北岸立誓缔约,辛丑(二十二日),从采石渡过了长江。于是梁朝的车辆渡过长江到南方去,北齐的部队返回北方。王僧辩对北齐心存疑虑,在长江中流持桨不动,不敢靠近西岸。北齐侍中裴英起护送萧渊明回南方,与王僧辩在江宁相会。癸卯(二十四日),萧渊明进入建康,看到朱雀门便哭了起来,夹道迎接萧渊明的官员和民众也陪着他哭。丙午(二十六日),萧渊明即位做皇帝,改年号为天成。立晋安王萧方智为皇太子,任命王僧辩为大司马,陈霸先为侍中。

六月,北齐慕容俨刚进入郢州,而侯瑱等率领部队突然来到城下,慕容俨依据当时的情况进行防御,侯瑱等无法攻下郢州。慕容俨又寻机出城袭击侯瑱等人的部队,使他们受到很大损失。后来城里的粮食吃光了,慕容俨让士兵们煮草木的根、叶和靴子的皮、衣带的角来充饥,自己也和士兵同甘共苦,坚守了半年,人们都没有二心。贞阳侯萧渊明在即位以后,就命令侯瑱等人解除对郢州的围困,侯瑱便返回豫章镇守。北齐人因为郢州城地处长江以南,不易防守,就把它割让出来还给了梁朝。慕容俨返回北齐,见到北齐国主高洋,悲伤得难以控制自己。北齐国主高洋喊他上前来,握着他的手,摘下他的帽子,看了看他的头发,叹息了很久。

吴兴太守杜龛,是王僧辩的女婿。王僧辩把吴兴改称为震州,任命杜龛为刺史,又任命自己的弟弟侍中王僧愔为豫章太守。

壬子(初三),北齐国主高洋因为梁国自称藩属,于是下诏,将所有的梁朝百姓都遣送回南方。

　　初，王僧辩与陈霸先共灭侯景，情好甚笃。僧辩为子颉娶霸先女，会僧辩有母丧，未成婚。僧辩居石头城，霸先在京口，僧辩推心待之，颉兄颙屡谏，不听。及僧辩纳贞阳侯渊明，霸先遣使苦争之，往返数四，僧辩不从。霸先窃叹，谓所亲曰："武帝子孙甚多，唯孝元能复仇雪耻。其子何罪，而忽废之！吾与王公并处托孤之地，而王公一旦改图，外依戎狄，援立非次，其志欲何所为乎！"乃密具袍数千领及锦彩金银为赏赐之具。会有告齐师大举至寿春将入寇者，僧辩遣记室江旰告霸先，使为之备。霸先因是留旰于京口，举兵袭僧辩。九月壬寅，召部将侯安都、周文育及安陆徐度、钱塘杜棱谋之。棱以为难，霸先惧其谋泄，以手巾绞棱，闷绝于地，因闭于别室。部分将士，分赐金帛，以弟子著作郎昙朗镇京口，知留府事，使徐度、侯安都帅水军趋石头，霸先帅马步自江乘、罗落会之。是夜，皆发，召杜棱与同行。知其谋者，唯安都等四将，外人皆以为江旰征兵御齐，不之怪也。

　　甲辰，安都引舟舰将趣石头，霸先控马未进。安都大惧，追霸先骂曰："今日作贼，事势已成，生死须决，在后欲何所望！若败，俱死，后期得免斫头邪？"霸先曰："安都嗔我。"乃进。安都至石头城北，弃舟登岸。石头城北接冈阜，

起初,王僧辩和陈霸先共同消灭了侯景,两人的感情非常深厚。王僧辩为儿子王颜娶陈霸先的女儿为妻,正好碰上王僧辩的母亲去世,所以还没有成亲。王僧辩住在石头城,陈霸先住在京口,王僧辩对陈霸先以诚相待,王颜的哥哥王颙多次规劝王僧辩不要过于相信陈霸先,王僧辩不听。等到王僧辩接纳贞阳侯萧渊明,陈霸先派使者苦苦规劝,使者为此来回跑了好几趟,王僧辩就是不听。陈霸先暗暗叹息,对他的亲信说:"梁武帝的子孙很多,只有孝元皇帝能够诛灭侯景,报仇雪恨。他的儿子有什么罪,而突然废黜了他?我和王公僧辩共同处于受先帝托付辅佐幼主的重臣地位,而王公僧辩一下子就改变了主意,对外依附戎狄之辈,不按次序扶立皇帝,他到底想干什么呢?"于是秘密置办了几千件战袍和用于赏赐部下的彩缎、金银,准备起事。正好碰上有人来报告说北齐军队大规模地调动到寿春,将要入侵南方,王僧辩派记室江旰告知陈霸先,让他对此有所准备。陈霸先趁这个机会把江旰扣留在京口,发兵袭击王僧辩。九月壬寅(二十五日),陈霸先召集部将侯安都、周文育以及安陆人徐度、钱塘人杜稜共同谋划。杜稜认为这事不好办,陈霸先怕他泄密,用手巾勒他的脖子,使他昏倒在地上,然后把他关押在另一间屋子里。陈霸先给将士们分派任务,分赐金银彩缎,命令自己弟弟的儿子著作郎陈昙朗镇守京口,主持留守府署的事务,派徐度、侯安都率领水军直逼石头城,陈霸先自己率领骑兵和步兵从江乘、罗落这条线路去与之会合。这天晚上,各路兵马一起出发,陈霸先叫来杜稜跟自己同行。了解这一谋划的,只有侯安都等四名将领,局外人都认为是江旰征召部队抵御北齐,并不感到奇怪。

甲辰(二十七日),侯安都率领船舰即将进逼石头城,陈霸先却勒住马不前进。侯安都非常惊恐,追上陈霸先大骂道:"今天我们做叛贼,其势已成现实,是生是死必须做出决断,你留在后面打什么主意?如果失败了,我们都得死,留在后面就能免去砍头吗?"陈霸先说:"侯安都在生我的气呢。"于是带兵前进。侯安都来到石头城的北边,丢下船只上岸。石头城北边连接山丘,

不甚危峻,安都被甲带长刀,军人捧之,投于女垣内,众随而入,进及僧辩卧室。霸先兵亦自南门入。僧辩方视事,外白有兵,俄而兵自内出。僧辩遽走,遇子颙,与俱出阁,帅左右数十人苦战于听事前,力不敌,走登南门楼,拜请求哀。霸先欲纵火焚之,僧辩与颙俱下就执。霸先曰:"我有何辜,公欲与齐师赐讨?"且曰:"何意全无备?"僧辩曰:"委公北门,何谓无备?"是夜,霸先缢杀僧辩父子。既而竟无齐兵,亦非霸先之谲也。前青州刺史新安程灵洗帅所领救僧辩,力战于石头西门,军败。霸先遣使招谕,久之乃降。霸先深义之,以为兰陵太守,使助防京口。乙巳,霸先为檄布告中外,列僧辩罪状,且曰:"资斧所指,唯王僧辩父子兄弟,其馀亲党,一无所问。"

丙午,贞阳侯渊明逊位,出就邸。百僚上晋安王表,劝进。冬十月己酉,晋安王即皇帝位,大赦,改元,中外文武赐位一等。以贞阳侯渊明为司徒,封建安公。告齐云:"僧辩阴图篡逆,故诛之。"仍请称臣于齐,永为藩国。齐遣行台司马恭与梁人盟于历阳。

壬子,加陈霸先尚书令、都督中外诸军事、车骑将军、扬南徐二州刺史。

杜龛恃王僧辩之势,素不礼于陈霸先,在吴兴,每以法绳其宗族,霸先深怨之。及将图僧辩,密使兄子蒨还长城,

城墙不怎么高峻，侯安都身披盔甲，手握长刀，让士兵把他抬起来，扔到女墙之内，众人随着他进入，一直进入王僧辩的卧室。陈霸先率领的部队也从南门攻入城内。王僧辩正在处理政事，外面来人禀告说有士兵袭击，不一会儿士兵从里边冒了出来。王僧辩急忙出逃，路上遇到儿子王颙，与他一起冲出门外，率领身边侍从几十人在议事厅前苦战，但力量单薄无法抵挡，于是跑到南门楼上，向陈霸先跪拜，请求怜悯。陈霸先想要放火焚烧南门楼，王僧辩和王颙便都下楼就擒。陈霸先说："我有什么罪，你要和北齐军队一起来讨伐我？"又说："你一点也不戒备北齐军队，这是什么道理？"王僧辩说："派你守卫建康的北大门京口，怎么能说我对北齐军队毫无戒备？"这天夜里，陈霸先勒死了王僧辩父子。后来竟没有发现北齐军队，看来也不是陈霸先玩弄手段。前青州刺史、新安人程灵洗率领自己的部众前来援救王僧辩，在石头城西门奋力作战，军队战败。陈霸先派使者去招抚劝导，过了很久他才投降。陈霸先被程灵洗的义气所感动，任命他为兰陵太守，让他协助防守京口。乙巳（二十八日），陈霸先发布檄文通告朝廷内外，列举王僧辩的罪状，并且说："利斧所指向的，只是王僧辩父子兄弟，其他的亲戚、党徒，一律不予问罪。"

丙午（二十九日），贞阳侯萧渊明退位，迁出宫廷，回到自己的府第。文武百官向晋安王萧方智上表，劝他登基做皇帝。冬季十月己酉（初二），晋安王萧方智即位做皇帝，大赦天下，改换年号为绍泰，对朝廷内外的文武百官都赏赐一级官职。任命贞阳侯萧渊明为司徒，封为建安公。派人告知北齐："王僧辩阴谋篡位，所以把他杀了。"还请求向北齐称臣，永远做北齐的附属国。北齐派行台司马恭与梁朝官员在历阳立誓缔约。

壬子（初五），梁朝加封陈霸先为尚书令、都督中外诸军事、车骑将军、扬州和南徐州二州刺史。

杜龛倚仗王僧辩的权势，对陈霸先一向不礼貌，在吴兴，他常根据法律惩治陈霸先的宗族，陈霸先怨恨他。到陈霸先要算计王僧辩时，陈霸先秘密地派他哥哥的儿子陈蒨回到长城县，

立栅以备龛。僧辩死，龛据吴兴拒霸先，义兴太守韦载以郡应之。吴郡太守王僧智，僧辩之弟也，亦据城拒守。陈蒨至长城，收兵才数百人，杜龛遣其将杜泰将精兵五千奄至，将士相视失色。蒨言笑自若，部分益明，众心乃定。泰日夜苦攻，数旬，不克而退。霸先使周文育攻义兴，义兴属县卒皆霸先旧兵，善用弩。韦载收得数十人，系以长锁，命所亲监之，使射文育军，约曰："十发不两中者死。"故每发辄毙一人。文育军稍却。载因于城外据水立栅，相持数旬。杜龛遣其从弟北叟将兵拒战，北叟败，归于义兴。霸先闻文育军不利，辛未，自表东讨，留高州刺史侯安都、石州刺史杜稜宿卫台省。甲戌，军至义兴。丙子，拔其水栅。

谯、秦二州刺史徐嗣徽从弟嗣先，僧辩之甥也。僧辩死，嗣先亡就嗣徽，嗣徽以州入于齐。及陈霸先东讨义兴，嗣徽密结南豫州刺史任约，将精兵五千乘虚袭建康。是日，入据石头，游骑至阙下。侯安都闭门藏旗帜，示之以弱，令城中曰："登陴窥贼者斩！"及夕，嗣徽等收兵还石头。安都夜为战备，将旦，嗣徽等又至，安都帅甲士三百开东、西掖门出战，大破之。嗣徽等奔还石头，不敢复逼台城。

修筑营栅,以便防备杜龛。王僧辩死后,杜龛盘据吴兴抵御陈霸先,义兴太守韦载带领郡中的部队予以响应。吴郡太守王僧智,是王僧辩的弟弟,也盘据城池,固守相抗。陈蒨来到长城县,召集的士兵才几百人,杜龛派遣他的部将杜泰带领五千名精兵突然杀了过来,陈蒨的将士们你看着我,我看着你,惊慌得脸色都变了。陈蒨却有说有笑,态度自然,部署作战,愈加高明,于是众人的心神才安定下来。杜泰的部队日日夜夜苦战攻城,持续了几十天,仍然无法攻克,最后只好撤退。陈霸先派遣周文育去攻打义兴,义兴所属各县的士兵都是陈霸先的旧部,擅长使用弓弩。韦载收罗了几十人,用长长的锁链把他们系在一起,命令自己的亲信予以监督,让他们用箭射周文育的部队,并规定说:"射十支箭,如果有两支没射中就处死。"因此每射一箭就击毙一人。周文育的部队稍稍退却。韦载乘势在城外依凭河流修筑水栅,与周文育对峙了几十天。杜龛派他的堂弟杜北叟带兵抗击,杜北叟战败,退回义兴。陈霸先听说周文育的部队进攻受挫,辛未(二十四日),自己上表请求带兵东征,留下高州刺史侯安都、石州刺史杜稜在台省值宿,担任警卫。甲戌(二十七日),陈霸先的部队抵达义兴。丙子(二十九日),拔除了韦载修筑的水栅。

谯州和秦州的刺史徐嗣徽的堂弟徐嗣先,是王僧辩的外甥。王僧辩死后,徐嗣先逃亡,去投靠徐嗣徽,徐嗣徽献出谯州和秦州,投奔北齐。等到陈霸先东征义兴时,徐嗣徽秘密联合南豫州刺史任约,带领五千精兵乘虚袭击建康。这一天,进占石头城,担任流动突袭任务的骑兵已经攻到了皇宫附近。侯安都下令关闭宫门,藏起旗帜,以此表示怯弱,同时向宫城里的将士发出命令说:"凡登上城墙窥探贼兵者一律斩首!"到了晚上,徐嗣徽等把部队撤回石头城。侯安都连夜备战,天快亮时,徐嗣徽等又来进攻,侯安都率领身穿盔甲的精兵三百人,打开东、西两侧的宫门,出宫城迎战,大败敌军。徐嗣徽等逃回石头城,再也不敢进逼台城了。

陈霸先遣韦载族弟翙赍书谕载。丁丑，载及杜北叟皆降，霸先厚抚之，以翙监义兴郡，引载置左右，与之谋议。霸先卷甲还建康，使周文育讨杜龛，救长城。

将军黄他攻王僧智于吴郡，不克，霸先使宁远将军裴忌助之。忌选所部精兵轻行倍道，自钱塘直趣吴郡。夜，至城下，鼓噪薄之。僧智以为大军至，轻舟奔吴兴。忌入据吴郡，因以忌为太守。

十一月己卯，齐遣兵五千渡江据姑孰，以应徐嗣徽、任约。陈霸先使合州刺史徐度立栅于冶城。庚寅，齐又遣安州刺史翟子崇、楚州刺史刘士荣、淮州刺史柳达摩将兵万人于胡墅度米三万石、马千匹入石头。霸先问计于韦载，载曰："齐师若分兵先据三吴之路，略地东境，则时事去矣。今可急于淮南因侯景故垒筑城，以通东道转输，分兵绝彼之粮运，使进无所资，则齐将之首旬日可致。"霸先从之。癸未，使侯安都夜袭胡墅，烧齐船千馀艘。仁威将军周铁虎断齐运输，擒其北徐州刺史张领州。仍遣韦载于大航筑侯景故垒，使杜稜守之。齐人于仓门、水南立二栅，与梁兵相拒。壬辰，齐大都督萧轨将兵屯江北。甲辰，徐嗣徽等攻冶城栅，陈霸先将精甲自西明门出击之。嗣徽等大败，留柳达摩等守城，自往采石迎齐援。十二月癸丑，侯安都袭秦郡，破徐嗣徽栅，俘数百人。收其家，得其琵琶及鹰，遣使送之曰：

陈霸先派韦载的同宗弟弟韦翙携带书信去说服韦载归降。
丁丑(三十日),韦载和杜北叟都前来投降,陈霸先优厚地抚慰他
们,让韦翙监管义兴郡,把韦载留在自己身边,有事同他商议。
陈霸先收兵返回建康,派遣周文育讨伐杜龛,援救长城县。

　　将军黄他率部攻打王僧智所盘据的吴郡,没能攻克,陈霸先
派宁远将军裴忌去帮助他。裴忌挑选出部属中最精悍的士兵,
轻装出发,兼程前进,从钱塘直奔吴郡。夜里,赶到城下,擂鼓呐
喊着逼近城墙。王僧智认为大部队来了,乘坐一只小船逃往吴
兴。裴忌攻占吴郡,于是陈霸先任命裴忌为吴郡太守。

　　十一月己卯(初二),北齐派遣五千名士兵渡过长江占领了
姑孰,以策应徐嗣徽和任约。陈霸先派合州刺史徐度去冶城修
筑营栅。庚寅(十三日),北齐又派遣安州刺史翟子崇、楚州刺
史刘士荣、淮州刺史柳达摩率领一万士兵从胡墅运送三万石米、
一千匹马到石头城。陈霸先向韦载请教对策,韦载说:"北齐军
队如果分派一支部队先去占领通往三吴的道路,然后侵占我们
的东部地区,那么大事就完了。如今,我们应赶快在秦淮河南岸
凭借过去侯景修筑的营垒兴建新的城堡,以便打通东面的运输
线,同时分派一支部队去切断北齐军队的粮食运输线,使他们缺
乏进军所必需的后勤供给,这样北齐将领的首级没几天就能送
过来了。"陈霸先听从了韦载的建议。癸未(初六),陈霸先派侯
安都在夜间袭击胡墅,烧毁了北齐一千多艘船。派仁威将军周
铁虎切断了北齐的运输线,活捉北齐的北徐州刺史张领州。又
派遣韦载去朱雀航修筑侯景时期的旧营垒,并命令杜棱去守卫。
北齐军队在仓门及秦淮河南边建造了两座营栅,跟梁朝军队对
抗。壬辰(十五日),北齐大都督萧轨率领部队驻扎在长江北岸。
甲辰(二十七日),徐嗣徽等攻打冶城营栅,陈霸先带领精兵从西
明门出城迎击。徐嗣徽等遭到大败,留下柳达摩等人守城,自己
前往采石迎接北齐的援军。十二月癸丑(初七),侯安都率领部
队袭击秦郡,攻破徐嗣徽的营栅,俘虏了几百人。侯安都抄了徐
嗣徽的家,得到了他的琵琶和鹰,立即派人给徐嗣徽送去,说:

"昨至弟处得此,今以相还。"嗣徽大惧。丙辰,陈霸先对冶城立航,悉渡众军,攻其水南二栅。柳达摩等渡淮置陈。霸先督兵疾战,纵火烧栅,齐兵大败,争舟相挤,溺死者以千数,呼声震天地,尽收其船舰。是日,嗣徽与任约引齐兵水步万馀人还据石头,霸先遣兵诣江宁,据要险。嗣徽等水步不敢进,顿江宁、浦口。霸先遣侯安都将水军袭破之。嗣徽等单舸脱走,尽收其军资器械。

己未,霸先四面攻石头,城中无水,升水直绢一匹。庚申,达摩遣使请和于霸先,且求质子。时建康虚弱,粮运不继,朝臣皆欲与齐和,请以霸先从子昙朗为质。霸先曰:"今在位诸贤欲息肩于齐,若违众议,谓孤爱昙朗,不恤国家。今决遣昙朗,弃之寇庭。齐人无信,谓我微弱,必当背盟。齐寇若来,诸君须为孤力斗也!"乃与昙朗及永嘉王庄、丹杨尹王冲之子珉为质,与齐人盟于城外,将士恣其南北。辛酉,霸先陈兵石头南门,送齐人归北,徐嗣徽、任约皆奔齐。收齐马仗船米,不可胜计。齐主诛柳达摩。壬戌,齐和州长史乌丸远自南州奔还历阳。

江宁令陈嗣、黄门侍郎曹朗据姑孰反,霸先命侯安都等讨平之。霸先恐陈昙朗亡窜,自帅步骑至京口迎之。

"昨天在老弟你的家里得到这些东西,现在把它们送还给你。"徐嗣徽非常恐惧。丙辰(初十),陈霸先对着冶城的位置,在秦淮河上建成一座浮桥,众军全都渡过河去,攻打北齐军队在秦淮河南岸的两座营栅。柳达摩等人也渡过秦淮河摆开阵势。陈霸先督率士兵猛烈进攻,放火烧毁了营栅,北齐军队大败,争着上船逃跑,互相拥挤,掉入水中淹死的数以千计,哭声喊声震动天地,船舰全部被陈霸先收缴。这一天,徐嗣徽和任约带领北齐的水兵和步兵一万多人回石头城据守,陈霸先派部队到江宁,占据了险要之地。徐嗣徽等人的水兵、步兵不敢前进,停留在江宁与浦口之间。陈霸先派侯安都率领水军去袭击,击败了北齐军队。徐嗣徽等人乘一条船逃脱,他们的军资器械全部被收缴。

己未(十三日),陈霸先从四个方向围攻石头城,城里缺水,一升水价值一匹绢。庚申(十四日),柳达摩派使者向陈霸先求和,并且要求把儿子送来做人质。当时建康力量微弱,粮草接继不上,朝廷大臣都想跟北齐媾和,建议将陈霸先的侄子陈昙朗送到北齐去做人质。陈霸先说:"如今,朝中各位贤臣都想跟北齐讲和以获得休息,我如果违背众人的意愿,大家会说我特别偏爱陈昙朗,而不顾念国家的利益。现在我决定派陈昙朗去北齐,就算是把他扔到贼寇那里了吧。北齐人不讲信誉,他们认为我们势微力弱,定当背弃盟约。北齐贼寇如果再来进犯,各位可得为我奋力战斗呀!"于是就让陈昙朗以及永嘉王萧庄、丹杨尹王冲的儿子王珉做人质,跟北齐人在城外立誓缔约,双方的将士,任凭他们自己选择去北方或者留在南方。辛酉(十五日),陈霸先在石头城南门外摆开军阵,送北齐军队返回北方,徐嗣徽、任约都投向北齐。陈霸先收取北齐军队留下的马匹、军械、船只、粮米,不可胜数。北齐国主诛杀了败将柳达摩。壬戌(十六日),北齐和州长史乌丸远从南州跑回历阳。

江宁令陈嗣、黄门侍郎曹朗盘据姑孰造反,陈霸先命令侯安都等前去讨伐,平定了他们。陈霸先担心陈昙朗逃窜,亲自率领步兵和骑兵到京口去迎接他。

太平元年春正月癸未，陈霸先使从事中郎江旰说徐嗣徽使南归。嗣徽执旰送齐。

陈蒨、周文育合军攻杜龛于吴兴。龛勇而无谋，嗜酒常醉，其将杜泰阴与蒨等通。龛与蒨等战败，泰因说龛使降，龛然之。其妻王氏曰："霸先仇隙如此，何可求和！"因出私财赏募，复击蒨等，大破之。既而杜泰降于蒨，龛尚醉未觉，蒨遣人负出，于项王寺前斩之。王僧智与其弟豫章太守僧愔俱奔齐。

东扬州刺史张彪素为王僧辩所厚，不附霸先。二月庚戌，陈蒨、周文育轻兵袭会稽，彪兵败，走入若邪山中，蒨遣其将吴兴章昭达追斩之。东阳太守留异馈蒨粮食，霸先以异为缙州刺史。江州刺史侯瑱本事王僧辩，亦拥兵据豫章及江州，不附霸先。霸先以周文育为南豫州刺史，使将兵击溢城。庚申，又遣侯安都、周铁虎将舟师立栅于梁山，以备江州。

癸亥，徐嗣徽、任约袭采石，执戍主明州刺史张怀钧送于齐。

三月戊戌，齐遣仪同三司萧轨、库狄伏连、尧难宗、东方老等与任约、徐嗣徽合兵十万入寇，出栅口，向梁山。陈霸先帐内荡主黄丛逆击，破之，齐师退保芜湖。霸先遣定州刺史沈泰等就侯安都，共据梁山以御之。周文育攻溢城，未克，召之还。夏四月丁巳，霸先如梁山巡抚诸军。侯安都

太平元年(556)春季正月癸未(初七),陈霸先派从事中郎江旰去劝说徐嗣徽,让他回南方来。徐嗣徽把江旰抓了起来,把他押送到北齐去。

陈蒨、周文育合兵在吴兴攻打杜龛。杜龛有勇无谋,喜欢喝酒,经常大醉,他的部将杜泰暗中跟陈蒨等人有交往。杜龛跟陈蒨等人交战失利,杜泰借此机会劝说杜龛,希望他投降陈霸先,杜龛同意了。但杜龛的妻子王氏说:"陈霸先跟我们结仇结到了这种地步,怎么可以向他求和!"于是拿出私房钱来赏赐、招募士兵,再次攻打陈蒨等人,彻底打败了他们。不久以后,杜泰向陈蒨投降,而杜龛喝醉了酒还没有醒过来,陈蒨派人背着他出城,在项王寺前面把他斩首。王僧智与弟弟豫章太守王僧愔一块儿投奔了北齐。

东扬州刺史张彪过去一向受到王僧辩的厚待,所以不肯依附陈霸先。二月庚戌(初五),陈蒨、周文育派轻装士兵袭击会稽,张彪的部队战败,逃进若邪山中,陈蒨派自己的部将吴兴人章昭达追进山里去把他杀了。东阳太守留异送给陈蒨大批粮食,陈霸先任命留异为缙州刺史。江州刺史侯瑱原来事奉王僧辩,也拥兵盘踞在豫章和江州,不肯依附陈霸先。陈霸先任命周文育为南豫州刺史,让他带兵去攻打湓城。庚申(十五日),又派侯安都、周铁虎带领水师在梁山修筑营栅,以便防备江州方面的入侵。

癸亥(十八日),徐嗣徽、任约袭击采石,捉拿采石守将明州刺史张怀钧,把他押送到北齐。

三月戊戌(二十三日),北齐派仪同三司萧轨、库狄伏连、尧难宗、东方老等人与任约、徐嗣徽联合成一支十万人的大军入侵南方,他们从栅口出发,直逼梁山。陈霸先帐内统领骁锐士卒的主将黄丛率兵迎战,打败了北齐军队,北齐军队只好退守芜湖。陈霸先派定州刺史沈泰等人跟侯安都会合,共同据守梁山以抵御北齐军队。周文育攻打湓城,没有攻克,被陈霸先召回。夏季四月丁巳(十三日),陈霸先到梁山去巡视、安抚各部队。侯安都

轻兵袭齐行台司马恭于历阳,大破之,俘获万计。

五月,齐人召建安公渊明,诈许退师,陈霸先具舟送之。癸未,渊明疽发背卒。甲申,齐兵发芜湖,庚寅,入丹杨县,丙申,至秣陵故治。陈霸先遣周文育屯方山,徐度顿马牧,杜稜顿大航南以御之。

辛丑,齐人跨淮立桥栅渡兵,夜至方山,徐嗣徽等列舰于青墩,至于七矶,以断周文育归路。文育鼓噪而发,嗣徽等不能制。至旦,反攻嗣徽。嗣徽骁将鲍砰独以小舰殿军,文育乘单舴艋与战,跳入舰中,斩砰,仍牵其舰而还。嗣徽众大骇,因留船芜湖,自丹杨步上。陈霸先追侯安都、徐度皆还。

癸卯,齐兵自方山进及兒塘,游骑至台,建康震骇。帝总禁兵出顿长乐寺,内外纂严。霸先拒嗣徽等于白城,适与周文育会。将战,风急,霸先曰:"兵不逆风。"文育曰:"事急矣,何用古法!"抽槊上马先进,众军从之。风亦寻转,杀伤数百人。侯安都与嗣徽等战于耕坛南,安都帅十二骑突其陈,破之,生擒齐仪同三司乞伏无劳。霸先潜撤精卒三千配沈泰渡江,袭齐行台赵彦深于瓜步,获舰百馀艘,粟万斛。

带领轻装士兵袭击了据守历阳的北齐行台司马恭,彻底打败了他的部队,抓到的俘虏数以万计。

五月,北齐人召见建安公萧渊明,假装同意撤军,陈霸先准备了船只,要送萧渊明去见北齐人。癸未(初九),萧渊明因背部毒疮发作而死。甲申(初十),北齐军队从芜湖出发,庚寅(十六日),进入丹杨县,丙申(二十二日),抵达秣陵原来的府治。陈霸先派周文育驻守方山,徐度驻扎马牧,杜棱驻扎朱雀航以南,以抵御北齐军队。

辛丑(二十七日),北齐人设了一座横跨秦淮河的临时性桥梁渡兵,夜里抵达方山,徐嗣徽等人把大批船只排列在青墩到七矶一线,以切断周文育的退路。周文育击鼓呐喊,指挥士兵进击,徐嗣徽等人抵挡不住。到天亮的时候,周文育向徐嗣徽发起反攻。徐嗣徽手下的勇将鲍砰单独驾驶一条小船殿后,周文育也驾驶一条单人小船与鲍砰近战,还纵身跳进鲍砰的小船,把他杀了,而且还把这条小船拉了回来。徐嗣徽的部众看见后非常恐惧,于是把船只留在芜湖,人马从丹杨步行北上。陈霸先征召侯安都、徐度等人全部返回。

癸卯(二十九日),北齐军队从方山挺进到兒塘,担任流动突袭任务的骑兵攻到台城附近,建康城内十分震惊。梁敬帝萧方智统领禁军出宫住进长乐寺,寺内外的部队全部戒严。陈霸先在白城抵抗徐嗣徽等人的进攻,正好跟周文育的部队会合。将要同北齐军队交战时,风很大,陈霸先说道:“军队不应迎风而进。”周文育说道:“事态紧急,何必拘泥于古代的兵法!”说着便抽出长矛,跃身上马,率先向前冲去,部众也跟了上去。过了会儿,风向转变了,周文育等人一阵厮杀,打死打伤敌军几百人。侯安都与徐嗣徽等人在耕坛南边交战,侯安郡带领十二名骑兵冲入徐嗣徽的军阵,将他打败,活捉了北齐仪同三司乞伏无劳。陈霸先秘密地撤下三千多精兵分配给沈泰,沈泰带他们渡过长江,在瓜步袭击了北齐行台赵彦深,缴获了一百多艘战船和一万斛粮食。

六月甲辰，齐兵潜至钟山，侯安都与齐将王敬宝战于龙尾，军主张纂战死。丁未，齐师至幕府山，霸先遣别将钱明将水军出江乘，邀击齐人粮运，尽获其船米。齐军乏食，杀马驴食之。庚戌，齐军逾钟山，霸先与众军分顿乐游苑东及覆舟山北，断其冲要。壬子，齐军至玄武湖西北，将据北郊坛，众军自覆舟东移顿坛北，与齐人相对。

会连日大雨，平地水丈馀。齐军昼夜坐立泥中，足指皆烂，悬鬲以爨。而台中及潮沟北路燥，梁军每得番易。时四方壅隔，粮运不至，建康户口流散，征求无所。甲寅，少霁，霸先将战，调市人得麦饭，分给军士，士皆饥疲。会陈蒨馈米三千斛、鸭千头，霸先命炊米煮鸭，人人以荷叶裹饭，媲以鸭肉数脔。乙卯，未明，蓐食。比晓，霸先帅麾下出莫府山。侯安都谓其部将萧摩诃曰："卿骁勇有名，千闻不如一见。"摩诃对曰："今日令公见之。"及战，安都坠马，齐人围之。摩诃单骑大呼，直冲齐军，齐军披靡，安都乃免。霸先与吴明彻、沈泰等众军首尾齐举，纵兵大战。安都自白下引兵横出其后。齐师大溃，斩获数千人，相蹂藉而死者不可胜计。生擒徐嗣徽及弟嗣宗，斩之以徇，追奔至于临沂。其江乘、

六月甲辰(初一),北齐军队偷偷地来到钟山,侯安都在龙尾跟北齐将领王敬宝交战,主将张纂阵亡。丁未(初四),北齐军队攻到幕府山,陈霸先派别将钱明带领水军从江乘出发,去拦击北齐人运送粮食的船队,全部缴获了船上的粮米。北齐军队缺少吃的东西,只好宰杀马匹、驴子充饥。庚戌(初七),北齐军队翻越钟山,陈霸先与各部队分别驻扎在乐游苑和覆舟山北面,切断了北齐部队继续前进的要道。壬子(初九),北齐军队攻到玄武湖的西北方,将要占据北郊坛。各部队从覆舟山往东移动到郊坛的北面,与北齐军队对峙。

这时正好遇上连续几天下大雨,平地上积了一丈多深的水。北齐的军队日日夜夜或坐或站都在泥水之中,脚趾头都泡烂了,锅子要悬挂起来才能煮饭。而宫城之内以及潮沟北面比较干燥,梁朝部队的将士常常能够轮流替换着作战。当时建康通往四面八方的道路都被积水阻隔,粮食运不进来,城里的居民四处流散,没有地方能征收到粮食。甲寅(十一日),天稍稍转晴,陈霸先打算开战,他向商人征调了一些麦子,做成麦饭,分给士兵们吃,士兵们早已经又饿又累了。正好陈蒨派人送来了三千斛米、一千只鸭子,陈霸先下令烧饭煮鸭子,士兵们个个用荷叶包米饭,上面盖上几小块鸭肉。乙卯(十二日),天还没亮,士兵们都很早就吃了早饭。一等到天亮,陈霸先就率领部属从幕府山出发。侯安都对他的部将萧摩诃说:"你一向以作战勇猛而出名,但听说一千次还不如亲眼看见一次。"萧摩诃回答说:"今天就让您看看。"等到交战时,侯安都从马上摔落下来,北齐士兵把他围了起来。萧摩诃一人一马,大叫着径直向北齐士兵冲了过去,北齐士兵溃败逃散,侯安都才免于一死。陈霸先与吴明彻、沈泰等人率领的各支部队一头一尾同时行动,发兵大战。侯安都从白下带着一支队伍出人意料地出现在北齐军队的背后。北齐军队彻底溃败,被杀被俘的士兵有几千人,互相踩死的数不胜数。梁朝军队活捉了徐嗣徽和他的弟弟徐嗣宗,将他们斩首示众,还追击败退的北齐军队,一直追到临沂。梁朝部署在江乘、

摄山、钟山等诸军相次克捷,虏萧轨、东方老、王敬宝等将帅凡四十六人。其军士得窜至江者,缚荻筏以济,中江而溺,流尸至京口,翳水弥岸。唯任约、王僧愔得免。丁巳,众军出南州,烧齐舟舰。

戊午,大赦。己未,解严。军士以赏俘贸酒,一人裁得一醉。庚申,斩齐将萧轨等,齐人闻之,亦杀陈昙朗。霸先启解南徐州以授侯安都。

秋七月丙子,以陈霸先为中书监、司徒、扬州刺史,进爵长城公,馀如故。九月,以陈霸先为丞相、录尚书事、镇卫大将军、扬州牧、义兴公。

陈高祖永定元年夏六月,王琳将攻陈霸先,霸先以侯安都、周文育帅舟师会武昌以击之。事见《王琳奔齐》。

秋八月甲午,进丞相霸先位太傅,加黄钺、殊礼,赞拜不名。九月辛丑,进丞相为相国,总百揆,封陈公,备九锡,陈国置百司。

冬十月戊辰,进陈公爵为王。辛未,梁敬帝禅位于陈。

陈王使中书舍人刘师知引宣猛将军沈恪勒兵入宫,卫送梁主如别宫。恪排闼见王,叩头谢曰:"恪身经事萧氏,今日不忍见此。分受死耳,决不奉命!"王嘉其意,不复逼,更以荡主王僧志代之。乙亥,王即皇帝位于南郊,还宫,大赦,改元。奉梁敬帝为江阴王,梁太后为太妃,皇后为妃。

摄山、钟山等地的各支部队也相继获胜，俘虏了萧轨、东方老、王敬宝等北齐将帅共四十六人。北齐士兵有逃窜到长江岸边的，他们用荻草扎筏子过江，筏子行驶到江心沉没，淹死者的尸体漂流到京口，浮尸遮蔽水面，堆满江岸。只有任约、王僧愔生还。丁巳（十四日），梁朝各部队从南州出发，焚烧了北齐的战船。

戊午（十五日），梁朝大赦天下。己未（十六日），解除戒严。士兵们用赏赐的战俘去换酒喝，一名战俘所能换得的酒，只够醉一次。庚申（十七日），梁朝斩杀北齐将领萧轨等人，北齐人听说之后，也杀了梁朝的人质陈昙朗。陈霸先奏请梁敬帝萧方智划割南徐州授予侯安都。

秋季七月丙子（初三），梁朝任命陈霸先担任中书监、司徒、扬州刺史，晋升长城公的爵位，其他官职、封号保持原样。九月，任命陈霸先担任丞相、录尚书事、镇卫大将军、扬州牧、义兴公。

陈高祖永定元年（557）夏季六月，王琳准备进攻陈霸先，陈霸先让侯安都、周文育率领水军在武昌会合，以便对王琳发动攻击。事见《王琳奔齐》。

秋季八月甲午（二十八日），梁朝晋升丞相陈霸先官位为太傅，加赐帝王专用的饰金之钺，给予陈霸先特殊礼遇，朝拜皇帝时，只报官职，不直呼姓名。九月辛丑（初五），梁朝晋升丞相陈霸先为相国，总领百官，封为陈公，备九锡之礼，陈国设置百官。

冬季十月戊辰（初三），梁朝给陈公陈霸先进爵为王。辛未（初六），梁敬帝萧方智把皇位禅让给陈王陈霸先。

陈王陈霸先派中书舍人刘师知带领宣猛将军沈恪指挥士兵进入皇宫，护送梁敬帝到别的宫室去居住。沈恪推开大门拜见陈王，叩头谢罪，说："我亲身经历过侍奉萧氏的事，如今不忍心看到这种逼宫的场面。违命受死是我的本分，我决不接受您的命令！"陈王赞许沈恪的忠心，不再逼他，而另外命令统领骁锐士卒的将领王僧志替代沈恪担当此任。乙亥（初十），陈王在南郊登基做皇帝，回到宫中以后，发布大赦令，改换年号为永定。尊奉梁敬帝萧方智为江阴王，梁太后为太妃，皇后为妃。

二年春正月，王琳求援于齐，且请纳梁永嘉王庄以主梁祀。三月，齐发兵援送永嘉王庄于江南，册拜王琳为梁丞相。琳奉庄即皇帝位。

夏四月乙丑，上使人害梁敬帝，立梁武林侯谘之子季卿为江阴王。

文帝天嘉元年春二月，王琳兵败奔齐，御史中丞刘仲威奉永嘉王庄奔齐。

六月，诏葬梁元帝于江宁，车旗礼章悉用梁典。

三年闰二月，后梁主以封疆褊隘，邑居残毁，干戈日用，郁郁不得志，疽发背而殂。葬平陵，谥曰宣皇帝，庙号中宗。太子岿即皇帝位，改元天保。

宣帝太建二年冬十月，永嘉王庄卒于邺。

十三年春三月丁未，梁主遣其弟太宰岩入贺于隋。

长城公至德元年夏五月乙巳，梁太子琮入朝于隋。

三年。梁主殂，谥曰孝明皇帝，庙号世宗。太子琮嗣位。

祯明元年秋八月，隋征梁主入朝。梁主帅其群臣二百馀人发江陵，庚申，至长安。九月，隋主废梁国，遣尚书左仆射高颎安集遗民。梁中宗、世宗各给守冢十户。拜梁主琮柱国，赐爵莒公。

二年(558)春季正月,王琳向北齐求援,并且请求迎纳滞留在北齐做人质的梁永嘉王萧庄来主持梁室宗庙的祭祀。三月,北齐派兵护送永嘉王萧庄回江南,并拜授王琳为梁朝的丞相。王琳拥戴萧庄登基做了皇帝。

夏季四月乙丑(初三),陈武帝陈霸先派人杀害了梁敬帝萧方智,立梁武林侯萧谐的儿子萧季卿为江阴王。

文帝天嘉元年(560)春季二月,王琳的部队被陈朝的部队打败,逃往北齐,御史中丞刘仲威侍奉永嘉王萧庄逃往北齐。

六月,陈文帝下诏,把梁元帝萧绎埋葬在江宁,灵车、丧幡和治丧的礼仪规章,全部采用梁朝旧制。

三年(562)闰二月,后梁国君萧詧由于自己国家的疆土狭小,百姓的住宅破败,战争接连不断,所以经常为无法实现自己的志向而忧郁寡欢,终因背部毒疮发作而死。他葬在平陵,谥号为宣皇帝,庙号为中宗。太子萧岿登基做皇帝,改换年号为天保。

宣帝太建二年(570)冬季十月,梁永嘉王萧庄在邺城去世。

十三年(581)春季三月丁未那天,后梁国君萧岿派弟弟太宰萧岩入隋庆贺。

长城公至德元年(583)夏季五月乙巳(初八),后梁太子萧琮入隋朝拜。

三年(585)。后梁国君萧岿去世,谥号为孝明皇帝,庙号为世宗。太子萧琮继位。

祯明元年(587)秋季八月,隋朝征召后梁国君萧琮入朝。萧琮率领他的大臣二百多人从江陵出发,庚申(十八日),到达长安。九月,隋文帝下令废除后梁,派尚书左仆射高颎去安抚后梁的百姓。梁中宗萧詧、梁世宗萧岿的陵墓,各派十户人家守护。还授予后梁国君萧琮柱国的封号,赐给莒公的爵位。

西魏取蜀

　　梁简文帝大宝元年。侯景之乱,太尉、益州刺史武陵王纪移告征、镇,使世子圆照帅兵三万受湘东王节度。圆照军至巴水,绎授以信州刺史,令屯白帝,未许东下。冬十一月,武陵王纪帅诸军发成都,湘东王绎遣使以书止之曰:"蜀人勇悍,易动难安,弟可镇之,吾自当灭贼。"又别纸云:"地拟孙、刘,各安境界;情深鲁、卫,书信恒通。"

　　二年。江安侯圆正为西阳太守,宽和好施,归附者众,有兵一万。夏六月,湘东王绎欲图之,署为平南将军。及至,弗见,使南平王恪与之饮,醉,因囚之内省,分其部曲,使人告其罪。荆、益之衅自此起矣。冬十一月,益州长史刘孝胜等劝武陵王纪称帝,纪虽未许,而大造乘舆车服。

西魏取蜀

梁简文帝大宝元年(550)。侯景作乱的时候,太尉、益州刺史武陵王萧纪转告各征、镇,他已经让世子萧圆照率领三万兵马接受湘东王萧绎的指挥调度。萧圆照的部队抵达巴水,萧绎授予萧圆照信州刺史一职,命令他驻守在白帝城,不允许他继续东下。冬季十一月,武陵王萧纪率领各路人马从成都出发,打算攻打侯景,湘东王萧绎派遣使者送去一封信进行劝阻,信中说道:"蜀人勇猛慓悍,容易骚动而很难保持安定,兄弟你可以镇守住成都,我自己能够消灭侯景叛贼。"然后又在另外一张纸上写道:"让我们像当年孙权、刘备那样划分地盘,各自安守自己的疆土;让我们像春秋时鲁国、卫国那样情义深长,彼此之间经常通信。"

二年(551)。江安侯萧圆照担任西阳太守,他为人宽厚和气,喜欢施舍,从各地前去依附他的人很多,从而拥有一万名士兵。夏季六月,湘东王萧绎想算计萧圆照,安排他担任平南将军。等到萧圆照去见萧绎时,萧绎不接见,而让南平王萧恪陪萧圆照喝酒,萧圆照酩酊大醉,萧绎乘机把萧圆照囚禁在内省,把他的部众分配到别的部队,还指使人告发他的罪行。荆州与益州之间的争端从此开始了。冬季十一月,益州长史刘孝胜等劝说武陵王萧纪自立为皇帝,萧纪虽然没有答应,却开始大量制造御用的车子及服饰。

元帝承圣元年。益州刺史、太尉武陵王纪，颇有武略，在蜀十七年，南开宁州、越巂，西通资陵、吐谷浑，内修耕桑盐铁之政，外通商贾远方之利，故能殖其财用，器甲殷积，有马八千匹。闻侯景陷台城，湘东王将讨之，谓僚佐曰："七官文士，岂能匡济！"内寝柏殿柱绕节生花，纪以为己瑞。夏四月乙巳，即皇帝位，改元天正，立子圆照为皇太子，圆正为西阳王，圆满为竟陵王，圆普为谯王，圆肃为宜都王。以巴西、梓潼二郡太守永丰侯㧑为征西大将军、益州刺史，封秦郡王。司马王僧略、直兵参军徐怦固谏，不从。僧略，僧辩之弟。怦，勉之从子也。

初，台城之围，怦劝纪速入援，纪意不欲行，内衔之。会蜀人费合告怦反，怦有与将帅书云："事事往，人口具。"纪即以为反征，谓怦曰："以卿旧情，当使诸子无恙。"对曰："生儿悉如殿下，留之何益！"纪乃尽诛之，枭首于市。亦杀王僧略。永丰侯㧑叹曰："王事不成矣！善人，国之基也，今先杀之，不亡何待！"

纪征宜丰侯谘议参军刘璠为中书侍郎，使者八反，乃至。纪令刘孝胜深布腹心，璠苦求还。中记室韦登私谓璠曰："殿下忍而畜憾，足下不留，将致大祸，孰若共构大厦，使身名俱美哉！"璠正色曰："卿欲缓颊于我邪？我与府侯分义已定，岂以夷险易其心乎！殿下方布大义于天下，终不

元帝承圣元年(552)。益州刺史、太尉武陵王萧纪很有军事谋略,他统治蜀地十七年,向南开发宁州、越巂,向西打通资陵、吐谷浑,在内兴办农耕、蚕桑、煮盐、冶铁等事业,对外从发展同远方的商品贸易中获取利益,所以蜀地财富增殖很快,兵器衣甲积累了很多,拥有战马八百匹。萧纪听说侯景攻陷建康宫城,湘东王萧绎准备讨伐侯景,就对僚属们说:"老七是个文人,哪能匡正时局,救助百姓?"萧纪妻子居室里的柏木做的殿柱上,环绕树节的地方开了花,萧纪认为这是他自己的吉兆。夏季四月乙巳(初八),萧纪登基做皇帝,改年号为天正,立儿子萧圆照为皇太子,封儿子萧圆正为西阳王,萧圆满为竟陵王,萧圆普为谯王,萧圆肃为宜都王。任命巴西、梓潼二郡太守永丰侯萧㧑为征西大将军、益州刺史,封为秦郡王。司马王僧略、直兵参军徐怦再三劝阻,萧纪不听。王僧略,是王僧辩的弟弟。徐怦,是徐勉的侄子。

　　起初,梁朝宫城被侯景包围时,徐怦劝说萧纪赶快发兵前去救援,萧纪不想去,因此对徐怦怀恨在心。正好蜀人费合控告徐怦造反,徐怦有一封写给将领们的信,其中说:"每一件事情都会过去,而成为人们口中评论的对象。"萧纪就用这句话作为徐怦谋反的证据,他对徐怦说:"凭你跟我的老交情,我会让你的儿子们平安无事的。"徐怦回答说:"我的儿子都很像殿下,留下他们又有什么用处!"萧纪于是把徐怦和他的儿子全都杀了,并割下脑袋在集市上示众。萧纪把王僧略也杀了。永丰侯萧㧑为此叹息,说:"武陵王的帝业不会成功了!善良的人,是国家的根基,如今先把善良的人杀了,不灭亡更待何时!"

　　萧纪征召宜丰侯萧循手下的谘议参军刘璠担任中书侍郎,使者来回跑了八趟,刘璠才来。萧纪让刘孝胜推心置腹地跟刘璠谈一谈,但刘璠却苦苦要求回去。中记室韦登私下对刘璠说:"殿下残忍而记仇,您不留下来,将会招来杀身之祸,倒不如留下来一同构筑帝业,使自己功业、名望俱佳呢!"刘璠严肃地说道:"你想来说服我吗?我与宜丰侯萧循之间的名分已定,怎么能因为危险而变心呢?殿下正要向天下传布大义,终究不会

逞志于一夫。"纪知必不为己用，乃厚礼遣之。秋八月，武陵王纪举兵由外水东下，以永丰侯㧑为益州刺史，守成都，使其子宜都王圆肃副之。

二年春二月，上闻武陵王纪东下，使方士画版为纪像，亲钉支体以厌之，又执侯景之俘以报纪。初，纪之举兵，皆太子圆照之谋也。圆照时镇巴东，执留使者，启纪云："侯景未平，宜急进讨。已闻荆镇为景所破。"纪信之，趣兵东下。上甚惧，与魏书曰"子纠，亲也，请君讨之"。太师泰曰："取蜀制梁，在兹一举。"诸将咸难之。大将军代人尉迟迥，泰之甥也，独以为可克。泰问以方略，迥曰："蜀与中国隔绝百有馀年，恃其险远，不虞我至。若以铁骑兼行袭之，无不克矣。"泰乃遣迥督开府仪同三司原珍等六军，甲士万二千，骑万匹，自散关伐蜀。

夏五月，武陵王纪至巴郡，闻有魏兵，遣前梁州刺史巴西谯淹还军救蜀。初，杨乾运求为梁州刺史，纪以为潼州，杨法琛求黎州刺史，以为沙州，二人皆不悦。乾运兄子略说乾运曰："今侯景初平，宜同心戮力，保国宁民，而兄弟寻戈，此自亡之道也。夫木朽不雕，世衰难佐，不如送款关中，可以功名两全。"乾运然之，令略将二千人镇剑阁，又遣其婿乐广镇安州，与法琛皆潜通于魏。魏太师泰

在我一介匹夫身上发泄自己的骄纵之志吧。"萧纪知道刘璠肯定不会为自己所用，于是给了份厚礼，把他送走了。秋季八月，武陵王萧纪出动军队从外水向东进发，任命永丰侯萧捴为益州刺史，守卫成都，让他自己的儿子宜都王萧圆肃做萧捴的副手。

　　二年(553)春季二月，梁元帝萧绎听说武陵王萧纪带兵向东进发，就让方士在木板上画了萧纪的人像，亲自用铁钉钉住人像的四肢，以此来厌杀他，又押送侯景的俘虏到萧纪那儿去，告诉他侯景之乱已经平定。起初，萧纪出兵，全是太子萧圆照的主意。萧圆照当时镇守巴东，他截留了梁元帝萧绎的使者，派人报告萧纪说："侯景之乱尚未平定，应该迅速进兵征讨。我已听说荆州被侯景攻克。"萧纪相信了这些话，火速向东进军。梁元帝很害怕，写信给西魏求援，信中引用了《左传》中鲍叔的话："子纠，是我的亲属，请您去讨伐他。"西魏太师宇文泰说："夺取蜀地，制服梁朝，就在这一次行动了。"但将领们都有畏难情绪。大将军代郡人尉迟迥，是宇文泰的外甥，只有他认为能够取胜。宇文泰向他询问作战的谋略，尉迟迥说："蜀地与中原地区已经隔绝了一百多年，他们倚仗其地险阻偏远，料想不到我们会去攻伐。我们如果用铁甲骑兵日夜兼程去突袭，就不会有攻不下的道理。"宇文泰就派尉迟迥总领开府仪同三司原珍等六支部队，甲士一万二千人，骑兵一万人，从散关出发征伐蜀地。

　　夏季五月，武陵王萧纪到达巴郡，听说有西魏士兵出现，就派前梁州刺史巴西人谯淹回军援救蜀地。当初，杨乾运要求当梁州刺史，萧纪却任命他为潼州刺史，杨法琛要求当黎州刺史，萧纪却任命他为沙州刺史，两人都对萧纪感到不快。杨乾运哥哥的儿子杨略劝杨乾运说："如今侯景刚刚平定，应该同心协力，保国安民，而萧纪、萧绎兄弟之间动起刀兵，这是自取灭亡的行为。木头腐朽了就无法雕刻，时世衰败了就难以扶救，我们不如向西魏投诚，那样可以功名两全。"杨乾运认为杨略说得对，就命令他带领两千人马去镇守剑阁，又派他女婿乐广去镇守安州，他自己与杨法琛都秘密地跟西魏取得了联系。西魏太师宇文泰

密赐乾运铁券，授骠骑大将军、开府仪同三司、梁州刺史。尉迟迥以开府仪同三司侯吕陵始为前军，至剑阁，略退就乐广，翻城应始，始入据安州。甲戌，迥至涪水，乾运以州降。迥分军守之，进袭成都。时成都见兵不满万人，仓库空竭，永丰侯㧑婴城自守，迥围之。谯淹遣江州刺史景欣、幽州刺史赵拔扈援成都，迥使原珍等击走之。

　　武陵王纪至巴东，知侯景已平，乃自悔，召太子圆照责之，对曰："侯景虽平，江陵未服。"纪亦以既称尊号，不可复为人下，欲遂东进。将卒日夜思归，其江州刺史王开业以为宜还救根本，更思后图。诸将皆以为然。圆照及刘孝胜固言不可，纪从之，宣言于众曰："敢谏者死！"己丑，纪至西陵，军势甚盛，舳舻翳川。护军陆法和筑二城于硖口两岸，运石填江，铁锁断之。

　　帝赦任约于狱，以为晋安王司马，使助法和拒纪，谓之曰："汝罪不容诛，我不杀汝，本为今日。"因撤禁兵以配之，仍许妻以庐陵王续之女，使宣猛将军刘棻与之俱。

　　夏六月壬辰，武陵王纪筑连城，攻绝铁锁，陆法和告急相继。上以谢答仁为步兵校尉，配兵使助法和。武陵王纪遣将军侯叡将众七千筑垒与陆法和相拒。上遣使与纪书，

秘密地赐给杨乾运铁券,授予他骠骑大将军、开府仪同三司、梁州刺史。西魏尉迟迥让开府仪同三司侯吕陵始充当部队的前锋,刚抵达剑阁,杨略便弃城退却,去安州投靠乐广,侯吕陵始又进抵安州,杨略从城里翻墙出来接应侯吕陵始,于是侯吕陵始进占安州。甲戌(十三日),尉迟迥进兵抵达涪水,杨乾运献出潼州投降。尉迟迥拔出一部分士兵看守潼州,其馀的大部队继续推进,去袭击成都。成都当时拥有的士兵不满一万人,仓库空虚,永丰侯萧㧑环城自守,尉迟迥则把整座城围困起来。谯淹派江州刺史景欣、幽州刺史赵拔扈带兵援救成都,尉迟迥派原珍等人把援军打跑了。

武陵王萧纪行军到达巴东,得知侯景之乱已经平定,于是自己感到后悔,召见太子萧圆照,责备他,萧圆照回答说:"侯景之乱虽然已经平定,但江陵方面还没有臣服。"萧纪也认为自己既然已经称帝,就不能再做别人的臣下,于是就打算继续向东进军。将士们日日夜夜都想回老家,他手下的江州刺史王开业认为应该回去援救成都,巩固根本,然后再考虑今后的发展。将领们都认为这种想法很对。萧圆照和刘孝胜坚持说不可以回去,萧纪采纳了这两人的意见,当众宣布:"再敢劝阻的就处死!"己丑(二十八日),萧纪的军队进抵西陵,气势十分盛大,战船遮蔽了江面。江陵方面让护军陆法和在硖口两岸各修筑一座城堡,运来巨石填塞长江航道,又拉起铁索阻断江面。

梁元帝把任约从狱中放出来,任命他为晋安王司马,让他协助陆法和抵御萧纪,梁元帝对任约说:"你罪不容诛,我不杀你,就是为了今日让你立功赎罪。"于是撤销宫廷卫队,分配给任约指挥,又把庐陵王萧续的女儿许配给任约做妻子,还派宣猛将军刘棻同任约一块儿出发。

夏季六月壬辰(初一),武陵王萧纪修筑互相连接的城堡,砍断阻拦江面的铁索,陆法和连连告急。梁元帝任命谢答仁为步兵校尉,配置兵力,让他协助陆法和。武陵王萧纪派将军侯叡率七千士兵修筑堡垒,与陆法和对抗。梁元帝派使者给萧纪送信,

许其还蜀，专制一方。纪不从，报书如家人礼。上复与纪书曰："吾年为一日之长，属有平乱之功，膺此乐推，事归当璧。傥遣使乎，良所迟也，如曰不然，于此投笔。友于兄弟，分形共气，兄肥弟瘦，无复相见之期，让枣推梨，永罢欢愉之日。心乎爱矣，书不尽言。"纪顿兵日久，频战不利，又闻魏寇深入，成都孤危，忧懑不知所为。乃遣其度支尚书乐奉业诣江陵求和，请依前旨还蜀。奉业知纪必败，启上曰："蜀军乏粮，士卒多死，危亡可待。"上遂不许其和。纪以黄金一斤为饼，饼百为箧，至有百箧，银五倍于金，锦罽、缯彩称是。每战，悬示将士，不以为赏。宁州刺史陈智祖请散之以募勇士，弗听，智祖哭而死。有请事者，纪辞疾不见，由是将卒解体。

秋七月辛未，巴东民苻昇等斩峡口城主公孙晃，降于王琳。谢答仁、任约进攻侯叡，破之，拔其三垒。于是两岸十四城俱降。纪不获退，顺流东下。游击将军南阳樊猛追击之，纪众大溃，赴水死者八千馀人。猛围而守之。上密敕猛曰："生还，不成功也。"猛引兵至纪所，纪在舟中绕床而走，以金囊掷猛曰："以此雇卿，送我一见七官。"猛曰："天子

准许他返回蜀地之后独掌一方大权。萧纪不肯接受，回信中不肯定君臣之分，而用家中兄弟之礼。梁元帝再次给萧纪写信说："我年纪比你大一点，新近又有平定侯景叛乱之功，我受到众人心悦诚服的拥戴，继承帝位实乃天意。假如你现在派使者来称臣，的确迟了一点，如果说不这么做，那就在此扔掉笔打仗吧。同胞兄弟之间本该友好，形体虽分，但声气相通，若刀兵相见，从此我强你弱，就再也没有相见的时候，儿时让枣推梨的欢乐往事，就一去不复返了。我心中充满了兄弟之爱，书信不能完全表达出我的心意。"萧纪屯驻军队已有很长时间，多次作战都不顺利，又听说西魏寇贼已深入，成都形势孤立，处境危急，因此心中忧愁愤懑，不知干什么才好。于是，他派手下的度支尚书乐奉业到江陵去向梁元帝求和，要求按照以前许诺的条件回师蜀地。乐奉业知道萧纪肯定失败，向梁元帝上书，说："蜀军缺乏粮食，士兵很多已死亡，灭亡的时间快到了。"梁元帝就没有同意萧纪求和。萧纪用一斤黄金做成一个金饼，一百个金饼装成一箱，这样的箱子多达一百个，银子的数量是黄金的五倍，各种彩色丝织品、毛织品的数量与金银相当。每次作战，萧纪都要把这些东西悬挂起来给将士们看，但从来不把这些东西用作赏赐。宁州刺史陈智祖请求把这些东西分掉来招募勇士，但萧纪不听，陈智祖痛哭而死。有事情要向萧纪请示的人，萧纪都推说自己病了，不予接见，因此将士们人心离散。

秋季七月辛未（十一日）这一天，巴东平民符昇等人杀了峡口城的守将公孙晃，然后向王琳投降。谢答仁、任约进攻侯叡，击败了侯叡的部队，攻取三座堡垒。于是长江两岸十四座城全部投降了。萧纪无法后撤，只好顺流东下。游击将军南阳人樊猛在后面追击，萧纪的部众全面溃败，跳到水里淹死的有八千多人。樊猛把萧纪围住，看守起来。梁元帝给樊猛下达密令说："如果让萧纪活着回到蜀地，那就不叫成功。"樊猛带领士兵来到萧纪的住处，萧纪在船上绕床而跑，把一袋金子扔给樊猛，说道："我用这袋金子雇你，送我去见一见老七。"樊猛说道："天子

何由可见！杀足下，金将安之！"遂斩纪及其幼子圆满。陆法和收太子圆照兄弟三人送江陵。上绝纪属籍，赐姓饕餮氏。下刘孝胜狱，已而释之。上使谓江安侯圆正曰："西军已败，汝父不知存亡。"意欲使其自裁。圆正闻之号哭，称世子不绝声。上频使觇之，知不能死，移送廷尉狱。见圆照，曰："兄何乃乱人骨肉，使痛酷如此！"圆照唯云"计误"。上并命绝食于狱，至啮臂啖之，十三日而死。远近闻而悲之。

魏尉迟迥围成都五旬，永丰侯㧑屡出战，皆败，乃请降。诸将欲不许，迥曰："降之则将士全，远人悦；攻之则将士伤，远人惧。"遂受之。八月戊戌，㧑与宜都王圆肃帅文武诣军门降，迥以礼接之，与盟于益州城北。吏民皆复其业，唯收奴婢及储积以赏将士，军无私焉。魏以㧑及圆肃并为开府仪同三司，以迥为大都督益、潼等十二州诸军事、益州刺史。

三年。魏加益州刺史尉迟迥督六州，通前十八州，自剑关以南，得承制封拜及黜陟。迥明赏罚，布威恩，绥辑新民，经略未附，华、夷怀之。

哪里是随便能见的？我杀了你，金子会跑到哪儿去呢？"于是就杀了萧纪和他的小儿子萧圆满。陆法和逮捕了太子萧圆照兄弟三人，押送到江陵。梁元帝削除了萧纪的族籍，赐他姓饕餮氏。又把刘孝胜关进监狱，不久以后又释放了刘孝胜。梁元帝派人对江安侯萧圆正说："蜀军已败，你的父亲不知是死是活。"意思是想叫他自杀。萧圆正听了失声痛哭，嘴里不停地抱怨大哥萧圆照害了父亲。梁元帝频频派人去偷看，知道萧圆正不会自杀，就把他移送到廷尉的监狱。在那儿，萧圆正见到了萧圆照，说："哥哥为什么要败坏父辈的骨肉亲情，把事情弄到如此惨痛的地步？"萧圆照只是说："计策失误。"梁元帝命令监狱对他俩停止供应食品，他俩饿得直咬自己的胳膊吃自己的肉充饥，十三天之后终于死了。远近的人听到这一消息，都为他俩感到悲伤。

西魏尉迟迥把成都包围了五十天，永丰侯萧撝多次出城作战，都失败了，于是请求投降。尉迟迥手下的将领们不同意，尉迟迥说："接受他投降，则我军将士好无死伤，远方的百姓也会感到高兴；继续进攻，则我军将士必有伤亡，远方的百姓就会感到恐惧。"于是就接受了萧撝的投降。八月戊戌（初八），萧撝与宜都王萧圆肃率领文武官员到西魏的军营门口投降，尉迟迥按礼仪接待了他们，与他们在益州城北缔结盟约。益州的官吏百姓都恢复了本业，只没收了萧纪的奴仆婢女和积蓄的财物，赏赐给蜀军将士，西魏军队没有自己独吞。西魏任命萧撝和萧圆肃一同担任开府仪同三司，任命尉迟迥担任大都督益、潼等十二州诸军事、益州刺史。

三年（554）。西魏让益州刺史尉迟迥增加统领六个州，连同他以前统领的十二州，总共十八个州，这样，从剑门关以南的广大地区，他可以秉承皇帝旨意封爵授官，决定部属的升降进退。尉迟迥赏罚分明，恩威并用，既善于安抚新归附的民众，又善于经营开拓未归附的地区，因此华族、夷族都感怀他。

萧勃据岭南

梁武帝太清三年。西江督护陈霸先欲起兵讨侯景，景使人诱广州刺史元景仲，许奉以为主，景仲由是附景，阴图霸先。霸先知之，与成州刺史王怀明等集兵南海，驰檄以讨景仲曰："元景仲与贼合从，朝廷遣曲阳侯萧勃为刺史，军已顿朝亭。"景仲所部闻之，皆弃景仲而散。秋七月甲寅，景仲缢于阁下。霸先迎定州刺史萧勃镇广州。

前高州刺史兰裕，钦之弟也，与其诸弟扇诱始兴等十郡，攻监衡州事欧阳颁。勃使霸先救之，悉擒裕等，勃因以霸先监始兴郡事。

冬十二月，始兴太守陈霸先结郡中豪杰欲讨侯景，郡人侯安都、张偲等各帅众千馀人归之。霸先遣主帅杜僧明将二千人顿于岭上，广州刺史萧勃遣人止之曰："侯景骁雄，天下无敌。前者援军十万，士马精强，犹不能克，君以区区之众，将何所之！如闻岭北王侯又皆鼎沸，亲寻干戈，以君疏外，讵可暗投！未若且留始兴，遥张声势，保太山之安也。"

萧勃据岭南

梁武帝太清三年(549)。西江督护陈霸先打算出兵讨伐侯景,侯景派使者去劝诱广州刺史元景仲,许诺尊奉他为国君,元景仲因此归附了侯景,暗中想算计陈霸先。陈霸先知道了这一情况,便与成州刺史王怀明等在南海集结兵力,然后迅速传布讨伐元景仲的檄文,檄文说:"元景仲与侯景叛贼勾结,朝廷已派遣曲阳侯萧勃前来担任广州刺史,部队已驻扎在朝亭。"元景仲的部众听说之后,都背弃元景仲而逃散了。秋季七月甲寅(初一),元景仲在居室的旁门下面上吊自杀。陈霸先迎来定州刺史萧勃镇守广州。

前高州刺史兰裕,是兰钦的弟弟,他与几个弟弟煽惑引诱始兴等十个郡,一起攻打监衡州事欧阳頠。萧勃派陈霸先去救援,把兰裕等人全部抓获,萧勃便任命陈霸先为监始兴郡事。

冬季十二月,始兴太守陈霸先集结郡内豪杰,打算征讨侯景,郡人侯安都、张偲等各率部众一千多人来投奔他。陈霸先派主将杜僧明率两千人上大庾岭屯驻,广州刺史萧勃派人来制止,说:"侯景骁勇强悍,天下无敌。上回援救朝廷的兵力有十万人,兵强马壮,尚且无法打败他,现在您用这么点人,能把他怎么样呢?听说岭北那些王侯又都闹翻了,亲属之间在相互开战,凭您这个与萧氏家族关系疏远的外人,怎么可以明珠暗投呢?不如暂且留在始兴,远远地张扬自己的声势,以保证泰山一般的安稳。"

霸先曰："仆荷国恩,往闻侯景渡江,即欲赴援,遭值元、兰,梗我中道。今京都覆没,君辱臣死,谁敢爱命!君侯体则皇枝,任重方岳,遣仆一军,犹贤乎已,乃更止之乎!"乃遣使间道诣江陵,受湘东王绎节度。时南康土豪蔡路养起兵据郡,勃乃以腹心谭世远为曲江令,与路养相结,同遏霸先。

简文帝大宝元年春正月,陈霸先发始兴,至大庾岭,蔡路养将二万人军于南野以拒之。路养妻侄兰陵萧摩诃,年十三,单骑出战,无敢当者。杜僧明马被伤,陈霸先救之,授以所乘马。僧明上马复战,众军因而乘之,路养大败,脱身走。

元帝承圣三年。广州刺史曲江侯勃,自以非上所授,内不自安。上亦疑之。勃启求入朝。五月乙巳,上以王琳为广州刺史,勃为晋州刺史。秋九月,曲江侯勃迁居始兴。

陈高祖永定元年。初,梁世祖以始兴郡为东衡州,以欧阳頠为刺史。久之,徙頠为郢州刺史,萧勃留頠不遣。世祖以王琳代勃为广州刺史,勃遣其将孙瑒监广州,尽帅所部屯始兴以避之。頠别据一城,不往谒,闭门自守。勃怒,遣兵袭之,尽收其资财马仗;寻赦之,使复其所,与之结盟。江陵陷,頠遂事勃。二月庚午,勃起兵于广州,遣頠及其将

陈霸先回答说:"我承蒙国家对我的恩惠,以往听到侯景过江的消息,就打算前去救援,因为遇到元景仲、兰裕作乱,我被阻拦在半路上。如今京城沦陷,国君受辱,做臣下的应该去拼死雪耻,谁还敢爱惜自己的生命?君侯您是皇亲国戚,是专任一方的重臣,您派我这支部队去讨伐侯景,总还比不派要好些,怎么又来阻止我呢?"于是他派使者走小路前往江陵,表示接受湘东王萧绎的指挥。当时,南康的地方豪强蔡路养拉起队伍占据郡城,萧勃便任命自己的心腹谭世远担任曲江令,与蔡路养相勾结,共同遏制陈霸先。

简文帝大宝元年(550)春季正月,陈霸先率领部队从始兴出发,到达大庾岭,蔡路养带领两万人驻守在南野抵抗陈霸先。蔡路养妻子的侄子兰陵人萧摩诃,这年十三岁,一人一骑出阵作战,没有谁敢抵挡他。杜僧明的战马受了伤,陈霸先上前去救援,并把自己乘坐的战马给杜僧明。杜僧明上马再战,官兵们乘着杜僧明的气势而追击敌人,蔡路养的部队大败,蔡路养抽身逃脱了。

元帝承圣三年(554)。广州刺史曲江侯萧勃,觉得自己的官职不是梁元帝萧绎所授予的,内心很不安。梁元帝对萧勃也有疑心。萧勃上书请求去朝见梁元帝。五月乙巳(二十日),梁元帝任命王琳为广州刺史,任命萧勃为晋州刺史。秋季九月,曲江侯萧勃移居始兴。

陈高祖永定元年(557)。当初,梁元帝萧绎把始兴郡改称东衡州,任命欧阳颜为刺史。过了很长时间以后,又调欧阳颜为郢州刺史,萧勃留住欧阳颜不让去。梁元帝任命王琳替代萧勃为广州刺史,萧勃让部将孙盈监广州事,自己率领所有的部众去始兴屯驻,以回避王琳。欧阳颜另外占据一座城池,不去进见萧勃,关紧城门自卫。萧勃十分生气,派部队去袭击,全部没收了欧阳颜的财产、马匹、兵器;随即又赦免了他,让他再回到原先据守的城池,并跟他缔结盟约。后来江陵陷落,欧阳颜就正式侍奉萧勃。二月庚午(初一)这天,萧勃在广州起兵,派欧阳颜及其部将

傅泰、萧孜为前军。孜，勃之从子也。南江州刺史余孝顷
以兵会之。诏平西将军周文育帅诸军讨之。

欧阳頠等出南康。頠屯豫章之苦竹滩，傅泰据蹠口
城，余孝顷遣其弟孝劢守郡城，自出豫章据石头。巴山太
守熊昙朗诱頠共袭高州刺史黄法氍。又语法氍，约共破
頠，且曰：“事捷，与我马仗。”遂出军，与頠俱进。至法氍城
下，昙朗阳败走，法氍乘之，頠失援而走，昙朗取其马仗，归
于巴山。

周文育军少船，余孝顷有船在上牢，文育遣军主焦僧
度袭之，尽取以归，仍于豫章立栅。军中食尽，诸将欲退，
文育不许，使人间行遗衡州刺史周迪书，约为兄弟。迪得
书甚喜，许馈以粮。于是文育分遣老弱乘故船沿流俱下，
烧豫章栅，伪若遁去者。孝顷望之，大喜，不复设备。文育
由间道兼行，据芊韶。芊韶上流则欧阳頠、萧孜，下流则傅
泰、余孝顷营。文育据其中间，筑城飨士，頠等大骇。頠退
入泥溪，文育遣严威将军周铁虎等袭頠，癸巳，擒之。文育
盛陈兵甲，与頠乘舟而宴，巡蹠口城下，使其将丁法洪攻
泰，擒之。孜、孝顷退走。

三月庚子，周文育送欧阳頠、傅泰于建康。丞相霸先
与頠有旧，释而厚待之。曲江侯勃在南康，闻欧阳頠等败，

傅泰、萧孜担任前军。萧孜,是萧勃的侄子。南江州刺史余孝顷带领部队前去会合。梁敬帝萧方智下诏调平西将军周文育统率各路兵马讨伐萧勃。

欧阳颁等从南康出发。欧阳颁率部驻扎在豫章郡的苦竹滩,傅泰率部占据蹠口城,余孝顷派他的弟弟余孝劢看守郡城,自己率部从豫章出发占据了石头。巴山太守熊昙朗劝诱欧阳颁和自己一起去袭击高州刺史黄法氍。熊昙朗又跟黄法氍谈话,约他和自己一起攻击欧阳颁,并且说:"等事情成功了,只要给我一些马匹兵器就行了。"于是熊昙朗出动部队,与欧阳颁的部队一同向高州推进。抵达高州城下,熊昙朗假装战败逃跑,黄法氍乘胜追击,欧阳颁失去熊昙朗的帮助,也只好逃跑,熊昙朗收缴了欧阳颁丢下的马匹兵器,回到巴山。

周文育的部队缺少船只,而余孝顷在上牢有一批船只,周文育派主将焦僧度去袭击上牢,把船只全部抢了回来,又在豫章修筑营寨。军营中的粮食吃光了,将领们想要撤退,周文育不同意,派人走小路给衡州刺史周迪送去一封信,约他和自己结拜为兄弟。周迪收到周文育的来信很高兴,答应送些粮食给周文育。于是周文育分别派遣年老体弱者乘坐旧船顺流而下,又烧毁了豫章的营寨,伪装成好像要逃走的样子。余孝顷远远望见这种状况,非常高兴,就不再设置防卫的兵力。周文育率领部队从小路用加倍的速度行进,占领了芊韶。芊韶的上游就是欧阳颁、萧孜的军营,下游就是傅泰、余孝顷的军营。周文育占据了两者的中间地带,修筑城堡,宴请将士,欧阳颁等人十分恐惧。欧阳颁率部撤退到泥溪,周文育派严威将军周铁虎等袭击欧阳颁,癸巳(二十四日),将他抓获。周文育集合了众多兵力,自己与欧阳颁坐在船上宴饮,船行驶到蹠口城下,便派自己的部将丁法洪攻打傅泰,将他抓获。萧孜和余孝顷退却逃走。

三月庚子(初一),周文育押送欧阳颁和傅泰到建康去。丞相陈霸先与欧阳颁有老交情,不但释放了欧阳颁,而且还很优待他。曲江侯萧勃当时居住在南康,听到欧阳颁等人战败的消息,

军中恟惧。甲寅，德州刺史陈法武、前衡州刺史谭世远攻勃，杀之。

夏四月，故曲江侯勃主帅兰敳袭杀谭世远，军主夏侯明彻杀敳，持勃首降。勃故记室李宝藏奉怀安侯任据广州。萧孜、余孝顷犹据石头，为两城，各居其一，多设船舰，夹水而陈。丞相霸先遣平南将军侯安都助周文育击之。戊戌，安都潜师夜烧其船舰。文育帅水军、安都帅步骑进攻之。萧孜出降，孝顷逃归新吴，文育等引兵还。丞相霸先以欧阳𬱟声著南土，复以𬱟为衡州刺史，使讨岭南。未至，其子纥已克始兴。𬱟至岭南，诸郡皆降，遂克广州，岭南悉平。五月戊辰，余孝顷遣使诣丞相府乞降。

二年。王琳之引兵东下也，衡州刺史周迪欲自据南川，乃总召所部八郡守宰结盟，齐言入赴。上恐其为变，厚慰抚之。新吴洞主余孝顷遣沙门道林说琳曰："周迪、黄法𣞁皆依附金陵，阴窥间隙，大军若下，必为后患。不如先定南川，然后东下。孝顷请席卷所部以从下吏。"琳乃遣轻车将军樊猛、平南将军李孝钦、平东将军刘广德将兵八千赴之，使孝顷总督三将，屯于临川故郡，征兵粮于迪，以观其所为。

夏五月癸巳，余孝顷等众且二万，军于工塘，连八城以逼周迪。迪惧，请和，并送兵粮。樊猛等欲受盟而还，孝顷贪其利，不许，树栅围之。由是猛等与孝顷不协。

军营里一片惊恐。甲寅（十五日），德州刺史陈法武、前衡州刺史谭世远进攻萧勃，杀死了他。

夏季四月，已故曲江侯萧勃的主帅兰裂袭击并杀死了谭世远，主将夏侯明彻又杀死了兰裂，拿着萧勃的首级投降。萧勃原先的记室李宝藏拥戴怀安侯萧任盘据在广州。萧孜、余孝顷也还占据着石头，他们修筑了两座城堡，两人各据守一个，还造了很多船只，布列在江两岸。丞相陈霸先派平南将军侯安都去协助周文育攻击他们。戊戌（三十日），侯安都秘密出兵，乘黑夜烧毁了他们的船只。周文育率领水军，侯安都率领步兵和骑兵，一起发动进攻。萧孜出城投降，余孝顷逃回新吴，周文育、侯安都带领部队凯旋。丞相陈霸先考虑到欧阳頠在南方的声望很高，又任命他为衡州刺史，命令他征伐岭南。欧阳頠还没有到任，他的儿子欧阳纥已经攻克始兴。欧阳頠到达岭南以后，各郡都投降了，接着攻下广州，岭南全部平定。五月戊辰，余孝顷派使者前往丞相府请求投降。

二年（558）。王琳带兵东下的时候，衡州刺史周迪想自己占据南川，于是把所管辖的八个郡的太守全部召来结成同盟，一齐声称要入朝晋见。陈武帝陈霸先担心他们作乱，便优厚地抚慰他们。新吴洞主余孝顷派僧人道林去游说王琳，说："周迪、黄法耗虽然依附了陈朝，暗地里却在窥视有没有空子可钻，您的大军如果东下，他们肯定会成为您日后的祸害。不如先平定南川，然后再东下。余孝顷请求带着他所有的部众来跟从您，做您的下属。"王琳于是派遣轻车将军樊猛、平南将军李孝钦、平东将军刘广德带领八千士兵奔赴南川，让余孝顷总督这三位将领，在临川的老城驻扎下来，同时向周迪征收军粮，以此观察周迪的反应。

夏季五月癸巳（初一），余孝顷等将士近两万人，驻扎在工塘，连同八城的兵力一齐迫近周迪。周迪害怕了，向余孝顷求和，并且送来了军粮。樊猛等人想要接受周迪的请求，在与周迪订立盟约之后领兵回去，余孝顷贪图出兵之利，不许停战，还建立营寨围困周迪。从此，樊猛等人与余孝顷开始不和。

　　秋七月，高州刺史黄法氍、吴兴太守沈恪、宁州刺史周敷合兵救周迪。敷自临川故郡断江口，分兵攻余孝顷别城。樊猛等不救而没。刘广德乘流先下，故获全。孝顷等皆弃舟引兵步走，迪追击，尽擒之。送孝顷及李孝钦于建康，归樊猛于王琳。九月，余孝顷之弟孝劢及子公飏犹据旧栅不下。庚午，诏开府仪同三司周文育都督众军出豫章讨之。

　　三年夏五月，周文育、周迪、黄法氍共讨余公飏，豫章内史熊昙朗引兵会之，众且万人。文育军于金口，公飏诈降，谋执文育，文育觉之，囚送建康。文育进屯三陂。王琳遣其将曹庆帅二千人救余孝劢，庆分遣主帅常众爱与文育相拒，自帅其众攻周迪及安南将军吴明彻。迪等败，文育退据金口。熊昙朗因其失利，谋杀文育以应众爱。监军孙白象闻其谋，劝文育先之，文育不从。时周迪弃船走，不知所在。乙酉，文育得迪书，自赍以示昙朗，昙朗杀之于座而并其众，因据新淦城。昙朗将兵万人袭周敷，敷击破之，昙朗单骑奔巴山。六月，周文育之讨余孝劢也，帝令南豫州刺史侯安都继之。文育死，安都还，遇王琳将周炅、周协南归，与战，擒之。孝劢弟孝猷帅所部四千家诣安都降。安都进军至左里，击曹庆、常众爱，破之。众爱奔庐山。庚寅，庐山民斩之，传首。

秋季七月，高州刺史黄法氍、吴兴太守沈恪、宁州刺史周敷联合几支部队去救助周迪。周敷从临川的老城切断通往江口的道路，然后分派部队去攻打余孝顷的另一座城。樊猛等人不去救援，另一座城陷落。刘广德提早一步顺流而下，因而得以保全性命。余孝顷等人都舍弃船只，带着士兵步行，周迪尾随追击，把他们全部抓获。周迪把余孝顷和李孝钦押送到建康，把樊猛送还给王琳。九月，余孝顷的弟弟余孝劢及儿子余公飔仍然占据着旧营寨，攻不下来。庚午，陈武帝下诏，命开府仪同三司周文育统领各部队从豫章出发去讨伐他们。

三年(559)夏季五月，周文育、周迪、黄法氍一同征讨余公飔，豫章内史熊昙朗带领部队前去会合，将士总共将近一万人。周文育的部队驻扎在金口，余公飔假装投降，图谋伺机捉拿周文育，周文育觉察到这一阴谋，便把余公飔抓起来送往建康。周文育又进驻三陂。王琳派他的部将曹庆率领两千人去援救余孝劢，曹庆分派主帅常众爱去跟周文育对抗，自己率领部队去攻打周迪和安南将军吴明彻。周迪等人战败，周文育也败退而据守金口。熊昙朗因周文育等人打了败仗，就谋划杀死周文育以响应常众爱。监军孙白象听说了这一密谋，劝说周文育先杀了熊昙朗，周文育不听。当时周迪丢弃了船只逃跑，不知去向。闰五月乙酉(二十九日)，周文育收到周迪的来信，他亲自带着信去给熊昙朗看，熊昙朗就在坐席上把周文育杀了，吞并了周文育的部队，乘机占据了新淦城。熊昙朗带领一万名士兵去袭击周敷，周敷打败了熊昙朗，熊昙朗单人匹马逃往巴山。六月，周文育讨伐余孝劢的时候，陈武帝命令南豫州刺史侯安都随后接应。周文育被杀死之后，侯安都只好返回，路上遇到王琳带领周炅、周协等人的部队要回南方去，就跟他们打了一仗，擒获了王琳等人。余孝劢的弟弟余孝猷率领他管辖的四千户人家到侯安都那儿投降。侯安都进军到左里，向曹庆、常众爱等发起攻击，打败了他们。常众爱逃到庐山。庚寅(初五)，庐山的百姓杀了他，把他的首级传送到建康。

文帝天嘉元年。王琳之东下也，帝征南川兵。江州刺史周迪、高州刺史黄法氍帅舟师将赴之。熊昙朗据城列舰，塞其中路。迪等与周敷共围之。琳败，昙朗部众离心，迪攻拔其城，虏男女万馀口。昙朗走入村中，村民斩之。传首建康，尽灭其族。

文帝天嘉元年(560)。王琳东下进犯陈朝的时候,陈文帝征召南川的部队进行抵抗。江州刺史周迪、高州刺史黄法氍率领水军即将奔赴前线。熊昙朗盘据豫章城,在江面上摆开战船,将周迪等人堵在半路上。周迪等人与周敷共同把熊昙朗包围了起来。等到王琳兵败,熊昙朗的部众人心涣散,周迪乘机攻下熊昙朗盘据的豫章城,俘获男女一万多人。熊昙朗逃进村庄里,村民们杀了他。熊昙朗的首级被传送到建康,他的家族全部被诛灭。

王琳奔齐 　陈伐齐附

梁元帝承圣元年冬十月戊申，湘东王执湘州刺史王琳于殿中，杀其副将殷晏。琳本会稽兵家，其姊妹皆入王宫，故琳少在王左右。琳好勇，王以为将帅。琳倾身下士，所得赏赐，不以入家。麾下万人，多江、淮群盗。从王僧辩平侯景，与杜龛功居第一。在建康，恃宠纵暴，僧辩不能禁。僧辩以宫殿之烧，恐得罪，欲以琳塞责，乃密启王，请诛琳。王以琳为湘州，琳自疑及祸，使长史陆纳帅部曲赴湘州，身诣江陵陈谢。谓纳等曰："吾若不返，子将安之？"咸曰："请死之。"相泣而别。至江陵，王下琳吏。

辛酉，以王子方略为湘州刺史，又以廷尉黄罗汉为长史，使与太舟卿张载至巴陵，先据琳军。载有宠于王，而御下峻刻，荆州人疾之如仇。罗汉等至琳军，陆纳及

王琳奔齐 陈伐齐附

　　梁元帝承圣元年(552)冬季十月戊申(十四日)，湘东王萧绎在殿庭里拘捕了湘州刺史王琳，杀了王琳的副将殷晏。王琳原是会稽的兵家子弟，他的姐姐、妹妹都被选入宫中，所以王琳从小就生活在湘东王的身边。王琳好逞勇武，湘东王任命他当将帅。王琳能屈身结交贤士，所得到的赏赐从来不拿回家去。他的部下有一万人，原先大都是江淮地区的盗贼。王琳随同王僧辩去平定侯景，获得的战功与杜龛并列第一。王琳在建康的时候，倚仗自己受宠，肆意暴虐，连王僧辩也无法禁止他。王僧辩因为建康的宫殿被焚毁一事，担心自己获罪，便想用举奏王琳的办法来推卸自己的责任，于是秘密上书湘东王，建议诛杀王琳。湘东王让王琳去治理湘州，王琳怀疑自己会遭祸，就派遣长史陆纳带着部属先去湘州，自己前往江陵表达谢恩之情。王琳临行前对陆纳等人说道："我如果回不来，你们将怎么办呢?"陆纳等人都说道："我们将请求跟您一块儿去死。"大家面对面地哭了一场，然后告别。王琳来到江陵后，湘东王就把他抓起来交给了司法官吏。

　　辛酉(二十七日)，湘东王任命儿子萧方略为湘州刺史，又任命廷尉黄罗汉为长史，派他和太舟卿张载到巴陵，先接管王琳的部队。张载在湘东王那儿很得宠，但控制部下严厉苛刻，荆州人如同对待仇人般憎恨他。黄罗汉等人来到王琳的部队，陆纳和

士卒并哭，不肯受命，执罗汉及载。王遣宦者陈旻往谕之，纳对旻刳载腹，抽肠以系马足，使绕而走，肠尽气绝。又脔割，出其心，向之抃舞，焚其馀骨。以黄罗汉清谨而免之。纳与诸将引兵袭湘州，时州中无主，纳遂据之。

十一月，湘东王即皇帝位于江陵。陆纳袭击衡州刺史丁道贵于渌口，破之。道贵奔零陵，其众悉降于纳。上闻之，遣使征司徒王僧辩、右卫将军杜崱、平北将军裴之横与宜丰侯循共讨纳。循军巴陵以待之。

二年春三月，陆纳遣其将吴藏、潘乌黑、李贤明等下据车轮。王僧辩至巴陵，宜丰侯循让都督于僧辩，僧辩弗受。上乃以僧辩、循为东、西都督。夏四月丙申，僧辩军于车轮。陆纳夹岸为城，以拒王僧辩。纳士卒皆百战之馀，僧辩惮之，不敢轻进，稍作连城以逼之。纳以僧辩为怯，不设备。五月甲子，僧辩命诸军水陆齐进，急攻之。僧辩亲执旗鼓，宜丰侯循亲受矢石，拔其二城。纳众大败，步走，保长沙。

六月，上遣使送王琳，令说谕陆纳。乙未，琳至长沙，僧辩使送示之，纳众悉拜且泣，使谓僧辩曰："朝廷若赦王郎，乞听入城。"僧辩不许，复送江陵。陆法和求救不已，上欲召

士兵们都哭了起来,不肯接受命令,还拘捕了黄罗汉和张载。湘东王派遣宦官陈旻前去做说服工作,陆纳当着陈旻的面,剖开张载的肚子,从中抽出肠子系在马脚上,让马绕着圈子走,直到肠子拽完张载气绝而死。又把张载的肉一块块地割下来,把他的心脏掏出来,朝着他的碎尸鼓掌跳舞,最后焚烧了他剩下的骨头。由于黄罗汉平时廉洁谨慎,陆纳免他一死。陆纳和各位将领带着部队去袭击湘州,当时州里没有主事的人,陆纳就占据了湘州。

十一月,湘东王在江陵登基做了皇帝。陆纳在渌口袭击衡州刺史丁道贵,打败了他。丁道贵逃往零陵,他的部众全部向陆纳投降。梁元帝听到这一消息,派使者征召司徒王僧辩、右卫将军杜崱、平北将军裴之横,与宜丰侯萧循一同去讨伐陆纳。萧循的部队驻扎在巴陵,等待王僧辩等人前来会师。

二年(553)春季三月,陆纳派他的部将吴藏、潘乌黑、李贤明等人攻占了车轮。王僧辩抵达巴陵,宜丰侯萧循要把都督的职位让给王僧辩,王僧辩不接受。梁元帝便任命王僧辩、萧循为东、西都督。夏季四月丙申(初四),王僧辩把他的部队驻扎在车轮。陆纳在江岸两边修筑城堡,以抵抗王僧辩。陆纳的士兵都身经百战,王僧辩惧怕他们,不敢轻率进兵,于是慢慢修筑相连的城堡以逼近陆纳的部队。陆纳认为王僧辩胆怯,竟不安排兵力进行防备。五月甲子(初三),王僧辩命令各路水陆大军齐头并进,向陆纳的部队发起猛烈攻击。王僧辩亲自举旗擂鼓,宜丰侯萧循亲自冒着飞箭流石,攻下了陆纳的两座城堡。陆纳的部队大败,徒步逃走,退守长沙。

六月,梁元帝派遣使者送王琳前往陆纳那儿,让他去劝说陆纳投降。乙未(初四)这一天,王琳到达长沙城外,王僧辩派人把他送到城下给陆纳看,陆纳的部众全部在城楼上向王琳跪拜,并且放声大哭,陆纳派人对王僧辩说道:"朝廷如果赦免了王琳,就请求您任凭他进城来。"王僧辩不同意,又送王琳回江陵。陆法和不断请求派遣援军去抵抗武陵王萧纪,梁元帝想要征召

长沙兵，恐失陆纳，乃复遣琳许其入城。琳既入，纳遂降，湘州平。上复琳官爵。秋八月，以湘州刺史王琳为衡州刺史。

三年夏五月乙巳，以王琳为广州刺史。上以琳部众强盛，又得众心，故欲远之。琳与主书广汉李膺厚善，私谓膺曰："琳，小人也，蒙官拔擢至此。今天下未定，迁琳岭南，如有不虞，安得琳力！窃揆官意不过疑琳，琳分望有限，岂与官争为帝乎！何不以琳为雍州刺史、镇武宁，琳自放兵作田，为国御捍。"膺然其言而弗敢启。

冬十一月，魏师围江陵，帝征广州刺史王琳为湘州刺史，使引兵入援。王琳军至长沙，镇南府长史裴政间道先报江陵，为魏人所获。城陷，帝为魏人所杀。事见《梁氏乱亡》。

敬帝绍泰元年春正月，梁王詧即皇帝位于江陵，以莫勇为武州刺史，魏永寿为巴州刺史。

湘州刺史王琳将兵自小桂北下，至蒸城，闻江陵已陷，为世祖发哀，三军缟素，遣别将侯平帅舟师攻后梁。琳屯兵长沙，传檄州郡，为进取之计。长沙王韶及上游诸将皆推琳为盟主。二月，侯平攻后梁巴、武二州，故刘荼主帅赵朗杀宋文彻，以邵陵归于王琳。夏五月庚辰，侯平等擒莫勇、魏永寿。江陵之陷也，永嘉王庄生七年矣，尼法慕匿之。王琳迎庄，送之建康。秋八月辛巳，王琳自

正在长沙的王僧辩的部队,又担心失掉陆纳,于是再次派王琳去长沙,允许他进城去劝降。王琳进了城,陆纳就投降了,湘州也随之平定。梁元帝恢复了王琳的官职爵位。秋季八月,梁元帝任命湘州刺史王琳为衡州刺史。

三年(554)夏季五月乙巳(二十日),梁元帝任命王琳为广州刺史。梁元帝因为王琳的部下人强气盛,又深得民众之心,所以想把他弄到偏远的地方去。王琳与主书广汉人李膺交情深厚,私下对他说:"我王琳原是平民百姓,承蒙皇上提拔到这个位置。如今天下尚未安定,就把我迁徙到遥远的岭南去,如果发生意外的变故,皇上怎么能用上我的力量呢?我私下揣测皇上的意思,只是对我有疑心,其实我的愿望很有限,怎么会与皇上争夺帝位呢?为什么不任命我为雍州刺史,镇守武宁呢?我自会命令士兵们平时种地,战时承担国家的防御守卫任务。"李膺认为王琳说得对,但不敢把王琳的看法启奏梁元帝。

冬季十一月,西魏的军队围攻江陵,梁元帝征召广州刺史王琳担任湘州刺史,命令他带领部队入朝救援。王琳的部队赶到长沙,镇南府长史裴政走小路先去江陵报告援兵来到的消息,被西魏人抓获了。宫城陷落,梁元帝被西魏人杀害了。事见《梁氏乱亡》。

敬帝绍泰元年(555)春季正月,梁王萧詧在江陵登基做了后梁的皇帝,任命莫勇为武州刺史,魏永寿为巴州刺史。

湘州刺史王琳带领部队从小桂北下,到蒸城时,听说江陵已经陷落,便为梁元帝萧绎举行哀悼仪式,三军将士都穿上白色丧服,并派别将侯平率水军去攻打后梁。王琳把部队驻扎在长沙,向各州郡传布讨伐后梁的檄文,策划进攻后梁。长沙王萧韶和长江上游众将都推举王琳担任盟主。二月,侯平攻打后梁的巴州和武州,已故邵陵太守刘荼的主帅赵朗杀了宋文彻,把邵陵献给了王琳。夏季五月庚辰(初一),侯平等抓获了莫勇和魏永寿。当江陵陷落时,永嘉王萧庄已经七岁了,尼姑法慕把他隐藏起来。王琳接萧庄出来,把他送往建康。秋季八月辛巳,王琳从

蒸城还长沙。冬十月癸丑，以王琳为车骑将军、开府仪同三司。十二月，以陈霸先从子昙朗及永嘉王庄为质于齐。事见《梁氏乱亡》。

太平元年春二月，后梁主击侯平于公安，平与长江王韶引兵还长沙。王琳遣平镇巴州。夏六月，侯平频破后梁军，以王琳兵威不接，更不受指麾。琳遣将讨之，平杀巴州助防吕旬，收其众，奔江州。侯瑱与之结为兄弟。琳军势益衰，乙丑，遣使奉表诣齐，并献驯象。江陵之陷也，琳妻蔡氏、世子毅皆没于魏，琳又献款于魏以求妻子，亦称臣于梁。

秋七月，魏太师泰遣安州长史钳耳康买使于王琳，琳遣长史席豁报之，且请归世祖及愍怀太子之枢。泰许之。八月，魏以王琳为大将军、长沙郡公。九月甲子，王琳以舟师袭江夏。冬十月壬申，丰城侯泰以州降之。十一月辛丑，丰城侯泰奔齐，齐以为永州刺史。诏征王琳为司空，琳辞不至，留其将潘纯陀监郢州，身还长沙。魏人归其妻子。

陈高祖永定元年春正月，诏以王琳为司空、骠骑大将军。三月甲辰，以司空王琳为湘、郢二州刺史。

夏五月，王琳既不就征，大治舟舰，将攻陈霸先。六月戊寅，霸先以开府仪同三司侯安都为西道都督，周文育为南道都督，将舟师二万会武昌以击之。秋八月丁卯，周人归梁世祖之枢及诸将家属千馀人于王琳。冬十月，

蒸城返回长沙。冬季十月癸丑(初六),梁朝任命王琳为车骑将军、开府仪同三司。十二月,梁朝把陈霸先的侄子陈昙朗以及永嘉王萧庄送到北齐做人质。事见《梁氏乱亡》。

太平元年(556)春季二月,后梁国君萧詧在公安攻击侯平,侯平和长沙王萧韶带领部队返回长沙。王琳派侯平去镇守巴州。夏季六月,侯平多次打败后梁的部队,又因为王琳部队的威势已难以为继,便不再接受王琳的指挥。王琳派将领去讨伐侯平,侯平杀了巴州助防吕旬,收编了吕旬的部队,去投奔江州。侯瑱与侯平结拜为兄弟。王琳部队的气势更加衰弱,乙丑(二十二日),派使者带着请求臣属的表章前往北齐,并且进献了驯养的大象。江陵陷落的时候,王琳的妻子蔡氏、世子王毅都落入西魏人手中,王琳又讨好西魏以求得释放妻子和儿子,同时也向梁朝称臣。

秋季七月,西魏太师宇文泰派安州长史钳耳康买为使者去王琳那儿,王琳则派长史席豁去西魏回访,并且请求西魏把梁元帝萧绎和愍怀太子萧元良的灵柩运回南方。宇文泰同意了。八月,西魏任命王琳为大将军、长沙郡公。九月甲子(二十三日),王琳派水军袭击江夏。冬季十月壬申(初一),丰城侯萧泰献出州城向王琳投降。十一月辛丑(初一),丰城侯萧泰逃往北齐,北齐任命他为永州刺史。北齐国君高洋下诏,征召王琳入朝担任司空,王琳推辞不去,留下部将潘纯陀掌管郢州,自己回到长沙。西魏人送还王琳的妻子和儿子。

陈高祖永定元年(557)春季正月,北周国君宇文觉下诏,任命王琳为司空、骠骑大将军。三月甲辰(初五),梁朝任命司空王琳为湘、郢二州刺史。

夏季五月,王琳既已不接受梁朝的征召,就大力制造战船,准备进攻陈霸先。六月戊寅(十一日),陈霸先任命开府仪同三司侯安都为西道都督,任命周文育为南道都督,率领水军两万人会集于武昌以进攻王琳。秋季八月丁卯(初一),北周人把梁元帝的灵柩以及各将领的家属一千多人送还给王琳。冬季十月,

梁敬帝禅位于陈。

侯安都至武昌，王琳将樊猛弃城走，周文育自豫章会之。安都闻上受禅，叹曰："吾今兹必败，战无名矣！"时两将俱行，不相统摄，部下交争，稍不相平。军至郢州，琳将潘纯陀于城中遥射官军，安都怒，进军围之。未克，而王琳至弇口，安都乃释郢州，悉众诣沌口，留沈泰一军守汉曲。安都遇风不得进，琳据东岸，安都等据西岸，相持数日，乃合战，安都等大败。安都、文育及裨将徐敬成、周铁虎、程灵洗皆为琳所擒，沈泰引军奔归。琳引见诸将与语，周铁虎辞气不屈，琳杀铁虎而囚安都等，总以一长锁系之，置琳所坐艒下，令所亲宦者王子晋掌视之。琳乃移湘州军府就郢城，又遣其将樊猛袭据江州。

二年春正月，王琳引兵下，至湓城，屯于白水浦，带甲十万。琳以北江州刺史鲁悉达为镇北将军，上亦以悉达为征西将军，各送鼓吹女乐。悉达两受之，迁延顾望，皆不就。上遣安西将军沈泰袭之，不克。琳欲引军东下，而悉达制其中流，琳遣使说诱，终不从。己亥，琳遣记室宗虩求援于齐，且请纳梁永嘉王庄以主梁祀。

梁敬帝萧方智把皇位禅让给陈霸先。

　　侯安都带领水军来到武昌，王琳的部将樊猛弃城逃跑，周文育则从豫章来到武昌与侯安都会师。侯安都听说陈霸先接受了梁敬帝的禅让，叹了口气，说："我这次肯定失败，因为已经没有正当的作战理由了！"当时侯安都、周文育两位将领一同进军，相互之间没有统领与被统领的关系，两人的部下经常闹纠纷，不怎么和谐。部队到达郢州时，王琳的部将潘纯陀在郢州城里远远地对着陈朝的部队射箭，侯安都很愤怒，进兵包围了郢州。郢州还没攻克，而王琳的大军已赶到弇口，于是侯安都解除对郢州的围困，带着所有的士兵前往沌口，只留下沈泰一支部队守卫汉曲。侯安都的部队遇到大风，不能前进，这样，王琳的部队占据东岸，侯安都等人的部队占据西岸，双方对峙了好几天，才交战，侯安都等人的部队遭到惨败。侯安都、周文育以及副将徐敬成、周铁虎、程灵洗等都被王琳活捉，只有沈泰带着他那支部队逃回建康。王琳接见各位被俘的将领，跟他们谈话，周铁虎说话的口气毫不卑下，王琳杀了周铁虎，而把侯安都等人囚禁起来，用一根长长的铁锁链将他们全部系在一块儿，关在王琳乘坐的大船的船舱里，让自己信任的宦官王子晋负责看管。王琳于是把原在湘州的军府搬迁到郢城，又派自己的部将樊猛袭击并占领了江州。

　　二年(558)春季正月，王琳带兵东下，抵达溢城，驻扎在白水浦，他带领的士兵多达十万人。王琳任命北江州刺史鲁悉达为镇北将军，陈武帝也任命鲁悉达为征西将军，每一方都给鲁悉达送去乐队和歌妓。鲁悉达对两方的委任和赏赐都接受了，但在行动上又拖延观望，两方的官职都没去就任。陈武帝派安西将军沈泰去袭击鲁悉达，没能战胜。王琳想要带领部队顺长江东下，而鲁悉达控制着长江中游地区，王琳派使者去劝诱鲁悉达归顺，鲁悉达到最后也没有听从。己亥(初五)，王琳派记室宗虩向北齐请求援兵，并且请求迎纳在北齐做人质的梁朝永嘉王萧庄来主持梁朝宗庙的祭祀。

三月,齐发兵援送梁永嘉王庄于江南,册拜王琳为梁丞相、都督中外诸军、录尚书事。琳遣兄子叔宝帅所部十州刺史子弟赴邺。琳奉庄即皇帝位,改元天启。追谥建安公渊明曰闵皇帝。庄以琳为侍中、大将军、中书监,馀依齐朝之命。

夏六月己巳,诏司空侯瑱、领军将军徐度帅舟师为前军以讨王琳。秋七月戊戌,上幸石头,送侯瑱等。甲辰,上遣吏部尚书谢哲往谕王琳。哲,朏之孙也。八月,谢哲返命,王琳请还湘州,诏追众军还。癸未,众军至自大雷。

冬十二月,后梁主遣其大将军王操将兵略取王琳之长沙、武陵、南平等郡。

三年春正月,王琳召桂州刺史淳于量。量虽与琳合而潜通于陈。二月辛酉,以量为开府仪同三司。三月,梁永嘉王庄至郢州,遣使入贡于齐。王琳遣其将雷文策袭后梁监利太守蔡大有,杀之。

夏六月丁酉,上不豫,丙午,殂。冬十月,王琳闻高祖殂,乃以少府卿吴郡孙玚为郢州刺史,总留任,奉梁永嘉王庄出屯濡须口。齐扬州道行台慕容俨帅众临江,为之声援。十一月乙卯,琳寇大雷,诏侯瑱、侯安都及仪同徐度将兵御之。安州刺史吴明彻夜袭湓城,琳遣巴陵太守任忠击明彻,大破之,明彻仅以身免。琳因引兵东下。

三月，北齐出动军队援助并护送梁朝的永嘉王萧庄到江南，并以册书任命王琳为梁朝的丞相、都督中外诸军、录尚书事。王琳派遣自己哥哥的儿子王叔宝率领所管辖的十个州刺史的子弟前往北齐的邺城做人质。王琳拥戴永嘉王萧庄登基做了皇帝，改年号为天启。给建安公萧渊明追加闵皇帝的谥号。萧庄任命王琳为侍中、大将军、中书监，其馀的官职都依照北齐的册命。

夏季六月己巳（初七），陈武帝下诏，命令司空侯瑱、领军将军徐度率领水军作为先头部队去讨伐王琳。秋季七月戊戌（初七），陈武帝驾临石头，送侯瑱等人出征。甲辰（十三日），陈武帝派吏部尚书谢哲去王琳那儿劝谕他归降。谢哲，是谢朏的孙子。八月，谢哲回朝复命，说王琳请求回到湘州去，于是陈武帝下诏，征召各路讨伐大军返回。癸未（二十二日），各支部队从大雷回到建康。

冬季十二月，后梁国君萧詧派他的大将军王操带领部队夺取了王琳管辖的长沙、武陵、南平等郡。

三年（559）春季正月，王琳召见桂州刺史淳于量。淳于量虽然跟王琳联合，但暗中又跟陈朝有交往。二月辛酉（初三），陈朝任命淳于量为开府仪同三司。三月，梁朝永嘉王萧庄到达郢州，派使者向北齐进贡。王琳派他的部将雷文策袭击后梁监利太守蔡大有，把他杀了。

夏季六月丁酉（十二日），陈武帝病重，丙午（二十一日），去世。冬季十月，王琳听说陈武帝去世的消息，就任命少府卿吴郡人孙瑒为郢州刺史，让他总揽留守事宜，自己拥奉梁朝永嘉王萧庄出兵驻守濡须口。北齐扬州道行台慕容俨率领部队到达长江岸边，为其声援。十一月乙卯（初二），王琳侵犯大雷，陈文帝下诏，命令侯瑱、侯安都及仪同徐度带领部队进行抵御。安州刺史吴明彻乘着黑夜袭击湓城，王琳派巴陵太守任忠去迎击吴明彻，彻底打败了他，吴明彻只身逃跑，免于一死。王琳乘胜带兵顺长江东下。

文帝天嘉元年春二月,王琳至栅口,侯瑱督诸军出屯芜湖,相持百馀日。东关春水稍长,舟舰得通。琳引合肥、濡湖之众,舳舻相次而下,军势甚盛。瑱进军虎槛洲,琳亦出船列于江西,隔洲而泊。明日,合战,琳军少却,退保西岸。及夕,东北风大起,吹其舟舰并坏,没于沙中。浪大,不得还浦。及旦,风静,琳入浦治船,瑱等亦引军退入芜湖。

周人闻琳东下,遣都督荆襄等五十二州诸军事、荆州刺史史宁将兵数万乘虚袭郢州。孙场婴城自守。琳闻之,恐其众溃,乃帅舟师东下,去芜湖十里而泊,击栅闻于陈军。齐仪同三司刘伯球将兵万馀人助琳水战,行台慕容恃德之子子会将铁骑二千屯芜湖西岸,为之声势。

丙申,瑱令军中晨炊蓐食以待之。时西南风急,琳自谓得天助,引兵直趣建康。瑱等徐出芜湖蹑其后,西南风翻为瑱用。琳掷火炬以烧陈船,皆反烧其船。瑱发拍以击琳舰,又以牛皮冒蒙冲小船以触其舰,并镕铁洒之。琳军大败,军士溺死者什二三,馀皆弃船登岸走,为陈军所杀殆尽。齐步骑在西岸者,自相蹂践,并陷于芦荻泥淖中。骑皆弃马脱走,得免者什二三。擒刘伯球、慕容子会,

文帝天嘉元年(560)春季二月,王琳的部队抵达栅口,侯瑱督率各支部队屯驻在芜湖,两军对峙了一百多天。东关这个地方,春天水位涨高了一点,船只便可以通航。王琳就引来原先驻扎在合肥、濡湖一带的部队,运送部队的船只首尾相接,依次顺江而下,军势十分盛大。侯瑱进军虎槛洲,王琳也派出战船,排列在长江西岸,与侯瑱的部队隔着虎槛洲停泊下来。第二天,两军会战,王琳的部队稍稍退去,退守西岸。到了夜里,刮起猛烈的东北风,两军的战船一起被刮坏,淹没在江沙里。当时浪很大,战船无法驶回江边。等到天亮风才平息下来,王琳去江岸边修理战船,侯瑱等人也带领部队退入芜湖。

北周人听到王琳带兵顺长江东下的消息,派都督荆襄等五十二州诸军事、荆州刺史史宁率领几万士兵乘虚袭击郢州。孙玚环绕城墙设防,自为守卫。王琳听说这一情况,担心部队溃散,就率领水军顺长江东下,在距离芜湖十里的地方停泊下来,敲木梆巡夜的声音,可以传到陈朝军队的营地。北齐仪同三司刘伯球带领一万多士兵协助王琳与陈朝部队进行水战,行台慕容恃德的儿子慕容子会带领两千披甲的骑兵,驻扎在芜湖的长江西岸,为他壮大声势。

丙申(十四日),侯瑱发出命令,部队清晨开始做饭,早早吃完早饭后,做好准备等候王琳来进犯。当时西南风刮得很紧,王琳自认为得到上天的佑助,就带领部队直奔建康。侯瑱等人从容不迫地从芜湖出发,跟在王琳的战船后面,西南风反而被侯瑱利用了。王琳让士兵扔火炬去烧陈朝军队的战船,因为逆风,结果反而都烧了自己的战船。侯瑱命令士兵用拍竿拍击王琳的战船,又用蒙着牛皮、有冲击力的小舟去撞王琳的战船,并且用熔化的铁水洒泼过去。王琳的部队遭到惨败,将士落水淹死的有十分之二三,其馀的都扔下战船登上江岸逃跑,被陈朝军队砍杀得几乎一个不剩。在长江西岸的北齐步兵、骑兵互相践踏,都陷入长满芦荻的淤泥之中。骑兵都丢弃马匹脱身逃跑,幸免于死的只有十分之二三。陈朝军队抓获了刘伯球、慕容子会,

斩获万计，尽收梁、齐军资器械。琳乘舴艋冒陈走，至溢城，欲收合离散，众无附者，乃与妻妾左右十馀人奔齐。

先是，琳使侍中袁泌、御史中丞刘仲威侍卫永嘉王庄。及败，左右皆散。泌以轻舟送庄达于齐境，拜辞而还，遂来降。仲威奉庄奔齐。泌，昂之子也。樊猛及其兄毅帅部曲来降。

周军初至郢州，孙玚士卒皆死战，周人不能克。既而闻王琳败，陈兵将至，乃解围去。玚遣使举中流之地来降。

二年春正月，齐主使王琳出合肥，召募伧楚，更图进取。合州刺史裴景徽，琳兄珉之婿也，请以私属为乡导。齐主使琳与行台左丞卢潜将兵赴之，琳沉吟不决。景徽恐事泄，挺身奔齐。齐主以琳为骠骑大将军、开府仪同三司、扬州刺史，镇寿阳。

三年春闰二月，齐扬州刺史行台王琳数欲南侵，尚书卢潜以为时事未可。上遣移书寿阳，欲与齐和亲。潜以其书奏齐朝，仍上启且请息兵。齐主许之，遣散骑常侍崔瞻来聘，且归南康愍王昙朗之丧。琳由是与潜有隙，更相表列。齐主征琳赴邺，以潜为扬州刺史，领行台尚书。瞻，悛之子也。秋七月，上遣使聘齐。冬十一月丁丑，齐遣兼散骑常侍封孝琰来聘。

杀死和俘虏的敌军数以万计，全部收缴了梁朝和北齐军队的军用物资和武器装备。王琳乘坐舴艋小船冲出战场逃跑，抵达溢城，想要收拢溃散的将士，但再也没有部众来归附，于是只好跟妻妾、身边的侍从总共十来个人去投奔北齐。

在此之前，王琳派侍中袁泌、御史中丞刘仲威去事奉护卫梁朝永嘉王萧庄。等到王琳兵败，萧庄身边的侍卫也都逃散了。袁泌用小船把萧庄送到北齐边境，向萧庄跪拜辞别，便回来投降陈朝。刘仲威事奉萧庄投奔北齐。袁泌，是袁昂的儿子。樊猛和他的哥哥樊毅也率领部众前来投降陈朝。

北周的部队刚到郢州时，孙玚的士兵都拼死作战，北周人无法攻破郢州。不久，北周人听说王琳战败，陈朝军队即将来临，就解除对郢州的围困离开了。孙玚派使者前往陈朝，表示要献出长江中游地区来投降陈朝。

二年(561)春季正月，北齐国君高演派王琳从合肥出发，去召募楚人，想另外求得新的发展。陈朝合州刺史裴景徽，是王琳哥哥王珉的女婿，他以亲属的身份请求给王琳做向导。北齐国君高演命令王琳与行台左丞卢潜带领部队奔赴合州策应裴景徽，王琳迟疑不决。裴景徽担心自己要求做内应的事泄露出去，就独自脱身投奔了北齐。北齐国君高演任命王琳为骠骑大将军、开府仪同三司、扬州刺史，让他镇守寿阳。

三年(562)春季闰二月，北齐扬州刺史行台王琳几次想要进犯南方，尚书卢潜认为当时的局势还不允许这么做。陈文帝派人送信到寿阳，想跟北齐亲善通好。卢潜把这封信呈奏北齐朝廷，自己又上书建议暂且停战。北齐国君高湛同意，派散骑常侍崔瞻来陈朝访问，并把南康愍王陈昙朗的尸骨送还给陈朝。王琳从此跟卢潜产生了嫌隙，相互之间总是上表参奏，争执不已。北齐国君高湛征召王琳到邺城去，任命卢潜担任扬州刺史，领行台尚书。崔瞻，是崔悛的儿子。秋季七月，陈文帝派使者访问北齐。冬季十一月丁丑(十一日)，北齐派兼散骑常侍封孝琰来陈朝访问。

四年夏六月乙卯,齐主使兼散骑常侍崔子武来聘。

五年夏四月辛卯,齐主使兼散骑常侍皇甫亮来聘。冬十一月戊戌,齐主使兼散骑常侍刘逖来聘。

六年夏六月己巳,齐主使兼散骑常侍王季高来聘。

天康元年夏六月,齐遣兼散骑常侍韦道儒来聘。

临海王光大元年夏四月癸丑,齐遣散骑常侍司马幼之来聘。

二年春正月癸亥,齐主使兼散骑常侍郑大护来聘。

宣帝太建二年春正月戊申,齐使兼散骑常侍裴讞之来聘。冬十月,齐以梁永嘉王庄为开府仪同三司、梁王,许以兴复,竟不果。及齐亡,庄愤邑,卒于邺。

三年春正月丁巳,齐使兼散骑常侍刘环儁来聘。夏四月,齐遣使来聘。

五年春三月,帝谋伐齐,公卿各有异同,唯镇前将军吴明彻决策请行。帝谓公卿曰:"朕意已决,卿可共举元帅。"众议以中权将军淳于量位重,共署推之。尚书左仆射徐陵独曰:"吴明彻家在淮左,悉彼风俗。将略人才,当今亦无过者。"都官尚书河东裴忌曰:"臣同徐仆射。"陵应声曰:"非但明彻良将,裴忌即良副也。"壬午,分命众军,以明彻都督征讨诸军事,忌监军事,统众十万伐齐。明彻出秦郡,都督黄法氍出历阳。

四年(563)夏季六月乙卯(二十三日),北齐国君高湛派兼散骑常侍崔子武来陈朝访问。

五年(564)夏季四月辛卯(初三),北齐国君高湛派兼散骑常侍皇甫亮来陈朝访问。冬季十一月戊戌(十四日),北齐国君高湛派兼散骑常侍刘逖来陈朝访问。

六年(565)夏季六月己巳(十八日),北齐国君高纬派兼散骑常侍王季高来陈朝访问。

天康元年(566)夏季六月,北齐派兼散骑常侍韦道儒来陈朝访问。

临海王光大元年(567)夏季四月癸丑(十三日),北齐派散骑常侍司马幼之来陈朝访问。

二年(568)春季正月癸亥(二十七日),北齐国君高纬派兼散骑常侍郑大护来陈朝访问。

宣帝太建二年(570)春季正月戊申(二十四日),北齐派兼散骑常侍裴谳之来陈朝访问。冬季十月,北齐任命梁朝永嘉王萧庄为开府仪同三司、梁王,答应帮助他恢复梁朝,但最终也没有实行。等到北齐灭亡,萧庄愤恨忧郁,在邺城去世。

三年(571)春季正月丁巳(初九),北齐派兼散骑常侍刘环儁来陈朝访问。夏季四月,北齐派使者来陈朝访问。

五年(573)春季三月,陈宣帝谋划讨伐北齐,公卿大臣的意见各有不同,只有镇前将军吴明彻请求实施这一决策。陈宣帝对公卿大臣们说:"我的主意已定,你们可以共同推举一位元帅。"大家议论认为中权将军淳于量的地位最重要,联名上书推选他当元帅。唯独尚书左仆射徐陵说:"吴明彻家在淮河以东地区,熟悉那里的风俗。用兵的谋略和人的才能,如今也没有谁超过他。"都官尚书河东人裴忌说:"我的看法跟徐仆射相同。"徐陵应声说:"不但吴明彻是好的主将,裴忌也是好的副将。"壬午(十六日),陈朝向各部队下达命令,任命吴明彻为都督征讨诸军事,裴忌为监军事,统率十万军队讨伐北齐。吴明彻向秦郡进军,都督黄法氉向历阳进军。

　　夏四月,齐人于秦郡置秦州,州前江浦通涂水,齐人以大木为栅于水中。辛亥,吴明彻遣豫章内史程文季将骁勇拔其栅,克之。文季,灵洗之子也。

　　齐人议御陈师,开府仪同三司王纮曰:"官军比屡失利,人情骚动。若复出顿江、淮,恐北狄、西寇,乘弊而来,则世事去矣。莫若薄赋省徭,息民养士,使朝廷协睦,遐迩归心。天下皆当肃清,岂直陈氏而已!"不从,遣军救历阳。庚申,黄法氍击破之。又遣开府仪同三司尉破胡、长孙洪略救秦州。赵彦深私问计于秘书监源文宗曰:"吴贼侏张,遂至于此。弟往为秦、泾刺史,悉江、淮间情事,今何术以御之?"文宗曰:"朝廷精兵,必不肯多付诸将,数千已下,适足为吴人之饵。尉破胡人品,王之所知,败绩之事,匪朝伊夕。国家待遇淮南,失之同于蒿箭。如文宗计者,不过专委王琳,招募淮南三四万人,风俗相通,能得死力。兼令旧将将兵屯于淮北,足以固守。且琳之于项,必不肯北面事之,明矣。窃谓此计之上者。若不推赤心于琳,更遣馀人掣肘,复成速祸,弥不可为。"彦深叹曰:"弟此策诚足制胜千里,但口舌争之十日,已不见从。时事至此,安可尽言!"因相顾流涕。文宗名彪,以字行,子恭之子也。

　　文宗子师为左外兵郎中,摄祠部,尝白高阿那肱:"龙见当雩。"阿那肱惊曰:"何处龙见? 其色如何?"师曰:"龙星

夏季四月,北齐人在秦郡设置秦州,州城前面连通长江的水渠通往涂水,北齐人用大的木头做成栅栏放入水中。辛亥(十六日),吴明彻派豫章内史程文季率领勇士拔除水中的栅栏,攻克秦州。程文季,是程灵洗的儿子。

　　北齐人商议如何抵御陈朝的军队,开府仪同三司王纮说:"官军最近多次战败,人们的情绪躁动不安。如果再次出兵驻扎在江淮地区,恐怕北面的蛮族和西面的敌寇会趁我军疲惫来犯,那么大事就完了。不如降低赋税,减轻徭役,与民休息,奉养贤才,使朝廷内部和睦融洽,远近百姓诚心归附。天下的寇贼全都应当削平,哪里仅仅是陈朝呢?"北齐国君高纬不听,派部队去援救历阳。庚申(二十五日),被黄法𣿰打败。高纬又派开府仪同三司尉破胡、长孙洪略去援救秦州。赵彦深私下向秘书监源文宗讨教计策,说:"吴明彻这个贼子强横跋扈,时局才到了这种地步。你以前曾担任秦、泾二州的刺史,熟悉江淮一带的情况,现在用什么办法可以抵御吴明彻呢?"源文宗说:"朝廷的精兵,必定不肯多多地调配给各位将领,所给的人数仅在几千人以下,正好成为陈朝人的食物。尉破胡的人品,您是知道的,打败仗的事,已不是一朝一夕。国家对待淮南,如同用蓬蒿当箭,失去它并不可惜。照我的想法,不如专门委派王琳到淮南去招募三四万人,因为风俗习惯相通,所以能得到最大的力量。同时命令前朝降将带领部队驻扎在淮北,那样就足以牢固地守卫秦郡。而且王琳对于陈顼,一定不肯叩拜称臣,这是很清楚的。我认为这一计策是最好的。如果不对王琳推心置腹,而另外派其他人去牵制他,反而会造成祸害,更不能那样做。"赵彦深叹息着说:"你这个计策的确能取胜于千里之外,但争论了十天,已经不被采纳。时局到了现在这种地步,还有什么可说的呢?"于是两人面对面地流泪。源文宗名彪,以表字行于世,是源子恭的儿子。

　　源文宗的儿子源师担任左外兵郎中,主管祠部,他曾经告诉高阿那肱说:"龙出现了,应当祭祀求雨。"高阿那肱惊讶地问道:"在什么地方有龙出现? 它的颜色怎样?"源师说:"是龙星

初见,礼当雩祭,非真龙也。"阿那肱怒曰:"汉儿多事,强知星宿!"遂不祭。师出,窃叹曰:"礼既废矣,齐能久乎!"

齐师选长大有膂力者为前队,号苍头、犀角、大力,其锋甚锐。又有西域胡,善射,弦无虚发,众军尤惮之。辛酉,战于吕梁。将战,吴明彻谓巴山太守萧摩诃曰:"若殪此胡,则彼军夺气,君才不减关羽矣。"摩诃曰:"愿示其状,当为公取之。"明彻乃召降人有识胡者,使指示之,自酌酒以饮摩诃。摩诃饮毕,驰马冲齐军。胡挺身出陈前十馀步,彀弓未发,摩诃遥掷铣𨥇,正中其额,应手而仆。齐军大力十馀人出战,摩诃又斩之。于是齐军大败,尉破胡走,长孙洪略战死。

破胡之出师也,齐人使侍中王琳与之俱。琳谓破胡曰:"吴兵甚锐,宜以长策制之,慎勿轻斗。"破胡不从而败。琳单骑仅免。还至彭城,齐人即使之赴寿阳召募以拒陈师,复以卢潜为扬州道行台尚书。

甲子,南谯太守徐檬克石梁城。五月己巳,瓦梁城降。癸酉,阳平郡降。甲戌,徐檬克庐江城。历阳窘蹙乞降,黄法𣽼缓之,则又拒守。法𣽼怒,帅卒急攻,丙子,克之,尽杀戍卒。进军合肥,合肥望旗请降。法𣽼禁侵掠,抚劳

刚刚出现在天空,按照礼的要求,应当举行求雨的祭祀仪式,不是出现了真龙。"高阿那肱恼怒地说:"汉人多事,硬充懂得星宿的变化!"于是不祭祀。源师从高阿那肱的屋里出来,私下叹息说:"礼都废弃了,齐朝还能长久吗!"

北齐军队挑选身材高大、体力充沛的士兵做前锋,称为苍头、犀角、大力,这几支先头部队都很精锐。又有西域的胡兵,擅长射箭,箭无虚发,其他部队特别惧怕他们。辛酉(二十六日),在吕梁进行战斗。战斗开始前,吴明彻对巴山太守萧摩诃说:"如果消灭了这些胡兵,就打掉了对方军队的气焰,您的才能就不亚于关羽了。"萧摩诃说:"希望给我看看胡兵是什么样子,我会为您将他们抓来。"吴明彻就召来能识别胡兵的北齐投降者,让他们指给萧摩诃看,吴明彻还亲自斟酒给萧摩诃喝。萧摩诃喝完酒,驱马向北齐军队冲去。胡兵从阵前挺身而出十多步,把弓拉满,但还没有把箭射出去,萧摩诃就在远处把小凿子投掷过去,正打中他的额头,胡兵随着萧摩诃手的动作而扑倒在地。北齐军队中的"大力"部队十多人出阵作战,萧摩诃又把他们杀了。于是北齐军队大败,尉破胡逃走,长孙洪略阵亡。

尉破胡出兵的时候,北齐人派侍中王琳与他一起去。王琳对尉破胡说:"吴明彻的部队很精锐,应该用长远的计策逐渐制服他们,千万不要轻率地跟对方交战。"尉破胡没有听从这个意见,结果战败。王琳单人匹马逃脱,才免于一死。王琳回到彭城,北齐人立即派他到寿阳去召募士兵,以抵御陈朝的军队,又任命卢潜为扬州道行台尚书。

甲子(二十九日),南谯太守徐擒攻克北齐石梁城。五月己巳(初四),北齐的瓦梁城投降。癸酉(初八),北齐的阳平郡投降。甲戌(初九),徐擒攻克北齐庐江城。北齐的历阳守军处境窘迫,请求投降,黄法氍放慢了进攻的节奏,历阳守军却又坚守。黄法氍大怒,率兵猛攻,丙子(十一日),攻克历阳,将守城士兵全部杀死。黄法氍向合肥进军,合肥守军一望见陈朝军队的旗帜便请求投降。黄法氍禁止部下在合肥城内侵扰掠夺,安抚慰劳

戍卒,与之盟而纵之。

己卯,齐北高唐郡降。辛巳,诏南豫州刺史黄法氍徙镇历阳。乙酉,南齐昌太守黄咏克齐昌外城。丙戌,庐陵内史任忠军于东关,克其东、西二城,进克蕲城。戊子,又克谯郡城。秦州城降。癸巳,瓜步、胡墅二城降。六月庚子,郢州刺史李综克湓口城。乙巳,任忠克合州外城。庚戌,淮阳、沭阳郡并弃城走。癸丑,程文季攻齐泾州,拔之。乙卯,宣毅司马湛陀克新蔡城。癸亥,黄法氍克合州。吴明彻进攻仁州,甲子,克之。

秋七月戊辰,齐遣尚书左丞陆骞将兵二万救齐昌,出自巴、蕲,遇西阳太守汝南周炅。炅留羸弱,设疑兵以当之,身帅精锐,由间道邀其后,大破之。己巳,征北大将军吴明彻军至峡口,克其北岸城,南岸守者弃城走。周炅克巴州。淮北绛城及毂阳士民,并杀其戍主,以城降。齐巴陵王王琳与扬州刺史王贵显保寿阳外郭,吴明彻以琳初入,众心未固,丙戌,乘夜攻之,城溃。齐兵退据相国城及金城。八月乙未,山阳城降。壬寅,盱眙城降。壬子,戎昭将军徐敬辩克海安城。青州东海城降。戊午,平固侯敬泰等克晋州。九月甲子,阳平城降。壬申,高阳太守沈善庆克马头城。甲戌,齐安城降。丙子,左卫将军樊毅克广陵楚子城。

守城的士兵,与他们一起结盟以后便放了他们。

己卯(十四日),北齐北高唐郡的守军投降。辛巳(十六日),陈宣帝下诏,调南豫州刺史黄法氍去镇守历阳。乙酉(二十日),陈朝南齐昌太守黄咏攻克北齐占据的齐昌外城。丙戌(二十一日),庐陵内史任忠率领部队驻扎在东关,攻克了北齐占据的东、西二城,接着进军攻克了北齐的蕲城。戊子(二十三日),又攻克北齐的谯郡。北齐秦州城守军投降。癸巳(二十八日),北齐瓜步、胡墅二城的守军投降。六月庚子(初六),郢州刺史李综攻克北齐灄口城。乙巳(十一日),任忠攻克北齐合州的外城。庚戌(十六日),北齐淮阳、沭阳郡的守军都放弃郡城逃跑。癸丑(十九日),程文季进攻北齐的泾州,将它攻克。乙卯(二十一日),宣毅司马湛陀攻克北齐新蔡城。癸亥(二十九日),黄法氍攻克北齐的合州。吴明彻进攻北齐的仁州,甲子(三十日),将它攻克。

秋季七月戊辰(初四),北齐派尚书左丞陆骞带领两万士兵救援齐昌,部队分头从巴州和蕲州出发,途中跟西阳太守汝南人周炅的部队遭遇。周炅留下身体瘦弱的士兵,作为疑兵以挡住北齐的军队,自己率领精锐部队经由小路从北齐军队的背后进行截击,彻底打败了他们。己巳(初五),征北大将军吴明彻的部队到达峡口,攻克峡口北岸的城池,峡口南岸城池的北齐守军弃城逃走。周炅攻克北齐的巴州。淮北的绛城和穀阳的百姓,全都杀了北齐守军的主将,献城投降。北齐巴陵王王琳与扬州刺史王贵显守卫寿阳的外城,吴明彻认为王琳刚进入寿阳不久,人心还不稳定,丙戌(二十一日),趁着夜晚攻城,城被攻破。北齐部队退守相国城和金城。八月乙未(初二),北齐山阳城守军投降。壬寅(初九),北齐盱眙城守军投降。壬子(十九日),戎昭将军徐敬辩攻克北齐的海安城。北齐青州东海城的守军投降。戊午(二十五日),平固人侯敬泰等攻克北齐的晋州。九月甲子(初一),北齐阳平城守军投降。壬申(初九),高阳太守沈善庆攻克北齐马头城。甲戌(十一日),北齐齐安城守军投降。丙子(十三日),左卫将军樊毅攻克北齐的广陵楚子城。

冬十月，吴明彻攻寿阳，堰肥水以灌城，城中多病肿泄，死者什六七。齐行台右仆射琅邪皮景和等救寿阳，以尉破胡新败，怯懦不敢前，屯于淮口。敕使屡促之，然始渡淮，众数十万，去寿阳三十里，顿军不进。诸将皆惧，曰："坚城未拔，大援在近，将若之何？"明彻曰："兵贵神速，而彼结营不进，自挫其锋，吾知其不敢战，明矣。"乙巳，躬擐甲胄，四面疾攻，一鼓拔之，生擒王琳、王贵显、卢潜及扶风王可朱浑孝裕、尚书左丞李骋骁送建康。景和北遁，尽收其驼马辎重。

琳体貌闲雅，喜怒不形于色，强记内敏，军府佐吏千数，皆能识其姓名。刑罚不滥，轻财爱士，得将卒心。虽失地流寓在邺，齐人皆重其忠义。及被擒，故麾下将卒多在明彻军中，见者皆歔欷，不能仰视，争为请命及致资给。明彻恐其为变，遣使追斩之于寿阳东二十里。哭者声如雷。有一叟以酒脯来祭，哭尽哀，收其血而去。田夫野老，知与不知，闻者莫不流涕。

齐穆提婆、韩长鸾闻寿阳陷，握槊不辍，曰："本是彼物，从其取去。"齐主闻之，颇以为忧。提婆等曰："假使国家

冬季十月,吴明彻攻打寿阳,筑堰堵塞肥水,引水灌城,城里患浮肿和腹泻的人很多,病死的占了十分之六七。北齐行台右仆射琅邪人皮景和等人奉命来救援寿阳,因为尉破胡新近战败,所以胆怯懦弱不敢前进,就将部队驻扎在淮口。北齐国君高纬派使者多次催促他进军,皮景和这才开始渡淮河,部众数十万,在距离寿阳三十里的地方,又把部队驻扎下来,不再前进。吴明彻的将领们都很害怕,说:"坚固的城池还没有攻克,敌人增援的大部队就在附近,这该怎么办呢?"吴明彻说:"用兵以行动迅速为贵,而对方安营扎寨不前进,挫伤了自己的兵锋,我知道他们不敢跟我们交战,这已经很明白了。"乙巳(十三日),吴明彻的士兵们穿着铠甲戴着头盔,从四面八方发起猛烈进攻,一鼓作气,攻下了寿阳,活捉了王琳、王贵显、卢潜以及扶风王可朱浑孝裕、尚书左丞李骝骖,把他们押送到建康。皮景和向北方逃窜,吴明彻全部缴获了皮景和留下的骆驼、马匹以及随军运载的军用物资等。

王琳体态容貌文雅,喜怒哀乐不表现在脸上,记忆力强而头脑敏捷,军府内的僚属有一千多人,王琳全都能记住他们的姓名。王琳不滥用刑罚,不看重钱财,爱惜人才,在将士中很得人心。他虽然失去自己的地盘,流落到北齐邺城居住,但北齐人都很敬重他的忠义。等到被俘以后,他以前部下的将士有很多在吴明彻的部队里,凡是见到他的人都唉声叹气,不忍抬头看他,还争着为他请求吴明彻保全他的性命,并送给他财物。吴明彻担心王琳日后再作乱,派人追到寿阳以东二十里的地方把他杀了。听到王琳被杀,人们哭声如雷。有一个老人自备酒肴来祭奠他,放声大哭,竭尽哀思,收敛了王琳洒在地上的鲜血,而后才离去。乡间父老,无论是否了解王琳,听说王琳的死讯,没有不流泪的。

北齐穆提婆、韩长鸾听到寿阳陷落的消息,仍继续投子博戏,说:"原本就是别人的东西,随他们拿去好了。"而北齐国君高纬听说寿阳陷落,很为此担忧。穆提婆等人却说:"即使国家

尽失黄河以南,犹可作一龟兹国。更可怜人生如寄,唯当
行乐,何用愁为!"左右嬖臣因共赞和之,帝即大喜,酣饮鼓
舞,仍使于黎阳临河筑城戍。

丁未,齐遣兵万人至颍口,樊毅击走之。辛亥,遣兵援
苍陵,又破之。齐主以皮景和全军而还,赏之,除尚书令。
丙辰,诏以寿阳复为豫州,以黄城为司州。以明彻为都督
豫合等六州诸军事、车骑大将军、豫州刺史。遣谒者萧淳
风就寿阳册命,于城南设坛,士卒二十万,陈旗鼓戈甲。明
彻登坛拜受。成礼而退,将卒荣之。上置酒,举杯属徐陵
曰:"赏卿知人。"陵避席曰:"定策圣衷,非臣力也。"以黄法
氍为征西大将军、合州刺史。

戊午,湛陀克齐昌城。十一月甲戌,淮阴城降。庚辰,
威虏将军刘桃枝克朐山城。辛巳,樊毅克济阴城。己丑,
鲁广达攻齐南徐州,克之。以广达为北徐州刺史,镇其地。

齐北徐州民多起兵以应陈,逼其州城。祖珽命不闭城
门,禁人不得出衢路,城中寂然。反者不测其故,疑人走城
空,不设备。珽忽令鼓噪震天,反者皆惊走。既而复结陈
向城,珽令录事参军王君植将兵拒之,自乘马临陈左右射。
反者先闻其盲,谓其必不能出,忽见之,大惊。穆提婆欲令
城陷,不遣援兵,珽且战且守,十馀日,反者竟散走。

把黄河以南地区都丢了，仍然能够做一个龟兹国。更可惜人生短促，犹如暂时寄寓世间，应当及时行乐，何必为此发愁！"高纬身边的宠臣都乘机赞成附和他们，高纬立刻高兴起来，开怀畅饮，击鼓起舞，不过仍派人到黎阳靠近黄河的地方修筑城堡。

丁未（十五日），北齐派部队一万人抵达颍口，樊毅将他们击退了。辛亥（十九日），北齐派部队支援苍陵的守军，又被陈朝军队打败。北齐国君高纬因为皮景和的部队未损一兵一将安全撤回，便给予他赏赐，任命他为尚书令。丙辰（二十四日），陈宣帝下诏将寿阳恢复为豫州，将黄城恢复为司州。任命吴明彻为都督豫、合等六州诸军事、车骑大将军、豫州刺史。陈宣帝派谒者萧淳风到寿阳去向吴明彻授官，在城南建起土坛，二十万士兵，带着旗帜、战鼓和各种兵器排列为阵。吴明彻登上土坛，下拜，接受任命。仪式结束，吴明彻走下土坛，全体将士都感到荣耀。陈宣帝备酒，举起酒杯递给徐陵说："这是赏赐你能够识别人才。"徐陵离席起立，说："这是陛下的圣明决策，我没有出什么力。"陈宣帝又任命黄法氍为征西大将军、合州刺史。

戊午（二十六日），湛陀攻克北齐的齐昌城。十一月甲戌（十二日），北齐淮阴城守军投降。庚辰（十八日），威虏将军刘桃枝攻克北齐的朐山城。辛巳（十九日），樊毅攻克北齐的济阴城。己丑（二十七日），鲁广达攻打北齐的南徐州，将它攻克。陈宣帝任命鲁广达为北徐州刺史，镇守那个地方。

北齐的北徐州百姓纷纷造反响应陈朝的军队，迫近北徐州的州城。祖珽下令不要关闭城门，但又禁止人们在大路上行走，城里寂静无声。造反者猜不出其中缘故，怀疑是人走城空，便不加防备。祖珽突然下令击鼓，鼓声震天，造反者都吓得逃跑了。不久，造反者重新集结队伍向州城进发，祖珽命令录事参军王君植带领部队进行抵抗，自己骑马来到阵前左右开弓，向造反者射箭。造反者原来听说祖珽是个瞎子，认为他肯定不会出阵，这时突然看见祖珽，都大吃一惊。穆提婆存心要让北徐州陷落，不派增援部队，祖珽边战边守，坚持了十多天，造反者终于散去。

诏悬王琳首于建康市。故吏梁骠骑仓曹参军朱玚致书徐陵求其首,曰:"窃以典午将灭,徐广为晋家遗老;当涂已谢,马孚称魏室忠臣。梁故建宁公琳,当离乱之辰,总方伯之任,天厌梁德,尚思匡继,徒蕴包胥之志,终遭苌弘之衅,至使身没九泉,头行千里。伏惟圣恩博厚,明诏爰发,赦王经之哭,许田横之葬。不使寿春城下,唯传报葛之人;沧洲岛上,独有悲田之客。"陵为之启上。十二月壬辰朔,诏琳首皆还其亲属。玚瘗琳于八公山侧,义故会葬者数千人。玚间道奔齐,别议迎葬。寻有寿阳人茅智胜等五人,密送其枢于邺。齐赠琳开府仪同三司、录尚书事,谥曰忠武王,给辒辌车以葬之。

陈宣帝下诏,将王琳的首级悬挂在建康街头示众。王琳的旧部、前梁朝的骠骑仓曹参军朱玚写信给徐陵,请求得到王琳的首级,信中说:"我以为当司马氏即将灭亡时,徐广是晋室的遗老;当魏国已经衰落时,司马孚是魏室的忠臣。梁朝已故的建宁公王琳,正当离乱的时期,担当地方长官的重任,尽管上天厌弃梁朝失德,可他还想匡扶时局,延续梁朝的统治,空怀申包胥那样的救国之志,最终遭到苌弘那样的杀身之祸,以致丧命黄泉,首级被传送到千里之外。希望陛下的恩德博大宽厚,明令暂缓传送王琳的首级到建康,像司马昭那样宽恕向雄对王经的痛哭,像汉高祖那样准许安葬田横。不要使寿春城下,只传来为报效诸葛诞而死的士兵的消息;不要使沧洲岛上,只有为田横之死而悲伤的人。"徐陵替朱玚启奏陈宣帝。十二月壬辰是初一,陈宣帝下诏,将王琳的首级还给他的家属。朱玚把王琳掩埋在八公山旁边,前去参加葬仪的王琳的故旧多达几千人。朱玚走小路跑到北齐,另外商议派人迎葬王琳的事宜。不久就有寿阳人茅智胜等五人,秘密地把王琳的灵柩送到邺城。北齐追赠王琳为开府仪同三司、录尚书事,谥号忠武王,用丧车运送王琳的灵柩去安葬。

齐显祖狂暴 常山王篡立附

梁敬帝绍泰元年。初,齐平秦王归彦幼孤,高祖令清河昭武王岳养之。岳情礼甚薄,归彦心衔之。及显祖即位,归彦为领军大将军,大被宠遇。岳谓其德己,更倚赖之。岳屡将兵立功,有威名,而性豪侈,好酒色,起第于城南,听事后开巷。归彦谮之于帝曰:"清河僭拟宫禁,制为永巷,但无阙耳。"帝由是恶之。帝纳倡妇薛氏于后宫,岳先尝因其姊迎之至第。帝夜游于薛氏家,其姊为父乞司徒。帝大怒,悬其姊,锯杀之。让岳以奸,岳不服,帝益怒,十一月乙亥,使归彦鸩岳。岳自诉无罪,归彦曰:"饮之则家全。"饮之而卒,葬赠如礼。薛嫔有宠于帝,久之,帝忽思其与岳通,无故斩首,藏之于怀,出东山宴饮。劝酬始合,忽探出其首,投于柈上,

齐显祖狂暴 常山王篡立附

梁敬帝绍泰元年(555)。起初,北齐平秦王高归彦小时候便成了孤儿,北齐高祖高欢命令清河昭武王高岳抚养他。高岳对高归彦十分薄情寡礼,高归彦对他怀恨在心。等到显祖文宣帝高洋登基做了皇帝,高归彦担任领军大将军,很受宠幸。高岳认为高归彦会感激自己,凡事更加依赖高归彦。高岳多次带兵立功,很有威名,而他生性喜欢豪华奢侈,嗜酒好色,在城南兴建了私宅,并在堂屋的后面开了一条巷子。高归彦向文宣帝说高岳的坏话道:"清河王高岳超越做臣子的本分,模拟宫禁的建筑样式,修建了一条长巷,只是没有楼台罢了。"文宣帝从此开始厌恶高岳。文宣帝把歌妓薛氏接到后宫,在此之前,高岳曾经通过薛氏的姐姐把薛氏接到自己的宅第中。文宣帝有一天夜里到薛氏家玩,薛氏的姐姐为父亲乞求得到司徒的官职。文宣帝非常生气,把薛氏的姐姐吊了起来,用锯子锯杀了她。文宣帝责备高岳奸淫薛氏,高岳不服气,文宣帝更加生气,十一月乙亥这一天,派高归彦用毒酒去毒死高岳。高岳为自己做无罪的申诉,高归彦说道:"把这酒喝了,你全家就可以保全。"高岳只好喝下毒酒而死,朝廷按照礼仪埋葬了高岳。薛氏在文宣帝面前很得宠,很久以后,文宣帝突然想起薛氏曾经和高岳通奸,就无缘无故地把薛氏的头砍了下来,藏在怀里,到东山去饮宴。大家正在互相劝酒应酬,文宣帝突然从怀里掏出了薛氏的脑袋,扔在菜盘子里,

支解其尸,弄其髀为琵琶。一座大惊。帝方收取,对之流涕曰:"佳人难再得!"载尸以出,被发步哭而随之。

太平元年。齐发丁匠三十馀万修广三台宫殿。齐显祖之初立也,留心政术,务存简靖,坦于任使,人得尽力。又能以法驭下,或有违犯,不容勋戚,内外莫不肃然。至于军国机策,独决怀抱。每临行陈,亲当矢石,所向有功。数年之后,渐以功业自矜,遂嗜酒淫泆,肆行狂暴。或身自歌舞,尽日通宵,或散发胡服,杂衣锦彩;或袒露形体,涂傅粉黛;或乘牛、驴、橐驼、白象,不施鞍勒;或令崔季舒、刘桃枝负之而行,担胡鼓拍之;勋戚之第,朝夕临幸,游行市里,街坐巷宿;或盛夏日中暴身,或隆冬去衣驰走。从者不堪,帝居之自若。三台构木高二十七丈,两栋相距二百馀尺,工匠危怯,皆系绳自防。帝登脊疾走,殊无怖畏,时复雅僻,折旋中节,傍人见者莫不寒心。尝于道上问妇人曰:"天子何如?"曰:"颠颠痴痴,何成天子!"帝杀之。

娄太后以帝酒狂,举杖击之曰:"如此父生如此儿!"帝曰:"即当嫁此老母与胡。"太后大怒,遂不言笑。帝欲太后笑,自匍匐以身举床,坠太后于地,颇有所伤。既醒,

又分解了她的尸体,把她的髀骨当作琵琶来弹弄。在座的人都大吃一惊。文宣帝这才把薛氏的尸骨收拾起来,对着尸骨流下泪来,说:"很难再得到这样的佳人了!"他让人用车子把尸骨运出去,自己披头散发,边走边哭地跟在车子后面。

太平元年(556)。北齐征调壮丁和工匠三十多万人扩建三台宫殿。文宣帝刚开始做皇帝的时候,留意为政之术,务求简约清静,坦诚地委用官员,人人都能尽力。又能用法度来驾驭臣下,如果有谁违法犯罪,即使是元勋贵戚也不宽容,因此朝廷内外无不敬畏。至于军事机宜,国家大政,全都由他自己决定。每次亲临战阵,都亲自冒着飞箭流石,所到之处都有战功。几年过后,文宣帝逐渐因为所建立的功业而自负起来,于是贪杯纵酒,淫逸无度,滥行狂暴之事。有时亲自唱歌跳舞,通宵达旦;有时披头散发,穿上胡服,披红挂绿;有时裸露身体,涂脂抹粉;有时骑着牛、驴、骆驼、白象,不用鞍子和勒绳;有时命令崔季舒、刘桃枝背着他走,自己挎着胡鼓用手拍得嘭嘭响;元勋贵戚的家里,他不分白天晚上地去游玩,还在集市上游荡,坐在街头,睡在里巷;有时在盛夏的太阳底下晒身子,有时在隆冬的严寒中脱去衣服跑步。侍从们都受不了这般折腾,而文宣帝却全都不当一回事。三台宫殿的木结构高达二十七丈,两根梁之间相距二百多尺,工匠们上去都害怕胆怯,都在身上系好绳子防止意外。而文宣帝登上梁脊快步小跑,丝毫不惊恐畏惧,还不时来一段优雅的舞蹈,又弯曲身子,又打旋,居然符合音乐的节奏,旁边看的人无不万分担心。文宣帝曾在路上问一个妇女:"天子这个人怎么样?"妇女回答说:"他疯疯癫癫,呆呆痴痴,哪像天子的样子!"文宣帝把这妇女杀了。

一次,娄太后因为文宣帝发酒疯,举起拐杖打了他一顿,说:"那样了不起的父亲竟生下这样的儿子!"文宣帝说:"应当把这老母嫁给胡人。"娄太后非常愤怒,于是一言不发,不露笑容。文宣帝想让娄太后笑,便亲自爬到坐榻底下,用身子把坐榻抬起来,将床上的娄太后摔到地下,娄太后还受了些伤。文宣帝酒醒后,

大惭恨，使积柴炽火，欲入其中。太后惊惧，亲自持挽，强为之笑，曰："向汝醉耳。"帝乃设地席，命平秦王归彦执杖，口自责数，脱背就罚。谓归彦曰："杖不出血，当斩汝。"太后前自抱之，帝流涕苦请，乃笞脚五十，然后衣冠拜谢，悲不自胜。因是戒酒，一旬，又复如初。

帝幸李后家，以鸣镝射后母崔氏，骂曰："吾醉时尚不识太后，老婢何事！"马鞭乱击一百有馀。虽以杨愔为宰相，使进厕筹，以马鞭鞭其背，流血浃袍。尝欲以小刀刳其腹，崔季舒托俳言曰："老小公子恶戏。"因掣刀去之。又置愔于棺中，载以辒车。又尝持矟走马，以拟左丞相斛律金之胸者三，金立不动，乃赐帛千段。

高氏妇女，不问亲疏，多与之乱，或以赐左右，又多方苦辱之。彭城王浟太妃尔朱氏，魏敬宗之后也，帝欲烝之，不从，手刃杀之。故魏乐安王元昂，李后之姊婿也，其妻有色，帝数幸之，欲纳为昭仪。召昂，令伏，以鸣镝射之百馀下，凝血垂将一石，竟至于死。后啼不食，乞让位于姊，太后又以为言，帝乃止。

感到非常惭愧悔恨,让人堆起木柴,点燃大火,想要跳入火中自焚。娄太后感到惊慌恐惧,亲自赶来拉住文宣帝,勉强地为他笑了笑,说:"刚才你只是醉了而已。"文宣帝于是让人铺设地席,命令平秦王高归彦手持棍棒,嘴里不停地责备数落自己,并脱下衣服,露出脊背,接受惩罚。文宣帝对高归彦说:"你要是打不出血来,我就杀了你。"娄太后亲自上前将文宣帝抱住不让打,文宣帝痛哭流涕,苦苦要求受罚,于是在脚上打了五十下,然后穿衣戴冠,向娄太后跪拜谢罪,一副不胜悲伤的样子。从此以后文宣帝戒酒,但只过了十天,又嗜酒如命,同过去一样。

文宣帝去李皇后的娘家,用响箭射李皇后的母亲崔氏,边射边骂道:"我喝醉酒的时候连太后都不认识,你这老奴婢算什么东西!"又用马鞭胡乱地抽打了一百多下。文宣帝虽然任命杨愔担任宰相,但又让杨愔去厕所给自己递送拭秽的小竹片,又用马鞭鞭打杨愔的脊背,打得杨愔鲜血直流,浸透了衣袍。还曾经想用小刀划开杨愔的腹部,崔季舒假装说笑话:"老公子和小公子在恶作剧。"乘机把文宣帝手中的小刀抽出来拿走。又有一次,文宣帝把杨愔装在了棺材里,用丧车载着,演习出殡。还有一次,文宣帝骑在马上,手持长矛,向左丞相斛律金的胸部连续做了三次刺击的动作,斛律金站立不动,文宣帝于是赏赐给他一千段丝绸。

高氏家族中的妇女,不管血统的远近,文宣帝与她们中的很多人淫乱,还把其中的一些人赏赐给身边的侍从,但又千方百计为难侮辱人家。彭城王高浟的太妃尔朱氏,是东魏敬宗的皇后,文宣帝想要奸淫她,她不服从,文宣帝就亲手把她杀了。已故东魏乐安王元昂,是李皇后的姐夫,他妻子长得很漂亮,文宣帝多次和她发生性关系,想要把她收进宫中当昭仪。文宣帝召见元昂,命令他趴下,用响箭射了他一百多下,流淌的鲜血凝结起来几乎覆盖了一块大石板,元昂最终因流血过多而死。李皇后终日啼哭,不吃不喝,请求把皇后的位置让给姐姐,但太后又替李皇后说了话,文宣帝才没有这样做。

又尝于众中召都督韩哲,无罪,斩之。作大镬、长锯、剉、碓之属,陈之于庭,每醉,辄手杀人,以为戏乐。所杀者多令支解,或焚之于火,或投之于水。杨愔乃简邺下死囚,置之仗内,谓之供御囚,帝欲杀人,辄执以应命,三月不杀,则宥之。开府参军裴谓之上书极谏,帝谓杨愔曰:"此愚人,何敢如是!"对曰:"彼欲陛下杀之,以成名于后世耳。"帝曰:"小人,我且不杀,尔焉得名!"帝与左右饮,曰:"乐哉!"都督王纮曰:"有大乐,亦有大苦。"帝曰:"何谓也?"对曰:"长夜之饮,不寤国亡身陨,所谓大苦。"帝缚纮,欲斩之,思其有救世宗之功,乃舍之。

帝游宴东山,以关、陇未平,投杯震怒,召魏收于前,立为诏书,宣示远近,将事西行。魏人震恐,常为度陇之计。然实未行。一日,泣谓群臣曰:"黑獭不受我命,奈何?"都督刘桃枝曰:"臣得三千骑,请就长安擒之以来。"帝壮之,赐帛千匹。赵道德进曰:"东西两国,强弱力均,彼可擒之以来,此亦可擒之以往。桃枝妄言应诛,陛下奈何滥赏!"帝曰:"道德言是。"回绢赐之。帝乘马欲下峻岸入于漳,道德揽辔回之。帝怒,将斩之。道德曰:"臣死不恨,

文宣帝还曾经在大庭广众之下召见都督韩哲，也没什么罪，就把他杀了。他让人制作了大铁锅、长锯子、大铡刀、大石碓之类的刑具，摆在宫廷里，每次喝醉了，就动手杀人，以此作为娱乐。那些被杀的人，大都在文宣帝的命令之下被碎裂肢体，有的扔到火里烧掉，有的扔到水里浸泡。杨愔就选了一些邺城的死刑犯，放置在卫士的值宿处，叫作"供御囚"，文宣帝想要杀人，就抓一个去应付，如果三个月没被杀掉，就能得到宽大处理。开府参军裴谓之上书，极力劝阻文宣帝不要随意杀人，文宣帝对杨愔说："这个蠢人，怎么敢这样对我说话呢！"杨愔回答说："他想让陛下杀了他，好在后世成名罢了。"文宣帝说："这个卑鄙的家伙，我暂且不杀你，看你怎么成名！"文宣帝和左右亲信一块儿喝酒，说："真快活呀！"都督王纮说道："有大快乐，就有大痛苦。"文宣帝问道："这话怎么说？"王纮回答道："通宵饮酒，却不知道即将国亡身死，这就是我所说的大痛苦。"文宣帝让人把王纮捆了起来，想要杀了他，后来考虑到王纮曾有搭救世宗性命的功劳，才放了他。

文宣帝在东山游乐宴饮，因为忽然想起关陇一带尚未平定，于是一扔酒杯，大发雷霆，立即把魏收叫到跟前，让他立刻写诏书，向天下宣告自己即将进行西征。西魏人闻讯后十分震惊恐惧，经常考虑越过陇山以躲避北齐军队的计策。而实际上文宣帝并未实行西征的计划。有一天，文宣帝流着眼泪对大臣们说："宇文黑獭不接受我的命令，怎么办呢？"都督刘桃枝说："请拨给我三千骑兵，我到长安去把他抓来。"文宣帝对刘桃枝大加赞许，赏赐他一千匹绢帛。赵道德上前说道："东方的齐国和西方的魏国，国力的强弱是均等的，那边的人我们可以抓过来，这边的人他们也可以抓过去。刘桃枝胡说八道，应该处死，陛下怎么胡乱赏赐呢？"文宣帝说："赵道德说得对。"于是收回了赏给刘桃枝的绢帛，转而赏赐给赵道德。有一次，文宣帝骑着马打算从高峻的河岸上跳到漳河里，赵道德挽住马缰，把文宣帝硬拽回来。文宣帝很恼怒，要杀赵道德。赵道德说："我对于死也没什么遗憾，

当于地下启先帝，论此儿醄醄颠狂，不可教训。"帝默然而止。他日，帝谓道德曰："我饮酒过，须痛杖我。"道德抶之，帝走。道德逐之曰："何物人，为此举止！"

典御丞李集面谏，比帝于桀、纣。帝令缚置流中，沉没久之，复令引出，谓曰："吾何如桀、纣？"集曰："向来弥不及矣！"帝又令沉之，引出，更问，如此数四，集对如初。帝大笑曰："天下有如此痴人，方知龙逄、比干未是俊物！"遂释之。顷之，又被引入见，似有所谏，帝令将出要斩。其或斩或赦，莫能测焉。内外懔懔，各怀怨毒，而素能默识强记，加以严断，群下战栗，不敢为非。又能委政杨愔，愔总摄机衡，百度修敕，故时人皆言主昏于上，政清于下。

秋八月庚申，齐主将西巡，百官辞于紫陌，帝使稍骑围之，曰："我举鞭，即杀之。"日晏，帝醉不能起。黄门郎是连子畅曰："陛下如此，群臣不胜恐怖。"帝曰："大怖邪！若然，勿杀。"遂如晋阳。

冬十二月，齐自西河总秦戍筑长城，东至于海，前后所筑东西凡三千馀里。

我到了地下要启奏先帝,把他这个儿子拼命酗酒、言行颠狂怪异、不堪教导训戒的种种情况告诉他。"文宣帝听了这话沉默了一会儿,就不杀赵道德了。之后有一天,文宣帝对赵道德说:"我喝酒喝得太过分了,必须狠狠地打我一顿。"赵道德真的用鞭子抽打,文宣帝跑开了。赵道德追上去,嘴里还喊道:"你是什么人物,竟做出这种举动!"

典御丞李集当面向文宣帝进谏,把文宣帝比作夏桀、商纣。文宣帝让人将李集捆起来放到流水中,沉入水下很长时间,再让人把他拽出水面,问他道:"我跟夏桀、商纣相比怎么样?"李集回答道:"原来你还远不及他俩!"文宣帝又下令把李集沉入水中,拽出水面再问,这样折磨了好几次,李集的回答还是和最初的一样。文宣帝哈哈大笑说:"天下竟有这样的呆子,现在才知道龙逢、比干还不是最杰出的人物!"于是释放了李集。过了一会儿,李集又被人带进来面见文宣帝,好像又有什么事要进谏,文宣帝下令把他拉出去腰斩。文宣帝是要斩了他还是要赦免他,谁也猜不出来。朝廷内外人人忧愁,各怀怨恨,而文宣帝一向能够暗暗领悟各种事情,记忆力又强,再加上他一贯严格地裁决判断,所以群臣都对文宣帝怕得发抖,不敢为非作歹。文宣帝又能把政事委托给杨愔,杨愔总管国家的机要部门,各种制度都进行了整顿,因此当时的人都说文宣帝在上面发昏,而下面的政事还算清明。

秋季八月庚申(十八日),北齐文宣帝将要巡视西方,文武百官在邺城西北的紫陌桥给文宣帝送行。文宣帝派手执长矛的骑兵把文武百官包围起来,并对骑兵们说:"我举起鞭子,你们就马上杀了他们。"太阳快下山了,文宣帝醉得无法动身。黄门郎是连子畅说:"陛下这样做,群臣都害怕得受不了了。"文宣帝说:"他们非常害怕吗? 如果是这样,那就不杀了吧。"于是就动身去晋阳。

冬季十二月,北齐从西河总秦戍一带开始修造长城,向东一直修造到海边,前前后后修造的长城,从西到东一共三千多里长。

　　陈高祖永定元年秋七月，河南、北大蝗。齐主问魏郡丞崔叔瓒曰："何故致蝗？"对曰："《五行志》：土功不时，蝗虫为灾。今外筑长城，内兴三台，殆以此乎！"齐主大怒，使左右殴之，擢其发，以溷沃其头，曳足以出。叔瓒，季舒之兄也。

　　初，齐有术士言"亡高者黑衣"，故高祖每出，不欲见沙门。显祖在晋阳，问左右："何物最黑？"对曰："无过于漆。"帝以上党王涣于兄弟第七，使库直都督破六韩伯昇之邺征涣。涣至紫陌桥，杀伯昇而逃。浮河南渡，至济州，为人所执，送邺。

　　帝之为太原公也，与永安王浚皆见世宗，帝有时洟出，浚责帝左右曰："何不为二兄拭鼻！"帝心衔之。及即位，浚为青州刺史，聪明矜恕，吏民悦之。浚以帝嗜酒，私谓亲近曰："二兄因酒败德，朝臣无敢谏者，大敌未灭，吾甚以为忧。欲乘驿至邺面谏，不知用吾言不。"或密以白帝，帝益衔之。浚入朝，从幸东山，帝裸裎为乐。浚进谏曰："此非人主所宜。"帝不悦。浚又于屏处召杨愔，讥其不谏。帝时不欲大臣与诸王交通，愔惧，奏之。帝大怒曰："小人由来难忍！"遂罢酒，还宫。浚寻还州，又上书切谏。诏征浚，浚惧祸，

陈高祖永定元年(557)秋季七月,黄河南、北两岸发生了大规模的蝗灾。北齐文宣帝询问魏郡丞崔叔瓒说:"是什么原因造成了蝗灾?"崔叔瓒回答说:"《五行志》上说,土木工程不在适当的时机兴建,蝗虫就会造成灾害。如今在外修筑长城,在内修筑三台,蝗灾大概是因此而发生的吧?"文宣帝非常生气,让身边侍从殴打崔叔瓒,拔他的头发,用粪水浇在他头上,拽着他的脚倒拖出去。崔叔瓒,是崔季舒的哥哥。

起初,北齐有个术士预言"将来使高氏政权灭亡的人必定是穿黑色衣服的",所以高祖每次外出,都不愿见到僧人。文宣帝在晋阳时,问身边的人说:"什么东西最黑?"身边的人回答说:"没有什么东西比漆还黑。"文宣帝因为上党王高涣在兄弟排行中是第七,就派库直都督破六韩伯昇去邺城征召高涣。高涣抵达紫陌桥,杀死破六韩伯昇而逃跑了。他坐船向南渡过黄河,到达济州时,被人拘捕,押送回邺城。

文宣帝在当太原公的时候,与永安王高浚一起去进见世宗,文宣帝有时流鼻涕,高浚责备文宣帝身边的人说:"为什么不给二哥擦鼻子?"文宣帝对此怀恨在心。等到文宣帝登基做了皇帝,高浚担任青州刺史,他明察事理,对人怜悯宽恕,官吏和百姓都喜欢他。高浚因为文宣帝太喜欢喝酒,私下对亲信说:"二哥因为嗜酒败坏了德行,朝中大臣没有一个敢劝阻他的,现在大敌尚未消灭,我很为此担忧。我打算乘坐驿车到邺城去当面劝阻,但不知道他会不会采纳我的意见。"有人把这个情况秘密地报告给了文宣帝,文宣帝在心里更加怨恨高浚。高浚来到朝廷,跟随文宣帝去东山游玩,文宣帝把赤身裸体当作乐事。高浚进谏说:"这不是做皇上的人适合做的。"文宣帝听了很不高兴。高浚又在隐蔽的地方召见杨愔,责备他不规劝文宣帝。文宣帝当时不愿意大臣和诸侯王交往,杨愔心里害怕,就把高浚召见他的事启奏文宣帝。文宣帝大为恼怒,说:"这个卑鄙的家伙,我从来就难以容忍他!"于是就停下酒宴,返回宫中。高浚不久回到青州,又上书直言极谏。文宣帝下诏征召高浚,高浚怕有杀身之祸,

谢疾不至。帝遣驰驿收浚。老幼泣送者数千人。至邺,与上党王涣皆盛以铁笼,置于北城地牢,饮食溲秽,共在一所。

二年冬十月,齐三台成,更名铜爵曰金凤,金虎曰圣应,冰井曰崇光。十一月甲午,齐主至邺,大赦。齐主游三台,戏以槊刺都督尉子辉,应手而毙。

常山王演以帝沉湎,忧愤形于颜色。帝觉之,谓曰:"但令汝在,我何为不纵乐!"演唯啼泣拜伏,竟无所言。帝亦大悲,抵杯于地曰:"汝似嫌我如是,自今敢进酒者斩之!"因取所御杯尽坏弃。未几,沉湎益甚,或于诸贵戚家角力批拉,不限贵贱,唯演至,则内外肃然。演又密撰事条,将谏。其友王晞以为不可,演不从,因间极言,遂逢大怒。演性颇严,尚书郎中剖断有失,辄加捶楚,令史奸慝即考竟。帝乃立演于前,以刀镮拟胁,召被演罚者,临以白刃,求演之短。咸无所陈,乃释之。晞,昕之弟也。帝疑演假辞于晞以谏,欲杀之。王私谓晞曰:"王博士,明日当作一条事,为欲相活,亦图自全,宜深体勿怪。"乃于众中杖晞二十。帝寻发怒,闻晞得杖,以故不杀,髡鞭配甲坊。居三年,演又因

推说有病没去邺城。文宣帝派人驾着驿站的车马去逮捕高浚。青州的老老少少哭着为高浚送行的有几千人。高浚抵达邺城，和上党王高涣一块儿被关在铁笼子里，再放进城北的地牢里，吃喝拉撒，都在一间屋里。

二年（558）冬季十月，北齐的三台建成，铜爵台改名叫金凤台，金虎台改名叫圣应台，冰井台改名叫崇光台。十一月甲午（初五），文宣帝抵达邺城，大赦天下。文宣帝游览三台，开玩笑用长矛刺都督尉子辉，一下子就把他刺死了。

常山王高演因为文宣帝沉溺于饮酒，忧愤之情表露在脸上。文宣帝发觉了，对他说："只要有你在，我为什么不纵情玩乐！"高演只是痛哭流涕，跪拜在地，竟然说不出一句话来。文宣帝也非常悲伤，把酒杯往地上一扔，说道："你好像是不满意我这样酗酒，从今以后，再敢向我献酒的就斩首！"于是拿来自己的酒杯，全部毁坏扔掉。但是没过多久，文宣帝更加沉溺在饮酒中，有时在贵戚家里边喝酒边摔跤扑打，不分贵贱，但只要高演一到，室内室外就都安静下来了。高演又秘密地撰写条陈，准备再次进谏。他的近臣王晞认为不可以进谏，高演不听，一有机会就直言规劝，于是就遇到文宣帝大发脾气。高演生性对人很严格，他手下的尚书郎中判断处理事情一有失误，他就下令鞭打，他手下的令史如有奸恶的行为，他就一查到底。文宣帝于是让高演站在自己的面前，用刀头上的环抵着高演的肋下，又喊来曾经被高演惩罚过的人，把雪亮的刀刃加在他们的脖子上，要求他们说出高演的短处。但这些人都没什么事可说，于是文宣帝把高演等人都放了。王晞，是王昕的弟弟。文宣帝怀疑高演是从王晞那儿借用了一套说辞才来进谏的，想要杀了王晞。高演私下对王晞说道："王博士，明天我将做一件事，这是为了让你活命，也是为了保全我自己，希望你深切体会我的用心，不要怪我。"于是当着众人的面，打了王晞二十杖。文宣帝正想找王晞的岔子发脾气，这时听说王晞被打，反而因此不杀他了，只是剃掉他的头发，鞭打了他一顿，把他发配到兵器作坊做苦役。过了三年，高演又因为

谏争，被殴挞，闭口不食。太后日夜涕泣，帝不知所为，曰："傥小儿死，奈我老母何！"于是数往问演疾，谓曰："努力强食，当以王晞还汝。"乃释晞，令诣演。演抱晞曰："吾气息惙然，恐不复相见！"晞流涕曰："天道神明，岂令殿下遂毙此舍！至尊亲为人兄，尊为人主，安可与计！殿下不食，太后亦不食，殿下纵不自惜，独不念太后乎！"言未卒，演强坐而饭。晞由是得免徒，还为王友。及演录尚书事，除官者皆诣演谢，去必辞。晞言于演曰："受爵天朝，拜恩私第，自古以为不可，宜一切约绝。"演从之。久之，演从容谓晞曰："主上起居不恒，卿宜耳目所具，吾岂可以前逢一怒，遂尔结舌。卿宜为撰谏草，吾当伺便极谏。"晞遂条十馀事以呈，因谓演曰："今朝廷所恃者唯殿下，乃欲学匹夫耿介，轻一朝之命！狂药令人不自觉，刀箭岂复识亲疏，一旦祸出理外，将奈殿下家业何，奈皇太后何！"演欷歔不自胜，曰："乃至是乎！"明日，见晞曰："吾长夜久思，今遂息意。"即命火，对晞焚之。后复承间苦谏，帝使力士反接，拔白刃注颈，骂曰："小子何如是！谁教汝！"演曰："天下噤口，非臣谁敢有言！"帝趣杖，乱捶之数十。

直言规劝文宣帝,遭到殴打、鞭挞,于是闭口绝食。太后日夜哭个不停,文宣帝不知该怎么办,说:"如果这小子死了,我怎么对付我的老母亲呢?"于是多次前去探视高演的病情,对他说:"你尽量吃一点,我会把王晞还给你。"于是文宣帝释放了王晞,命令他去看望高演。高演一把抱住王晞,说:"我气短力弱,恐怕不能再见面了!"王晞流着眼泪说:"上天的意志是最神圣高明的,怎么会让殿下就死在这间屋子里?皇上以亲属而论,是您的兄长,以尊贵而论,是您的主子,怎么可以跟他计较呢?殿下不进食,太后也不进食,殿下即使不爱惜自己,难道也不顾念太后吗?"王晞的话还没说完,高演就强撑着坐起来吃饭了。王晞因此免去罚作劳役,回到高演身边做近臣。等到高演担任了录尚书事,得到官职的人都到高演那儿表示感谢,赴任时也一定要向高演辞行。王晞对高演说:"从朝廷那儿接受官职,却到私人这儿来拜谢恩情,自古以来就被认为是不可以的,应该把所有这一类约见都拒绝了。"高演听从了他的建议。过了很久,高演口气舒缓地对王晞说:"皇上日常生活没有规律,你应该把听到的、看到的情况全部记下来,我怎么可以因为上次碰到他发了一顿脾气,就从此不敢讲话了呢?你得给我起草谏书,我准备等待合适的机会极力规劝。"王晞就列举了十几件事情呈送给高演,同时对他说:"如今朝廷所能依靠的人只有殿下了,而您却想学普通人的耿直有骨气,轻视自己一朝的生命。酒这种狂药让人失去理智,刀箭之下哪能再谈论谁亲谁疏,一旦灾祸发生于常理之外,殿下的家业将怎么办呢?皇太后将怎么办呢?"高演听了这话长吁短叹,悲不自胜,说:"难道真的到了这种地步吗?"第二天,高演见到王晞,说:"我昨晚整整想了一夜,今天才打消了进谏的念头。"立即让人取火来,当着王晞的面,把谏书烧了。后来高演又找机会对文宣帝苦苦规劝,文宣帝命令力士把高演的双手反绑,拔出锋利的刀子,顶着他的脖子,骂道:"你小子为什么这样!谁教你的!"高演说:"天下的老百姓都闭上了嘴巴,除了我谁还敢说话?"文宣帝催促身边的人去拿了根木杖,胡乱地打了高演几十杖。

会醉卧，得解。帝亵黩之游，遍于宗戚，所往留连。唯至常山第，多无适而去。尚书左仆射崔暹屡谏，演谓暹曰："今太后不敢致言，吾兄弟杜口，仆射独能犯颜，内外深相感愧。"

太子殷，自幼温裕开朗，礼士好学，关览时政，甚有美名。帝尝嫌太子"得汉家性质，不似我"，欲废之。帝登金凤台召太子，使手刃囚，太子恻然有难色，再三，不断其首。帝大怒，亲以马鞭捶之，太子由是气悸语吃，精神昏扰。帝因酣宴，屡云："太子性懦，社稷事重，终当传位常山。"太子少傅魏收谓杨愔曰："太子，国之根本，不可动摇。至尊三爵之后，每言传位常山，令臣下疑贰。若其实也，当决行之。此言非所以为戏，恐徒使国家不安。"愔以收言白帝，帝乃止。帝既残忍，有司讯囚，莫不严酷，或烧犁耳，使立其上，或烧车钉，使以臂贯之，既不胜苦，皆至诬服。唯三公郎中武强苏琼，历职中外，所至皆以宽平为治。时赵州及清河屡有人告谋反者，前后皆付琼推检，事多申雪。尚书崔昂谓琼曰："若欲立功名，当更思馀理。数雪反逆，身命何轻！"琼正色曰："所雪者冤枉耳，不纵反逆也。"昂大惭。帝怒临漳令嵇晔、舍人李文师，以赐臣下为奴。中书侍郎彭城郑颐私诱祠部尚书王昕曰："自古

这天文宣帝正好喝了很多酒,醉倒在地,高演才得到解脱。文宣帝淫邪的游幸遍及所有宗室亲戚之家,一去就留连忘返。唯独到常山王高演家,多半还没有尽欢就走了。尚书左仆射崔暹多次向文宣帝进谏,高演对崔暹说:"如今太后不敢跟皇上说话,我们兄弟几个也都闭上了嘴巴,唯独仆射能够犯颜进谏,朝廷内外既对此深深感动,又深深自愧。"

太子高殷从小就平和宽容,性情开朗,礼贤下士,喜爱学习,关心留意时政,很有美名。文宣帝曾厌恶太子"有汉人的禀性气质,不像我",想把他废黜。文宣帝登上金凤台召见太子,让太子亲手杀一个囚犯。太子心怀怜悯,面有难色,连砍几次也没有把囚犯的脑袋砍下来。文宣帝大怒,亲自用马鞭抽打太子,太子从此呼吸急促,说话结巴,神志不清。文宣帝趁着纵情饮宴,多次说:"太子生性软弱,国家的事情重大,看来最终要把皇位传给常山王。"太子少傅魏收对杨愔说:"太子是国家的根本,不可以动摇。皇上三杯酒一喝,常常说把皇位传给常山王,让臣下因猜忌而生异心。如果传位给常山王的说法是真实的,那就应该果断地实行。这种话不是可以说着玩的,老这样说,恐怕只会使国家不安定。"杨愔把魏收的话转告文宣帝,文宣帝才不说了。文宣帝生性残忍,有关部门审讯囚犯,没有不使用酷刑的,有的把犁耳烧红,让囚犯站在上面,有的把车钉烧红,让囚犯把手臂伸进去,囚犯受不了这种苦刑,就都无辜服罪。只有三公郎中武强人苏琼,在朝廷和地方担任各种官职,所到之处都用宽仁公平作为治理的法则。当时赵州和清河总是有人告发谋反者,前后多次都交给苏琼审问追查,这些案子在苏琼手里大都得到申辩昭雪。尚书崔昂对崔琼说:"你如果想建立功名,那就该重新想想其他办法。你多次为谋反的逆贼洗刷罪名,你的身家性命怎么这样轻贱呢?"苏琼严肃地说:"我所昭雪的人都是受到冤枉的,我从来也不纵容谋反叛逆的人。"崔昂听了很惭愧。文宣帝对临漳令嵇晔、舍人李文师很恼火,把他们赏赐给臣下做奴仆。中书侍郎彭城人郑颐私下设圈套陷害祠部尚书王昕说:"自古以来

无朝士为奴者。"昕曰:"箕子为之奴。"颐以白帝曰:"王元景比陛下于纣。"帝衔之。顷之,帝与朝臣酣饮,昕称疾不至,帝遣骑执之,见方摇膝吟咏,遂斩于殿前,投尸漳水。

齐主北筑长城,南助萧庄,士马死者以数十万计。重以修筑台殿,赐与无节,府藏之积,不足以供。乃减百官之禄,撤军人常廪,并省州郡县镇戍之职,以节费用焉。

十二月,齐主如北城,因视永安简平王浚、上党刚肃王涣于地牢。帝临穴讴歌,令浚等和之。浚等惶怖且悲,不觉声颤。帝怆然,为之下泣,将赦之。长广王湛素与浚不睦,进曰:"猛虎安可出穴!"帝默然。浚等闻之,呼湛小字曰:"步落稽,皇天见汝!"帝亦以浚与涣皆有雄略,恐为后害,乃自刺涣,又使壮士刘桃枝就笼乱刺。矟每下,浚、涣辄以手扯折之,号哭呼天。于是薪火乱投,烧杀之,填以土石。后出之,皮发皆尽,尸色如炭,远近为之痛愤。

三年春二月丙戌,齐主于甘露寺禅居深观,唯军国大事乃以闻。尚书右仆射崔暹卒,齐主幸其第哭之,谓其妻李氏曰:"颇思暹乎?"对曰:"思之。"帝曰:"然则自往省之。"因手斩其妻,掷首墙外。

没有朝中大臣做奴仆的。"王昕说:"《论语》上说:'箕子被降为奴隶。'"郑颐把这话报告文宣帝,说:"王昕把陛下比作纣王。"文宣帝听了,对王昕怀恨在心。过了不久,文宣帝与朝廷大臣设宴畅饮,王昕声称有病没去参加,文宣帝派人骑马去抓他,看见他正坐在家里晃着膝盖吟诗呢,于是把他抓来在宫殿前面斩首,把尸体扔进漳河。

北齐文宣帝在北边修筑长城,在南边帮助梁朝永嘉王萧庄,兵马死亡的有好几十万。再加上大量修建台阁宫殿,给臣下的赏赐毫无节制,使得府库里的积蓄不够供给。于是,文宣帝下令削减文武百官的俸禄,撤销军人的日常供应,合并减省州、郡、县、镇、戍的职官,用这些办法来节省经费开支。

十二月,北齐文宣帝到城北视察,顺便到地牢去探视永安简平王高浚、上党刚肃王高涣。文宣帝在地牢的洞口唱歌,还命令高浚等囚犯跟着唱。高浚等人既恐惧又悲伤,声音不由得颤抖起来。文宣帝也悲伤地为高浚等人流下了眼泪,准备赦免他们。长广王高湛一向跟高浚不和,进言道:"猛虎怎么能够放出洞穴?"文宣帝听了默不作声。高浚等人听了,叫着高湛的小名说:"步落稽,皇天在看着你呢!"文宣帝也因为高浚和高涣都有雄才大略,恐怕他们日后成为祸害,就亲手拿着长矛刺击高涣,又命令壮士刘桃枝朝笼子里乱刺。长矛每一次刺进笼子,高浚、高涣就用手把它拽住折断,同时呼天抢地号哭。于是,文宣帝让人把点燃的薪柴朝笼子里乱扔,用火把高浚、高涣烧死,再用泥土石块填满笼子。后来挖出来一看,高浚、高涣的皮肤、头发都烧光了,尸体的颜色像黑炭一样,远近的人们都为他们感到痛心和愤慨。

三年(559)春季二月丙戌(二十八日),北齐文宣帝住进甘露寺坐禅念经,只有军国大事才能向他报告。尚书右仆射崔暹去世,北齐文宣帝亲临他家哭吊,对崔暹的妻子李氏说:"是不是很想崔暹?"李氏回答说:"想他。"文宣帝说:"那么你自己去看望他吧。"于是亲手斩杀了崔暹的妻子,把头扔到墙外。

　　夏闰四月,齐高德政与杨愔同为相,愔常忌之。齐主酣饮,德政数强谏,齐主不悦,谓左右曰:"高德政恒以精神凌逼人。"德政惧,称疾,欲自退。帝谓杨愔曰:"我大忧德政病。"对曰:"陛下若用为冀州刺史,病当自差。"帝从之。德政见除书,即起。帝大怒,召德政谓曰:"闻尔病,我为尔针。"亲以小刀刺之,血流沾地。又使曳下斩去其足。刘桃枝执刀不敢下,帝责桃枝曰:"尔头即堕地!"桃枝乃斩其足之三指。帝怒不解,囚德政于门下,其夜,以毡舆送还家。明旦,德政妻出珍宝满四床,欲以寄人。帝奄至其宅,见之,怒曰:"我内府犹无是物!"诘其所从得,皆诸元赂之,遂曳出,斩之。妻出拜,又斩之。并其子伯坚。

　　五月,齐太史奏:"今年当除旧布新。"齐主问于特进彭城公元韶曰:"汉光武何故中兴?"对曰:"为诛诸刘不尽。"于是齐主悉杀诸元厌之。癸未,诛始平公元世哲等二十五家,囚韶等十九家。韶幽于地牢,绝食,啖衣袖而死。

　　秋七月,齐显祖将如晋阳,乃尽诛诸元,或祖父为王,或身尝贵显,皆斩于东市。其婴儿投于空中,承之以矟。前后死者凡七百二十一人,悉弃尸漳水。剖鱼者往往得人爪甲,

夏季闰四月，北齐高德政和杨愔共同担任丞相，杨愔常常忌恨高德政。北齐文宣帝酗酒，高德政多次极力劝谏，文宣帝很不高兴，对身边的侍从说："高德政经常用他的盛气来逼迫我。"高德政害怕了，声称自己有病，想引退。文宣帝对杨愔说："我对高德政的病很担忧。"杨愔回答说："陛下如果起用他担任冀州刺史，他的病自己就会好的。"文宣帝采纳了杨愔的建议。高德政见到任命状，马上就起来了。文宣帝勃然大怒，召见高德政，对他说："我听说你病了，我来给你扎一扎针。"说着就亲自用小刀刺他，血流了一地。又派人把他拉下去，要斩去他的双脚。刘桃枝拿着刀不敢下手，文宣帝责骂刘桃枝说："再不下手，你的脑袋就要落地了！"刘桃枝这才斩断了高德政脚上的三个趾头。文宣帝的怒气还没有化解，把高德政关押在门下省，当夜，又用铺着毛毡的车子送高德政回家。第二天一早，高德政的妻子拿出堆满四张坐榻的珍宝，打算用这些东西来托人求情。文宣帝突然来到他家，见到这些东西，愤怒地说："我的皇家府库还没有这些东西呢！"追问这些东西是从哪儿来的，原来都是几位姓元的贵族贿赂高德政的，于是就把高德政拉出去斩首。他妻子出来向文宣帝跪拜求情，又被斩首。一块儿被杀的还有高德政的儿子高伯坚。

五月，北齐太史上奏："今年应当除旧布新。"文宣帝向特进、彭城公元韶征求意见说："汉光武帝为什么能中兴汉室呢？"元韶回答说："因为刘姓宗室没有杀干净。"于是，文宣帝把元姓诸侯都杀了，以防止光武中兴一类的事发生。癸未（二十七日），杀始平公元世哲等二十五家元姓诸侯，关押元韶等十九家元姓诸侯。元韶囚禁在地牢里，被断了食物，最后咬嚼衣袖而死。

秋季七月，北齐文宣帝将要去晋阳，于是把元姓族人全部杀光，有的是祖父、父辈做过诸侯王，有的是自己曾经显赫富贵过，都在城东的集市上被斩。他们中的婴儿被抛到空中，下面用长矛接住，婴儿被矛头戳死。前后死去的共七百二十一人，他们的尸体全部被扔进漳河。老百姓剖开鱼腹往往能见到人的指甲，

邺下为之久不食鱼。使元黄头与诸囚自金凤台各乘纸鸱以飞，黄头独能至紫陌乃堕，仍付御史中丞毕义云饿杀之。唯开府仪同三司元蛮、祠部郎中元文遥等数家获免。蛮，继之子，常山王演之妃父。文遥，遵之五世孙也。定襄令元景安，虔之玄孙也，欲请改姓高氏，其从兄景皓曰："安有弃其本宗而从人之姓者乎！丈夫宁可玉碎，何能瓦全！"景安以其言白帝，帝收景皓，诛之。赐景安姓高氏。

齐显祖嗜酒成疾，不复能食，自知不能久，谓李后曰："人生必有死，何足致惜！但怜正道尚幼，人将夺之耳！"又谓常山王演曰："夺则任汝，慎勿杀也。"尚书令开封王杨愔、领军大将军平秦王归彦、侍中广汉燕子献、黄门侍郎郑颐皆受遗诏辅政。冬十月甲午，殂。癸卯，发丧。群臣号哭，无下泪者，唯杨愔涕泗呜咽。太子殷即位，大赦。庚戌，尊皇太后为太皇太后，皇后为皇太后。

辛未，齐显祖之丧至邺。

文帝天嘉元年。齐高阳王湜，以滑稽便辟有宠于显祖，常在左右，执杖以挞诸王，太皇太后深衔之。及显祖殂，湜有罪，太皇太后杖之百馀，正月癸亥，卒。

齐主自晋阳还至邺。
二月己亥，齐以常山王演为太师、录尚书事，以长广王湛为大司马、并省录尚书事。

邺城周围的人因此很长时间不再吃鱼。又让元黄头与很多囚犯各乘坐一只纸鸢，从金凤台上往下滑行，元黄头一个人居然能滑行到紫陌桥才掉下来，但仍旧把他交给御史中丞毕义云看管，让他活活饿死。只有开府仪同三司元蛮、祠部郎中元文遥等少数几家得到赦免。元蛮，是元继的儿子，常山王高演妃子的父亲。元文遥，是元遵的五世孙。定襄令元景安，是元虔的玄孙，他想请求改姓高，他的堂兄元景皓说："哪里有放弃自己的本姓而改姓他人姓氏的事情呢？大丈夫宁为玉碎，不为瓦全！"元景安把他的话报告给文宣帝，文宣帝逮捕了元景皓，把他杀了。赐元景安姓高。

北齐文宣帝因为嗜酒而得了病，不再能吃东西，知道自己活不了多久了，就对李皇后说："人生必有一死，有什么好可惜的！只可怜太子正道年纪还小，别人将会夺他的皇位！"又对常山王高演说："要夺皇位也只好随你，但千万不要杀害我的儿子。"尚书令开封王杨愔、领军大将军平秦王高归彦、侍中广汉人燕子献、黄门侍郎郑颐都接受遗诏，辅佐朝政。冬季十月甲午（初十），文宣帝逝世。癸卯（十九日），为其发丧。群臣连喊带叫地哭丧，但没有人流眼泪，只有杨愔涕泪俱下，哭泣不止。太子高殷登基做皇帝，大赦天下。庚戌（二十六日），北齐废帝高殷下诏尊奉皇太后为太皇太后，皇后为皇太后。

十一月辛未（十九日），北齐文宣帝高洋的灵柩由晋阳送到邺城。

文帝天嘉元年（560）。北齐高阳王高湜曾因为善于引人发笑、谄媚逢迎而得到文宣帝的宠幸，经常在文宣帝的身边，拿着棍棒殴打诸王，太皇太后深深地怨恨他。等到文宣帝去世，高湜犯了罪，太皇太后下令打了他一百多棍，正月癸亥（十一日），高湜因伤势过重而死。

北齐废帝从晋阳回到邺城。

二月己亥（十七日），北齐任命常山王高演担任太师、录尚书事，任命长广王高湛担任大司马、录晋阳尚书事。

齐显祖之丧,常山王演居禁中护丧事,娄太后欲立之而不果。太子即位,乃就朝列。以天子谅阴,诏演居东馆,欲奏之事,皆先咨决。杨愔等以演与长广王湛位地亲逼,恐不利于嗣主,心忌之。居顷之,演出归第,自是诏敕多不关预。或谓演曰:"鸷鸟离巢,必有探卵之患。今日王何宜屡出?"中山太守阳休之诣演,演不见。休之谓王友王晞曰:"昔周公朝读百篇书,夕见七十士,犹恐不足。录王何所嫌疑,乃尔拒绝宾客!"

先是,显祖之世,群臣人不自保。及济南王立,演谓王晞曰:"一人垂拱,吾曹亦保优闲。"因言:"朝廷宽仁,真守文良主!"王晞曰:"先帝时,东宫委一胡人傅之。今春秋尚富,骤览万机,殿下宜朝夕先后,亲承音旨。而使他姓出纳诏命,大权必有所归,殿下虽欲守藩,其可得邪!借令得遂冲退,自审家祚得保灵长乎?"演默然久之,曰:"何以处我?"晞曰:"周公抱成王摄政七年,然后复子明辟,惟殿下虑之!"演曰:"我何敢自比周公!"晞曰:"殿下今日地望,欲不为周公,得邪?"演不应。显祖常使胡人康虎儿保护太子,故晞言及之。

齐主将发晋阳,时议谓常山王必当留守根本之地。执

在给文宣帝治丧期间，常山王高演住在宫中统管治丧事宜，娄太后想立高演做皇帝，但没有成功。太子高殷登基做了皇帝以后，高演才到朝廷官员的行列里就位。因为废帝正在守孝，便下诏让高演住在东馆，大臣们想要启奏皇帝的事，都要先到高演那儿请示决定。杨愔等人因为高演与长广王高湛的地位很高，与皇上又是亲属关系，恐怕他们对刚继位的皇帝造成威胁，所以对他们心怀猜忌。高演在东馆住了一阵子，就搬出来回到自己的府第，从此以后，有关诏书敕令的事大都不再参预。有人对高演说："凶猛的鸟离开窝巢，必定有被人摸去鸟蛋的危险。如今大王怎么好经常外出呢？"中山太守阳休之去拜见高演，高演不肯见他。阳休之对高演的近臣王晞说："过去周公早上读一百篇文章，晚上会见七十个名士，仍然担心自己做得不够。大王避什么嫌疑，竟如此拒绝会见宾客？"

　　在此之前的文宣帝时代，群臣人人不能自保。等到济南王高殷继位做了皇帝，高演对王晞说："皇上无为而治，我们也能保住优闲的日子了。"因此又说："皇上宽厚仁慈，真是恪守先王法度的良主啊！"王晞说："先帝在时，曾经委派了一个胡人去辅导太子。如今皇上年纪还小，一下子主持纷繁的军国大事，殿下应该整天陪在皇上的身边，亲自听取他的言谈意旨。而如果让外姓人去传达皇上的诏命，国家大权必然会落到外姓人的手里，殿下即使只想守住自己的藩国，还能够如愿吗？假如您能如愿地急流勇退，那您再想想，高氏的家运还能保持长久吗？"高演沉默了很久，问道："那我该怎么办呢？"王晞说道："周公抱着成王代为处理政务七年，然后还政于成王，希望殿下考虑一下！"高演说道："我怎么敢把自己比作周公呢！"王晞说道："以殿下今日的地位声望而言，您想不当周公，行吗？"高演没有应声。以前，文宣帝经常派胡人康虎儿辅导护育太子，因此王晞的话里提到了这件事。

　　北齐废帝高殷将要从晋阳出发去邺城继位，当时的舆论认为，常山王高演肯定会留在晋阳，驻守国家的根本之地。执

政欲使常山王从帝之邺,留长广王镇晋阳。既而又疑之,乃敕二王俱从至邺。外朝闻之,莫不骇愕。又敕以王晞为并州长史。演既行,晞出郊送之。演恐有觇察,命晞还城,执晞手曰:"努力自慎!"因跃马而去。

平秦王归彦总知禁卫,杨愔宣敕留从驾五千兵于西中,阴备非常。至邺数日,归彦乃知之,由是怨愔。

领军大将军可朱浑天和,道元之子也,尚帝姑东平公主,每曰:"若不诛二王,少主无自安之理。"燕子献谋处太皇太后于北宫,使归政皇太后。

又自天保八年已来,爵赏多滥,杨愔欲加澄汰,乃先自表解开府及开封王,诸叨窃恩荣者皆从黜免。由是嬖宠失职之徒,尽归心二叔。平秦王归彦初与杨、燕同心,既而中变,尽以疏忌之迹告二王。

侍中宋钦道,弁之孙也。显祖使在东宫,教太子以吏事。钦道面奏帝,称:"二叔威权既重,宜速去之。"帝不许,曰:"可与令公共详其事。"

愔等议出二王为刺史,以帝慈仁,恐不可所奏,乃通启皇太后,具述安危。宫人李昌仪,即高仲密之妻也,李太后以其同姓,甚相昵爱,以启示之。昌仪密启太皇太后。

政大臣想让常山王高演随从废帝到邺城去,而留下长广王高湛镇守晋阳。不久又对高湛产生疑虑,于是命令两位亲王一同随从废帝去邺城。朝中大臣听说了这种安排,没有一个不感到害怕惊讶的。接着又下了一道命令,让王晞担任并州长史。高演上路的时候,王晞出城到郊外给他送行。高演恐怕有人暗中窥察,命令王晞回城去,临别的时候握着王晞的手说:"你尽量小心一点!"说着就跳上马奔驰而去。

平秦王高归彦总管禁卫军,杨愔发布命令,将随从废帝出行的五千精兵留在晋阳,暗中防备意外事变。到达邺城有好几天了,高归彦才知道有这一安排,从此在心中怨恨杨愔。

领军大将军可朱浑天和是可朱浑道元的儿子,娶了废帝的姑姑东平公主为妻,他经常说:"如果不杀了二王,少主绝对没有自保的可能。"燕子献谋划让太皇太后住在北宫,使国家政权归皇太后掌管。

另外,从天保八年(557)以来,爵禄和赏赐既多又滥,杨愔打算加以淘汰,于是率先上表请求解除自己开府及开封王的官职与爵位,众多不应当得到而事实上又得到了皇帝恩宠荣耀的人,全都跟着遭到废黜罢免。从此那些原先被宠幸而现在失去官职的人,都诚心归附于两位皇叔。平秦王高归彦起初跟杨愔、燕子献一条心,不久中途发生变化,把杨愔、燕子献疏远猜忌二王的种种迹象,全部报告给了高演和高湛。

侍中宋钦道,是宋弁的孙子。以前文宣帝曾派他住在太子东宫,教太子学习如何处理政事。宋钦道当面启禀废帝,声称:"两位皇叔的威望权力已经很重了,应该尽快把他俩清除掉。"废帝不允许,对他说:"你可以跟令公杨愔一同审慎地处理这件事。"

杨愔等人商议,把二王派出去担任刺史,但由于废帝仁慈,恐怕不会批准这一奏请,于是直接启奏皇太后,详尽讲述了其中的利害。宫人李昌仪,就是高仲密的妻子,李太后因为她跟自己同姓,和她很亲近,便把杨愔等人的奏章拿给她看。李昌仪秘密地报告给了太皇太后。

憕等又议不可令二王俱出，乃奏以长广王湛镇晋阳，以常山王演录尚书事。二王既拜职，乙巳，于尚书省大会百僚。憕等将赴之，散骑常侍兼中书侍郎郑颐止之，曰："事未可量，不宜轻脱。"憕曰："吾等至诚体国，岂常山拜职有不赴之理！"

长广王湛，旦伏家僮数十人于录尚书后室，仍与席上勋贵贺拔仁、斛律金等数人相知约曰："行酒至憕等，我各劝双杯，彼必致辞。我一曰'执酒'，二曰'执酒'，三曰'何不执'，尔辈即执之！"及宴，如之。憕大言曰："诸王反逆，欲杀忠良邪！尊天子，削诸侯，赤心奉国，何罪之有！"常山王演欲缓之。湛曰："不可！"于是拳杖乱殴，憕及天和、钦道皆头面血流，各十人持之。燕子献多力，头又少发，狼狈排众走出门，斛律光逐而擒之。子献叹曰："丈夫为计迟，遂至于此！"使太子太保薛孤延等执颐于尚药局。颐曰："不用智者言至此，岂非命也！"

二王与平秦王归彦、贺拔仁、斛律金拥憕等唐突入云龙门，见都督叱利骚，招之，不进，使骑杀之。开府仪同三司成休宁抽刃呵演，演使归彦谕之，休宁厉声不从。归彦久为领军，素为军士所服，皆弛仗，休宁方叹息而罢。演入，至昭阳殿，湛及归彦在朱华门外。帝与太皇太后并出，太皇太后坐殿上，皇太后及帝侧立。演以砖叩头，

杨愔等人又商议，不能让二王都出去当刺史，于是奏请让长广王高湛镇守晋阳，让常山王高演担任录尚书事。二王拜领了官职以后，乙巳（二十三日），在尚书省举行了盛大的会见百官的仪式。杨愔等人正准备去赴会，散骑常侍兼中书侍郎郑颐予以制止，说："这事的深浅无法估量，不应该随随便便地去赴会。"杨愔说："我们这些人一片诚意为国家着想，哪有常山王拜授新职而我们不去赴会祝贺的道理？"

　　长广王高湛，一大早就在录尚书府的后室里埋伏了几十个家童，又跟参加宴会的功臣权贵贺拔仁、斛律金等好几个知交约定说："我依次斟酒，斟到杨愔等人的时候，我劝他们每个人都喝两杯，他们肯定会表示推辞。我头一遍说'拿酒'，第二遍说'拿酒'，第三遍说'为什么不拿酒'，你们就马上把他们抓起来！"等到宴请时，事情就跟策划的一模一样。杨愔被抓时大声喊道："诸王反叛，想要残害忠良吗！我尊奉皇上，削弱诸侯，赤胆忠心，侍奉国家，有什么罪过！"常山王高演想要把矛盾缓和一点。高湛说："不行！"于是拳头与棍棒乱打，杨愔和可朱浑天和、宋钦道都被打得满头满脸鲜血直淌，每人都被十个人挟持着。燕子献力气大，头发又少，他狼狈地推开众人跑出门去，斛律光追上去抓住了他。燕子献叹息说："大丈夫用计迟了一步，才落到这一地步！"二王又派太子太保薛孤延等人到尚药局去拘捕郑颐。郑颐说道："这帮人不听智者的话才落到了这一步，这难道不是命吗？"

　　二王和平秦王高归彦、贺拔仁、斛律金等人推拥着杨愔等闯入云龙门，遇见都督叱利骚，招手让他过来，他不来，便派骑兵把他杀了。开府仪同三司成休宁拔刀呵斥高演，高演派高归彦去说服他，成休宁声音严厉地表示不服从。高归彦长期担任领军，军士们一向信服他，这时都放下兵器不再抵抗，成休宁这才叹息着让开了路。高演进入皇宫，来到昭阳殿，高湛和高归彦在朱华门外等候消息。废帝和太皇太后等从里面一起出来，太皇太后坐在殿上，皇太后和废帝在旁边站着。高演叩头抵到地砖，

进言曰："臣与陛下骨肉至亲,杨遵彦等欲独擅朝权,威福自己,自王公已下皆重足屏气。共相唇齿,以成乱阶,若不早图,必为宗社之害。臣与湛为国事重,贺拔仁、斛律金惜献武皇帝之业,共执遵彦等入宫,未敢刑戮。专辄之罪,诚当万死。"时庭中及两庑卫士二千馀人,皆被甲待诏。武卫娥永乐,武力绝伦,素为显祖所厚,叩刀仰视,帝不睨之。帝素吃讷,仓猝不知所言。太皇太后令却仗,不退。又厉声曰："奴辈即今头落!"乃退。永乐内刀而泣。太皇太后因问:"杨郎何在?"贺拔仁曰:"一眼已出。"太皇太后怆然曰:"杨郎何所能为,留使岂不佳邪!"乃让帝曰:"此等怀逆,欲杀我二子,次将及我,尔何为纵之?"帝犹不能言。太皇太后怒且悲,曰:"岂可使我母子受汉老妪斟酌!"太后拜谢。太皇太后又为太后誓言:"演无异志,但欲去逼而已。"演叩头不止。太后谓帝:"何不安慰尔叔!"帝乃曰:"天子亦不敢为叔惜,况此汉辈!但丐儿命,儿自下殿去,此属任叔父处分。"遂皆斩之。

长广王湛以郑颐昔尝谮己,先拔其舌,截其手而杀之。演令平秦王归彦引侍卫之士向华林园,以京畿军士入守门阁。斩娥永乐于园。

进言道:"我与陛下是骨肉至亲,杨愔等人想要独自把持朝廷大权,作威作福,从王公以下的官员都叠足而立,屏住呼吸,非常害怕。杨愔等人还互相勾结,已经成了祸乱的根源,如果不早点想办法解决,日后肯定会成为国家的大害。我与高湛以国家大事为重,贺拔仁、斛律金珍惜献武皇帝开创的事业,一同捉拿杨愔等人进宫来,没敢擅自对他们施加刑罚或杀戮。我们这一帮人没有请示就专断独行,实在是罪该万死。"当时宫中及两边走廊里有两千多名卫士,都身穿铠甲等着废帝下命令。武卫娥永乐武力超群,一向被文宣帝所厚待,他将刀稍稍拔出刀鞘,仰望着废帝,但废帝有意不去看他。废帝平时就口吃,匆忙之际更不知道说什么才好。太皇太后命令卫兵放下武器退下,而卫兵们没退。太皇太后又声音严厉地说:"你们这些奴才,今天不听命令就让你们脑袋落地!"卫兵们这才退下。娥永乐一面把刀收起来,一面哭泣。太皇太后于是发问:"杨郎在什么地方?"贺拔仁回答说:"他的一只眼睛已经被打掉了。"太皇太后悲伤地说道:"杨郎能做什么坏事呢,把他留下来使唤难道不好吗?"于是责备废帝说:"这些人怀有叛逆之心,想要杀死我两个儿子,接着就将要杀死我,你为什么这样纵容他们呢?"废帝仍然说不出话来。太皇太后既恼怒又悲伤,说道:"怎么可以让我们母子受汉族老婆子的算计呢!"皇太后听了这话,向太皇太后叩拜谢罪。太皇太后又向皇太后发誓说:"高演没有夺取皇位的野心,只是想除去对自己的威胁而已。"高演听了连连叩头。皇太后对废帝说:"为什么不去安慰你的叔叔?"废帝这才说道:"天子也不敢为叔叔的事而惜身不前,何况这些汉人!只乞求给侄儿留下一条命,侄儿自己下殿去,这批人随便叔父怎么处置。"于是杨愔等人全部被斩首。

长广王高湛因为郑颐以往曾在皇帝跟前说过自己坏话,于是先拔掉他的舌头,再截断他的手,然后才把他杀死。高演命令平秦王高归彦带领侍卫兵士去华林园,另换京城附近的军士进宫担任守卫。高归彦在华林园斩杀了娥永乐。

太皇太后临愍丧,哭曰:"杨郎忠而获罪。"以御金为之一眼,亲内之,曰:"以表我意。"演亦悔杀之。于是下诏罪状愔等,且曰:"罪止一身,家属不问。"顷之,复簿录五家。王晞固谏,乃各没一房,孩幼尽死,兄弟皆除名。以中书令赵彦深代杨愔总机务。鸿胪少卿阳休之私谓人曰:"将涉千里,杀骐骥而策蹇驴,可悲之甚也!"

戊申,演为大丞相、都督中外诸军、录尚书事,湛为太傅、京畿大都督,段韶为大将军,平阳王淹为太尉,平秦王归彦为司徒,彭城王浟为尚书令。

齐大丞相演如晋阳,既至,谓王晞曰:"不用卿言,几至倾覆。今君侧虽清,终当何以处我?"晞曰:"殿下往时位地,犹可以名教出处;今日事势,遂关天时,非复人理所及。"演奏赵郡王叡为左长史,王晞为司马。

三月甲寅,诏:"军国之政,皆申晋阳,禀大丞相规算。"

秋七月,齐丞相演以王晞儒缓,恐不允武将之意,每夜载入,昼则不与语。尝进晞密室,谓曰:"比王侯诸贵,每见敦迫,言我违天不祥。恐当或有变起。吾欲以法绳之,何如?"晞曰:"朝廷比者疏远亲戚,殿下仓猝所行,非复人臣之事。芒刺在背,上下相疑,何由可久!殿下虽欲

太皇太后亲自参加杨愔的丧礼，哭着说："杨郎是因为忠君才获罪的。"她用自己的金子让人做了一只假眼睛，亲自放入杨愔的眼眶里，说："以此来表达我的心意。"高演也后悔杀了杨愔。于是下诏宣布杨愔等人的罪状，还说了一句："这些罪只由他们本人承担，家属不予问罪。"过了一阵子，又造册登记杨愔、可朱浑天和、燕子献、宋钦道、郑颐等五家的人口。王晞执意规劝高演不要留后患，于是五家各抄斩一房，连小孩也全部杀死，兄弟们都除去名籍。任命中书令赵彦深代替杨愔总管朝廷机要大事。鸿胪少卿阳休之私下对人说："即将远行千里，却杀掉骐骥骏马而鞭打跛足的驴子，真是太可悲了！"

戊申（二十六日），高演担任了大丞相、都督中外诸军、录尚书事，高湛担任了太傅、京畿大都督，段韶担任了大将军，平阳王高淹担任了太尉，平秦王高归彦担任了司徒，彭城王高浟担任了尚书令。

北齐大丞相高演到晋阳去，到达以后，对王晞说："我当初没采纳您的意见，差点儿被人扳倒。如今皇上身边的坏人虽然已经清除，但我到底应该怎样自处呢？"王晞说："殿下往日凭自己的名望地位，还可以根据正名定分的礼教，或者出仕，或者隐退；如今事情的形势，已关系到天命，不再是人间的常理所能推测的。"高演奏请废帝任命赵郡王高叡为左长史，王晞为司马。

三月甲寅（初三），废帝下诏："今后军国大事都要申报到晋阳，禀告大丞相，由他规划决策。"

秋季七月，北齐大丞相高演因王晞文雅柔弱，恐怕他不称武将们的心意，便每天夜里用车载着他进来议事，白天则不同他说话。高演曾把王晞带进密室，对他说："最近王侯及各位贵族，常敦促我即位，说我不即位是违反天意，不吉祥。这样下去恐怕会有变乱发生。我打算对他们依法治罪，怎么样？"王晞说："皇上近来对亲戚很疏远，殿下前不久在匆忙之间诛杀杨愔等人的行为，并非是作为人臣该做的事。皇上内心惶恐，如芒在背，上上下下互相猜疑，这种局面怎么能够持久？殿下虽然打算

谦退，秕糠神器，实恐违上玄之意，坠先帝之基。"演曰："卿何敢发此言，须致卿于法！"晞曰："天时人事，皆无异谋，是以敢冒犯斧钺，抑亦神明所赞耳。"演曰："拯难匡时，方俟圣哲，吾何敢私议？幸勿多言。"丞相从事中郎陆杳将出使，握晞手，使之劝进。晞以杳言告演，演曰："若内外咸有此意，赵彦深朝夕左右，何故初无一言？"晞乃以事隙密问彦深，彦深曰："我比亦惊此声论，每欲陈闻，则口噤心悸。弟既发端，吾亦当昧死一披肝胆。"因共劝演。

演遂言于太皇太后。赵道德曰："相王不效周公辅成王，而欲骨肉相夺，不畏后世谓之篡邪！"太皇太后曰："道德之言是也。"未几，演又启云："天下人心未定，恐奄忽变生，须早定名位。"太皇太后乃从之。

八月壬午，太皇太后下令，废齐主为济南王，出居别宫。以常山王演入纂大统，且戒之曰："勿令济南有他也！"

肃宗即皇帝位于晋阳，大赦，改元皇建。太皇太后还称皇太后。皇太后称文宣皇后，宫曰昭信。

乙酉，诏绍封功臣，礼赐耆老，延访直言，褒赏死事，追赠名德。

帝谓王晞曰："卿何为自同外客，略不可见？自今假非局司，但有所怀，随宜作一牒，俟少隙，即径进也。"因敕与

谦虚退让，把国家政权视为秕糠，其实恐怕是违背了上天的旨意，毁坏了先帝的基业。"高演说："您怎么敢说这种话，必须依法治您的罪！"王晞说："对于皇位的人选，天命和人情都没有其他的考虑，所以我才敢冒着被斧钺砍杀的危险来进言，这或许也是神灵所赞许的吧。"高演说："拯救国难，匡正时世，正等待圣哲出现呢，我怎么敢私下议论？希望您不要多说了。"丞相从事中郎陆杳即将出使他国，他握着王晞的手，让王晞去劝说高演登基做皇帝。王晞把陆杳的话转告高演，高演说："如果朝廷内外都有这个意思，赵彦深早晚都在我身边，他为什么从来没有对此说过一句话？"王晞于是利用公事的间隙秘密地询问赵彦深的意见，赵彦深说："我最近也为这种劝大丞相登基的舆论感到吃惊，每当想把我听到的话告诉大丞相，口就张不开，心就怦怦跳。现在你既然提出此事，我也应当冒死把自己的真实想法全部披露出来。"于是与王晞一同劝高演登基。

高演于是把群臣劝进的话告诉太皇太后。赵道德说："相王您不效法周公辅佐成王，而想要从亲人手中夺取皇位，就不怕后世说您篡逆吗？"太皇太后说："赵道德的话是对的。"没过多久，高演又向太皇太后启奏说："现在天下的人心不安定，我担心突然发生动乱，必须尽早确定名分地位。"太皇太后这才同意了。

八月壬午（初三），太皇太后下令，废黜北齐废帝高殷为济南王，让他搬出皇宫，住到别的宫殿去。让常山王高演入朝继承皇位，还告诫高演说："不要让济南王有其他不测之事。"

北齐孝昭帝高演在晋阳登上皇帝宝座，大赦天下，改换年号为皇建。太皇太后仍称皇太后。皇太后称文宣皇后，她住的宫室叫昭信宫。

乙酉（初六），孝昭帝下诏续封功臣，以厚礼重赏元老，延揽寻访正直敢言之士，褒扬奖赏为国捐躯之士，追赠名号彰显其德。

孝昭帝对王晞说："您为什么把自己等同于外宾，经常见不到您？从今以后，您不必通过局司，对国事只要有点想法，随时都可以写一封书牒，一有机会，就直接送进来。"于是敕令王晞与

尚书阳休之、鸿胪卿崔劼等三人，每日职务罢，并入东廊，共举录历代礼乐、职官及田市、征税，或不便于时而相承施用，或自古为利而于今废坠，或道德高俊，久在沉伦，或巧言眩俗，妖邪害政者，悉令详思，以渐条奏。朝晡给御食，毕景听还。

帝识度沉敏，少居台阁，明习吏事，即位尤自勤励，大革显祖之弊。时人服其明而讥其细。群臣进言，帝皆从容受纳。

戊子，以长广王湛为右丞相，平阳王淹为太傅，彭城王浟为大司马。

冬十一月辛亥，立世子百年为太子。百年时才五岁。

二年。齐主之谋诛杨、燕也，许以长广王湛为太弟。既而立太子百年，湛心不平。帝在晋阳，湛居守于邺。散骑常侍高元海，高祖之从孙也，留典机密。帝以领军代人库狄伏连为幽州刺史，以斛律光之弟羡为领军，以分湛权。湛留伏连，不听羡视事。

先是，济南闵悼王常在邺，望气者言邺中有天子气。平秦王归彦恐济南王复立，为己不利，劝帝除之。帝乃使归彦至邺，征济南王如晋阳。湛内不自安，问计于高元海。元海曰："皇太后万福，至尊孝友异常，殿下不须异虑。"湛曰："此岂我推诚之意邪！"元海乞还省，一夜思之，湛即留元海

尚书阳休之、鸿胪卿崔劼等三人，每天忙完了各自的公务，就一并来到东廊，共同抄录历代在礼乐、职官、田市、征税等方面的规章制度，有的不适合现实情况却沿袭至今仍在继续实行，有的自古以来一直得利而现在却被废除了，有的人道德高尚，却长久沉沦，有的人用巧伪言辞眩惑世俗，用妖邪之风危害政事，所有这些情况，都让他们审慎思考，逐步分条上奏。早上和中午都供应与皇上一样的饮食，天黑了才让他们回家。

孝昭帝思维敏捷，气度深沉，从小就生活在宫中，非常熟悉政事，登基做皇帝以后尤其勤劳奋勉，大力革除了文宣帝时代的弊政。当时，人们都佩服他明察秋毫而批评他过于琐细。群臣提出意见或建议，孝昭帝都从容地接受采纳。

戊子(初九)，孝昭帝任命长广王高湛为右丞相，平阳王高淹为太傅，彭城王高浟为大司马。

冬季十一月辛亥(初四)，孝昭帝立世子高百年为太子。高百年这时才五岁。

二年(561)。北齐孝昭帝在谋划诛杀杨愔、燕子献等人的时候，曾向长广王高湛许诺，立他为皇太弟。不久，孝昭帝立太子高百年，高湛心里很不满。孝昭帝住在晋阳，高湛住在邺城镇守。散骑常侍高元海，是高祖的侄孙，留在邺城掌管机密。孝昭帝任命领军代郡人库狄伏连为幽州刺史，任命斛律光的弟弟斛律羡为领军，以此来分散高湛的权力。高湛留住库狄伏连，不让他去上任，又不让斛律羡就职理事。

在此之前，济南闵悼王高殷经常住在邺城，一个会观察云气预测吉凶的方士说邺城内有天子之气，平秦王高归彦恐怕济南王高殷再次做皇帝，对自己不利，就劝说孝昭帝除去济南王。孝昭帝于是派高归彦前往邺城，征召济南王到晋阳去。高湛心里很不安，就向高元海询问计策。高元海说道："皇太后多福，皇上对兄弟非常友爱，殿下您不必有别的考虑。"高湛说道："这难道就是我信任你，对你以诚心相待的原意吗？"高元海请求回家看看，用一夜的时间想一想这件事，而高湛立即留高元海

于后堂。元海达旦不眠,唯绕床徐步。夜漏未尽,湛遽出,曰:"神算如何?"元海曰:"有三策,恐不堪用耳。请殿下如梁孝王故事,从数骑入晋阳,先见太后求哀,后见主上,请去兵权,以死为限,不干朝政,必保太山之安。此上策也。不然,当具表云,威权太盛,恐取谤众口,请青、齐二州刺史,沉靖自居,必不招物议。此中策也。"更问下策,曰:"发言即恐族诛。"固逼之。元海曰:"济南世嫡,主上假太后令而夺之。今集文武,示以征济南之敕,执斛律丰乐,斩高归彦,尊立济南,号令天下,以顺讨逆,此万世一时也。"湛大悦。然性怯,狐疑未能用。使术士郑道谦等卜之,皆曰:"不利举事,静则吉。"有林虑令潘子密,晓占候,潜谓湛曰:"宫车当晏驾,殿下为天下主。"湛拘之于内以候之。又令巫觋卜之,多云"不须举兵,自有大庆"。湛乃奉诏,令数百骑送济南王至晋阳。九月,帝使人鸩之,济南王不从,乃扼杀之。帝寻亦悔之。

　　冬十月,齐肃宗出畋,有兔惊马,坠地绝肋。娄太后视疾,问济南所在者三,齐主不对。太后怒曰:"杀之邪!不用吾言,死其宜矣!"遂去,不顾。十一月甲辰,诏以"嗣子冲眇,可遣尚书右仆射赵郡王叡谕旨,征长广王湛统兹大宝"。

于后堂。高元海到天亮都没有睡觉，只是绕着床踱步。夜间滴水计时的刻漏还没有把水滴尽，高湛突然出现在面前，问道："你神机妙算得怎样了？"高元海回答说："有三条计策，只是恐怕都不中用。请殿下效法汉梁孝王的旧例，只带几个骑兵进入晋阳，先去拜见太后，求她哀怜，随后再去叩见皇上，请求削去自己的兵权，一直到死也不干涉朝政，这样一定保你像泰山一般安稳。这是上策。如果不这样，那就应该给皇帝上表，说自己威权太盛，担心遭到众人的诽谤，请求担任青、齐二州刺史，沉稳闲静地独自居住，这样一定不会招来议论。这是中策。"高湛又问下策是什么，高元海说："我担心一说出来马上就会遭到灭族的灾祸。"高湛硬逼他说出来。高元海说："济南王高殷是先帝的嫡子，皇上假托太后的敕令而夺取他的皇位。现在你可以集合文武官员，把皇上征召济南王去邺城的敕令拿给他们看，逮捕斛律丰乐，斩杀高归彦，尊立济南王做皇帝，号令天下起来响应，讨伐叛逆，真是万世才有这么一个时机啊。"高湛听后非常高兴。然而他性情怯懦，犹犹豫豫，没能马上采用。他让术士郑道谦等人占卜吉凶，他们占卜之后都说："不利于起事，静待其变才为大吉。"有个林虑县令叫潘子密，他通晓占候之术，秘密对高湛说："皇上很快就要驾崩，殿下将成为天下之主。"高湛把他拘留在内庭，以验证他的预言。又命令巫师们占卜吉凶，多数人说"不需要起兵，自然会有大喜之事"。高湛于是接受孝昭帝的诏令，命令几百名骑兵护送济南王高殷到晋阳去。九月，孝昭帝派人用毒酒去毒济南王，济南王不肯喝，于是派去的人把他掐死了。不久，孝昭帝又对这件事后悔了。

　　冬季十月，北齐孝昭帝外出打猎，有只兔子惊了孝昭帝的马，孝昭帝被摔到地上，摔断了肋骨。娄太后来探视病情，再三询问济南王在什么地方，孝昭帝不回答。娄太后愤怒地说："你把他杀了？你不听我的话，死了也活该！"于是头也不回地走了。十一月甲辰（初二），孝昭帝下诏说："因为太子年纪太小，可以派尚书右仆射赵郡王高叡传旨，征召长广王高湛来继承皇位。"

又与湛书曰："百年无罪,汝可以乐处置之,勿效前人也。"
是日,殂于晋阳宫。临终,言"恨不见太后山陵"。

> 颜之推论曰:孝昭天性至孝,而不知忌讳,乃至于
> 此,良由不学之所为也。

赵郡王叡先使黄门侍郎王松年驰至邺,宣肃宗遗命。
湛犹疑其诈,使所亲先诣殡所,发而视之。使者复命,湛喜,
驰赴晋阳,使河南王孝瑜先入宫,改易禁卫。癸丑,世祖即
皇帝位于南宫,大赦,改元太宁。立太子百年为乐陵王。

三年春正月乙亥,齐主至邺。辛巳,祀南郊。壬午,享
太庙。丙戌,立妃胡氏为皇后,子纬为皇太子。后,魏兖州
刺史安定胡延之之女也。戊子,齐大赦。己亥,以冯翊王
润为尚书左仆射。闰二月丁未,齐以太宰、平阳王淹为青
州刺史,太傅、平秦王归彦为太宰、冀州刺史。

归彦为肃宗所厚,恃势骄盈,陵侮贵戚。世祖即位,侍
中开府仪同三司高元海、御史中丞毕义云、黄门郎高乾和
数言其短,且云:"归彦威权震主,必为祸乱。"帝亦寻其反
覆之迹,渐忌之。伺归彦还家,召魏收于帝前作诏草,除归
彦冀州,使乾和缮写。昼日,仍敕门司不听归彦辄入宫。
时归彦纵酒为乐,经宿不知。至明,欲参,至门知之,大
惊而退。及通名谢,敕令早发,别赐钱帛等物甚厚。又敕

又给高湛写了封信,说:"高百年没有罪,你可以好好安置他,不要学前人的样子。"这一天,孝昭帝死在晋阳的宫中。临死的时候说:"很遗憾没能为太后送终。"

北齐颜之推评论说:孝昭帝天性极其孝顺,但不懂得忌讳,以至有这样的下场,这实在是因为不学经典的缘故。

赵郡王高叡先派黄门侍郎王松年驰马赶到邺城,宣布孝昭帝的遗命。高湛还怀疑这是欺诈,派自己的亲信先到停放灵柩的地方,打开棺木看了看。使者回来报告,高湛非常高兴,驰马赶往晋阳,派河南王高孝瑜先入宫去,把宫中的禁卫部队全都换了。癸丑(十一日),武成帝高湛在南宫登基做了皇帝,大赦天下,改换年号为太宁。改立太子高百年为乐陵王。

三年(562)春季正月乙亥那天,北齐武成帝抵达邺城。辛巳那天,武成帝到南郊祭祀。壬午那天,武成帝到太庙供奉祭品。丙戌那天,武成帝立妃子胡氏为皇后,立儿子高纬为皇太子。胡皇后是西魏兖州刺史安定人胡延之的女儿。戊子那天,北齐在国内实行大赦。己亥那天,任命冯翊王高润为尚书左仆射。闰二月丁未(初七),北齐任命太宰、平阳王高淹为青州刺史,太傅、平秦王高归彦为太宰、冀州刺史。

高归彦受到孝昭帝的厚待,他倚仗权势,非常骄横,经常凌辱其他皇亲国戚。武成帝即位后,侍中开府仪同三司高元海、御史中丞毕义云、黄门郎高乾和多次在武成帝面前揭发他的短处,并且说:"高归彦权势太盛,威胁君主,必然会制造祸乱。"武成帝也反思他以往反复无常的劣迹,开始渐渐地猜忌他。一天,等到高归彦回家去的时候,武成帝把魏收叫来起草诏书,命令高归彦到冀州去做官,最后让高乾和抄写诏书。天亮以后,又敕令门司不要让高归彦擅自进宫。当时高归彦在家里开怀畅饮,寻欢作乐,整个晚上丝毫不知道所发生的事情。到天亮时,想要去参见武成帝,走到宫门口才知道有关情况,大吃一惊,退了回去。等到他向宫中通报自己的姓名,要求向皇上谢恩时,宫中又传出敕令,要他早点动身,另外又赏赐他很多钱财、绢帛等。又敕令

督将悉送至清阳宫。拜辞而退,莫敢与语,唯赵郡王叡与之久语,时无闻者。

秋七月,齐平秦王归彦至冀州,内不自安,欲待齐主如晋阳,乘虚入邺。其郎中令吕思礼告之。诏大司马段韶、司空娄叡讨之。归彦于南境置私驿,闻大军将至,即闭城拒守。长史宇文仲鸾等不从,皆杀之。归彦自称大丞相,有众四万。齐主以都官尚书封子绘,冀州人,祖父世为本州刺史,得人心,使乘传至信都。巡城,谕以祸福。吏民降者相继,城中动静,大小皆知之。归彦登城大呼云:"孝昭皇帝初崩,六军百万,悉在臣手。投身向邺,奉迎陛下。当时不反,今日岂反邪?正恨高元海、毕义云、高乾和诳惑圣上,疾忌忠良,但为杀此三人,即临城自刭。"既而城破,单骑北走,至交津,获之,锁送邺。乙未,载以露车,衔木面缚,刘桃枝临之以刃。击鼓随之,并其子孙十五人皆弃市。命封子绘行冀州事。齐主知归彦前谮清河王岳,以归彦家良贱百口赐岳家,赠岳太师。

丁酉,以段韶为太傅,娄叡为司徒,平阳王淹为太宰,斛律光为司空,赵郡王叡为尚书令,河间王孝琬为左仆射。

五年夏六月,齐主杀乐陵王百年。时白虹围日再重,又横贯而不达,赤星见,齐主欲以百年厌之。会博陵人

督将都到清阳宫为高归彦送行。高归彦向大家行拜礼辞别,就退了下去,没有人敢跟他说话,只有赵郡王高叡跟他说了很长时间的话,当时没人听到他们说了些什么。

秋季七月,北齐平秦王高归彦到冀州之后,心里很不安,打算等武成帝去晋阳时,乘虚攻入邺城。他手下的郎中令吕思礼告发了他。武成帝下诏,调派大司马段韶、司空娄叡去讨伐高归彦。高归彦在南边设置了私人驿站打听消息,听说讨伐大军即将来到,就关闭城门坚守。长史宇文仲鸾等人不服从高归彦的命令,都被杀死。高归彦自称大丞相,拥兵四万人。北齐武成帝考虑到都官尚书封子绘是冀州人,祖父和父亲相继担任冀州刺史,很得人心,就派他乘坐驿站的车马赶到信都。封子绘在城四周巡视,用避祸趋福的道理晓谕城中的官员和民众。官员和民众出城投降的接连不断,城中的情况,无论大小,讨伐大军全都知道。高归彦登上城楼大叫:“孝昭皇帝刚刚去世时,六军百万将士,全部掌握在我的手里。我投身邺城,恭迎陛下来即位。我当时都没有造反,如今怎么会造反呢?我仅仅是恨高元海、毕义云、高乾和欺骗迷惑皇上,妒忌忠良,只要杀了这三个人,我立即在城头自杀。”不久城被攻破,高归彦单人匹马向北逃跑,逃到交津时,被人抓获,锁上锁链押送到邺城。乙未(二十七日),高归彦被装在没有帷盖的车子上,嘴里含着小木棍,两手反绑,刘桃枝用刀刃逼着他。随着一阵击鼓声,高归彦及其十五个儿孙全部被斩首,弃尸街头。朝廷命令封子绘代理冀州的事务。北齐武成帝了解到高归彦从前陷害过清河王高岳,就把高归彦家的主仆共一百多人赏赐给高岳家,并赠给高岳太师的称号。

丁酉(二十九日),武成帝任命段韶为太傅,娄叡为司徒,平阳王高淹为太宰,斛律光为司空,赵郡王高叡为尚书令,河间王高孝琬为左仆射。

五年(564)夏季六月,北齐武成帝杀死乐陵王高百年。当时,有两道白虹出现在太阳的周围,横贯而不相通,赤星出现,武成帝打算用高百年的性命来驱除灾异现象。正好这时博陵人

贾德胄教百年书,百年尝作数敕字,德胄封以奏之。帝发怒,使召百年。百年自知不免,割带玦留与其妃斛律氏,见帝于凉风堂。使百年书敕字,验与德胄所奏相似。遣左右乱捶之,又令曳之绕堂行且捶,所过血皆遍地。气息将尽,乃斩之,弃诸池,池水尽赤。妃把玦哀号不食,月馀亦卒,玦犹在手,拳不可开。其父光自擘之,乃开。

贾德胄教高百年写字,高百年曾写过几个"敕"字,贾德胄把这几个字封起来呈送给武成帝。武成帝看了大发脾气,派人召来了高百年。高百年知道自己免不了一死,便割断自己的腰带,把上面的玉玦留给妃子斛律氏,然后到凉风堂去见武成帝。武成帝让高百年书写"敕"字,查验下来与贾德胄所呈送的那几个字很相似。于是派侍从乱打了高百年一顿,又让人拖着高百年绕凉风堂边走边打,所经过的地方遍地是血。等高百年快要断气时,才杀了他,尸体被扔进水池里,池水都被鲜血染红了。高百年的妃子斛律氏握着玉玦悲哀地号哭,不吃不喝,一个多月以后也死了,死的时候玉玦还在手心里,握着的拳头无法掰开。他父亲斛律光亲自去掰,这才掰开。

安成王篡立 项

　　陈文帝天嘉元年。江陵之陷也,长城世子昌及中书侍郎项皆没于长安。高祖即位,屡请之于周,周人许而不遣。高祖殂,周人乃遣昌还。以王琳之难,居于安陆。琳败,昌发安陆,将济江,致书于上,辞甚不逊。上不怿,召侯安都从容谓曰:"太子将至,须别求一藩为归老之地。"安都曰:"自古岂有被代天子! 臣愚,不敢奉诏。"因请自迎昌。于是群臣上表,请加昌爵命。春二月庚戌,以昌为骠骑将军、湘州牧,封衡阳王。三月甲戌,衡阳献王昌入境,诏主书、舍人缘道迎候。丙子,济江,中流陨之,使以溺告。侯安都以功进爵清远公。

　　初,高祖遣荥阳毛喜从安成王项诣江陵,梁世祖以喜为侍郎,没于长安,与昌俱还,因进和亲之策。上乃使侍中周弘正通好于周。

安成王篡立 顼

陈文帝天嘉元年(560)。江陵陷落的时候,长城公的世子陈昌和中书侍郎陈顼都陷落在长安。高祖陈霸先即皇帝位以后,多次请求北周释放他俩,北周人表示同意,却又迟迟不放人。等到高祖陈霸先逝世,北周人才让陈昌回陈朝。因为王琳挑起战端,道路受阻,陈昌暂时居住在安陆。王琳兵败以后,陈昌从安陆出发,将要渡江时,写信给陈文帝,信中的措辞很傲慢无礼。陈文帝很不高兴,于是召见侯安都,不慌不忙地对他说:"太子将要回来了,我必须另外求得一个封国作为自己养老的地方。"侯安都说:"自古以来哪有被替代的天子?我很愚昧,不愿接受这个诏命。"于是自己请求去接陈昌。这时群臣上表,请陈文帝给陈昌封爵授官。春季二月庚戌(二十八日),陈文帝任命陈昌为骠骑将军、湘州牧,封他为衡阳王。三月甲戌(二十三日),衡阳献王陈昌进入陈朝国境,陈文帝下诏,要主书、舍人在道路旁迎接等候。丙子(二十五日),陈昌渡长江,船行驶到江中,陈昌就被害死了,使者报告说是淹死的。侯安都因为杀害陈昌的功劳而进爵为清远公。

当初,高祖陈霸先派荥阳人毛喜随从安成王陈顼到江陵去,梁世祖萧绎任命毛喜为侍郎,他也陷落在长安,后来与陈昌一同回南方,于是他向朝廷提出了与北周结亲通好的计策。陈文帝于是派侍中周弘正到北周去交好。

二年夏六月乙酉,周主使御正殷不害来聘。冬十一月,周人许归安成王顼,使司会上士京兆杜杲来聘。上悦,即遣使报之,并赂以黔中地及鲁山郡。

三年春正月丁未,周以安成王顼为柱国大将军,遣杜杲送之南归。三月丙子,安成王顼至建康,诏以为中书监、中卫将军。上谓杜杲曰:"家弟今蒙礼遣,实周朝之惠。然鲁山不返,亦恐未能及此。"杲对曰:"安成,长安一布衣耳,而陈之介弟也,其价岂止一城而已哉!本朝敦睦九族,恕己及物,上遵太祖遗旨,下思继好之义,是以遣之南归。今乃云以寻常之土易骨肉之亲,非使臣之所敢闻也。"上甚惭,曰:"前言戏之耳。"待杲之礼有加焉。顼妃柳氏及子叔宝犹在穰城,上复遣毛喜如周请之,周人皆归之。

天康元年夏四月,上不豫,台阁众事,并令尚书仆射到仲举、五兵尚书孔奂共决之。奂,琇之之曾孙也。疾笃,奂、仲举与司空、尚书令、扬州刺史安成王顼、吏部尚书袁枢、中书舍人刘师知入侍医药。枢,君正之子也。太子伯宗柔弱,上忧不能守位,谓顼曰:"吾欲遵太伯之事。"顼拜伏泣涕,固辞。上又谓仲举、奂等曰:"今三方鼎峙,四海事重,宜须长君。朕欲近则晋成,远隆殷法,卿等宜遵此意。"孔奂流涕对曰:"陛下御膳违和,痊复非久。皇太子春秋鼎盛,圣德日跻。安成王介弟之尊,足为周旦。若有废立

二年(561)夏季六月乙酉(十一日),北周武帝派御正殷不害来陈朝访问。冬季十一月,北周人同意送回安成王陈顼,派司会上士京兆人杜杲来陈朝访问。陈文帝很高兴,立即派使者回访北周,并把黔中的土地和鲁山郡赠送给北周。

三年(562)春季正月丁未(初六),北周任命安成王陈顼为柱国大将军,派杜杲送他回南方。三月丙子(初七),安成王陈顼抵达建康,陈文帝下诏任命他为中书监、中卫将军。陈文帝对杜杲说:"我弟弟现在承蒙你们用隆重的礼仪送回来了,这实在是周朝的恩惠。然而,如果我们不奉上鲁山郡的话,恐怕你们也不能做到这一点吧。"杜杲回答说:"安成王在长安只是一个平民罢了,而在陈朝却是皇上您的弟弟,他的价值何止一座城池呢?我们周朝一向使九族亲睦和顺,将仁爱之心推及众人,上遵太祖的遗旨,下思永远和好之信义,所以送他返回南方。现在您竟说用平常的土地换回了骨肉至亲,这可不是我愿意听到的话。"陈文帝听了很惭愧,说:"刚才的话是开玩笑。"于是,接待杜杲的礼节超过了常规。陈顼的妃子柳氏以及儿子陈叔宝还在北周的穰城,陈文帝又派毛喜到北周去请求放还,北周把他们都放回来了。

天康元年(566)夏季四月,陈文帝患病,朝廷的各种大事,陈文帝下令都由尚书仆射到仲举、五兵尚书孔奂共同决定。孔奂,是孔琇之的曾孙。陈文帝病重,孔奂、到仲举与司空、尚书令、扬州刺史安成王陈顼、吏部尚书袁枢、中书舍人刘师知进宫侍候治病服药。袁枢,是袁君正的儿子。太子陈伯宗性格懦弱,陈文帝担心他守不住皇位,就对陈顼说:"我打算像吴太伯那样,把皇位让给弟弟你。"陈顼跪拜在地,流泪不止,坚决推辞。陈文帝又对到仲举、孔奂等人说:"如今陈朝和周、齐三方鼎立,天下大事繁重,应该需要一个年纪较大的君主。我打算就近效法晋成帝,远的遵照殷朝的法则,把皇位传给弟弟,你们应该照这个意思去办。"孔奂流着泪答道:"陛下因饮食不当而身体欠安,不用多久就能痊愈。皇太子正当盛年,威德一天比一天高。安成王贵为陛下的弟弟,完全能够成为辅佐幼主的周公旦。陛下如果有废立

之心，臣等愚诚，不敢闻诏。"上曰："古之遗直，复见于卿。"
乃以奂为太子詹事。

> 臣光曰：夫臣之事君，宜将顺其美，正救其恶。孔
> 奂在陈，处腹心之重任，决社稷之大计，苟以世祖之言
> 为不诚，则当如窦婴面辩，爰盎廷争，防微杜渐以绝觊
> 觎之心。以为诚邪，则当请明下诏书，宣告中外，使世
> 祖有宋宣之美，高宗无楚灵之恶。不然，谓太子嫡嗣，
> 不可动摇，欲保辅而安全之，则当尽忠竭节，以死继
> 之，如晋之荀息、赵之肥义。奈何于君之存，则逆探其
> 情而求合焉；及其既没，则权臣移国而不能救，嗣主失
> 位而不能死。斯乃奸谀之尤者，而世祖谓之遗直，以
> 托六尺之孤，岂不悖哉！

　　癸酉，上殂。太子即位，大赦。五月庚寅，以安成王顼
为骠骑大将军、司徒、录尚书、都督中外诸军事。

　　临海王光大元年。初，高祖为梁相，用刘师知为中
书舍人。师知涉学工文，练习仪体，历世祖朝，虽位宦不
迁，而委任甚重，与扬州刺史安成王顼、尚书仆射到仲举
同受遗诏辅政。师知、仲举恒居禁中，参决众事。顼与左
右三百人入居尚书省。师知见顼地望权势为朝野所属，
心忌之，与尚书左丞王暹等谋出顼于外。众犹豫，未敢

的心愿，臣等一片愚诚，实在不愿意听到这样的诏命。"陈文帝说："我在你身上又看到了古代直道而行的遗风。"于是任命孔奂为太子詹事。

　　史臣司马光评论说：臣下事奉君主，应该顺势促成君主做的好事，匡正补救君主做的坏事。孔奂在陈朝，负有心腹大臣的重任，决定国家的大计，假如认为陈文帝的话不是真心话，那就应该像窦婴那样当面争辩，像爰盎那样在朝廷上进谏，遏制坏事的苗头，以杜绝非分的企图。假如认为陈文帝的话是真心话，那就应该请陈文帝明明白白地下达诏书，向国内外正式宣布，使陈文帝有宋宣公舍子立弟的美德，使陈宣帝没有楚灵王杀兄自立的恶行。否则，就应该说太子是嫡系帝位继承人，不可以动摇，要想辅佐他，使他没有危险，那就应该竭尽忠贞节操，直到牺牲自己为止，就像晋国的荀息、赵国的肥义所做的那样。怎能在国君活着的时候，探测他的真实想法而企求迎合；等到国君死了以后，有权势的大臣篡夺国家政权而不能救国，继位的君主被夺去皇位而不能去殉死。这是奸诈谄谀到极点的人，而陈文帝却说他有古代直道而行的遗风，托付他辅佐未成年的幼主，岂不是很荒谬吗！

　　癸酉（二十七日），陈文帝逝世。太子临海王陈伯宗即皇帝位，此即陈废帝，大赦天下。五月庚寅（十四日），陈朝任命安成王陈顼为骠骑大将军、司徒、录尚书、都督中外诸军事。

　　临海王光大元年（567）。当初，高祖陈霸先是梁朝丞相，任用刘师知为中书舍人。刘师知研究学问，擅长写作，熟悉朝仪礼制，在陈文帝时代，他虽然官职没得到升迁，但委派给他的任务很重要，他与扬州刺史安成王陈顼、尚书仆射到仲举共同接受陈文帝遗诏辅佐朝政。刘师知、到仲举常住在宫中，参与决策各项政事。陈顼与身边亲信三百人进入尚书省居住。刘师知看到陈顼的地位、声望和权势被朝廷和民间所瞩目，心中忌恨他，与尚书左丞王暹等谋划把陈顼排挤出尚书省。众人犹豫不决，不敢

先发。东宫通事舍人殷不佞，素以名节自任，又受委东宫，乃驰诣相府，矫敕谓顼曰："今四方无事，王可还东府经理州务。"

顼将出，中记室毛喜驰入见顼曰："陈有天下日浅，国祸继臻，中外危惧。太后深惟至计，令王入省共康庶绩，今日之言，必非太后之意。宗社之重，愿王三思，须更闻奏，无使奸人得肆其谋。今出外即受制于人，譬如曹爽，愿作富家翁，其可得邪！"顼遣喜与领军将军吴明彻筹之，明彻曰："嗣君谅暗，万机多阙。殿下亲实周、邵，当辅安社稷，愿留中勿疑。"

顼乃称疾，召刘师知，留之与语，使毛喜先入言于太后。太后曰："今伯宗幼弱，政事并委二郎。此非我意。"喜又言于帝，帝曰："此自师知等所为，朕不知也。"喜出，以报顼。顼因囚师知，自入见太后及帝，极陈师知之罪，仍自草敕请画，以师知付廷尉。其夜，于狱中赐死。以到仲举为金紫光禄大夫。王暹、殷不佞并付治。不佞，不害之弟也，少有孝行，顼雅重之，故独得不死，免官而已。王暹伏诛。自是国政尽归于顼。

右卫将军会稽韩子高镇领军府，在建康诸将中士马最盛，与仲举通谋。事未发。毛喜请简人马配子高，并赐铁炭，使修器甲。顼惊曰："子高谋反，方欲收执，何为更如是邪？"喜曰："山陵始毕，边寇尚多，而子高受委前朝，名为杖顺。

率先发难。东宫通事舍人殷不佞，一向把维护名誉和节操当作自己的职责，加上在东宫任职，于是赶到尚书省，对陈顼假传圣旨说："如今天下平安无事，安成王可以回东府处理扬州的事务。"

陈顼正准备离开尚书省，中记室毛喜赶来拜见陈顼，说："陈朝拥有天下的时间不长，国丧就相继到来，朝廷和民间都感到害怕。太后经过深思熟虑，命令大王住进尚书省，共同治理各种事务，如今殷不佞所说的，肯定不是太后的意思。宗庙社稷的重任在身，希望大王三思，需要另外上奏朝廷，不要使奸邪小人的阴谋得逞。现在一旦离开尚书省，就立即会受制于人，好比三国时的曹爽，希望做个富家翁，难道能够如愿吗？"陈顼派毛喜和领军将军吴明彻商议这件事，吴明彻说："继位的国君还在守孝，纷繁的国事很多还没有去做。殿下对国君来说，亲如周公旦和召公奭，应当辅佐国君安定国家，希望殿下留在尚书省，不要猜疑。"

陈顼于是声称有病，召见刘师知，留下他谈话，又派毛喜先进宫去向太后禀告。太后说："现在皇帝年幼，政事一并委托二郎。殷不佞说的事，不是我的意思。"毛喜又向陈废帝禀告，陈废帝说："这是刘师知等人自己做的，我不知道。"毛喜出宫，把情况报告陈顼。陈顼于是把刘师知囚禁起来，亲自进宫拜见太后和陈废帝，竭力陈述刘师知的罪状，又亲自起草了敕令，请陈废帝御批，把刘师知交付廷尉处理。当天夜里，刘师知在狱中被赐死。任命到仲举为金紫光禄大夫。王暹、殷不佞一并交付廷尉治罪。殷不佞，是殷不害的弟弟，从小就对父母很孝顺，陈顼一向很器重他，所以唯独他没被处死，只免除了官职。王暹被杀死。从此以后，国家大政全都归陈顼处理。

右卫将军会稽人韩子高镇守军府，在建康的各位将帅中，他的兵马最多，曾经和到仲举共谋。这件事没有暴露。毛喜请陈顼挑选兵马配给韩子高，并赐给他铁和木炭，让他修造兵器盔甲。陈顼惊讶地说道："韩子高参与反叛，正想要把他抓起来，为什么反倒要这样？"毛喜说道："文帝的陵墓刚刚修建好，边境的寇贼还很多，而韩子高受前朝的委任，只是在名义上依从殿下。

若收之，恐不时授首，或能为人患。宜推心安诱，使不自疑，伺间图之，一壮士之力耳。"顼深然之。仲举既废归私第，心不自安。子郁，尚世祖妹信义长公主，除南康内史，未之官。子高亦自危，求出为衡、广诸镇。郁每乘小舆，蒙妇人衣，与子高谋。会前上虞令陆昉及子高军主告其谋反。顼在尚书省，因召文武在位议立皇太子。平旦，仲举、子高入省，皆执之，并郁送廷尉。下诏，于狱赐死，馀党一无所问。

癸丑，以东扬州刺史始兴王伯茂为中卫大将军、开府仪同三司。伯茂，帝之母弟也，刘师知、韩子高之谋，伯茂皆预之。司徒顼恐扇动中外，故以为中卫，专使之居禁中，与帝游处。

夏四月，湘州刺史华皎闻韩子高死，内不自安，缮甲聚徒，抚循所部，启求广州，以卜朝廷之意。司徒顼伪许之，而诏书未出。皎遣使潜引周兵，又自归于梁，以其子玄响为质。五月癸巳，顼以丹杨尹吴明彻为湘州刺史。

司徒顼遣吴明彻帅舟师三万趣郢州，丙申，遣征南大将军淳于量帅舟师五万继之，又遣冠武将军杨文通从安成步道出茶陵，巴山太守黄法慧从宜阳出澧陵，共袭华皎，并与江州刺史章昭达、郢州刺史程灵洗合谋进讨。六月壬寅，以司空徐度为车骑将军，总督建康诸军，步道趣湘州。

如果抓他,恐怕不肯马上投降,或许会成为祸患。最好是诚心诚意地安抚劝诱他,使他不产生怀疑,等到有机会再算计他,那时只要用一个壮士的力量就够了。"陈顼十分同意毛喜的看法。到仲举被免职回到家里之后,心里很不安。他的儿子到郁,娶陈文帝的妹妹信义长公主为妻,授官南康内史,但没去上任。韩子高也感到自己有危险,请求离京镇守衡州、广州等地。到郁经常坐一辆小车,蒙上女人的衣服,到韩子高那儿去谋划。恰好前上虞令陆昉以及韩子高部队中的主将控告到郁、韩子高等人谋反。陈顼在尚书省,召集文武官员商议立皇太子的事。清晨,到仲举、韩子高进入尚书省准备参与议事,都被拘捕,连同到郁一起押送到廷尉。陈废帝下诏,赐他们在狱中自杀,他们的余党一个也不追究。

二月癸丑(十二日),陈朝任命东扬州刺史始兴王陈伯茂为中卫大将军、开府仪同三司。陈伯茂,是陈废帝的同母弟弟,刘师知、韩子高的阴谋,陈伯茂都参与了。司徒陈顼恐怕他在朝廷内外煽惑鼓动,所以任命他为中卫大将军,专门让他住在宫内,陪伴陈废帝游玩和休息。

夏季四月,湘州刺史华皎听说韩子高已死的消息,心里很不安,便修造铠甲兵器,聚集徒众,抚慰部下,上书要求去镇守广州,想以此来猜测朝廷对自己的态度。司徒陈顼假装同意,但诏书没有发出。华皎派使者秘密地引来北周的军队,自己又归顺后梁,把自己的儿子华玄响作为人质。五月癸巳(二十三日),陈顼任命丹杨尹吴明彻为湘州刺史。

司徒陈顼派遣吴明彻率领水军三万人直逼郢州,丙申(二十六日)这天,派遣征南大将军淳于量率领水军五万人跟进,又派遣冠武将军杨文通从安成走陆路进兵茶陵,巴山太守黄法慧从宜阳进兵澧陵,几路人马一同攻袭华皎,并且与江州刺史章昭达、郢州刺史程灵洗共同策划进兵征讨。六月壬寅(初三)这天,任命司空徐度为车骑将军,统领建康的各路大军,从陆路直逼湘州。

华皎使者至长安。梁王亦上书言状，且乞师。周人议出师应之。司会崔猷曰："前岁东征，死伤过半。比虽循抚，疮痍未复。今陈氏保境息民，共敦邻好，岂可利其土地，纳其叛臣，违盟约之信，兴无名之师乎！"晋公护不从。闰六月戊寅，遣襄州总管卫公直督柱国陆通、大将军田弘、权景宣、元定等将兵助之。

秋八月，华皎遣使诱章昭达，昭达执送建康。又诱程灵洗，灵洗斩之。皎以武州居其心腹，遣使诱都督陆子隆，子隆不从。遣兵攻之，不克。巴州刺史戴僧朔等并隶于皎，长沙太守曹庆等，本隶皎下，遂为之用。司徒顼恐上流守宰皆附之，乃曲赦湘、巴二州。九月乙巳，悉诛皎家属。

梁以皎为司空，遣其柱国王操将兵二万会之。周权景宣将水军，元定将陆军，卫公直总之，与皎俱下。淳于量军夏口，直军鲁山，使元定以步骑数千围郢州。皎军于白螺，与吴明彻等相持。徐度、杨文通由岭路袭湘州，尽获其所留军士家属。

皎自巴陵与周、梁水军顺流乘风而下，军势甚盛，战于沌口。量、明彻募军中小舰，多赏金银，令先出当西军大舰受其拍。西军诸舰发拍皆尽，然后量等以大舰拍之，西军舰皆碎，没于中流。西军又以舰载薪，因风纵火，

华皎的使者抵达长安，后梁皇帝萧岿也上书说明情况，并且请求北周派军队支援。北周人商议，准备出兵接应。司会崔猷说："前年东征齐国，将士死伤过半。近来虽然加以抚慰，但战争的创伤还没有平复。如今陈朝保境安民，和我们共同敦守睦邻友好，我们怎么可以贪图他们的土地，接纳他们的叛臣，背弃与他们立誓缔约的信义，出动没有正当理由的军队呢？"晋公宇文护不接受崔猷的意见。闰六月戊寅（初九），北周派襄州总管卫公宇文直统领柱国陆通、大将军田弘、权景宣、元定等率领部队支援华皎。

秋季八月，华皎派使者去劝诱章昭达，章昭达把使者抓起来押送到建康。华皎又派使者去劝诱程灵洗，程灵洗把使者杀了。华皎因为武州居于他所控制地盘的中心地带，就派使者去劝诱武州都督陆子隆，陆子隆不肯听从。华皎派兵进攻武州，没能攻克。巴州刺史戴僧朔等人一同隶属于华皎，长沙太守曹庆等人原本隶属于华皎，于是都被华皎任用。司徒陈顼恐怕长江上游的地方长官全都依附华皎，于是对湘州和巴州实行特赦。九月乙巳（初七），把华皎的家属全部处死。

后梁任命华皎为司空，并派遣柱国王操带领两万人马去跟华皎的部队会师。北周权景宣率领水军，元定率领陆军，由卫公宇文直统率，与华皎的部队一起顺长江而下。淳于量驻军在夏口，宇文直驻军在鲁山，派遣元定带领几千步兵、骑兵包围郢州。华皎驻军在白螺，与吴明彻等人的陈朝部队对峙。陈朝的徐度、杨文通从山路奔袭湘州，把华皎留在湘州的军士家属全部抓获了。

华皎从巴陵与北周、后梁的水军顺流乘风而下，军势很强盛，他们在沌口与陈朝军队交战。淳于量、吴明彻募集军中的小船，赏给很多金银，令小船先出战，抵挡华皎、北周、后梁等西部水军大船上拍竿的拍击。西部水军各条船的拍竿都用尽以后，淳于量等用大船的拍竿进行拍击，西部水军的船只都被击碎，沉没在长江中流。西部水军又用船装载了柴薪，趁着风势放火，

俄而风转，自焚，西军大败。皎与戴僧朔单舸走，过巴陵，不敢登岸，径奔江陵。卫公直亦奔江陵。

元定孤军，进退无路，斫竹开径，且战且引，欲趣巴陵。巴陵已为徐度等所据，度等遣使伪与结盟，许纵之还国。定信之，解仗就度，度执之，尽俘其众，并擒梁大将军李广。定愤恚而卒。

皎党曹庆等四十馀人并伏诛。唯以岳阳太守章昭裕，昭达之弟，桂阳太守曹宣，高祖旧臣，衡阳内史汝阴任忠，尝有密启，皆宥之。
吴明彻乘胜攻梁河东，拔之。
周卫公直归罪于梁柱国殷亮。梁主知非其罪，然不敢违，遂诛之。

周与陈既交恶，周沔州刺史裴宽白襄州总管，请益戍兵，并迁城于羊蹄山以避水。总管兵未至，程灵洗舟师奄至城下。会大雨，水暴涨，灵洗引大舰临城发拍，击楼堞皆碎，矢石昼夜攻之三十馀日。陈人登城，宽犹帅众执短兵拒战。又二日，乃擒之。

二年春正月己亥，安成王顼进位太傅，领司徒，加殊礼。冬十一月，始兴王伯茂以安成王顼专政，意甚不平，屡肆恶言。甲寅，以太皇太后令诬帝，云与刘师知、华皎等通谋，且曰："文皇知子之鉴，事等帝尧；传弟之怀，又符太伯。今可还申曩志，崇立贤君。"遂废帝为临海王，以安成王入纂。

不久风向转变,大火烧到自己,西部水军遭到惨败。华皎与戴僧朔乘一条小船逃跑,经过巴陵时,不敢上岸,直接奔向江陵。卫公宇文直也奔向江陵。

元定的孤军,进退都无路可走,便砍倒竹子开出一条路,边战边退,想要奔赴巴陵。这时巴陵已经被徐度等人占领,徐度等人派使者假装与元定缔结盟约,答应放元定回北周。元定相信了,解除武装投靠徐度,徐度却拘捕了元定,全部俘虏了元定的部众,同时还擒获了后梁大将军李广。元定愤恨而死。

华皎的党羽曹庆等四十多人一并被杀。只有岳阳太守章昭裕因是章昭达的弟弟,桂阳太守曹宣因是高祖陈霸先时的旧臣,衡阳内史汝阴人任忠因曾经向朝廷密上表章,都得到了宽恕。

吴明彻乘胜进攻后梁的河东郡,夺取了河东郡。

北周卫公宇文直把失败的罪责归到后梁柱国殷亮身上。后梁皇帝萧岿知道不是殷亮的罪过,然而不敢违背宇文直的意思,于是把他杀了。

北周与陈朝既已交恶,北周沔州刺史裴宽于是向襄州总管报告,要求增加守卫部队,并把州城迁移到羊蹄山,以避开水患。襄州总管的援军还没赶到,程灵洗的水军突然来到城下。适逢天降大雨,水位暴涨,程灵洗把大船驶到城边,用拍竿发动攻击,将城楼上齿状的矮墙都击碎了,又用箭和石块昼夜攻打了三十多天。陈朝将士登上城楼,裴宽还率领兵众拿着刀剑等短兵器抵抗。又过了两天,陈朝将士才擒获裴宽。

二年(568)春季正月己亥(初三),安成王陈顼晋升为太傅,兼任司徒,并给予特殊的礼遇。冬季十一月,始兴王陈伯茂因为安成王陈顼独揽朝政大权,心里很不满,多次放肆地说陈顼的坏话。甲寅(二十三日),陈顼用太皇太后的名义发布敕令,诬蔑陈废帝,说他与刘师知、华皎等人通谋,并且说:"文皇帝对儿子的明察,只有尧帝与此相当;文皇帝传位给弟弟的胸怀,又与吴太伯相符。现在应当重申文皇帝从前的意愿,尊奉拥立贤明的君主。"于是把皇帝废为临海王,由安成王陈顼入朝继位。

又下令黜伯茂为温麻侯，置诸别馆。安成王使盗邀之于道，杀之车中。

宣帝太建元年春正月甲午，安成王即皇帝位，改元，大赦。复太皇太后为皇太后，皇太后为文皇后。立妃柳氏为皇后，世子叔宝为太子。封皇子叔陵为始兴王，奉昭烈王祀。乙未，上谒太庙。丁酉，以尚书仆射沈钦为左仆射，度支尚书王劢为右仆射。劢，份之孙也。

又下令把始兴王陈伯茂贬为温麻侯，安排他住到正宫以外的居室。安成王陈顼唆使强盗在途中拦截陈伯茂，把他杀死在车中。

宣帝太建元年（569）春季正月甲午（初四），安成王陈顼登基做皇帝，改换年号，大赦天下。太皇太后重新称皇太后，皇太后称文皇后。立妃子柳氏为皇后，世子陈叔宝为太子。封皇子陈叔陵为始兴王，侍奉昭烈王的祭祀。乙未（初五），陈宣帝拜谒太庙。丁酉（初七），任命尚书仆射沈钦为左仆射，度支尚书王劢为右仆射。王劢，是王份的孙子。

周陈之叛

梁敬帝绍泰元年。初,晋安民陈羽,世为闽中豪姓,其子宝应多权诈,郡中畏服。侯景之乱,晋安太守宾化侯云以郡让羽,羽老,但治郡事,令宝应典兵。时东境荒馑,而晋安独丰衍,宝应数自海道出,寇抄临安、永嘉、会稽,或载米粟与之贸易,由是能致富强。侯景平,世祖因以羽为晋安太守。及陈霸先辅政,羽求传郡于宝应,霸先许之。

太平元年。初,侯景之乱,临川民周续起兵郡中,始兴王毅以郡让之而去。续部将皆郡中豪族,多骄横,续裁制之,诸将皆怨,相与杀之。续宗人迪,勇冠军中,众推为主。迪素寒微,恐郡人不服,以同郡周敷族望高显,折节交之。敷亦事迪甚谨。迪据上塘,敷据故郡。朝廷以迪为衡州刺史,领临川内史。时民遭侯景之乱,皆弃农业,群聚为盗,唯迪

周陈之叛

梁敬帝绍泰元年(555)。当初,晋安地区的平民陈羽,几代人都是闽中的豪族,他的儿子陈宝应多有权谋诈术,郡中的人都因畏惧而服从陈宝应。侯景作乱的时候,晋安太守宾化侯萧云把郡守的职位让给了陈羽,陈羽年纪大了,只管郡里的政事,让陈宝应主管军事。当时梁朝的东部地区闹饥荒,而唯独晋安郡丰足有余,陈宝应多次从海路出发,到临安、永嘉、会稽等地进行抢掠,有时也运送一些粮食与这些地方进行贸易,因此能够富强起来。侯景之乱平定之后,梁元帝萧绎鉴于上述情况,正式任命陈羽为晋安太守。等到陈霸先辅佐朝政时,陈羽要求把晋安太守的职务传给陈宝应,陈霸先同意了。

太平元年(556)。当初,侯景作乱的时候,临川人周续在郡中起兵,始兴王萧毅把临川郡让给了周续,自己逃跑了。周续的部将都是郡中的豪族,大都骄慢蛮横,周续予以制裁,将领们都很怨恨,就相互勾结起来杀了周续。周续有个同宗叫周迪,他的勇猛在军队中号称第一,大家推举他担任主将。周迪出身贫苦低贱,他担心郡中的百姓不服从他,而同郡人周敷是有声望的大族,高贵显赫,周迪便很谦恭地去和周敷交朋友。周敷也十分恭谨地事奉周迪。周迪据守上塘,周敷据守临川郡的旧城。朝廷任命周迪为衡州刺史,兼任临川内史。当时民众遭受侯景之乱的祸害,都抛弃了农耕之业,聚集成团伙做强盗,只有周迪

所部独务农桑,各有赢储。政教严明,征敛必至,馀郡乏绝者皆仰以取给。迪性质朴,不事威仪,居常徒跣,虽外列兵卫,内有女伎,接绳破篾,傍若无人。讷于言语而襟怀信实,临川人皆附之。

陈武帝永定元年。诏给事黄门侍郎萧乾招谕闽中。时熊昙朗在豫章,周迪在临川,留异在东阳,陈宝应在晋安,共相连结。闽中豪帅往往立砦以自保。上患之,使乾谕以祸福,豪帅皆帅众请降,即以乾为建安太守。乾,子范之子也。

文帝天嘉二年。初,高祖以帝女丰安公主妻留异之子贞臣,征异为南徐州刺史,异迁延不就。帝即位,复以异为缙州刺史,领东阳太守。异屡遣其长史王澌入朝,澌每言朝廷虚弱。异信之,虽外示臣节,恒怀两端,与王琳自鄱阳信安岭潜通使往来。琳败,上遣左卫将军沈恪代异,实以兵袭之。异出军下淮以拒恪。恪与战而败,退还钱塘。异复上表逊谢。时众军方事湘、郢,乃降诏书慰谕,且羁縻之。异知朝廷终将讨己,乃以兵戍下淮及建德以备江路。十二月丙午,诏司空、南徐州刺史侯安都讨之。

三年春二月,帝征江州刺史周迪出镇湓城,又征其子入朝。迪趑且顾望,并不至。其馀南江酋帅,私署令长,多不受召。朝廷未暇致讨,但羁縻之。豫章太守周敷

所管辖的地区只经营农耕蚕桑,各家各户都有一点盈馀积蓄。周迪的政策教令十分严明,征收的赋税肯定能收上来,其他州郡短缺的粮食布帛,都靠周迪来补给。周迪生性质朴,不讲究威严仪表,平时居家常常光着脚,虽然门外站立着卫兵,屋里有歌舞妓,他依旧搓草绳,破竹篾,旁若无人。他不善于言词,但胸怀质朴诚实,临川人都依附他。

陈武帝永定元年(557)。陈武帝诏命给事黄门侍郎萧乾到闽中去进行招抚。当时熊昙朗在豫章,周迪在临川,留异在东阳,陈宝应在晋安,这些人互相勾结。闽中的土豪首领往往建立营寨以自卫。陈武帝对此很忧虑,派萧乾对他们晓以祸福利害,土豪首领都率领部众前来请求投降,陈武帝于是任命萧乾为建安太守。萧乾,是萧子范的儿子。

文帝天嘉二年(561)。当初,陈武帝把陈文帝的女儿丰安公主嫁给留异的儿子留贞臣做妻子,同时征召留异担任南徐州刺史,留异拖延着没去上任。陈文帝即皇帝位以后,又任命留异为缙州刺史,兼任东阳太守。留异多次派手下的长史王澌到京城朝拜,王澌经常说朝廷力量很虚弱。留异相信了,虽然对外还表示出做臣子的礼节,但内心经常怀有异心,与王琳经由鄱阳信安岭秘密地互通使节,你来我往。王琳失败以后,陈文帝派左卫将军沈恪去取代留异的官职,实际上是用军队袭击留异。留异派出部队驻扎在下淮,以抗拒沈恪。沈恪与留异打了一仗,但失败了,退回钱塘。留异又上表给朝廷赔罪。当时,陈朝的各路大军正在湘州、郢州作战,于是陈文帝下达诏书对留异抚慰劝谕,暂且笼络他。留异知道朝廷最终还是要讨伐自己,于是派兵守卫下淮和建德,以防备来自水路的进攻。十二月丙午那天,陈文帝下诏命令司空、南徐州刺史侯安都讨伐留异。

三年(562)春季二月,陈文帝征召江州刺史周迪去镇守湓城,又征召他儿子到京城来做官。周迪犹疑不前,左右观望,父子俩都没有到任。其馀南江各位首领私自任命县令,大都不接受朝廷征召。朝廷抽不出空来讨伐,只是笼络他们。豫章太守周敷

独先入朝，进号安西将军，给鼓吹一部，赐以女妓、金帛，令还豫章。迪以敷素出己下，深不平之，乃阴与留异相结，遣其弟方兴将兵袭敷。敷与战，破之。又遣其兄子伏甲船中，诈为贾人，欲袭溢城。未发，事觉，寻阳太守监江州事晋陵华皎遣兵逆击之，尽获其船仗。上以闽州刺史陈宝应之父为光禄大夫，子女皆受封爵，命宗正编入属籍。而宝应以留异女为妻，阴与异合。

虞荔弟寄，流寓闽中，荔思之成疾，上为荔征之，宝应留不遣。寄常从容讽以逆顺，宝应辄引他语以乱之。宝应尝使人读《汉书》，卧而听之，至蒯通说韩信曰"相君之背，贵不可言"，蹶然起坐，曰："可谓智士！"寄曰："通一说杀三士，何足称智！岂若班彪《王命》，识所归乎！"寄知宝应不可谏，恐祸及己，乃著居士服，居东山寺，阳称足疾。宝应使人烧其屋，寄安卧不动。亲近将扶之出，寄曰："吾命有所悬，避将安往！"纵火者自救之。

三月丁丑，以安右将军吴明彻为江州刺史，督高州刺史黄法𣰰、豫章太守周敷共讨周迪。

留异始谓台军必自钱塘上，既而侯安都步由诸暨出永康。异大惊，奔桃枝岭，于岩口竖栅以拒之。安都为流矢所中，血流至踝，乘舆指麾，容止不变。因其山势，迮而为堰。

一个人率先入朝,朝廷便晋升他为安西将军,送给他一队军乐队,还赐给他歌舞妓、金子、绢帛等,命令他回豫章去。周迪因周敷一向位居自己之下,心里深感不平,于是暗中与留异相勾结,派自己的弟弟周方兴带兵袭击周敷。周敷与周方兴交战,打败了周方兴。周迪又派自己哥哥的儿子带兵埋伏在船中,假装成商人,想袭击溢城。还未出发,事情就暴露了,寻阳太守监江州事晋阳人华皎派兵去迎击,缴获了全部船只和兵器。陈文帝任命闽州刺史陈宝应的父亲陈羽为光禄大夫,陈宝应的儿子女儿都受到封爵,还命令宗正把陈宝应的家属都编入皇室亲族的名册。但陈宝应娶了留异的女儿为妻,所以暗中与留异合作。

虞荔的弟弟虞寄流落寄居在闽中,虞荔因思念虞寄而生了病,陈文帝替虞荔征召虞寄,陈宝应扣留虞寄不放他走。虞寄经常不慌不忙地用叛逆和归顺的不同后果来劝说陈宝应,陈宝应总是引出其他话头打乱虞寄的话。陈宝应曾经让人给他读《汉书》,他躺在床上听着,当听到蒯通游说韩信时说的话"看您的后背,您的骨相极贵,不能明说"时,突然坐起来,说:"真可称为智士了!"虞寄说:"蒯通这一番游说,害死了三个才俊之士,哪里值得称为智士呢?怎么比得上班彪《王命》一文的见识呢?"虞寄知道陈宝应是没法劝了,担心灾祸落到自己头上,于是穿上居士的服装,住进东山寺,表面上说是脚有病。陈宝应派人焚烧虞寄住的屋子,虞寄安稳地躺在屋里,动也不动。虞寄的亲信要扶他出来,虞寄说:"我的命拴系在别人手里,避开了火烧,又能躲到哪里去呢?"结果,放火者自己把虞寄救了出来。

三月丁丑(初八),陈朝任命安右将军吴明彻为江州刺史,统率高州刺史黄法氍、豫章太守周敷共同讨伐周迪。

留异开始认为朝廷的军队一定会从钱塘江溯江而上,不久,侯安都的部队却走陆路从诸暨进兵永康。留异十分惊恐,逃往桃枝岭,在山岩的入口处竖起栅栏进行抵抗。侯安都被飞箭射中,鲜血一直流到了脚踝,但他坐在车上指挥作战,神情举止还和往常一样。侯安都又凭借山势,匆匆地建造了一条拦河坝。

会潦水涨满,安都引船入堰,起楼舰与异城等,发拍碎其楼堞。异与其子忠臣脱身奔晋安,依陈宝应。安都虏其妻及馀子,尽收铠仗而还。

异党向文政据新安,上以贞毅将军程文季为新安太守,帅精甲三百径往攻之。文政战败,遂降。文季,灵洗之子也。

秋九月,吴明彻至临川攻周迪,不能克。丁亥,诏安成王顼代之。

四年春正月甲申,周迪众溃,脱身逾岭,奔晋安,依陈宝应。官军克临川,获迪妻子。宝应以兵资迪,留异又遣子忠臣随之。虞寄与宝应书,以十事谏之曰:"自天厌梁德,英雄互起,人人自以为得之,然夷凶翦乱,四海乐推者,陈氏也。岂非历数有在,惟天所授乎!一也。以王琳之强,侯瑱之力,进足以摇荡中原,争衡天下,退足以屈强江外,雄张偏隅。然或命一旅之师,或资一士之说,琳则瓦解冰泮,投身异域,瑱则厥角稽颡,委命阙庭。斯又天假之威而除其患。二也。今将军以藩戚之重,东南之众,尽忠奉上,戮力勤王,岂不勋高窦融,宠过吴芮,析珪判野,南面称孤乎!三也。圣朝弃瑕忘过,宽厚得人,至于余孝顷、潘纯陀、李孝钦、欧阳颁等,悉委以心腹,任以爪牙,胸中豁然,曾无纤芥。况将军衅非张绣,罪异毕谌,当何虑于危亡,何失于富贵!四也。方今周、齐邻睦,境外无虞,并兵一向,匪朝伊夕,

适逢下大雨,坝内涨满了水,侯安都把船开到坝内,浮在水面的有楼的大船,与留异修建的城墙一样高,船上的士兵用拍竿进行攻击,击碎了城墙上齿状的矮墙。留异和他的儿子留忠臣离开阵地,逃往晋安郡,投靠陈宝应。侯安都俘获了留异的妻子和其馀几个儿子,收缴了全部盔甲兵器而还。

留异的党羽向文政盘据在新安郡,陈文帝任命贞毅将军程文季为新安太守,带领三百名精兵直接前往新安攻打向文政。向文政战败,于是就投降了。程文季,是程灵洗的儿子。

秋季九月,吴明彻到临川去攻打周迪,没能攻克。丁亥(二十日),陈文帝下诏,令安成王陈顼去替代吴明彻攻打周迪。

四年(563)春季正月甲申(十九日),周迪的部队被击溃,他脱身越过东兴岭,逃奔晋安,去投靠陈宝应。朝廷的部队攻克临川,俘获周迪的妻子和儿女。陈宝应拨出一部分士兵去帮助周迪,留异又派自己的儿子留忠臣跟随周迪。虞寄给陈宝应写了一封信,拿十件事情来规劝他,信中说:"自从上天厌弃梁朝失德,英雄交替出现,人人都自认为能得到天下,然而除凶平乱,天下乐意拥戴的,是陈氏。这难道不是有天数存在,上天把天下授给陈氏吗?这是一。凭王琳的强盛,侯瑱的力量,进足以震撼中原,为争夺天下而比个高低,退足以在江南争强,雄踞一方。然而,或者派一支部队,或者借助一名策士的游说,王琳就瓦碎冰融,去投靠他国,侯瑱则屈膝下拜,以额触地,托命于朝廷。这又是借助天威而消除祸患。这是二。如今将军您以藩王亲戚之重,凭借东南地区人力之众,竭尽忠诚,尊奉皇上,奋勉出力,救援朝廷,怎么没有比窦融功高,比吴芮更受宠,得到封爵和封地,面向南坐,称王称侯呢?这是三。陈朝不追究个人的缺点和过错,宽厚而得人心,即便是余孝顷、潘纯陀、李孝钦、欧阳颁等人,也全被委任为心腹与爪牙,心胸开阔,从不计较细小的事情。何况将军您的过失不如张绣,罪行不同于毕谌,还顾虑什么危亡,于富贵有什么损失?这是四。如今周、齐都与陈朝睦邻友好,境外无须顾虑,集中兵力对着同一方向,已经不是一朝一夕,

非刘、项竞逐之机，楚、赵连从之势，何得雍容高拱，坐论西伯哉！五也。且留将军狼顾一隅，亟经摧衄，声实亏丧，胆气衰沮。其将帅首鼠两端，唯利是视，孰能被坚执锐，长驱深入，系马埋轮，奋不顾命，以先士卒者乎！六也。将军之强，孰如侯景？将军之众，孰如王琳？武皇灭侯景于前，今上摧王琳于后，此乃天时，非复人力。且兵革已后，民皆厌乱，其孰能弃坟墓，捐妻子，出万死不顾之计，从将军于白刃之间乎！七也。历观前古，子阳、季孟，倾覆相寻，馀善、右渠，危亡继及。天命可畏，山川难恃。况将军欲以数郡之地当天下之兵，以诸侯之资拒天子之命，强弱逆顺，可得侔乎！八也。且非我族类，其心必异，不爱其亲，岂能及物！留将军身糜国爵，子尚王姬，犹且弃天属而弗顾，背明君而孤立，危急之日，岂能同忧共患，不背将军者乎！至于师老力屈，惧诛利赏，必有韩、智晋阳之谋，张、陈井陉之势。九也。北军万里远斗，锋不可当。将军自战其地，人多顾后。众寡不敌，将帅不侔。师以无名而出，事以无机而动，以此称兵，未知其利。十也。为将军计，莫若绝亲留氏，遣子入质，释甲偃兵，一遵诏旨。方今藩维尚少，皇子幼冲，凡预宗枝，皆蒙宠树。况以将军之地，将军之才，将军之名，将军之势，而克修藩服，北面称臣，宁与刘泽同年而语其功业哉！寄感恩怀德，不觉狂言，

并非是像刘邦、项羽那样竞争的时代,也不是楚国、赵国合纵攻秦时的形势,怎么能从容不迫,无所事事,坐在那儿谈论西伯呢?这是五。况且留异将军畏缩在一个角落里,像狼那样窥视,屡次遭到挫败,名声丧失,胆气衰败。他手下将领摇摆不定,犹豫不决,只看到好处,谁能身穿铠甲,手拿武器,长驱直入,系好马匹,埋掉车子,奋勇舍命、身先士卒地战斗?这是六。将军您军力的强大,比侯景如何?您部下的众多,比王琳怎样?武皇帝消灭侯景在前,当今皇帝摧毁王琳在后,这是靠天时,而不是靠人力。况且打过大仗之后,民众都厌恶战乱,谁能舍弃家园及妻儿,想出万死不辞的计策,追随将军您在锋利的刀刃之间拼死效命?这是七。纵观历史,公孙述、隗嚣接连失败,馀善、右渠相继灭亡。上天的意志令人敬畏,山川形势难以依赖。何况将军您想要用几个郡的地盘来抵御全国的兵力,凭诸侯的资望来抗拒天子的命令,这双方的强与弱、逆与顺,能够相等吗?这是八。而且不是自己的同类,心思一定不同;不爱自己的亲属,怎么能顾及他人?留异将军身系国家爵位,儿子娶了皇家的女儿,尚且抛弃有血缘关系的亲属而不顾,背离圣明的君主而孤立,这种人在危急的时候,怎么可能同忧愁、共患难,不背叛将军您呢?等到部队精疲力尽,用杀头来威胁,用赏赐来引诱,也一定会产生韩康子、智瑶水灌晋阳那样的谋略,出现张耳、陈馀在井陉激战那样的形势。这是九。北军行进万里到远方去战斗,兵锋锐不可当。将军您在自己的地盘作战,人们多有后顾之忧。人数悬殊,不能抵挡,将帅不等,不能对抗。部队没有正当的理由而出动,做事没有合适的机会而行动,在此种情况下举兵,不知道它的好处在哪里。这是十。为将军您谋划,不如断绝与留异的亲戚关系,派儿子入朝做人质,脱下铠甲,停止打仗,一概遵从皇上的诏旨。如今藩国还不多,皇子年纪还小,凡是宗族,都受到恩宠扶植。何况凭将军您的辖地、才干、名望、势力,再约束整饬藩国的行为,面向北方自称臣下,西汉刘泽的功业难道还能跟您相提并论吗?我虞寄对将军您感恩戴德,不禁说了上述狂妄的话,

斧钺之诛，其甘如荠。"宝应览书大怒。或谓宝应曰："虞公病势渐笃，言多错谬。"宝应意乃小释，亦以寄民望，故优容之。

秋九月，周迪复越东兴岭为寇。辛未，诏护军章昭达将兵讨之。冬十一月辛酉，章昭达大破周迪。迪脱身潜窜山谷，民相与匿之，虽加诛戮，无肯言者。十二月，章昭达进军，度岭，趣建安，讨陈宝应。诏益州刺史余孝顷督会稽、东阳、临海、永嘉诸军自东道会之。

五年冬十月，周迪复出东兴，宣城太守钱肃镇东兴，以城降迪。吴州刺史陈详将兵击之，详兵大败，迪众复振。南豫州刺史西丰脱侯周敷帅所部击之，至定川，与迪对垒。迪绐敷曰："吾昔与弟戮力同心，岂规相害！今愿伏罪还朝，因弟披露心腑，先乞挺身共盟。"敷许之，方登坛，为迪所杀。

陈宝应据建安、晋安二郡，水陆为栅，以拒章昭达。昭达与战，不利，因据上流，命军士伐木为筏，施拍其上。会大雨江涨，昭达放筏冲宝应水栅，尽坏之，又出兵攻其步军。方合战，上遣将军余孝顷自海道适至，并力乘之。十一月己丑，宝应大败，逃至莆口，谓其子曰："早从虞公计，不至今日。"昭达追擒之，并擒留异及其族党，送建康，斩之。异子贞臣以尚主得免。宝应宾客皆死。

即便被砍被杀，我心里都像吃了荠菜那样甘甜。"陈宝应看了信非常生气。有人对陈宝应说："虞公的病情逐渐加重了，所以说话多有错误。"陈宝应的怒气才稍稍消解，也因为虞寄在民众中很有声望，所以宽容了他。

秋季九月，周迪又越过东兴岭进行骚扰。辛未（初十），陈文帝下诏，命令护军章昭达带领部队进行讨伐。冬季十一月辛酉（初一），章昭达彻底击败周迪的部队。周迪脱身秘密逃窜到山谷中，山民把周迪藏匿起来，虽然受到杀戮，但没有人肯说出周迪的下落。十二月，章昭达进军，越过东兴岭，奔赴建安郡，讨伐陈宝应。陈文帝诏命益州刺史余孝顷统率会稽、东阳、临海、永嘉等地的部队从东路过来会师。

五年（564）冬季十月，周迪再次进兵东兴，宣城太守钱肃镇守东兴，献出城池向周迪投降。吴州刺史陈详带领部队去攻打周迪，陈详的部队大败，周迪的部众又振作起来。南豫州刺史西丰脱侯周敷率领所属部队去攻打周迪，进抵定川，与周迪对阵。周迪欺骗周敷说："我过去与兄弟你同心协力，怎么会谋划加害于你？我现在希望认罪归顺朝廷，通过弟弟你披露我内心的想法，先请你勇敢地站出来，和我一起立誓结盟。"周敷答应了，刚登上举行盟誓的土坛，就被周迪杀死。

陈宝应盘据建安、晋安二郡，在水中和陆地上建起栅栏，以便抵抗章昭达。章昭达与他作战不太顺利，因此占据了江流的上游，命令将士砍伐树木建造木筏，每个筏上都配置了拍竿。适逢下大雨，江水上涨，章昭达把木筏放入江中，去冲击陈宝应水中的栅栏，把它们全部毁坏，又派出部队去攻打陈宝应的步军。刚开始交战，陈文帝派遣的将军余孝顷从海路正好赶到，与章昭达合力围攻陈宝应。十一月己丑（初五），陈宝应遭到惨败，逃到莆口，对他的儿子说："早听从虞公的计策，不至于有今天这样的下场。"章昭达追上来擒获了陈宝应，还同时擒获了留异及其同族亲属，全部押送到建康，将他们斩首。留异的儿子留贞臣因为娶了公主为妻而得到赦免。陈宝应的门客全都被处死。

上闻虞寄尝谏宝应,命昭达礼遣诣建康。既见,劳之曰:"管宁无恙。"以为衡阳王掌书记。

六年秋七月,上遣都督程灵洗自鄱阳别道击周迪,破之。迪与麾下十馀人窜于山穴中,日月浸久,从者亦稍苦之。后遣人潜出临川市鱼鲑,临川太守骆牙执之,令取迪自效,因使腹心勇士随之入山。其人诱迪出猎,勇士伏于道傍,出斩之。丙戌,传首至建康。

陈文帝听说虞寄曾经劝阻陈宝应,命令章昭达按照礼节送他到建康来。见面时,陈文帝慰劳他道:"管宁没什么事吧?"任命他为衡阳王掌书记。

　　六年(565)秋季七月,陈文帝派都督程灵洗从鄱阳经其他通道进攻周迪,打败了他。周迪与部下十多人逃窜到山洞里,时间一长,追随他的人也感到有些困苦。周迪后来派人偷偷到临川去买鱼,临川太守骆牙逮捕了他们,命令他们去抓获周迪来报效,乘机派了亲信的勇士随他们进山。这些人回去后引诱周迪出洞打猎,勇士们埋伏在大路旁边,突然奔出来斩杀了周迪。丙戌(初六),周迪的首级被传送到建康。

宇文护逆节

　　陈高祖永定元年春二月，周楚公赵贵、卫公独孤信故皆与太祖等夷，及晋公护专政，皆怏怏不服。贵谋杀护，信止之。开府仪同三司宇文盛告之。丁亥，贵入朝，护执而杀之，免信官。三月，周晋公护以赵景公独孤信名重，不欲显诛之，己酉，逼令自杀。夏四月，周仪同三司齐轨谓御正中大夫薛善曰："军国之政，当归天子，何得犹在权门！"善以告晋公护，护杀之，以善为中外府司马。

　　周孝愍帝性刚果，恶晋公护之专权。司会李植自太祖时为相府司录，参掌朝政，军司马孙恒亦久居权要。及护执政，植、恒恐不见容，乃与宫伯乙弗凤、贺拔提等共谮之于周王。植、恒曰："护自诛赵贵以来，威权日盛，谋臣宿将，争往附之，大小之政，皆决于护。以臣观之，将不守臣节，愿陛下早图之！"王以为然。凤、提曰："以先王之明，犹委植、恒以朝政，

宇文护逆节

　　陈高祖永定元年（557）春季二月，北周楚公赵贵、卫公独孤信以前都跟周太祖宇文泰处于同样的地位，等到晋公宇文护独掌朝政时，他们都快快不乐，很不服气。赵贵谋划杀死宇文护，独孤信制止他。开府仪同三司宇文盛告发了这件事。丁亥（十八日），赵贵上朝，宇文护逮捕并杀死了他，还免去了独孤信的官职。三月，北周晋公宇文护因为赵景公独孤信名声显赫，不打算公开杀他，己酉（初十），逼迫他自杀。夏季四月，北周仪同三司齐轨对御正中大夫薛善说："军政大事，应该归天子掌管，怎么可以仍然掌握在权贵豪门手中？"薛善把这话报告给了晋公宇文护，宇文护杀了齐轨，任命薛善为中外府司马。

　　北周孝愍帝宇文觉生性刚强果断，很讨厌晋公宇文护专权。司会李植从太祖时就担任相府司录，参与掌管朝政，军司马孙恒也长久居于权贵地位。等到宇文护执掌大权，李植、孙恒担心宇文护容不下自己，就跟宫伯乙弗凤、贺拔提等共同在孝愍帝那儿说宇文护的坏话。李植、孙恒说："宇文护自从诛杀赵贵以来，威望和权力一天比一天大，出谋划策的文官和久经沙场的武将，都争先恐后地前去依附他，大大小小的政事，都在宇文护那儿决定。根据我们的观察，宇文护迟早会不遵守作为臣下应有的礼节，希望陛下早点设法对付他！"孝愍帝认为他俩说得很对。乙弗凤、贺拔提说："凭着先帝的圣明，尚且把朝政委托给李植、孙恒，

今以事付二人，何患不成！且护常自比周公，臣闻周公摄政七年，陛下安能七年邑邑如此乎！”王愈信之，数引武士于后园讲习，为执缚之势。植等又引宫伯张光洛同谋，光洛以告护。护乃出植为梁州刺史，恒为潼州刺史，欲散其谋。后王思植等，每欲召之，护泣谏曰：“天下至亲，无过兄弟，若兄弟尚相疑，他人谁可信者！太祖以陛下富于春秋，属臣后事，臣情兼家国，实愿竭其股肱。若陛下亲览万机，威加四海，臣死之日，犹生之年。但恐除臣之后，奸回得志，非唯不利陛下，亦将倾覆社稷，使臣无面目见太祖于九泉。且臣既为天子之兄，位至宰相，尚复何求！愿陛下勿信谗人之言，疏弃骨肉。”王乃止不召，而心犹疑之。

凤等益惧，密谋滋甚，刻日召群公入宴，因执护诛之。张光洛又以告护。护乃召柱国贺兰祥、领军尉迟纲等谋之，祥等劝护废立。时纲总领禁兵，护遣纲入宫召凤等议事，及至，以次执送护第，因罢散宿卫兵。王方悟，独在内殿，令宫人执兵自守。护遣贺兰祥逼王逊位，幽于旧第。悉召公卿会议，废王为略阳公，迎立岐州刺史宁都公毓。公卿皆曰：

如今把对付宇文护的事交给他们俩，还怕事情办不成吗？而且宇文护经常把自己比作周公，我听说周公代成王处理了七年政务，陛下怎么能在七年内如此愁闷不乐地听任宇文护独掌大权呢？"孝愍帝听了更加信任他们，多次带着武士在皇宫的后花园里讲习武事，操练捉人捆人的动作。李植等人又引诱宫伯张光洛参与谋划，张光洛却把这一密谋报告了宇文护。宇文护于是让李植离开京城去担任梁州刺史，孙恒去担任潼州刺史，想要以此来瓦解他们的阴谋。后来孝愍帝思念李植等人，经常想召见他们，宇文护流着眼泪规劝道："天下最亲的不过兄弟，如果兄弟之间还互相猜疑，其他人谁还可以相信呢？太祖因为陛下年幼，把后事托付给我，我对陛下的感情，同时具备对家人的私情和对国家的深情，真的是愿意竭尽全力辅佐朝政。如果陛下亲自主持繁多的政务，施加威权于海内，我即使死了，也还好像活着。只是担心把我除掉以后，奸邪小人得志，不但对陛下没好处，国家也将被颠覆，使我再没有脸面在九泉之下见太祖。而且我既然是陛下您的哥哥，官位也做到了宰相，还有什么可求的呢？希望陛下不要听信进谗言之人的话，疏远抛弃骨肉之亲。"孝愍帝这才停止召见李植等人，但心里仍然怀疑宇文护。

乙弗凤等人更加害怕了，他们的密谋也在加紧进行，最终约定了一个时间，拟召集各位大臣入宫饮宴，趁机逮捕宇文护，把他杀掉。张光洛又把这一密谋报告给了宇文护。宇文护于是召集柱国贺兰祥、领军尉迟纲等人商议对策，贺兰祥等人劝宇文护废黜孝愍帝拥立新帝。当时尉迟纲统领禁卫军，宇文护派遣尉迟纲进宫召集乙弗凤等人商议国事，等他们来到的时候，陆续把他们抓了起来，都送到宇文护的府第里，还趁机遣散了在宫中值宿的卫兵。孝愍帝到这时才明白发生了什么事情，独自一个人躲在内殿，命令宫女拿起兵器来守护自己。宇文护派遣贺兰祥进宫逼迫孝愍帝退位，把他幽禁在即位以前居住的府第中。宇文护把公卿大臣们全都召集起来商议，把孝愍帝废为略阳公，迎来岐州刺史宁都公宇文毓，拥立他为皇帝。公卿大臣们都说：

"此公之家事,敢不唯命是听!"乃斩凤等于门外,孙恒亦伏诛。

时李植父柱国大将军远镇弘农,护召远及植还朝。远疑有变,沉吟久之,乃曰:"大丈夫宁为忠鬼,安可作叛臣邪!"遂就征。至长安,护以远功名素重,犹欲全之,引与相见,谓之曰:"公儿遂有异谋,非止屠戮护身,乃是倾危宗社。叛臣贼子,理宜同疾,公可早为之所。"乃以植付远。远素爱植,植又口辩,自陈初无此谋。远谓为信然,诘朝,将植谒护。护谓植已死,左右曰植亦在门。护大怒曰:"阳平公不信我!"乃召入,仍命远同坐,令略阳公与植相质于远前。植辞穷,谓略阳公曰:"本为此谋,欲安社稷,利至尊耳。今日至此,何事云云!"远闻之,自投于床曰:"若尔,诚合万死!"于是护乃害植,并逼远令自杀。植弟叔诣、叔谦、叔让亦死,馀子以幼得免。初,远弟开府仪同三司穆知植非保家之主,每劝远除之,远不能用。及远临刑,泣谓穆曰:"吾不用汝言以至此!"穆当从坐,以前言获免,除名为民,及其子弟亦免官。植弟浙州刺史基,尚义归公主,当从坐,穆请以二子代基命,护两释之。后月馀,护弑略阳公,黜王后元氏为尼。癸亥,宁都公自岐州至长安,甲子,即天王位,大赦。

"这是您的家事,我们怎么敢不听从您的命令?"于是把乙弗凤等人在宫门外斩首,孙恒也被处死。

当时,李植的父亲、柱国大将军李远镇守弘农,宇文护征召李远和李植回朝。李远怀疑朝廷发生了什么变故,沉吟了很久,才说:"大丈夫宁可做忠鬼,怎么可以做叛臣呢!"于是接受征召。到达长安后,宇文护因为李远的功劳名望向来很高,还打算保全他的性命,就叫他来和自己见面,对他说:"您的儿子竟然有反叛的图谋,不止是要杀害我宇文护,而且是要颠覆宗庙社稷。对于叛臣贼子,理应共同痛恨,您可以早点儿为他想个处理办法。"于是把李植交给李远。李远一向疼爱李植,李植又有口才,说自己根本就没有参与这一阴谋。李远认为李植的申辩可信,第二天早上,带着李植去拜谒宇文护。宇文护以为李植已经死了,但身边侍从说李植也在门口。宇文护非常生气地说道:"阳平公不相信我!"于是召李远进来,又命令他跟自己坐在一起,再命令略阳公宇文觉与李植在李远面前对质。李植无法为自己辩解,只好对略阳公说:"原先筹划这个计谋,是想安定社稷,有利于皇上。如今弄到这一步,还有什么好说的呢?"李远听了这话,自己扑倒在坐榻上,说:"如果是这样,实在应当死一万次!"于是宇文护就杀了李植,并且逼迫李远,要他自杀。李植的弟弟李叔诣、李叔谦、李叔让也被杀死,李远其他的儿子因为年幼而得以免祸。当初,李远的弟弟、开府仪同三司李穆知道李植不是能够保住家族的角色,经常劝李远除掉李植,李远没能采纳这一意见。等到李远将要受刑时,才哭着对李穆说:"我不采纳你的意见,才落得这一下场!"李穆本来应当连坐,因为以前对李远说过规劝的话而获得赦免,但除去原来的官爵,被贬为平民,他的子弟也被免去官职。李植的弟弟浙州刺史李基娶义归公主为妻,本来应当连坐,李穆请求用自己的两个儿子来换取李基的性命,宇文护把李基和李穆的儿子都释放了。此后过了一个多月,宇文护杀死略阳公宇文觉,并把王后元氏贬黜为尼姑。癸亥(二十四日),宁都公宇文毓从岐州来到长安,甲子(二十五日),即天王位,大赦天下。

　　二年春正月，周以晋公护为太师。夏四月，周以太师护为雍州牧。

　　三年春正月己酉，周太师护上表归政，周王始亲万机，军旅之事，护犹总之。

　　周处士韦夐，孝宽之兄也，志尚夷简。魏、周之际，十征不屈。周太祖甚重之，不夺其志。世宗礼敬尤厚，号曰"逍遥公"。晋公护延之至第，访以政事。护盛修第舍，夐仰视堂，叹曰："酣酒嗜音，峻宇雕墙，有一于此，未或不亡。"护不悦。

　　文帝天嘉元年夏四月，周世宗明敏有识量，晋公护惮之，使膳部中大夫李安置毒于糖饐而进之。帝颇觉之。庚子，大渐，口授遗诏五百馀言，且曰："朕子年幼，未堪当国。鲁公，朕之介弟，宽仁大度，海内共闻。能弘我周家，必此子也。"辛丑，殂。鲁公幼有器质，特为世宗所亲爱，朝廷大事，多与之参议。性深沉，有远识，非因顾问，终不辄言。世宗每叹曰："夫人不言，言必有中。"壬寅，鲁公即皇帝位。大赦。

　　二年春正月戊申，周改元保定。以大冢宰护为都督中外诸军事，令五府总于天官，事无巨细，皆先断后闻。

　　四年春二月辛酉，周诏："大冢宰晋国公，亲则懿昆，任当元辅，自今诏诰及百司文书，并不得称公名。"护抗表固让。

二年(558)春季正月,北周任命晋公宇文护为太师。夏季四月,北周任命太师宇文护为雍州牧。

三年(559)春季正月己酉(二十一日),北周太师宇文护上表,把政权归还给明帝宇文毓,明帝开始亲自处理政务,但军事方面的事情,仍然由宇文护统管。

北周的处士韦夐,是韦孝宽的哥哥,崇尚平易质朴。西魏、北周之际,朝廷先后十次征召他出仕,他都不肯屈志服从。周太祖很器重他,不强迫他改变志向。周明帝对他的礼遇敬重尤其优厚,称他为"逍遥公"。晋公宇文护邀请他到家里来,询问他对于政事的意见。宇文护大修宅邸,韦夐抬头看了看厅堂,叹息说:"拼命喝酒,嗜好音乐,修建高峻的房子和雕绘的院墙,这几样事情只要占了一样,就没有不灭亡的。"宇文护听了很不高兴。

文帝天嘉元年(560)夏季四月,北周明帝聪明机敏,有见识,有肚量,晋公宇文护忌惮他,就让膳部中大夫李安在糖饼中放入毒药送上去。明帝吃了以后感觉很不好。庚子(十九日),明帝病危,口授遗诏五百多字,并且说:"我的儿子年幼,不能担负国家大事。鲁公是我的弟弟,他宽仁大度,名声传于海内。能够弘扬我周室大业的,肯定是这个孩子。"辛丑(二十日),明帝逝世。鲁公宇文邕从小就胸怀大志,器度不凡,所以特别受到明帝喜爱,很多朝廷大事,明帝都与他商量。鲁公性格深沉,很有远见,不是因为明帝询问,他始终不随便说话。明帝经常赞叹道:"这个人要么不说话,一说就说到点子上。"壬寅(二十一日),鲁公宇文邕登基做皇帝,此即北周武帝,大赦天下。

二年(561)春季正月戊申(初一),北周改换年号为保定。任命大冢宰宇文护为都督中外诸军事,命令五府全都隶属于天官,事情不论大小,都可以由宇文护先处理决定,再奏闻皇上。

四年(563)春季二月辛酉(二十七日),武帝下诏:"大冢宰晋国公,从亲属关系上讲是我的哥哥,从职位上讲是朝廷重臣,从今以后,凡是诏令诏书和所有官署的文书当中,都不准直呼晋国公的名字。"宇文护上表坚决予以推辞。

宣帝太建四年。初，周太祖为魏相，立左右十二军，总属相府。太祖殂，皆受晋公护处分，凡所征发，非护书不行。护第屯兵侍卫，盛于宫阙。诸子、僚属皆贪残恣横，士民患之。周主深自晦匿，无所关预，人不测其浅深。护问稍伯大夫庾季才曰："比日天道何如？"季才对曰："荷恩深厚，敢不尽言。顷上台有变，公宜归政天子，请老私门。此则享期颐之寿，受旦、奭之美，子孙常为藩屏。不然，非复所知。"护沉吟久之，曰："吾本志如此，但辞未获免耳。公既为王官，可依朝例，无烦别参寡人也。"自是疏之。

卫公直，帝之母弟也，深昵于护。及沌口之败，坐免官，由是怨护，劝帝诛之，冀得其位。帝乃密与直及右宫伯中大夫宇文神举、内史下大夫太原王轨、右侍上士宇文孝伯谋之。神举，显和之子。孝伯，安化公深之子也。

帝每于禁中见护，常行家人礼，太后赐护坐，帝立侍于旁。丙辰，护自同州还长安，帝御文安殿见之，因引护入含仁殿谒太后，且谓之曰："太后春秋高，颇好饮酒，虽屡谏，未蒙垂纳。兄今入朝，愿更启请。"因出怀中《酒诰》授之，曰："以此谏太后。"护既入，如帝所戒读《酒诰》。未毕，帝以玉珽自后击之，护踬于地。帝令宦者何泉以御刀斫之，泉惶惧，

宣帝太建四年(572)。当初,北周太祖在西魏做丞相,曾建立左右十二军,全部隶属于丞相府。太祖逝世以后,左右十二军都接受晋公宇文护的调度指挥,凡是征调派遣,非得有宇文护的文书不可。宇文护的府第驻扎部队守卫,比宫廷禁卫军的人数还要多。宇文护的儿子和属官都贪婪残暴恣意横行,士人和民众都深以为患。武帝深知隐晦退避的韬略,什么事也不加干涉,别人也猜不出他的深浅。宇文护询问稍伯大夫庚季才:"最近几天天象怎么样?"庚季才回答说:"承蒙您深厚的恩泽,怎敢言而不尽。近来上台星发生变化,晋公您应该把政权还给天子,请求回家养老。这样就能得享百岁高寿,获得周公旦、召公奭的美名,子子孙孙永久地做藩卫国家的重臣。不这样做的话,就不是我所能知道的了。"宇文护沉吟了很久,说:"我原本的志向就是这样,只是辞职还没有获得批准罢了。您既然是王室的官员,可以依照朝廷的惯例,今后就不麻烦您特意来参拜我了。"从此以后,宇文护就疏远了庚季才。

卫公宇文直是武帝的同母弟,与宇文护的关系非常亲密。后来宇文直在沌口打了败仗,被定罪免去官职,从此怨恨宇文护,劝说武帝杀死宇文护,企图得到宇文护的职位。武帝于是秘密地与宇文直以及右宫伯中大夫宇文神举、内史下大夫太原人王轨、右侍上士宇文孝伯进行谋划。宇文神举是宇文显和的儿子。宇文孝伯是安化公宇文深的儿子。

武帝每次在宫中看见宇文护,经常按家人的礼节行礼,太后赐宇文护坐,武帝则站在旁边侍候。三月丙辰(十四日)这天,宇文护从同州回长安,武帝亲临文安殿接见他,并带领他到含仁殿拜见太后,并且对他说:"太后年纪大了,很喜好饮酒,我虽然多次规劝她,但都没被她采纳。兄长今天去参拜,希望再次劝劝她。"于是拿出放在怀中的《酒诰》交给他,说:"用这篇《酒诰》来规劝太后。"宇文护进入含仁殿以后,按照武帝所说的意思向太后诵读《酒诰》。还没读完,武帝从宇文护身后用玉笏打他,把他打得跌倒在地。武帝命令宦官何泉用御刀砍他,何泉惶恐畏惧,

斫不能伤。卫公直匿于户内，跃出，斩之。时神举等皆在外，更无知者。

帝召宫伯长孙览等，告以护已诛，令收护子柱国谭公会、大将军莒公至、崇业公静、正平公乾嘉及其弟乾基、乾光、乾蔚、乾祖、乾威并柱国北地侯龙恩、龙恩弟大将军万寿、大将军刘勇、中外府司录尹公正、袁杰、膳部下大夫李安等，于殿中杀之。览，稚之孙也。

初，护既杀赵贵等，诸将多不自安。侯龙恩为护所亲，其从弟开府仪同三司植谓龙恩曰："主上春秋既富，安危系于数公。若多所诛戮以自立威权，岂唯社稷有累卵之危，恐吾宗亦缘此而败。兄安得知而不言！"龙恩不能从。植又承间言于护曰："公以骨肉之亲，当社稷之寄，愿推诚王室，拟迹伊、周，则率土幸甚！"护曰："我誓以身报国，卿岂谓吾有他志邪！"又闻其先与龙恩言，阴忌之，植以忧卒。及护败，龙恩兄弟皆死，高祖以植为忠，特免其子孙。大司马兼小冢宰、雍州牧齐公宪，素为护所亲任，赏罚之际，皆得参预，权势颇盛。护欲有所陈，多令宪闻奏。其间或有可不，宪虑主相嫌隙，每曲而畅之，帝亦察其心。及护死，召宪入，宪免冠拜谢。帝慰勉之，使诣护第收兵符及诸文籍。卫公直素忌宪，固请诛之，帝不许。护世子训为蒲州刺史，

没能把他砍伤。卫公宇文直藏在门内,跳出来,斩杀了宇文护。当时宇文神举等人都在宫外,再没有旁人知道。

武帝召见宫伯长孙览等人,把宇文护已经被诛杀的情况告诉了他们,命令他们去逮捕宇文护的儿子柱国谭公宇文会、大将军莒公宇文至、崇业公宇文静、正平公宇文乾嘉,以及宇文护的弟弟宇文乾基、宇文乾光、宇文乾蔚、宇文乾祖、宇文乾威和柱国北地人侯龙恩、侯龙恩的弟弟大将军侯万寿、大将军刘勇、中外府司录尹公正、袁杰、膳部下大夫李安等人,在殿中把他们杀死。长孙览,是长孙稚的孙子。

当初,宇文护杀了赵贵等人后,将领们大多心中不安。侯龙恩受到宇文护的喜爱,他的堂弟开府仪同三司侯植对他说:"皇上年纪还轻,国家的安危维系在几位公侯身上。如果大批诛杀公侯来树立自己的威权,何止国家极其危险,恐怕我们宗族也会因此而败亡。堂兄您怎能知而不言呢!'侯龙恩没能听他的。侯植又找机会对宇文护说:"晋公您凭借跟皇上是骨肉之亲的身份,承担国家对您的托付,希望您用诚意对待王室,仿效伊尹和周公,那么普天之下都会感到非常庆幸!"宇文护说:"我立誓以身报国,您难道认为我有其他企图吗?"宇文护又听说侯植先前和侯龙恩说的话,便在心里暗暗地忌恨侯植,侯植因此忧郁而死。等到宇文护败亡,侯龙恩的兄弟都被处死,武帝因为侯植是个忠臣,特别赦免了侯植的子孙。大司马兼小冢宰、雍州牧齐公宇文宪,一向得到宇文护的亲近信任,宇文护在决定进行赏赐或处罚的时候,宇文宪都能够参与意见,权势很大。宇文护有什么事情想要上奏,大都让宇文宪出面奏报武帝。其中也许有不同的看法,宇文宪顾虑皇上和丞相之间有可能彼此猜疑而生出仇恨,就经常婉转地表达宇文护的意见,武帝也能体察到宇文宪的苦心。等到宇文护死去,武帝召宇文宪进宫,宇文宪摘下官帽叩拜谢罪。武帝对他加以抚慰勉励,派他到宇文护的府第去收缴兵符及各种文书簿籍。卫公宇文直一向忌恨宇文宪,坚持请求诛杀宇文宪,武帝不允许。宇文护的世子宇文训担任蒲州刺史,

是夜,帝遣柱国越公盛乘传征训,至同州,赐死。昌城公深使突厥未还,遣开府仪同三司宇文德赍玺书就杀之。护长史代郡叱罗协、司录弘农冯迁及所亲任者,皆除名。

丁巳,大赦,改元。以宇文孝伯为车骑大将军,与王轨并加开府仪同三司。初,孝伯与帝同日生,太祖爱之,养于第中,幼与帝同学。及即位,欲引致左右,托言欲与孝伯讲习旧经,故护弗之疑也,以为右侍上士,出入卧内,预闻机务。孝伯为人,沉正忠谅,朝政得失,外间细事,无不使帝闻之。

帝阅护书记,有假托符命妄造异谋者,皆坐诛。唯得庾季才书两纸,盛言纬候灾祥,宜返政权,帝赐季才粟三百石,帛二百段,迁太中大夫。

癸亥,以尉迟迥为太师,柱国窦炽为太傅,李穆为太保,齐公宪为大冢宰,卫公直为大司徒,陆通为大司马,柱国辛威为大司寇,赵公招为大司空。时帝始亲览朝政,颇事威刑,虽骨肉无所宽借。齐公宪虽迁冢宰,实夺之权。又谓宪侍读裴文举曰:"昔魏末不纲,太祖辅政。及周室受命,晋公复执大权。积习生常,愚者谓法应如是。岂有年三十天子而可为人所制乎!《诗》云:'夙夜匪懈,以事一人。'一人,谓天子耳。卿虽陪侍齐公,不得遽同为臣,欲死于所事。宜辅以正道,劝以义方,辑睦我君臣,协和我兄弟,

在宇文护被杀的那天晚上,武帝派柱国越公宇文盛乘坐驿车去征召宇文训,宇文训到达同州时,接到了武帝要他自杀的命令。昌城公宇文深出使突厥尚未回来,武帝派开府仪同三司宇文德带上诏书到宇文深那儿将他杀死。宇文护的长史代郡人叱罗协、司录弘农人冯迁以及其他受到亲近信任的人,都被除去名籍。

丁巳(十五日),大赦全国,改换年号。武帝任命宇文孝伯为车骑大将军,与王轨一并加授开府仪同三司。当初,宇文孝伯与武帝同一天出生,太祖很喜爱他,把他放在自己家里养育,小时候还和武帝一同念书。等到武帝即位做皇帝,想把宇文孝伯放在自己身边,借口要跟宇文孝伯一起研讨学习古代的经书,所以宇文护并不怀疑,任命宇文孝伯为右侍上士,能出入武帝的卧室,参与机密的事务。宇文孝伯为人稳重正直,忠厚诚信,凡是朝政的得与失,外面的大事和小事,无不一一告诉武帝知道。

武帝阅读宇文护写的笔记,看到有假托符命妄图制造异谋的人,都下令治罪处死。唯独得到庾季才写的两张纸,大谈天象符瑞的吉凶征兆,认为应把朝政大权归还给武帝,武帝看了之后,赏赐给庾季才三百石小米,二百段绢帛,提升他为太中大夫。

癸亥(二十一日),武帝任命尉迟迥为太师,柱国窦炽为太傅,李穆为太保,齐公宇文宪为大冢宰,卫公宇文直为大司徒,陆通为大司马,柱国辛威为大司寇,赵公宇文招为大司空。当时武帝开始亲自主持朝政,大量使用严厉的刑法,纵然是骨肉同胞也不宽恕。齐公宇文宪虽然晋升大冢宰,实际上是夺了他的实权。武帝又对宇文宪的侍读裴文举说:“过去魏国末年失去纲纪,政治混乱,才有太祖辅佐朝政。等到周朝建立,晋公宇文护又执掌大权。长期形成的习惯竟然成为常规,愚笨的人还认为法度就应该如此。哪有年巳三十的天子还被别人控制的道理!《诗经》中说:‘从早到晚不懈怠,以侍奉一个人。’一个人,说的就是天子。你虽然陪侍齐公,也不能就形同他的臣子,打算老死在陪侍他读书这件事情上。应该从正确的途径去辅佐他,用行事应该遵循的规范和道理去规劝他,使我们君臣和睦,使我们兄弟融洽,

勿令自致嫌疑。"文举咸以白宪,宪指心抚几曰:"吾之夙心,公宁不知!但当尽忠竭节耳,知复何言。"卫公直,性浮诡贪很,意望大冢宰。既不得,殊怏怏。更请为大司马,欲据兵权。帝揣知其意,曰:"汝兄弟长幼有序,岂可返居下列!"由是用为大司徒。

夏四月庚寅,周追尊略阳公为孝闵皇帝。

不要让他自己招致嫌疑。"裴文举把武帝的话全部告诉了宇文宪,宇文宪指指心口,拍着案几,说:"我平素的心思,您难道不知道? 我只是竭尽忠贞节操罢了,你知道了又有什么好说的呢?"卫公宇文直生性浮躁诡诈,贪婪狠毒,他想做大冢宰。没能如愿之后,心里很不痛快。又另外请求担任大司马,想要掌握兵权。武帝猜到他的用意,就说:"你们兄弟之间长幼有序,你怎么可以倒回去位居下列?"于是任用他为大司徒。

夏季四月庚寅(十九日),北周追尊略阳公宇文觉为孝闵皇帝。

周伐齐 周齐争宜阳附

陈文帝天嘉四年。初,周人欲与突厥木杆可汗连兵伐齐,许纳其女为后,遣御伯大夫杨荐及左武伯太原王庆往结之。齐人闻之惧,亦遣使求昏于突厥,赂遗甚厚。木杆贪齐币重,欲执荐等送齐。荐知之,责木杆曰:"太祖昔与可汗共敦邻好,蠕蠕部落数千来降,太祖悉以付可汗使者,以快可汗之意。如何今日遽欲背恩忘义,独不愧鬼神乎?"木杆惨然良久曰:"君言是也。吾意决矣,当相与共平东贼,然后送女。"荐等复命。

公卿请发十万人击齐,柱国杨忠独以为得万骑足矣。戊子,遣忠将步骑一万,与突厥自北道伐齐,又遣大将军达奚武帅步骑三万,自南道出平阳,期会于晋阳。

冬十二月,周杨忠拔齐二十馀城。齐人守陉岭之隘,忠击破之。突厥木杆、地头、步离三可汗以十万骑会之。己丑,自恒州三道俱入。时大雪数旬,南北千馀里,平地

周伐齐 周齐争宜阳附

陈文帝天嘉四年(563)。起初,北周人想要与突厥木杆可汗联合兵力讨伐北齐,许诺娶木杆可汗的女儿做皇后,派遣御伯大夫杨荐和左武伯太原人王庆前去联系。北齐人听到这一消息很害怕,也派了使者到突厥去求婚,并送了很丰厚的礼品。木杆可汗贪图北齐的礼品更加丰厚,想要拘捕杨荐等人送给北齐。杨荐知道了,斥责木杆可汗道:"太祖以前与可汗共同敦守睦邻友好关系,蠕蠕部落几千人来投降,太祖把他们全部交付给可汗的使者,以使可汗称心。为什么今日突然背恩忘义,难道不感到愧对于鬼神吗?"木杆可汗心里悲伤了很久,说:"您的话很对。我的主意已经定了,应当跟你们共同讨平东方的贼寇,然后把女儿送去。"杨荐等人回朝廷复命。

公卿大臣请求发兵十万人进攻北齐,只有柱国杨忠认为只要一万骑兵就足够了。九月戊子(二十七日)这天,北周武帝派杨忠带领一万步兵骑兵,与突厥的部队从北路讨伐北齐,又派大将军达奚武率领三万步兵骑兵从南路进兵平阳,约好时间在晋阳会师。

冬季十二月,北周杨忠攻下北齐二十多座城池。北齐人据守陉岭的险要之处,杨忠又把它攻破了。突厥木杆、地头、步离三位可汗带领十万骑兵来会师。己丑那天,三路大军从恒州一起进入北齐境内。当时大雪下了几十天,南北一千多里,平地上

数尺。齐主自邺倍道赴之，戊午，至晋阳。斛律光将步骑三万屯平阳。己未，周师及突厥逼晋阳。齐主畏其强，戎服帅宫人欲东走避之。赵郡王叡、河间王孝琬叩马谏。孝琬请委叡部分，必得严整。帝从之，命六军进止皆取叡节度，而使并州刺史段韶总之。

五年春正月庚申，齐主登北城，军容甚整。突厥咎周人曰："尔言齐乱，故来伐之。今齐人眼中亦有铁，何可当邪！"

周人以步卒为前锋，从西山下去城二里许。诸将咸欲逆击之，段韶曰："步卒力势，自当有限。今积雪既厚，逆战非便，不如陈以待之，彼劳我逸，破之必矣。"既至，齐悉其锐兵鼓噪而出。突厥震骇，引上西山，不肯战，周师大败而还。突厥引兵出塞，纵兵大掠，自晋阳以往七百馀里，人畜无遗。段韶追之，不敢逼。突厥还至陉岭，冻滑，乃铺毡以度。胡马寒瘦，膝已下皆无毛，比至长城，马死且尽，截稍杖之以归。

达奚武至平阳，未知忠退。斛律光与书曰："鸿鹄已翔于寥廓，罗者犹视于沮泽。"武得书，亦还。光逐之，入周境，获二千馀口而还。

光见帝于晋阳，帝以新遭大寇，抱光头而哭。任城王湝进曰："何至于此！"乃止。

积了几尺厚的雪。北齐武成帝高湛从邺城兼程赶去,戊午(二十八日),抵达晋阳。斛律光率领三万步兵骑兵驻扎在平阳。己未(二十九日),北周军队和突厥部队逼近晋阳。北齐武成帝对这些军队的强大感到畏惧,穿上军装,带领宫女,打算向东逃走避难。赵郡王高叡、河间王高孝琬勒住武成帝的马进谏。高孝琬请求武成帝把部队委托给高叡,认为那样一定能使部队得到整顿。武成帝听从了这一建议,命令六军的行动都受高叡的指挥,又派并州刺史段韶统领六军。

五年(564)春季正月庚申(初一),北齐武成帝高湛登上晋阳北城,看到军容非常整齐。突厥责怪北周人说:"你们说齐国混乱,所以才来讨伐他们。如今齐国军容整肃,怎么能够抵挡啊!"

北周用步兵作为前锋,从西山下来,距离北齐晋阳城二里左右。北齐各位将领都想要迎击,段韶说:"步兵的力量自然有限。现在积雪已经很厚,迎战非常不便,不如严阵以待,以逸待劳,再去进攻肯定能取胜。"北周和突厥的部队来到晋阳城下,北齐的精锐部队全部呐喊着杀出城去。突厥感到十分害怕,带着部队上了西山,不肯作战,北周部队大败而回。突厥带着部队出边塞,放纵士兵大肆抢掠,从晋阳以北的七百多里,人畜被抢掠一空。段韶派兵追赶突厥,但不敢逼近他们。突厥回到陉岭,地冻路滑,于是在地上铺了毛毡行走。胡马受寒病瘦,马腿膝盖以下都没有毛,等到抵达长城,马匹都快死光了,突厥士兵截断长矛当拐杖,挂着走回到自己的地盘。

北周的达奚武到达平阳,不知道杨忠已经退兵。北齐的斛律光给他写了一封信,说:"天鹅已在蓝天飞翔,张网的还盯着水草丛生的沼泽地。"达奚武接到信,也撤回了。斛律光带兵追赶,进入北周境内,俘获了两千多人就返回了。

斛律光在晋阳朝见武成帝,武成帝因为新近遭到北周、突厥大举侵犯,抱住斛律光的头痛哭。任城王高湝劝说道:"何至于这个样子呢!"武成帝才不哭了。

初,齐显祖之世,周人常惧齐兵西渡,每至冬月,守河椎冰。及世祖即位,嬖幸用事,朝政渐紊,齐人椎冰以备周兵之逼。斛律光忧之,曰:"国家常有吞关、陇之志,今日至此,而唯玩声色乎!"

初,周太祖之从贺拔岳在关中也,遣人迎晋公护于晋阳。护母阎氏及周主之姑皆留晋阳,齐人以配中山宫。及护用事,遣间使入齐求之,莫知音息。齐遣使者至玉璧,求通互市。护欲访求母、姑,使司马下大夫尹公正至玉璧,与之言,使者甚悦。勋州刺史韦孝宽获关东人,复纵之,因致书为言西朝欲通好之意。是时,周人以前攻晋阳不得志,谋与突厥再伐齐。齐主闻之,大惧,许遣护母西归,且求通好,先遣其姑归。

秋八月,周遣柱国杨忠将兵会突厥伐齐,至北河而还。九月,突厥寇齐幽州,众十馀万,入长城,大掠而还。

周皇姑之归也,齐主遣人为晋公护母作书,言护幼时数事,又寄其所着锦袍,以为信验。且曰:"吾属千载之运,逢大齐之德,矜老开恩,许得相见。禽兽草木,母子相依,吾有何罪,与汝分离!今复何福,还望见汝!言此悲喜,死而更苏。世间所有,求皆可得,母子异国,何处可求!假汝贵极王公,富过山海,有一老母,八十之年,飘然千里,死亡旦夕,不得一朝暂见,不得一日同处,寒不得汝衣,饥不得

当初,北齐文宣帝在世的时候,北周人经常害怕北齐部队西渡黄河,每年到了冬季,就守在黄河边上砸冰。等到武成帝登皇帝位,宠幸的近臣当政,朝政逐渐混乱,改由北齐人砸冰以防备北周军队的进逼。斛律光对此很担忧,说:"以前国家常有并吞关、陇的志向,而今竟落到砸冰的地步,只是喜好声色狗马了!"

当初,周太祖在关中跟从贺拔岳的时候,曾派人到晋阳迎来晋公宇文护。宇文护的母亲阎氏和武帝的姑母都留在晋阳,北齐人把她俩发配到中山宫。宇文护当政以后,派遣密使到北齐去寻找她俩,没有谁知道她俩的音信。北齐派使者到玉璧,请求开通与北周的边境贸易。宇文护想要寻求母亲和武帝姑母的下落,派司马下大夫尹公正到玉璧,与北齐使者商谈,北齐使者很高兴。北周勋州刺史韦孝宽抓获了一些关东人,又放了他们,还趁这个机会给北齐写信,说明北周想跟北齐交好的意思。这时,北周因为上次攻打晋阳没能如意,图谋与突厥联合再讨伐北齐。北齐武成帝听到这一消息,十分害怕,许诺送宇文护的母亲回北周,并且请求跟北周交好,还先把北周武帝的姑母送回北周。

秋季八月,北周派柱国杨忠带领部队与突厥部队会合,讨伐北齐,进兵到北河就返回了。九月,突厥侵犯北齐的幽州,共有兵众十多万人,侵入长城以内,大肆掠夺后返回。

北周武帝的姑母回国的时候,北齐武成帝派人代北周晋公宇文护的母亲写了一封信,信中说到宇文护幼年时的几件事,又寄去她自己穿的锦袍,以此作为证据。信中还写道:"我适逢千年一遇的运气,蒙受大齐的恩德,怜悯我年老,特给予我恩惠,准许我们母子见面。即使禽兽草木,也是母子互相依靠,我有什么罪过,竟然与你分离!如今多么幸福,还有希望见到你!说起这种悲喜交加的事情,如有死而复生之感。世间所有的东西,只要追求都能够得到,母子分居不同的国家,又能向哪里求得团聚?假如你的尊贵超过王公,富有超过山海,但有个老母,年已八十;还飘泊在千里之外,死亡就在眼前,得不到一天的短暂相见,也得不到一天的共同生活,寒冷得不到你的衣服,饥饿得不到

汝食,汝虽穷荣极盛,光耀世间,于吾何益!吾今日之前,汝既不得申其供养,事往何论;今日以后,吾之残命,唯系于汝尔。戴天履地,中有鬼神,勿云冥昧,而可欺负!"

护得书,悲不自胜,复书曰:"区宇分崩,遭遇灾祸,违离膝下,三十五年。受形禀气,皆知母子,谁同萨保,如此不孝!子为公侯,母为俘隶,暑不见母暑,寒不见母寒,衣不知有无,食不知饥饱,泯如天地之外,无由暂闻。分怀冤酷,终此一生,死若有知,冀奉见于泉下耳!不谓齐朝解网,惠以德音,磨敦、四姑,并许矜放。初闻此旨,魂爽飞越,号天叩地,不能自胜。齐朝霈然之恩,既已沾洽,有家有国,信义为本,伏度来期,已应有日。一得奉见慈颜,永毕生愿。生死肉骨,岂过今恩,负山戴岳,未足胜荷。"

齐人留护母,使更与护书,邀护重报,往返再三。时段韶拒突厥军于塞下,齐主使黄门徐世荣乘传赍周书问韶。韶以"周人反覆,本无信义,比晋阳之役,其事可知。护外托为相,其实主也。既为母请和,不遣一介之使。若据移书,即送其母,恐示之以弱。不如且外许之,待和亲坚定,然后遣之未晚。"齐主不听,即遣之。阎氏至周,举朝称庆,周主为之大赦。

你的食物,你虽然极其显达兴盛,光耀人间,对于我又有什么好处?在今天之前,你没能尽到供养我的责任,事情过去了也没什么好说了;从今以后,我馀下的生命,只有系缚在你身上了。头顶云天,脚踩大地,天地之间还有鬼神,不要以为天地沉默不语,就可以欺诈负心!"

宇文护接到来信,悲痛不已,回信道:"天下分裂,遭遇灾祸,离别母亲,已经三十五年了。人生下来就禀承的天地之气,使每个人都知道母子之情,天下没有谁跟我萨保一样,这么不孝顺!儿子是公侯,母亲是被俘的奴隶,大热天看不到母亲如何受暑,大冷天看不到母亲如何受寒,不知衣服有没有,不知吃得饱不饱,就好像消失在天地之外,无从得到一点消息。各自心怀冤屈和惨痛而了此一生,死后如果有知,希望能在九泉之下侍奉母亲!不料齐朝解开罗网,赐给好消息,母亲和四姑母,都得到怜悯并允许释放。刚听说这一圣旨,我神清气爽,神采飞扬,呼天拜地,不能自己。齐朝雨露般的恩泽,已经滋润我们的心田,家庭和国家,都应该以信义为根本,估计母亲回来的日期,已经不远。一旦能够见到母亲,就永远了却了我平生的愿望。死而复生,枯骨长肉,怎能超过今日的恩情,就像背负大山,真是担当不起。"

北齐人留下宇文护的母亲,派人再次给宇文护写信,希望得到宇文护进一步的答复,就这样,书信往来了好几次。当时段韶在边塞附近抵抗突厥的部队,北齐武成帝派黄门徐世荣乘坐驿站的车马,携带北周宇文护的书信去征询段韶的意见。段韶表示:"周人反复无常,原本就不讲信义,比照晋阳之战,事情就清楚了。宇文护对外托词为宰相,实际上是一国之主。既然为了母亲而请求和好,却不派一个使者过来。如果根据他的来信,就送回他的母亲,恐怕会让他感到我们软弱。不如暂且对外表示同意放人,等宇文护和睦亲善的主张不再动摇了,然后再送他母亲回去也不晚。"北齐武成帝不听,立即送宇文护的母亲回国。宇文护的母亲阎氏回到北周,满朝欢庆,北周武帝为她的归来而大赦全国。

突厥自幽州还,留屯塞北,更集诸部兵,遣使告周,欲与共击齐如前约。闰月乙巳,突厥寇齐幽州。晋公护新得其母,未欲伐齐。又恐负突厥约,更生边患,不得已,征二十四军及左右厢散隶秦、陇、巴、蜀之兵并羌、胡内附者,凡二十万人。冬十月甲子,周主授护斧钺于庭庭。丁卯,亲劳军于沙苑。癸酉,还宫。护军至潼关,遣柱国尉迟迥帅精兵十万为前锋,趣洛阳,大将军权景宣帅山南之兵趣悬瓠,少师杨檦出轵关。十一月,周晋公护进屯弘农。甲午,尉迟迥围洛阳,雍州牧齐公宪、同州刺史达奚武、泾州总管王雄军于邙山。

初,周杨檦为邵州刺史,镇捍东境二十馀年,数与齐战,未尝不捷,由是轻之。既出轵关,独引兵深入,又不设备。甲辰,齐太尉娄叡将兵奄至,大破檦军,檦遂降齐。权景宣围悬瓠,十二月,齐豫州道行台豫州刺史太原王士良、永州刺史萧世怡并以城降之。景宣使开府郭彦守豫州,谢彻守永州,送士良、世怡及降卒千人于长安。

周人为土山、地道以攻洛阳,三旬不克。晋公护命诸将堑断河阳路,遏齐救兵,然后同攻洛阳。诸将以为齐兵必不敢出,唯张斥候而已。齐遣兰陵王长恭、大将军斛律光救洛阳,畏周兵之强,未敢进。齐主召并州刺史段韶,谓曰:"洛阳危急,今欲遣王救之。突厥在北,复须镇御,如何?"对曰:"北虏侵边,事等疥癣。今西邻窥逼,

突厥从幽州返回后，就留在塞北驻扎下来，又进一步调集各部落的部队，派遣使者去告诉北周，打算如同以前约定的那样，与北周共同进攻北齐。闰月乙巳这天，突厥侵犯北齐的幽州。晋公宇文护因为新近迎回了母亲，不打算讨伐北齐。又害怕违背了与突厥的约定，发生新的边患，无可奈何地征召关中府兵二十四军、左右厢禁卫军及其隶属的秦、陇、巴、蜀等地的部队，加上归附的羌胡部队，总共二十万人。冬季十月甲子这一天，北周武帝在宗庙的前殿授予宇文护斧钺。丁卯这天，武帝亲自到沙苑慰劳军队。癸酉这天，武帝回到宫中。宇文护的军队到达潼关，派遣柱国尉迟迥率领十万精兵做前锋，奔赴洛阳，大将军权景宣率领山南的兵马奔赴悬瓠，少师杨檦进兵轵关。十一月，北周晋公宇文护进驻弘农。甲午（初十），尉迟迥包围了洛阳，雍州牧齐公宇文宪、同州刺史达奚武、泾州总管王雄在邙山驻扎下来。

当初，北周杨檦担任邵州刺史，镇守东部边境二十多年，多次与北齐作战，战无不胜，因此轻敌。这次进兵轵关，杨檦单独带兵进入北齐腹地，又不安排防卫。甲辰（二十日），北齐太尉娄叡带领部队突然杀来，彻底打败杨檦的部队，杨檦于是投降了北齐。权景宣带领部队围困北齐的悬瓠。十二月，北齐豫州道行台豫州刺史太原人王士良、永州刺史萧世怡一同献城投降。权景宣派开府郭彦守卫豫州，派谢彻守卫永州，把王士良、萧世怡以及降兵一千人送到长安。

北周人筑土山、挖地道以攻打洛阳，三十天也没攻克。晋公宇文护命令将领们开挖壕沟，切断河阳的道路，阻止北齐的援军，然后共同攻打洛阳。将领们认为北齐部队肯定不敢出战，所以只安排了少数人侦察。北齐派兰陵王高长恭、大将军斛律光援救洛阳，因畏惧北周军队强大，不敢进兵。北齐武成帝召见并州刺史段韶，对他说："洛阳危急，现在准备派兰陵王去救援。突厥在北面，也必须防御，怎么办？"段韶回答说："北方突厥侵犯边境，只相当于表皮上的疥癣。现在西边的邻国伺隙侵逼，

乃腹心之病,请奉诏南行。"齐主曰:"朕意亦尔。"乃令韶督精骑一千发晋阳。丁巳,齐主亦自晋阳赴洛阳。

　　段韶自晋阳行,五日济河,会连日阴雾,壬戌,韶至洛阳。帅帐下三百骑,与诸将登邙阪,观周军形势。至大和谷,与周军遇,韶即驰告诸营,追集骑士,结陈以待之。韶为左军,兰陵王长恭为中军,斛律光为右军。周人不意其至,皆恟惧。韶遥谓周人曰:"汝宇文护才得其母,遽来为寇,何也?"周人曰:"天遣我来,有何可问!"韶曰:"天道赏善罚恶,当遣汝送死来耳!"周人以步兵在前,上山逆战。韶且战且却以诱之。待其力弊,然后下马击之。周师大败,一时瓦解,投坠溪谷死者甚众。

　　兰陵王长恭以五百骑突入周军,遂至金墉城下。城上人弗识,长恭免胄示之面,乃下弩手救之。周师在城下者亦解围遁去,委弃营幕,自邙山至穀水,三十里中,军资器械,弥满川泽。唯齐公宪、达奚武及庸忠公王雄在后,勒兵拒战。

　　王雄驰马冲斛律光陈,光退走,雄追之。光左右皆散,惟馀一奴一矢。雄按矟不及光者丈馀,谓光曰:"吾惜尔不杀,当生将尔见天子。"光射雄中额,雄抱马走,至营而卒。军中益惧。

才是心腹之患，我愿意遵奉陛下的命令到南方去抵抗周人。"北齐武成帝说道："我的意思也是这样。"于是命令段韶率领一千名精锐骑兵从晋阳出发。丁巳(初三)，武成帝也从晋阳赶往洛阳。

段韶从晋阳出发，五天之后渡过黄河，适逢连日天阴，雾气弥漫，壬戌(初八)，段韶到达洛阳。他率领自己营帐中的三百名骑兵，和各位将领登上邙阪，观察北周部队的阵势。到达大和谷时，与北周部队遭遇，段韶立即派人骑着马迅速告知各个军营，让他们召集骑兵，列成阵势，准备作战。段韶担任左军，兰陵王高长恭担任中军，斛律光担任右军。北周人没料到段韶等人到来，都感到恐惧。段韶远远地对北周人说："你们宇文护才迎回他的母亲，就来侵犯我国，这是什么道理？"北周人回答说："上天派我们来，有什么可问的！"段韶说："上天赏赐善人惩罚恶人，必定是派你们送死来了！"北周人让步兵走在前面，上山迎战。段韶边战边退，诱敌深入。等到北周人精疲力尽了以后，段韶才下马进攻。北周部队大败，立刻崩溃，坠落在溪谷中而丧命的有很多人。

兰陵王高长恭带领五百名骑兵冲进北周阵中，来到了北齐的金墉城下。城里的北齐守军不认识高长恭，高长恭摘下头盔，把自己的脸露给他们看，城里的守军才派了弓弩手下来救高长恭。在城下的北周部队也解围逃走，丢弃了营帐，从邙山到谷水三十里之间的川泽之地，到处都是北周部队留下的军资、器械。只有北周齐公宇文宪、同州刺史达奚武和庸忠公王雄在后面带领士兵抵抗作战。

北周王雄骑马冲进北齐斛律光的阵营，斛律光退走，王雄随后追赶。斛律光身边的士兵都走散了，只剩下一名奴仆和一支箭。王雄按着长矛，在离斛律光不到一丈多的地方，对斛律光说："我怜惜你而不杀你，要活捉你去见天子。"斛律光用仅剩的一支箭射中王雄的额头，王雄抱住马颈逃走，回到军营就死了。军中将士更加恐惧。

齐公宪拊循督励，众心小安。至夜，收军，宪欲待明更战。达奚武曰："洛阳军散，人情震骇，若不因夜速还，明日欲归不得。武在军久，备见形势。公少年未经事，岂可以数营士卒委之虎口乎！"乃还。权景宣亦弃豫州走。

丁卯，齐主至洛阳。己巳，以段韶为太宰，斛律光为太尉，兰陵王长恭为尚书令。壬申，齐主如虎牢，遂自滑台如黎阳，丙子，至邺。

杨忠引兵出沃野，应接突厥，军粮不给，诸军忧之，计无所出。忠乃招诱稽胡酋长咸在坐，诈使河州刺史王杰勒兵鸣鼓而至，曰："大冢宰已平洛阳，欲与突厥共讨稽胡之不服者。"坐者皆惧，忠慰谕而遣之。于是诸胡相帅馈输，军粮填积。属周师罢归，忠亦还。

晋公护本无将略，是行也，又非本心，故无功，与诸将稽首谢罪。周主慰劳罢之。

六年五月，突厥遣使至齐，始与齐通。
宣帝太建元年秋八月庚辰，盗杀周孔城防主，以其地入齐。
九月辛卯，周遣齐公宪与柱国李穆将兵趣宜阳，筑崇德等五城。冬十二月，周齐公宪等围齐宜阳，绝其粮道。

二年春正月，齐太傅斛律光将步骑三万救宜阳，屡破周军，筑统关、丰化二城以通宜阳粮道而还。周军追之，

斛律光发起反击,又击败了北周部队,活捉了北周的开府仪同三司宇文英、梁景兴。二月己巳(十五日)这天,北齐任命斛律光为右丞相、并州刺史,又任命任城王高湝为太师,贺拔仁为录尚书事。

　　北周、北齐争夺宜阳,很长时间都不能决定归属。北周勋州刺史韦孝宽对他的属下说:"宜阳城一小块地方,得到它不增加多少地盘,失去它也不减少多少地盘,现在两个国家争夺宜阳,劳师动众已满一年。对方怎么会没有智谋之士,如果放弃崤山以东,来谋取汾水以北地区,我们一定会失去很多土地。如今应该迅速地在华谷和长秋筑起城池,以断绝北齐的念头。如果他们先我们一步动手,我们再要有所图谋就真的很难了。"于是画了地形图,并且派人向晋公宇文护陈述了这一情况。晋公宇文护对韦孝宽的使者说:"韦公的子孙虽然很多,但人数不满一百,在汾水以北修筑城池,派谁去守卫呢?"此事最终没能实行。北齐斛律光果然进兵晋州道,在汾水以北修筑起华谷、龙门两座城池。斛律光到汾水东面与韦孝宽见面,斛律光说:"宜阳这个小城,长时间让两国争战。如今我们已经舍弃宜阳,打算在汾水以北取得一点补偿,希望您不要见怪。"韦孝宽说:"宜阳是你们的交通要道,汾水以北是我们放弃的地方。我们放弃,你们取走,补偿在什么地方呢? 您辅佐幼主,地位和声望都很高,不去抚慰百姓,反而穷兵黩武,假如贪图一块平常的土地,而使疲惫的民众陷入更加困苦的境地,我私下以为您实在不应该这么做。"斛律光进兵围困定阳,筑起南汾城来逼迫定阳。北周人解除对宜阳的围困来救援汾水以北。晋公宇文护向齐公宇文宪请教计策,宇文宪说:"兄长最好暂时进兵同州以壮大声势,我请求带领精兵在前,碰到机会就攻占同州。"宇文护听从了宇文宪的计策。

　　三年(571)春季正月,北齐斛律光在西部边境修筑了十三座城池,是在马上用马鞭指画出来的,开拓了五百里疆土,但没有夸耀自己的功劳。斛律光又与北周韦孝宽在汾水以北交战,

破之。齐公宪督诸将东拒齐师。三月,周齐公宪自龙门渡河,斛律光退保华谷,宪攻拔其新筑五城。齐太宰段韶、兰陵王长恭将兵御周师,攻柏谷城,拔之而还。

夏四月,周陈公纯等取齐宜阳等九城,齐斛律光将步骑五万赴之。

五月,周晋公护使中外府参军郭荣城于姚襄城南、定阳城西,齐段韶引兵袭周师,破之。六月,韶围定阳城,周汾州刺史杨敷固守不下,韶急攻之,屠其外城。时韶卧病,谓兰陵王长恭曰:"此城三面重涧,皆无走路。唯虑东南一道耳,贼必从此出。宜简精兵专守之,此必成擒。"长恭乃令壮士千馀人伏于东南涧口。城中粮尽,齐公宪总兵救之,惮韶,不敢进。敷帅见兵突围夜走,伏兵击擒之,尽俘其众。乙巳,齐取周汾州及姚襄城,唯郭荣所筑城独存。敷,愔之族子也。

齐斛律光与周师战于宜阳城下,取周建安等四戍,捕虏千馀人而还。军未至邺,齐主敕使散兵,光以军士多有功者,未得慰劳,乃密通表,请遣使宣旨。军仍且进,齐朝发使迟留。军还,将至紫陌,光乃驻营待使。帝闻光军已逼,心甚恶之,亟令舍人召光入见,然后宣劳散兵。

击败了韦孝宽。北周齐公宇文宪统率将领们在东部抵抗北齐部队。三月,北周齐公宇文宪从龙门渡过黄河,斛律光退守华谷,宇文宪攻占了斛律光新建的五座城池。北齐太宰段韶、兰陵王高长恭带领部队抵御北周部队,进攻柏谷城,攻克城池以后就返回了。

夏季四月,北周陈公宇文纯等人攻占了北齐宜阳等九座城池,北齐斛律光带领五万步兵骑兵前往抵抗。

五月,北周晋公宇文护派中外府参军郭荣在姚襄城南、定阳城西修筑城池,北齐段韶带领部队袭击北周部队,打败了他们。六月,段韶围攻定阳城,北周汾州刺史杨敷坚守定阳城,段韶攻不下来,又发起猛烈进攻,对定阳外城进行屠城。当时段韶生病卧床,对兰陵王高长恭说:"这座城池三面都有两道水沟,无路可走。我只担心东南面的一条路,贼寇肯定从这里突围。应当挑选精兵专门守卫这条路,这样肯定能捉住他们。"高长恭就派了一千多名壮士埋伏在东南面的水沟沟口。定阳城里的粮食吃光了,齐公宇文宪集中兵力去救援,但害怕段韶,不敢进兵。杨敷率领现有的士兵趁夜晚突围逃走,北齐的伏兵发起攻击,活捉了杨敷,全部俘虏了杨敷的部众。乙巳,北齐攻克了北周的汾州和姚襄城,只有郭荣修筑的城池保存了下来。杨敷,是杨愔的同族兄弟的儿子。

北齐斛律光与北周部队在宜阳城下交战,夺取北周的建安等四个戌所,捉了一千多个俘虏而还。斛律光的部队还没有抵达邺城,北齐后主高纬派使者遣散部队,斛律光认为军士中很多人有战功,还没有得到朝廷的慰劳,于是秘密地呈递奏表,请求皇上派使者来宣读圣旨。部队仍然在向邺城前进,北齐朝廷派遣的使者没有及时动身。部队返回,快到紫陌桥时,斛律光才让军士扎营,等候使者的到来。北齐后主听说斛律光的部队已经逼近邺城,心里非常厌恶,立即派舍人召斛律光入朝晋见,然后宣读圣旨,慰劳并遣散部队。

吐谷浑盛衰

晋元帝建武元年。河南王吐谷浑卒。吐谷浑者,慕容廆之庶兄也。父涉归,分户一千七百以隶之。及廆嗣位,二部马斗,廆遣使让吐谷浑曰:"先公分建有别,奈何不相远异,而令马有斗伤!"吐谷浑怒曰:"马是六畜,斗乃其常,何至怒及于人!欲远别甚易,恐后会为难耳!今当去汝万里之外。"遂帅其众西徙。廆悔之,遣其长史乙那娄冯追谢之。吐谷浑曰:"先公尝称卜筮之言云:'吾二子皆当强盛,祚流后世。'我,孽子也,理无并大。今因马而别,殆天意乎!"遂不复还,西傅阴山而居。属永嘉之乱,因度陇而西,据洮水之西,极于白兰,地方数千里。鲜卑谓兄为阿干,廆追思之,为之作《阿干之歌》。吐谷浑有子六十人,长子吐延嗣。吐延长大有勇力,羌、胡皆畏之。

成帝咸和四年。河南王吐延,雄勇多猜忌,羌酋姜聪刺之。吐延不抽剑,召其将纥扢塈,使辅其子叶延,保于白兰,

吐谷浑盛衰

晋元帝建武元年（317）。河南王吐谷浑去世。吐谷浑是慕容廆的庶出兄长。吐谷浑的父亲慕容涉归，曾分拨一千七百户让他统辖。等到慕容廆继任慕容鲜卑的首领，慕容廆和吐谷浑两个部落的马匹争斗，慕容廆派使者责备吐谷浑说："先父划分的部落原本就有区别，你为什么不离得远点儿，而让马匹争斗致伤！"吐谷浑生气地说："马是六畜之一，争斗乃是常事，哪里至于迁怒于人？你想要远远地分开，这很容易，只恐怕以后相会就难了！现在我要离开你到万里以外的地方去。"于是率领部众向西迁移。慕容廆很后悔这件事，派他手下的长史乙那娄冯追上去道歉。吐谷浑说："先父曾经述说卜卦者的话，说：'我的两个儿子都将强盛，统治权力将延续后世。'我是庶子，按理不能跟嫡子并重。现在因为马匹争斗而分别，大概是天意吧！"于是不再回去，前往西方，依傍阴山居住。赶上永嘉之乱，吐谷浑趁机越过陇地，向西发展，占据了从洮水以西直到白兰的广大地区，方圆几千里。鲜卑族把兄长称作"阿干"，慕容廆回忆往事，为此作《阿干之歌》。吐谷浑有六十个儿子，长子吐延继承他的王位。吐延身材高大，勇武有力，羌人、匈奴人都很怕他。

成帝咸和四年（329）。河南王吐延，强壮勇敢而多猜忌，羌人部落首领姜聪刺杀他。吐延没有拔出刺进体内的剑，把部将纥扢塈召到跟前，让他辅佐自己的儿子叶延，保有白兰这个地方，

抽剑而死。叶延孝而好学，以为"礼，公孙之子得以王父字为氏"，乃自号其国曰吐谷浑。

穆帝永和七年。吐谷浑叶延卒，子辟奚立。

简文帝咸安元年。吐谷浑王辟奚闻杨纂败，五月，遣使献马千匹、金银五百斤于秦。秦以辟奚为安远将军、㴲川侯。辟奚，叶延之子也，好学，仁厚而无威断。三弟专恣，国人患之。长史锺恶地，西㴲羌豪也，谓司马乞宿云曰："三弟纵横，势出王右，几亡国矣。吾二人位为元辅，岂得坐而视之！诘朝月望，文武并会，吾将讨焉。王之左右皆吾羌子，转目一顾，立可擒也。"宿云请先白王，恶地曰："王仁而无断，白之必不从。万一事泄，吾属无类矣。事已出口，何可中变！"遂于坐收三弟，杀之。辟奚惊怖，自投床下，恶地、宿云趋而扶之曰："臣昨梦先王敕臣云：'三弟将为逆，不可不讨。'故诛之耳。"辟奚由是发病恍惚，命世子视连曰："吾祸及同生，何以见之于地下！国事大小，任汝治之，吾馀年残命，寄食而已。"遂以忧卒。

视连立，不饮酒游畋者七年，军国之事，委之将佐。锺恶地谏，以为人主当自娱乐，建威布德。视连泣曰："孤自先世以来，以仁孝忠恕相承。先王念友爱之不终，悲愤而亡。孤虽纂业，尸存而已，声色游娱，岂所安也！威德之建，当付之将来耳。"

然后拔出剑而死。叶延孝顺好学，认为"按照礼义，公孙的儿子可以用王父的字作为姓氏"，于是自己把国家命名为吐谷浑。

穆帝永和七年（351）。吐谷浑王叶延去世，他的儿子辟奚继承王位。

简文帝咸安元年（371）。吐谷浑王辟奚听说杨纂失败，五月，派使者向前秦进贡一千匹马、五百斤金银。前秦任命辟奚为安远将军、漒川侯。辟奚，是叶延的儿子，他好学，仁慈宽厚，但缺乏威严决断。他的三个弟弟都专横放肆，国人都以他们为祸患。长史钟恶地，是西漒羌人部落中的豪强，他对司马乞宿云说："君王的三个弟弟横行无忌，权势超过君王，这样下去快要亡国了。我们两个身为辅臣之首，怎么能坐视不管？明天是十五日，文武大臣都要朝会，我将要在那儿讨伐他们。君王的身边都是我们羌人子弟，我只要一使眼色，就一定能够擒获他们。"乞宿云建议先告诉君王，钟恶地说："君王仁慈而缺乏决断，告诉他，他肯定不同意。万一事情泄露，我辈将无一幸存。事情已经说出口了，怎么可以中途变卦！"于是钟恶地按计划在坐席上拘捕了三位王弟，把他们杀了。辟奚惊慌恐惧，自己躲到了坐榻下面，钟恶地、乞宿云赶紧上前扶他起来，说："我们昨晚梦见先王敕令臣下，说：'三位王弟将要干出叛逆的事情，不能不进行讨伐。'所以才把他们杀了。"辟奚从此生了病，神志不清，他对世子视连说："我祸及同胞，还有什么脸面在地下与他们相见？国事无论大小，听任你去治理，我剩下的生命，不过是依附你生活罢了。"于是忧郁而死。

视连继位，他不喝酒、不游猎达七年之久，军国大事，全都委托给将领、辅臣处理。钟恶地进行规劝，认为作为国君应当自己欢娱行乐，建立威信，传布恩德。视连哭着说："我的祖先一直以仁孝忠恕相承续。先王考虑到他对弟弟的友善仁爱没有贯彻始终，悲愤而死。我虽然继承王位，但只是空占着这个位置罢了，歌舞女色、游猎欢娱，哪是我可以安享的？威信和恩德的建立，只好交给后人了。"

孝武帝太元十五年。吐谷浑视连遣使献见于金城王乾归，乾归拜视连沙州牧、白兰王。

秋九月，吐谷浑视连卒，子视罴立。视罴以其父祖慈仁，为四邻所侵侮，乃督厉将士，欲建功业。冬十月，金城王乾归遣使拜视罴沙州牧、白兰王，视罴不受。

安弟隆安二年九月，西秦王乾归遣秦州牧益州、武卫将军慕兀、冠军将军翟瑥帅骑二万伐吐谷浑。冬十月，西秦乞伏益州与吐谷浑王视罴战于度周川。视罴大败，走保白兰山，遣子宕岂为质于西秦以请和。西秦王乾归以宗女妻之。

四年夏四月，吐谷浑视罴卒，世子树洛干方九岁，弟乌纥堤立。妻树洛干之母念氏，生慕璝、慕延。乌纥堤懦弱荒淫，不能治国。念氏专制国事，有胆智，国人畏服之。

义熙元年春正月，乞伏乾归击吐谷浑大孩，大破之，俘万馀口而还。大孩走死胡园。视罴世子树洛干帅其馀众数千家奔莫何川，自称车骑大将军、大单于、吐谷浑王。树洛干轻徭薄赋，信赏必罚，吐谷浑复兴，沙、漒诸戎皆附之。

八年春二月，河南王乾归击吐谷浑阿若干于赤水，降之。

九年夏四月，河南王炽磐遣安北将军乌地延、冠军将军翟绍击吐谷浑别统句旁于泾勒川，大破之。秋七月，河南王炽磐击吐谷浑支旁于长柳川，房旁及其民五千馀户而还。九月，河南王炽磐击吐谷浑别统掘逵于渴浑川，大破之，

孝武帝太元十五年(390)。吐谷浑王视连派使者到西秦金城王乞伏乾归那儿进贡晋见,乞伏乾归任命视连为沙州牧、白兰王。

秋季九月,吐谷浑王视连逝世,他的儿子视罴继任王位。视罴认为他的父亲、祖父过于仁慈,因而受到四方邻国的侵略欺侮,于是他督促激励将士,想要建立功业。冬季十月,西秦金城王乞伏乾归派使者拜授视罴沙州牧、白兰王,视罴拒绝接受。

安帝隆安二年(398)九月,西秦王乞伏乾归派遣秦州牧乞伏益州、武卫将军慕兀、冠军将军翟瑶率领两万骑兵讨伐吐谷浑。冬季十月,西秦乞伏益州与吐谷浑王视罴在度周川交战。视罴大败,退守白兰山,把自己的儿子宕岂送到西秦做人质,以此请求和解。西秦王乞伏乾归把他本宗族中的一个女儿嫁给宕岂做妻子。

四年(400)夏季四月,吐谷浑王视罴逝世,他的世子树洛干才九岁,他的弟弟乌纥堤继位。乌纥堤娶树洛干的母亲念氏做妻子,生下慕瑰、慕延。乌纥堤软弱无能,荒淫无度,不能治理国家。而念氏独掌国家大事,她有胆量有智谋,全国的百姓都敬服她。

义熙元年(405)春季正月,西秦王乞伏乾归进攻吐谷浑王大孩,彻底打败了大孩,俘虏了吐谷浑一万多人后返回。大孩逃跑,最后死在胡园。前吐谷浑王视罴的世子树洛干率领馀部几千家逃到莫何川,自称车骑大将军、大单于、吐谷浑王。树洛干减轻徭役和赋税,有功必赏,有罪必罚,吐谷浑因此由衰落转为兴盛,沙、溉一带的戎族部落都来归附。

八年(412)春季二月,西秦河南王乞伏乾归在赤水攻袭吐谷浑的阿若干,降服了他。

九年(413)夏季四月,西秦河南王乞伏炽磐派遣安北将军乌地延、冠军将军翟绍,在泾勒川袭击了吐谷浑的别帅句旁,彻底打败了他。秋季七月,河南王乞伏炽磐在长柳川袭击吐谷浑的支旁,俘获了支旁和他的部属五千多户之后返回。九月,河南王乞伏炽磐在渴浑川袭击了吐谷浑的别帅掘逵,彻底打败了他,

虏男女二万三千。冬十月,掘遽帅其馀众降于炽磐。

十三年春二月,西秦安东将军木弈干击吐谷浑树洛干,破其弟阿柴于尧杆川,俘五千馀口而还。树洛干走保白兰山,惭愤发疾,将卒,谓阿柴曰:"吾子拾虔幼弱,今以大事付汝。"树洛干卒,阿柴立,自称骠骑将军、沙州刺史。谥树洛干曰武王。阿柴稍用兵侵并其旁小种,地方数千里,遂为强国。

宋武帝永初二年夏四月,吐谷浑王阿柴遣使降秦,秦王炽磐以阿柴为征西大将军、开府仪同三司、安州牧、白兰王。

营阳王景平元年春二月,吐谷浑王阿柴遣使入贡。庚辰,诏以阿柴为督塞表诸军事、安西将军、沙州刺史、浇河公。

文帝元嘉元年冬十月,吐谷浑威王阿柴卒。阿柴有子二十人。疾病,召诸子弟谓之曰:"先公车骑,以大业之故,舍其子拾虔而授孤,孤敢私于纬代而忘先君之志乎!我死,汝曹当奉慕瑞为主。"纬代者,阿柴之长子。慕瑞者,阿柴之母弟、叔父乌纥堤之子也。

阿柴又命诸子各献一箭,取一箭授其弟慕利延使折之。慕利延折之。又取十九箭使折之,慕利延不能折。阿柴乃谕之曰:"汝曹知之乎?孤则易折,众则难摧。汝曹当戮力一心,然后可以保国宁家。"言终而卒。慕瑞亦有才略,抚纳秦、凉失业之民及氐、羌杂种至五六百落,部众转盛。

俘获男女百姓两万三千人。冬季十月,掘逵率领他残馀的部众向乞伏炽磐投降。

十三年(417)春季二月,西秦安东将军木弈干袭击吐谷浑王树洛干,在尧杆川打败树洛干的弟弟阿柴,俘获五千多人后返回。树洛干逃走,据守白兰山,他又惭愧又愤恨,生了大病,临死前,他对弟弟阿柴说:"我的儿子拾虔年纪太小,如今我把国家大事托付给你。"树洛干去世,阿柴继位,他自称骠骑将军、沙州刺史。赠给树洛干武王的谥号。阿柴逐渐使用武力侵占吞并了吐谷浑周围的弱小部落,吐谷浑的疆域方圆几千里,终于成为一个强大的国家。

宋武帝永初二年(421)夏季四月,吐谷浑王阿柴派使者去西秦表示投降,西秦王乞伏炽磐任命阿柴为征西大将军、开府仪同三司、安州牧、白兰王。

营阳王景平元年(423)春季二月,吐谷浑王阿柴派使者向刘宋进贡。庚辰(十三日),宋少帝下诏,任命阿柴为督塞表诸军事、安西将军、沙州刺史、浇河公。

文帝元嘉元年(424)冬季十月,吐谷浑威王阿柴去世。阿柴有二十个儿子。阿柴患病时,把他的儿子和弟弟们喊到身边,对他们说:"先公车骑将军树洛干,为了维护吐谷浑的大业,放弃自己的儿子拾虔而把王位传给我,我怎么敢偏私于纬代而忘记先君的志向呢!我死后,你们应当拥戴慕璝为吐谷浑王。"纬代,是阿柴的长子。慕璝,是阿柴同母异父的弟弟,是阿柴的叔父乌纥堤的儿子。

阿柴又命令儿子们各拿出一支箭,他从中抽出一支交给他的弟弟慕利延,让他折箭。慕利延把箭折断了。阿柴又把十九支箭捆在一起,让慕利延折,慕利延无法把箭折断。阿柴于是告诫他们说:"你们知道吗? 一支箭容易折断,很多箭就难以摧折。你们应当齐心合力,然后才能保国安家。"说完就死了。慕璝也有才干谋略,他安抚接纳秦、凉一带失去产业的庶民及氐族、羌族等各部族共五六百帐落,吐谷浑的部众变得兴盛起来。

三年秋九月，吐谷浑握逵等帅部众二万馀落叛秦，奔昂川，附于吐谷浑王慕瑰。

六年冬十二月，吐谷浑王慕瑰遣使入贡。

七年春正月癸巳，以吐谷浑王慕瑰为征西将军、沙州刺史、陇西公。夏六月，吐谷浑王慕瑰将其众万八千袭秦定连，秦辅国大将军段晖等击走之。

八年秋八月，吐谷浑王慕瑰遣侍郎谢太宁奉表于魏，请送赫连定。己丑，魏以慕瑰为大将军、西秦王。

九年春三月壬申，吐谷浑王慕瑰送赫连定于魏，魏人杀之。慕瑰上表曰："臣俘擒僭逆，献捷王府，爵秩虽崇而土不增廓，车旗既饰而财不周赏。愿垂鉴察。"魏主下其议。公卿以为："慕瑰所致唯定而已，塞外之民皆为己有，而贪求无厌，不可许也。"魏主乃诏曰："西秦王所得金城、枹罕、陇西之地，朕即与之，乃是裂土，何须复廓？西秦款至，绵绢随使疏数，临时增益，非一赐而止也。"自是慕瑰贡使至魏者稍简。夏六月，吐谷浑王慕瑰遣其司马赵叙入贡，且来告捷。乙未，以吐谷浑王慕瑰为都督西秦河沙三州诸军事、征西大将军、西秦河二州刺史，进爵陇西王，且命慕瑰悉归南方将士先没于夏者，得百五十馀人。

十三年冬十二月，吐谷浑惠王慕瑰卒，弟慕利延立。

三年(426)秋季九月,吐谷浑掘逵等人率领部众两万多帐落背叛西秦,逃到昴川,归附吐谷浑王慕璝。

六年(429)冬季十二月,吐谷浑王慕璝派使者向刘宋朝廷进贡。

七年(430)春季正月癸巳(初六),宋文帝任命吐谷浑王慕璝为征西将军、沙州刺史、陇西公。夏季六月,吐谷浑王慕璝率领部众一万八千人袭击西秦的定连,西秦辅国大将军段晖等人率领部队击退了慕璝。

八年(431)秋季八月,吐谷浑王慕璝派侍郎谢太宁到北魏上表,表示愿意把俘获的赫连定送还北魏。己丑(十一日),北魏任命慕璝为大将军、西秦王。

九年(432)春季三月壬申(二十八日),吐谷浑王慕璝把赫连定送还给北魏,北魏人杀了赫连定。慕璝上表北魏,说:"我俘获了叛逆的赫连定,把他进献给朝廷,我得到的爵位虽然尊崇,土地却没有增加,车辆旗帜虽然已经装饰,而财物却不足以遍赏部下。希望您能俯察下情。"北魏太武帝拓跋焘把慕璝的表章交给大臣们讨论。公卿大臣认为:"慕璝送来的只有赫连定一个人而已,塞外的百姓都被他据为己有,而他还贪得无厌,不能答应他的要求。"北魏太武帝于是下诏说:"西秦王慕璝所攻占的金城、枹罕、陇西等地,我同意归你,这就是分封给你土地,何必再扩张疆土呢?西秦王慕璝真诚恳切,我们赏赐的绵绢,根据来使次数是否频繁,临时增加,并不是赏赐一次就完了。"从此以后,慕璝派到北魏进贡的使者逐渐减少。夏季六月,吐谷浑王慕璝派手下的司马赵叙到刘宋进贡,并且奏报军事上的胜利。乙未(二十二日),刘宋任命吐谷浑王慕璝为都督西秦、河、沙三州诸军事、征西大将军,西秦、河二州刺史,晋升爵位为陇西王,并且命令慕璝全部归还原先沦陷在夏国的南方将士,刘宋因此获得一百五十多人。

十三年(436)冬季十二月,吐谷浑惠王慕璝去世,他的弟弟慕利延继任王位。

十四年秋九月丁酉,魏主遣使者拜吐谷浑王慕利延为镇西大将军、仪同三司,改封西平王。

十五年春二月丁未,以吐谷浑王慕利延为都督西秦河沙三州诸军事、镇西大将军、西秦河二州刺史、陇西王。

十六年夏六月己酉,改封陇西王吐谷浑慕利延为河南王。冬十二月,吐谷浑王慕利延闻魏克凉州,大惧,帅众西遁,逾沙漠。魏主以其兄慕瑰有擒赫连定之功,遣使抚谕之,慕利延乃还故地。

二十一年夏六月,吐谷浑王慕利延兄子纬世与魏使者谋降魏,慕利延杀之。是月,纬世弟叱力延等八人奔魏,魏以叱力延为归义王。

秋八月,吐谷浑叱力延等请师于魏以讨吐谷浑王慕利延,魏主使晋王伏罗督诸军击之。

魏晋王伏罗至乐都,引兵从间道袭吐谷浑,至大母桥。吐谷浑王慕利延大惊,逃奔白兰,慕利延兄子拾寅奔河西。魏军斩首五千馀级。慕利延从弟伏念等帅万三千部落降于魏。

二十二年夏四月庚戌,魏主遣征西大将军高凉王那等击吐谷浑王慕利延于白兰,秦州刺史代人封敕文、安远将军乙乌头击慕利延兄子什归于枹罕。秋七月,吐谷浑什归闻魏军将至,弃城夜遁。八月丁亥,封敕文入枹罕,分徙其民千家还上邽,留乙乌头守枹罕。万度归至敦煌,留辎重,以轻骑五千度流沙,袭鄯善。壬辰,鄯善王真达面缚出降。度归留军屯守,与真达诣平城。西域复通。壬寅,魏高凉王那军至宁头城,吐谷浑王慕利延拥其部落西度流沙。吐谷浑

十四年(437)秋季九月丁酉(二十五日),北魏太武帝派使者任命吐谷浑王慕利延为镇西大将军、仪同三司,改封他为西平王。

十五年(438)春季二月丁未(初七),刘宋任命吐谷浑王慕利延为都督西秦、河、沙三州诸军事、镇西大将军、西秦、河二州刺史,封他为陇西王。

十六年(439)夏季六月己酉(十六日),刘宋改封陇西王吐谷浑慕利延为河南王。冬季十二月,吐谷浑王慕利延听说北魏攻克了凉州,非常恐惧,率领部队向西逃跑,越过了沙漠。北魏太武帝因为慕利延的哥哥慕璝有擒获赫连定的功劳,派出使者进行安抚劝慰,慕利延于是返回原来的居住地。

二十一年(444)夏季六月,吐谷浑王慕利延哥哥的儿子纬世与北魏的使者谋划投降北魏,慕利延因此杀了纬世。这个月,纬世的弟弟叱力延等八个人投奔北魏,北魏封叱力延为归义王。

秋季八月,吐谷浑叱力延等人请求北魏出兵讨伐吐谷浑王慕利延,北魏太武帝派晋王拓跋伏罗统率各路大军进攻慕利延。

北魏晋王拓跋伏罗到达乐都,带领部队从小路袭击吐谷浑,来到大母桥。吐谷浑王慕利延非常惊恐,逃窜到白兰,慕利延哥哥的儿子拾寅逃奔河西。北魏军队杀死五千多吐谷浑人。慕利延的堂弟伏念等率领一万三千帐落向北魏投降。

二十二年(445)夏季四月庚戌这一天,北魏太武帝派遣征西大将军高凉王拓跋那等人在白兰进攻吐谷浑王慕利延,派遣秦州刺史代郡人封敕文、安远将军乙乌头在枹罕进攻慕利延哥哥的儿子什归。秋季七月,吐谷浑什归听说北魏军队即将抵达,就放弃城池,连夜逃跑了。八月丁亥(初一),封敕文进入枹罕,分别将一千户居民迁回上邽,留下乙乌头驻守在枹罕。北魏万度归抵达敦煌,留下辎重,率领五千名轻装骑兵穿越沙漠,去袭击鄯善国。壬辰(初六),鄯善王真达反绑着双手出城投降。万度归留下部队驻守,自己与真达来到平城。西域的道路再次畅通。壬寅(十六日)这天,北魏高凉王拓跋那的部队抵达宁头城,吐谷浑王慕利延带着他的部落向西穿过沙漠。前任吐谷浑王

慕璝之子被囊逆战,那击破之。被囊遁走,中山公杜丰帅精骑追之,度三危,至雪山,生擒被囊及吐谷浑什归、乞伏炽磐之子成龙,皆送平城。慕利延遂西入于阗,杀其王,据其地,死者数万人。

二十三年。吐谷浑复还旧土。

二十七年夏六月,吐谷浑王慕利延为魏所逼,上表求入保越嶲,上许之。慕利延竟不至。

二十九年秋九月,吐谷浑王慕利延卒,树洛干之子拾寅立,始居伏罗川。遣使来请命,亦请命于魏。丁亥,以拾寅为安西将军、西秦河沙三州刺史、河南王。魏以拾寅为镇西大将军、沙州刺史、西平王。

孝武帝大明四年。吐谷浑王拾寅两受宋、魏爵命,居止出入,拟于王者,魏人忿之。定阳侯曹安表:"拾寅今保白兰,若分军出其左右,必走保南山,不过十日,人畜乏食,可一举而定。"六月甲午,魏遣征西大将军阳平王新成等督统万、高平诸军出南道,南郡公中山李惠等督凉州诸军出北道,以击吐谷浑。秋七月,魏军至西平,吐谷浑王拾寅走保南山。九月,魏军济河追之。会疾疫,引还,获杂畜二十馀万。

明帝泰始六年春二月,魏主遣征西大将军上党王长孙观击吐谷浑。夏四月戊申,魏长孙观与吐谷浑王拾寅战于曼头山,拾寅败走。遣别驾康盘龙入贡,魏主囚之。

慕璝的儿子被囊迎战,拓跋那将他击败。被囊逃跑,北魏中山公杜丰率领精锐骑兵追击,穿过三危,到达雪山,活捉了被囊以及吐谷浑的什归、西秦乞伏炽磐的儿子成龙,把他们全部押送到平城。慕利延于是向西侵入于阗,杀死了于阗王,占据了他的地盘,被杀死的有几万人。

二十三年(446)。吐谷浑又回到原先的地盘。

二十七年(450)夏季六月,吐谷浑王慕利延受到北魏的逼迫,上表给刘宋朝廷,要求进入越巂自守,宋文帝表示同意。而慕利延终究没有去。

二十九年(452)秋季九月,吐谷浑王慕利延去世,树洛干的儿子拾寅继位,开始居住在伏罗川。他派使者来刘宋请求任命,同时也向北魏请求任命。丁亥(十一日),刘宋任命拾寅为安西将军,西秦、河、沙三州刺史,封他为河南王。北魏任命拾寅为镇西大将军、沙州刺史,封他为西平王。

孝武帝大明四年(460)。吐谷浑王拾寅分别接受刘宋和北魏的封爵与授官,他住的房子和乘坐的车马,都可以和皇帝相比拟,北魏人对此愤愤不平。定阳侯曹安上表:"拾寅现在据守白兰,我们如果兵分两路,从左右两面进攻,拾寅肯定退守南山,不超过十天,他们的人畜就会缺乏食物,我们就能一下子平定吐谷浑。"六月甲午(初四),北魏派遣征西大将军阳平王拓跋新成等统率统万、高平各路大军从南路出发,南郡公中山人李惠等统率凉州各路大军从北路出发,以进攻吐谷浑。秋季七月,北魏军队到达西平,吐谷浑王拾寅退守南山。九月,北魏军队渡过黄河进行追击。这时遇到瘟疫,北魏军队返回,掠夺了各种牲畜二十多万头。

明帝泰始六年(470)春季二月,北魏献文帝拓跋弘派遣征西大将军上党王长孙观进攻吐谷浑。夏季四月戊申(十五日),北魏长孙观与吐谷浑王拾寅在曼头山交战,拾寅被击败并逃跑。拾寅派遣别驾康盘龙到北魏进贡,北魏献文帝把康盘龙拘禁了起来。

苍梧王元徽元年。吐谷浑王拾寅寇魏浇河，夏四月戊申，魏以司空长孙观为大都督，发兵讨之。秋八月庚申，魏长孙观入吐谷浑境，刍其秋稼。吐谷浑王拾寅窘急请降，遣子斤入侍。自是岁修职贡。

齐高帝建元三年。吐谷浑王拾寅卒，世子度易侯立。冬十月戊子朔，以度易侯为西秦、河二州刺史，河南王。

武帝永明八年秋八月，河南王度易侯卒。乙酉，以其世子伏连筹为秦、河二州刺史，遣振武将军丘冠先拜授，且吊之。伏连筹逼冠先使拜，冠先不从，伏连筹推冠先坠崖而死。上厚赐其子雄，敕以丧委绝域，不可复寻，仕进无嫌。

九年。初，魏主召吐谷浑王伏连筹入朝，伏连筹辞疾不至，辄修洮阳、泥和二城，置戍兵焉。二月乙亥，魏枹罕镇将长孙百年请击二戍，魏主许之。五月，魏长孙百年攻洮阳、泥和二戍，克之，俘三千馀人。

十年。魏文明太后之丧，使人告于吐谷浑。吐谷浑王伏连筹拜命不恭，群臣请讨之，魏主不许。又请还其贡物。帝曰："贡物乃人臣之礼，今而不受，是弃绝之，彼虽欲自新，其路无由矣。"因命归洮阳、泥和之俘。秋七月庚申，吐谷浑遣其世子贺虏头入朝于魏。诏以伏连筹为都督西垂诸军事、西海公、吐谷浑王，遣兼员外散骑常侍张礼使于吐谷浑。伏连筹

苍梧王元徽元年(473)。吐谷浑王拾寅侵犯北魏的浇河地区,夏季四月戊申(初二),北魏任命司空长孙观为大都督,出兵讨伐。秋季八月庚申(十六日),北魏长孙观进入吐谷浑境内,抢割秋季的庄稼。吐谷浑王拾寅处境窘迫,请求投降,派自己的儿子斤到北魏做人质。从此,吐谷浑每年都要向北魏按时进贡。

齐高帝建元三年(481)。吐谷浑王拾寅去世,他的世子度易侯继位。冬季十月戊子是初一,南齐高帝任命度易侯为西秦、河二州刺史,封他为河南王。

武帝永明八年(490)秋季八月,河南王度易侯去世。乙酉(二十日),南齐任命度易侯的世子伏连筹为秦、河二州刺史,派遣振武将军丘冠先去吐谷浑向伏连筹授官,并且祭吊度易侯。伏连筹逼迫丘冠先向自己跪拜,丘冠先不服从,伏连筹把丘冠先推下悬崖摔死了。齐武帝丰厚地赏赐丘冠先的儿子丘雄,并且下诏说丘冠先丧身绝域,不可能再找到尸体,丘雄入仕做官不受妨碍。

九年(491)。当初,北魏孝文帝征召吐谷浑王伏连筹到朝廷晋见,伏连筹声称有病不去,接着就修筑洮阳、泥和两座城池,并派出守卫部队。二月乙亥(十二日),北魏枹罕镇将长孙百年请求攻打洮阳、泥和二城,北魏孝文帝允许了。五月,北魏长孙百年进攻洮阳、泥和二城,攻克了二城,俘虏了三千多人。

十年(492)。北魏文明太后去世的时候,北魏派遣使者到吐谷浑报丧。吐谷浑王伏连筹在接受报丧时态度不恭谨,北魏的各位大臣请求出兵讨伐吐谷浑,北魏孝文帝没有同意。大臣们又请求归还吐谷浑的贡品。孝文帝说道:“进贡物品是臣属应该尽到的礼节,现在如果不接受吐谷浑的贡品,就是断绝了和他们的关系,即使他们想要改过自新,也无路可走了。”于是,孝文帝下令把在洮阳、泥和二城抓到的俘虏送还给吐谷浑。秋季七月庚申(初六),吐谷浑伏连筹派他的世子贺房头到北魏朝廷晋见。孝文帝下诏,任命伏连筹为都督西垂诸军事、西海公,封他为吐谷浑王,并派遣兼员外散骑常侍张礼出使吐谷浑。伏连筹

谓礼曰："曩者宕昌常自称名而见谓为大王，今忽称仆，又拘执使人。欲使偏师往问，何如？"礼曰："君与宕昌皆为魏藩，比辄兴兵攻之，殊违臣节。离京师之日，宰辅有言，以为君能自知其过，则藩业可保；若其不悛，祸难将至矣。"伏连筹默然。

东昏侯永元二年。吐谷浑王伏连筹事魏尽礼，而居其国，置百官，皆如天子之制，称制于其邻国。魏主遣使责而宥之。

梁武帝天监三年秋九月，以吐谷浑王伏连筹为西秦、河二州刺史，河南王。

大同六年冬十一月，吐谷浑自莫折念生之乱，不通于魏。伏连筹卒，子夸吕立，始称可汗，居伏俟城。其地东西三千里，南北千馀里，官有王、公、仆射、尚书、郎中、将军之号。是岁，始遣使假道柔然，聘于东魏。

元帝承圣二年夏四月，吐谷浑可汗夸吕，虽通使于魏而寇抄不息。宇文泰将骑三万逾陇，至姑臧，讨之。夸吕惧，请服，既而复通使于齐。凉州刺史史宁觇知其还，袭之于赤泉，获其仆射乞伏触状。

敬帝太平元年秋九月，突厥木杆可汗假道于凉州以袭吐谷浑，魏太师泰使凉州刺史史宁帅骑随之。至番禾，吐谷浑觉之，奔南山。木杆将分兵追之，宁曰："树敦、贺真二城，吐谷浑之巢穴也，拔其本根，馀众自散。"木杆从之。

对张礼说:"过去宕昌国国王经常用名字称呼自己,而我被他称为'大王',现在他突然自称'仆',又拘捕了我派去的使者。我打算派一支部队前去问罪,你看怎么样?"张礼说:"您和宕昌国国王都是魏国的藩属,动不动就出兵进攻,实在是违反了作为臣下应遵循的礼节。我离开京城那天,宰辅告诉我,他认为您如果能够知道自己的过错,那么您作为藩属的事业就能保持下去;如果您不肯改悔,灾难将降临到您身上。"伏连筹听了默不作声。

东昏侯永元二年(500)。吐谷浑王伏连筹侍奉北魏竭尽藩属的礼节,但在自己国内却设置百官,一切都如同天子的法度,还对邻国行使皇帝的权力。北魏宣武帝派使者去指责伏连筹,同时又宽恕了他。

梁武帝天监三年(504)秋季九月,梁朝任命吐谷浑王伏连筹为西秦、河二州刺史,封他为河南王。

大同六年(540)冬季十一月,吐谷浑自从发生莫折念生之乱以后,不再同东魏交往。伏连筹逝世以后,他的儿子夸吕继位,开始自称可汗,居住在伏俟城。吐谷浑的领土从东部到西部有三千里,从南部到北部有一千多里,设置的官职有王、公、仆射、尚书、郎中、将军等。这一年,吐谷浑又开始派遣使者,取道柔然,到东魏去访问。

元帝承圣二年(553)夏季四月,吐谷浑可汗夸吕,虽然和西魏互派使者,却仍然不停地侵犯劫掠西魏边境。西魏宇文泰率领三万名骑兵越过陇地,到姑臧去讨伐吐谷浑。夸吕害怕了,请求归顺西魏,但不久又派使者去联络北齐。西魏凉州刺史史宁侦察到夸吕回来了,就在赤泉发动袭击,抓获了夸吕的仆射乞伏触状。

敬帝太平元年(556)秋季九月,突厥木杆可汗借道凉州袭击吐谷浑,西魏太师宇文泰派凉州刺史史宁率骑兵跟随木杆可汗。到番禾时,吐谷浑可汗夸吕发觉了,便逃往南山。木杆可汗准备分兵追击,史宁说:"树敦、贺真二城,是吐谷浑的巢穴,拔除他们的老根,其馀部众就自己溃散了。"木杆可汗听从了这个建议。

木杆从北道趣贺真,宁从南道趣树敦。吐谷浑可汗夸吕在贺真,使其征南王将数千人守树敦。木杆破贺真,获夸吕妻子。宁破树敦,虏征南王。还,与木杆会于青海,木杆叹宁勇决,赠遗甚厚。

陈武帝永定元年春正月,吐谷浑为寇于周,攻凉、鄯、河三州。秦州都督遣渭州刺史于翼赴援,翼不从。僚属咸以为言,翼曰:"攻取之术,非夷俗所长。此寇之来,不过钞掠边牧耳,掠而无获,势将自走。劳师而往,必无所及。翼揣之已了,幸勿复言。"数日,问至,果如翼所策。

文帝天康元年夏五月,吐谷浑龙涸王莫昌帅部落附于周,以其地为扶州。

宣帝太建八年春二月辛酉,周主命太子巡抚西土,因伐吐谷浑。秋八月,周太子伐吐谷浑,至伏俟城而还。

十三年秋八月,吐谷浑寇凉州,隋主遣行军元帅乐安公元谐等步骑数万击之。谐击破吐谷浑于丰利山,又败其太子可博汗于青海,俘斩万计。吐谷浑震骇,其王侯三十人各帅所部来降。吐谷浑可汗夸吕帅亲兵远遁。隋主以其高宁王移兹裒为河南王,使统降众。以元谐为宁州刺史,留行军总管贺娄子幹镇凉州。

长城公至德元年夏四月庚午,吐谷浑寇隋临洮。洮州刺史皮子信出战,败死。汶州总管梁远击走之。又寇廓州,州兵击走之。

木杆可汗从北路直奔贺真,史宁从南路直奔树敦。吐谷浑可汗夸吕自己驻扎在贺真,派他的征南王带领几千人去守卫树敦。木杆可汗攻克贺真,俘获了夸吕的妻子儿女。史宁攻克树敦,俘虏了征南王。史宁返回,与木杆可汗在青海会师,木杆可汗赞叹史宁勇猛果决,给了史宁十分丰厚的馈赠。

陈武帝永定元年(557)春季正月,吐谷浑侵犯北周,攻打北周的凉、鄯、河三州。秦州都督派渭州刺史于翼赶赴三州救援,于翼不服从命令。于翼的下属官吏都针对这件事劝说于翼,于翼解释说:"攻城略地的战术,不是蛮夷的长处。此次贼寇来犯,不过是劫掠边境的牲畜罢了,劫掠不到牲畜,势必自己撤退。我们兴师动众地赶去,肯定碰不到他们。我对这些情况早已揣摩透了,请你们不要再多说了。"过了几天,前去探听消息的人回到渭州,三州的情况果真像于翼预料的一样。

文帝天康元年(566)夏季五月,吐谷浑龙涸王莫昌率领他的部落归附北周,北周将莫昌的居住地命名为扶州。

宣帝太建八年(576)春季二月辛酉(十二日),北周武帝命令太子去巡察安抚西部地区,伺机讨伐吐谷浑。秋季八月,北周太子讨伐吐谷浑,到达伏俟城就返回了。

十三年(581)秋季八月,吐谷浑侵犯凉州,隋文帝派行军元帅乐安公元谐等人率领几万步兵、骑兵进行反击。元谐在丰利山击败吐谷浑部队,又在青海击败吐谷浑太子可博汗的部队,俘虏、斩杀的吐谷浑将士数以万计。吐谷浑全国上下震惊恐惧,共有三十个王侯各自率领部落前来投降。吐谷浑可汗夸吕带领贴身的卫兵逃往远方。隋文帝封吐谷浑高宁王移兹裒为河南王,让他统领投降的吐谷浑部众。任命元谐为宁州刺史,留下行军总管贺娄子幹镇守凉州。

长城公至德元年(583)夏季四月庚午(初三),吐谷浑侵犯隋朝的临洮。洮州刺史皮子信出城作战,兵败身亡。汶州总管梁远率领部队击退了吐谷浑。吐谷浑又侵犯廓州,廓州的地方部队击退了来犯的吐谷浑。

夏六月庚辰,隋行军总管梁远破吐谷浑于尔汗山。

二年夏四月,隋上大将军贺娄子幹发五州兵击吐谷浑,杀男女万馀口,二旬而还。帝以陇西频被寇掠,而俗不设村坞,命子幹勒民为堡,仍营田积谷。子幹上书曰:"陇西、河右,土旷民稀,边境未宁,不可广佃。比见屯田之所,获少费多,虚役人功,卒逢践暴。屯田疏远者请皆废省。但陇右之民以畜牧为事,若更屯聚,弥不自安。但使镇戍连接,烽堠相望,民虽散居,必谓无虑。"帝从之。以子幹晓习边事,丁巳,以为榆关总管。

四年。吐谷浑可汗夸吕在位百年,屡因喜怒废杀太子。后太子惧,谋执夸吕而降,请兵于隋边吏。秦州总管河间王弘请以兵应之,隋主不许。太子谋泄,为夸吕所杀。复立其少子嵬王诃为太子。叠州刺史杜粲请因其衅而讨之,隋主又不许。是岁,嵬王诃复惧诛,谋帅部落万五千户降隋,遣使诣阙,请兵迎之。隋主曰:"浑贼风俗,特异人伦,父既不慈,子复不孝。朕以德训人,何有成其恶逆乎!"乃谓使者曰:"父有过失,子当谏争,岂可潜谋非法,受不孝之名!

夏季六月庚辰(十四日),隋朝行军总管梁远在尔汗山击败吐谷浑部队。

　　二年(584)夏季四月,隋朝上大将军贺娄子幹征调五个州的地方部队攻打吐谷浑,杀死吐谷浑男女一万多人,历时二十天才返回。隋文帝考虑到陇西经常遭到贼寇的劫掠,而民间从来不建立具有防御能力的村坞,于是命令贺娄子幹强制百姓建造城堡,并且屯田积粮。贺娄子幹上书说道:"陇西、河右一带,土地广阔,人口稀少,边境还没有安宁,不可以到处耕种土地。我近来发现,一些屯田的地方,收获很少而花费很多,白白地用了很多人力,最终还是遭到蛮族的践踏糟蹋。因此,地处遥远的屯田之所,建议全部废除。只是陇右地区的百姓一贯从事畜牧业,如果要改变他们的生活方式,让他们集中居住在一个地方,他们会更加感到不安。只要使戍守的城堡接连不断,传达军情的烽火台能互相望见,那样的话,百姓即使分散居住,也肯定不用担忧。"隋文帝接受了贺娄子幹的建议。隋文帝考虑到贺娄子幹熟悉边疆的事务,在丁巳(二十六日)这一天,任命他为榆关总管。

　　四年(586)。吐谷浑可汗夸吕做国君的时间长达一百年,多次因为喜怒无常而废黜或诛杀太子。后来的太子感到害怕,谋划拘捕夸吕而投降隋朝,于是请求隋朝的边防官员出兵。秦州总管河间王杨弘请求朝廷派兵接应,隋文帝不准许。吐谷浑太子的密谋泄露,被夸吕杀害。夸吕又立他的小儿子觥王诃为太子。叠州刺史杜粲向朝廷建议趁这个机会讨伐吐谷浑,隋文帝又不准许。这一年,觥王诃又惧怕自己被诛杀,谋划率领自己的部落一万五千户投降隋朝,派出使者到隋朝的京城,请求隋朝出兵接应。隋文帝说道:"吐谷浑寇贼的风俗,完全背离了礼教规定的尊卑长幼之间的关系,做父亲的既不爱儿子,做儿子的又不孝顺父亲。我用道德教诲百姓,哪有成全觥王诃奸恶逆乱的道理呢!"于是对觥王诃的使者说:"父亲有了过失,做儿子的应当直言规劝,怎么能秘密地谋划不法行为,落下不孝的罪名呢!

溥天之下皆朕臣妾,各为善事,即称朕心。嵬王既欲归朕,唯教嵬王为臣子之法,不可远遣兵马,助为恶事!"嵬王诃乃止。

祯明二年。吐谷浑裨王拓跋木弥请以千馀家降隋。隋主曰:"溥天之下,皆是朕臣,朕之抚育,俱存仁孝。浑贼悖狂,妻子怀怖,并思归化,自救危亡。然叛夫背父,不可收纳。又其本意正自避死,今若违拒,又复不仁。若更有音信,但宜慰抚,任其自拔,不须出兵应接。其妹夫及甥欲来,亦任其意,不劳劝诱也。"

隋文帝开皇十一年春二月戊午,吐谷浑遣使入贡。吐谷浑可汗夸吕闻陈亡,大惧,遁逃保险,不敢为寇。夸吕卒,子世伏立,使其兄子无素奉表称藩,并献方物,请以女备后庭。上谓无素曰:"若依来请,他国闻之,必当相效,何以拒之!朕情存安养,各令遂性,岂可聚敛子女以实后宫乎?"竟不许。

十六年冬十一月,帝以光化公主妻吐谷浑可汗世伏。世伏上表请称公主为天后,上不许。

十七年。吐谷浑大乱,国人杀世伏,立其弟伏允为主,遣使陈废立之事,并谢专命之罪,且请依俗尚主。上从之。自是朝贡岁至。

普天之下，都是我的民众和藩属，大家各自多做善事，就符合我的心愿了。蒐王诃既然打算归附于我，我只有教蒐王诃如何做忠臣孝子的方法，绝不可能老远地派去兵马，帮助他做罪恶的事情！"蒐王诃这才作罢。

祯明二年（588）。吐谷浑神王拓跋木弥请求带领一千多户投降隋朝。隋文帝说："普天之下，都是我的臣民，我抚育臣民，用的是仁孝之心。吐谷浑可汗夸吕这个老贼，昏愦狂暴，他的妻儿都心怀恐惧，一同考虑归附隋朝，以便把自己救出危亡的境地。然而这样做是背叛丈夫和父亲，我们不能接纳。再说他们的本意只是逃避死亡，现在如果予以拒绝，又显得我们不仁。如果再有什么音讯，只应该加以抚慰，听凭他们自己解救自己，不要出兵接应。夸吕的妹夫和外甥想要来归附，也任凭他们的意愿，不费心进行劝诱。"

隋文帝开皇十一年（591）春季二月戊午（初六），吐谷浑派使者到隋朝进贡。吐谷浑可汗夸吕听说陈朝灭亡的消息，非常恐惧，便逃往远方，据险自守，不敢再侵犯隋朝。夸吕逝世，他的儿子世伏继任可汗，世伏派他哥哥的儿子无素向隋朝进献表章，自称藩属，并且进献当地的土特产，还请求把自己的女儿储备在隋文帝的后宫。隋文帝对无素说："如果答应世伏的请求，其他国家听说了，肯定要仿效，那时用什么理由拒绝其他国家？我想的是让百姓安息休养，每个人都顺应本性，怎么可以搜罗美女充实自己的后宫呢？"最终没有准许世伏的请求。

十六年（596）冬季十一月，隋文帝把光化公主嫁给吐谷浑可汗世伏。世伏奏上表章，请求称呼光化公主为天后，隋文帝不准许。

十七年（597）。吐谷浑大乱，本国的人杀死世伏，拥立世伏的弟弟伏允为可汗，派遣使者向隋朝汇报废立可汗的事实经过，并为不奉上命自由行事而请罪，还请求依照吐谷浑的习俗，准许伏允娶嫂子光化公主为妻。隋文帝批准了这些请求。从此以后，吐谷浑向隋朝的贡纳每年都按时送到。

　　炀帝大业四年秋七月,裴矩说铁勒,使击吐谷浑,大破之。吐谷浑可汗伏允东走,入西平境内,遣使请降求救。帝遣安德王雄出浇河,许公宇文述出西平迎之。述至临羌城,吐谷浑畏述兵盛,不敢降,帅众西遁。述引兵追之,拔曼头、赤水二城,斩三千馀级,获其王公以下二百人,虏男女四千口而还。伏允南奔雪山,其故地皆空,东西四千里,南北二千里,皆为隋有。置郡、县、镇、戍,天下轻罪徙居之。

　　五年夏四月癸亥,上出临津关,渡黄河,至西平,陈兵讲武,将击吐谷浑。五月,吐谷浑可汗伏允帅众保覆袁川。帝分命内史元寿南屯金山,兵部尚书段文振北屯雪山,太仆卿杨义臣东屯琵琶峡,将军张寿西屯泥岭,四面围之。伏允以数十骑遁出,遣其名王诈称伏允,保车我真山。壬辰,诏右屯卫大将军张定和往捕之。定和轻其众少,不被甲,挺身登山,吐谷浑伏兵射杀之。其亚将柳武建击吐谷浑,破之。甲午,吐谷浑仙头王穷蹙,帅男女十馀万口来降。六月丁酉,遣左光禄大夫梁默等追讨伏允,兵败,为伏允所杀。卫尉卿彭城刘权出伊吾道,击吐谷浑,至青海,虏获千馀口,乘胜追奔,至伏俟城。

　　初,吐谷浑伏允使其子顺来朝,帝留顺不遣。伏允败走,无以自资,帅数千骑客于党项。帝立顺为可汗,送至玉门,令统其馀众;以其大宝王尼洛周为辅。至西平,其部下杀洛周,顺不果入而还。

炀帝大业四年(608)秋季七月,裴矩游说铁勒,让铁勒攻打吐谷浑,结果彻底打败了吐谷浑。吐谷浑可汗伏允向东逃跑,进入西平境内,派使者向隋朝请求投降,并要求救援。隋炀帝派安德王杨雄进兵浇河,许公宇文述进兵西平迎接伏允。宇文述抵达临羌城,吐谷浑惧怕宇文述兵势强盛,不敢投降,率领部众向西逃跑。宇文述带领部队追击,攻取曼头、赤水两座城池,斩杀三千多人,抓获吐谷浑王公以下贵族二百人,俘虏男女四千人后返回。伏允向南逃亡到雪山,他原先的领土都丧失了,从东到西四千里,从南到北两千里,都被隋朝占有。隋朝在这里设置了郡、县、镇、戍,把全国犯有轻罪的人迁居到这里。

五年(609)夏季四月癸亥(二十七日),隋炀帝出临津关,渡过黄河,到达西平,在这里部署军队,讲习武事,准备进攻吐谷浑。五月,吐谷浑可汗伏允率部队守卫覆袁川。隋炀帝分别命令内史元寿在南面的金山驻军,兵部尚书段文振在北部的雪山驻军,太仆卿杨义臣在东面的琵琶峡驻军,将军张寿在西面的泥岭驻军,从四面包围覆袁川。伏允率几十名骑兵逃出包围圈,派他的一个名王诈称是伏允,守卫车我真山。壬辰(二十六日),隋炀帝诏命右屯卫大将军张定和去捉捕伏允。张定和轻视吐谷浑兵少,不穿盔甲,挺身上山,吐谷浑的伏兵将他射死。张定和的副将柳武建攻击吐谷浑,击败了他们。甲午(二十八日),吐谷浑的仙头王窘迫困厄,率领男女十多万人前来投降。六月丁酉(初二),隋炀帝派左光禄大夫梁默等率领部队追击讨伐伏允,梁默战败,被伏允杀死。卫尉卿彭城人刘权进兵伊吾道,攻打吐谷浑,一直追到青海,俘虏一千多人,又乘胜追击,直到伏俟城。

当初,吐谷浑可汗伏允派他的儿子顺来隋朝晋见隋炀帝,隋炀帝把顺留下不让他回去。伏允战败逃跑之后,无法自谋生计,就率领几千名骑兵客居在党项。隋炀帝立顺为可汗,把他送到玉门,命令他统领吐谷浑残馀的部众;还任命吐谷浑的大宝王尼洛周为辅臣。顺到达西平时,他的部下杀死了尼洛周,顺最终没有抵达目的地就返回了。